E. Lucas, J. G. C. Oberdieck

Illustrirtes Handbuch der Obstkunde

Achter Band: Äpfel und Birnen

E. Lucas, J. G. C. Oberdieck

Illustrirtes Handbuch der Obstkunde
Achter Band: Äpfel und Birnen

ISBN/EAN: 9783743305502

Hergestellt in Europa, USA, Kanada, Australien, Japan

Cover: Foto ©Andreas Hilbeck / pixelio.de

Manufactured and distributed by brebook publishing software
(www.brebook.com)

E. Lucas, J. G. C. Oberdieck

Illustrirtes Handbuch der Obstkunde

Illustrirtes

Handbuch der Obstkunde.

Unter Mitwirkung mehrerer Pomologen herausgegeben

von

Dr. Ed. Lucas, und J. G. C. Oberdieck,

Director des Pomol. Instituts in Reutlingen. Superintendent in Jeinsen bei Hannover.

Achter Band.

Aepfel Nro. 542—689. Birnen Nro. 626—670. Generalregister.

Mit 193 Beschreibungen und Abbildungen.

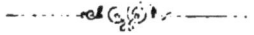

Stuttgart. 1875.

Verlag von Eugen Ulmer.

Illustrirtes

Handbuch der Obstkunde.

VIII.

Vorwort.

Dem pomologischen Publikum und allen gebildeten Obstliebhabern, die zu der Erkenntniß gelangt sind, daß, um eine gemachte Pflanzung auch recht zweckmäßig benutzen zu können und sie zu dem höchsten Ertrage zu bringen, den sie haben kann, es wesentlich erforderlich sei, den rechten Namen der gepflanzten Sorten kennen zu lernen, indem neuere Erfahrungen immer mehr zeigen, daß längst nicht jede, an sich gute Sorte in jedem Boden auch gedeiht, übergeben wir hiemit das Illustrirte Handbuch der Obstkunde, das man glaubte, mit dem 8ten Bande zu einem Abschluß bringen zu müssen, damit es durch ein beigefügtes, genaues Generalregister über das ganze Werk, für alle Besitzer des Handbuchs, erst recht brauchbar werde.

Zu seiner Ausarbeitung gab den Anlaß ein Antrag des Herrn Directors Dr. Fickert aus Breslau auf der Pomologenversammlung zu Gotha, 1857, dahin lautend, daß dringendes Bedürfniß sei, ein Werk, das, ähnlich wie das Dittrich'sche Handbuch der Obstkunde, aber angemessen dem sehr fortgeschrittenen jetzigen Stande der Obstbaumzucht, denen, die sich genauere Obstkenntniß zu erwerben wünschten, über möglichst zahlreiche Sorten genügenden Aufschluß geben könne. Der Antrag wurde mit allseitigem Beifalle aufgenommen, und wurden mit der Redaction zunächst die Unterzeichneten und der inzwischen verstorbene Sanitätsrath Jahn in Meiningen betraut.

Diese sprachen sich jedoch zugleich dahin aus, daß sie sich nicht für den Plan erwärmen könnten, das gewünschte Werk durch Compilationen aus schon vorhandenen Werken zu Stande zu bringen, indem mit derartigen Werken der Wissenschaft sehr wenig genützt und eine Förderung des Obstbaus dadurch wenig erzielt werde, vielmehr sie nur ein Werk, ähnlich dem Dielschen, für zweckmäßig halten könnten, das aus eigener Erfahrung und Kenntniß jeder Sorte in der Natur hervorgehe, welchem Plane wieder allseitig sehr beigestimmt wurde, und wobei zugleich mehrere Pomologen sich erboten, zu schnellerer Förderung des Werkes, auch ihrerseits Obstbeschreibungen von ihnen genauer bekannten Sorten liefern zu wollen, was nachher namentlich Herr Geheimerath v. Flotow zu Dresden, der leider bald verstarb, und Herr Oberförster Schmidt zu Forsthaus-Blumberg in Pommern gethan haben.

Durch mehrere Umstände, namentlich die, daß die Herausgeber zu dem Werke damals noch keine näheren Vorstudien gemacht hatten, und dann seit 1859, nach immer zu weichen Wintern und darauf ungünstiger Frühlingswitterung, Jahr für Jahr schlechte Obsterndten eintraten, bei denen es oft schwer wurde, gute Exemplare zur Anfertigung der, einer jeden Obstbeschreibung beizugebenden Figur zu gewinnen und die immer zahlreicher auftretenden neueren Sorten erst genügend kennen zu lernen; auch durch die Kriegeszeit ist das Erscheinen weiterer Bände des Handbuchs mehr verzögert worden, als die Herausgeber anfangs dachten Die Schwierigkeit, gleich passende Früchte zur Anfertigung der, jeder Sorte beizugebenden Figur, verbunden mit der Ungeduld, mit der das Publikum das Erscheinen der ersten Bände des Werkes erwartete, hat es auch veranlaßt, daß in den ersten beiden Bänden manche nicht genügend passende oder selbst aus fremden Werken entlehnte, gleichfalls nicht recht angemessene Figuren genommen sind, für welche Oberdieck nachher bessere Figuren zahlreich gezeichnet hat, die indeß nur in einer 2ten Ausgabe des Werkes zu benutzen gewesen wären, zu der es bei einer Auflage von 1200 Exemplaren bisher nicht gekommen ist.

Um das schon vorhandene Vorkommen, oder das Fehlen einer Bezugnahme auf neuere Werke, von denen während der Herausgabe des Handbuches mehrere und wichtige erst noch erschienen sind, in den einzelnen Bänden und Heften des Handbuches erklärlich zu machen, muß hier wohl auch die Zeit der Herausgabe der einzelnen Bände resp. Lieferungen mit angegeben werden. Band I, (Aepfel), erschien 1859, (die ersten Lieferungen jeden Bandes erschienen aber immer schon früher als die Jahreszahl der Vollendung des Bandes besagt); B. II, (Birnen), 1860; B. III, (Kirschen und Pflaumen), 1861; Band IV, (Aepfel), 1862; Band V, (Birnen), 1866: Band VI, Lieferungen 1 und 2, enthaltend Kirschen und Pflaumen, erschienen 1867 und 1869 und Lieferung 3, (Pfirschen), 1870. Band VII, gibt in Lieferung 1 Kirschen und Pflaumen, welches Heft erst 1874 zum Drucke kam, indem es an die Stelle eines ursprünglich beabsichtigten Heftes, Nüsse trat, für welches ein genügend kundiger Bearbeiter sich bisher nicht fand. Heft 2 des 7ten Bandes, Beerenobst enthaltend, erschien 1867, und die 3te Lieferung, wieder Birnen, welche noch von dem für die Pomologie zu früh verstorbenen Sanitätsrath Jahn ausgearbeitet und nachher von Oberdieck zum Druck gebracht ist, erschien 1872. B. VIII. endlich gibt in Lieferung 1 wieder Aepfel, gedruckt 1869; Lieferung 2 Aepfel und Birnen, gedruckt 1873 und das 3. Heft enthält das Generalregister.

In diesen 8 Bänden sind enthalten die Beschreibungen von 689 Aepfeln, 670 Birnen, 232 Kirschen, 281 Pflaumen, 88 Pfirschen, 148 Stachelbeeren, 36 Johannisbeeren, 36 Himbeeren und 13 Brombeeren.

Da es nicht fehlen konnte, daß bei einer so schwierigen Wissenschaft als die Pomologie es ist, die Kräfte der Herausgeber erst im Gehen mehr und mehr zunahmen, auch einzelne Irrungen nicht vermieden werden konnten, oder Manches noch nicht angegeben wurde, das noch anzugeben wünschenswerth erschien, hat Oberdieck in Beziehung auf die beiden ersten Bände, Aepfel, später noch ein Heft unte dem Titel: Berichtigungen und Zusätze zu Band I und IV des Illustrirten Handbuches ausgearbeitet, das 1868 zum Drucke kam. Aehnliches hätte etwa auch Jahn in Beziehung auf die Birnen gethan, wenn er nicht zu früh verstorben wäre, doch hat er manche Berichtigungen schon am Schluß des 4ten Bandes gebracht. Manche erkannte Unrichtigkeiten und Verweisungen auf später erst erschienene, wichtigere Werke, als den Jardin fruitier du museum von Decaisne, den Verger des Herrn Präsidenten Mas und Andere hat Oberdieck noch im Generalregister zu allgemeinerer Kenntniß zu bringen gesucht.

In den Einleitungen zu den ersten 3 Bänden ist auch kurz eine Terminologie, die bei den Beschreibungen angewandt wurde, gegeben, wo aber möglichst einfache und für jeden Gebildeten leicht verständliche Kunstausdrücke gewählt worden sind, und da Angaben darüber bisher in fast allen pomologischen Werken fehlen, mag dies als ein Vorzug unseres Handbuches betrachtet werden

Ein Verzeichniß der in den ersten drei Bänden des Illustrirten Handbuches schon benutzten pomologischen Werke hat Oberdieck in Bd. III am Schluß gegeben; Jahn hat am Schluß des 5ten Bandes noch einige pomologische Werke weiter angegeben. Was von neuern Werken später noch hinzugekommen ist, als z. B. Hovey Fruits of America, Boston 1852, 2 Bände, der Verger des Herrn Präsidenten Mas zu Bourg-en-Bresse, der Niederländische Boomgaard, der leider bald nicht weiter fortgesetzt wurde, der Nouveau Duhamel von Poiteau et Turpin, das umfassende, werthvolle Dictionaire de Pomologie des Herrn Leroy zu Angers und Andere sind zwar möglichst kurz, doch immer so allegirt, daß man wohl wissen kann, welches Werk gemeint sei.

Dem eigentlichen Pomologen wird eine nähere Vergleichung der früher und später erschienenen Bände es gewiß bemerklich gemacht haben, daß die Herausgeber sich bemüht haben, mit jedem weiteren Hefte den Obstbeschreibungen größere Vollkommenheit und Genauigkeit zu geben, so weit der für eine Beschreibung häufig zu kleine Raum von 2 Seiten es gestattete. Etwas Vollständiges und schon Genügendes zu geben, war auf dem jetzigen Standpunkte der pomologischen Wissenschaft, zumal bei der Ungründlichkeit vieler bisheriger Werke, nicht möglich; wir hoffen indeß, daß das bisher Geleistete, z. B. auch durch eine umfassendere Zusammenstellung der wirklichen, oder nur durch Irrungen aufgekommenen Synonyme einer Frucht, (deren Kenntniß selbst für die bloßen Obstliebhaber einige Wichtigkeit hat, um nicht unter anderm Namen vielleicht wiederholt dasselbe zu bekommen, oder eine als nicht werthvoll genug erkannte Frucht unter anderem Namen durch die Hinterthür wieder hereintreten zu sehen), ferner durch eine immer vollständigere Zusammenstellung der Literatur, welcher Artikel, den der bloße Obstliebhaber überschlagen mag, für die eigentlichen Pomologen besondere Wichtigkeit hat, um in ihm das Zusammengehörende zusammengestellt, manche Irrungen aufgedeckt und überhaupt in die vorhandenen pomologischen

Werke näher hineingeführt zu werden und darin rascher sehen zu lernen, ein wirklicher und merklicher Fortschritt der Pomologie herbeigeführt worden ist.

Nicht unerwähnt darf bleiben, daß Lucas in drei Folio-Bänden mit kurzem erläuterndem Text alle Obstsorten, welche in den ersten 5 Bänden des Handbuchs aufgeführt und beschrieben sind, in systematischer Reihenfolge zum Zweck der Erleichterung des Aufsuchens der Namen unbekannter Sorten unter dem Titel: „Pomologiche Tafeln zum Bestimmen der Obstsorten" in Abbildungen zusammengestellt hat, bei welchem Werk schon mehrfach, sowohl bei Aepfeln, wie besonders bei Birnen verbesserte Durchschnittszeichnungen benutzt werden konnten und von welchen eine schwarze und eine colorirte Ausgabe erschienen ist.

Mögen die auf unsern Schultern stehenden künftigen Pomologen die Wissenschaft immer weiter zur Vollkommenheit bringen!

Vor der Hand bleibt das Handbuch und seine sorgfältige Benutzung in Vergleichung unter einem bestimmten Namen erbauter Früchte mit der zugehörenden Beschreibung, immer das beste und sicherste Mittel, um von der Richtigkeit oder Irrigkeit der Benennung einer Sorte sich zu überzeugen, was auf anderen Wegen und selbst durch bloße kurze Charakteristik von angepflanzten Früchten genügend nicht gewonnen werden kann.

Da von den in letzterer Zeit so zahlreich aufgekommenen neuen Früchten immer eine größere Zahl im Handbuche noch nicht mit hat vorgebracht werden können, ist von mehreren Pomologen der Wunsch warm ausgesprochen worden, daß um wichtigere Obstfrüchte im Handbuch einigermaßen vollständig beisammen zu haben, noch Supplementbände, wozu Oberdieck vom ersten Supplementbande schon das Manuscript ausgearbeitet hat, hinzukommen möchten. Ob es dahin kommen werde, hängt von der Aufnahme ab, die das pomologische Publikum dem Handbuche weiter angedeihen läßt, das billig, als von deutschen Pomologen beschlossen und von deutschen Pomologen ausgearbeitet, als ein nationales betrachtet und gefördert werden sollte.

Geschrieben im November 1874.

Die Redaction.

Superintendent Oberdieck, zu Jeinsen.

Dr. Ed. Lucas zu Reutlingen.

No. 542. Carins Calvill. Diel I, 1; Lucas I, 1. a; Hogg I, 1. A:

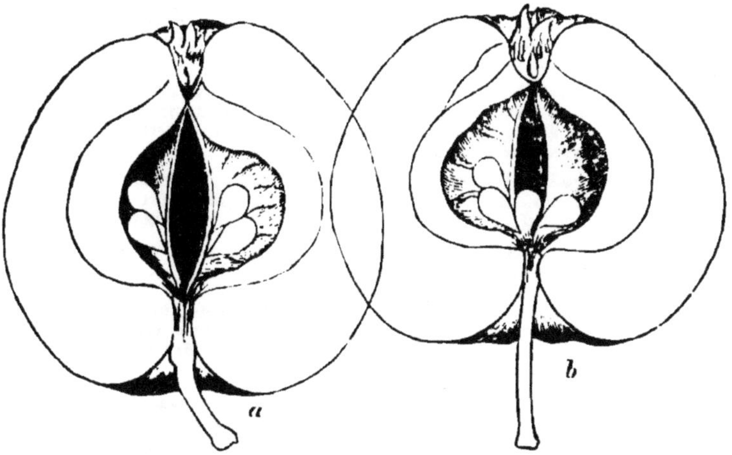

Carins Calvill. *††, im halben August 2—3 W.

Heimath und Vorkommen: Diel erhielt diese Frucht von Hrn. van Mons unter den Namen Calville Carin, Calville jaune d'été, und bekam über dieselbe nur die Mittheilung, daß der Baum im Garten eines Hrn. Carin zu Löwen als Sämling erwachsen sei. Das Reis erhielt ich meinerseits schon vor Jahren aus Herrenhausen, wohin die Sorte von Diel kam, und stimmten die Früchte mit der Beschreibung sehr überein. Wenn aber Diel am Schlusse der Beschreibung erklärt, daß die Frucht dem eben vorher beschriebenen Weißen Augustcalvill sehr ähnlich sei, was schon die Beschreibung beider ergebe, so muß diese Vergleichung wieder als eine verfehlte betrachtet werden und läßt vermuthen, daß die Vergleichung nicht auf gleichzeitiger Anschauung beider Früchte in mehreren Jahren gegründet war, indem der weiße Augustcalville, den ich direkt von Diel erhielt, vielmehr bei oft wiederholten Trachten dem Sommer-Gewürzapfel gleich war, den man von dem Obigen sehr bald unterscheiden kann. Die Frucht ist vielmehr dem Weißen Sommercalvill sehr ähnlich, und von demselben etwa ein Sämling, vielleicht durch Kreuzung mit dem Weißen Astracan entstanden, unterscheidet sich aber von demselben durch mehr Kleinheit, einige Tage früher Reife und den Mangel der dem Weißen Sommercalvill eigenen, etwas einschneidenden Säure. Der Baum ist gleichfalls sehr tragbar, jedoch erhielt ich mehrmals kleine, unvollkommene Früchte, und theilte auch Diel mir brieflich mit, daß die Sorte besonderen Werth nicht habe. In Herrenhausen ist sie indeß von Hrn. Hof-Garteninspektor Borchers sehr geschätzt worden und bedarf sie noch einer weiteren Prüfung hinsichtlich ihres Werthes. Skilliankowoi und Weißer Titowka, welche auch merklichere Säure nicht haben, dürften besser sein.

Literatur und Synonyme: Diel Heft 21, S. 10, Carins früher gelber Sommercalvill. Dittr. III. S. 1 gibt das von Diel Gesagte wieder. Sonst finde ich ihn nirgends. Die Belgische synonyme Benennung Calville jaune d'été ist schon oben angeführt worden.

Gestalt: Meistens hochaussehend, doch finden sich, und namentlich in meinem trockenen Boden häufig auch Exemplare, wie Fig. b oben, die breiter als hoch waren und mehr zum Kugeligen neigten. Der Bauch sitzt auch bei den hochaussehenden kaum etwas mehr nach dem Stiele hin, um den die Frucht sich meist zugerundet wölbt und mäßig stark, oft auch stärker abstumpft. Nach dem Kelche nimmt sie bedeutend stärker ab und ist nur wenig abgestumpft. In gewöhnlicher Größe ist sie nach Diel $2^1/_4$ bis $2^1/_2$'' breit und gewöhnlich auch eben so hoch, welche Größe meine besser gewachsenen Früchte fast erreichten.

Kelch: breitgespitzt, grünbleibend, ziemlich in die Höhe stehend, geschlossen, sitzt in einer kleinen Einsenkung, die mit vielen, oft perlenartigen Rippchen umgeben ist, die calvillartig über die ganze Frucht hinlaufen, einzeln sich gern vordrängen und dadurch die Rundung verschieben.

Stiel: gewöhnlich dünn, einzeln etwas fleischig, ist nach Diel $1^1/_2$ bis $1^3/_4$'' lang, während ich ihn nicht über $1^1/_4$'' lang fand. Die Stielhöhle ist meistens schön und tief und ist glatt, oder zeigt nur wenigen, fein strahligen Rost.

Schale: zart, sehr fein, nicht fettig, oft schon vom Baume wachsartig weiß, im Liegen mehr wachsartig strohgelb. Nach Diel ist oft die ganze Sonnenseite mit einem sanften rosenartigen Roth verwaschen, was ich nicht wahrnahm, vielmehr die Sonnenseite nur leicht geröthet oder selbst ohne Röthe fand. Eigentliche Punkte findet man nicht, sondern bemerkt in der Schale nur feine weißliche Dupfen, die oft auch an der Sonnenseite carmosinrothe Fleckchen bilden. Geruch ist stark nnd angenehm.

Das Fleisch ist sehr weiß, locker, zart, saftvoll, nach Diel von angenehmem, zuckerartigen Rosengeschmacke, den ich ähnlich als etwas weinartig gezuckert mit einem bemerklichen Gewürz versehen, notirte. Im rechtem Reifpunkte ist die Frucht auch für die Tafel sehr angenehm.

Das Kernhaus ist groß und offen; die geräumigen Kammern enthalten hellzimmtfarbige, spitzeiförmige, oft facettirte Kerne. Die Kelchröhre geht nach Diel als Cylinder, nach meiner Wahrnehmung häufig kegelförmig bis auf die Spitze des Kernhauses herab.

Reifzeit und Nutzung: Zeitigt im halben August, oft schon etwas früher, hält sich aber selten über 14 Tage im Geschmack, und verliert den Saft.

Der Baum wächst lebhaft, setzt die Zweige in mittelspitzen Winkeln an, so daß er scheint eine kugelformige Krone bilden zu wollen und ist früh fruchtbar. Die Sommertriebe sind mäßig stark, fast gerade nach oben etwas abnehmend, nach oben wollig, schmutzig, braunroth, beschattet mehr olivenfarbig, stark besonnt schwarzlichbraun oder violettbraun, nicht silberhäutig, nach Diel mit vielen in die Augen fallenden bräunlichen Punkten besetzt, die ich nicht häufig und nur fein fand. Blatt groß, doch nicht so groß als das des Weißen Sommercalvills, fast flach, langelliptisch, manche zur langen Eiform neigend, mit starker schöner Spitze, nicht tief und meist nicht scharf gezahnt. Augen ziemlich stark und lang, sitzen auf etwas vorstehenden, nach Diel nur auf den Seiten gerippten, an mäßig starken Sommertrieben jedoch dreifach und langgerippten Trägern

Oberdieck.

No. 543. Schneecalvill. Diel I, 1; Lucas I, 1. a; Hogg III, 1. A.

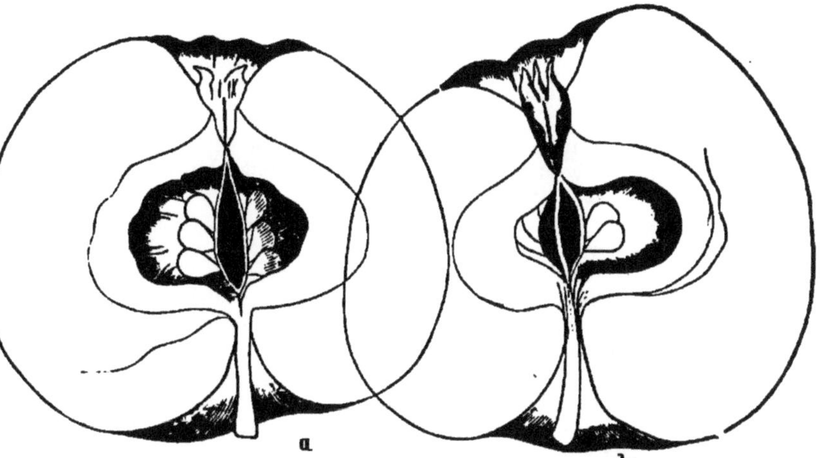

Schneecalvill, Calville de Neige, fast **††, Winter.

Heimath und Vorkommen: Ist eine von Diel selbst nicht mehr beschriebene, sondern nur im Catalage, 1ste Fortsetzung, Nr. 335, vorkommende Frucht, deren weitere Herkunft man daher nicht mehr kennt, und nur aus der beigesetzten franz. Benennung vermuthen mag, daß sie etwa aus Frankreich abstamme. Diel sagt von ihr, daß sie dem Weißen Wintercalvill sehr gleiche, recht angenehmes Fleisch habe und der Baum sehr tragbar sei. — Die Sorte, deren Reis ich direkt von Diel empfieng, hat wenigstens in meinem jetzigen Boden die gehegten Erwartungen nicht genügend befriedigt, blieb etwas klein und hatte nicht gehörige Güte des Fleisches; auch wuchs der Baum mehrere Sommer sehr langsam, während jedoch 2 andere rasch trieben, dagegen fand ich die Frucht im feuchten, leichten Sulinger Boden besser und von edlem Geschmacke, erhielt auch 1866 edlere und bessere Frucht aus einem Garten vor Hannover mit hinlänglich feuchtem, leichten und warmen Boden, den mithin die Sorte wohl verlangt. Vom Weißen Wintercalvill unterscheidet er sich durch oft sich findende, ewas beträchtlichere Röthe und besonders durch den leicht quittenartig gewürzten Geschmack, der auch mehr gezuckert ist.

Literatur und Synonyme: Wird hier zuerst beschrieben.

Gestalt: Ist an Gestalt und Färbung einem Weißen Wintercalvill allerdings ähnlich, viele jedoch waren hochaussehend oder selbst ein Geringes höher als breit. Die größten Früchte, von den weniger hochaussehenden waren 3″ breit und hoch, andere etwas breiter als hoch. Der Bauch sitzt etwas mehr nach dem Stiele hin, um den die Frucht sich etwas flachrund zuwölbt oder zurundet und stark abstumpft. Nach dem Kelche nimmt sie meist noch bemerklich, oft auch kaum stärker ab, als nach dem Stiele, und ist stark abgestumpft.

Kelch: wollig, mäßig lang gespitzt, offen, sitzt in meistens tiefer, ziemlich weiter Höhle, aus der calvillartige Erhabenheiten entspringen und bald etwas flacher, bald recht rippenartig, bis zur Stielhöhle hinlaufen.

Stiel: holzig, $^1/_2$ bis $^3/_4$'' lang, sitzt in tiefer meistens enger Höhle, die bald mit strahlig verlaufendem Roste besetzt, bald auch ziemlich frei davon ist.

Schale: glatt, nur mattglänzend, nicht fettig. Grundfarbe vom Baume wachsartig weiß, in der Reife gelb, doch behielten manche Früchte im Gelben noch länger gelblichgrüne Stellen. Die Sonnenseite zeigt an stärker besonnten Exemplaren eine leicht verwaschene, etwas gelblich-röthliche Backe. Die Punkte sind etwas weitläuftig vertheilt, theils fein, theils etwas stärker und häufig grünlich umringelt. Geruch schwach.

Das Fleisch ist gelblich weiß, fein, mürbe, hinreichend saftreich, von angenehmem, schwach weinig gezuckerten Geschmacke, und zeigt im Genusse ein etwas flüchtiges, quittenartiges Gewürz. In den Jahren 1835 und 1836 (im feuchten Sulinger Boden) habe ich jedoch den Geschmack als ganz gezuckert, gewürzreich und delikat bezeichnet.

Das Kernhaus war bei der Mehrzahl der erbauten Früchte ziemlich offen, bei andern auch fast oder wirklich geschlossen. Die geräumigen, stark gestreiften Kammern enthalten gewöhnlich zahlreiche (oft 3, einzeln selbst 4 in derselben Kammer), etwas kleine, braune, stumpfeiförmige Kerne. Die Kelchröhre geht als Trichter oder Kegel ziemlich weit herab..

Reifzeit und Nutzung: Mürbet Anf. December, oft schon im November und schienen die Früchte mir nicht haltbar genug, und faulten öfters, vielleicht nur zufällig.

Der Baum wuchs, wie schon gedacht, einzeln rasch, setzt die Zweige in ziemlich stumpfen Winkeln an, und macht eine etwas sperrige, zerstreute Krone, die viel kurzes Fruchtholz ansetzt. Die Sommertriebe sind ziemlich stark, nach oben wenig abnehmend, etwas steif, schmutzig violettbraun, nur unten leicht silberhäutig, nach oben wollig, mit zahlreichen, ziemlich starken Punkten gezeichnet. Blatt flach, mäßig groß, etwas langelliptisch, nicht tief und stumpf gezahnt. Afterblätter kurz lanzettlich. Augen ziemlich klein, sitzen auf wenig vorstehenden, etwas flach, doch deutlich gerippten Trägern.

Oberdieck.

No. 544. Belgischer Schneeapfel. Diel I, 1; Lucas I, 1. b; Hogg I, 2. A.

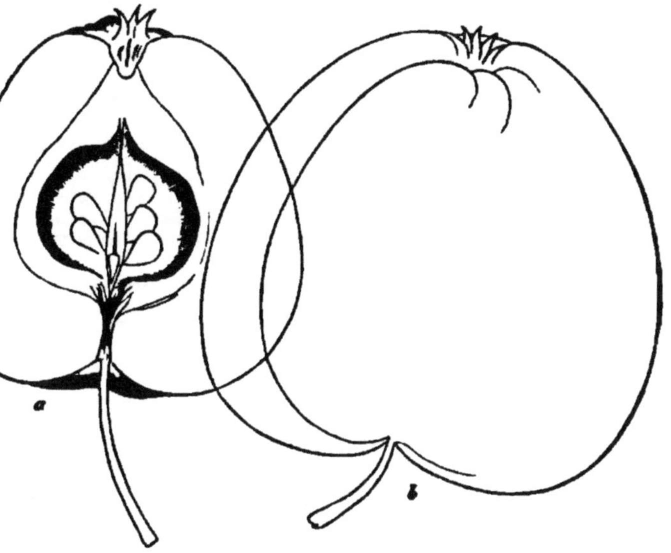

Belgischer Schneeapfel, Pomme neige. *††, gegen Ende August, 14 T.

Heimath und Vorkommen: Von dieser in den Annales S. 77 abgebildeten, und von Hrn. Professor Hennau beschriebenen Sorte, sagt die Beschreibung, daß die Frucht außer in den Gegenden von Lüttich, Namur und Limburg kaum noch bekannt sein werde, wo sie aber als Sommerfrucht immer sehr geschätzt worden sei. Nachdem ich ein Reis aus Millets Collection durch Jahn erhalten hatte, trug der Probezweig gleich im 3. Sommer und kann ich an der Aechtheit der Sorte nicht zweifeln, finde auch das Fleisch eben so fein, und den Geschmack so vorzüglich, auch ganz ähnlich als bei Cludius Herbstapfel. Obgleich die Frucht in meiner Gegend etwas klein blieb, verdient sie doch wegen Güte des Geschmacks als Tafelfrucht weiter verbreitet zu werden, und eignet sich wohl am meisten für einen Zwergbaum. Hennau räth, den Baum zwergstämmig anzuziehen, da die Frucht, bei nahender voller Reife, von Winden leicht abfalle.

Literatur und Synonyme: Annales IV. S. 77 Pomme neige mit dem Synonym Calville blanche d'été, wie er aber irrig benannt worden sei. Die Amerikaner und Engländer haben einen ganz andern, stärker rothen Pomme de neige mit den Zunamen Fameuse und Sanguineus, (Downing S. 91) der aus Canada abstammen soll und seine Benennung von dem sehr weißen Fleische erhalten hat. Da nun auch wir Deutschen noch andere Schneeäpfel haben, genügt die Benennung ohne näher bezeichnenden Beisatz, wie er oben gegeben ist, nicht mehr und da nach Manger die Carthause auch noch einen im August zeitigenden Pomme neige gehabt haben soll, obgleich Diel sagt, daß er diese Frucht im Verzeichniß der Carthause nicht finde, und Knoop I. S. 1 als Varietät des Sommergewürzapfels auch noch einen Louvveris kruid appel hat, den er im Register auch Sneeuw appel nennt, so genügt es vielleicht zur Unterscheidung nicht, wenn man unsere Sorte

Sommer Schneeapfel nennte. Diel hat XI. S. 190 noch einen Haltbaren Schneeapfel, Pomme de neige, recht wachsweiß, plattrund, zu den Plattäpfeln eingereiht, der im November zeitige und sich bis tief in den Winter hinein halte. Christs Schneeapfel, Vollst. Pomol., S. 295, der im November zeitigen und sich bis in den März halten soll, ist etwa derselbe als Diels Haltbarer Schneeapfel. Mayer hat, Tom III. S. 164, noch einen im Oktober zeitigenden Schneeapfel, der sich nur 5 Wochen halte; da aber Diel diese Frucht von Mayer bezog und sich weit länger hielt, so daß er die Sorte Haltbarer Schneeapfel nannte, glaubt Diel, daß die geringe Dauer bei Mayer nur von zu warmer Lage, etwa am Spalier gekommen sein müsse. Müschen hat, (Beschreibung der vorzüglichsten Obstsorten, Rostock 1821—25) noch einen Königinapfel, den er auch Großen Schneeapfel und Verte Reine nennt. Auch Salzmann hat S. 84 einen Pomme de neige, der nach Merlet auch La verte Reine heiße und also etwa Müschens Frucht sein könnte. Unsere obige Frucht scheint also außer in den Annales noch nicht vorzukommen, und ist nur noch zu bemerken, daß Diels Schneecalvill eine Winterfrucht ist und mit Obigem nichts gemein hat.

Gestalt: Etwas klein, 2" breit und so hoch oder ein paar Linien höher, ziemlich konisch und schön calvillartig gerippt, in der Minderzahl der Exemplare etwas breiter als hoch. Die Annales stellen die Frucht in Form und Größe der Fig. b oben dar, und sagen, daß die Frucht von sehr gefälliger Form und nur flach gerippt sei, mit deutlichen Rippen besonders nur um den Kelch besetzt; die Angaben aber passen im Ganzen so sehr auf meine Frucht, daß ich nicht zweifeln kann, die rechte Sorte zu haben. Der Bauch sitzt mehr, oft stark nach dem Stiele hin, um den die Frucht sich flachrund wölbt. Nach dem Kelche nehmen die hoch gebauten Exemplare schön konisch ab, und sind nur mäßig abgestumpft.

Kelch: langgespitzt, grünbleibend, wollig, geschlossen, sitzt in weiter, flacher Senkung mit zahlreichen, feinen Rippen umgeben, von denen 5 regelmäßig und schön kantig über die Frucht bis zur Stielhöhle, die dazwischen liegenden bis zum Bauche hinlaufen.

Stiel: holzig, mäßig stark, 3/4" lang, sitzt in weiter, tiefer, fast rostfreier Höhle.

Schale: fein, glatt, etwas geschmeidig, vom Baume gelblich-grün, später mehr gelb. Die Sonnenseite ist meistens nur etwas höher gelb, hat jedoch mitunter leichten Anflug von Röthe. Die Punkte sind etwas zerstreut, theils nur als matte Schalendupfen bemerklich. Der Geruch ist etwas schwach.

Das Fleisch ist etwas gelblich weiß, fein, saftreich, von etwas süßweinartigem Zuckergeschmacke.

Das Kernhaus ist fast geschlossen und öffnen sich die Kammern in eine kleine hohle Achse nur wenig, meist herzförmig nach dem Stiele hin. Die Kammern sind geräumig und enthalten zahlreiche, kleine, braune, spitzelförmige Kerne. Die Kelchröhre geht als Kegel nur etwas herab.

Der Baum wächst in der Baumschule gut. Der Probezweig hat die Nebenzweige in spitzen Winkeln angesetzt, verzweigt sich aber nicht reich und wird eine lichte Krone mit etwas zerstreuten Aesten machen, deren Holz durch die Früchte sich hängen wird. Die Sommertriebe sind mäßig stark, olive mit einem gelblichen Braunroth, oder unansehnlichem Braunroth leicht überlaufen, nicht silberhäutig, nur zerstreut punktirt. Blatt groß, rinnig, von veränderlicher Form, unten am Zweige langoval, am Stiele etwas herzförmig eingezogen, weiter hinauf kurz oval, mit starker, aufgesetzter Spitze, oder eiförmig mit halbauslaufender Spitze, einzeln selbst elliptisch. Die Zahnung ist nach Größe des Blattes flacher oder tiefer, etwas stumpf. Die Afterblätter sind ziemlich lang, schmal lanzettlich. Augen wollig, dreieckig, sitzen auf mäßig vorstehenden, an stärkern Trieben deutlich gerippten Trägern.

Oberdieck.

No. 545. **Bongarts Calvill.** Diel I, 1; Lucas 1, 1. b; Hogg I, 1. A.

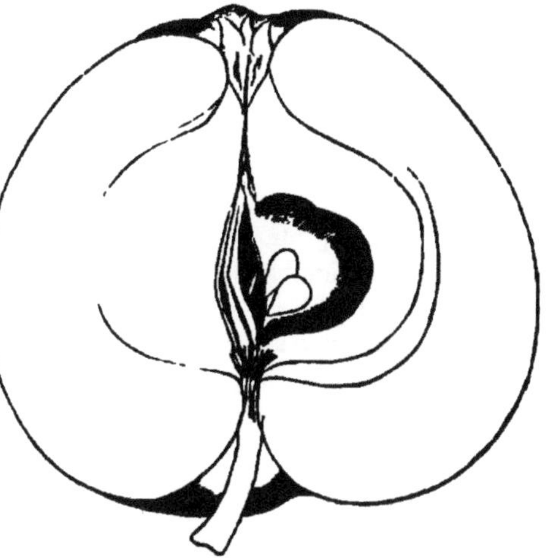

Bongarts Calvill. *† †, September, 4 W.

Heimath und Vorkommen: Ist eine neuere, gute Frucht, über deren Herkunft noch keine näheren Nachrichten vorliegen, da Diel die Sorte in der 2. Fortsetzung des Catalogs ohne hinzugefügte Nachricht, woher er die Sorte bekam und nach wem sie benannt sei, nur kurz charakterisirt. Die Frucht ist vielleicht von dem Weißen Sommercalvill gefallen und hat von diesem, (was auch schon bei Titowka und Skiliankowoi angegeben worden ist), den Vorzug, daß die Säure der Frucht milder und angenehmer ist, als beim Weißen Sommercalvill, bei dem übrigens Gesundheit und Tragbarkeit des Baumes nichts zu wünschen übrig lassen. Diel setzt den Obigen noch in den ersten Rang. Das Reis erhielt ich durch Commans in Cöln von Diel und zeigte sich ächt.

Literatur und Synonyme: Diels Catalog, 2. Fortsetzung, S. 5, Bongarts großer weißer Sommercalvill. Kommt sonst nur noch in Dochnahls Führer vor mit den von Diel schon gemachten Angaben.

Gestalt: Ist nach Diel ein prachtvoller, großer, in Form dem Weißen Wintercalvill ganz ähnlicher Apfel, oft 4″ breit und 3¼″ hoch. Die Aehnlichkeit mit dem Weißen Wintercalvill fand sich auch bei mir, doch erreichte er bei mir die angegebene Größe in Nienburg und Jeinsen nicht und blieb nur 3″ breit und 2½ hoch. Die Form war auch nicht ganz so schön und regelmäßig, einzelne fallen hochaussehend aus und näherten fast zur Walzenform. Der Bauch sitzt bei regelmäßig geformten mehr nach dem Stiele hin, um den die Frucht sich flachrund wölbt. Nach dem Kelche nimmt sie meistens mit erhobenen Linien ab, und ist nur wenig abgestumpft.

Kelch: breitgespitzt, grün, geschlossen, sitzt in enger, mäßig tiefer Senkung, mit schönen Rippen umgeben, die auch calvillartig über die Frucht hinlaufen.

Stiel: holzig, stark, ½ bis ¾" lang, oft auch nur ein kurzer, fleischiger Butz, und sitzt in ziemlich tiefer, mäßig weiter, mit nur etwas strahligem Roste bekleideter Höhle, die durch einen an den Stiel sich anlegenden Fleischwulst verrengert wird. Mitunter ist auch durch den Wulst am Stiele die Stielhöhle ganz verflacht, oder es findet sich statt derselben eine Erhöhung, auf der der kurze fleischige Stiel sitzt.

Schale: glatt, glänzend, vom Baume grünlich weiß, später schön gelb; Röthe fehlt. Die Punkte sind ziemlich zahlreich, sehr fein, und erscheinen bei näherer Betrachtung hauptsächlich nur als feine weißliche Dupfen in der Schale. Der Geruch ist schwach.

Das Fleisch ist grünlich weiß, fein, saftreich, von angenehmem weinsäuerlichen Geschmacke.

Das Kernhaus ist nur wenig offen, die Kammern sind geräumig, etwas streifig und enthalten nur kleine, eiförmige, rothbraune Kerne. Die Kelchröhre geht als Kegel nicht weit herab.

Reifzeit und Nutzung: Zeitigt im halben September, oft schon Anf. September und hält sich 4 Wochen gut.

Der Baum wächst rasch und gesund und wird nach dem Probezweige eine mäßig reich verzweigte, etwas zerstreute Krone machen. Die Sommertriebe sind nach oben etwas wollig, dunkelbraun, fast violettbraun, nur zerstreut und fein punktirt. Blatt flach, oval mit halb aufgesetzter, etwas gedrehter, starker Spitze, scharf gezahnt. Afterblätter fast fadenförmig, fehlen meist, Augen kurz, wenig wollig, sitzen auf flachen, deutlich gerippten Trägern.

Oberdieck.

No. 546. Cortens Calvill. Diel I, 1; Lucas I, 1. b; Hogg III, 1. A.

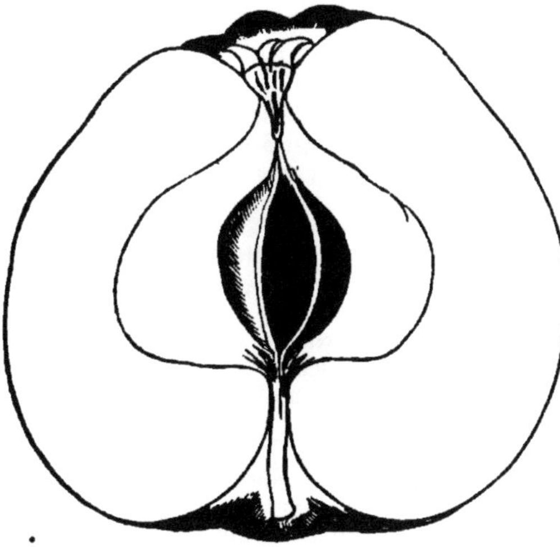

Cortens Calvill, ††. November bis Februar.

Heimath und Vorkommen: Ist etwa ums Jahr 1806 von Herrn Friedensrichter Corten bei Mastricht aus Samen erzogen. Diel erhielt das Reis vom Herrn Oekonomen Barbenheuer zu Hauerhof bei Jülich, und ich indirect von Diel durch Bödiker und Herrn Faktor Bornmüller zu Suhl. Die Früchte beider erhaltenen Reiser konnte ich zwar noch nicht genügend gleichzeitig vergleichen, aber nach den aufgezeichneten Notizen sind sie überein. Die Frucht ist gar kein Süßapfel, wofür sie Diel erklärt, sondern, wie bei andern seiner zu den Süßäpfeln gerechneten Früchte, ist der Geschmack nur gezuckert, sogar mit Beimischung von Weingeschmack, weßhalb der Diel'sche, auch zu lange Name völlig, wie oben, abgekürzt werden kann. Die Sorte ist gut für den Haushalt, ins engere Sortiment scheint sie nicht zu gehören.

Literatur und Synonyme: Diel A—B, V, S. 3, Cortens gelber, süßer Wintercalvill. Dittrich I, S. 126, nach Diel. Kommt sonst nicht vor.

Gestalt: Ist in seiner Vollkommenheit einem Weißen Winter-Calvill in Gestalt ziemlich ähnlich. Diel bezeichnet ihn als einen recht großen, haltbaren, einfarbigen Wintercalvill, für Liebhaber von Süß-Aepfeln von recht angenehmem Geschmacke. Der Bauch sitzt mehr nach dem Stiele hin, um den er sich flachrund wölbt. Nach dem Kelche nimmt er viel stärker ab. Manche Exemplare waren auch ziemlich mittelbauchig und nehmen nach dem Kelche kaum stärker ab. In schönster

Größe ist er nach Diel 4" breit und 3 bis $3^1/_2$" hoch. Ueber 3" breite Früchte hatte ich noch nicht.

Kelch: nach Diel kurzblättrig, während ich ihn mehrmals auch langblättrig fand, ist geschlossen und sitzt in enger, tiefer Einsenkung, aus der sich starke, meistens 5 rippenartige Erhabenheiten erheben und deutlich über die Frucht und selbst bis in die Stielhöhle hinlaufen.

Stiel: kurz, nach Diel (bei seinen noch größeren Früchten) sehr kurz, sitzt in weiter, tiefer, trichterförmiger, oft aber auch durch die hineinlaufenden Erhabenheiten in der Rundung verdorbener und verflachter, fein rostfarbiger Höhle.

Schale: glatt, fein fettig, vom Baume grünlichgelb, (1862 schön strohweiß), in der Zeitigung schön citronengelb. Von Röthe bemerkt man, nach Diel, in der Regel keine Spur, während die Früchte, welche ich in meiner Gegend erbaute, immer an der Sonnenseite, doch nicht sehr ausgebreitet, mit einer merklichen, einzeln selbst stärkern und ziemlich verbreiteten, etwas bräunlichen Röthe überlaufen waren. Punkte fein, wenig und nur auf der Sonnenseite zerstreut bemerkbar. Geruch violenartig.

Das Fleisch ist gelblich, fein, saftreich, markicht, von angenehmem, etwas gewürzten, fein weinartigen Zuckergeschmacke.

Das Kernhaus ist groß und offen, die Kammern sind weit, oft unregelmäßig und enthalten selten ein paar vollkommene, meistens taube Kerne. Die Kelchröhre geht als schmaler Cylinder, nach unserer Bezeichnung trichterförmig bis zur Hälfte nach dem Kernhause herab.

Reifzeit und Nutzung: Zeitigt im November und hält sich den Winter hindurch. Diel setzt ihn für Liebhaber von Süßäpfeln in den ersten Rang, welches Urtheil unrichtig ist.

Der Baum wächst kraftvoll und bemerkt Diel, er solle sehr fruchtbar sein. Er setzt an meinem Zwergbaume die Zweige in stumpfen Winkeln an und bildet eine breite Krone. Ueber seine Fruchtbarkeit kann ich meinerseits noch nicht bestimmt urtheilen, da ich bisher, — vielleicht nur zufällig, weil die letzten 10 Jahre für den Fruchtansatz sehr ungünstig waren, — immer nur einzelne Früchte erhielt und mir die Probezweige mehrmals verdarben. Sommertriebe stark, gerade, merklich wollig, nicht oder nur ganz leicht silberhäutig, an der Sonnenseite dunkelroth, oft violett-braunroth, nach unten zerstreut und wenig bemerklich punktirt, oft fast gar nicht punktirt. Blatt groß, flach, nach Diel breitherzförmig, während ich es als breit-eiförmig oder eioval, am Stiele oft etwas herzförmig eingezogen notirte; es hat starke, scharfe Spitze, ist flach und nach Diel mit schönen spitzen Zähnen besetzt, während ich die Zahnung als etwas stumpf notirte. Afterblätter kurz lanzettlich, auch pfriemenförmig; Augen stark, lang, weißwollig, auf flachen, flach gerippten Trägern.

Oberdieck.

No. 547. Kaiserin Elisabeth. Diel I, 1; Lucas I, 1. b; Hogg III, 1. A.

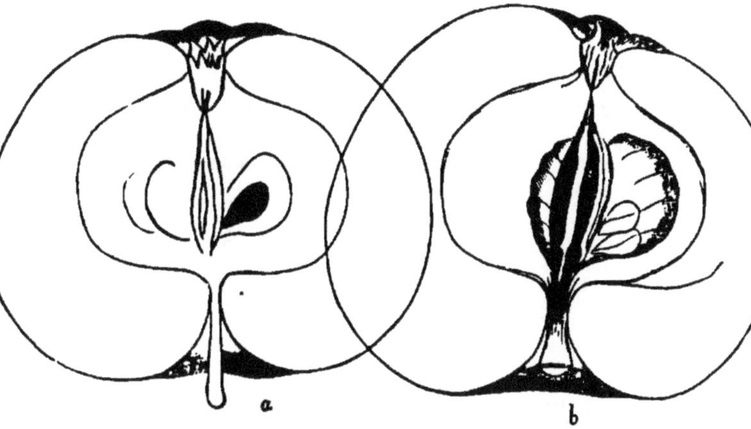

a b

Kaiserin Elisabeth, **, Dezember bis März.

Heimath und Vorkommen: Bei meinem Besuche in Braunau im Winter 1858 zeigte mir Herr Dr. Liegel mancherlei neue Früchte. Darunter befand sich auch die vorliegende und der ihr so ähnliche, auch ebenso wohlschmeckende Apfel Kaiser Franz Joseph. Beide gleichen sowohl im Aeußeren, sowie im Geschmack sehr dem Weißen Winter-Calvill, aus dessen Kern sie jedenfalls entstanden sind. Doch habe ich versäumt zu fragen, wer sie erzogen*), oder woher sie Herr Dr. Liegel erhalten hat.

Literatur und Synonyme: Eine weitere Nachricht oder Beschreibung habe ich in keinem Werke gefunden.

Gestalt: wie oben gezeichnet, also plattrund, nach dem Kelche zu stärker als nach dem Stiele abnehmend, die größte Breite fast in der Mitte, mittelgroß, $2^1/_2$'' breit und 2'' hoch.

Kelch: kleinblättrig, geschlossen, in mit starken Rippen besetzter, etwas enger, oft auch weiter, nicht tiefer Einsenkung. Die Rippen laufen, wenn auch flacher werdend, bis zur Stielwölbung fort.

Stiel: dünn, $^3/_4$'' lang, in mit etwas Rost gefütterter, weiter und tiefer, oft auch enger Vertiefung.

Schale: glatt, nur sehr wenig fettig, glänzend, blaßcitronengelb mit undeutlichen weißlichen Punkten und mit verwaschener blasser Röthe an der Sonnenseite. In dem Roth sind dunkelere carmoisinrothe Punkte

*) Obige Frucht habe ich sichtbar ebenso und mit gleicher Bezeichnung der Güte von Urbanek. So viel ich glaube, hat Urbanek sie erzogen und möchte ich sie für Sämling des Goldzeugapfels und Weißen Wintercalvills halten. O.

und auf der übrigen Schale einige schwärzliche Male, auch einige Regenfleckchen zu bemerken.

Fleisch: gelblichweiß, sehr fein, etwas fest, doch im Kauen mürbe, hinreichend saftig und von sehr angenehmem, gewürzhaften Quitten- oder Ananasähnlichen Zuckergeschmack, auch darin dem Weißen Wintercalvill ähnlich.

Kernhaus: hohlachsig, Kammern etwas geöffnet, mit zum Theil unvollkommenen, länglichen, braunen, großen, meist facettirten Kernen.

Kelchhöhle: tief und kegelförmig, es setzt sich von ihr aus eine Röhre als ein feiner Faden bis zum Kernhause fort, geht auch oft bis aufs Kernhaus herab.

Reife und Nutzung: Der Apfel, den ich von Herrn Dr. Liegel mitnahm, hatte den 23. Dezember bereits schon ein kleines Faulfleckchen, doch kann er auf dem Transporte gelitten haben. Das Fleisch war um diese Zeit jedoch bereits völlig weich und genußreif, indessen läßt es sich denken, daß sich die Frucht unter andern Umständen noch länger gehalten hätte und die Reifzeit also von Dezember durch einen Theil des Winters sein wird.*)

Eigenschaften des Baumes: über denselben ist mir nichts bekannt geworden. Die aus den von Liegel erhaltenen Pfropfreisern erzogenen jungen Stämmchen zeigen indessen ein gesundes, kräftiges Wachsthum und so läßt es sich denken, daß die Sorte darin andern feinen Aepfelsorten nicht nachstehen wird und es ist nur zu wünschen, daß sie sich tragbarer, als der ihm nahestehende Weiße Wintercalvill bezeigt, der von dem vorliegenden in der Güte zwar nicht übertroffen wird, welcher aber den Fehler hat, daß sein Stamm, wenigstens unter den hiesigen Verhältnissen, sich erst dann zum Fruchttragen anschickt, wenn er bereits Brandflecken hat und rückgängig werden will, so daß man auf freiem Stande wenig Freude an ihm erlebt. Auch mir bewies sich Letzterer auf Johannisstamm veredelt noch am fruchtbarsten; ich erndtete wenigstens zeither von einem derartigen Topfbaume regelmäßig jährlich eine kleine Anzahl recht schöne und vollkommene Früchte, die es mir möglich machten, den Werth dieser köstlichen Sorte, die man nicht vergeblich den König von allen Aepfeln genannt hat, mit andern ähnlichen zu vergleichen.

Nachschrift. Der oben erwähnte, ziemlich ähnliche, nur kleinere Apfel Kaiser Franz Joseph ist mehr einfarbig, aber höher citronengelb, an der Sonnenseite schwach orangeroth angehaucht und hat einzelne trübröthliche Fleckchen hie und da, aber sonst keine deutlichen Punkte. Die davon gefertigte Zeichnung weist große Uebereinstimmung nach mit von Flotow's Erzherzog Franz Reinette im Hdb. I, S. 487. Mein Apfel hatte jedoch um den Kelch sehr starke Rippen und diese setzten sich auch als deutlich ausgeprägte Erhabenheiten auf der übrigen Frucht fort und machten dieselbe fünfkantig. Das Fleisch war ferner nicht, wie es von Flotow schildert, stark säuerlich, sondern von gleichem, erhabenem, quittenartigen Zuckergeschmack, gleich dem der obigen Frucht, die mir hiernach und nach ihrer Form und ihrem Kernhause am meisten den Calvillen verwandt zu sein scheint. Es ist jedoch möglich, daß sich jene Erzherzog Franz Reinette in andern Jahren, oder auf anderem Standorte, wohlschmeckender ausbildet und ich unterlasse es deßhalb, den Apfel Kaiser Franz Joseph, der am Ende doch dieselbe Frucht sein könnte, selbstständig zu beschreiben.

Jahn.

Anm. Kaiser Franz Joseph ist schon oben IV, S. 391 beschrieben und glaube ich nicht, daß er mit Erzherzog Franz Reinette identisch sein werde, unter welchem Namen ich von Herrn von Flotow eine große, flachgedrückte Frucht erhielt, die Aehnlichkeit mit einer Goldreinette von Blenheim hat und mit der Beschreibung nicht genügend stimmt. Von der Kaiserin Elisabeth habe ich unter b noch Zeichnung einer Frucht hinzugefügt, wie ich sie 1858 in Jeinsen erndtete. Von Herrn Clemens Rodt zu Sterkowitz erhielt ich Früchte, die in Form mehr der Figur a ähnlich waren. D.

*) Nach Früchten, die ich selbst hatte und 1865 von Herrn Gutsbesitzer Clemens Rodt erhielt, hält die Frucht sich gut, zeitigt gewöhnlich im Dezember und dauert ziemlich den Winter hindurch. D.

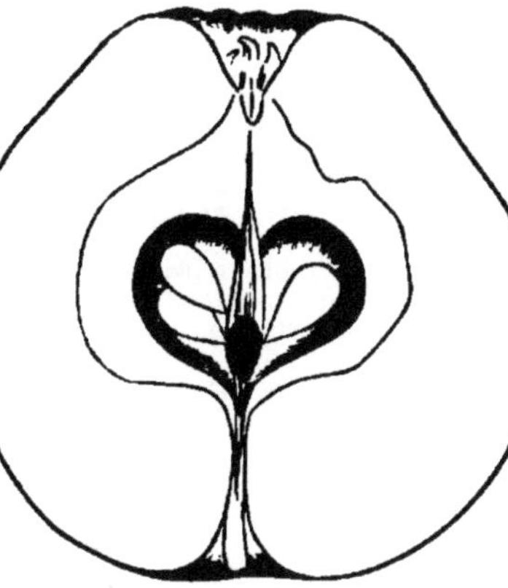

Holländischer rother Wintercalvill, fast ** †. Januar bis Frühjahr.

Heimath und Vorkommen: Diese gute und wegen ziemlicher Aehnlichkeit mit dem Enkhuyser Agatapfel interessante Frucht kam von Herrn von Hartwiß, späterem Direktor der Kaiserlichen Gärten zu Nikita, als er noch zu Kokenhof in Liefland war, mit mehreren Liefländer Obstsorten und ohne Zweifel unter obigem Namen, zunächst an Herrn Justizrath Burchardt in Landsberg und von diesem an Diel. Ob die Frucht nun wirklich aus Holland stammt, steht dahin und kann man nur so viel sagen, daß sie von dem Knoopischen Rothen Wintercalvill ganz verschieden ist, auch dieselbe bei einem Pomologen nicht genügend nachgewiesen werden kann. Diel bezeichnet die Frucht als nieblichen, selten mehr als mittelgroßen, recht haltbaren Winterapfel für die Tafel vom ersten Range. In meiner Gegend blieb er häufig recht klein. Mein Reis erhielt ich direct von Diel, auch nochmals von Diel durch die Societät zu Prag. Ich war anfangs, nach erbauten unvollkommenen Früchten, geneigt, die Sorte mit dem Enkhuyser Agatapfel zusammen zu werfen, überzeugte mich aber 1865, als ich größere Früchte erhielt, und gleichzeitig vergleichen konnte, von der Selbstständigkeit der Sorte, und wie ich schon durch den Umstand, daß ich aus beiden Quellen dasselbe erhielt, an der Aechtheit meiner Frucht nicht zweifeln kann, so stimmt dieselbe auch, ein paar nicht wesentliche Abweichungen ausgenommen, mit der Beschreibung genügend überein.

Literatur und Synonyme: Diel A—B, VI, S. 7, unter obigem Namen. Dittrich I, S. 134, nach Diel. — Im Neuen allgemeinen Garten-Magazine ist von Sickler ein Holländischer Wintercalvill S. 106 beschrieben und Taf. 8 abgebildet worden, der zwar einige Aehnlichkeit mit dem Obigen hat, ja im Contexte die walzenförmig abgebildete Frucht mehr nach der oben dargestellten Form geschildert worden, weicht jedoch in zu vielen und wesentlichen Punkten von der hier vorliegenden Frucht ab. Um Verwirrung zu vermeiden, kann obiger Name nicht abgekürzt werden.

Gestalt: mittelgroß, merklich zum bauchig Konischen neigend, nach Diel in gewöhnlicher Größe 2½ bis 2¾" breit und oft sehr wenig niedriger. Meine Früchte blieben durch Klima oder Boden mehrmals recht klein und erlangten auch in günstigen Jahren nur die oben dargestellte Größe. Der Bauch sitzt in der Mitte, nimmt nach dem Stiele ziemlich kugelförmig ab, und ist dann noch merklich abgestumpft. Nach dem Kelche nimmt die Frucht beträchtlich stärker und zugespitzt ab, und ist nach Diel stark, an meinen Früchten mäßig oder selbst wenig abgestumpft.

Kelch: grün, feingespitzt, nach Diel geschlossen, während ich ihn wiederholt als stark halb offen notirte und sitzt in etwas enger, ziemlich tiefer Einsenkung, mit feinen Falten und Rippchen umgeben, von denen mehrere deutlich und ziemlich calvillartig, doch etwas unregelmäßig und oft einzeln vordrängend, über die Frucht hinlaufen, so daß die Form sich öfter etwas verschiebt.

Stiel: nach Diel dünn, holzig, ¾" lang, sitzend in ziemlich tiefer, fein rostfarbiger Höhle. Ich notirte den Stiel wiederholt als holzig, fein, meist recht kurz und nicht über die Stielhöhle hinaus gehend, nur einzeln ¾" lang und die Stielhöhle als eng, häufig ziemlich flach und stark mit grünlich zimmtfarbigem Roste belegt, der sich noch etwas auf der Stielwölbung verbreitete.

Schale: glatt, nicht fettig, glänzend; Grundfarbe vom Baume ein schönes, helles Seladon-Grün, das erst spät im Winter etwas hellgelber wird, ja, wenn die Frucht nicht lange sitzt, bei voller Mürbigkeit des Fleisches grün bleibt. Die Sonnenseite ist mit einer angenehmen Blutröthe, oft mehr bräunlicher Röthe, meist nur leicht, oft aber auch stark überzogen. Ansliegendes schneidet die Röthe ab. Punkte undeutlich, zerstreut, sehr fein; Geruch schwach.

Fleisch: etwas grünlich weiß, mit starker, grünlicher Ader ums Kernhaus, recht fein, saftreich, nach Diel fest, während ich es sehr mürbe und zart fand, von angenehmem, etwas rosenartigen, ziemlich süßen, weinartigen Geschmacke.

Das Kernhaus ist verhältnißmäßig groß, nach Diel etwas offen, während ich es bald geschlossen fand, bald mit nur feinen, einzeln auch stärkeren, herzförmigen Oeffnungen der Kammern nach dem Stiele hin; die Kammern sind recht weit, bilden eine Herzform und enthalten viele schöne, ungewöhnlich große und starke, spitzeiförmige Kerne. Die Kelchröhre geht nach Diel als schmaler Cylinder bis zur Spitze des Kernhauses herab, während ich sie, mit deutlichem Ansatze zur Trichterform, nur etwas herabgehend fand.

Reifzeit und Nutzung: Zeitigt Anfangs Januar und hält sich bis zum Frühjahre. Welkt nach Diel nicht, was in meiner Gegend der Fall war, wenn die Frucht nicht lange saß. Fault fast gar nicht.

Der Baum wächst lebhaft, aber etwas fein und dürfte, wie schon Diel meint, nicht groß werden. Er setzt die Zweige in stumpfen Winkeln an und bildet eine breite Krone, macht viel feines Fruchtholz und wird recht tragbar. Sommertriebe lang, mittelmäßig stark, fein wollig, schön silberhäutig, nach Diel erdartig braunroth, bei mir violettschwarz, wenig und zerstreut punktirt. Blatt klein, elliptisch, oder eiförmig mit kleiner Spitze, nicht tief und gerundet gezahnt. Afterblätter fein, pfriemenförmig. Augen stark, lang, weißwollig, sitzen auf wulstigen, auf den Seiten gerippten Trägern.

Anm. Den Unterschied gegen den Enkhuyser Agatapfel fand ich bei gleichzeitiger Vergleichung zugleich gebrochener Früchte im Januar besonders darin, daß der Obige noch grüne Grundfarbe und etwas grünliches, sehr mürbes, zartes Fleisch, auch noch größere Kerne hatte, während der Enkhuyser Agatapfel gelb geworden war und gelbliches, auch hartes, abknackendes, etwas stärker weinsäuerliches Fleisch und zwar auch sehr große, doch noch merklich kleinere Kerne hatte. Auch der gleichfalls ähnliche Credes Taubenapfel unterscheidet sich auf gleiche Weise von dem Obigen. Oberdieck.

No. 549. Gestreister Winter Himbeerapfel. Diel I, 1; Luc. I, B. b; Hogg III, 1. R.

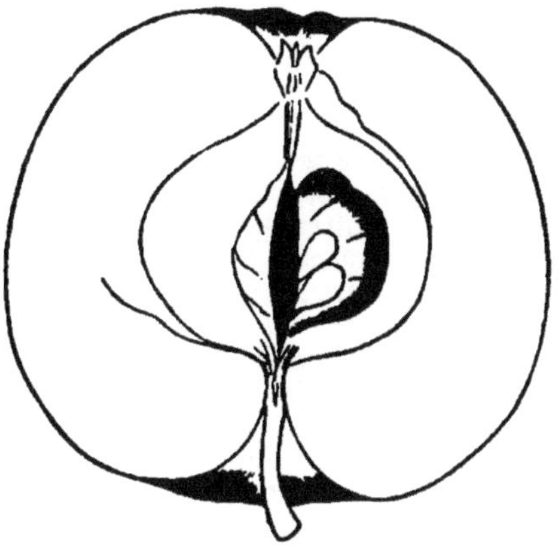

Gestreifter Winter Himbeerapfel, **††, November. 8 Wochen.

Heimath und Vorkomen: Ist eine, in Deutschland wohl noch höchst wenig bekannte, wahrscheinlich erst in neuerer Zeit aus dem Kerne entstandene, schätzbare Frucht, welche Diel 1806 unter dem Namen Framboise rayée von F. Köllner in Saarbrücken bekam. Aelteren Pomologen ist die Frucht noch nicht bekannt, gehört aber zu den delikaten Tafeläpfeln und hat die Sorte wohl nur den Fehler, daß der Baum in manchem Boden, — wie leider die meisten edlen Calvillen, — an Krebs leicht leidet. Auf dem Johannisstamme gedeiht die Frucht und wird, eben so, wie der Weiße Winter-Calvill, auf dieser Unterlage an Krebs weniger leiden. Diel freilich ist der Meinung, daß der Baum gerade des Obigen wenig an Krebs leide und sich selbst zu Feldpflanzungen eigne. Mein Reis erhielt ich direct von Diel und zeigte die Sorte sich völlig ächt.

Literatur und Synonyme: Diel A—B, IV, S. 7, Gestreifter Winter Himbeerapfel, Framboise rayée d'hyver, Dittrich 1, S. 122. Findet sich sonst nur noch in Dochnahls Führer Nr. 56, doch ist es ein Irrthum, daß der Carmin-Calvill dieselbe Frucht sein möge, denn beide Früchte haben gar keine Aehnlichkeit mit einander. Eher könnte man unsere Frucht unter dem Himbeerapfel des T. O.G. XXII, Taf. 10, S. 101, suchen; doch hat diese letzte Frucht viel längere Dauer und suche ich eher meinen Rothen Winter Himbeerapfel darunter. Diel selbst gibt an, daß der Obige dem Harlemmer Himbeerapfel sehr ähnlich sei; ist die von ihm als Harlemmer rother Himbeerapfel beschriebene Frucht gemeint, so hat dieser wenigstens weit stärkere Röthe, als Diel bei Obigem angibt.

Gestalt: Gute Früchte sind $2^1/_2$" breit und $2^1/_4$" oder etwas weniger hoch. Topffrüchte hatte ich von 3" Breite und $2^1/_2$" Höhe. Neigt sich sehr zur Kugelform. Der Bauch sitzt in der Mitte und sind die Wölbungen nach Stiel und Kelch sich oft ganz ähnlich; nur bei kleineren Exemplaren ist die Abnahme nach dem Kelche stärker.

Kelch: schmal- und langblättrig, geschlossen, sitzt in geräumiger, ziemlich tiefer Einsenkung von feinen Rippen und oft schönen Fleischperlen umgeben. Auch über die Frucht laufen bald breite, bald calvillartige Erhabenheiten hin.

Stiel: dünn, holzig, $^3/_4$—1" lang, sitzt in weiter, ziemlich tiefer, meistens glatter, doch oft auch mit Rost besetzter Höhle.

Schale: glatt, etwas glänzend, gar nicht fettig; Grundfarbe vom Baume hellgrün, später hellcitronengelb; doch sieht man bei ganz freihängenden Früchten die Grundfarbe wenig rein, indem die Sonnenseite mit zahlreichen abgesetzten Carmosinstreifen besetzt und dazwischen noch so stark roth überlaufen ist, daß man von der Grundfarbe nichts sieht. Die Streifen verbreiten sich einzeln und matter auch noch über die Schattenseite und nur bei beschatteten Früchten sieht man auf der Sonnenseite die Streifen allein. Punkte fein, gelblich und hauptsächlich nur in der Röthe zu sehen, doch als feine Dupfen auch in der Grundfarbe wahrzunehmen. Geruch stark, violenartig.

Das Fleisch ist etwas gelblich, nach meiner Wahrnehmung auch oft stellenweise schwach röthlich, saftvoll, mürbe, von fein himbeerartigem, gewürzhaften, weinartigen Zuckergeschmacke. Der Geschmack ist dem des Rothen Wintercalvills ziemlich ähnlich, doch etwas weiniger und merklicher alantartig gewürzt.

Das Kernhaus ist nach Diel geräumig und offen, doch fand ich es mehrmals auch geschlossen mit hohler Achse. Die geräumigen, oft unregelmäßigen Kammern enthalten kleine, spitzeiförmige Kerne. Die Kelchröhre ist nach Diel ein starker, oft bis ins Kernhaus gehender Kegel und fand ich sie auch so, doch eben so oft als herabgehenden Trichter oder bauchig erweiterten Cylinder.

Reifzeit und Nutzung: Zeitigt im März und hält sich nach Diel 6 Wochen wohlschmeckend, hält sich aber überhaupt länger als 8 Wochen.

Der Baum wächst in der Jugend lebhaft, wird aber nach Diel nur mittelmäßig groß. Er setzt, — was auch mein Zwergbaum thut, — die Aeste ziemlich abstehend an und macht eine licht verzweigte und licht belaubte breite Krone, ist aber fruchtbar und macht der Baum viel kurzes Fruchtholz. Sommertriebe nicht stark, lang, nicht silberhäutig, nach oben wollig, beschattet olivengrün, besonnt erdartig braunroth, sehr zahlreich, doch fein und nicht ins Auge fallend punktirt. Blatt mittelgroß, eiförmig, mit kurzer, halb auslaufender Spitze, schön und spitz gezahnt. Afterblätter pfriemenförmig. Augen klein, wenig wollig, sitzen auf etwas vorstehenden, merklich gerippten Trägern.

Oberdieck.

Nro. 550. Credes Wilhelmsapfel. Diel I, 2; Lucas II, 8. a. (b); Hogg III, 2. B.

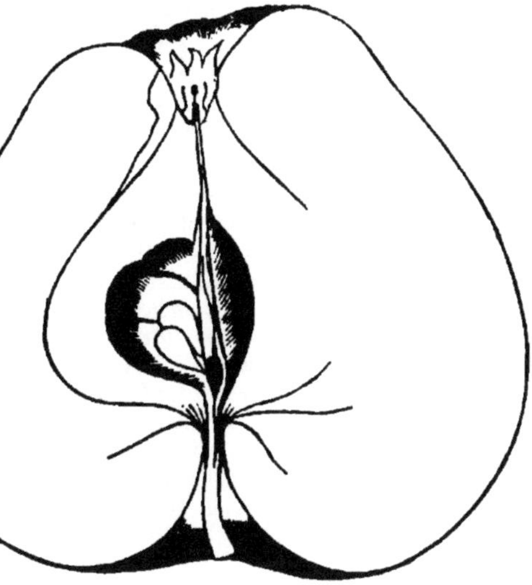

Credes Wilhelmsapfel. ††, fast L.

Heimath und Vorkommen: Diel erhielt diese sehr gute Frucht 1801 von Herrn Professor Crede in Marburg und bemerkt, daß dieselbe sich nicht nur bei keinem Pomologen finde, sondern daß auch der Name Wilhelmsapfel sich fast gar nicht finde, jedoch man im Hessischen mehrere Sorten des Namens antreffe, wo man vielleicht große und schöne Aepfel in neuerer Zeit nach dem Fürsten benannt habe. Dieser Ursprung des Namens ist wahrscheinlich. Das Reis erhielt ich direct von Diel und zeigte die Sorte sich ächt, der über dieselbe urtheilt, daß sie sowohl zum rohen Genuß angenehm, als für den Landmann von ausgesuchter Güte sei, und sie überhaupt in großen Obstanlagen stets eine Stelle verdiene, welchem Urtheile ich beitrete.

Literatur und Synonyme: Diel A. B. III. S. 20. Credes großer Wilhelmsapfel, welcher Name, wie oben, wird abgekürzt werden können. Dittrich I. S. 148; v. Aehrenthal hat Tafel 37 Abbildung gegeben. Sonst finde ich ihn nur noch in Dochnahls Führer.

Gestalt: Hochaussehend, zum Konischen neigend; der Bauch sitzt in der Mitte oder auch etwas nach dem Stiele hin, und wölbt die Frucht sich um den Stiel plattrund, nimmt aber nach dem Kelche viel stärker ab. Ich hatte öfter auch Früchte, die einen starken, kuglig runden Bauch zeigten, der sich dann nach dem Kelche hin mit schönen Ein=

biegungen in eine dicke, vorgeschobene, stark abgestumpfte Spitze verlängerte. Gute Früchte sind $3^1/_2$" breit und auf der höchsten Seite 3" hoch, oft so hoch, als breit. Eine Seite ist häufig niedriger als die andere.

Kelch: kurz- und breitblättrig, grün, halb offen, sitzt in etwas enger, nicht tiefer Einsenkung, mit vielen feinen Rippchen umgeben, und auch über die Frucht laufen oft recht viele sanfte und starke, calvillartige Erhabenheiten hin, welche die Rundung meist in die Breite verschieben.

Stiel: kurz, ragt selten über die Stielwölbung hervor, ist jedoch mitunter auch 1" lang und sitzt in weiter, tiefer, trichterförmiger Höhle, die mit starkem, strahlig verlaufenden Roste besetzt ist.

Schale: zart, glatt, ziemlich glänzend; Grundfarbe ist vom Baume schön strohgelb, in meiner Gegend oft noch stark gelblich grün, und wird in der Zeitigung hohes Citronengelb. Mehr als die halbe Sonnenseite ist mit vielen stärkern und kleinern Carmoisinstreifen vom Kelche bis in die Stielhöhle besetzt, die sich bei freihängenden Früchten auch noch über die Stielwölbung verbreiten. Zwischen den Streifen ist die Sonnenseite noch leichter roth verwaschen mit durchscheinender Grundfarbe. Beschattete Früchte zeigen auf der Sonnenseite meist nur etwas matte Streifen. Wahre Punkte findet man nach Diel gar nicht, doch fand ich hier solche, aber zerstreut, sehr deutlich besonders auf der Schattenseite. Geruch merklich.

Das Fleisch ist weiß, fest, saftvoll, von angenehmem, gewürzten, süß weinsäuerlichen Geschmacke.

Das Kernhaus ist groß und offen, doch fand ich bei hochaussehenden Früchten es auch geschlossen mit schmaler, hohler Achse, in die einzelne Kammern sich nach dem Stiele hin herzförmig öffneten. Die Kammern sind nach Diel geräumig und enthalten meist nur taube Kerne, die ich meinerseits mehrmals vollkommen und langeiförmig fand. Die Kelchröhre ist ein starker, kurzer Kegel.

Reifzeit und Nutzung: Zeitigt im Nov. oder Dec. und hält sich den Winter hindurch.

Der Baum wächst sehr lebhaft und gesund, bildet nach Diel mit starken Aesten eine breit gewölbte Krone und ist sehr fruchtbar. Sommertriebe lang und stark, nach oben etwas abnehmend, fein wollig, ziemlich stark silberhäutig, schwärzlich violettbraun, mit zerstreuten, ziemlich starken Punkten besetzt. Blatt groß, flach, nach Diel eiförmig, mit kurzer aufgesetzter Spitze, nach meiner Wahrnehmung meist schön elliptisch oder fast oval mit aufgesetzter Spitze, tief und scharf gezahnt. Afterblätter lanzettlich. Augen flach, wollig, sitzen auf etwas vorstehenden, flach gerippten Trägern.

Oberdieck.

Nro. 551. **Porters Apfel.** Diel I, 3; Lucas III, 1. b; Hogg I, 2. A.

= No. 772 in Lauche's Ergänzungsband.

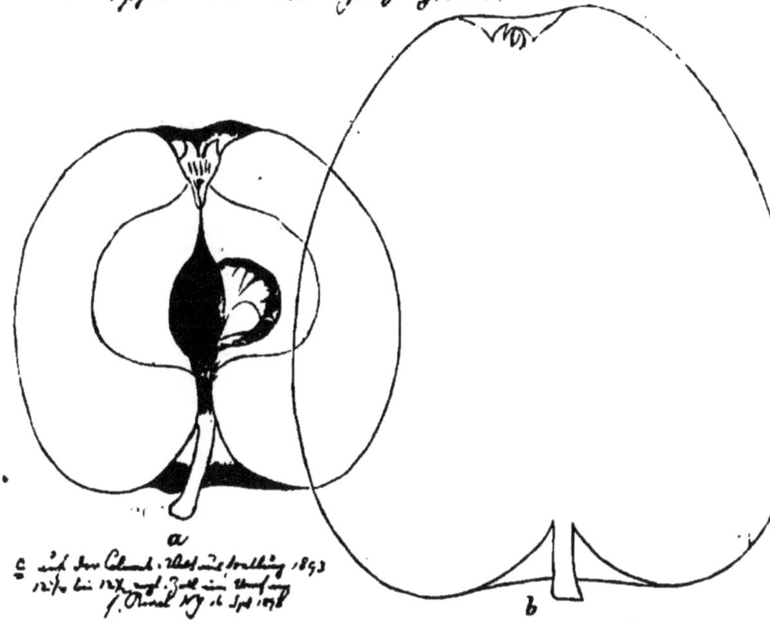

Porters Apfel. *††, September, 4—5 Wochen.

Heimath und Vorkommen: Ist eine neuere, Amerikanische, durch Herrn P. Porter zu Sherburne in Massachusets erzogene Frucht, die besonders zu Boston viel zu Markte gebracht wird. Das Reis erhielt ich durch Herrn Behrens zu Travemünde aus Downings Collection und ist nach den angegebenen Kennzeichen meine Sorte ungezweifelt die rechte, wenn auch die Frucht in hiesiger Gegend, oder vielmehr wohl in meinem zu trockenen Boden oft kleiner und kürzer gebaut ausgefallen ist, als Downing sie darstellt. (Fig. b oben.) Die Frucht hat gar manche Aehnlichkeit, namentlich in Fleisch und Geschmack, mit unserer, schon bekannten, Hildesheimer Saftreinette, und hat mit dieser auch gleichen Werth, namentlich auch zu Apfelbrei.

Literatur und Synonyme: Downing, S. 92. u. Ausg. v. 1866 S. 95. Porter, Elliot, S. 100. ohne Fig., mit d. Synonym Golden Pippin of Michigan. Der Lond. Cat. hat S. 32, Nr. 596 nur den Namen, ohne weitere Angaben. Auch Hogg, S. 259 führt die Frucht nur unter den ihm noch nicht näher bekannten auf, und gibt im Ganzen das von Downing Gesagte wieder.

Gestalt: Erreichte bei mir in den Jahren 1864 und 1865 die oben dargestellte Größe und Form, und war dann zwar etwas hochaussehend, jedoch nicht selten selbst noch etwas breiter, als hoch. In dem feuchten Sommer 1867 wurde sie jedoch gegen 1″ höher als Fig. a oben und Downings Figur etwas mehr ähnlich. Der Bauch sitzt nur etwas, nach Downings Figur stark nach dem Stiele hin, um den die Frucht sich schön zurundet und noch stark abstumpft. Nach dem Kelche nimmt er noch bemerklich stärker und in langen Exemplaren ziemlich stark ab und ist mäßig abgestumpft.

Kelch: grün bleibend, etwas kurzgespitzt, geschlossen oder nur etwas offen, sitzt in ziemlich enger und flacher Senkung, mit Falten und Rippchen umgeben, die anfangs etwas kantig, dann aber flacher über die Frucht hinlaufen, deren Form gefällig ist.

Stiel: ziemlich stark, holzig oder auch etwas fleischig, und mitunter auch von einem kleinen Fleischwulste begleitet, $^3/_4$″ lang, sitzt bald in tiefer und geräumiger, bald auch flacher Höhle, die bald glatt ist, bald auch etwas strahlig verlaufenden Rost zeigt.

Schale: fein, doch nicht zu zart, nur mattglänzend, im Liegen ein Weniges geschmeidig. Die Grundfarbe ist vom Baume ein weißliches Gelb, später schönes Gelb, und zeigen besonnte Früchte eine geröthete Backe (nach Downing a dull blush, nach Elioth a fine blush cheek). Beschattete werden an der Sonnenseite nur goldartiger Punkte zahlreich, erscheinen aber meist als hellere Dupfen in der Schale. Geruch stark.

Das Fleisch ist weiß, oft auch gelblich, ziemlich fein, (fine grained, Downing), mürbe, von etwas gewürztem, hinreichend saftreichen, nur etwas Säure zeigenden Zuckergeschmacke.

Das Kernhaus ist etwas offen, oft hohlachsig und geschlossen, mäßig groß, die mäßig geräumigen Kammern enthalten vollkommene, schwarzbraune, breiteiförmige Kerne. Die Kelchröhre ist bald kurzer, breiter, bald etwas mehr herabgehender Kegel.

Reifzeit und Nutzung: Zeitigt nach Downing im Sept. und verdiene allgemeinen Anbau. Auch bei mir zeitigte er in dem kalten Jahre 1864 schon Ende Sept., in dem sehr warmen Jahre 1865 schon $^1/_2$ Sept., und hielt sich selbst in diesem Jahre bis Ende October.

Der Baum wächst, nach Elliotts Angabe, gemäßigt und verlangt nach ihm schweren Boden. — Der Baum ist in meiner Baumschule gesund, wächst gemäßigt, doch gut. Sommertriebe lang, etwas fein, schlank, nach oben abnehmend, mit feiner Wolle belegt, etwas schmutzig violettbraun, nur unten ganz leicht silberhäutig, ziemlich zahlreich, doch recht fein punktirt. Blatt mittelgroß, fast flach, eioval oder lang-eiförmig, mit fast auslaufender, schöner, etwas gedrehter Spitze, tief, schön und scharf gezahnt. Afterblätter häufig, lanzettlich; Augen mäßig stark, fast dreieckig, auf nur etwas vorstehenden, wenig gerippten Trägern.

Oberdieck.

No. 552. Süßapfel von Angers. Diel I, 3; Lucas III, 1. b; Hogg III, 1. A.

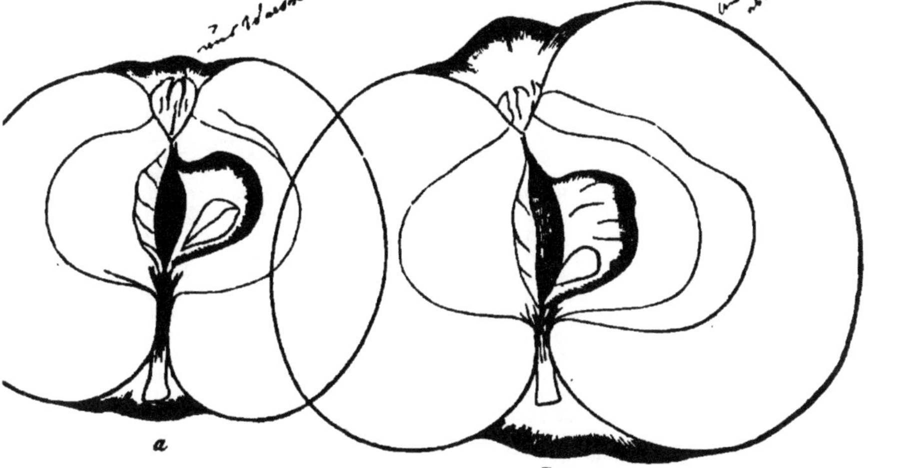

a *b* — Pomme Ostogate

Süßapfel von Angers, *††, November bis März.

Heimath und Vorkommen: Ist bei Angers in Frankreich als Tafelapfel verbreitet und geschätzt, und ist etwa dort auch entstanden. Ich erhielt die Sorte sowohl direkt von Hrn. Leroy zu Angers, als auch aus Papleus Collection und nochmals unter dem Synonym Ostogate von der Société van Mons, ja in Frucht nochmals als Ostogate aus der zu Görlitz ausgestellten Collection der Gebrüder Simon Louis, (verglichen Monatsschrift 1864 S. 30), und kann mithin nicht zweifeln die rechte Sorte zu besitzen. Ist als Tafelapfel recht angenehm, und wird auch für die Küche gut brauchbar sein, wenn gleich ich für die hiesige Gegend eine Bereicherung der Pomol. in ihm nicht gefunden habe, da der Zuckergeschmack ein wenig fade bleibt und nicht stark genug ist; die Frucht aus der Coll. der Gebr. Simon Louis hatte schon merklich mehr Güte und war wirklich **††.

Literatur und Synonyme: Leroy im Cataloge von 1863 hat ihn als Doux d'argent (etwa von der weißen Farbe so genannt), mit dem Synon. Doux d'Angers und gibt als Kennzeichen an: mittelgroße, saftreiche, sehr volltragende Tafelfrucht ersten Ranges, mit festem Fleische, reifend December bis März. Dittrich III, S. 87, Süßer Apfel von Angers, Pomme doux d'Angers, gibt bereits, doch zu ungenügende Beschreibung, die auf meine Frucht paßt, und aus Noisettes Handb. II, S. 329, Nr. 89, entnommen sein wird, welche Stelle er allegirt. Daß Ostogate Synonym von Doux d'Angers sei, sagt schon Jamin Durand im Cataloge, wo er Ostogatte schreibt. Auch Bavay im Vilvorder Cataloge von 1853 setzt bereits beide Namen als Synonyme zusammen. Die Annales geben V, S. 23, von Ostogate Beschreibung und Abbildung, nur größer und schöner gefärbt, als ich hier Obigen hatte, während ich sonst meine Frucht, die oben Fig. a dargestellt ist, in ihr völlig wiedererkenne. Hennau, der die Beschreibung gibt, gedenkt der Synonymen mit Doux d'Angers nicht, die er nicht gekannt haben wird, sagt aber, sie scheine bestimmt aus Frankreich abzustammen und sei wohl ein Abkömmling von Calville blanc, gehöre auch unter die Calvillen. — Jahn im Handbuche

IV, S. 127, bei Beschreibung des Süßen Nanzhäusers gedenkt schon der Synonyme von Doux d'Angers und Ostogate, welche Frucht er von Papleu (etwa corrumpirt benannt), als Astogold erhalten habe, und ist er der Meinung, der Doux d'Angers werde wohl mit unserem Süßen Nanzhäuser identisch sein. Dem stehen aber mehrere Angaben in Diels Beschreibung, namentlich der merklich alantartige Geschmack und die weniger calvillartige Form, auch die spätere Reife und Dauer von 2 Jahren entgegen, und was ich unter dem Namen direkt von Diel und ächt erhielt, und gerade gleichzeitig vergleichen konnte, zeitigte erst im December, hatte auch, wenn auch hier nicht starkes, doch erkenntlich alantartiges Gewürz, andere Form und viel härteres Fleisch. Ich möchte daneben einen kleinen Zweifel hegen, ob Jahn auch bei Beschreibung des Süßen Nanzhäusers die rechte Frucht vorgelegen habe. Die Bezugsquelle von Dittrich ist, nach meinen Erfahrungen eine trübe, indem ich gut den dritten Theil der daher bezogenen Sorten falsch fand; die Frucht ist auch größer dargestellt, als Diel selbst in seiner günstigen Gegend sie angibt, und eine Frucht seines Süßen Nanzhäusers, die Jahn 1865 mir sandte (indeß etwa abweichend gebildet sein konnte), wich in mehreren Punkten von Diels Beschreibung ab, war 3''' breit, 2'' hoch, mit stark ungleichen Hälften; das Kernhaus offen, Kelch auch offen, nicht geschlossen und nicht straußförmig in die Höhe stehend, und liefen nur sehr wenig bemerkliche Erhabenheiten über die Frucht, deren Stielhöhle rostig, nicht glatt, das Fleisch sehr mürbe, und der Geschmack wohl gezuckert aber nicht zimmtartig war. — Die Annales VIII, S. 45, haben einen Pomme de Jaune mit dem Synonym Pomme d'argent, welcher mit dem Obigen nicht verwechselt werden darf.

Gestalt: Etwas flachrund, in gut gewachsenen Exemplaren einem kleinen Weißen Wintercalville ähnlich. Gute Exemplare messen bei mir $2^1/_2$'' Breite und 2'' Höhe. Bauch mehr nach dem Stiele hin, um den die Frucht sich flachrund wölbt. Nach dem Kelche nimmt sie stärker ab und ist mäßig abgestumpft. Die Frucht aus der Collection der Gebrüder Simon Louis (Fig. b oben) war beträchtlich größer, $3^1/_2$'' breit und $2^3/_4$'' hoch.

Kelch: wollig, langgespitzt, meistens geschlossen, einzeln halb offen, sitzt in mäßig tiefer Senkung mit rippenartigen Falten oder feinen Rippen umgeben, die auch calvillartig, theils kantig, einzeln flachkantig, bis zur Stielhöhle hinlaufen.

Stiel: holzig, meist ganz kurz, einzeln $^3/_4$'' lang oder auch bloß ein Butz und fleischig, sitzt in weitgeschweifter, tiefer, meistens mit strahlig verlaufendem Roste ausgekleideter, oft auch glatter Höhle.

Schale: fein, glatt, im Liegen geschmeidig, etwas glänzend, vom Baume grüngelb, später schön hellgelb, wobei besonnte Exemplare an der Sonnenseite leichten Anflug gelblich bräunlicher Röthe zeigen, die beschatteten Exemplaren fehlt. Punkte fein, fallen nicht ins Auge, sind in der Grundfarbe als fein erhobene Schalendupfen bemerklich, an der Sonnenseite durch mäßig viele, feine, rothe, sie umgebende Kringe markirt. (Die Annales stellen zahlreiche, feine, rothe Punkte über die ganze Sonnenseite verbreitet, und eine leicht aufgetragene, gelbliche Röthe noch etwas weiter verbreitet dar.) Etwas Rost fand sich nur an sehr einzelnen Exemplaren. Geruch schwach.

Das Fleisch ist ziemlich weiß, fein, mürbe, selbst zart, ziemlich saftreich, von sehr angenehmem, etwas ~~rosenartig~~ gewürzten, fast reinen Zuckergeschmacke, der in hiesiger Gegend etwas stärker prononcirt sein könnte.

Das Kernhaus sitzt mehr nach dem Kelche hin, ist mäßig groß, etwas unregelmäßig, ziemlich offen; die ziemlich geräumigen Kammern enthalten nicht viele und nicht gehörig ausgebildete, große, theils auch taube Kerne. Kelchröhre breiter, nur etwas herabgehender, doch die Spitze des Kernhauses noch erreichender Kegel.

Reifzeit und Nutzung: Meine Früchte waren bereits Mitte November völlig mürbe, und hielten sich bis gegen den März.

Der Baum wächst in der Baumschule gut, doch bisher nicht stark. Hennau bezeichnet ihn als genügend triebig und sehr fruchtbar. Sommertriebe ziemlich lang und stark, nach oben wollig, nur sehr leicht oder nicht silberhäutig, violettbraun, nach unten zahlreich, etwas fein punktirt. Blatt mittelgroß, fast flach, elliptisch, ziemlich tief, doch stumpf gezahnt. Afterblätter pfriemenförmig. Augen klein, wollig, sitzen auf etwas vorstehenden, flach und kurz gerippten Trägern.

Oberdieck.

No. 553. Frauencalvill. Diel I, 3; Lucas III, 1. b; Hogg III, 1. A.

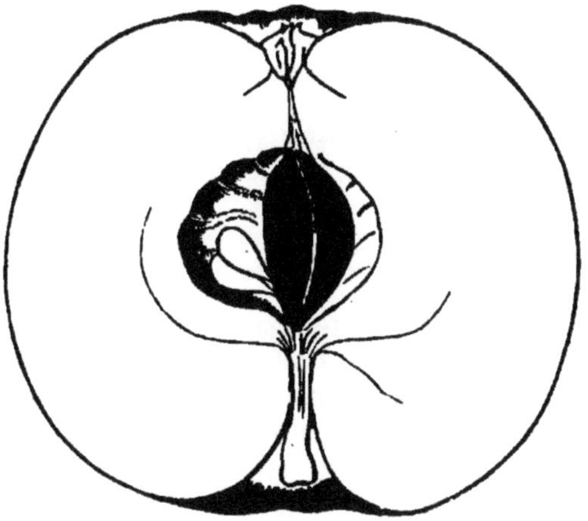

Frauencalvill. **†|†. März bis Mai.

Heimath und Vorkommen: Das Reis dieser, durch späte Reife und vorzüglichen Geschmack, recht schätzbaren Frucht erhielt ich durch den in der Pomologie breits rühmlich bekannten Baumschulenbesitzer und Pomologen André Leroy zu Angers in Frankreich, in dessen Catalogen die Frucht sich findet, und zwar mit dem Beisatze (A. L.), so daß man abnehmen darf, daß die Frucht von ihm erzogen, oder wenigstens in dortiger Gegend aufgefunden sei. Er bezeichnet sie als eine **superbe et excellente pomme**, von mittlerer Größe, welche sich bis in den Mai halte, und darf ich annehmen, die rechte Frucht erhalten zu haben. Der Probezweig lieferte in den 3 letzten Jahren jedesmal einige Früchte, saß jedoch, was zufällig und Folge der Ungunst der Witterung gewesen sein wird, nicht voll. Wird der Beachtung der Pomologen vorerst warm empfohlen.

Literatur und Synonyme: Wird hier wohl zuerst beschrieben, wenigstens kommt in Deutschen pomologischen Werken die Frucht nicht vor.

Gestalt: kugelig, einzeln ziemlich flachrund, andere auch wieder hochaussehend. Gute Früchte haben die oben dargestellte Größe, einige waren selbst noch etwas größer. Der Bauch sitzt in der Mitte und wölbt die Frucht nach beiden Seiten sich fast gleichmäßig, und stark abgestumpft. Andere runden sich nach dem Kelche fast zu, sind nur mäßig abgestumpft und nehmen dann nach dem Kelche ein Geringes mehr ab, als nach dem Stiele.

Kelch: ziemlich langgespitzt, stark wollig, geschlossen, sitzt in mäßig weiter, oft fast flacher Senkung, mit feinen Rippen, oft auch einigen Fleischperlen unregelmäßig umgeben, die auf der Kelchwölbung meist noch etwas rippig vortreten, oft aber überhaupt breit und flach über die Frucht bis in die Stielhöhle hinlaufen, bei einzelnen Früchten auch die Rundung verderben, während in der Regel die Form schön und gefällig ist.

Stiel: kurz, holzig, reicht über die Stielwölbung nicht hinaus und sitzt meistens in weiter, tiefer, glatter oder nur partiell mit strahligem Roste besetzter Höhle.

Schale: glatt, ziemlich glänzend, vom Baume hellgrün, in der Reife schön citronengelb. Die Sonnenseite hat eine leicht gebräunte, kleine Backe oder nur Anflug von Roth, die an vielen Früchten ganz fehlt. Punkte fein, zerstreut, fallen nicht ins Auge. Mitunter finden sich ein paar blutrothe Ringe und Punkte. Der Geruch ist schwach.

Das Fleisch ist gelblich oder grünlich gelblich, fein, sehr saftreich, von süßem erquickenden Weingeschmacke.

Das Kernhaus ist offen, die geräumigen ausgeblühten Kammern enthalten größtentheils vollkommene, schwarzbraune, starke, spitzeiförmige Kerne. Die Kelchröhre ist ein breiter, etwas herabgehender Kegel, doch zieht oft auch das offene Kernhaus sich bis zu der Kelchröhre hinauf.

Reifzeit und Nutzung: Zeitigt durchschnittlich im Februar und hält sich bis zum Mai.

Der Baum wächst in der Baumschule gut und gesund. Ueber seine Form vermag ich noch nichts zu sagen. Sommertriebe lang und stark, steif, nach oben mäßig abnehmend, fein und leicht wollig, violettschwarz, nur stellenweise leicht silberhäutig, zerstreut und fein punktirt. Blatt groß, flach, mehr oval, als elliptisch, mit halbauslaufender, langer, starker Spitze, scharf und meist tief gezahnt. Afterblätter häufig, nicht groß, kurz lanzettlich, oft pfriemenförmig. Augen mäßig groß, sitzen auf etwas vorstehenden, deutlich gerippten Trägern.

Oberdieck.

No. 554. Greenup's Apfel. Diel I, 3; Lucas III, 2. b; Hogg II, 1. A. (B).

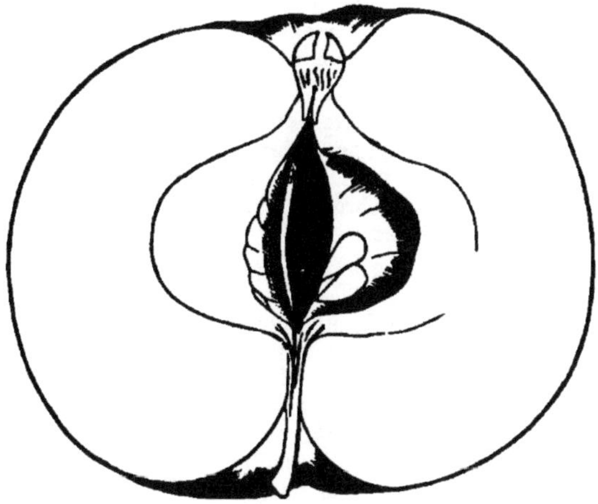

Greenup's Apfel, fast **††, Oktober bis December.

Heimath und Vorkommen: Ist eine Englische Frucht, welche zuerst in dem Garten eines Schuhmachers, Namens Greenup zu Keswick aufgefunden wurde, und darauf durch die Baumschulenbesitzer Clarke und Atkinson zu Keswick zu Anfang dieses Jahrhunderts verbreitet wurde. Hogg erklärt, die Frucht sei ein sehr werthvoller Apfel, sowohl für Tafel als Küche, vom allerersten Range, der auch sehr beliebt und hoch geachtet sei, zumal er sich immer sehr vollkommen ausbilde. Diesem Urtheile muß ich nach den Früchten, die ich sowohl 1865 groß und gut, als in dem naßkalten Jahre 1866, das noch am 23. Mai Frost brachte, noch größer und schöner als früher erbaute, beipflichten. Mein Reis erhielt ich von der Lond. Societät und zeigte die Sorte sich sichtbar ächt.

Literatur und Synonyme: Hogg S. 103 Greenup's Pippin; einige Cataloge hätten die Schreibart Greenus's Pippin. Der Lond. Catalog hat ihn erst im Nachtrage S. 5 Nr. 304.

Gestalt groß; gut gewachsene Früchte haben die Größe, welche Hoggs Figur darstellt, und sind 3" breit, $2^1/_2$" hoch. Die Form neigt zu kugelig, an beiden Enden mehr oder weniger abgestumpft. Die Frucht scheint aber in Form und Größe etwas veränderlich, und wie manche Früchte zum abgestumpft Konischen neigen, so sind auch einzelne Exemplare nicht größer als ein guter Edelborsdorfer. Der Bauch sitzt meistens in der Mitte und wölbt die Frucht sich nach beiden Seiten ziemlich gleichmäßig, an beiden Enden etwas abgestumpft. Oft sitzt aber der Bauch

auch etwas mehr nach dem Stiele hin und nimmt die Frucht dann nach dem Kelche etwas stärker ab.

Kelch: wollig, grünbleibend, breitgespitzt, ist geschlossen oder ein wenig offen und sitzt in enger, mäßig tiefer Senkung, von Falten und flachen Beulen umgeben und auch über die Frucht laufen breite, häufig auch ziemlich kantige, regelmäßig gestellte Erhabenheiten hin.

Stiel: dünn, holzig, kurz, oft keinen halben Zoll lang, selten 3/4" lang, sitzt in enger, flacher, oder nur ziemlich tiefer, nur wenig Rost zeigender Höhle, die nicht selten auch durch einen starken Fleischwulst verengt oder ganz verdrängt ist, so daß der Fleischwulst über die Stielwölbung hervorragt.

Schale: fein, zart, glänzend, geschmeidig, vom Baume wachsartig weiß, später hellgelb. Die Sonnenseite ist mit einer gelblich bräunlichen Röthe etwas leicht überlaufen, bei manchen nur ganz blaß und leicht, bei andern so intensiv, daß die ganze Sonnenseite blutartig roth verwaschen ist. Punkte sind sehr fein und wenig bemerklich, in der starken Röthe sieht man sie als ganz feine, zerstreute, gelbliche Pünktchen, in der weniger starken Röthe machen sie sich dadurch bemerklicher, daß sie matt etwas dunkler roth umflossen sind; einzelne Rostflecken, deren Hogg gedenkt, bemerkte ich auch. Der Geruch ist etwas schwach.

Das Fleisch ist weiß, recht fein, sehr saftreich, von gewürztem, erquickenden, süßweinsäuerlichen Zuckergeschmacke, fast Weingeschmacke.

Das Kernhaus ist mäßig groß, ziemlich offen, oder wirklich offen. Die geräumigen Kammern enthalten viele braune, ziemlich eiförmige, vollkommene, etwas kleine Kerne. Die Kelchröhre geht als spitzer Kegel, oft etwas trichterförmig bis auf die Spitze des Kernhauses herab.

Reifzeit und Nutzung: Zeitigt schon im Oktober, oft zu Anfange des Monats und hält sich bis in den December. Muß auch sehr guten Wein geben.

Der Baum ist nach Hogg gesund, wächst gut, erlangt aber nur mittelmäßige Größe und trägt sehr reich, was mein noch junger Zwergstamm und Probezweig bewahrheiteten. Der Probezweig hat die Nebenäste in etwas stumpfen Winkeln angesetzt, und deutet darauf hin, daß der Baum eine lichte, etwas zerstreute Krone macht. Die Sommertriebe sind mäßig stark, nach oben etwas wollig, unansehnlich violettbraun gefärbt, nur zerstreut und nicht in die Augen fallend, punktirt. Blatt groß, fast flach, nach unten am Zweige oval oder eioval, mehr nach oben ziemlich rund, mit aufgesetzter kurzer Spitze, zahlreich und ziemlich scharf gezahnt. Afterblätter pfriemenförmig, fehlen meist. Augen kurz, ziemlich wollig, sitzen auf mäßig vorstehenden, kurz und flach gerippten Trägern.

Oberdieck.

No. 555. Winter Carthäuser. Diel I, 3; Lucas III, 2 b; Hogg III, 1 A (C).

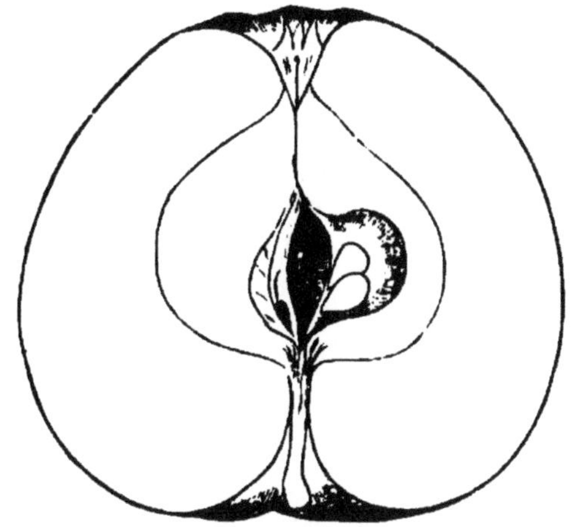

Winter Carthäuser. *††. W. L.

Heimath und Vorkommen: Ist eine in Deutschland schon etwas verbreitete und auch sehr schätzbare Frucht, die recht häufigen Anbau verdient. Diel bemerkt, daß Aepfel unter dem Namen Carthäuser (die etwa sämmtlich aus einem Carthäuser Kloster abstammen mögen), in Hessen, besonders in der Wetterau und auch am Rheine in seiner Gegend sehr verbreitet seien, unter denen doch, wie man wenigstens abnehmen darf, auch der Obige sich finden wird, obgleich er es ausdrücklich nicht sagt, indem er in den ersten Heften seines Systems noch nicht bemerkt, woher er eine Frucht nahm. Auch Dittrich sagt, daß der Obige in Thüringen als Carthäuser-Reinette sehr verbreitet sei. Allgemeiner gebaut, wie er es verdient, ist er indeß längst noch nicht. Diel sagt von ihm im Cataloge, wo er ein Sternchen beisetzt: daß die Frucht zu jedem Gebrauche sehr schätzbar sei und allgemeine Anpflanzung verdiene. — Mein Reis erhielt ich direkt von Diel, und stimmten die erbauten Früchte mit der Beschreibung ganz überein.

Literatur und Synonyme: Diel II, S. 81, Gelber Winter Carthäuser. Da in pomol. Werken bis jetzt nur noch ein Grüner Sommer Carthäuser und Langer Carthäuser bekannt sind, würden die Beiworte Gelber und Grüner in diesen Benennungen wegfallen können. Dittrich I, S. 176, nach Diel: Christs Hnd., W. B., S. 33, Gelber Winter Carthäuser, bei welcher Frucht er sich ausdrücklich auf Diel bezieht, auch Diels Beschreibung wörtlich wieder giebt, und neben ihm noch den Langen Carthäuser hat. Kommt sonst nur noch bei Dochnahl im Führer Nr. 159 vor. Wenn er eben daselbst in Klammern hinzusetzt: = Pariser Rambourreinette? so zeigt er, daß er den Obigen oder beide Früchte gar nicht gekannt hat.

Gestalt: hat oft ein etwas kugelförmiges Ansehen, nimmt aber nicht nur nach dem Kelche etwas stärker ab, sondern neigt auch meistens zum Hochaussehenden oder ist wirklich hochaussehend. Die Dimensionen guter Früchte gibt Diel zu 3 bis $3^1/_2$" Breite und $2^1/_2$ bis $2^3/_4$" Höhe an; manchmal seien Höhe und Breite wenig verschieden. Meine hier erbauten Früchte erlangten diese Größe bisher nicht ganz. Der Bauch sitzt bald ziemlich in der Mitte, bald auch und namentlich bei den flacher gebauten Exemplaren etwas mehr nach dem Stiele hin und wölbt die Frucht sich nach dem Stiele zugerundet und stumpft sich stark ab. Nach dem Kelche nimmt sie allermeist bemerklich stärker ab und ist nur mäßig abgestumpft.

Kelch: geschlossen, klein, steht in etwas enger, nicht tiefer Senkung, die meistens mit 5 feinen Rippen umgeben ist, die auch breitkantig bis zur Stielhöhle hinlaufen.

Stiel: an größeren Früchten kurz, ragt nicht oder nur wenig über die Stielwölbung hervor, ist nur an kleinen Exemplaren über 1" lang, und sitzt in ziemlich tiefer und enger, oft aber auch geräumiger, fein rostfarbiger Höhle.

Schale: glatt, mattglänzend, am Baume mit feinem Dufte belaufen. Die Grundfarbe ist vom Baume schön hellgrün und wird in der vollen Zeitigung goldgelb, wobei Diel bemerkt, was ich gegründet fand, daß die grüne Farbe nur flammenartig und stellenweise gelb wird, so daß in der Zeitigung im December oft noch grüne Stellen oder selbst ein Bandstreifen zurückbleiben, und namentlich um den Stiel ein flammenartiges Grün zu sehen ist. Stark besonnte Früchte sind fast zur Hälfte mit einem nicht schönen, etwas matten Roth leicht überlaufen, das selten Streifenartiges zeigt und häufig auch nur in einem nicht verbreiteten Anfluge besteht. Punkte finden sich sehr wenige; im Roth zeigen sie sich mehr, und sind daselbst oft fein dunkler roth umflossen. Anflüge von Rost, auch Rostflecken finden sich nicht selten und besonders um den Kelch. Geruch fehlt.

Das Fleisch ist gelblich, anfangs gelblich weiß, fein, fest, saftvoll, von etwas alantartig oder fein quittenartig gewürztem, durch etwas ziemlich süße Säure gehobenen Zuckergeschmacke.

Das Kernhaus ist mäßig groß, läuft in die Breite und ist in seinen Kammern unregelmäßig. Es ist nach Diel offen, wie ich es auch oft fand, doch war es an kleineren Exemplaren fast geschlossen; die ziemlich geräumigen Kammern sind glattwandig. Kerne, die kurz und dick sind, finden sich nach Diel wenige, oft keine, während ich diese doch etwas häufiger fand. Die Kelchröhre geht als Kegel nur etwas herab.

Reifzeit und Nutzung: Zeitigt im Dec. und hält sich bis zum Frühjahre.

Der Baum wächst stark und gesund, wird nach Diel groß, geht mit den Zweigen abstehend in die Luft, setzt viel Fruchtholz an, belaubt sich schön und trägt fast alljährlich doch nicht übervoll. Sommertriebe stark, nach Diel bräunlichroth, leicht silberhäutig, nach oben wollig, sehr wenig punktirt. Ich mußte sie näher als olive, besonnt mit etwas schmutzigem, stellenweise etwas gelblichem Braunroth meist nur leicht überlaufen, und nur wenig und zerstreut mit theils starken Punkten besetzt, auch nur wenig silberhäutig, bezeichnen. Blatt ziemlich groß, rundlich, grob und gerundet gezahnt. Afterblätter fehlen meist. Augen klein, sitzen auf flachen, sehr flach gerippten Trägern.

Oberdieck.

No. 556. Der Wurstapfel. Diel I, 3; Lucas III, 3. b; Hogg III, 2, C.

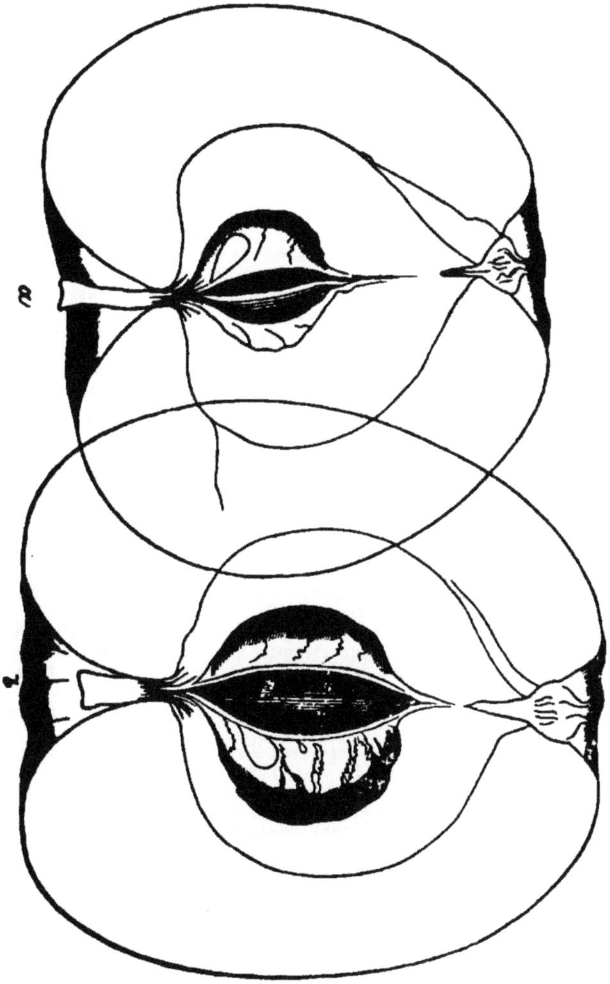

Der Wurstapfel. •++, W. L.

Heimath und Vorkommen: Ist eine unter dem Namen Dicker Süßer oder Wurstapfel bei Beek unweit Ruhrort, Reg.-Bezirk Duisburg, sehr häufig angebaute und sehr geschätzte Frucht, die man namentlich zur Bereitung eines schönen, süßen Apfelkrautes (Apfelsyrups), sowie zum Dörren gern anwendet. Herr Lehrer Lehnhof daselbst, ein eifriger Pomologe, von dem ich auch den schon beschriebenen Großen Mönchsapfel erhielt (Handb. IV. S. 485.), hatte die Güte, mir Reiser und wiederholt schöne Früchte zu senden. Der Baum ist dort nächst der Wintergoldparmäne, vor allen andern tragbar, und verdient die Sorte, als einer der besten Süßäpfel, dessen Fleisch nicht lederig, sondern mürbe ist und sich gut kocht, wohl weitere Verbreitung. Zur Erklärung des Namens weiß ich nichts zu sagen. Wie man den Geflammten weißen Cardinal bei Hamburg auch Pfannkuchenapfel nannte, weil man ihn besonders gern zu Apfelpfannkuchen benutzte, so mag man den obigen gern mit Wurst, etwa mit Beutelwurst, gebraten und gegessen haben.

Literatur und Synonyme: Ist bisher den Pomologen unbekannt geblieben.

Gestalt: theils mehr kugelig, häufig aber zum Konischen neigend und hochaussehend, $3^1/_4$" breit und 3" hoch, manche Exemplare selbst $3^1/_2$" breit und hoch. Die Form ist häufig nicht schön und etwas verschoben. Der Bauch sitzt bei den kugeligen fast in der Mitte, bei den hochaussehenden etwas mehr nach dem Stiele hin, um den dann die Frucht sich flachrund wölbt. Nach dem Kelche nimmt sie immer etwas und oft merklich stärker ab, und ist mehr oder weniger abgestumpft.

Kelch: an der Basis breit- nach oben fein gespitzt, doch fehlen häufig die oberen feinen Spitzen, und erscheint er dann als breit gespitzt, grün, wollig, fast oder wirklich geschlossen. Er sitzt bald in einer flachen, oft selbst engen, bald in ziemlich tiefer und weiter, meist nur wenige feine Beulen zeigender, fast ebener Senkung, doch laufen über die Frucht breite Erhabenheiten oft sehr sichtbar hin, drängen sich auch wohl einzeln vor und verschieben die Rundung oder machen die Hälften ungleich.

Stiel: holzig, ziemlich stark, sehr kurz, oft auch der Stielwölbung gleichstehend, sitzt in weiter, meist auch tiefer, fast immer mit strahlig verlaufendem Roste bekleideter Höhle, der indeß oft auch nur einen Theil der Stielhöhle einnimmt.

Schale: fein, glatt, ziemlich glänzend, geschmeidig. Die Grundfarbe ist in der Reife ein schönes, hohes Gelb, von dem bei stark besonnten oft nicht viel rein zu sehen ist, indem die Frucht mit zahlreichen, lang abgesetzten Carmoisinstreifen reich gezeichnet, und zwischen denselben noch fein punktirt und an den stärker besonnten Stellen etwas leichter roth überlaufen ist. Aufliegendes schneidet die Röthe ab. Die Punkte sind zerstreut, meist fein und fallen nur da etwas mehr ins Auge, wo sie mit ganz feinen, ein wenig helleren Dupfen umgeben sind. Der Geruch ist merklich.

Das Fleisch ist gelblich, fein, mürbe, saftreich, von nur schwach mit Säure versehenem, etwas gewürzten Zuckergeschmacke.

Das Kernhaus ist mehr oder weniger, oft stark offen; die ziemlich geräumigen Kammern mit oft stark ausgeblühten Wandungen enthalten nicht viele, ziemlich lange und spitze, häufig nicht recht vollkommene oder selbst taube Kerne. Die Kelchröhre zieht sich trichterförmig etwas herab.

Reifzeit und Nutzung: Zeitigt im November und hält sich bis tief in den Winter.

Der Baum wächst nach der gegebenen Nachricht stark, wird sehr groß und ist äußerst fruchtbar, kommt auch in allerlei Boden gut fort. Er zeigt in meiner Baumschule recht kräftigen Trieb, geht mit den Aesten in ziemlich spitzen Winkeln rasch in die Luft, und gleicht im ganzen Triebe dem der Pariser Rambourreinette. Die Sommertriebe sind stark, nach oben wenig abnehmend, steif, mit feiner Wolle belegt, leicht silberhäutig, zerstreut mit gelblichen, ziemlich starken Punkten gezeichnet, von Farbe etwas schmutzig schwarzviolett. Blatt recht groß, flach, mit der Spitze meist etwas nach unten gebogen, oval mit aufgesetzter, schöner Spitze, grob, tief und scharf, meist doppelt gekerbt gezahnt. Afterblätter stark, lanzettlich. Augen ziemlich stark, flach gedrückt, wollig, sitzen auf nur wenig vorstehenden, doch deutlich gerippten Trägern.

Anmerkung. Wer unbekannte Früchte, vielleicht selbst ohne nähere Beobachtung der Vegetation, nach Uebereinstimmung einer vorliegenden Frucht mit der Beschreibung einer Sorte benennen zu können glaubt, wird leicht auf die Ansicht gerathen, daß die obige der Diel'sche Gestreifte Rambour von Beek sei. Wie dieser indeß aus Beek bei Mastricht stammt, so zeigt die Autopsie beider Sorten auch ganz verschiedene Früchte.

Wegen der Classification der Frucht kommt man in einige Verlegenheit. Am füglichsten gehörte sie zu den Streiflingen, doch ist das Kernhaus weit offen. Ich habe den Apfel daher lieber zu den Gulderlingen gesetzt, obgleich er vielleicht nur in der Minderzahl der Exemplare bemerklichere rippenartige Erhabenheiten zeigt.

Oberdieck.

No. 557. Seck und Zucker. Diel II, 2; Lucas IV, 1 a (b); Hogg I, 1. A.

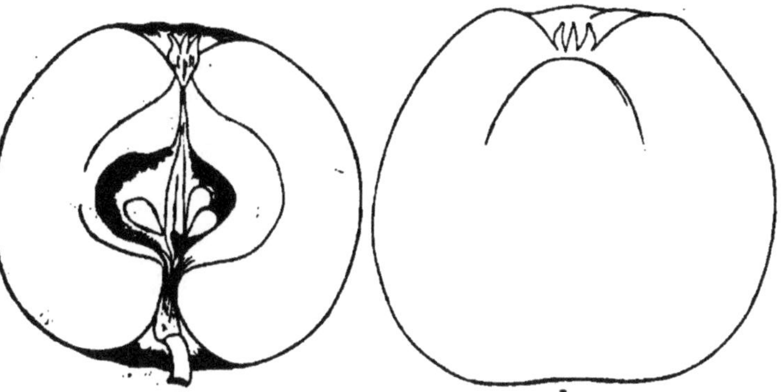

a *b*

Seck und Zucker. *†, Anf. August, mehrere Wochen.
Sack and Sugar.

Heimath und Vorkommen: Ist eine Englische, in Geschmack recht angenehme, auch sehr tragbare, nur häufig zu kleine Frucht, die zu Anfange des jetzigen Jahrhunderts durch Herrn Morris, Markt-Gärtner zu Brentford erzogen, und auch als **Morris Sack and Sugar** verbreitet wurde. Wir verdanken ihm mehrere treffliche Früchte, z. B. den **Morris Russet Nonpareil.** Mein Reis erhielt ich aus der Collection des Hrn. Booth durch Bödiker in Meppen, und stimmen die öfter erbauten Früchte mit Hoggs Beschreibung ganz überein, nur daß der Kelch nicht offen sondern geschlossen war, was Folge der größern Kleinheit der Frucht in meiner Gegend sein wird, die Hogg als 2¼" breit, 1¾" hoch angibt.

Literatur und Synonyme: Hogg S. 177, **Sack and Sugar**; Synon. **Morris Sack and Sugar.** Lond. Catal., S. 40, Nr. 761, gibt die Frucht auch nur als von zweiter Qualität für Küche und Tafel an. Rog. Fruit. Cult. 41; Abbild. gibt Ronald Pyrus malus, Taf. 1 Fig. 1, die oben unter b dargestellt ist, findet sich sonst nicht; Downing und Elliott haben einen Sack apple, doch nur als Synonym des Rothen Quarrendon.

Gestalt: rundlich, zu oval neigend, nach Hogg 2¼" breit und 1¾" hoch, nach Ronald fast so breit und 2" hoch. Meine Früchte wurden auf dem für die Sorte nicht ganz passenden Probezweige nur 2" breit, erreichten jedoch 1868 ganz Größe und Form der Fig. b oben. Der Bauch sitzt meistens ziemlich in der Mitte, und wölbt die Frucht sich dann nach beiden Seiten fast gleichmäßig, oder er sitzt auch ein wenig mehr nach dem Stiele hin und nimmt dann bemerklich stärker nach dem Kelche ab. Einzelne sind ziemlich flachgedrückt.

Kelch: lang und feingespitzt, wollig, grünbleibend, in die Höhe stehend, geschlossen, (nach Hogg offen), sitzt in mäßig weiter und tiefer Einsenkung mit zahlreichen Falten und schönen Rippen umgeben, die auch fein kantig über die Frucht hinlaufen und sich bis in die Stielhöhle erstrecken.

Stiel: größtentheils kurz, ziemlich dick, wenig über die Stielhöhle hinausragend, oft nur ein Butz, mitunter etwas länger und dann dünn, sitzt in ziemlich weiter und tiefer, wenig oder keinen Rost zeigender Höhle, die häufig durch einen an den Stiel sich anlegenden Fleischwulst verengert wird.

Schale: fein, ziemlich glänzend, im Liegen etwas geschmeidig, vom Baume gelblich grün, später gelb. Von Röthe finden sich nur schwache Spuren und ist die Sonnenseite meist nur goldartiger. In nassen Jahren zeigten sich an der Sonnenseite undeutliche rothe Streifen und blutrothe Kreischen und manche schwärzliche Regenflecke. Punkte fast nicht bemerklich.

Das Fleisch ist fein, saftreich, zart, schwach gelblich weiß, von angenehmem, fast süßweinartigen Geschmacke.

Das Kernhaus ist groß, hat hohle Achse, in die die Kammern sich nach dem Stiele hin häufig herzförmig, oft auch stärker öffnen; die glattwandigen Kammern sind groß und enthalten zahlreiche, gewöhnlich noch hellbraune, vollkommene, häufig auch nur halb ausgebildete Kerne. Die Kelchröhre ist ein schöner Kegel.

Reifzeit und Nutzung: Zeitigt, wie auch Hogg und der Lond. Catalog angeben, Anfangs August, und hält sich mehrere Wochen. Ronald setzt die Reife schon Ende Juli.

Der Baum wächst nach Hogg und Ronald stark, und trägt oft so reich, daß er im nächsten Jahre dann feiert. Er wächst auch in meiner Baumschule rasch und setzt die Zweige in etwas weitem Winkel an. Die Sommertriebe sind ziemlich lang, schmutzig braunroth, nach oben stark wollig, wenig punktirt. Blatt mäßig groß, flach rinnig, lang und spitz eiförmig, oft eioval, schön gezahnt. Afterblätter nicht häufig, klein, kurz lanzettlich, oft pfriemenförmig. Das Blatt der Fruchtaugen ist lang, lang elliptisch, oder recht lang spitz eiförmig; Augen klein, wollig, sitzen auf flachen Trägern.

Oberdieck.

No. 558. Diels weißer Herbst-Strichapfel. Diel II, 2; Lucas IV, 1. b; Hogg I, 1. A.

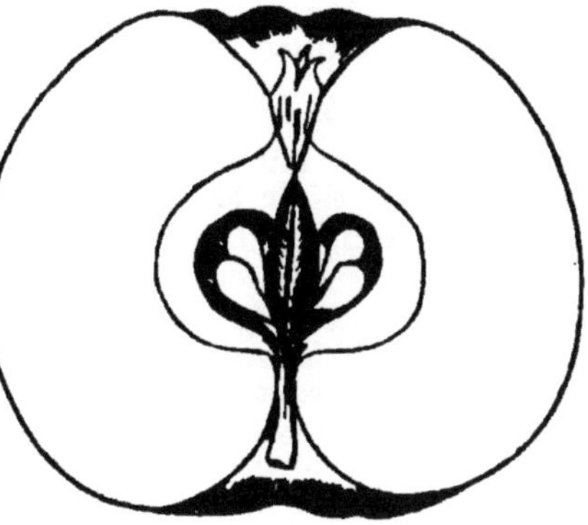

Diels Weißer Herbst-Strichapfel. **†, Oktober, November, 8 W.

Heimath und Vorkommen: Diel erhielt diese, bei einem Pomologen nicht vorkommende und überhaupt wohl noch höchst wenig bekannte Frucht von Hrn. Prof. Märter aus Hernals bei Wien als Passe pomme blanche d'automne, und bemerkt, daß er die Sorte in dem dortigen Obstverzeichnisse nicht gefunden habe, so daß sich über die eigentliche Herkunft kaum Vermuthungen aufstellen lassen. Das Reis bezog ich von Diel durch Hrn. Obergerichtsdirektor Bödiker in Meppen bald nach Diels Tode, und zeigte die Sorte, schon durch die stark gedrückte Form mit sehr tiefer Kelchsenkung, sich leicht als ächt; auch meine ich, daß auch das daneben noch von Dittrich bezogene Reis mir dieselbe Frucht schon getragen habe. Neben der Dielschen Frucht des Namens ist schon länger eine andere, eben so benannte in Herrnhausen gewesen, (Illst. Hdb. II, S. 409), die wohl besser ist als die Dielsche Frucht, und habe ich beide durch Beisatz der Namen von Diel und Herrnhausen zu scheiden gesucht. Kann vorerst nur der weiteren Beachtung der Pomologen empfohlen werden, da mein Bäumchen auf Johannisstamm, wenigstens bisher, sich noch nicht recht fruchtbar zeigte, wiewohl Diel die Sorte als ungemein fruchtbar rühmt.

Literatur und Synonyme: Diel A—B. I, S. 87, Weißer Herbst-Strichapfel, Passe pomme blanche d'automne. Dittrich I, S. 235, nach Diel. Findet sich außerdem nur noch nach Diel in Dochnahls Führer S. 107 und hat auch der Lond. Cat. S. 29, ohne Nummer noch einen Passe pomme blanche, der als blaßgelb, geröthet (pale red), calvillartig, 2ter Größe, 2ten Ranges und im September und Oktober reifend bezeichnet wird, unsere Frucht mithin nicht ist. Möglich könnte es die Herrnhäuser Frucht des Namens sein, die nicht selten an der Sonnenseite ungemein schön geröthet ist.

Gestalt: plattrund, oft ganz kugelförmig. Der Bauch sitzt in der Mitte und wölbt die Frucht sich nur etwas breiter nach dem Stiele als nach dem Kelche, so daß oft doch beide Wölbungen noch verschieden sind. In schönster Größe ist der Apfel nach Diel 3" breit und $2^5/_8$—$2^3/_4$" hoch. Meine Früchte erlangten bisher diese Größe nicht und blieben theils selbst noch kleiner als obige Figur.

Kelch: stark, breitblättrig, lange grün bleibend, geschlossen, oft auch etwas offen, sitzt in charakteristisch geräumiger und tiefer schüsselförmiger Senkung mit schönen calvillförmigen Rippen umgeben, die auch deutlich über die Frucht bis in die Stielhöhle hinlaufen.

Stiel: holzig, sehr kurz, sitzt in weiter und tiefer, mit strahlig verlaufendem Roste bekleideter Höhle.

Schale: fein, etwas geschmeidig, doch kommt sie in Zartheit der Schale dem Braunschweiger Milchapfel nicht nahe, mit dem Diel sie etwas ähnlich findet, was mir wenig der Fall schien. Die Grundfarbe ist ein wachsartiges Weiß, später gelb, wobei an frei hängenden Früchten oft ein Theil der Sonnenseite mit einem blassen Roth ganz leicht verwaschen ist, das aber doch bei den meisten Exemplaren fehlte. Wahre Punkte sind sehr undeutlich und weitläufig vertheilt, doch zeigt die Sonnenseite oft dunkle, carmosinrothe Fleckchen um manche Punkte. Der Geruch ist stark, etwas quittenartig.

Das Fleisch ist weiß, fein, locker, sehr saftvoll, von recht angenehmem, rosenartigen, süßen Weingeschmacke.

Das Kernhaus ist nach Diel geschlossen und klein, doch fand ich zugleich eine ziemlich starke hohle Achse, in die manche Kammern sich schnittförmig öffnen. Die Kammern enthalten viele eiförmige, spitze Kerne. Die Kelchröhre geht als ein weiter, spitzer Kegel bis zum Kernhause herab.

Reifzeit und Nutzung: Zeitigt Anfangs November, (in dem heißen Jahre 1865 schon Auf. Oktober) und hält sich 6—8 Wochen,

Der Baum wächst lebhaft, wird nach Diel ansehnlich groß und ungemein fruchtbar. Sommertriebe ziemlich lang, nicht stark, wollig, silberhäutig, violett braunroth, wenig punktirt. Blatt klein, nach Diel herzförmig, mit kurzer aufgesetzter Spitze, mit starken, großen Zähnen unregelmäßig besetzt. An meinem Zwergbaume war das Blatt an freilich sehr kurzen Trieben ziemlich elliptisch, mit großen, gerundeten Zähnen besetzt. Afterblätter fehlen meist. Augen stark, herzförmig, sitzen auf kurz gerippten Trägern.

Oberdieck.

No. 539. Schmidts Junkerapfel. Diel II, 1; Lucas IV, 3. a. (b); Hogg II, 1. B.

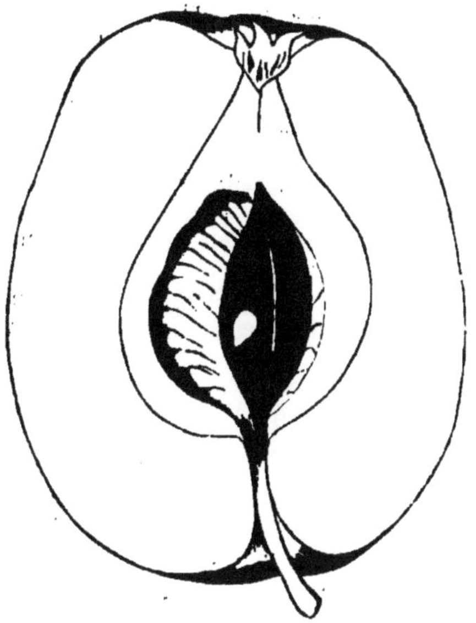

Schmidts Junkerapfel, fast **††, Oktober, 6—8 W.

Heimath und Vorkommen: Mit dieser trefflichen Frucht, die allgemeiner bekannt zu werden verdient, machte Hr. Oberförster Schmidt zu Oberförsterei Blumberg mich bekannt, in dessen Gegend sie bereits allgemein als Junkerapfel benannt werde, — welchen Namen jedoch dort auch noch 3 ähnliche, aber davon verschiedene Früchte tragen. Schmidt erhielt das Reis von einem, $1^1/_2$ Stunde weit von Blumberg wohnenden Pastor Thiele, der Obstkenntniß nicht besaß, unter dem ganz falschen Namen Duhamels Goldreinette und glaubt Schmidt bestimmt, daß die Sorte in der Küstengegend der Ostsee entstanden sein werde. Er verbreitete sie aus seiner Baumschule viel und wird sie in dortiger Gegend eben so sehr geschätzt und so häufig angebaut, als der Gravensteiner. Um die Sorte von den andern 3, in dortiger Gegend sich findenden Junkeräpfeln zu scheiden und um die großen Verdienste des Hrn. Oberförsters Schmidt um den dortigen Obstbau zu ehren, habe ich sie, wie oben, benannt. Reis und Früchte erhielt ich von ihm.

Literatur und Synonyme: Ich vermag für diese Frucht einen Pomologen nicht anzuführen, und wird sie hier wohl zuerst beschrieben.

Gestalt: Hat in Form Aehnlichkeit mit dem Prinzenapfel und steht die Form zwischen konisch und walzenförmig, häufig zu der letzten

Form neigend. Manche Exemplare sind auch breiter und kurz oval. Der Bauch sitzt etwas mehr nach dem Stiele hin, um den die Frucht sich schön zurundet und nur wenig abstumpft. Nach dem Kelche nimmt sie noch bemerklich etwas stärker ab und ist ziemlich, oft auch stark abgestumpft.

Kelch: grün, langgespitzt, halb offen, sitzt in ziemlich weiter und tiefer, mit einigen Falten umgebener Senkung, und auch über die Frucht laufen nur flache Erhabenheiten hin, obgleich die Form oft etwas verschoben ist.

Stiel: kurz, oft etwas fleischig, ³/₄ bis 1" lang, sitzt in etwas enger, mäßig tiefer und oft noch durch einen an den Stiel sich anlegenden Wulst sehr verflachter Höhle, die mit strahlig vorlaufendem Roste bekleidet ist.

Schale: ziemlich fein, glatt, glänzend, geschmeidig, in der Reife etwas hellgelb. Schöne, etwas langabgesetzte Karmosinstreifen verbreiten sich, je nach der Besonnung stärker oder matter, oft über die ganze Frucht und ist dieselbe zwischen den Streifen noch leichter roth überlaufen, theils nur punktirt. Aufliegendes schneidet die Röthe ab. Punkte fein, wenig bemerklich. Geruch ziemlich stark.

Das Fleisch ist gelblich weiß, fein, saftreich, sehr mürbe und zart, von angenehmem, rosenartig gewürzten Zuckergeschmacke.

Das Kernhaus ist weit offen; die geräumigen Kammern enthalten wenige vollkommene, meist kurzeiförmige Kerne. Die Kelchröhre ist ein kurzer, breiter Kegel.

Reifzeit und Nutzung: Zeitigt im Oktober, oft schon etwas früher, und hält sich 6—8 Wochen. Wird auch auf dem Markte immer viele Liebhaber finden.

Der Baum wächst, nach der von Hrn. Oberförster Schmidt gegebenen Nachricht, gesund und gut, doch nicht stark; macht eine etwas lichte Krone, ist sehr fruchtbar und hängen sich mit der Zeit die Zweige durch das Gewicht der Früchte. Schon am Triebe des vorletzten Jahres entwickelt sich viel kurzes Fruchtholz. Die Sommertriebe sind lang und stark, nach oben etwas abnehmend, nach oben wollig, nicht silberhäutig, violettbraun, zahlreich, doch fein punktirt. Blatt mittelgroß, flach rinnig, elliptisch, einzeln lang eiförmig, mäßig tief und scharf gezahnt. Afterblätter schmal, fast fadenförmig, oder sehr schmal lanzettlich. Augen wenig wollig, sitzen auf flachen, flach gerippten Trägern.

Anm. Die hier vorliegende Frucht ist vom Rothgestreiften Schlotterapfel, der wenigstens wahrscheinlich = Prinzenapfel ist, und auch von dem Walzenförmigen gestreiften Schlotterapfel sehr verschieden. — Die Classificirung dieser Frucht findet, da die Natur sich nicht nach unsern entworfenen Systemen richtet, einige Schwierigkeit, muß aber am besten zu den Rosenäpfeln gezählt werden.

Oberdieck.

No. 560. **Palandts Rosenapfel.** Diel II, 2; Lucas IV, 3. a; Hogg III, 1. B.

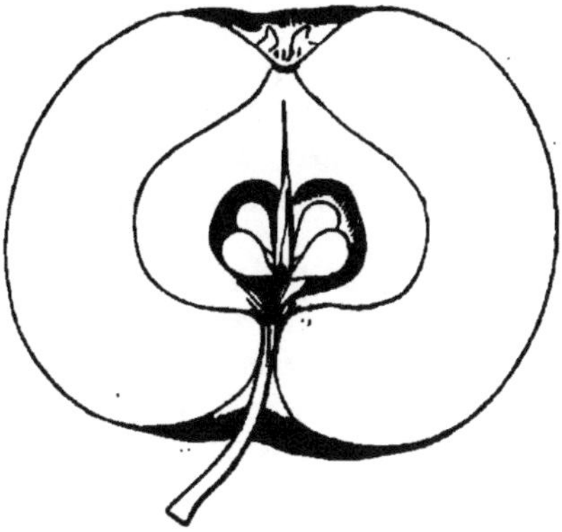

Palandts Rosenapfel, fast **††, December bis März.

Heimath und Vorkommen: Ist eine von Herrn Palandt, Inspektor am Lutherischen Waisenhause zu Hildesheim, neuerlichst erzogene Frucht, die sich durch Güte und besondere Fruchtbarkeit sehr empfiehlt. Reis und Früchte empfieng ich von ihm. Die Sorte wird vorerst der weiteren Beachtung der Pomologen warm empfohlen. Hat etwa gleiche Fruchtbarkeit und Werth mit Multhaupts Reinette und Multhaupts Kronenapfel.

Literatur und Synonyme: Wird hier zuerst beschrieben.

Gestalt: flachrund, $2^1/_3$—$2^1/_2$" breit und $1^3/_4$ bis fast 2" hoch. Der Bauch sitzt etwas mehr nach dem Stiele hin, um den die Frucht sich flachrund wölbt. Nach dem Kelche nimmt sie etwas stärker ab und ist mäßig oder nur etwas abgestumpft.

Kelch: breit- und etwas kurzgespitzt, halb offen, sitzt meistens in enger, nicht tiefer Senkung, die nur einige Falten zeigt und auch über die Frucht laufen Erhabenheiten bemerklicher nicht hin, deren Form gefällig gerundet ist.

Stiel: holzig, $^3/_4$—1" lang, sitzt in weiter, tiefer, trichterförmiger, mit feinem, grünlich zimmtfabigen Roste bekleideter Höhle, der sich in Strahlen oft noch etwas über die Stielwölbung verbreitet.

Schale: glatt, ziemlich glänzend; Grundfarbe vom Baume grünlich gelb, später schön gelb, wovon indeß bei recht besonnten Früchten wenig ganz rein zu sehen ist, indem die Frucht mit schönen, abgesetzten

Carmosinstreifen ziemlich reich besetzt und an den stärker besonnten Stellen dazwischen noch leichter roth überlaufen ist. Aufliegendes schneidet die Röthe ab, doch nicht scharf. Punkte ziemlich häufig, fein; Rostanflüge finden sich einzeln, doch nicht häufig; Geruch schwach.

Das Fleisch ist schwach gelblich weiß, fein, mürbe, hinreichend saftreich, von rosenartig gewürztem, angenehmem, durch etwas Säure gehobenen Zuckergeschmacke. Könnte nach dem Fleische auch wohl zu den Reinetten zählen.

Das Kernhaus ist geschlossen und öffnen die Kammern sich nach dem Stiele hin nur fein herzförmig. Die mäßig geräumigen Kammern enthalten schwarzbraune, starke, etwas breit eiförmige, oft facettirte Kerne. Die breite Kelchhöhle ist sehr flach.

Reifzeit und Nutzung: Zeitigt mit Anf. December und hält sich den Winter hindurch.

Der Baum wächst in der Baumschule bisher gemäßigt, setzt die Nebenzweige in etwas spitzen Winkeln an und bildet schon früh kurzes Fruchtholz. Sommertriebe sind mäßig lang und stark, kurzgliedrig, nur ganz oben wollig, schwarz violett, stark silberhäutig, nur zerstreut und fein punktirt. Blatt klein, flach, elliptisch, fein und scharf gezahnt. Afterblätter pfriemenförmig. Augen ziemlich stark, sehr wenig wollig, sitzen auf etwas vorstehenden, kurz gerippten Trägern.

Oberdieck.

No. 561. Lucas gestr. Rosenapfel. Diel II, 2; Lucas IV, 3. b; Hogg II, 1. B.

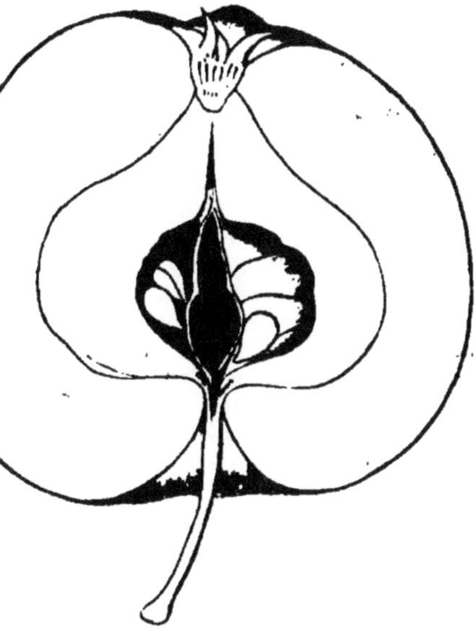

Lucas gestreifter Rosenapfel. *†† oder ††, September, Oktober, 4—5 W.

Heimath und Vorkommen: Ist ein noch unbekannter, schöner und werthvoller Herbstapfel, von dem ich das Reis von Herrn Dr. Lucas empfieng. Ich kann nichts ihm Entsprechendes in pomologischen Schriften finden und verdient er, allgemeiner bekannt zu werden, da er durch edlen Geschmack zu den vorzüglich guten Tafelfrüchten gehört, auch für die Küche sehr brauchbar ist und früh und gern trägt.

Litteratur und Synonyme: Wird hier zuerst beschrieben. Die Sorte ist nicht zu verwechseln mit Diels Tulpenapfel, der auch als Gestreifter Rosenapfel verbreitet worden ist, so wie auch der ächte Gestreifte Rosenapfel aus St. Florian, den ich 1867 erhielt und der früher dafür gehaltene, den ich als Florianer Rosenapfel im Handbuche aufgeführt habe, andere Früchte sind. Auch gehen ganz andere Früchte unter dem Namen Edler Rosenstreifling, unter welchem Namen ich 2 verschiedene Sorten erhielt, wie mir auch der Sommer Zimmtapfel als Edler Rosenstreifling gesandt wurde. In Lucas Obstsorten Württembergs findet sich auch ein am Bodensee sich findender Gestreifter Winter Rosenapfel.

Gestalt: kugelig, oft hochaussehend, und dann sind gute Früchte 3″ breit und $2^3/_4$″ hoch; andere sind merklich breiter als hoch. Der Bauch sitzt ziemlich in der Mitte oder nur etwas mehr nach dem Stiele hin, um den die Frucht sich sanft abnehmend und noch stark abgestumpft rundet. Nach dem Kelche nimmt sie etwas stärker ab und ist bald nur etwas, bald stärker abgestumpft. Aus der Kelchsenkung ziehen flache Erhabenheiten sich über die Frucht hin, unter denen einzelne sich auch wohl etwas vordrängen, doch ist die Form gewöhnlich schön.

Kelch: wollig, recht lang und fein gespitzt, geschlossen, steht in die Höhe, und sitzt bald in ziemlich enger und flacher, bald in weiterer und tieferer Senkung, meistens von Falten und Beulen umgeben, während bei anderen Exemplaren die Kelchsenkung ziemlich eben ist.

Stiel: dünn, holzig, gegen 1″ lang, sitzt in weiter trichterförmiger, mit ganz feinem Roste belegter Höhle.

Schale: glatt, glänzend; Grundfarbe vom Baume grüngelb, in der Reife hellgelb und wenn die Frucht früh gebrochen wird, auch dann noch grüngelb. Die ganze Sonnenseite ist mit langen, schön dunkelcarmosinrothen Streifen geflammt und dazwischen noch leichter roth überlaufen. Die Streifen verbreiten sich matter und in punktirter Manier meist auch noch über die Schattenseite. Punkte sind sehr wenig bemerklich; der Geruch ist stark und gewürzt.

Das Fleisch ist schneeweiß, mit schwach röthlichem Schimmer und mit rosenrother Ader ums Kernhaus, fein, locker, hinreichend saftreich, mürbe, von fein weinsäuerlich gezuckertem, rosenartig gewürzten, vorzüglichen, edlen Geschmacke.

Das Kernhaus ist ziemlich weit offen, oft auch nur etwas offen, liegt mehr nach dem Stiele hin und ist verhältnißmäßig nicht groß. Die ziemlich geräumigen Kammern enthalten ziemlich viele, theils loseliegende, schwarzbraune, ziemlich eiförmige, oft auch unvollständige unförmliche Kerne. Die Kelchröhre ist ein breiter Kegel.

Reifzeit und Nutzung: Zeitigt in warmen Jahren schon im September, meistens erst im Oktober und hält sich ein paar Monate. Ist für Tafel und Wirthschaft schätzbar.

Der Baum wächst bisher bei mir in 2 Stämmen gesund, aber sehr gemäßigt, was jedoch nur von zu schwachen Unterlagen kommen wird. Die Sommertriebe sind ziemlich lang, etwas gekniet, nach oben etwas abnehmend, violettbraun, beschattet olive, mit feiner Wolle belegt, zahlreich, doch fein punktirt. Blatt flach, meist eioval, oft etwas langoval, mit schöner aufgesetzter Spitze, manche am Stiele ein Weniges eingezogen, fein und etwas stumpf gezahnt. Afterblätter ziemlich lang, lanzettlich; Augen mäßig stark, weißwollig, sitzen auf flachen, flach gerippten Trägern.

Oberdieck.

No. 562. Fromms Himbeer-Streifling. Diel II, 2; Lucas IV, 3. b; Hogg II, 1. B.

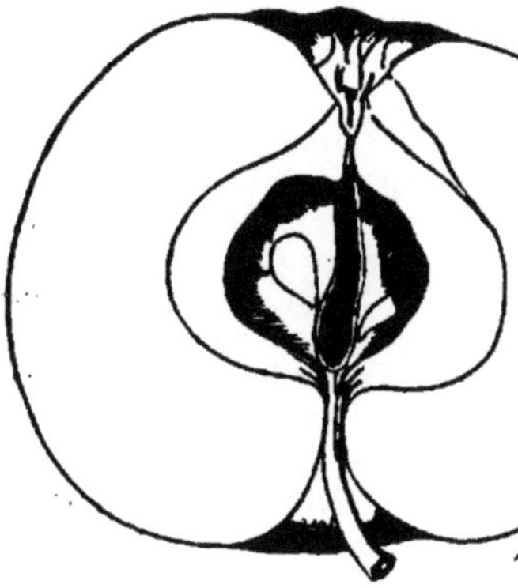

Fromms Himbeer-Streifling.

In wärmerer Gegend **†, Oktober, November, bis Weihnachten und länger.

Heimath und Vorkommen: Kam an Diel von Hrn. Consistorial-Sekretair Fromm zu Meiningen, nach welchem Diel die Frucht benannte. Ob sie bei Meiningen aus dem Kerne entstanden ist, bleibt dahingestellt. Das Reis erhielt ich von Diel. Diel empfiehlt die Frucht als sehr haltbar und angenehm zum rohen Genusse. Daß sie nicht leicht faule, fand auch ich, jedoch erreichte sie in meiner Gegend nur in recht warmen Jahren die von Diel angegebene Größe, welkte auf dem Lager in der Obstkammer merklich, wenn sie nicht spät gebrochen wurde, und war in nicht recht warmen Jahren der Geschmack nicht edel genug. Bei ihrem zarten Fleische wird sie in wärmerer Gegend gewiß eine schätzbare Tafelfrucht sein.

Literatur und Synonyme: Diel A—B IV, S. 48, unter obigem Namen, und bemerkt Diel, daß die Sorte sich bei keinem Pomologen finde. Dittrich I, S. 234; v. Aehrenthal gibt Taf. 56 Abbildung, die aber sehr groß und schön ist, fast 4" breit. In Meiningen scheint die Frucht sich nicht mehr zu finden und hat man neuerlichst unter obigem Namen dort eine Frucht gebaut, die dem Danziger Kantapfel gleich ist, von dem der Obige aber sehr verschieden ist.

Gestalt: mehr plattrund als kugelig, der Bauch sitzt ziemlich in der Mitte; um den Stiel wölbt die Frucht sich flachrund oder auch zugerundet und stark abgestumpft. Nach dem Kelche nimmt sie etwas stärker ab und ist abgestumpft. Die gewöhnliche Größe der Frucht von Hochstämmen gibt Diel auf 3—3¼" Breite und 2¼—2½" Höhe an. Meine Früchte erreichten diese Größe nahezu, nur 1847 blieben sie meistens so groß als obige Figur und waren in der Höhe gegen die Breite etwas stärker, oft fast so hoch als breit.

Kelch: geschlossen, sitzt bei großen Früchten in tiefer, schüsselförmiger Einsenkung, mit vielen feinen Falten und Rippen umgeben, die aber nur sanft und breit über die Frucht hinlaufen.

Stiel: holzig, $^3/_4$" lang, sitzt in tiefer, trichterförmiger, nach Diel rostfarbiger Höhle, während ich diese bei manchen Früchten auch rostfrei fand.

Schale: fein, glatt, etwas glänzend; die Grundfarbe ist vom Baume strohgelb, (bei mir nur in warmen Jahren, in anderen hellgrün) und wird in der Zeitigung citronengelb, wobei die Frucht über den größeren Theil ihrer Oberfläche mit schönen (in meiner Gegend gewöhnlich etwas düsteren), Carmosinstreifen besetzt, und zwischen diesen noch sanft getuscht ist. Die Schattenseite bleibt oft rein gelb. An etwas beschatteten Früchten waren Streifen und Röthe dazwischen bei mir nur matt. Punkte zerstreut, wenig bemerkbar, nur einzeln in der Grundfarbe wahrzunehmen. Geruch stark, violenartig.

Fleisch: nach Diel weiß, ins Gelbliche spielend, (an meinen Früchten merklich gelblich*), fein, weich, saftvoll, nach Diel von angenehmem, gewürzhaften, fein himbeerartigen, süßen Weingeschmacke, den ich bei unvollkommen gebliebenen Früchten nicht edel genug fand.

Das Kernhaus ist groß, ziemlich offen, die geräumigen Kammern enthalten wenige vollkommene Kerne. Die Kelchröhre geht nach Diel als Cylinder bis aufs Kernhaus. An meinen Früchten ging sie so weit nicht herab, und war oft nur ein etwas herabgehender Kegel.

Reifzeit und Nutzung: Zeitigt im Oktober oder Anfangs November und hält sich bis Weihnachten, in manchen Jahren selbst bis zum Frühlinge.

Der Baum wächst lebhaft, bildet nach Diel eine etwas lichte, doch ziemlich gewölbte Krone und ist recht fruchtbar. Er trägt, wie Diel noch hinzufügt, seine ziemlich schlanken Aeste in der Jugend oft ziemlich hoch in die Luft und werden solche Bäume, wie so manche andere ähnlich wachsende nicht jährlich zurückgeschnitten, so hängen sich die Zweige, wenn sie Früchte tragen, und die Früchte peitscht der Wind ab. Sommertriebe lang, ziemlich stark, nur an der Spitze mit etwas Wolle besetzt, leicht silberhäutig, dunkel blutartig roth, zahlreich aber fein, nicht eben in die Augen fallend, punktirt. Blatt ziemlich groß, herzförmig, oft mehr eiförmig, an dem Fruchtholze elliptisch, spitz und schön gezahnt. Afterblätter fadenförmig. Augenträger ziemlich flach.

Oberdieck.

*) Ich mag hier auch für das Handb. wohl einmal anmerken, was ich schon an andern Orten beigebracht habe, daß ich das Fleisch der Früchte fast in der Regel stärker gelblich finde als Diel es bezeichnet. Schön weiß heißt zwar bei Diel, wie ich mir abstrahirt habe, so viel als ziemlich weiß, so wie er unter ansehnlich groß, was eigentlich mehr als groß bedeutet, auch nur ziemlich groß, (nur groß anzusehen, nicht wirklich groß) versteht; indeß sehr oft ist das Fleisch bei den Aepfeln bei mir gelblich, wo er es bestimmt weiß nennt, und muß diese Verschiedenheit wohl in Boden und Klima ihren Grund haben.

No. 568. Edler Prinzessinapfel. Diel II, 1; Lucas IV, 3 b; Hogg III, 2. B.

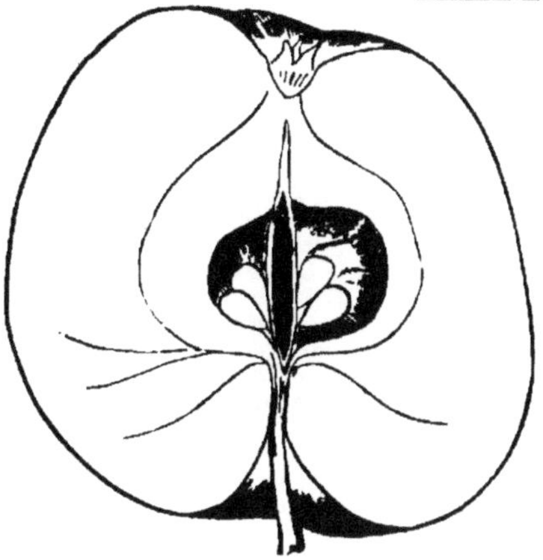

Edler Prinzessinapfel. **††, Herbst bis Winter.

Heimath und Vorkommen: Diel erhielt sowohl diese Frucht als den, Heft XI, S. 24, beschriebenen Großen edlen Prinzessinapfel, (Alantapfel unseres Hdb.), der nicht selten irrig auch bloß Edler Prinzessinapfel genannt wird, unter dem Namen Princesse noble, den Obigen sogar aus mehreren Orten aus Holland und hielt die uns vorliegende Frucht Anfangs für den rechten Princesse noble Knoops, während er später, namentlich wegen der oft etwas viereckigen Gestalt und wohl auch wegen beträchtlicher Größe mehr geneigt war, den Großen edlen Prinzessinapfel für Knoops Princesse noble zu halten. Die Aehnlichkeit von beiden Sorten in Frucht und Vegetation ist auch in der That groß und unterscheide ich den Obigen vom Alantapfel hauptsächlich nur durch mehr Kleinheit und zahlreichere Streifung. Auch Fleisch und Geschmack von beiden sind sehr ähnlich, bei dem Obigen noch etwas gewürzter, so daß, um leicht mögliche Verwechslungen zu vermeiden, der Obige, obgleich an sich sehr werthvoll, eigentlich eingehen möchte, wenn er sich nicht bei längerer Beobachtung noch reicher tragbarer zeigt, als der Alantapfel. Mein Reis erhielt ich direkt von Liegel.

Litteratur und Synonyme: Diel III, S. 64, Der edle Prinzessinapfel. Diel allegirt den bei Knoop, Taf. VI, sich findenden Princesse noble, mit den Synonymen Franche noble, Pomme noblesse, meint aber bei Beschreibung des Großen edlen Prinzessinapfels wohl mit Recht, daß es sich etwas schwer werde entscheiden lassen, welcher von beiden die Knoopsche Frucht sei, wenngleich auch ich mehr geneigt bin, Knoops Frucht im Großen edlen Prinzessinapfel zu suchen. — Dittrich führt beide Früchte, I, S. 173, und den Obigen, I, S. 203, mit Diels Beschreibungen auf. Bei Christ, H. W. B. S. 74, und Vollst. Pomol. S. 112, Nr. 84, kann, schon nach der Zeit der Herausgabe, wohl nur unser Edler Prinzessinapfel gemeint sein, obwohl mehrere Angaben mehr auf den Alantapfel passen und findet sich ebenso auch wohl bei Hirschfeld Nr. 28 und Manger. — Hogg hat den Großen edlen Prinzessinapfel, unter Verweisung auf Diels Beschreibung in Heft XI, auf S. 238, hat aber S. 98 Princesse noble nur als Syn. seiner Golden Reinette, (unsere Reinette von Orleans), die jetzt ziemlich allgemein in Frankreich auch Princesse noble des Chatreux heißt. Der Lond. Cat. setzt daher S. 35, Nr. 661, bei dem schon gedachten Syn. der Golden Reinette auch hinzu Princesse noble (of the French) und hat dabei S. 32 ohne Nummer noch einen Princ. noble zuure, (zum Gegensatze von der Princ. noble zoete) mit dem Syn. Princ. noble, der dann unsere obige Frucht bezeichnen soll. Downing und Elliott haben nur erst den sicher aus London stammenden Princ. noble zoete und keine unserer edlen, hier fraglichen Früchte, wohl blos deßhalb, weil der Lond. Cat. bei dem Princ. noble zoete, mit dem Syn. Princ. (was daher wohl der Diel'sche Prinzessinapfel schlechtweg wird sein sollen, da gleich nachher eine Princ. noble zoete mit den Syn. Courtpendu plat vorkommt, der der Königl. Kurzstiel sein wird), die Anmerkung hat: The Princ. noble Apples are all very indifferent in this climate; eine Bemerkung die so allgemein auch in England falsch ist. Selbst der wirkliche und den Namen verdienende Princ. noble zoete, der uns durch die Boskooper Pomologen bekannt wurde, ist eine werthvolle Haushaltsfrucht. (Monatsschr. 1864, S. 45.) Sehr ähnlich zeigte sich 1865 und 1866 der Prince d'Orange der Annales, ist jedoch nicht dieselbe Frucht.

Gestalt: mittelgroß, fast walzenförmig, oft jedoch auch nach dem Kelche merklich stärker abnehmend. Gute Exemplare sind stark 2'', oft 2½'' breit und hoch, einzelne noch 1—2''' höher als breit. Der Bauch sitzt meistens noch etwas mehr nach dem Stiele hin, um den die Frucht sich zurundet und stark abstumpft. Nach dem Kelche nehmen manche Exemplare kaum stärker ab und sind alle am Kelche stark abgestumpft. Eine Seite ist häufig höher als die andere und hat die Frucht selten ganz egale Form.

Kelch: grünbleibend, wollig, geschlossen, sitzt in weiter, nach Diel flacher, an meinen Früchten doch meist ziemlich tiefer Senkung, mit Falten und Rippchen umgeben und auch über die Frucht laufen breite Erhabenheiten hin, die die Rundung verderben und der Frucht auch nicht selten eine etwas viereckige oder dreieckige Form geben.

Stiel: nach Diel stark, etwas fleischig, ¾'' lang, an meinen Früchten stets holzig und bald noch etwas kürzer, bald auch 1'' lang, steht in recht geräumiger, tiefer, glatter Höhle.

Schale: fein, am Baume mit etwas Duft belaufen, im Liegen geschmeidig, anfänglich hellgrünlich gelb, später schön citronengelb, wobei noch hie und da Grünes durchschimmert. Die Sonnenseite ist nach Diel vom Kelche bis zum Stiele nicht sehr stark oder überhäuft mit schönen, schmalen, kurz abgesetzten Streifchen besetzt und zwischen denselben leicht punktirt, nie oder selten etwas verwaschen und zeigten bei besonnten Exemplaren sich auch wohl noch einzelne Streifen auf der Schattenseite, während beschattete Früchte kaum einige Spuren von Streifen hätten. An meinen Früchten fand ich öfter und so auch in dem warmen Jahre 1865 die Streifen recht zahlreich, (während 1865 der Alantapfel nur zerstreute Streifen hatte ohne Punktirung dazwischen), ja bei stark besonnten gingen die Streifen fast um die ganze Frucht und waren zwischen den Streifen noch fein punktirt. Aufliegendes schneidet die Röthe fast ab. Wahre Punkte sind kaum bemerklich. Dagegen finden sich in nassen Jahren schwärzliche Regenflecke und 1865 hatten einzelne Früchte auch 1 oder 2 ziemlich lange Rostfiguren. Geruch violenartig.

Fleisch: gelblich, mürbe, saftreich, fein, von gezuckertem, wenig Säure zeigenden, etwas alantartigen, edlen Geschmacke.

Kernhaus: offen, Kammern meist geräumig, mit fein ausgeblühten, einzeln selbst rissigen Wänden, Kerne zahlreich, vollkommen. Kelchröhre kurzer Kegel, oft noch etwas herabgehender Trichter.

Reifzeit und Nutzung: Zeitigte bei Diel schon Mitte Oktober, bei mir etwas später, wenig früher als der Alantapfel und hält sich bis in den Winter.

Der Baum wächst gut und gesund, wird nach Diel nur mittelmäßig groß, trägt die Zweige etwas verwirrt und abstehend, so daß er nicht gern eine schöne Krone bildet. Er ist früh und recht fruchtbar. Sommertriebe fein, mäßig lang, nach Diel hellziegelröthlich, auch bei mir etwas heller oder gelblicher röthlich als am Alantapfel, mit Wolle bekleidet, zahlreich punktirt. Blatt klein, fast flach, elliptisch, manche fast breitlanzettlich, fein und spitz gezahnt. Afterblätter fehlen, oder sind nur Afterspitzen. Augen bald klein, bald geschwollen, sitzen auf etwas vorstehenden Trägern. Oberdieck.

No. 564. Prinz von Oranien. Diel II, 1; Lucas IV, 3. b; Hogg III, 2. B.

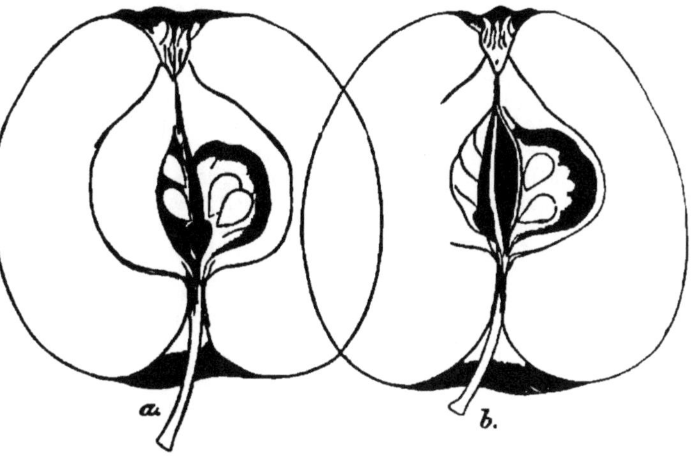

a. b.

Prinz von Oranien, (Prince d'Orange).

In meinem Boden oft nur *†, in feuchteren Jahren **†, Novbr. bis Febr.

Heimath und Vorkommen: Nach den Annales III, S. 5, ist die Frucht erzogen um 1849 von Herrn Loisel, correspondirendem Mitgliede der Commission Royale de Pomologie in Belgien, der sie am angeführten Orte beschrieben und abgebildet hat und sagt, daß er sie nach der bekannten historischen Person, deren Namen sie trage, benannt habe. Der Baum trug zuerst 1851 und wird von Loisel eine sehr anlockende Abbildung von der Frucht gegeben. Nach der in den Boskooper Fruchtsorten S. 24 gegebenen Bemerkung, daß der obige Apfel der Alantapfel sei, wie denn auch im Niederländischen Baumgarten, bei Abbildung des Alantapfels Tafel 24, Nr. 65, Prince d'Orange nur als Synonym des Alantapfels aufgeführt wird, kann ich nicht mehr zweifeln, von der Société van Mons die Sorte ächt erhalten zu haben, die ich sonst in der gegebenen Abbildung kaum gesucht hätte; nur ist es ein Irrthum, daß die Sorte dem Alantapfel gleich sei, und gleicht nur stark dem zwar sehr ähnlichen, aber kleineren Diel'schen Edlen Prinzessinapfel, von dem die Frucht etwa gefallen ist. Die Beschreibung in den Annales paßt auf meine Frucht noch mehr, als die Abbildung, die 3″ breit und hoch, in dem einen Exemplare zur Walzenform geneigt, in dem andern konisch, stark zugespitzt und in beiden brillant und ziemlich grell, kurz abgesetzt, carmosinroth gestreift ist, während die Beschreibung nur sagt, daß die Schale an der Sonnenseite legerement enpourprée sei. Ich gebe hier die Beschreibung nach den wiederholt erbauten Früchten selbstständig. Es ist aber wohl möglich, daß die Frucht in meinem zu trocknen Garten mit Lehmboden nur ihren rechten Boden nicht hat, und in einem feuchteren Boden größer und schöner ausfallen wird. Ich habe wenigstens 1866 an dem in meinem Boden kleinen, unansehnlich gefärbten und nur mit *† zu bezeichnenden Taubenapfel von St. Louis das Beispiel gehabt, daß derselbe 1866 in dem feuchteren Sulinger Boden reichlich zwei Mal so groß, lachend schön gefärbt und in Güte fast **†† ausgefallen war, so daß man beide Früchte, neben einander gelegt, nicht für dieselbe Sorte hätte halten sollen. Es zeigte sich wenigstens schon 1866, wo es im Juli, August und September viel regnete, daß der Obige zwar nicht größer, aber im Geschmacke gewürzter und edler geworden war, als in dem trockenen Jahre 1865. Eine Bereicherung der Pomologie ist der Obige nicht.

Literatur und Synonyme: Annales III, S. 5. Prince d'Orange (Loisel). Der Bericht der Société van Mons 1857, S. 141, hat über die Frucht kurze Bemerkungen. Sonst finde ich sie nirgend.

Gestalt: Ziemlich walzenförmig, gegen $2^1/_2$'' breit und $2^1/_4$'' hoch. Der Bauch sitzt nur etwas mehr nach dem Stiele hin, um den die Frucht sich flachrund wölbt und stark abstumpft. Nach dem Kelche nimmt sie noch bemerklich stärker, doch nicht in allen Exemplaren zugespitzt ab und ist noch stark abgestumpft.

Kelch: langgespitzt, geschlossen, steht in die Höhe und sitzt in etwas weiter, bei den zugespitzten aber enger, ziemlich flacher Senkung mit Falten und unbedeutenden Rippchen umgeben. Ueber die Frucht laufen etwas kantige Erhabenheiten flach hin.

Stiel: holzig, $^3/_4$ bis 1'' lang, sitzt in weiter, tiefer, trichterförmiger, rostfreier Höhle.

Schale: fein, glatt, etwas glänzend. Die Grundfarbe ist vom Baume etwas gelblich grün, später gelb, oder bleibt selbst, wenn die Frucht schon mürbe ist, noch stellenweise grün. Ueber den größten Theil der Oberfläche und besonders auf der Stielwölbung, ist die Frucht mit ziemlich vielen, kurzabgesetzten, etwas matten Carmoisinstreifen sanft gezeichnet und an besonnteren Stellen dazwischen noch leichter roth überlaufen, mehr nach der Schattenseite hin nur punktirt. Punkte sehr fein, wenig bemerklich, erscheinen in der Röthe nur als ganz feine, hellere Stippchen. Einige Regenflecke finden sich. Der Geruch ist stark und gewürzt.

Das Fleisch ist gelblich, fein, saftreich, mürbe, von gewürztem, nur schwach weinartigem, edlen Zuckergeschmacke, in dem er dem Edlen Prinzessinapfel sehr ähnlich ist, so daß die Frucht, wenn sie nicht bei mehr Größe noch sehr merklich besser wird, neben dem Alantapfel und Edlen Prinzessinapfel entbehrlich ist.

Das Kernhaus ist etwas offen, einzeln ziemlich geschlossen. Die geräumigen, oft etwas ausgeblühten Kammern enthalten viele schwarzbraune, kleine, spitzelförmige Kerne. Die Kelchröhre ist ein kurzer Kegel.

Reifzeit und Nutzung: Zeitigte in dem warmen Jahre 1865 schon Ende Oktober, 1866 im November und hält sich den Januar hindurch.

Der Baum, von dem ich eine noch junge Pyramide auf Johannisstamm habe, wächst gesund, doch gemäßigt und trug bald. Auch die Vegetation bekundet wohl die Abkunft vom Edlen Prinzessinapfel. Sommertriebe etwas fein, olive mit schmutzigem, matten Braun nur leicht überlaufen, schwach oder nicht silberhäutig, nach oben wollig, zerstreut und fein punktirt. Blatt mittelgroß, rinnig, breitelliptisch oder elliptisch, seicht und meist stumpf gezahnt. Afterblätter pfriemenförmig. Augen ziemlich stark, auf flachen, sehr wenig gerippten Trägern.

Oberdieck.

Nro. 565. Gelderscher Kronapfel. Diel II, 1; Lucas IV, 2. b; Hogg III, 1. D.

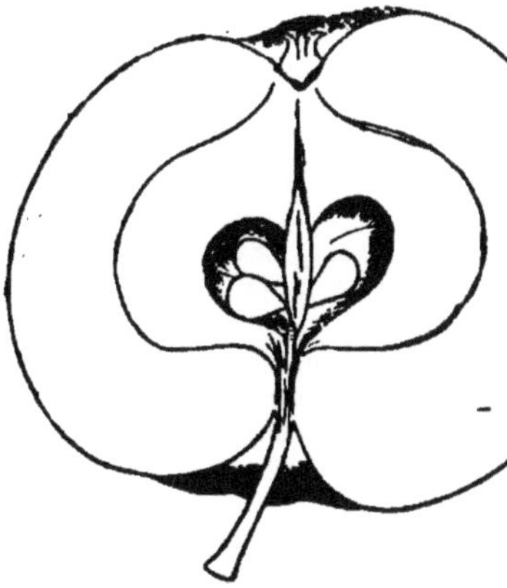

Gelderscher Kronapfel. •††, Winter.

Heimath und Vorkommen: Ist eine Holländische Frucht, welche Diel von Herrn Stein zu Harlem unter dem Namen Gelders Kruis, (Gelderscher Kreuzapfel) erhielt, sie auch noch in seiner Nähe im Schloßgarten von Oranienstein antraf, wohin manche Sorten aus Holland gekommen waren. Wegen seiner sichtbaren Verwandtschaft mit den Kronäpfeln nannte er ihn Gelderscher Kronapfel. Das Reis erhielt ich direct von Diel und zeigte die Sorte sich ganz ächt. Ist eine schöne und recht gute, bei uns wohl noch höchst unbekannte Sorte, die alle Anpflanzung verdient.

Literatur und Synonyme: Diel XII, S. 39, unter obigem Namen. Dittrich hat ihn nicht. Diel bezweifelt, ob unsere Sorte der wahre Geldersche Kreuzapfel Knoops sei, von denen Knoop S. 10, 2 Sorten hat, den Gelderschen Kreuzapfel, Kruis Appel (van Gelder) und den Tafel 4 auch abgebildeten Rothen Gelderschen Kreuzapfel, Kruis Appel van Gelder (roode), indem die bei obiger Frucht sich nur findenden sanften Rippen um den Kelch mit einem Kreuze gar keine Aehnlichkeit hätten und auch der Rothe Geldersche Kreuzapfel nicht gestreift sein solle. Diese Gründe allein wären wohl noch nicht hinlänglich, an der Identität mit einer der gedachten Sorten zu zweifeln, da in der Abbildung der Geldersche Kreuzapfel selbst stark gestreift ist, beide als dem Rothen Kronapfel sehr ähnlich, nur meist etwas höher gebaut bezeichnet werden und die Benennung kaum von der Form der Rippen entnommen sein kann, da die Abbildung deutlich 5 Rippen zeigt. Bei den kurzen und ungenügenden Angaben Knoops läßt aber überhaupt eine Frucht in seinem Werke sich schwer wieder erkennen. — Christ hat im Handwörterbuche S. 57, den Roode Kruis Appel nur nach Knoop und gibt aus Knoops Werke die Synonyme Roode Bastard Kroon und Roode Bastard Aagtappel mit an.

Gestalt: Ist nach Diel hochaussehend, $2^1/_4$″ breit und hoch, fiel in meinem jetzigen trocknen Boden jedoch niedriger und nur 2″ hoch aus und war etwas flachrund. Der Bauch sitzt bei regelmäßig gebildeten Früchten ziemlich in der Mitte und wölbt nach beiden Seiten sich gleich.

Kelch: schmal, langgespitzt, grün, nach Diel offen, bei mir häufig nur etwas offen, sitzt in weitgeschweifter, bald ziemlich tiefer, bald etwas seichter Einsenkung, um die sich einige flache Beulen erheben, die flach und breit über die Frucht hinlaufen, sich einzeln oft vordrängen und die Rundung in die Breite verschieben.

Stiel: dünn, holzig, $^3/_4$" lang, sitzt in etwas enger, oft ziemlich tiefer Höhle, welche mit zimmtfarbigem Roste bekleidet ist, der oft selbst ziemlich rauh ist und sich strahlig noch etwas auf der Stielwölbung verbreitet.

Schale: dünn, ziemlich glänzend, glatt, in der Reife stark geschmeidig; Grundfarbe ist vom Baume ein grünliches Gelb, später schön citronengelb, wovon man aber bei freihängenden Früchten nichts rein sieht, indem die ganze Schale rundherum mit vielen kurzen und langen, dunklen Carmosinstreifen besetzt, und zwischen diesen an der Sonnenseite noch stark roth überlaufen, an der Schattenseite mehr punktirt ist, so daß die Grundfarbe nur auf der Schattenseite durchscheint und nur bei mehr beschatteten Früchten zwischen den Streifen auf der Schattenseite mehr rein erscheint. Die zahlreichen Punkte sind rostig und fein, fallen aber deutlich ins Auge, indem sie auf der Sonnenseite von feinen, blasser röthlichen, auf der Schattenseite von ziemlich großen, gelblichen Dupfen umgeben sind, was an Meusers rothe Herbstreinette etwas erinnert. Der Geruch ist violenartig, doch schwach.

Das Fleisch ist gelblich weiß, nach dem Kelche hin oft etwas röthlich gefärbt, mit röthlichen Adern ums Kernhaus, fein, mürbe, ziemlich saftvoll, von angenehmem, gewürzhaften, zuckerartigen Geschmacke.

Das Kernhaus ist geschlossen, geht nach Diel hoch in die Höhe und enthalten die geräumigen Kammern nur wenige vollkommene Kerne. Ich fand das Kernhaus nicht ungewöhnlich hoch hinaufgehend und waren die Kerne vollkommen, ziemlich zahlreich, eiförmig. Die Kelchröhre ist breiter, kurzer Kegel.

Reifzeit und Nutzung: Zeitigt im November und hält sich bis in den Winter.

Der Baum wächst lebhaft und gesund, geht mit den Aesten, die in etwas spitzen Winkeln ansetzen, schön in die Luft, belaubt sich gut, setzt viel kurzes Fruchtholz an und trägt reichlich. Sommertriebe mittelmäßig stark, nach oben wollig, nur leicht silberhäutig, violettbraun, zahlreich punktirt. Blatt mittelgroß, elliptisch, oft langelliptisch mit starker Spitze und an seiner langen Form ziemlich kenntlich, nach oben hin lang und spitz eiförmig, nicht tief, theils spitz, theils etwas gerundet gezahnt. Afterblätter pfriemenförmig. Augen ziemlich stark, wenig wollig, braunroth, sitzen auf etwas vorstehenden, nur auf den Seiten gerippten Trägern.

Oberdieck.

Nro. 566. Erzherzogin Sophie. Diel II, 2; Lucas IV, 3. b; Hogg III, 1. B.

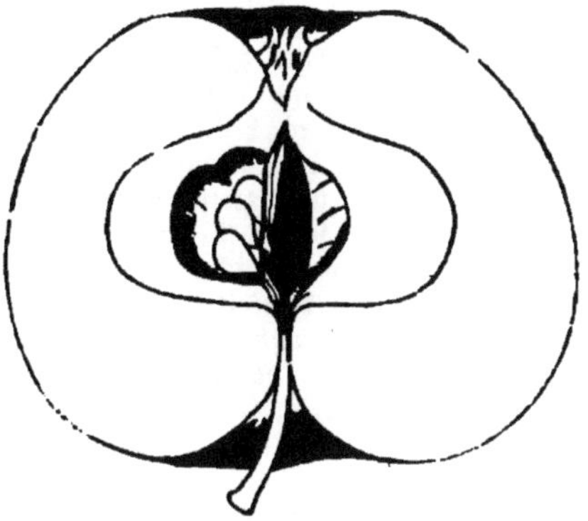

Erzherzogin Sophie. **††, Dezember durch Winter.

Heimath und Vorkommen: Das Reis dieser, nach einer fürstlichen Person des Oesterreichischen Kaiserhauses benannten Frucht empfieng ich noch in Nienburg von Herrn Garten-Inspektor Bionbek bei Wien mit der Nachricht, daß dieselbe noch zu den Sorten gehöre, die von dem bekannten Chorherrn Schmidtberger zu St. Florian in Oesterreich erzogen seien, von welchem er das Reis erhalten habe, und bezeichnete er sie mir als die beste von Schmidtberger erzogene Frucht. Dies ist wohl etwas zu viel gesagt, doch ist sie sehr gut und besonders reich tragbar, weßhalb sie sehr verdient, beachtet und weiter verbreitet zu werden. Trägt stets schon in der Baumschule.

Literatur und Synonyme: Ist noch höchst wenig bekannt und wird hier zuerst beschrieben, kommt auch noch bei keinem Pomologen vor.

Gestalt: mittelgroß, flachrund; gute Früchte wurden bei mir bisher nicht größer, als obige Figur zeigt, 2¼″ breit und 2″ hoch. Wahrscheinlich wird sie südlicher merklich größer, auch höchst wahrscheinlich noch delikater von Geschmack. Der Bauch sitzt meistens ziemlich in der Mitte und wölbt die Frucht nach beiden Enden sich fast gleichmäßig. Bei manchen Exemplaren sitzt der Bauch auch etwas mehr nach dem Stiele hin, um den sie sich flachrund wölben und nehmen dann nach dem Kelche hin auch bemerklich stärker ab.

Kelch: etwas breitgespitzt, Spitzen der Ausschnitte häufig schon dürr oder verstümmelt, sitzt bald in etwas enger, flacher, bald, bei mehr mittelbauchigen Exemplaren, in weiter und tiefer Senkung, mit Falten und oft auch flachen Beulen umgeben, die sich flach und breit über die Frucht hinziehen und einzeln vordrängen, so daß die Form meistens merklich verschoben ist.

Stiel: holzig, ½ bis gegen 1" lang, sitzt in ziemlich weiter und tiefer, meistens mit etwas strahligem Roste bekleideter Höhle. Einzeln legt auch ein starker Fleischwulst sich an den Stiel an.

Schale: fein, glatt, im Liegen geschmeidig, färbt sich am Baume später als viele anderen Sorten und dann rasch. Die Grundfarbe ist vom Baume grünlich gelb, später hellgelb. Stark besonnte Früchte sind fast rundherum mit schönen, etwas langabgesetzten, zahlreichen Carmosinstreifen gefällig gezeichnet und zwischen den Streifen noch leicht roth überlaufen. Aufliegendes schneidet die Röthe ziemlich ab, und sind Streifen und Röthe an etwas beschatteten Exemplaren nur matt. Punkte sehr fein zerstreut, kaum bemerklich. Schwarze Regenflecke finden sich bei etwas beschatteten Früchten gern ein und einzelne Exemplare zeigen merkliche Rostfiguren, die gewöhnlich fehlen.

Das Fleisch ist gelblich weiß, fein, mürbe, ziemlich saftreich, von angenehm und merklich gewürztem, durch etwas Säure gehobenen Zuckergeschmacke.

Das Kernhaus ist etwas offen, mit hohler Achse, läuft in die Breite; die geräumigen Kammern enthalten zahlreiche, vollkommene, kurzeiförmige, oder kugelartige etwas unförmliche Kerne. Die Kelchröhre ist meistens ein kurzer Kegel, geht jedoch einzeln auch bis aufs Kernhaus herab.

Reifzeit und Nutzung: Zeitigt im Dezember und hält sich den Winter hindurch.

Der Baum wächst gut und gesund, jedoch gemäßigt, setzt die Zweige in etwas stumpfen Winkeln an und macht viel kurzes, früh und reichlich tragendes Fruchtholz. Sommertriebe mäßig stark, wollig, nicht silberhäutig, violettbraun, kaum etwas punktirt. Blatt mäßig groß, fast flach, oval, mit auf der einen Seite auslaufender, auf der andern Seite aufgesetzter, etwas gedrehter, oft ganz aufgesetzter Spitze, seicht und gerundet gezahnt. Afterblätter lanzettlich, an schwachen Trieben fehlend. Augen klein, etwas wollig, auf mäßig vorstehenden, merklich gerippten Trägern.

Oberdieck.

No. 567. Hans Ulerich. Diel II, 1; Lucas V, 3. b; Hogg III, 2. C.

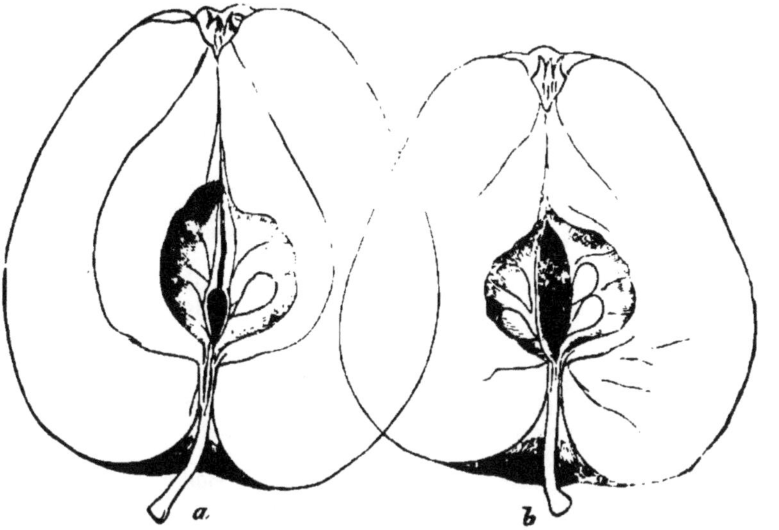

a b

Hans Ulerich. * † ⁖, Januar bis Sommer.

Heimath und Vorkommen: Mit dieser in der Schweiz sehr geschätzten Frucht machte uns zuerst auf der Ausstellung zu Görlitz Herr Lehrer Kohler aus Küßnacht bei Zürich bekannt, von dem ich ein paar schöne Früchte und das Reis erhielt und wurde damals auch gleich eine Abbildung der Frucht vertheilt, wobei Herr Kohler die Nachricht gab, daß sie aus einem Kerne des gleichfalls mit ausgelegten Spitzweißen (Spitzwieseke), entstanden sei. Die Schweizerischen Obstsorten geben dagegen diese Abstammung nur als eine muthmaßliche an und wird gesagt, daß der Stammbaum in den zwanziger Jahren in Oberrieden, Kanton Zürich, gestanden habe und dessen Eigenthümer Hans Ulerich Staub hieß. Ob er von demselben erzogen, oder vom Kanton Zug herübergekommen sei, habe sich nicht ermitteln lassen, doch sei der betreffende Baum jedenfalls ein unveredelter gewesen. Sie hat einige Aehnlichkeit und selbst etwas in Gestalt mit den Tyroler Rosmarinäpfeln und möchte der Vater etwa der Rothe Rosmarinapfel gewesen sein. Er ist aber um so mehr noch weiter zu erforschen, ob die Frucht in Norddeutschland nicht zu hart und gewürzlos wird und zu bloßer Haushaltsfrucht herabsinkt.

Literatur und Synonyme: Kommt bei früheren Pomologen nicht vor; es ist aber in den Schweizerischen Obstsorten, herausgegeben vom Schweizerischen landwirthschaftl. Centralverein (St. Gallen 1863), gute Abbildung und Beschreibung davon gegeben worden. Er ist dort in Lucas Classe XIV, Spitzapfel gesetzt.

Gestalt: schön konisch, nur mäßig abgestumpft, $2^1/_2$" breit und $2^1/_2$ bis $2^3/_4$" hoch. Der Bauch sitzt beträchtlich mehr nach dem Stiele hin, um den die Frucht sich schön, oft rasch zurundet und stark abstumpft. Nach dem Kelche nimmt sie, zugespitzt, weit stärker ab und ist noch ziemlich abgestumpft. In den Schweizerischen Obstsorten wird die Größe mittelgroßer Frucht zu $2^1/_4$" Breite und Höhe, doch im Allgemeinen auch etwas weniger breit als hoch angegeben.

Kelch: feingespitzt, in die Höhe stehend, geschlossen, sitzt in flacher, bald etwas weiterer, bald auch enger Senkung, mit feinrippigen Falten und einzelnen Fleischperlen reich umgeben, wie auch auf der Kelchwölbung und bis zum Bauche hin etwas feinkantige, sanfte Erhabenheiten sich finden, während jedoch Bauch und Stielwölbung schön rund und eben sind.

Stiel: gegen 1" lang, holzig, dünn, sitzt in ziemlich weiter und tiefer Höhle, die mit strahlig verlaufendem Roste bekleidet ist, der meist fein, oft stark und ziemlich rauh ist.

Schale: fein und glatt, glänzend, im Liegen etwas fettig, vom Baume strohweiß, in der Reife schön citronengelb. Die Sonnenseite ist mit einer sanften Carmosinröthe, oft nicht weit ausgebreitet, gezeichnet, in der man noch deutlich lange Streifen bemerkt. Bei etwas Beschatteten ist die Röthe unbedeutend oder fehlt ganz. Punkte fein, etwas zerstreut, manche sind in der Grundfarbe mattgrünlich, in der Röthe gelblich umflossen. Geruch ziemlich stark.

Das Fleisch ist etwas gelblich weiß, fein, ziemlich mürbe, von angenehmem, gewürzten, etwas weinartigen Zuckergeschmacke.

Das Kernhaus ist etwas unregelmäßig; manche Kammern sind ganz offen, andere fest geschlossen. Die geräumigen Kammern enthalten viele vollkommene, braune Kerne. Die Kelchröhre ist sehr klein und kurz.

Reifzeit und Nutzung: Zeitigt im Januar und hält sich bis in den Sommer, nach Angabe der Schweizer Obstsorten selbst ein volles Jahr. War im Januar noch nicht einmal gehörig mürbe. Für die Tafel könnte die Frucht noch edler im Geschmacke sein. Es wird aber selbst in den Schweizerischen Obstsorten bemerkt, daß der Apfel erst im Januar für die Tafel brauchbar werde, überhaupt für die Tafel nicht ersten Ranges sei, dagegen aber für die Wirthschaft von keiner andern Sorte übertroffen werde. Von ihm gewonnener Saft schmecke ausgezeichnet; man moste nur die kleinen Exemplare, die größeren würden im Sommer für die Tafel theuer verkauft.

Der Baum wächst auch bei mir lebhaft und gesund. Nach der Beschreibung in den Schweizerischen Obstsorten ist er gesund und dauerhaft, wächst stark und hat eine kugelige, regelmäßige, dichte Krone, die sich durch die kandelaberartig aufsteigenden, starken Zweige auszeichnet. Sommertriebe ziemlich stark, fein wollig, schmutzig braunroth überlaufen, wenig und fein punktirt. Blatt groß, flach, unten am Zweige oval mit aufgesetzter Spitze, weiter hinauf eioval, selbst eiförmig. Afterblätter schmal lanzettlich. Augen klein, etwas wollig, sitzen auf flachen, flach und kurz gerippten Trägern.

Oberdieck.

No. 568. **Der Kürbisapfel.** Diel III, 1; Lucas VI, 2. b; Hogg III, 1. C.

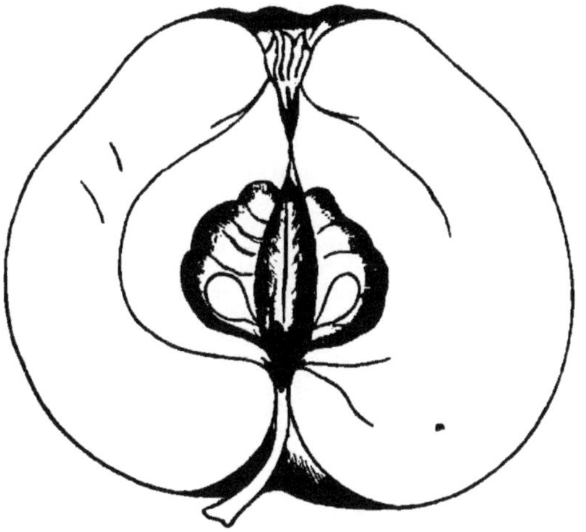

Der Kürbisapfel, ††, Dezember bis Sommer.

Heimath und Vorkommen: Diese gute Haushaltsfrucht stammt zunächst aus Wanfried im Hessischen, von wo sie an Herrn Professor Crede in Marburg und von diesem an Diel kam. Diel taxirt die Frucht als „noch vom 2ten Range" und will sie unter die ins Feld zu pflanzenden Sorten verweisen, hat indeß bei langer Haltbarkeit wohl immer noch mehr Güte, als ein Hausmütterchen und Aehnliche, die ziemlich viel gebaut werden. Mein Reis erhielt ich von dem schon länger verstorbenen Herrn Haushofmeister Witter in Celle, der dort eine sehr gute Baumschule, mit von Diel bezogenen Sorten unterhielt und obwohl die hier erbauten Früchte nicht die angegebene Größe erlangten, (erwuchsen an einem Baumschulenstamme), und in ein paar Punkten abweichen, werde ich doch wohl sicher die rechte Sorte erhalten haben, die weitere Fortpflanzung verdient. Den Namen wird sie von besonderer Größe erhalten haben.

Litteratur und Synonyme: Diel V, S. 57, der Kürbisapfel, und bemerkt Diel, daß er sich bei keinem Pomologen finde, wiewohl Manger Nr. 67, einen Kürbisapfel anführe, der wenigstens unter die Rambours gehöre. Dittrich I, S. 252. Christ, vollst. Pomologie S. 126, hat einen Kürbisapfel, der offenbar nach Diel beschrieben ist und daher als mit Diels Frucht überein bezeichnet werden kann. Im Handbuche, 2te Aufl. (1797), hat er S. 524 einen Kürbisapfel, der von unglaublicher Größe sein solle. Nachdem Diel im 5ten Hefte des Systems (1802) bemerkt hatte, die Angabe, daß die Frucht von unglaublicher Größe sei, möge wohl nur von einem Liebhaber herrühren, findet die Frucht sich im Handbuche von 1804, S. 517, Nr. 199, auch nur als Apfel „von ansehnlicher Größe" aufgeführt, worauf er in der Vollst. Pomologie die Diel'sche Beschreibung der Frucht gegeben hat.

Gestalt: Ist nach Diel merklich gerippt, von Form etwas unregelmäßig, jedoch stets hochgebaut, aber oft nähere er sich doch auch der Kugelform; der Bauch sitze in der Mitte und nehme von da nach dem Kelche hin mehr ab, als nach dem Stiele, um den er etwas breit gewölbt sei; oft nehme aber auch die Wölbung nach dem Stiele eben so stark, ja selbst stärker ab, als nach dem Kelche und erscheine dann kugelförmig; in seiner Vollkommenheit sei er $3^1/_2$ bis 4″ breit und $3^1/_4$ bis $3^1/_2$″ hoch. Die Mehrzahl meiner auf zu trockenem Boden erwachsenen Früchte hatte die oben dargestellte Form, 2 waren fast etwas stielbauchig und hochaussehend.

Kelch: grün bleibend, wollig, spitzblättrig, oft auch beschädigt, ist nach Diel geschlossen, (bei der Hälfte meiner Früchte doch auch etwas offen) und sitzt in enger, tiefer Einsenkung, mit merklichen Rippen oder selbst noch Fleischwärzchen umgeben. Unter den von mir erbauten Früchten hatten nur die hochaussehenden eine tiefe, ziemlich weite Kelchsenkung, bei den andern, (als an kleineren Exemplaren), war die Kelchsenkung flach. Ueber die Frucht laufen ziemlich kantige Erhabenheiten, oft regelmäßig deren 5 hin, doch erhebt nach Diel sich oft auch eine oder die andere Rippe stärker, als die übrigen.

Stiel: bald ein Fleischbutz, oder sehr kurz und stark, bald auch $^1/_2$′, lang, (an meinen kleineren Früchten theils selbst bis $^3/_4$″ lang) und sitzt in tiefer, schöner, oft auch durch hervorragende Beulen verschobener, mit etwas strahligem Roste besetzter Höhle.

Schale: glatt, nach Diel nicht fettig, wohl aber etwas zähe anzufühlen, an meinen Früchten stark geschmeidig. Grundfarbe vom Baume ein helles, etwas gelbliches Grün, später schön citronengelb. Die Sonnenseite ist, nach Diel, vom Stiele aufwärts bis zum Kelche mit einem leichten, feuerartigen Roth dünn verwaschen. Die Röthe war vom Baume an meinen Früchten unansehnlich bräunlich, später freundlicher mit undeutlichen Spuren von Streifen, mehr beschattete Exemplare zeigten auch an der Sonnenseite um die Punkte nur etwas unansehnlich rothe Kreischen und Dupfen. Die Punkte sind nach Diel wenig auffallend und gelblich, und öfter finden sich mehrere kleinere und größere bräunliche Rostflecken. An meinen Früchten traten die an sich feinen Punkte dadurch sehr deutlich hervor, daß sie in der Grundfarbe fein grün umringelt, an der Sonnenseite aber roth umringelt waren. Geruch ziemlich merklich.

Fleisch: gelblich weiß, nicht ganz fein, mürbe, mäßig saftreich, von angenehmem, weinsäuerlichen, ziemlich merklich gezuckerten Geschmacke.

Das Kernhaus ist nach Diel offen, groß, stößt mit der Spitze fast an die Kelchröhre; die Kammern theils weit, theils etwas enge, enthalten ziemlich viele, lange, meistens verschrumpfte Kerne; die Kelchröhre geht breit und kegelförmig herab. An meinen Früchten fand ich das Kernhaus nur stark hohlachsig und öffneten die Kammern sich wenig in die hohle Achse, die Kerne waren zwar nicht zahlreich, doch meistens vollkommen, recht spitz; die Kelchröhre ging als Kegel fast, bei einigen Exemplaren auch wirklich bis auf die Spitze des Kernhauses herab.

Reifzeit und Nutzung: Zeitigt im Dezember und hält sich bis zum Sommer.

Der Baum wächst stark, geht in der Baumschule, ohne viele Verzweigung, mit starken, steifen Trieben gerade in die Höhe und setzt bald viel kurzes Fruchtholz an, macht auch nach Diel sehr starke Aeste, die der Baum sehr schön in die Luft trägt und ist an seinem im ersten Pfropfjahre besonders großen Blatte kenntlich, das ich auch am Fruchtholze groß, aber lang und schmal fand. Sommertriebe stark, steif, nach oben wenig abnehmend, nur fein silberhäutig, dunkel glänzend braunroth, nach meiner Notirung olive, braunroth überlaufen, mit nicht vielen, aber schönen, starken Punkten besetzt. Blatt groß, nach Diel rund eiförmig, mit schöner, starker Spitze, mit ziemlich starken, größeren und kleineren Zähnen besetzt. Ich notirte die Form als ziemlich rinnig, eiförmig, am Stiele merklich herzförmig eingezogen, oft mehr eioval. Afterblätter pfriemenförmig. Augen klein, wollig, sitzen auf breiten, flachen, etwas gerippten Trägern.

Oberdieck.

No. 569. Gestreifter Rambour von Beck. Diel VII, 1; Luc. VI, 3. a; Hogg III, 1. B.

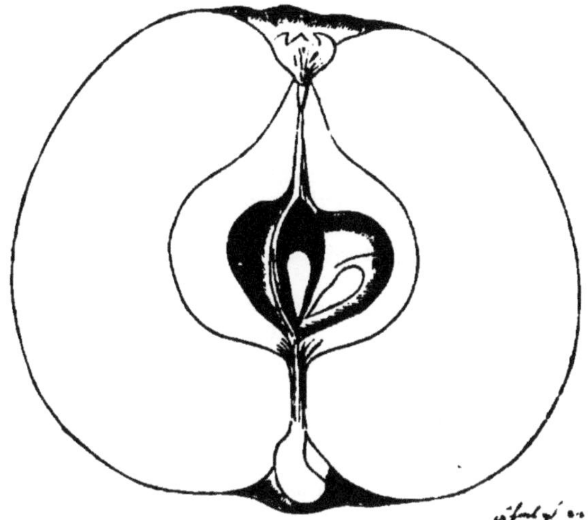

Gestreifter Rambour von Beck, fast •• † †. W. L.

Heimath und Vorkommen: Diese treffliche, allgemeine Anpflanzung verdienende Frucht erhielt Diel durch Herrn Oeconomen Bardenhauer zu Hauerhof bei Jülich und bemerkt Diel, daß sie in Beck bei Mastricht aus dem Kerne erzogen sei und man sie wegen ihres guten Geschmackes auch Reinette von Beek genannt habe. Sie verdiente auch den Namen eben so gut, als Harberts Reinette, indeß existirt bereits eine andere Frucht unter dem Namen Reinette von Beek, die mit dem Obigen nicht verwechselt werden darf. Auch ist zu bemerken, daß die von einem Orte Beek hergeleiteten Früchte theils aus Beck bei Mastricht, theils, wie z. B. der Große Mönchsapfel aus Beek bei Ruhrort abstammen. Mein Reis erhielt ich von der Societät zu Prag, wohin es von Diel kam, auch von Urbanek, und zeigte die Sorte sich völlig ächt.

Literatur und Synonyme: Diel A—B V, S. 48, Gestreifter Rambour von Beek, Dittrich III, S. 30. v. Aehrenthal gibt Taf. 93 Abbildung, die aber wenigstens für hiesige Gegend zu prächtig gefärbt ist und eine wahre Prachtfrucht darstellt.

Gestalt: bald hochaussehend, zwischen kugelig und abgestumpft konisch stehend, oft aber auch etwas flach gedrückt. Der Bauch sitzt etwas mehr nach dem Stiele hin, um den die Frucht sich flachrund wölbt. Nach dem Kelche nimmt sie merklich stärker ab und ist ziemlich oder wirklich stark abgestumpft. Gute Früchte sind nach Diel 3½" breit und 3" hoch.

Kelch: grünbleibend, nach Diel langgespitzt, ziemlich geschlossen oder halb offen, an meinen Früchten breit und kurz gespitzt, bald halb, bald ganz offen, indem die schräg über die weite Kelchhöhle hin liegenden Kelchausschnitte die Kelchhöhle nicht ganz oder gar nicht decken und sitzt in geräumiger, ziemlich tiefer, schüsselförmiger, fast ebener Senkung, auf deren Rande sich mehrere starke Erhabenheiten bilden, die breit über die Frucht hinlaufen, einzeln auch wohl vordrängen und die Rundung etwas verderben.

Stiel: kurz oder sehr kurz, oft nur ein Fleischbutz, oft etwas fleischig, sitzt in weiter, tiefer, aber nicht selten durch einen an den Stiel sich anlegenden Fleischwulst merklich verflachter und verengerter Höhle, die bald wenig Rost zeigt, bald auch mit zimmtfarbigem Roste stark belegt ist, der, etwas strahlig verlaufend, sich oft noch etwas über die Stielwölbung verbreitet.

Schale: etwas stark, ziemlich glänzend, im Liegen etwas geschmeidig; Grundfarbe ist vom Baume gelblich grün, später schön citronengelb. Bei besonnten Exemplaren ist der größere Theil der Frucht überall, wo die Sonne hintraf, mit anfangs etwas düsteren, blutartigen, später freundlichen und karmosinrothen, etwas langabgesetzten Streifen ziemlich reich gezeichnet und zwischen diesen noch leichter roth überlaufen. Oft sind aber manche Früchte auch nur mit einem schwachen Roth überlaufen, oder die stärkere Röthe erscheint fast verwaschen, so daß die Streifen etwas undeutlich werden. Punkte zahlreich, aber fein, erscheinen in der Grundfarbe theils als weißliche Dupfen, theils als feine Roststippchen, in der Röthe aber als zahlreiche, recht feine, gelblich röthliche Stippchen, die oft selbst in die Augen fallen. Rost findet sich nur als schwacher Anflug; Geruch ist schwach.

Das Fleisch ist gelblich weiß, oft ein Geringes grünlich, fein, saftreich, reinettenartig, von mildem, sehr angenehmen, fast süßweinsäuerlichen Geschmacke. *Geschmack ein Gravensteiner R.*

Das Kernhaus ist meist ziemlich offen, oft sind die Kammern auch nur schmal geöffnet. Die geräumigen Kammern enthalten recht lange, spitze, aber allermeist unvollkommene Kerne. Die Kelchröhre ist ein breiter, kurzer Kegel, geht aber meistens als feine Röhre noch etwas weiter herab.

Reifzeit und Nutzung: Zeitigt im November und hält sich den Winter hindurch.

Der Baum wächst recht stark und gesund, geht nach Diel mit den Aesten schön in die Höhe, bildet eine stark belaubte Krone, setzt sehr viele kurze Fruchtspieße an und ist recht fruchtbar. Er bildet auch in der Baumschule bei mir einen schönen, geraden Stamm. Sommertriebe stark, lang, nach oben wenig abnehmend, merklich wollig, leicht silberhäutig, beschattet olive, besonnt violettbraun oder schmutzig violettbraun überlaufen, mit zerstreuten, doch an starken Trieben mit starken Punkten gezeichnet. Blatt groß, flachrinnig, tief und scharf gezahnt, von Form nach Diel breit herzförmig mit starker, aufgesetzter Spitze; ich notirte es wiederholt als kurz oval oder eioval am Stiele, oft etwas herzförmig eingezogen mit aufgesetzter starker Spitze. Blatt der Fruchtaugen groß und oft recht lang, oft auch schmal, langoval oder langelliptisch. Afterblätter zahlreich, lanzettlich. Augen dreieckig, ziemlich wollig, sitzen auf mäßig vorstehenden, schwach und nur an den Seiten gerippten Trägern.

Oberdieck.

No. 570. Der Belvedere. Diel III, 1; Lucas VI, 3. b; Hogg III, 1. B.

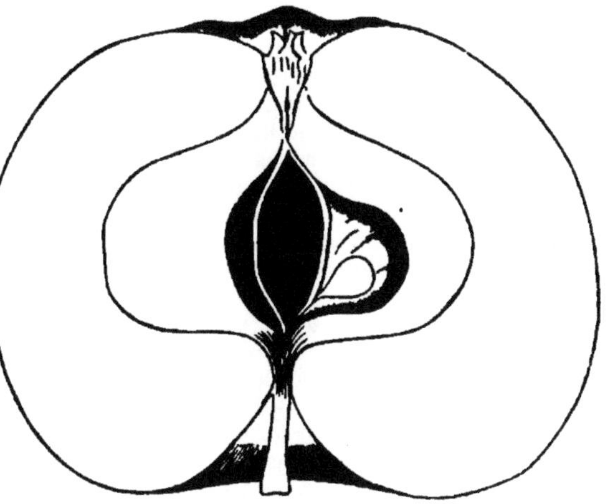

Der Belvedere. ††, Ende October bis Weihnachten.

Heimath und Vorkommen: Ist eine schöne, sehr kenntliche und auch gute, jedoch von manchen anderen noch übertoffene Haushaltsfrucht, die Diel von Herrn Ober-Kammerrath Frensdorf zu Dillenburg erhielt. Im Cataloge führt Diel die Sorte nicht wieder mit auf. Mein Reis bekam ich aus Frauendorf, weiter herstammend von Diel und stimmten die erbauten Früchte mit der Beschreibung völlig überein.

Literatur und Synonyme: Diel III, S. 90, unter obigem Namen. Diel bemerkt, daß er sich bei keinem Pomologen finde und vermuthet nur, daß er möglich Gmelins Großer Mußapfel sein könne. Christ, Vollst. Pomologie S. 44, Handwörterbuch S. 20. Am letzten Orte allegirt Christ Diel und ist die Beschreibung an beiden Orten nach Diel entworfen.

Gestalt: calvillartig gerippt, glatt und geht die Form nur zuweilen etwas in die Höhe, wenn die Frucht von der Mitte aus sich stärker, wie gewöhnlich, nach dem Kelche zuspitzt; flacher gebaute Früchte wölben sich um den Stiel breit und plattrund und nehmen mit flachrunden Linien noch bemerklich stärker nach dem Kelche ab. Allermeist ist die eine Seite der Frucht niedriger, als die andere, und stark hervorragende Rippen machen die Durchmesser etwas ungleich. Vollkommene Früchte sind nach Diel 4" breit und $3^1/_4$" hoch. Meine Früchte erhielten auf einem großen, gesunden Probezweige nur die oben dargestellte, etwas geringere Größe.

Kelch: langblättrig, geschlossen, steht meistens in einer nicht tiefen, wenig geräumigen Senkung, aus der mehrere flache Rippen sich erheben und breitkantig bis zur Stielwölbung oft bis in die Stielhöhle hinlaufen.

Stiel: kurz, dünn, 1″ lang, oft kürzer, ragt über die Stielwölbung nicht hervor und sitzt in geräumiger, tiefer, wenig rostiger Höhle.

Schale: nicht fettig; Grundfarbe ein trübes, gelbliches Grün, später gelb; die Sonnenseite ist mit einem schönen, dunklen Blutroth verwaschen, das nach dem Kelche und nach den Seiten hin streifenartig wird und in verloschenen einzelnen Streifen auch die Schattenseite überzieht. Minder besonnte Früchte zeigen auch im Roth der Sonnenseite deutliche Streifen. Nach der Schattenseite hin finden sich öfter vom Kelche bis zum Stiele gehende, bandartige Streifen. Punkte finden sich nur sehr wenige und sind besonders nur in der Röthe noch bemerklich. Geruch fein, violenartig.

Das Fleisch ist gelblich, fein, locker, nach Diel von einem feinen, angenehmen, violenartig süßen Geschmacke, den ich als gut, doch nicht eigentlich edel bezeichnete.

Das Kernhaus ist sehr groß, weit offen, die geräumigen Kammern enthalten, nach Diel, nur 6—7 Stück kleine, meist unvollkommene Kerne, deren ich mehrmals 10 und alle vollkommen fand.

Reifzeit und Nutzung: Zeitigt Ende October oder Anfangs November und hält sich bis Weihnachten. Muß, wenn die Frucht nicht welken soll, bis halben October sitzen.

Der Baum wächst stark, wird sehr groß, trägt nach Diel seine starken Aeste ausgebreitet, (worauf auch der Probezweig hinweiset) und liefert jährlich Früchte. Mein großer Probezweig trug jedoch seit 8, aber immer ungünstigen Jahren nur zweimal. Die Sommertriebe sind lang und stark, nach oben mäßig abnehmend, schmutzig violettbraun, nach oben mit feiner Wolle bekleidet, stellenweise silberhäutig, zerstreut und fein punktirt. Blatt ziemlich groß, flach, nach Diel oval, ich notirte es als breitelliptisch, mäßig tief aber scharf gezahnt. Afterblätter schmal lanzettlich. Augen mäßig stark, sitzen auf flachen, doch noch deutlich gerippten Trägern.

Oberdieck.

No. 571. Braunauer Rambour. Diel III, 1; Lucas VI, 3. b; Hogg III, 1. B.

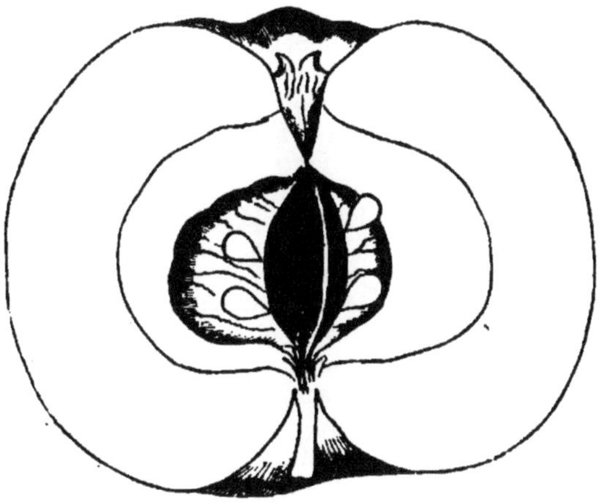

Braunauer Rambour. ††. W.

Heimath und Vorkommen: Diese haltbare, gute und schöne Haushaltsfrucht erhielt ich von Liegel unter dem Namen Braunauer geflammter Winter Rambour. Er hat sie selbst nicht beschrieben, auch überhaupt in seinen Schriften, so viel ich weiß, nicht aufgeführt und muß es wohl eine neuerlichst etwa bei Braunau aufgefundene Sorte sein. Sie wird vorerst der Beachtung der Pomologen näher empfohlen. Auch von Hrn. Robt zu Sterkowitz, zu dem das Reis gleichfalls von Liegel kam, erhielt ich 1865 schöne, meiner Sorte gleiche Früchte, nach denen obige Figur gemacht ist.

Literatur und Synonyme: Wird hier zuerst beschrieben. In der Monatsschr. 1851, S. 76, sagt Jahn, daß unsere Frucht dem Apfel von 18 Zoll sehr ähnlich, diese aber besser als der Obige sei. Ich kenne den Apfel von 18 Zoll noch nicht. Irre ich nicht, so habe ich irgendwo gelesen, oder auf einer Obstausstellung die Meinung vernommen, daß unsere Frucht mit dem Bedufteten Morgenapfel identisch sein möge, womit indeß weder Form noch Geschmack der Frucht stimmt und zu welcher Ansicht wohl nur der Umstand Anlaß gegeben haben mag, daß der Obige oft auch recht bandstreifig ist. In Form und Größe ist ähnlich der Rheinische Winter Rambour, aber nicht bandartig gestreift.

Gestalt: flachrund, einzeln hochaussehend; Bauch meistens in der Mitte, nach beiden Seiten gleichmäßig abnehmend und an beiden Enden stark abgestumpft.

Kelch: grün, wollig, breitgespitzt, geschlossen oder nur halb offen, einzeln in etwas flacher, meistens in weiter, tiefer, ziemlich schlüsselförmiger Senkung mit einzelnen Falten und manchen breiten Beulen umgeben, die breit und einzeln vordrängend über die Frucht hinlaufen und die Form mehr oder weniger verschieben.

Stiel: kurz, holzig, in weiter, tiefer, rostfreier, oder mit ganz feinem grünlichen Roste belegter Höhle.

Schale: glatt, ziemlich glänzend, gelb, wovon bei besonnten Exemplaren wenig rein zu sehen ist, indem zahlreiche, theils kurz abgesetzte, meistens lange und schmale, einzeln auch breite, recht bandartige Karmosinstreifen die Frucht fast rund herum überziehen, zwischen denen an der Sonnenseite die gelbe Grundfarbe noch leichter roth überlaufen ist. An der Schattenseite erscheint auch die Grundfarbe als schmalere, oder einzeln bandartige Streifen rein. Bei beschatteten Früchten sind die Streifen matter und oft unansehnlich braun. Die Punkte sind ziemlich zahlreich und erscheinen in der Röthe als recht feine, gelbliche Stippchen, die meist wenig ins Auge fallen. Geruch merklich.

Das Fleisch ist gelblich weiß, oft etwas grünlich weiß, ziemlich fein, von angenehmem, etwas gewürzten, weinsäuerlichen Geschmacke.

Kernhaus: mehr oder weniger offen, meist ziemlich stark offen; Kammern geräumig, etwas ausgeblüht; Kerne ziemlich zahlreich, theils kurz und breiteiförmig, theils länger, schwarzbraun; die Kelchröhre ist ein starker, bis aufs Kernhaus herabgehender, oder in dasselbe sich öffnender Kegel.

Reifzeit und Nutzung: Zeitigt Ende November und hält sich den Winter hindurch.

Der Baum wächst gesund und rasch, doch kann ich über seine Form noch nichts angeben. Sommertriebe ziemlich stark, gerade, steif, violettbraun, wenig punktirt; doch zeigt das zweijährige Holz ziemlich viele starke, ins Auge fallende Punkte. Blatt ziemlich groß, fast flach, elliptisch, nur seicht und oft recht fein gezahnt. Die Blätter der Fruchtaugen sind meist merklich größer und lang. Afterblätter kurz lanzettlich. Augen mäßig groß, wollig, ziemlich dreieckig, auf etwas vorstehenden, flach gerippten Trägern.

Oberdieck.

No. 572. von Salisch-Reinette. Diel IV, 2; Lucas VII, 1. a; Hogg III, 1. C.

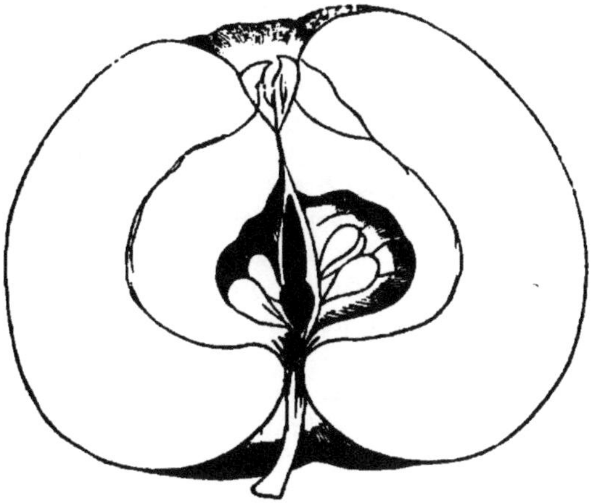

von Salisch-Reinette, fast **††, November bis März.

Heimath und Vorkommen: Von dem Thüringer Gartenbau-Vereine ist eine Frucht, einem der Präsidenten dieses Vereins zu Ehren Oberhofmarschall von Salisch Goldreinette benannt worden. Aus Gotha selbst empfieng ich unter diesem Namen eine Frucht, die mit van Mons Goldreinette identisch scheint. Die obige Sorte empfieng ich unter demselben Namen aus Neustadt an der Haardt und ist eine für sich bestehende, bisher wohl noch unbekannte Frucht, die daher eher die rechte sein möchte. Sie hat einige Aehnlichkeit mit Fromms Goldreinette, ist aber flacher und gehört nach ihrer Zeichnung nicht unter die eigentlichen Goldreinetten. Die Probezweige setzten früh und gern Frucht an und ist an der Fruchtbarkeit des gesund und rasch wachsenden Baumes nicht zu zweifeln.

Literatur und Synonyme: Kommt bei keinem Pomologen vor.

Gestalt: merklich flach gedrückt. Der Bauch sitzt oft ziemlich in der Mitte, meistens jedoch etwas mehr nach dem Stiele hin, um den die Frucht sich plattrund wölbt. Nach dem Kelche nimmt sie mit flach erhobenen Linien noch bemerklich stärker ab und ist meistens nur wenig abgestumpft. Gute Früchte sind in meinem Boden $2^3/_4''$ breit und $2''$ hoch, in günstigerem Boden werden sie mindestens $3''$ Breite haben.

Kelch: breit- und mäßig langgespitzt, halb offen oder offen, sitzt in mäßig weiter, flacher Senkung, mit Falten und flachen Beulen umgeben, die auch flach und breit über die Frucht hinlaufen und mitunter die Rundung verschieben.

Stiel: holzig, $^3/_4$—1" lang, sitzt in weiter, tiefer, mit Rost belegter Höhle, der sich meistens strahlig verläuft.

Schale: fein, glatt, matt glänzend, im Liegen fast geschmeidig. Grundfarbe vom Baume gelblich grün, im Liegen schön gelb, doch oft nicht eigentlich goldgelb. Die Sonnenseite ist mit einer angenehmen Karmosinröthe verwaschen, die nur undeutliche Spuren von Streifen zeigt und häufig sich nicht weit verbreitet, oder nur leicht aufgetragen ist und gelbröthlich erscheint. Punkte sehr fein, etwas zerstreut, fallen nicht ins Auge. Geruch ziemlich stark.

Fleisch: ist matt gelblich, fein, saftreich, mürbe, von sehr angenehmem, gewürzten, durch etwas Säure gehobenen Zuckergeschmacke.

Das Kernhaus ist etwas offen, die ziemlich geräumigen Kammern enthalten allermeistens unvollkommene oder taube Kerne. Die Kelchröhre ist ein breiter, nur etwas herabgehender Kegel.

Reifzeit und Nutzung: Zeitigt im November und hält sich bis tief in den Winter.

Der Baum wächst in der Baumschule sehr rasch und gesund, er setzt die Hauptäste in ziemlich spitzen Winkeln an, von denen die Nebenzweige in mehr stumpfen Winkeln, manche fast horizontal ausgehen, so daß die Krone eine ziemlich breite werden wird. Sommertriebe ziemlich stark, violettschwarz, stark silberhäutig, nur nach oben wollig, zerstreut punktirt. Blatt mittelgroß, fast flach, elliptisch, oft zum Oval neigend, gerundet gezahnt. Afterblätter klein, fehlen meist. Augen ziemlich stark und lang, sitzen auf flachen, flach gerippten Trägern.

Oberdieck.

No. 573. Hawleys Apfel. Diel IV, 1; Lucas VII, 1. b; Hogg I, (II) 1. A.

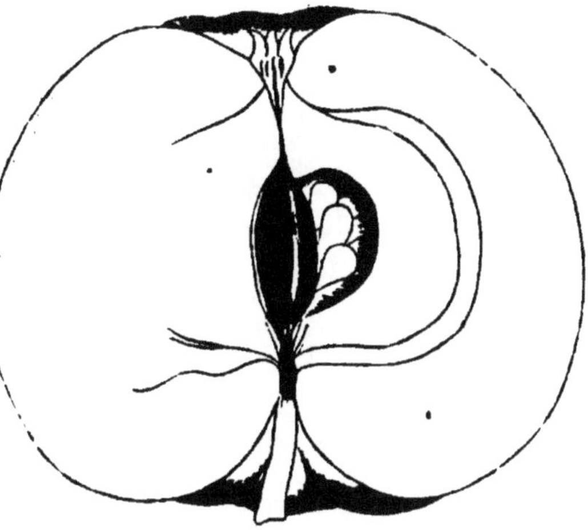

Hawleys Apfel. **††, September, Oktober, einige Wochen.
Hawley, Douse of Hawley.

Heimath und Vorkommen: Ueber den Ursprung dieser höchst schätzbaren Sorte gibt uns Hoveys Werk Fruits of Amerika II, S. 39, folgende Nachricht. Etwa vor 100 Jahren hatte ein Hr. Hawley, als derselbe aus Milford, Conn. nach New-Canaan in Columbia, Co. N.-Y. übersiedelte, Apfelkerne mitgenommen, die er säete und aus den gewonnenen Stämmen einen Obstgarten anlegte. Unter diesen fand sich die obige Sorte, die schon vor 40 Jahren sich weiter verbreitet hatte. Um 1846 war ein Nachkomme des Erziehers der Sorte, Hr. Thomas Hawley, Eigenthümer der Landbesitzung, von denen der Onkel eines Hrn. Leawensworth Reiser entnahm, worauf Hr. W. Leawensworth zu Syrakus in Newyork die Sorte verbreitete, auch an Hr. Hovey schöne Früchte sandte. Die Sorte hat sich durch ihre Güte bereits weiter verbreitet, ist aber in Deutschland noch sehr wenig bekannt. Durch Hrn. Behrens zu Travemünde erhielt ich aus Downings Collektion als Hawley eine gute, höchst tragbare, wenn auch nicht ausgezeichnete, rundum rothgestreifte und dazwischen roth überlaufene Herbstfrucht, die nicht die rechte Sorte sein kann. Von der Soc. van Mons erhielt ich nun die hier beschriebene Sorte, die wohl die rechte sein wird, da Hovey sie in ähnlicher Größe und Form und zwar über den größeren Theil der Sonnenseite carmosinroth, lang gesteift abbildet, jedoch in der Beschreibung, die ganz gut auf die mir vorliegende Frucht paßt, von diesen Streifen nichts sagt, sondern sie nur, als in der Reife hochgelb, mit zerstreuten braunrothen Fleckchen (small scattered russet specks) gezeichnet, beschreibt. Die Frucht hat manche Aehnlichkeit mit unserem Goldzeugapfel.

Literatur und Synonyme: Hovey Fruits of Amerike II, S. 39, unter dem Namen Hawley, mit den Syn. Dows or Douse, (of some American Collections), Reife setzt er in September und werde eßbar im Oktober. Er allegirt noch Magaz. of Hortic. XIII, S. 535. Downing hat die Frucht nur kurz Ausg. von 1866, S. 82. Elliott hat sie S. 82, als Hawley mit denselben Syn., gibt ohne Fig. nur kurze Notizen, klagt daß der Baum in allen Bodenarten an Dry rot (Krebs?) leide und schildert die Färbung gleichfalls als grüngelb oder gelb, mit wenigen braunen Flecken; Reife im Oktober, oft im September. Der Lond. Cat. und Hogg haben die Frucht noch nicht. Die Monatsschrift 1855, Heft 5 und 6, gibt über die Sorte noch einige nähere Nachricht.

Gestalt: neigt zur Kugelform, manche Exemplare sind hochaussehend, gute Exemplare stark 3" breit und 2¾ bis fast 3" hoch. (Hovey gibt die Hauptabbildung von 3¾" Breite und Höhe, die Nebenfigur aber etwas kleiner und breiter als hoch.) Der Bauch sitzt fast in der Mitte, nach dem Stiele nimmt die Frucht allmählig ab und ist stark abgestumpft, nach dem Kelche nimmt sie jedoch noch bemerklich etwas stärker ab, sich wie etwas zurundend und ist nur mäßig abgestumpft.

Kelch: etwas fein und oft kurz gespitzt, grün bleibend, wollig, nur etwas offen, an andern Exemplaren geschlossen und sitzt in enger, mäßig tiefer Senkung, von einigen Falten umgeben. Aus der Kelchsenkung laufen breite, meist aber etwas kantige Erhabenheiten über die Frucht bis in die Stielhöhle hin, die nahe an der Kelchsenkung noch am wenigsten hervortreten und recht flach sind, dann deutlicher hervortreten und auf der Stielwölbung und in der Stielhöhle am stärksten hervortreten.

Stiel: stark, holzig, einzeln etwas fleischig, kurz, nicht über die Stielwölbung hinausreichend, ½—⅔" lang, sitzt in weiter, tiefer, durch die hineintretenden breiten Erhabenheiten in der Rundung meist verschobener, auch durch einen an den Stiel sich anlegenden Wulst oft verengerter, rostfreier Höhle.

Schale: fein, glatt, glänzend, geschmeidig, vom Baume grünlich gelb, später schön gelb. Die Sonnenseite ist sehr gelb, hat auch öfter einen Anflug oder einige matte Flecken von bräunlicher Röthe. Die Punkte sind zahlreich, doch recht fein und erscheinen meistens nur als feine weißliche Schalendupfen. Rost findet sich nicht und auch Regenflecke fanden in dem naßkalten Jahre 1866 sich nur ganz einzeln.

Das Fleisch ist gelblich weiß, fast etwas grünlich gelblich, fein, reinettartig, saftreich, mürbe, von delikatem, fast weinigen, etwas citronenartig gewürzten Geschmacke, der mit dem des Grafensteiners in Güte sehr rivalisiren wird.

Das Kernhaus ist etwas offen; die Kammern sind mäßig geräumig und enthalten zahlreiche, braune, eiförmige Kerne, (oft 3 in der Kammer); die Kelchröhre ist ein schöner, zwar nur etwas, aber bis auf die Spitze des Kernhauses herabgehender Kegel.

Reifzeit und Nutzung: Die Zeitigung wird ordinär gegen Ende September fallen; 1866 waren 5 schöne, leider in dem ungünstigen Jahre, sämmtlich wurmstichig gewordene Exemplare schon 9. September mürbe.

Der Baum wächst rasch und gesund und ist der Probezweig in 3 Jahren schon ziemlich groß und stark geworden. Nach ihm zu schließen setzt der Baum die Triebe in mittelspitzen Winkeln an, geht schön in die Luft, belaubt sich reich und setzt viel kurzes und kürzeres Fruchtholz an. Die Sommertriebe sind lang, ziemlich stark, nach oben wollig, schwarzviolett, nur wenig und leicht silberhäutig, zerstreut und fein punktirt. Blatt groß, etwas rinnig, elliptisch, oft etwas langeiförmig, mit starker halb auslaufender, etwas wellig gedrehter Spitze, seicht und stumpf gezahnt. Afterblätter kurz lanzettlich. Augen stark, geschwollen, ziemlich weißwollig, sitzen auf wenig vorstehenden, nur flach gerippten Trägern.

Oberdieck.

No. 574. **Monstows Pepping.** Diel IV, 1; Hogg VIII, 1. a; Hogg III, 1. A.

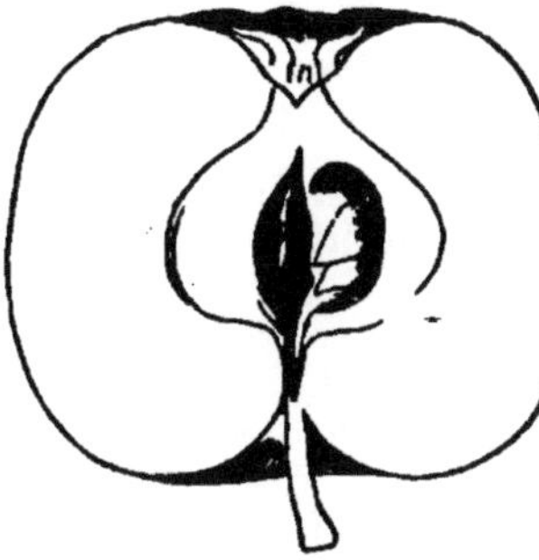

Monstows Pepping. In nicht trockenem Boden **, W.

Heimath und Vorkommen: Ist ein kleiner Goldpepping, der wahrscheinlich aus England abstammt und dort Golden Monday heißt. Dittrich, der die obige Sorte zuerst etwas näher beschreibt, III, S. 41, erhielt dieselbe unter obigem Namen aus dem Bollweiler Sortimente, und nennt sie eine Amerik. Frucht, auf welche Ansicht er indeß nur dadurch geführt sein wird, daß er Monstow's Pippin und Monstrous Pippin, (welches letzte Syn. des angeblich in Amerika erzogenen Gloria Mundi ist), verwechselte. Die Amerik. Pomologen haben einen Monstows Pepping gar nicht. Dagegen ist Hogg, S. 94, der Ansicht, daß der daselbst beschriebene Golden Monday von Switzer dem von Dittrich beschriebenen Monstow's Pippin gleich sei. Die Beschreibung des Golden Monday paßt auch auf unsere Frucht ziemlich gut und würde ich den Namen Goldener Montag für obige Frucht annehmen, wenn ich nicht zu oft die Erfahrung gemacht hätte, daß nach bloßen Beschreibungen gefällte Urtheile über Identitäten unter Früchten doch täuschen. Den Golden Monday konnte ich von Hogg bisher noch nicht erhalten. Vollkommen paßt auf unsere Frucht wenigstens nicht die Angabe, daß Golden Monday $2^1/_2$'' breit und 2'' hoch sein soll, wenn nicht in besserm und mehr feuchtem Boden die obige Frucht noch beträchtlich größer wird. Auch Dittrich gibt den Obigen nicht viel größer, als einen Kleinen Api an, setzt auch die Reifzeit von December bis Frühjahr, während Hoggs Golden Monday von Oktober bis Weihnachten reifen soll. Vorerst hat unsere Beschreibung nur Werth zur Berichtigung und Vervollständigung der Dittrichschen Angaben. Auch im Berichte über die Görlitzer Ausstellung hat der Gartenbau-Verein zu Weimar irrig Ruhm der Welt, (Gloria Mundi) und Monstows Pepping, (statt Monstrous Pippin) als synonym zusammengestellt. Ich bemerke noch, daß ich mein Reis von Bödiker bekam, der es weiter aus Bollweiler bezog.

Literatur und Synonyme: Dittrich III, S. 41, Monstows Pepping, Monstow's Pippin, Gloria Mundi, welches letzte Synonym, wie schon gedacht, eine große Irrung ist. — Ob Hoggs Golden Monday, S. 94, bei dem er als Syn. Monstow's Pippin hat und selbst auf Dittrichs gedachte Beschreibung hinweiset, unser Monstows Pepping sei, mag vorerst nur als wahrscheinlich betrachtet werden und wäre dann aus Hogg noch die Bemerkung hinzuzufügen, daß Forsyth als Golden Mundi eine schön rothgestreifte Frucht hat, die von Golden Monday verschieden sein wird.

Gestalt: nach Dittrich plattgedrückt, 2" breit, $1^1/_2$" hoch; ich hatte indeß mehrmals auch hochaussehende Exemplare. Der Bauch sitzt gewöhnlich in der Mitte und wölbt die Frucht nach beiden Seiten sich fast oder wirklich gleichmäßig.

Kelch: großblättrig, langgespitzt, halb offen, sitzt nach Dittrich in weiter, tiefer, schlüsselförmiger Senkung, auf deren Rande sich 6 starke Rippen erheben, die deutlich über die Frucht hinlaufen und diese etwas sternförmig bilden. Diese starken Rippen bemerkte ich jedoch an meinen kleinen Früchten bisher nicht, die nur einige flache Erhabenheiten in der Kelchsenkung zeigten, welche nur sehr flach über die Frucht hinliefen. Es kann dies von größerer Kleinheit meiner auf zu trockenem Boden gewachsenen Frucht kommen, die am kleinsten (nur $1^1/_4$" breit) in dem warmen, aber recht trockenen Sommer 1865 waren, wo manche andere Aepfel sich sehr vollkommen ausbildeten. Auch Hogg, falls sein Golden Monday wirklich derselbe wäre, sagt von den von Dittrich erwähnten Rippen nichts.

Stiel: nach Dittrich stark, $^1/_2$" lang, bei mir jedoch oft auch $^2/_3$" lang und nicht stark, steht in schöner, mäßig tiefer, bald glatter, bald fein rostiger Höhle.

Schale: fein, nur matt glänzend; Grundfarbe schon vom Baume gelb, in der Reife ziemlich hochgelb. Die Sonnenseite zeigt selten Spur von Röthe, hat aber manchmal feine rothe Kreischen um einzelne Punkte. Rostpunkte sind zerstreut, meist fein, nach Dittrich auf der Sonnenseite stark. Rostanflüge finden sich besonders um den Kelch. Geruch schwach.

Das Fleisch ist gelblich, fein, mäßig saftreich, nach Dittrich von angenehmem, dem Edelborsdorfer ähnlichen Geschmacke, bei dem ich diese Aehnlichkeit weniger finde, sondern eher einige Aehnlichkeit mit dem Geschmacke der Goldpeppings wahrnehme und den Geschmack als etwas weinartig gezuckert notirte.

Das Kernhaus ist etwas offen, die verhältnißmäßig geräumigen, glattwandigen Kammern enthalten viele vollkommene Kerne. Die Kelchröhre ist kurzer, breiter Kegel.

Reifzeit und Nutzung: Zeitigt nach Dittrich im December und hält sich bis zum Frühjahre. In dem warmen Sommer 1865 wollten allerdings meine Früchte um Weihnachten sich nicht recht mehr halten.

Der Baum wächst nach Dittrich gut und trägt bald und reichlich, welche Tragbarkeit sich bei mir bewährte. Mein Baum gleicht in der Vegetation etwas dem des Engl. Goldpeppings und setzt die Zweige in etwas spitzen Winkeln an. Sommertriebe schlank, nach oben abnehmend, ziemlich stark silberhäutig, violettbraun, etwas wollig, mäßig zahlreich punktirt. Blatt klein, ziemlich rinnenförmig, nach Dittrich herzförmig, während ich es als elliptisch, nicht tief und ziemlich scharf gezahnt notirte. Afterblätter zahlreich, lanzettlich. Augen stark, ziemlich lang, weißwollig, sitzen auf flachen, wenig gerippten Trägern.

Oberdieck.

No. 575. Hormead Parmäne. Diel IV, 1; Lucas VIII, 1. a; Hogg III, 1. A.

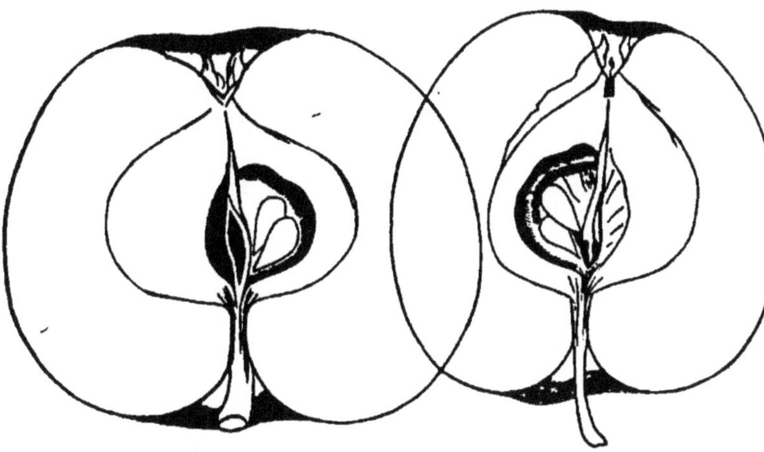

Hormead Parmäne. *††, November, Dezember bis März.

Heimath und Vorkommen: Ist eine Engl. Frucht, über deren nähere Abkunft, so wie über den Namen Hogg Auskunft nicht gibt. Das Reis erhielt ich durch Hrn. Pfarrer Urbanek von der Londoner Societät und lassen die erbauten Früchte die Aechtheit der Sorte annehmen, wenngleich kleine Abweichungen sich finden und die Form in meinem Boden mehr kugelig als parmänförmig und nur in der Minderzahl hochaussehend war. Hogg gibt bei der Sorte eine Figur nicht, und beschreibt sie als $2^1/_2$" breit und hoch, parmänförmig, regelmäßig und schön geformt. Schale hellgelb, ohne Röthe, bestreut mit Rostpunkten; Kelch groß, langgespitzt, geschlossen, in flacher, unebener Senkung; Stiel sehr kurz, in tiefer Höhle; Fleisch weiß, zart, sehr saftreich und angenehm säuerlich; Reife von Oktober bis März. Er bezeichnet sie als treffliche Frucht für Tafel und Küche, gehört jedoch in meiner Gegend zu den vorzüglichsten Früchten nicht.

Literatur und Synonyme: Lond. Cat. S. 30, Nr. 545, mit den Syn. Arundel Pearmain und Hormead Pippin. Hogg S. 112 mit denselben Syn. und führt Hogg einen andern Engl. Schriftsteller für die Frucht nicht an, so daß die Sorte selbst in England wohl noch wenig bekannt sein wird. Selbst Dochnahls Führer hat die Sorte nicht.

Gestalt: schön und regelmäßig geformt; Form in meinem Boden meistens kugelig, in guten Exemplaren $2^3/_4$" breit, $2^1/_2$" hoch, manche hoch aussehend, so hoch als breit. Der Bauch sitzt ziemlich in der Mitte, und wölbt die Frucht nach beiden Seiten sich fast oder wirklich gleichmäßig, einzeln nach dem Kelche doch noch bemerkbar stärker abnehmend.

Kelch: breit- und etwas langgespitzt, grünbleibend, ziemlich offen, (nach Hogg geschlossen), sitzt bald in flacher, mäßig weiter Senkung, nur mit einigen Falten umgeben, bald auch in etwas tiefer und weiter, schüsselförmiger Senkung. Ueber die Frucht hinlaufende Erhabenheiten sind kaum oder nicht bemerkbar und ist die Form schön gerundet und gefällig.

Stiel: bald holzig, dünn, $^2/_8$'' lang, bald, — namentlich bei größeren Exemplaren, kurz, fleischig, oft nur ein Butz; Stielhöhle an sich ziemlich tief, schön gerundet und trichterförmig, doch durch einen an den Stiel sich anlegenden Fleischwulst oft etwas verflacht. Rost zeigt sich in mehreren Strahlen meist nur auf einer Seite der Stielhöhle, einzeln ist die ganze Stielhöhle damit belegt.

Schale: fein, glatt, kaum etwas geschmeidig, vom Baume schön hellgrün, in der Reife schön hellgelb, doch bleibt bei etwas früherem Pflücken die Schale auch in der Lagerreife grünlichgelb. Die Sonnenseite ist meist nur goldartiger oder zeigt nur matten Anflug von Röthe. Rostpunkte etwas zerstreut, fein, an der Sonnenseite zuweilen einzeln fein roth umringelt. Geruch schwach.

Das Fleisch ist schwach gelblich, oft etwas grünlich-gelblich, ziemlich fein, mürbe, von etwas weinsäuerlichem Zuckergeschmacke.

Das Kernhaus ist geschlossen, oder nur wenig offen. Die flachen Kammern haben lange, spitze, meistens facettirte, oft nicht recht ausgewachsene, braune Kerne. Die Kelchröhre geht als Kegel oder Trichter nicht weit herab.

Reifzeit und Nutzung: Zeitigt Anfangs December und hält sich mehrere Monate gut. Verträgt frühes Pflücken.

Der Baum wächst mir bisher gesund, doch gemäßigt, setzt die Triebe in etwas stumpfen Winkeln an, und trägt gewöhnlich schon in der Baumschule. Sommertriebe ziemlich stark, nach oben wenig abnehmend, mit feiner Wolle bedeckt, violettbraun, nur fein und zerstreut punktirt. Blatt mittelgroß, flach ausgebreitet, zur Eiform neigend, manche am Stiele etwas elliptisch abnehmend, schön und recht scharf gezahnt. Afterblätter zahlreich, mäßig groß, lanzettlich; Blatt der Fruchtaugen oft groß und langelliptisch; Augen weißwollig, ziemlich dreieckig, sitzen auf flachen, wenig gerippten Trägern.

Oberdieck.

No. 576. Die Honigreinette. Diel IV, 1; Lucas VIII, (X) 1. a; Hogg III, 1. A. (C).

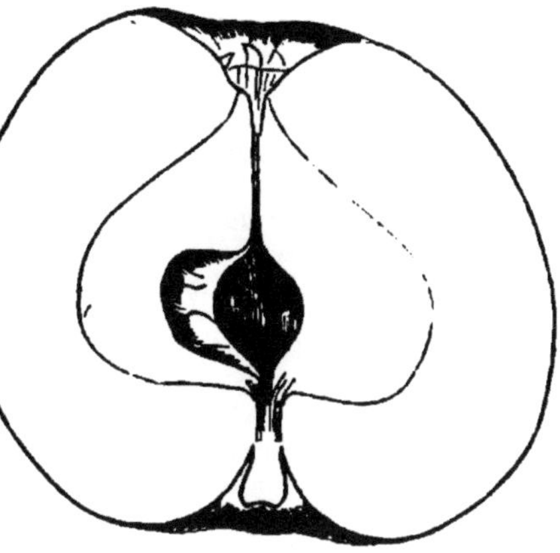

Die Honigreinette. *††, W. L.

Heimath und Vorkommen: Diel erhielt diesen sehr guten, reich tragenden und schönen Süßapfel, der recht häufig angepflanzt werden sollte, schon 1792 von Hrn. Juwelier Hagen in Haag, unter dem Namen De honig-zoete Appel, bekam ihn später auch aus Herrnhausen unter der verkehrten Benennung Paaschapfel. Diel bemerkt dabei mit Grund, daß er die Sorte unter den Knoopschen Früchten nicht finde, wie ich sie auch in der in Görlitz 1863 ausgestellten, recht viele Süßäpfel enthaltenden Boskooper Collektion nicht fand, und ist sie überhaupt wohl noch gewaltig wenig bekannt geworden, was bei dem ökonomischen Werthe, den gute Süßäpfel in neuerer Zeit erlangt haben, zu bedauern ist. Mein Reis erhielt ich direkt von Diel und zeigte die Sorte sich ganz ächt.

Literatur und Synonyme: Diel XI, S. 73, die Honigreinette, De honig-zoete Appel. Dittrich I, S. 306. Sonst finde ich die Sorte nirgends. Wenn, wie in Dochnahls Führer bemerkt wird, Manche die Obige gleich Charakterreinette gesetzt haben, so ist das noch verkehrter, als die schon gedachte Benennung Paasch appel. Unserer Frucht etwas ähnlich, doch nicht damit identisch, ist ein Süßapfel, den mir Jahn mit dem Namen Emmrichs Süßapfel sandte.

Gestalt: mittelgroß, nach Diel plattrund, während ich jedoch manche Exemplare bisher an meinen früheren Orten und hier dem abgestumpft Konischen sich sehr nähernd und einzelne selbst hochaussehend, andere noch breiter als obige Figur fand. Der Bauch sitzt mehr nach dem Stiele hin, um den die Frucht sich plattrund wölbt. Nach dem Kelche nimmt sie stärker ab und ist stark abgestumpft, häufig mit einer etwas schräg stehenden Fläche. Gute Früchte sind nach Diel $2^3/_4$'' breit und $2^1/_4$'' hoch; manche fand ich so hoch als breit.

Kelch: kurz- und breitgespitzt, grün, wollig, halb offen, nicht selten wirklich offen, sitzt in geräumiger, tiefer, schüsselförmiger Senkung, mit einigen Falten umgeben. Ueber die Frucht laufen deutlich breite, nicht selten etwas kantige Erhabenheiten hin, die auf der Kelchfläche nur erst sehr flach hervortreten, einzeln aber stärker vordrängen und die Form der Frucht häufig merklich verschieben.

Stiel: kurz, häufig nur ein Butz, sitzt in ausgeschweifter, geräumiger, tiefer, nicht selten aber auch durch einen an den Stiel sich anlegenden Wulst sehr verflachter Höhle, die mit zimmtfarbigem Roste stark bekleidet ist, der sich häufig strahlig noch auf der Stielwölbung verbreitet.

Schale: glatt, ziemlich glänzend, fein, nicht fettig, ist vom Baume weißlich strohgelb, später hoch citronengelb, wobei freihängende Früchte nach Diel einen ganz leichten Anflug sanfter Röthe haben, in der man gewöhnlich mehrere schöne Carmosinflecken bemerkt, welche bei etwas beschatteten Früchten sich oft nur allein finden. Ich fand an recht frei hängenden Exemplaren eine etwas gelblich rothe Röthe beträchtlich stärker und zeigten sich darin meistens noch hinlänglich erkennbare dunklere Streifen. Rostpunkte sind über die ganze Frucht, nach Diel, etwas weitläufig vertheilt, nach meiner Wahrnehmung jedoch oft ziemlich häufig, selbst ziemlich stark und finden um manche Punkte sich rothe Kreischen. Geruch schwach.

Das Fleisch ist gelblich weiß, ziemlich fein, von gewürzhaftem, fein zimmtartigen, starken Zuckergeschmacke, so daß die Frucht zu den wirklich süßen Aepfeln zählt, wiewohl der Geschmack noch bemerkbar etwas Säure beigemengt enthält. Für Liebhaber von süßen Aepfeln ist die Frucht für die Tafel sehr angenehm.

Das Kernhaus ist klein, mehr oder weniger offen, häufig weit offen, läuft etwas in die Breite und sitzt wohl auch etwas mehr nach dem Stiele hin, meistens jedoch ziemlich in der Mitte. Die geräumigen Kammern enthalten zahlreiche, schwarzbraune, eiförmige Kerne. Die Kelchröhre ist meist ein kurzer Kegel, geht aber nicht selten als feiner Trichter noch merklich herab.

Reifzeit und Nutzung: Zeitigt im December und hält sich bis zum Frühjahre.

Der Baum wächst gesund und stark, wird nach Diel groß, geht mit den Aesten schön in die Luft und bildet eine kugelförmige, dicht belaubte Krone. Sommertriebe lang und stark, nach oben nur mäßig abnehmend, nur fein wollig, nach unten silberhäutig, violettbraun, zahlreich punktirt. Blatt mittelgroß, flach, kurzoval, oft fast rund, mit aufgesetzter, starker Spitze, etwas grob und meistens abgerundet gezahnt. Afterblätter lanzettlich, Augen klein, herzförmig, etwas wollig, sitzen auf flach gerippten Trägern.

Oberdieck.

No. 577. **Dörells Reinette.** Diel IV, 1; Lucas VIII, 1. a; Hogg III, 1. A.

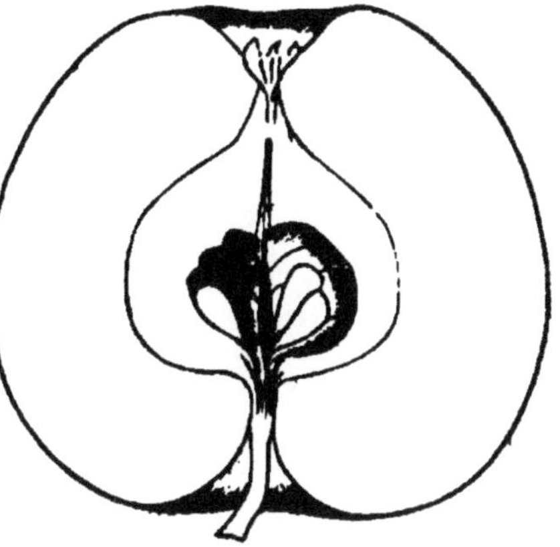

Dörells Reinette, fast **††, Dezember durch Winter.

Heimath und Vorkommen: Die nach Hrn. Dr. Dörell zu Kuttenberg, vielleicht größtentheils von Liegel benannten Früchte, sowohl Aepfel als Birnen, durch welche manche Verwirrung in die Pomologie gekommen ist, haben durch spätere Forschungen sich so ziemlich alle unter bereits vorhandenen Dielschen Namen wieder gefunden. Als Dörells goldgelbe Reinette erhielt ich von Liegel eine Frucht, die ich mit Franklins und Hughes Goldpepping gleich fand; Dörells Ananasreinette und Dörells Roßmarinreinette gaben mir die Orleansreinette; Dörells Große Goldreinette den Winter Quittenapfel, während Hr. Direktor Fickert zu Breslau unter diesem Namen die Große Casseler Reinette erhielt. Dörells Goldreinette gab bei Hrn. von Flotow zu Dresden gleichfalls die Orleansreinette, wie er mir schrieb und sich bei Dittrich III, S. 107 unten findet. Doch muß diese letztere Benennung ein Irrthum gewesen sein, denn als Dörells Goldreinette erhielt ich von Bödiker zu Meppen eine Frucht, die er mir als dem Fairs Nonpareil ähnlich beschrieb und sie schätzte, und so glichen auch kleinere Früchte dieser Sorte einigermaßen dem Fairs Nonpareil, stellten sich indeß leicht und namentlich in größeren Früchten als eigene Sorte heraus, die jedoch eine Goldreinette nicht ist. Es ist mir lieb, daß von allen nach Hrn. Dörell benannten Früchten sich wenigstens doch eine als Dörells Reinette in der Pomologie erhalten wird. Woher sie stammt und ob sie etwa wirklich von Hrn. Dörell erzogen worden ist, weiß ich nicht.

Literatur und Synonyme: Wird hier zuerst beschrieben. Gedacht ist ihrer schon im Berichte über die Görlitzer Ausstellung, S. 88, wo sich in der Schwetzinger Collektion unsere Frucht gleichfalls als Dörells Goldreinette fand.

Gestalt: Gleicht in gut gewachsenen Exemplaren an Gestalt und Größe so ziemlich einer Orleansreinette. Bald hochaussehend, ziemlich parmänförmig, bald auch flacher gebaut. Kleinere Exemplare sind nicht selten wirklich 1‴ höher als breit und stehen zwischen walzenförmig und abgestumpft konisch. Der Bauch sitzt bei flachrunden Exemplaren ziemlich in der Mitte und wölbt sich nach beiden Enden fast gleich. Höher gebaute haben den Bauch mehr nach dem Stiele, um den sie sich flachrund wölben, nehmen nach dem Kelche etwas stärker ab und sind noch stark oder ziemlich stark abgestumpft. Gute Exemplare sind $2^1/_2$″ breit und $2^1/_4$″ hoch, manche $^1/_2$ Zoll weniger hoch als breit.

Kelch: klein, kurzgespitzt, halb oder ganz offen, sitzt in mäßig weiter und tiefer, oft fast flacher, oft auch wieder ziemlich tiefer, schüsselförmiger Senkung, mit feinen Falten umgeben. Ueber die Frucht laufen nur sehr flache, oft unbedeutende Erhabenheiten hin, doch ist die schöne Form mitunter durch stärker vortretende, breite Erhabenheiten etwas verschoben.

Stiel: holzig, bei größeren Exemplaren meistens kurz oder recht kurz, bei kleineren $^2/_3$—$^3/_4$″ lang, sitzt in etwas enger, ziemlich tiefer, trichterförmiger Höhle, die mit feinem, strahlig verlaufenden, etwas grünlich zimmtfarbigen Roste besetzt ist. Oft legt an den Stiel sich ein Fleischwulst an, der die Stielhöhle merklich verflacht.

Schale: glatt, mattglänzend, vom Baume etwas gelblichgrün, erst spät hellgelb. Stark besonnte Früchte sind an der Sonnenseite mit einer matten, ziemlich bräunlichen Röthe leicht überlaufen, oft nur damit angehaucht, in welcher Röthe die ziemlich zahlreichen, feinen Rostpunkte, mit theils feinen, theils auch etwas stärkeren, dunklern, etwas blutartig rothen Stippchen umgeben sind. Rost findet sich stellenweise als leichter Anflug. Der Geruch ist ziemlich merklich.

Das Fleisch ist schwach gelblich weiß, fein, ziemlich saftreich, von gewürzreichem, schwach weinartigen Zuckergeschmacke.

Das Kernhaus ist fast oder wirklich geschlossen; die mäßig geräumigen Kammern enthalten theils unvollkommene, meistens vollkommene, lange, schwarzbraune, häufig facettirte Kerne, die denen der Orleansreinette ziemlich ähnlich sind. Die Kelchröhre geht als feiner Trichter etwas herab.

Reifzeit und Nutzung: Zeitigte Ende November und hält sich durch den Winter.

Der Baum wächst gut und gesund, und gleicht im Wuchse ziemlich dem der Orleansreinette; der Wuchs ist pyramidal, doch machen die ansetzenden Zweige erst eine gefällige Krümmung nach außen und gehen dann pyramidal in die Höhe, sind auch steifer, weniger silberhäutig, weniger wollig und stärker braunroth als die der Orleansreinette. Er macht eine schön verzweigte Krone, mit vielem kurzen Fruchtholze. Sommertriebe stark, steif, nach oben wenig abnehmend, wenig silberhäutig, nur oben etwas wollig, unansehnlich braunroth, zahlreich, doch etwas fein punktirt. Blatt groß, rinnig, unten am Zweige breitelliptisch, nach oben mehr elliptisch, ganz oben selbst lanzettlich, tief und scharf gezahnt. Afterblätter pfriemenförmig, Augen klein, wenig wollig, auf etwas vorstehenden, flach und kurz gerippten Trägern.

Oberdieck.

No. 578. Köstliche Reinette von Newtown.

Diel IV, 1; Lucas VIII, 1. a. (b); Hogg III, 1. A. (C).

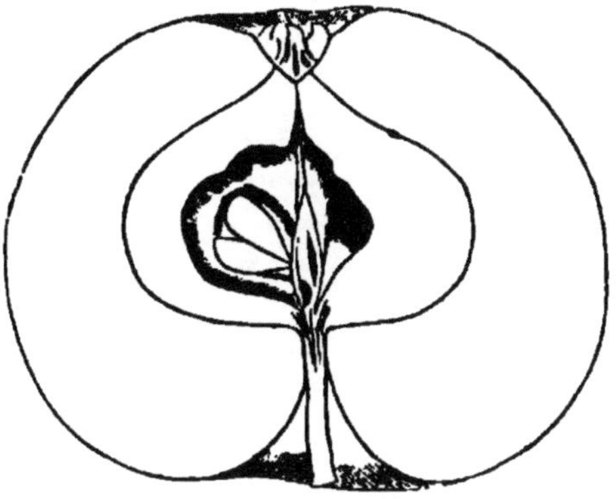

Köstliche Reinette von Newtown. **††, Januar bis April.
Newtown Pippin, Newtown vert.*)

Heimath und Vorkommen: Hier liegt auch uns endlich die Frucht ächt vor, welche in Amerika als der beste und delikateste von allen Aepfeln betrachtet wird. Sie ist entstanden zu Newtown auf Long-Island, wird namentlich in der Gegend von Neuyork und in den mittleren Staaten in sehr großer Zahl gepflanzt, (nach den Frauend. Bl. 1848, S. 120, hatte ein Herr Pell, dessen auch Elliott gedenkt, auf seinen Besitzungen davon 20000 Stämme) und werden große Quantitäten der Frucht exportirt und besonders nach England und London gebracht, wo sie begierig und theuer gekauft werden. Nach Downing will die Frucht zu ihrer Güte schweren, tiefen, warmen Boden, nach Elliott auch sandigen, warmen Lehm haben, und mag es daher kommen, daß in Jelnsen meine Früchte schon größer als in Nienburg waren. Die Sorte kam nach England schon um die Mitte des vorigen Jahrhunderts; doch erkannte man bald, daß sie in England nicht ihr rechtes Klima habe und zur Erlangung von Güte an eine Mauer gepflanzt werden müsse. Mein Urtheil in hiesiger Gegend fällt schon besser aus, desgleichen bezeichnete ich eine aus Boskoop in Holland erhaltene Frucht mit fast **†† und ist es jedenfalls sehr anzurathen, sie bei uns als Zwergbaum zu ziehen, um größere Früchte zu erhalten, sehr lohnend aber muß ihr Anbau in Süddeutschland sein. — Das Reis erhielt ich von der Societät zu London sowohl direckt, als schon früher indirekt durch Urbanek, nicht weniger von der Soc. van Mons. Alle zeigen gleiche Vegetation und die beiden Ersten trugen mehrmals identische Früchte, die auch mit der Beschreibung sehr stimmen. Auch von Hrn. Wilhelm Ottolander zu Boskoop erhielt ich Früchte, die mit meiner Sorte stimmten und bemerkt er, daß man sie dort aus mehreren Quellen überein habe.

Literatur und Synonyme: Downing S. 118, Newtown Pippin (Coxe) mit den Synon. Green Newtown Pippin, Green Winter Pippin, American Newtown Pippin und Petersburgh Pippin. Elliott S. 93, mit gleichen Haupt- und Nebennamen, stellt die Frucht etwas hochaussehend, 3" breit, stark 2½" hoch, dar. Lond. Cat. S. 26, Nr. 458, wie bei Downing. Hogg S. 143, hat außer den erwähnten Syn. noch Large Yellow Newtown Pippin (Coxe View 142; was aber eine Verwechslung mit dem davon verschiedenen Yellow Newtown Pippin ist, der allerdings auch als Newtown Pippin schlecht-

---

*) Ich habe Bedenken getragen, den Amerik. Ortsnamen Newtown mit Diel durch Neustadt zu übersetzen, obwohl der Name Neustadts köstliche Reinette für der Sprache Unkundige leichter ohne Corruption gesprochen und geschrieben werden würde. Findet man die obige Benennung angemessen, so könnte man den Yellow Newtown Pippin, (nach Diel Neustadts großer Pepping), auch besser Gelber Apfel von Newtown nennen.

weg geht, wie ich ihn auch von J. Booth erhielt), ferner Large Newtown Pippin und Neuyorker Reinette (Diel, Kernobstsorten V, S. 152). Dies letztere Syn. involvirt einen großen Irrthum, denn nicht allein ist die Neuyorker Reinette bei den deutschen Pomologen nicht der obige Newtown Pippin, sondern Diel hat auch A—B IV, S. 99 erklärt, daß die, Heft V, S. 152, von ihm beschriebene Neuyorker Reinette die Reinette von Orleans gewesen sei. Hogg verfiel in den Irrthum dadurch, daß Diel glaubte, in der auch von Christ und Eickler beschriebenen Neuyorker Reinette, (unser Hdb. IV, Nr. 508, S. 495), den berühmten Amerik. Newtown Pippin zu haben. Es hat allerdings auch Christ seine Neuyorker Reinette für den köstlichen Newtown Pippin gehalten, der aus Amerika gekommen sei; haben aber Christ und Eickler, wie wohl angenommen werden darf, dieselbe Frucht gehabt, die Jahn im Hdb. am angef. O. beschreibt und ich von Diel, damit überein, als dessen Wahre Neuyorker Reinette (seines Cat.) erhielt, so waren beide im Irrthume, darunter den Newtown Pippin zu besitzen, den sie auch Amerik. Gewürzapfel nennen. — Hogg allegirt noch Lindley Guide 54 und als Abbildungen Brookshaw Pomol. Britt., Taf. 95, Fig. 6 und Ronald Pyrus malus, Taf. 17, Fig. 1, wo aber Ronald eine, etwa an einer Wand gewachsene, übergroße Frucht, von 5" Breite und $4\frac{1}{2}$" Höhe darstellt. — Die Annales V, S. 65 geben als Abbildung eine $3\frac{3}{4}$" breite, 3" hohe, fast grüne Frucht, mit wenig Röthe und citiren auch irrig die Dielsche Neuyorker Reinette. — Deutsche Pomologen haben unsere Frucht nicht; Dittrich hat Newtown Pippin I, S. 311, als irriges Syn. des Dielschen Neustadts großen Peppings sive Yellow Newtown Pippin. Zu erwähnen ist noch, daß man auch den Alfriston Pippin und Grünling von Rhode Island irrig Newtown Pippin und Green Newtown Pippin genannt hat. (Hogg S. 21 und 170.)

Gestalt: flachrund; Größe Figur oben, in Nienburg kleiner, aus Boskoop erhielt ich sie wieder in Größe der obigen Figur; Bauch sitzt etwas mehr nach dem Stiele hin, um den die Frucht sich flachrund wölbt. Nach dem Kelche nimmt sie etwas stärker ab und ist noch ziemlich stark abgestumpft.

Kelch: breit- und kurzgespitzt, stark halb offen, und liegt in diesem Offensein des Kelches, den ich schon 1853 eben so notirte, die einzige merklichere Abweichung von Downings und Hoggs Angaben, die den Kelch als geschlossen bezeichnen, während jedoch die Abbildung der großen Frucht bei Ronald einen offenen Kelch zeigt. Die flache, mäßig weite Kelchsenkung zeigt einige Falten und flache Erhabenheiten, die nur flach über die Frucht hinlaufen, oft aber die eine Seite noch bemerklich stärker machen als die andere.

Stiel: holzig, seltener fleischig, bei guten Exemplaren kurz, $\frac{1}{2}$" lang, sitzt in weiter, tiefer, trichterförmiger Höhle, die mit ziemlich starkem Roste bekleidet ist, der sich strahlig meist noch etwas über die Stielwölbung verbreitet.

Schale: fein, glatt, ziemlich glänzend, fast etwas geschmeidig. Die Grundfarbe ist vom Baume ein schönes helles und bei langem Sitzen schon gelbliches Grün, das auf dem Lager grünlich gelb oder gelb wird, mit noch zurückbleibenden grünlichen Stellen. Die Frucht wird in der Reife wohl grün bleiben und doch nicht welken, wenn sie früher gebrochen wird, als ich that, doch waren die Früchte aus Boskoop gleichfalls gefärbt, wie hier angegeben ist. Die Sonnenseite zeigt eine leicht aufgetragene, etwa über die halbe Sonnenseite verbreitete, gelblich bräunliche Röthe, die undeutliche Spuren von Streifen zeigt, an vielen Früchten aber unbedeutend ist und die Sonnenseite nur goldartiger macht. Punkte fein, zerstreut, wenig bemerklich. Von Rost finden sich an einzelnen Früchten ein paar Figuren, mitunter auch ein schwärzlicher Regenfleck. Der Geruch ist stark und gewürzt.

Das Fleisch ist gelblich, oft etwas grünlich gelblich, fein, saftreich, von merklich und sehr angenehm gewürztem, etwas süßweinartigen Zuckergeschmacke.

Das Kernhaus ist geschlossen, mit ganz kleiner hohler Achse; die Kammern sind ziemlich flach und enthalten starke, braune, langeiförmige, oft auch facettirte Kerne. Die Kelchröhre ist ein breiter, kurzer Kegel.

Reifzeit und Nutzung: Zeitigt erst recht im Januar und hält sich bis zum Frühlinge.

Der Baum wächst nach Downing und Hogg, und wie ich es auch in meiner Baumschule finde, gemäßigt und behauptet Coxe, daß er erst mit dem 20ten Jahre gehörig tragbar werde. Meine Probezweige trugen bald, und macht nach diesen der Baum eine lichte Krone mit vielem kurzen Fruchtholze. Die Sommertriebe sind etwas fein, nach oben abnehmend, mit feiner Wolle leicht belegt, wenig silberhäutig, violettbraun, zerstreut und fein punktirt. Blatt groß, rinnig, mit der Spitze meist abwärts gekrümmt, breitelförmig oder eioval, am Stiele oft etwas herzförmig eingezogen, etwas weich von Gewebe, grob und tief gezahnt. Afterblätter ziemlich stark, lanzettlich. Augen mäßig groß, auf deutlich gerippten Trägern.

Oberdieck.

No. 579. Weiße Portugiesische Reinette.

Diel IV, 1; Lucas VIII, 1. (2) a; Hogg III, 1. A.

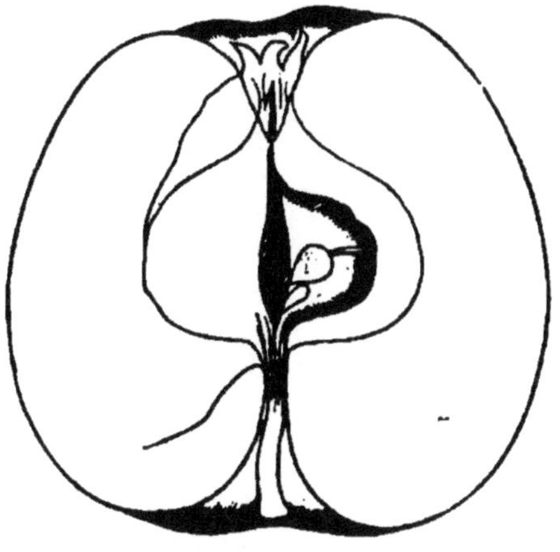

Weiße Portugiesische Reinette. *††, W.

Heimath und Vorkommen: Diel erhielt diese schätzbare Reinette 1799 von Marechall in Metz als eine noch wenig bekannte, seltene Frucht und lobt ihre Güte. Meinerseits bekam ich das Reis direct von Diel und wie die Sorte ebenso von Diel nach Herrenhausen kam, so stimmten die erbauten Früchte mit der Beschreibung auch ganz überein. Sie steht der Edelreinette, der sie ähnlich ist, in vorzüglichem Geschmacke nicht völlig gleich, hat aber vor ihr den Vorzug, daß sie weniger welkt, auch fand ich den Baum nicht krebsig. Mehrmals habe ich notirt, daß die Früchte in warmem Herbste auf dem Lager im Fleische stippig geworden seien; vielleicht trägt auch der trocknere Boden zu diesem Fehler bei, oder zu große Wärme auf der Obstkammer bei sonnigem October, denn Früchte, welche ich nach dem warmen October 1866 aus Herrenhausen erhielt, hatten von diesem Fehler keine Spur. Der Baum ist sehr fruchtbar und verdient die Sorte häufigen Anbau.

Literatur und Synonyme: Diel X, S. 80. Weiße Portugiesische Reinette, Reinette de Portugal blanche. Diel bemerkt, daß eine Frucht dieses Namens bei unseren älteren Pomologen, auch bei Manger, Christ und Mayer sich nicht finde, sondern nur in neueren französischen Obstverzeichnissen, wie auch Reichert in seinem Hort. Reich. eine Reinette de Portugal habe. In Christs Vollst. Pomologie S. 178, findet sich indeß eine Reinette von Portugal, die wahrscheinlich Diels Weiße Portugiesische Reinette sein soll. Man macht sich die Arbeit sehr leicht, wie Christ gethan hat, wenn man die Früchte ohne alle Literatur und nähere Beziehung auf andere pomol. Schriften aufführt. — Dittrich I, S. 322, nach Diel. — Englische und Amerikanische Werke haben eine

Reinette de Portugal nicht. Wie indeß Diel auch noch eine Portugiesische graue Reinette hat, (Illustr. Handbuch I, S. 341), so muß ich bemerken, daß ich durch Herrn Clemens Rodt zu Sterkowitz in Böhmen aus der Vilvorder Collection noch eine Reinette de Portugal blanche besitze, welche nicht die Obige und selbst noch edler ist. Man wird diese beiden Sorten durch Beisätze unterscheiden müssen, oder könnte die Vilvorder Frucht etwa Edle Portugiesische Reinette nennen. Auch von Herrn Wilhelm Ottolander zu Boskoop in Holland besitze ich noch eine Reinette de Portugal, die aber von der Weißen Portugieser Reinette verschieden ist.

Gestalt: Die Frucht hat, wie schon Diel anmerkt, manche Aehnlichkeit mit der Edelreinette und Reinette von Clarevall, etwas weniger mit der Calvillartigen Reinette, (Gelben Spanischen Reinette), doch kann man auch mit dieser Frucht Aehnlichkeit noch wahrnehmen. Sie unterscheidet sich aber von den Genannten durch die tiefe Kelcheinsenkung, auch durch häufig mehr grüngelbe, als gelbe Farbe. In ihrer wahren Form ist sie, wie Diel bemerkt, gewöhnlich hochaussehend, oft selbst etwas walzenförmig, doch hat sie diese Form nicht immer und war sie in meinem trockneren Boden selbst gewöhnlicher breiter als hoch. Der Bauch sitzt ziemlich in der Mitte und wölbt die Frucht nach beiden Seiten sich oft gleichmäßig, an beiden Enden stark abgestumpft, oft aber nimmt sie nach dem Kelche doch etwas stärker ab, jedoch nicht so stark, daß sie ein etwas zugespitztes Ansehen gewönne. In ihrer Vollkommenheit ist sie nach Diel 2³/₄" breit und auf der höchsten Seite nur ¹/₃" niedriger. Früchte in hiesiger Gegend fand ich bisher nicht völlig von dieser Größe, sondern nur 2¹/₂" breit und hoch, oft auch nur 2¹/₄" hoch.

Kelch: etwas schmalgespitzt, dürr, häufig verstümmelt, offen, sitzt in weiter, tiefer, schüsselförmiger Senkung, auf deren Rande sich einige deutlich bemerkbare, flache Erhabenheiten bilden, die bis zur Stielhöhle hinlaufen und die Rundung oft etwas verschieben, auch die beiden Hälften der Frucht häufig ungleich machen.

Stiel: holzig, steht der Stielwölbung gewöhnlich gleich und sitzt in weiter, tiefer, nur wenig rostfarbiger Höhle, die häufig von einem rippenartigen Fleischwulste beengt wird.

Schale: dünn, nicht fettig, wenig glänzend; Grundfarbe ist vom Baume ein schönes Hellgrün, das in der Zeitigung hellgelb wird, häufig aber stellenweise einen grünlichen Schimmer beibehält, oder überhaupt grünlichgelb bleibt. Frei hängende Früchte sind auf der Sonnenseite mit einer leichten Röthe verwaschen, die sich meist nicht weit erstreckt, oder die Sonnenseite nur goldartiger macht. Die Punkte bestehen nach Diel auf der Sonnenseite, besonders im Roth, in nicht häufigen, etwas starken Punkten, und sind in der Grundfarbe starke, rauh anzufühlende, hellbräunliche Roststernchen. Starke, oft etwas sternartige Rostpunkte zeigten auch die in meiner Gegend geerndteten Früchte und waren auf der Sonnenseite einzelne Punkte auch wohl roth umflossen. Der Geruch ist schwach.

Das Fleisch ist gelblich, fein, mürbe, ziemlich saftreich, von angenehmem, gewürzhaften, etwas fein weinartigen Zuckergeschmacke. Das merkliche Gewürz im Geschmacke finde ich etwas weniger angenehm, als bei manchen andern Früchten; Andere werden indeß etwa darüber anders urtheilen.

Das Kernhaus ist geschlossen, mit kleiner, hohler Achse, in die die Kammern sich oft schnittförmig etwas öffnen. Die mäßig geräumigen Kammern enthalten nur wenige, vollkommene, eiförmige, häufig taube Kerne. Die Kelchröhre geht als ziemlich starker Kegel etwas herab.

Reifzeit und Nutzung: Zeitigt im Dezember und hält sich den Winter hindurch.

Der Baum wächst sehr gesund und rasch, belaubt sich etwas licht, setzt viel Fruchtholz an und wird recht fruchtbar. Sommertriebe lang und stark, nach oben stark wollig, nach unten leicht silberhäutig, violettbraun, ziemlich zahlreich, doch fein punktirt. Blatt mittelgroß, rund eiförmig, oder auch selbst etwas länglich eiförmig, oft auch mehr elliptisch, schön und scharf gezahnt. Afterblätter stark, ziemlich lang, lanzettlich. Augen stark, sitzen auf mäßig vorstehenden, nur auf den Seiten deutlich gerippten Trägern.

Oberdieck.

No. 580. Cludius Sommerapfel. Diel IV, 1; Lucas VIII, 1. b; Hogg I, 1. A.

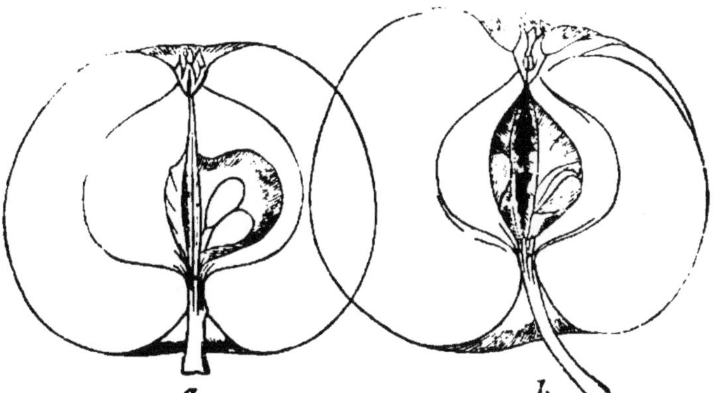

a b

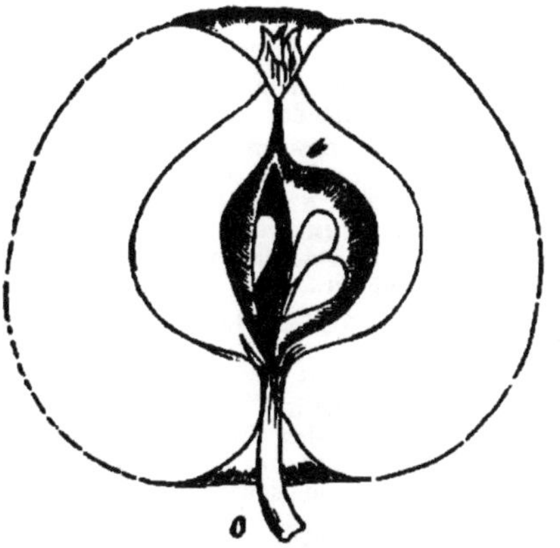

c

Cludius Sommerapfel. **†, gegen Ende August, 4 bis 5 W.

Heimath und Vorkomen: Ist ein feiner und delikater, volltragender Tafelapfel für den Sommer, der von dem, um die Pomologie verdienten Superintendenten Cludius zu Hildesheim erzogen ist. Das Reis erhielt ich schon in Bardowieck von dem weiland Baumschulenbesitzer Herrn Hofmeister Witter zu Celle, der viel von Diel bezog, doch bleibt es zweifelhaft, ob die Sorte von Diel, oder direct von Cludius an Witter gelangte. Verdient sehr die weitere Beachtung der

Pomologen und bezeichnet auch Herr Fabrikant Doornkaat zu Norden ihn (Mon.-Heft 1865, S. 201), als schön und delikat. Dürfte als ein Sämling des Englischen Goldpeppings anzusehen sein.

Literatur und Synonyme: Wurde erst von mir in meiner Anleitung S. 167 etwas näher beschrieben als Cludius Sommer-Quittenapfel, unter welchem Namen ich die Frucht erhielt. Da der Geschmack nichts Quittenartiges zeigte, kann der Name nur von der hochgelben Farbe hergenommen sein, und kann, ohne Nachtheil, wie oben geschehen ist, abgekürzt werden.

Gestalt: bald ziemlich rund, bald etwas höher gebaut. Gute Früchte sind 2½" breit und bis 2¼" hoch; Manche maßen nur stark 2" Breite und sind etwas niedriger. Der Bauch sitzt meistens etwas mehr nach dem Stiele hin und wölbt die Frucht sich um den Stiel ziemlich plattrund. Nach dem Kelche nimmt sie meist kaum stärker ab und ist abgestumpft.

Kelch: mäßig langgespitzt, geschlossen, sitzt in ziemlich tiefer Einsenkung, aus der feinere oder breitere Erhabenheiten über die Frucht sich hinziehen und mitunter die schöne Form etwas verschieben.

Stiel: bald kurz und dick, bald etwas länger, oft dünn, sitzt in ziemlich weiter und tiefer Höhle, die mit nur etwas strahlig verlaufendem Roste bekleidet ist.

Schale: fein, glatt, oft geschmeidig, in der Reife hochgelb, Röthe fehlt meistens und bemerkte ich einen Anflug von lackartiger Röthe nur 1849, so daß die Sonnenseite meistens nur goldartiger ist. Punkte fein, zerstreut, an der Sonnenseite öfter roth fein umringelt; stellenweise findet sich etwas angesprengter Rost und mitunter auch eine Rostwarze. Geruch meistens schwach.

Das Fleisch ist gelblich weiß, fein, mürbe, saftreich, von delikatem, etwas süßweinartigen, gezuckerten Geschmacke.

Das Kernhaus ist allermeistens geschlossen, doch fand ich es 1865 bei ein paar größeren, in der Form etwas verschobenen Früchten, etwas offen, wie oben bei b; die Kammern sind flach, die Kerne stark, ziemlich lang, von Form und Farbe ähnlich denen der Reinette von Orleans. Die Kelchröhre ist ein kurzer Kegel mit langen Staubfäden angefüllt, die oft auch aus den Kelchausschnitten etwas heraussehen.

Reifzeit und Nutzung: Zeitigt allermeist gegen Ende August, gleichzeitig mit dem Rothen Quarrendon und Rothen Sommercalville, oder gleich nach dem letzteren. Ist auch für die Küche brauchbar.

Der Baum wächst lebhaft und hat sehr das Ansehen eines Wildlings. Er setzt die Aeste in etwas stumpfen Winkeln an, macht viel kurzes Fruchtholz und eine gut verzweigte Krone und ist früh recht fruchtbar. Sommertriebe etwas fein, schlank, nach oben mäßig abnehmend, silberhäutig, violettbraun oder violettschwarz, mit Wolle ziemlich stark belegt, nur fein und nicht in die Augen fallend punktirt. Blatt ziemlich klein, (selbst am Fruchtholze), fast flach, nur fein und seicht gezahnt, in Form zwischen lanzettlich langoval und selbst eioval stehend. Afterblätter pfriemenförmig, Augen klein, auf flachen, gerippten Trägern.

Oberdieck.

No. 581. Weiße Wachsreinette. Diel IV, 1; Lucas VIII, 1. (a) b; Hogg II, 1. A.

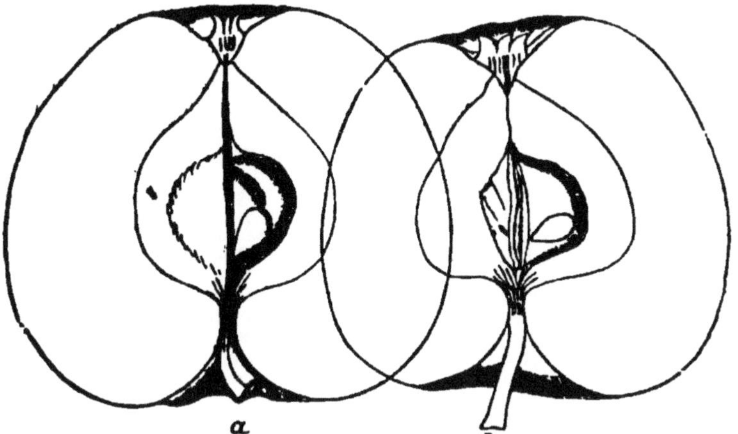

a *b*

Weiße Wachsreinette, *††, Oktober, November, L.

Die Beschreibung dieser Frucht ist im Illustrirten Handbuche I, S. 127 von Herrn Doctor Lucas bereits gegeben. Ich äußerte derzeit, daß mir einige Züge in der Beschreibung (besonders das Fehlen von Röthe und der hochgehende Wuchs des Baumes, auch die breitkegelförmige starke Kelchröhre) nicht von der rechten Frucht hergenommen zu sein schienen und theilte er mir auch später mit, als ich ihm die Diel'sche Frucht gezeigt hatte, daß er sich überzeugt habe, statt der wirklichen Weißen Wachsreinette die Goldgelbe Sommerreinette besessen zu haben. Die Verwechslung beider war in der That leicht möglich und da eine bei der Beschreibung vorliegende, unrichtige Frucht, (wie dies schon beim Sommerrabau und Esopus Spitzenburgh sich ergeben hat), immer einigen Einfluß auf die neue Entwerfung einer Beschreibung hat, weßhalb auch geäußert wurde, daß sie der Goldgelben Sommerreinette sehr nahe verwandt sei, wird es angemessen sein, die Beschreibung nochmals zu geben.

Heimath und Vorkommen: Diel erhielt die Frucht als Reinette d'été blanche, 1764, von dem von Diel öfter erwähnten Herrn Hauptmann Brion aus Verdun. Die Frucht wird daher wohl aus Frankreich abstammen, doch bemerkt Diel, daß er sich nicht getraue, für diese Frucht, welche dem Anscheine nach bei uns noch selten sei, (was sie wohl bei uns auch jetzt noch immer ist), einen Pomologen anzuführen. Er nannte sie Weiße Wachsreinette, weil der Name Weiße Sommerreinette bereits ziemlich ein Geschlechtsname geworden sei. — Mein Reis erhielt ich direct von Diel und nochmals durch Bödiker von Diel überein. Diel rühmt die Güte und die besondere Tragbarkeit der Frucht, die nicht genug angepflanzt werden könne, eine Zierde für Tafel und Obstmarkt sei. An Güte der Frucht zweifle ich meinerseits nicht, obwohl ich durch wiederholtes Mißlingen der Probezweige nur erst einige Male Frucht erhielt, die erst jetzt reicher zu tragen angefangen hat.

Literatur und Synonyme: Diel VII, S. 137, Weiße Wachsreinette, Weiße Sommerreinette, Reinette d'été blanche. Er bemerkt, Duhamels Reinette jaune hative (II, Nr. XVI), komme ihr am nächsten, aber es fänden sich doch noch, besonders in der Vegetation Unterschiede, (worüber, da wir Duhamels Frucht nicht mehr haben, eine nähere Bestimmung mißlich ist). Mit der Heft III, S. 138, beschriebenen Gelben Sommerreinette, (die mit der im 8ten Hefte, S 97, beschriebenen Goldgelben Sommerreinette nicht zu verwechseln ist), habe sie keine Aehnlichkeit. Dittrich I, S. 269. Er allegirt auch Deutsches Obstcabinet Nr. 40, in welchem, gar manche Irrungen enthaltenden Werke, aber vielleicht eher die Goldgelbe Sommerreinette dargestellt ist.

Gestalt: Ist nach Diel ebenso oft hochaussehend, als breitrund. Die Größe guter Früchte gibt er an zu 3¼″ Breite und kaum ¼″ geringere Höhe. Meine Früchte erlangten bisher nicht ganz 3″ Breite. Der Bauch sitzt bei beiden gedachten Formen mehr oder weniger nach dem Stiele hin, um den die Frucht sich breitrund zuwölbt. Nach dem Kelche nimmt sie oft etwas kegelförmig, nur etwas stärker ab und endigt stark abgestumpft, oder sie wölbt sich schnell zu und sieht dann breitrund aus.

Kelch: ziemlich stark, grünbleibend, meistens halbgeschlossen, einzeln, nach meiner Wahrnehmung auch offen, sitzt in geräumiger, ziemlich tiefer Senkung, in der man feine Falten bemerkt und auf deren Rande man mehr oder weniger beulenartige Erhabenheiten wahrnimmt, die aber sanft und oft wenig bemerklich über die Frucht hinlaufen.

Stiel: kurz, oft nur ein Fleischbutz, sitzt nach Diel in geräumiger, tiefer, mit feinem Roste besetzter Höhle, die aber an meinen Früchten durch einen an den Stiel sich anlegenden Fleischwulst häufig verengt und verflacht wurde.

Schale: fein, bei der Zeitigung etwas fettig anzufühlen. Die Grundfarbe ist vom Baume ein blasses Hellgelb und wird später wachsartiges Citronengelb. Die Sonnenseite ist mit einem hellen, leichten Blutroth, wie Diel es bezeichnet, verwaschen, (wie ich es, noch angemessener, bezeichnen möchte, mit einem leicht aufgetragenen, gelblichen, hellen Braunroth überlaufen) und besteht die Röthe häufig nur in einem leichten Anfluge und fehlt bei beschatteten Exemplaren ganz. Die Punkte sind fein, weitläufig vertheilt, im Roth matte, gelbliche Fleckchen, an andern Früchten nach Diel bräunlich, was ich nicht fand, falls damit nicht von Diel die von mir an manchen Früchten bemerkten, feinen oder selbst stärkeren, blutrothen Ringe um manche Punkte an der Sonnenseite gemeint sind. Geruch ist stark.

Das Fleisch ist schwach gelblich weiß, fein, saftvoll, von angenehmem, süß weinsäuerlichen, fein gewürzten, erfrischenden Geschmacke.

Das Kernhaus ist verhältnißmäßig klein, meist geschlossen, doch ist einzeln auch eine Kammer offen; die engen, muschelartig nochmals vertieften Kammern enthalten nur wenige, vollkommene Kerne; die Kelchröhre ist kurzer Kegel.

Reifzeit und Nutzung: Zeitigt im September und ist, wie ich es auch fand, den October hindurch vom besten Geschmacke. Diel glaubt, daß sie auch sehr guten Wein geben müsse.

Der Baum wird nach Diel groß, treibt seine Aeste stark abstehend in die Luft, macht viel feines Holz, das deßhalb zum Hängen neigt. Er trage selbst bei ungünstiger Blüthezeit. Auch mein Probezweig setzte in dem naßkalten Jahre 1866, wo es am 22. und 23. Mai noch fror, gut an. Die Sommertriebe sind lang, nicht stark, mit feiner Wolle bekleidet, nur stellenweise etwas silberhäutig, glänzend hellbraunroth, (wie ich es notirte etwas gelblich braunroth), und unterscheidet die Frucht schon durch diese feinen, gelblich braunrothen Triebe sich von der Goldgelben Sommerreinette, nur zerstreut und fein punktirt. Blatt mittelgroß, einzeln eioval, mit etwas aufgesetzter Spitze meistens schön eiförmig, mit auslaufender Spitze, etwas seicht, bald scharf, bald mehr stumpf gezahnt. Afterblätter ziemlich groß, lanzettlich. Augen klein, dreieckig, wollig, sitzen auf wenig vorstehenden, nicht stark gerippten Trägern.

Oberdieck.

No. 582. Pepping v. Nottingham. Diel IV, 1; Lucas VIII, 1. b; Hogg III, 1. A.

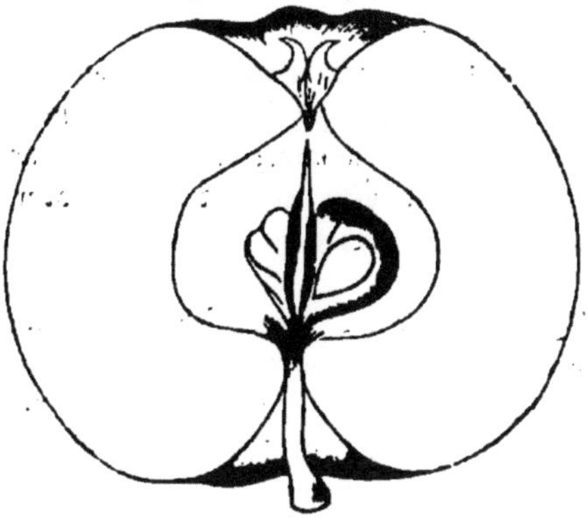

Pepping von Nottingham. *†, November durch Winter.

Heimath und Vorkommen: Diel erhielt diese gute, jedoch hauptsächlich nur durch Tragbarkeit sich empfehlende, ins engere Sortiment nicht gehörende Frucht von Hrn. Gartendirektor Lenné zu Coblenz, der die Sorte unter dem Namen Pippin of Nottingham aus dem Luxemburger Garten zu Paris bezogen hatte. Sie wird dieselbe Frucht sein, die auch Hogg und der Lond. Cat. als Nottingham Pippin aufführen und sehr ähnlich beschreiben, jedoch für die Tafel auch nur als Frucht 2ten Ranges betrachten. Stammt mithin aus England, doch gibt Hogg über die nähere Herkunft nichts an. Mein Reis erhielt ich von Diel. Diel bezeichnet die Frucht als einen ganz geeigneten Desertapfel.

Literatur und Synonyme: Diel A—B IV, S. 73; Dittrich I, S. 289; Hogg S. 148, ohne Figur; Lond. Cat S. 28, ohne Nummer. Hogg führt jedoch S. 256 nochmals einen Nottingham schlechtweg auf, bei dem er auf Lond. Cat. S. 28 verweiset und diesen als eine andere Frucht zu betrachten scheint als seinen Nottingham Pippin, die angegebenen wenigen Kennzeichen dürften jedoch auf dieselbe Frucht hinweisen.

Gestalt: In seiner Bildung ist er nach Diel hochaussehend, ähnlich einem breit abgestumpften Kegel, Bauch mehr nach dem Stiele hin, um den er sich schön abrundet und breit aufsitzt, nach dem Kelche endet er allmählig abnehmend und breit abgestumpft. Hogg bezeichnet die Frucht als ovate und habe ich notirt und fand 1862 abermals, daß meine

Früchte häufiger flach und mittelbauchig, als hochaussehend waren. Die Größe gibt Diel zu $2^1/_2$—$2^3/_4$" Breite und 2—$2^1/_4$" Höhe an. Hogg $2^3/_4$" Breite und $2^1/_2$" Höhe. Diel bezeichnet ihn also nach dem angegebenen Maße selbst als flach.

Kelch: stark, grünbleibend, geschlossen, steht straußförmig in die Höhe und sitzt bald in geräumiger, bald flacher Senkung, in der man einige Beulen und Fleischperlen bemerkt, die aber nach Diel über die Frucht wenig bemerkbar hinlaufen, während ich feine oder flachere, rippenartige Erhabenheiten deutlich über die Frucht bis in die Stielhöhle hinlaufen sah.

Stiel: $^1/_2$—$^3/_4$" lang, oft auch sehr kurz, sitzt in tiefer und weiter, trichterförmiger, im Grunde etwas rostiger Höhle.

Schale: glatt, nicht fettig, doch oft geschmeidig, vom Baume weißgelb, in voller Zeitigung schön citronengelb, wobei nach Diel keine Spur von Röthe sich findet, von der ich doch in 2 Jahrgängen Anflüge sah, oder wenigstens die Sonnenseite stark goldartig fand. Rostanflüge finden sich wenig. Wahre Punkte sieht man auf der Schattenseite nicht, auf der Sonnenseite einige, die oft mit rothen Fleckchen umflossen sind. Geruch fehlt.

Das Fleisch ist gelblich, saftvoll, fein, markicht, von angenehmem, gewürzhaften Zuckergeschmacke, mit fast etwas alantartigem Gewürze, doch nicht eigentlich recht edel. Bei Diel mag die Frucht besseren Geschmack gehabt haben.

Kernhaus: geschlossen, Kammern klein, enthalten viele braune vollkommene Kerne. Die Kelchröhre geht nach Diel als Cylinder, nach meiner Wahrnehmung mehr kegelförmig etwas herab.

Reifzeit und Nutzung: Zeitigt im November und hält sich den Winter hindurch.

Der Baum wächst stark, wird nach Diel groß, geht schön in die Luft, belaubt sich schön und trägt reichlich, welche Fruchtbarkeit sich bei mir bestätigte. Sommertriebe lang, fein wollig, silberhäutig, dunkel braunroth, sehr wenig punktirt. Blatt ziemlich groß, herzförmig, mit kurzer, aufgesetzter Spitze, stark gesägt gezahnt. Afterblätter lanzettförmig; Augen stark, dick, sitzen auf breiten, an den Seiten deutlich gerippten Trägern.

Oberdieck.

No. 583. Der schwere Apfel. Diel IV, 1; Lucas VIII, 1. b; Hogg III. 1. A.

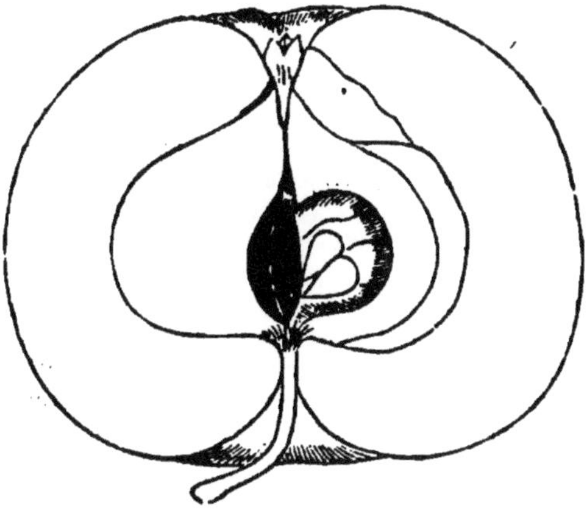

Der schwere Apfel, Swaar Appel **††, Dezember bis März.

Heimath und Vorkommen: Ist eine Amerik. Frucht, die von den Holländischen Ansiedlern (Dutch Settlers) am Hudson, unweit Esopus erzogen wurde, denen wir auch den Esopus Spitzenburgh verdanken. Downing bemerkt ausdrücklich, daß die Frucht wegen ihrer Schwere von den Low Dutches in ihrer Mundart Swaar Appel genannt worden sei. Die Eigenschaft einer bemerkbaren Schwere findet sich auch bei der Frucht, wiewohl einige andere Sorten noch merklicher specifisch schwer sind. Downing bezeichnet die Frucht als einen der gewürzreichsten (finest flavoured), Elliott als einen der besten, wuchshaftesten und tragbarsten Amerik. Aepfel, doch bemerkt Downing, daß die Frucht zu ihrer Vollkommenheit tiefen, reichen, sandigen Lehmboden erfordere, in welchem er schon Exempl. von 12″ im Umfange gesehen habe. Elliott verlangt zum Gedeihen der Frucht überhaupt nur reichen, schweren Boden. Das Reis erhielt ich durch die Güte des Hrn. Behrens zu Travemünde aus Downings Collektion; die Frucht, welche mit der Beschreibung sehr gut stimmt, zeigte sich auch bei mir sehr werthvoll und recht fruchtbar und wird sich sicher bald weit verbreiten.

Literatur und Synonyme: Downing S. 134, Swaar; Elliott S. 110, Swaar, gibt von der Frucht eine etwas höher gebaute Figur als Downing, dessen flach gebaute Figur auch bei meinen Früchten die gewöhnliche ist. Emmons S. 88, Tafel 22 gibt Abbildung; Kenrick S. 53. — Downing allegirt auch noch Coxe und Floy. — Hogg S. 275 nach Downing. Der Lond. Cat. hat S. 42, Nr. 816 nur den Namen.

Gestalt: flachrund, bei mir nur 3″ breit und $2^1/_3$—$2^1/_2$″ hoch. Downings Figur ist $3^1/_2$″ breit und $2^3/_4$″ hoch. Der Bauch sitzt fast in der Mitte, um den Stiel wölbt sich die Frucht flachrund, fast plattrund, nach dem Kelche nimmt sie doch meistens noch bemerklich etwas stärker ab und ist wenig abgestumpft.

Kelch: breit- und kurzgespitzt, geschlossen, einzeln halb offen, sitzt in enger, flacher Senkung, mit einigen Falten umgeben. Ueber die Frucht laufen oft nur flache, oft auch ziemlich kantige Erhabenheiten hin.

Stiel: holzig, $^3/_4$" lang, sitzt meistens in ziemlich weiter und tiefer, oft auch durch einen an den Stiel sich anlegenden Fleischwulst verflachter Höhle, die mit strahlig verlaufendem Roste allermeist ziemlich stark bekleidet ist, der sich jedoch nicht merklich, oder nur in einzelnen Strahlen auf der Stielwölbung verbreitet.

Schale: etwas stark, wenig glänzend; Grundfarbe vom Baume ein ziemlich helles, etwas gelbliches Grün, in der Reife schönes Gelb, nach Downing matt goldgelb, (of a fine dead gold colour; dull rich yellow, Elliott). Die Sonnenseite und meistens die Gegend um den Stiel ist mit einer etwas matten, gelblich bräunlichen Röthe überlaufen, die sich meistens nicht weit verbreitet oder nur in einem Anfluge besteht, der die Sonnenseite oft auch nur goldartiger macht. Die Punkte sind zahlreich, theils stark und fallen ins Auge. Feine Rostanflüge sind nicht häufig.

Das Fleisch ist gelblich weiß, fein, gewürzreich riechend, in der Reife mürbe, saftreich, von gewürztem, etwas süßweinartigen Zuckergeschmacke. In wärmeren Gegenden ist es wahrscheinlich noch merklich gewürzter, da Downing sagt Flesh with an exceedingly rich, aromatic flavour, and a spicy smell.

Das Kernhaus ist bald geschlossen mit hohler Achse, bald auch öffnen die Kammern in die hohle Achse sich etwas. Die mäßig geräumigen, glattwandigen Kammern enthalten zahlreiche, schwarzbraune, vollkommene Kerne. Die nicht breite Kelchhöhle geht trichterförmig etwas herab.

Reifzeit und Nutzung: Zeitigt nach Downing vom Dezember bis März und trat auch bei mir die Zeitigung in dem warmen Jahre 1865 schon mit Anfang December ein. Gewöhnlich wird sie Ende December beginnen. Fault gar nicht leicht.

Der Baum wächst in meiner Baumschule gemäßigt, doch gut, setzt die Zweige in mittelstumpfen Winkeln an und scheint schon früh fruchtbar zu werden. Sommertriebe ziemlich stark, schlank, nach oben nur wenig abnehmend, nach oben wollig, etwas silberhäutig, unansehnlich violettbraun, zerstreut und fein punktirt. Blatt schmal, rinnig, elliptisch, nach der Spitze des Triebes hin oft eilanzettlich, ziemlich tief, meist etwas stumpf gezahnt. Afterblätter pfriemenförmig. Augen stark, lang, wollig, sitzen auf wenig vorstehenden, nur etwas gerippten Trägern.

Oberdieck.

No. 584. Lange's Goldpepping. Diel IV, 1; Lucas VIII, 1. b; Hogg III, 1. A.

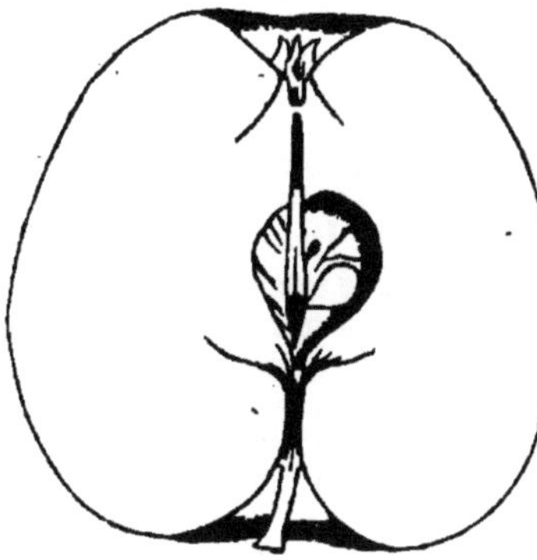

Lange's Goldpepping. **††, December bis April.

Heimath und Vorkommen: Ist eine sehr schätzbare Frucht, welche erst neuerlichst aus einem Kerne des Engl. Goldpeppings erzogen ist von Hrn. Professor und späterem Schulrath Lange zu Altenburg, der sich gar manche Verdienste um die Pomologie erwarb, nach dessen Namen ich daher die Frucht benannte. Das Reis erhielt ich 1855 direkt von ihm, er sandte auch ein paar Früchte und theilte mir später mit, daß er noch einen andern Goldpepping erzogen habe, der noch voller trage als der Obige. Meine noch junge Pyramide trug indeß auch bereits mehrmals gute Früchte und ist die Sorte im Geschmacke delikater, als die zu einschneidend weinigen Früchte Franklins und Hughes Goldpepping. Gedeiht auf Johannisstamm und wird vorerst der weiteren Beachtung der Pomologen warm empfohlen.

Literatur und Synonyme: Wird hier zuerst beschrieben. In den Monatsh. 1865, S. 132, gibt Hr. Schulrath Lange von ihm kurze Nachricht und bemerkt, daß er noch einen 2ten, etwas kleineren, trefflichen Goldpepping erzogen habe, den er Altenburger Goldpepping nennt, und welcher mit dem Obigen nicht zu verwechseln ist.

Gestalt: hochaussehend, zum abgestumpft Konischen neigend, $2^1/_4$ bis $2^1/_3$" breit und stark 2" hoch. Der Bauch sitzt etwas mehr nach dem Stiele hin, um den die Frucht sich zurundet und stark abstumpft. Nach dem Kelche nimmt sie noch bemerklich oder sichtbarer stärker ab und endigt ziemlich abgestumpft.

Kelch: grünbleibend, ziemlich langgespitzt, geschlossen, sitzt in mäßig weiter und tiefer, oft tieferer, und dann nicht selten schüsselförmiger, ziemlich ebener Senkung, die jedoch oft auch einige Falten und flache Beulen zeigt. Auch über die Frucht laufen nur sehr flache

Erhabenheiten hin und ist die Form meistens gefällig, doch drängen oft auch flache Erhabenheiten sich vor, so daß die Breitendurchmesser etwas verschieden werden, oder eine Seite der Frucht etwas höher ist als die andere.

Stiel: bald dünn und 1/2" lang, bald noch kürzer und dicker, oder ein fleischiger Butz, sitzt bald in schöner, ziemlich tiefer, bald nur flacher Höhle, die theils glatt ist, theils auch mehr oder weniger zimmtfarbigen Rost zeigt, der sich einzeln selbst noch etwas über die Stielwölbung verbreitet. Nicht selten legt ein Fleischwulst an den Stiel sich an.

Schale: fein, glatt, etwas glänzend, vom Baume schon gelb, in der Reife schönes, hohes Citronengelb. Die Sonnenseite ist allermeist nur merklich goldartiger, oder schimmert schwach ins Röthliche und zeigt auch öfter feine Carmosinfleckchen um manche Punkte. Punkte fein, ziemlich häufig, erscheinen oft nur als feine, weißliche Dupfen in der Schale. Einzelne kleine Rostfiguren finden sich. Geruch schwach.

Das Fleisch ist gelblich, fein, saftreich, abnackend, in der Reife mürbe, fast ganz von dem delikaten Weingeschmacke, welchen der Engl. Goldpepping zeigt.

Das Kernhaus ist bald geschlossen, wobei jedoch fast stets die eine oder andere Kammer nach dem Stiele hin sich herzförmig etwas öffnet, bald auch in einigen Kammern weit offen; die ziemlich geräumigen Kammern mit gestreiften, oft auch fein ausgeblühten Wandungen enthalten theils vollkommene, etwas kleine, eiförmige, theils auch unvollkommene oder taube Kerne. Die Kelchröhre ist ganz kurz oder geht als Trichter nicht weit herab. Die Ader ums Kernhaus ist selten deutlich zu sehen.

Reifzeit und Nutzung: Zeitigt im December, ist um Weihnachten schon recht mürbe und hält sich mehrere Monate. Man muß nicht zu früh die Früchte brechen, läßt man sie bis halben Oktober sitzen, so welken sie nicht.

Der Baum wächst gesund und recht freudig, ja in der Jugend stark. Er setzt die Zweige in etwas spitzen Winkeln an und geht schön in die Luft, belaubt sich schön und setzt bald viel kurzes Fruchtholz an. Sommertriebe ziemlich stark, nach oben nur wenig abnehmend, nach oben wollig, violettbraun oder braunroth, wenig und fein punktirt. Blatt mäßig groß, etwas rinnenförmig, eioval, mit schöner, halbaufgesetzter, etwas gedrehter Spitze, schön und scharf gezahnt. Afterblätter pfriemenförmig; Augen klein, etwas wollig, sitzen auf etwas vorstehenden, flach gerippten Trägern.

Oberdieck.

No. 595. Ital. Franzapfel. Diel IV, 1. (2); Lucas VIII, 1. (X. 2) b; Hogg III. 1. C.

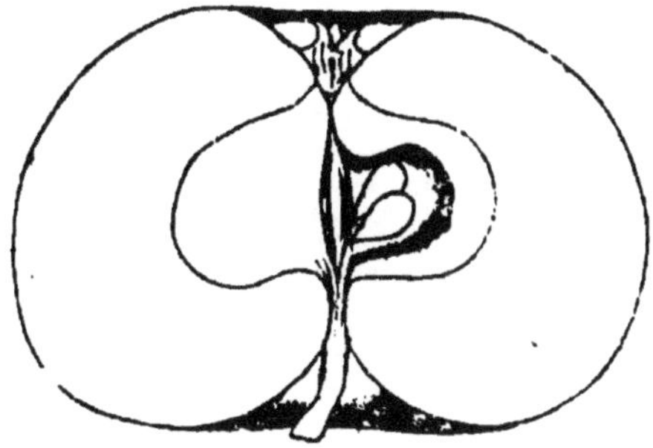

Italienischer Franzapfel.

In meiner Gegend *††, südlicher sicher **††, December bis April.

Heimath und Vorkommen: Diel, der diese Frucht nur im Cat. 2te Fortsetzung, kurz charakterisirt, erhielt dieselbe unter dem Namen **Mela Francesca** aus Florenz und mag die Frucht wirklich Französischer Abkunft sein, wenngleich ich unter meinen aus Frankreich stammenden Sorten nichts ihr genügend Gleichendes bisher fand. Er urtheilt über sie, daß sie wahrscheinlich eine Abart der Edelreinette (**Reinette Franche**) sei, mit der indeß die Frucht, so wie beide mir vorliegen, und ich beide für ächt halten muß, gar keine Aehnlichkeit hatte. Die Aehnlichkeit mag etwas mehr hervortreten, wenn in der schon südlicheren Gegend von Dietz die grüne Farbe im Winter stärker, als in meiner Gegend gelb wird. Daneben waren meine geerndteten Exemplare wiederholt ziemlich stark roth angelaufen, daß ich die Frucht eher unter die rothen Reinetten als mit Diel unter die einfarbigen Reinetten gesetzt hätte. Diel bezeichnet sie als schönen, wohl geformten, vortrefflichen Winter Tafelapfel, und zeigte sie sich auch in meiner Gegend immerhin gut, wird aber bei dem selbst in meiner Gegend deutlich bemerklichen, eigenthümlichen Gewürze in mehr südlicher Gegend ohne Zweifel eine vorzügliche Tafelsorte sein. Mein Reis erhielt ich von der Societät zu Prag, weiter herstammend von Diel, und stimmten die erbauten Früchte mit Diels Angaben so gut, daß ich an der Aechtheit meiner Sorte nicht zweifle. Aus 2 anderen Quellen erhielt ich dagegen die Sorte entschieden falsch.

Literatur und Synonyme: Diel, Cat. 2te Forts., S. 86, Italienischer Franzapfel, **Mela Francesca**. Er bemerkt, daß der Ital. Name bei uns keine Gattung bezeichne, und soll auch in Italien wohl nur bezeichnen, daß der Apfel aus Frankreich gekommen sei. Dittrich I, S. 310, nach Diel. Kommt sonst nur noch in Dochnahl's Führer vor.

Gestalt: meist flachrund, mittelbauchig, nach dem Kelche oft kaum stärker abnehmend als nach dem Stiele; oft aber ist die Frucht auch stärker flach gedrückt, etwas fäßförmig, mehr stielbauchig, wölbt sich um den Stiel plattrund zu, nimmt dann nach dem Kelche etwas stärker ab. Nach dem Kelche runden die Früchte sich mit sanft erhobenen, oft flachrunden Linien fast zu und sind sehr wenig oder nur etwas abgestumpft. Mehr platte Exemplare haben in Form einige Aehnlichkeit mit einer Champagner Reinette. Die Größe gibt Diel zu $2^3/_4$" Breite und $2^1/_4$" Höhe an; meine Früchte erreichten in hiesiger Gegend diese Größe nicht ganz, blieben in kälteren Jahren ziemlich klein, erreichten jedoch in besseren Jahren, in guten Exemplaren, auf Hochstamm die oben dargestellte Größe von $2^1/_2$" Breite und 2", oft nur $1^3/_4$" Höhe.

Kelch: ziemlich langgespitzt, geschlossen, sitzt in enger und flacher, bei flacheren Exemplaren mäßig weiter und tiefer, etwas schüsselförmiger Einsenkung, die an den hier gewachsenen Früchten nur einige Falten und ganz flache Erhabenheiten zeigte, wie auch bei schönen Exemplaren nur sehr flache Erhabenheiten über die Frucht hinliefen, obgleich bei kleineren Exemplaren die Form nicht immer schön gerundet war. Nach Diel zeigt die Kelchsenkung feine Rippchen oder Fleischperlen und läuft auch etwas bemerklich Rippenartiges über die Frucht hin.

Stiel: holzig, stark, $^2/_3$—$^3/_4$" lang, an kleinen Früchten oft etwas länger, sitzt in weiter, ziemlich tiefer, mit strahlig verlaufendem, grünlich zimmtfarbigen Roste besetzter Höhle.

Schale: glatt, ziemlich glänzend, etwas geschmeidig, nach Diel vom Baume gelblich grün, in der Reife hellgelb, oft mit einem leichten Anfluge von Röthe. Die in meiner Gegend erwachsenen Früchte zeigten 1862, 1863 und besonders in dem warmen Jahre 1865 an frei hängenden Exemplaren ziemlich viel Röthe und war, je nach der Stellung der Frucht am Zweige, bald fast die ganze Kelchwölbung, bald mehr die Stielwölbung, bald nur die Sonnenseite mit einer etwas unansehnlichen, oft nur matten, bräunlichen Röthe verwaschen überlaufen, wobei Aufliegendes die Röthe, jedoch nicht scharf, abschnitt. Die Grundfarbe blieb bei mir, selbst wenn die Früchte lange am Baume saßen, schön hellgrün und wurde selbst bis zum Februar nur wenig gelber und erst spät grünlich gelb. Punkte sehr fein, zerstreut, nach Diel oft röthlich eingefaßt, was ich bisher nicht bemerkte; dagegen erschienen die Punkte in der Röthe als feine, an einzelnen Exemplaren selbst etwas stärkere, dann zahlreiche, heller gelbliche Stippchen oder matte Dupsen. Geruch schwach.

Fleisch: etwas grünlich weiß, sehr saftreich, fein, nach Diel fest, während ich es wiederholt mürbe und zart fand und war der Geschmack auch bei mir ein eigenthümlich, fast etwas kalmusartig gewürzter, etwas süßweiniger Zuckergeschmack.

Das Kernhaus ist nicht groß, geschlossen, mit etwas hohler Achse, in welche manche Kammern sich etwas, doch nur wenig, theils schlitzförmig, theils spaltförmig öffnen. Die mäßig geräumigen, glattwandigen Kammern enthalten vollkommene, dicht aneinander liegende und dadurch meist facettirte, spitz eiförmige Kerne. Die Kelchröhre geht nach Diel als spitzer Kegel stark herab, ging an meinen Früchten jedoch nur mäßig herab oder war selbst kurz.

Reifzeit und Nutzung: Zeitigt im December und hält sich, gut aufbewahrt, lange. Muß in meiner Gegend am Baume lange sitzen und welkt dann nicht, wird auch am besten nur zwergförmig erzogen.

Der Baum wächst gut und gesund, und wird ziemlich früh fruchtbar. Er setzt die Aeste in etwas stumpfen Winkeln an und bildet durch einzelne, wenig verzweigte, aber in ihrer ganzen Länge mit vielem kurzen Fruchtholze besetzte Zweige, eine breite, lichte Krone. Sommertriebe lang, gerade, stark, nach oben mäßig abnehmend, nach oben wollig, nach unten leicht und wie etwas zerrissen silberhäutig, etwas unansehnlich violettbraun, ziemlich zahlreich punktirt. Blatt mittelgroß, flach, schön elliptisch, mäßig tief und meistens scharf gezahnt. Afterblätter zahlreich, schmal lanzettlich; Augen stark, ziemlich stark wollig, sitzen auf nur etwas vorstehenden, flach gerippten Trägern.

Oberdieck.

No. 586. Sertürners Reinette. Diel IV, 1; Lucas VIII, 1. b; Hogg III, 1. A.

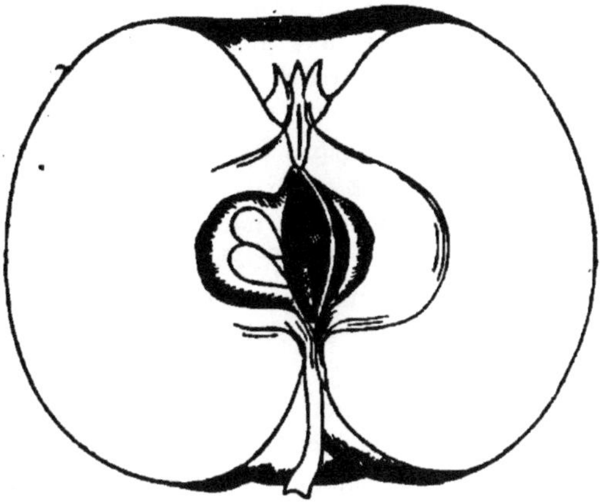

Sertürners Reinette, *††, Dezember bis Mai.

Heimath und Vorkommen: Ist eine neue, bei Hameln entstandene Frucht. Der Baum wuchs unveredelt im Garten des bekannten Chemikers und Apothekers Sertürner zu Hameln auf und sandte Herr Obergerichts-Anwalt Sertürner zu Hameln mir freundlich Früchte und Reis. Die Sorte hat Aehnlichkeit mit der Späten gelben Reinette, unterscheidet sich von ihr jedoch schon durch mehr wachsweiße Färbung im Herbste und wenigen Rost. Ist für die Tafel angenehm, für den Haushalt aber, durch reiche Tragbarkeit und Haltbarkeit bis Johannis, schätzbar.

Literatur und Synonyme: Wird hier zuerst beschrieben.

Gestalt: flachrund, selbst etwas käsförmig. Gute Früchte sind $2^3/_4$ bis 3″ breit und stark $2^1/_4$ bis fast $2^1/_2$″ hoch. Der Bauch sitzt noch bemerklich etwas mehr nach dem Stiele hin, um den die Frucht sich flachrund wölbt. Nach dem Kelche nimmt sie noch etwas, doch nur wenig stärker ab und ist stark abgestumpft.

Kelch: geschlossen oder nur wenig offen, mit meistens dürr werdenden Spitzen der Ausschnitte, sitzt in tiefer, ziemlich weiter, schüsselförmiger, fast ebener Senkung und auch über die Frucht laufen nur breite, flache Erhabenheiten hin, die indeß einzeln die Form etwas verschieben.

Stiel: holzig, 3/4 bis 1" lang, sitzt in weiter, tiefer, mit strahlig verlaufendem Roste besetzter Höhle.

Schale: glatt, mattglänzend, vom Baume wachsartig weiß, später hellgelb. Röthe findet sich nicht und ist die Sonnenseite nur oft etwas goldartiger. Die Punkte sind ziemlich häufig, größtentheils fein. Rost findet sich wenig, doch sitzt allemal etwas, größtentheils leicht aufgetragener Rost in der Kelchsenkung. Der Geruch ist schwach.

Das Fleisch riecht etwas gewürzt, ist gelblich, fein, saftreich, von etwas quittenartig gewürztem, etwas weinigen Zuckergeschmacke.

Das Kernhaus ist ziemlich offen, die recht geräumigen Kammern enthalten viele starke, hellbraune, eiförmige Kerne. Die Kelchröhre geht als Trichter bis auf die Spitze des Kernhauses herab.

Reifzeit und Nutzung: Zeitigt im Dezember oder Januar und hält sich bis gegen Johannis.

Der Baum steht in dem gedachten Garten bisher etwas unterdrückt in einer Reihe von Stämmen, die als Wildlinge aufwuchsen und Obst von geringem Werthe tragen. Er hat keine Anlage zu einer breiten Krone, sondern strebt mit den Aesten in die Höhe, wächst gemäßigt, belaubt sich schön und trägt jährlich und reich. Sommertriebe ziemlich lang und stark, violettschwarz, wenig silberhäutig, ziemlich zahlreich und in die Augen fallend punktirt. Blatt groß, flach, unten am Triebe oval, mehr hinauf eiförmig, ziemlich tief und stumpf gezahnt. Afterblätter nicht häufig, kurz lanzettlich. Augen breit, flach, wollig, sitzen auf flachen, flach, doch deutlich gerippten Trägern.

Oberdieck.

No. 587. Apfel aus Halder. Diel IV, 1; Lucas VII/I. 1. b; Hogg III, 2. A.

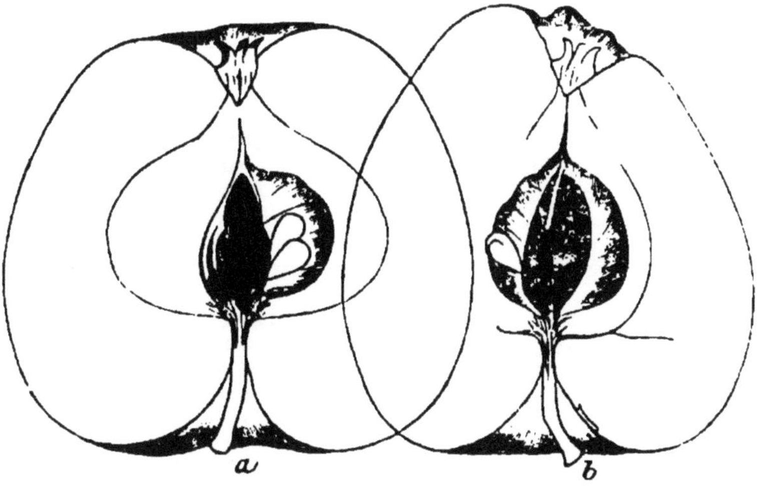

Apfel aus Halder, fast *.* ††, Dezember bis Mai.

Heimath und Vorkommen: Diese in den Annales sehr gerühmte Frucht wurde, nach der daselbst gegebenen Nachricht, erzogen von dem bekannten Herrn Loisel zu Fauquemont, im Holländischen Limburg. Sie ist benannt nach der Besitzung des Herrn Loisel, wo sie entstand und brachte um 1843 die ersten Früchte. Die Sorte ist bezeichnet als Frucht „allerersten Ranges, die sich eben so gut für feinere Obstzucht, als für exponirtere Lagen eigne, auch reich trage und hat sich daher schon mehrfach verbreitet. Das erste Reis erhielt ich von der Société van Mons und da der Probezweig mir beim ersten Tragen ebenso schmale und konische Früchte brachte, als die Abbildung im Niederländischen Baumgarten sie zeigt und ich Anfangs an der Aechtheit meiner erhaltenen Sorte zweifelte, bezog ich noch wieder ein Reis von Herrn Royer zu Namur, von Millet durch Jahn und aus Boskoop. Die Probzweige und Bäume zeigen aber nicht nur sämmtlich dieselbe kenntliche, etwas krause Belaubung, sondern ich erhielt später auch breitere Früchte und 1868 von Herrn Loisel selbst auch ein zugespitztes Exemplar, neben breiten. Der Werth der an sich edlen Sorte muß wohl aus dem Grunde noch erst weiter erprobt werden, daß die Probezweige in meinem Garten beim Hause merklich an Krebs leiden.

Literatur und Synonyme: Annales VI, S. 49, Pomme du Halder. Nach Monatsschrift 1868, S. 139, will man Aehnlichkeit mit Harberts Reinette gefunden haben, die ich aber gänzlich nicht finde. — Neederlandsche Boomgaard,

Taf. 5, Nr. 10, setzt die Sorte für die Tafel in den zweiten Rang. Ist schön konisch, merklicher gerippt und nur etwas abgestumpft 3" breit, 8½" hoch dargestellt, wie ich auch vor ein paar Jahren eine so geformte Frucht erndtete, welche Form aber Ausnahme ist.

Gestalt: Ist etwas unbeständig und nimmt verschiedene Formen an. In Görlitz erhielt ich aus der ausgestellten Collektion der Gebrüder Simon Louis eine gute Frucht, die so groß war, als die oben dargestellte, aber noch flacher und kugeliger, sonst aber gut stimmte. Meistens ist die Form abgestumpft konisch oder neigt dazu. Manche meiner Exemplare waren auch mehr kugelig, doch dann etwas klein geblieben. Der Bauch sitzt allermeistens etwas mehr nach dem Stiele hin, um den die Frucht sich flachrund wölbt. Nach dem Kelche nimmt sie stärker ab und ist ziemlich stark oder stark abgestumpft.

Kelch: grün, geschlossen, sitzt in mäßig weiter und tiefer, bei manchen Exemplaren auch weiter und tiefer Einsenkung mit Falten, oft auch einigen Fleischperlen umgeben. Ueber die Frucht laufen bei regelmäßig gebauten Exemplaren nur recht flache Erhabenheiten hin.

Stiel: holzig, ¾" lang, ragt meistens nicht über die Stielwölbung hinaus und sitzt in weiter, tiefer, meist mit nur wenig strahligem Roste besetzter, oft auch stärker berosteter Höhle und verbreitet dann der Rost sich einzeln selbst noch etwas über die Stielwölbung.

Schale: glatt, etwas glänzend, vom Baume grünlich gelb, später schön und ziemlich hochgelb. Stark besonnte Früchte sind mit einer gelblich bräunlichen Röthe leicht überlaufen, die meistens fehlt oder die Sonnenseite nur goldartiger macht. Punkte waren an meinen und Loisels Früchten fein, wenig bemerklich und nicht so zahlreiche und starke Rostpunkte, als die Annales sie darstellen, wohl aber fand ich in der Röthe viele feine gelbliche Dupfen und zeigte auch die Grundfarbe hellere Dupfen um die ersten feinen Rostpunkte in der Schale. Geruch schwach.

Fleisch: grüngelblich, fein, abknackend, später mürbe, von weinartigem, nicht ganz süßweinartigem Zuckergeschmacke. Von Herrn Loisel gesandte Früchte waren merklich und edel gewürzt, **††.

Kernhaus: meistens etwas offen, oft stärker hohlachsig und öffnen sich die Kammern in die hohle Achse bald nur herzförmig nach dem Stiele hin, bald auch stärker. Die geräumigen Kammern enthalten viele schöne, schwarzbraune, lange und spitze, oft facettirte Kerne. Daß die Kerne, wie die Annales wollen, sehr klein seien, fand ich nicht. Die Kelchröhre ist bald kurzer, bald auch etwas herabgehender Kegel.

Reifzeit und Nutzung: Zeitigt nach den Annales schon im November; bei mir wurden die Früchte selbst in dem heißen Jahre 1865 erst im Dezember mürbe und hält die Frucht, nach Herrn Loisel, sich bis in den Mai.

Der Baum wächst bei mir bisher gut, doch gemäßigt, setzt die Zweige in mittelspitzen Winkeln an, macht schon in der Baumschule viel kurzes Fruchtholz und ist durch etwas krauses, langes und spitzes Laub kenntlich. Sommertriebe mäßig stark, nach oben etwas abnehmend, wollig, leicht silberhäutig, unten oft olivenfarbig, besonnt an starken Trieben unansehnlich violettbraun, oder etwas gelblich braun überlaufen und ziemlich zahlreich, doch fein punktirt; schwache Triebe meist violettbraun und fast nicht punktirt. Blatt mäßig groß, lang, schön elliptisch, oft selbst lanzettlich, fast flach, seicht und scharf gezahnt. Afterblätter schmal lanzettlich oder pfriemenförmig; Augen wollig, auf nur etwas vorstehenden, noch deutlich gerippten Trägern.

Oberdieck.

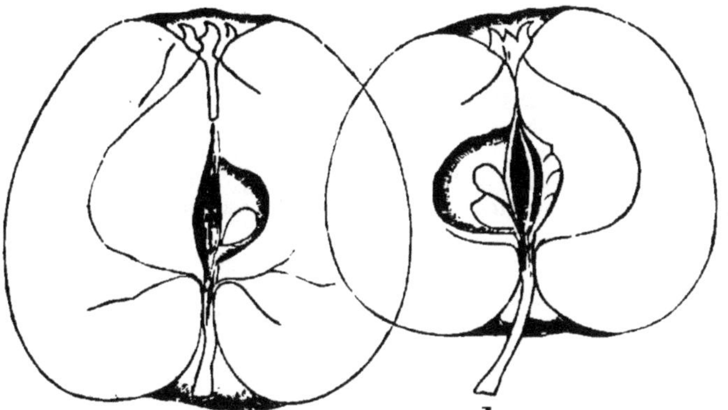

a b

Loisels Goldtäubchen, ** † †! November bis Februar.

Pigeonnet d'oré.

Heimath und Vorkommen: Das Reis dieser Sorte erhielt ich von der **Société van Mons** und ist sie benannt von Herrn Loisel zu Fauquemont, der, nach mir gegebenen Nachricht, sie auch erzog. Die Benennung paßt nach unsern Begriffen von einem **Pigeon** oder **Pigeonnet** auf die vorliegende Frucht nicht, die eher zu den Goldpeppings gehört. Die gegebene deutsche Benennung wird indeß, um keine völlig neue Benennung zu geben, angemessen sein und das Beiwort sich rechtfertigen, da wir schon einen Casseler Goldtäubling besitzen, der freilich, nach Früchten von 1868, vielleicht = Braunauer Rosmarin-Apfel ist. Die Sorte trug schon früh und öfter, mußte zwar ziemlich lange sitzen, um nicht zu welken und faulte einzeln in nassen Jahren an den Punkten an; das Fleisch ist aber so zart und saftreich, und der eigenthümlich und sehr angenehm gewürzte Geschmack wirklich so vorzüglich und delikat, daß man doch sehr gern einen Zwergbaum für die Tafel pflanzen wird. In Zartheit des Fleisches hat die Frucht Analogie mit Dr. Breedon's Pepping und da sie doch auch hochgebaut und nach dem Kelche zugespitzt vorkommt, mag ich wohl die rechte Sorte erhalten haben.

Literatur und Synonyme: Ich finde in pomologischen Schriften nichts genügend Entsprechendes und wird die Frucht hier wohl zuerst beschrieben. Ehe ich die Nachricht von Hrn. Loisel erhielt, daß er sie erzogen habe, habe ich sie mehrmals Belgisches Goldtäubchen benannt, und so ist sie auch in den „Pomologischen Notizen" aufgeführt worden.

Gestalt: Ist bald flachrund, mittelbauchig, an beiden Enden abgestumpft, bald auch hochaussehend, stielbauchig, um den Stiel flachrund gewölbt, nach dem Kelche zugespitzt und konisch, merklich stärker abnehmend und noch stark abgestumpft. Jene haben in guten Exemplaren 2¼" Breite, 1¾" Höhe; die konischen 2¼" Breite und nicht völlig so viel Höhe.

Kelch: kurzgespitzt, halb offen, oder ziemlich offen, sitzt meistens in weiter, flacher, ziemlich schüsselförmiger Senkung, die nur Falten oder feine Beulen zeigt, doch laufen breite und einzeln selbst etwas breitkantig vortretende Erhabenheiten über die Frucht hin und verschieben oft etwas die Form.

Stiel: bald kurz und oft etwas fleischig, bald holzig und ½ bis ⅔" lang, sitzt in weiter, tiefer, mit grünlichem, später zimmtfarbigem Roste besetzter Höhle.

Schale: fein, mattglänzend, glatt und nur durch den Rost stellenweise fein rauh anzufühlen, ist vom Baume bald noch hellgrün, bald schon ziemlich gelb, wie ein Goldpepping und wird in der Reife gelb. Röthe fehlt oft ganz, doch sind an recht besonnten Exemplaren die zahlreichen Punkte oft matt und fein, einzeln auch stärker und blutartig, roth umringelt. Die Punkte sind ziemlich zahlreich, meistens fein. Rostanflüge sind mäßig häufig; der Geruch ist merklich.

Das Fleisch ist etwas grünlichgelb oder gelb, saftreich, fein, wirklich zart, von eigenthümlich gewürztem, (an ein kalmusartiges Gewürz nur etwas entfernt erinnernd), etwas süßweinig gezuckerten, delikaten Geschmacke.

Das Kernhaus ist etwas offen; die ziemlich geräumigen, glattwandigen Kammern enthalten viele, meistens vollkommene, schwarzbraune, facettirte Kerne. Die Kelchröhre geht als schmaler Kegel oder feiner Cylinder etwas, oft auch ziemlich tief herab.

Reifzeit und Nutzung: Zeitigte bisher im November und hält sich bis zum Februar oder März. Ist hauptsächlich nur Tafelfrucht.

Der Baum wächst in meiner Baumschule gemäßigt und wird wohl selbst auf Wildling gute Zwerge geben, trug auch schon in der Baumschule. Sommertriebe mäßig stark, nach oben etwas abnehmend, beschattet olivenfarbig, stärker besonnt mit etwas schmutzigem Violettbraun überlaufen, ziemlich zahlreich punktirt. Blatt mittelgroß, flach, mit der Spitze oft etwas nach unten gebogen, wechselt in Form zwischen eiförmig, selbst lang und spitzeiförmig und oval mit aufgesetzter Spitze. An Fruchtaugen ist es langelliptisch oder langoval und ist es fein und scharf gezahnt. Afterblätter klein, kurz lanzettlich. Augen klein, etwas wollig, sitzen auf flachen, kurzgerippten Trägern.

Oberdieck.

No. 589. Ottolanders Reinette von Sorgvliet.

Diel IV, 1; Lucas VIII, 2. a (b); Hogg III, 1. A.

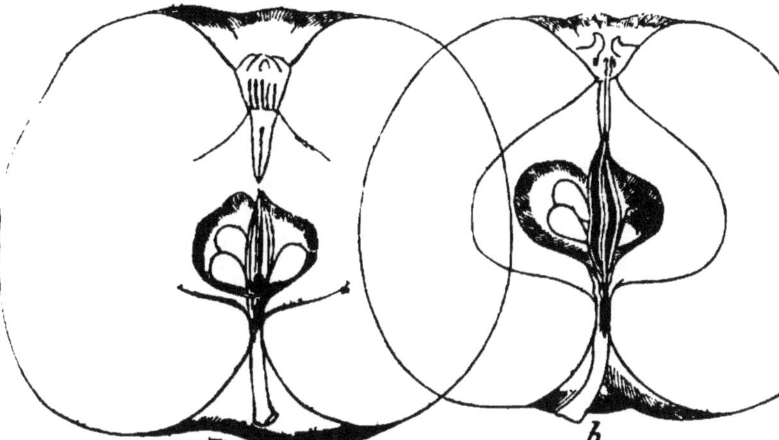

a b

Ottolanders Reinette von Sorgvliet, ** † †, W.

Heimath und Vorkommen: Unter den auf der Ausstellung zu Görlitz auch von Herrn Kunstgärtner Wilhelm Ottolander zu Boskoop in Holland ausgestellten Früchten, durch welche ich gar manche weitere Kenntniß von jetzt in Holland gebauten Früchten erhielt, fand ich auch die obige Sorte, von der Herr Wilhelm Ottolander mir nachher auch ein Reis und die Nachricht mittheilte, daß diese Frucht die ächte Knoopische Reinette von Sorgvliet sei, die direct aus dem Rittergute Zorgvliet bei Gravenhagen nach Boskoop gekommen sei, wogegen er glaubt, daß Diels Frucht des Namens nicht die rechte sei, (die Diel seinerseits allerdings nur von Herrn Juwelier Hagen aus dem Haag erhielt). Schon Ottolanders Oheim habe die Sorte als alte Sorte in der Baumschule gefunden. — Die hier vorliegende Frucht stimmt allerdings in einigen Punkten wohl mehr mit den Knoop'schen Angaben als die Dielsche, doch wird eine Entscheidung, welche die wahre sei, schwer und nur die directe Beziehung aus Zorgvliet mag mehr Auctorität geben, als die Beziehung von Herrn Juwelier Hagen. Knoop stellt die Frucht dar 3³/₄" breit, 8" hoch, ein Weniges grünlichgelb mit manchen Rostfiguren und gibt im Texte an: Ist ein großer, plattrunder Apfel, von grünlichtgelber Farbe, mehr oder weniger braun getüpfelt und gefleckt und manchmal ist er auch auf der einen Seite etwas röthlicht. Sein Fleisch ist mild, von angenehm lieblichem Geschmacke, so daß er den ersten Rang unter den Aepfeln verdient. Auf diese Angaben paßt die Dielsche Frucht ganz gut, nur daß sie, vom Baume wenigstens, mehr grün als gelbgrün ist und keine Rostflecken hat; auch ist das Fleisch zarter, als bei der obigen Sorte. — Die Früchte dagegen, die ich aus Görlitz mitnahm, waren allerdings etwas grünlichgelb, was halb von frühem Pflücken zu kommen schien, waren aber auf meinem Probezweige, (sonst mit den mitgenommenen Früchten ganz überein), vom Baume schon fast gelb und an der Sonnenseite nur röthlich gefleckt. Möglich zeigt bei der Dielschen Sorte sich noch Identität mit der Lothringer Reinette, worauf ich sie wenigstens zu untersuchen angefangen habe, mochte die Obige aber noch nicht entschieden als Wahre Reinette von Sorgvliet bezeichnen. Sie ist aber eine sehr tragbare, edle Frucht, die verdient, weiter bekannt zu werden.

Literatur und Synonyme: Knoop gibt die Abbildung der Reinette von Sorgvliet I, Taf. 9, mit den, wie in jener Zeit wohl genügend schien, beigefügten, ganz kurzen Angaben. Ueber die Obige gab ich schon in der Monatsschrift 1864, S. 42, vorläufig Nachricht. — Verglichen Boskooper Fruchtsorten 1ste Reeks Nr. 84; wird daselbst beschrieben als sehr groß, mitunter mit ungleichen Hälften der Frucht, gelbgrün, Sonnenseite mit Braunroth überzogen; viele Rostflecken; Reife im Januar bis März; vom ersten Range für die Tafel.

Gestalt: Neigt zu flachrund, mit einzeln etwas, doch nicht stark ungleichen Hälften und ist sie meistens gefällig geformt. Der Bauch sitzt bei kleineren Exemplaren zuweilen in der Mitte, meistens jedoch mehr nach dem Stiele hin, um den die Frucht sich etwas flachrund wölbt, oft auch zurundet und stark abstumpft. Nach dem Kelche nimmt sie noch bemerklich stärker ab und ist ziemlich stark abgestumpft. Oben Figur a zeigt eine aus Görlitz mitgenommene Boskooper Frucht. Figur b Frucht von meinem Baume.

Kelch: wollig, nur an der Basis der Ausschnitte grün, liegt mit den Ausschnitten schräg etwas über die Kelchhöhle hin, deckt diese meistens nicht ganz, erscheint daher meistens als halboffen, einzeln als fast geschlossen und sitzt in weiter, tiefer Senkung, aus der breite, flache Beulen über die Frucht hinlaufen, die auf dem Rande der Kelchsenkung einzeln stärker hervortreten. Mitunter drängt eine derselben stärker vor und verschiebt die Rundung etwas.

Stiel: holzig, $^1/_2$ bis $^2/_3$" lang, sitzt in weiter, tiefer, mit zimmtfarbigem Roste stark belegter Höhle, der sich oft noch ziemlich weit über die Stielwölbung verbreitet.

Schale: war an den aus Görlitz mitgenommenen, aber wohl etwas früh gebrochenen Früchten grüngelb und schrieb ich schon derzeit nieder, daß bei späterem Brechen sie ganz gelb werden möchte. Ich fand die Färbung der hier seit 8 Jahren erbauten Früchte auch schon vom Baume ziemlich gelb, kaum ein wenig grüngelb und in der Reife schön citronengelb, an der Sonnenseite etwas hochgelb. Die Sonnenseite zeigte an den mitgenommenen Früchten nur matte, bräunliche Backen, fast nur Anflug von Röthe und war an den hier erbauten Früchten die Sonnenseite nur goldartiger, mit ziemlich vielen, theils feinen, karmosinrothen, einzeln auch etwas stärkeren, blutrothen Flecken um die Punkte. Punkte ziemlich zahlreich; Rostanflüge und Figuren waren an den mitgenommenen Früchten ziemlich häufig, während die Mehrzahl der hier erbauten Früchte ziemlich frei davon war, — eine Veränderlichkeit, die bei Früchten selbst schon nach den verschiedenen Jahrgängen häufig vorkommt, wie auch Knoop in der Abbildung sehr viel Rost nicht andeutet. Geruch schwach, doch hinlänglich bemerklich.

Das Fleisch riecht gewürzt, ist gelblich, fein, ziemlich saftreich, mürbe, von edlem, weinartigen Zuckergeschmacke, der dem mancher Goldpeppings ähnlich, doch nicht eigentlich süßweinig ist.

Das Kernhaus ist klein, hat kleine, hohle Achse, in welche die Kammern sich theils etwas öffnen; die mäßig geräumigen, glattwandigen Kammern enthalten mäßig zahlreiche, schwarzbraune, eiförmige Kerne. Die Kelchröhre geht als Trichter, der sich oft noch ein Wenig bauchig erweitert, bis aufs Kernhaus herab.

Reifzeit und Nutzung: Zeitigt in hiesiger Gegend um Mitte Dezember, hält sich aber den Winter hindurch. Die Frucht mußte wenigstens in meinem Boden, um nicht zu welken, erst 8—12 Tage nach Michael gebrochen werden.

Der Baum wächst in meiner Baumschule gut und rasch. Der schon ziemlich groß gewordene Probezweig ist mit den Nebentrieben in etwas spitzen Winkeln rasch in die Luft gegangen und wird nach demselben der Baum eine ziemlich reich verzweigte, gut belaubte, mit kurzem und auch etwas längerem Fruchtholze besetzte Krone machen. Sommertriebe ziemlich stark, nach oben wenig abnehmend, kurzgliedrig, mit feiner Wolle belegt, wenig silberhäutig, violettbraun, zerstreut und fein punktirt. Blatt mäßig groß, fast flach, unten am Triebe lanzettförmig, in der Mitte elliptisch, etwas grob und ziemlich scharf gezahnt. Afterblätter pfriemenförmig, fehlen meist. Augen ziemlich stark, recht stark wollig, sitzen auf flachen, nur wenig gerippten Trägern.

Oberdieck.

No. 590. Pitmaston Nonpareil. Diel IV, 1; Lucas VIII, 2. a; Hogg III, 1. A.

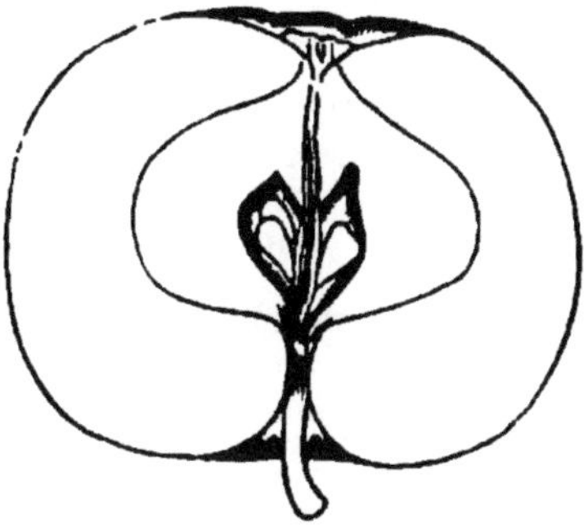

Nonpareil von Pitmaston. An sich **, W.; in meiner Gegend unbrauchbar.

Heimath und Vorkommen: Ist eine Englische und dort sehr geschätzte Frucht, welche ein Herr J. Williams Esq. zu Pitmaston St. Johns, unweit Worcester erzog, und sie 1820 der Lond. Societät vorlegte. Hogg sagt von der Frucht „a dessert apple of the greatest excellence“, Diel setzt sie noch unter die vorzüglichen Tafelfrüchte, bemerkt jedoch schon, daß sie merklich welke, während sie in meiner Gegend, sowohl schon in Nienburg, als noch mehr in Jeinsen, dem Welken allzu sehr unterworfen ist. Ja das Welken war bei mir gerade am schlimmsten in dem heißen und trocknen Jahre 1865, obwohl ich die Früchte erst gegen Ende Oktober brach, als sie schon lose saßen, worauf sie aber schon Ende November fast ganz hingewelkt waren. Man mag daraus mit den Schluß machen, daß das Welken mancher Früchte in zu großer Trockenheit des Bodens und der Luft seinen Grund hat, und sich deßhalb bei so manchen Früchten in England nicht findet. Mein Reis erhielt ich zwar nur von Dittrich, die Aechtheit der Sorte ist aber, nach Diels kurzer Beschreibung, evident.

Literatur und Synonyme: Lond. Cat. S. 27, Nr. 478, hat neben diesem unter Nr. 481 noch einen Nonpareil St. John's mit etwas anderen Kennzeichen, als bei dem Pitmaston Nonpareil angegeben werden. Hogg S. 157. Er hat St. Johns Nonpareil und Pitmaston Russet Nonpareil als Synon. von Pitmaston Nonpareil und allegirt Hort. Soc. Transact. III, S. 265, (Diel citirt daselbst S. 267), wo die Frucht, Taf. 10, Fig. 4, auch abgebildet sei. — Diels Cat. 2te Forts., S. 42, Nr. 558. Dittrich I, S. 284, nach Diel. Die Amerikaner und Franzosen haben die Frucht noch nicht.

Gestalt: hat die Größe und ziemlich auch die Form eines guten Engl. Goldpeppings, in manchen Exemplaren etwas mehr als dieser zur Kugelform sich neigend. Der Bauch sitzt in der Mitte, wölbt sich meistens nach beiden Seiten ziemlich gleich und ist an beiden Enden stark gedrückt. — Hogg gibt die Größe selbst zu 3″ Breite und 2½″

Höhe an. — Diel bemerkt leider keine Größe, jedoch wird auch er sie größer haben als Obige, nach meinen hiesigen Früchten entworfene Figur.

Kelch: kurzgespitzt, offen, sitzt in weiter aber flacher Senkung, ja oft kaum vertieft. Kelchsenkung und Frucht zeigen kaum merklichere Erhabenheiten.

Stiel: meist holzig, $^1/_2$—$^3/_4$" lang, sitzt in flacher Höhle. Oft ist die Stielhöhle durch einen schnabelartig sich erhebenden Fleischwulst fast ganz verdrängt, auf welchem Fleischwulste dann entweder nur ein äußerst kurzer Stiel sitzt, oder jener ohne irgend merklichen Stiel mit dem Zweige verwachsen gewesen ist.

Schale: vom Baume gelblich grün, später hoch citronengelb. Röthe findet sich nach Diel nicht, doch sagt Hogg, daß sie an der Sonnenseite einen schönen Anflug von Röthe zeige, und sah ich 1865 auch hier an recht stark besonnten Exemplaren wenigstens Anhauch oder Flecken von bräunlicher Röthe. Die Frucht ist dabei mit rostigen Flecken — nach Diel oft, bei mir meist so stark besetzt, daß sie Rostfiguren oder kleine Ueberzüge bilden. Wahre Punkte sieht man nur an beschatteten Früchten. Geruch fehlt.

Fleisch: gelblich, oft gelblich grün, fein, saftvoll, nach Diel von vortrefflichem süßen Weingeschmacke, den ich hier nicht vollkommen als süßen Weingeschmack bezeichnen kann und mehr nur weinartig finde.

Das Kernhaus ist geschlossen und klein; die nicht großen, glattwandigen Kammern enthalten meist vollkommene, doch kleine, noch hellbraune, spitze Kerne. Die Kelchröhre ist sehr kurz.

Reifzeit und Nutzung: Zeitigt nach Diel im November, (bei mir erst im December) und welkt im Winter.

Der Baum, von dem ich 2 Zwergstämme auf Johannisstamm habe, wächst gemäßigt, setzt die Aeste in etwas spitzen Winkeln an und macht viel ganz kurzes Fruchtholz. Er setzte bei mir gerade in dem Jahre 1865 voll an, wo die meisten Aepfel, wegen zu großer Trockenheit in der Blüthezeit, nach herrlichstem Blüthenstande, nichts ansetzten. Sommertriebe mäßig stark, gerade, nach oben nicht merklich abnehmend, fein, wollig, olivenfarbig, etwas violettbraun überlaufen, fein und nicht zahlreich punktirt. Blatt klein, langeiförmig, oft auch nach dem Stiele etwas elliptisch abnehmend, unten am Zweige ziemlich groß, eioval, ziemlich stark, meist doppelt gekerbt und mehr gerundet als spitz gezahnt. Am Fruchtholze ist das Blatt nicht größer, sondern eher kleiner als am Sommertriebe, langoval oder elliptisch. Afterblätter pfriemenförmig; Augen mäßig stark, etwas wollig, sitzen auf flachen, flach gerippten Trägern.

Anm. Daß die Ansicht richtig sei, daß das Welken so mancher Frucht, die volle Baumreife bei uns erlangt, in zu großer Trockenheit des Bodens und der Luft begründet sei, wird auch dadurch bestätigt, daß in dem trockenen Jahre 1865 auch die Reinette von Damason, die treffliche Reinette von Breda, (die in Lübeck gar nicht welkt), die Graue Herbstreinette und andere, selbst bei recht spätem Pflücken, bei mir wieder stark welkten. Wer feuchten Boden hat, mag auch den Obigen wohl pflanzen. Es ist überhaupt auffallend, daß, während sämmtliche Früchte, die wir aus Rußland erhalten haben, bei uns sehr gedeihen, und dies allerdings auch bei den meisten Englischen Früchten der Fall ist, doch manche feine Reinetten aus England aus den Familien der Peppings, Nonpareils und Russelets bei uns wenig brauchbar sind. Ich will da z. B. noch anmerken, um eine ganze Beschreibung fürs Handbuch zu sparen, daß Reddings Nonpareil in 6 Jahren, wo der Zwergstamm schon trug, jedesmal winzig klein blieb und gänzlich aufbarst, so daß die Frucht unbrauchbar war.

Oberdieck.

No. 591. Nonpareil v. Martin Diel IV, 1; Lucas VIII, 2. a; Hogg III, 1. A.

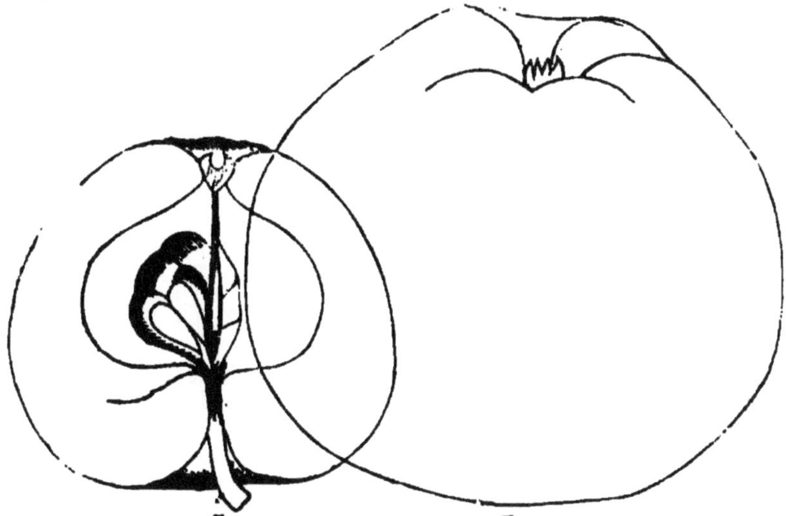

a b

Nonpareil von Martin. An sich ** $\frac{+}{1}$ W., welkt bei mir zu stark.

Heimath und Vorkommen: Diese an sich edle, leider aber wieder in meiner Gegend zu merklich welkende Frucht, erzog der Baumschulenbesitzer Hr. Williams zu Martin-Hußingtreen bei Worcester und theilte sie der Societät zu London mit. Das Reis erhielt ich von der Letzteren und kann, nach den Beschreibungen, nicht zweifeln, die rechte Sorte zu haben, wiewohl die Früchte selbst an einer kräftigen Pyramide merklich kleiner blieben, als angegeben ist. Früchte, die ich selbst in dem sehr warmen Jahre 1865 erst gegen Ende Oktober brach, blieben nicht genügend frei vom Welken. Es ist merkwürdig, daß so manche, bei uns diesem Mangel unterworfene Frucht, in England nicht welkt, wo Lindley es selbst für sehr vortheilhaft erachtet, sie hochstämmig für den Markt-Verkauf zu ziehen, und mag man auch daraus schließen, daß in Englands etwas feuchterer Luft das Welken sich wenig zeigt, welche Erfahrung man auch schon bei Früchten machen konnte, die an der Küste der Nord- und Ostsee gewachsen waren.

Literatur und Synonyme: Lond. Cat. S. 27, Nr. 475, Martin Nonpareil, was, da der Name von einer Ortschaft gegeben ist, auch nach der Engl. Benennungsart wohl richtigere Schreibart ist als Martin's, wie Dittrich schreibt. Hogg S. 135 Martin Nonpareil. Er allegirt Hort. Soc. Transact. III, S. 456, Lindley Guide 91, Rog. Fruit. Cult. 68 und Abb. im Pomol. Magaz. II, Taf. 79. Auch Lindley Pomol. Brittannica, Taf. 79, gibt Abbild. im Kleide der Baumreife, doch selbst für diese zu dunkel grün. Dittrich III, S. 43. Die Amerikaner scheinen die Frucht noch nicht zu kennen und ist Martin bei Elliott nur Synonym des Mac Lellan.

Gestalt: gewöhnlich hochaussehend, zwischen kugelig und etwas abgestumpft konisch stehend, nach Dittrichs Angaben, (wahrscheinlich entnommen aus dem Pomol. Magaz.), 3" breit und 2¾" hoch. Lindley bildet ihn selbst 3" breit und hoch ab, (oben Fig. b) und mögen dazu besonders große Früchte genommen sein, zumal der Lond. Cat. die Frucht als von dritter Größe bezeichnet. Der Bauch sitzt etwas mehr nach dem Stiele hin, um den die Frucht sich flachrund wölbt. Nach dem Kelche nimmt sie merklich stärker ab, an meinen kleineren Früchten mit zugerundeten Linien und ist nur wenig abgestumpft.

Kelch: kurz- und breitgespitzt, allermeist offen, sitzt an größeren Früchten in ziemlich weiter und tiefer Einsenkung, mit breiten Rippen umgeben, die deutlich bis zum Bauche hinlaufen. An meinen kleineren Früchten war die Kelchsenkung flach, von nur flachen Erhabenheiten umgeben.

Stiel: stark, in mäßig weiter und tiefer, oft noch durch einen an den Stiel sich anlegenden starken Wulst verengerter, allermeist mit feinem Roste bekleideter Höhle.

Schale: ziemlich fein, wenig glänzend, vom Baume unansehnlich etwas hell grün, später grünlich gelb, zuletzt gelb. Die Sonnenseite hat selten wirkliche Röthe, ist allermeist nur goldartiger und zeigen besonnte gern feine und größere, etwas gelblich blutartige Flecken um manche Punkte. Rostfiguren finden sich, jedoch nicht zu häufig. Punkte fein. Geruch schwach.

Das Fleisch ist mattgelblich weiß, fein, saftreich, mürbe, von sehr angenehmem, weinartigen Zuckergeschmacke, der indeß an Güte dem des alten Nonpareil nicht ganz gleich steht, weßhalb Hogg den Obigen, der eben so schmecke, neben diesem für überflüssig ansehen, und für die Tafel in den 2ten Rang setzen will, was auch der Lond. Cat. thut. An sich scheint mir aber die Frucht nach dem Geschmacke, der stärker gezuckert ist als bei dem alten Nonpareil, zu den wirklich edlen zu gehören, und sagt ja auch Hogg vom Fleische: rich, juicy and sugary.

Das Kernhaus ist groß, an sich fast oder wirklich geschlossen, doch etwas unregelmäßig, so daß einzelne Kammern stärker geöffnet sind. Die geräumigen Kammern enthalten viele starke, lange, schwarzbraune, meistens facettirte Kerne. Die Kelchröhre ist kurz.

Reifzeit und Nutzung: Zeitigt im December und hält, nach der Angabe, sich bis zum Sommer.

Der Baum, dessen Fruchtbarkeit sehr gerühmt wird, wächst bei mir ganz pyramidal und gesund, so daß er schöne Pyramiden bildet, die auch auf Wildling bald tragen. Sommertriebe ziemlich fein, doch steif, schmutzig braun, nur stellenweise silberhäutig, sehr zahlreich punktirt. Blatt mittelgroß, fast flach, lang- und spitzeiförmig, mit schöner Spitze, nicht tief und meist stumpf gezahnt. Afterblätter sehr klein, pfriemenförmig; Augen klein, auf flachen Trägern.

Oberdieck.

No. 592. Parfümirte Reinette. Diel IV, 1; Luc. VIII, 2. (1) b. (a); Hogg III, 1. A.

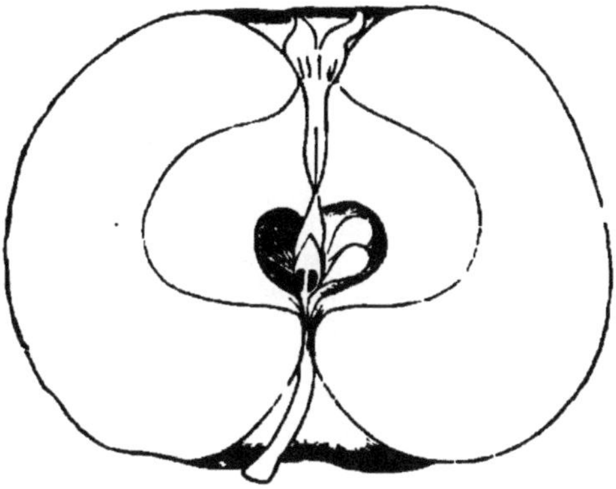

Parfümirte Reinette. *††. November, mehrere Monate.

Heimath und Vorkommen: Diel erhielt diese Frucht 1818 unter dem Namen Parfum Calville von Hrn. Professor van Mons. Da sie sich in dessen Cataloge nicht findet, so bleibt es etwas zweifelhaft, ob van Mons sie, wie wahrscheinlich ist, erzogen habe. Das Reis erhielt ich von Diel durch Bödiker in Meppen und zeigte die Sorte sich ächt, doch blieb in meiner Gegend, sowohl in Nienburg als Jeinsen, die Größe merklich unter der angegebenen. Der Geschmack rechtfertigt, wie schon Diel bemerkt, die von v. Mons gegebene Benennung nicht. Die Frucht ist gut und der Baum tragbar; da sie indeß sich etwas zum Welken neigt, so mag sie wohl zum engern Sortimente nicht gezählt werden.

Literatur und Synonyme: Diel A—B, VI, S. 60, Parfümirte Reinette, Parfume Calville. Dittrich I, S. 291. Findet sich sonst nur noch in Dochnahls Führer.

Gestalt: In Form und Größe findet Diel sie am ähnlichsten der Weiber Reinette, (Pariser Rambour Reinette), was bei großen Früchten so sein kann, während bei kleineren die Aehnlichkeit sich wenig findet. Die Form ist plattrund und erhebt sich selten etwas kugelförmig. Der Bauch sitzt meistens etwas mehr nach dem Stiele hin, um den die Frucht sich flachrund, oft ziemlich plattrund wölbt. Nach dem Kelche nimmt sie etwas stärker ab, doch sind beide Wölbungen oft wenig verschieden. Recht vollkommene Früchte sind nach Diel 3½" breit und 2½" hoch. Meine Früchte werden bisher auf mehreren Probezweigen kaum über 2½" breit.

Kelch: nach Diel oft fehlerhaft, offen oder halb geschlossen, an meinen Früchten gewöhnlich nicht fehlerhaft, ziemlich langgespitzt und nur halb offen, oder einzeln selbst geschlossen, sitzt in schöner, tiefer, schüsselförmiger Einsenkung, welche nach Diel ziemlich eben ist, bei mir jedoch stets einige Falten und ganz feine Stippchen zeigte. Ueber die Frucht laufen nur flache Erhabenheiten hin.

Stiel: holzig, 1/2" lang, oft noch kürzer, sitzt in tiefer, trichterförmiger Höhle, die mit Rost bekleidet ist, der sich meistens über die Stielwölbung verbreitet, ja nach Diel sich strahlenförmig oft auch über den ganzen Bauch erstreckt.

Schale: durch Rost oft fein rauh, zeigte bei mir allermeist nur wenig Rost und nur einzeln eine ähnliche Berostung als bei einer nur mäßig berosteten Spitals Reinette. Grundfarbe vom Baume grünlichgelb oder schon hellgelb; die Sonnenseite frei hängender Exemplare zeigt eine leichte, gelblich bräunliche Röthe, die häufig ganz fehlt. Punkte ziemlich zahlreich, nach Diel oft stark und etwas sternförmig, die ich weniger stark fand; dagegen zeigten meine Früchte in der Röthe meist manche hellere feine Dupfen. Geruch fehlt.

Fleisch: gelblich, fein, mürbe, hinreichend saftvoll, nach Diel von gewürzhaftem, fein weinsäuerlichen, recht angenehmen Geschmacke, den ich mehr als etwas gewürzten, mit nur etwas Säure gehobenen Zuckergeschmack bezeichnen möchte, ihn jedoch nicht so edel finde, um der Frucht 2 Sternchen zu geben.

Das Kernhaus ist charakteristisch klein, sitzt meist ein Weniges mehr nach dem Stiele hin und ist geschlossen; die engen Kammern enthalten viele schwarzbraune, eiförmige Kerne. Die Kelchröhre geht als ein starker Trichter, charakteristisch lang, bis aufs Kernhaus herab.

Reifzeit und Nutzung: Zeitigt im November und muß, wie Diel anmerkt, um nicht zu welken, kühl aufbewahrt werden, was ich auch so fand. Nur in dem sehr warmen Jahre 1865 blieben sie, 14. Okt. gebrochen, vom Welken frei.

Der Baum wächst lebhaft und gesund, geht mit den Aesten pyramidalisch in die Luft und ist recht fruchtbar. Sommertriebe ziemlich stark, kurzgliedrig, nach oben wollig, schwärzlich violett, kaum etwas silberhäutig, ziemlich zahlreich punktirt. Blatt ziemlich groß, nach Diel eiförmig, meistens mit auslaufender Spitze, nach meiner Annotirung mehr elliptisch, ziemlich stark, meist stumpf-spitz gezahnt. Afterblätter klein; Augen wenig wollig, dunkelroth, sitzen auf flachen, nur wenig gerippten Trägern.

Oberdieck.

No. 593. Die Bischofsreinette. Diel IV, 1; Lucas VIII, 2. b; Hogg III, 1. A.

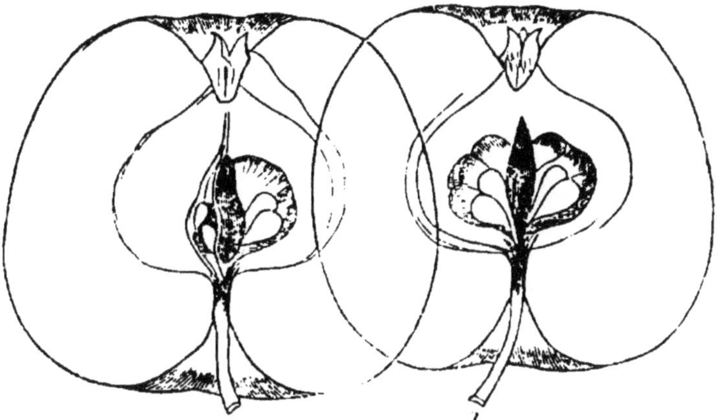

a *b*

Die Bischofsreinette. **††, November, durch Winter.

Heimath und Vorkommen: Diel erhielt diese sehr schätzbare Frucht von Hrn. Hofmann aus Bendorf am Rhein, unter obigem Namen, der, wie Diel meint, sie aus der ehemaligen Abtei zu Rommersdorf erhielt. Bei der angegebenen, großen Aehnlichkeit mit der Edelreinette, (weshalb Diel sie für einen Abkömmling von der Edelreinette ansieht), kann ich nicht zweifeln, das von Diel direkt erhaltene Reis ächt bekommen zu haben, erhielt auch noch 1865 dieselbe Frucht in guten Exemplaren von Hrn. Oberförster Schmidt zu Oberförsterei Blumberg, nach welchen die obige Figur angefertigt ist, die, wie Diel bemerkt, durch etwas größere Kleinheit und daneben eine andere Vegetation von der Edelreinette verschieden ist. In meiner Gegend indeß, wo die Edelreinette ihr Klima nicht findet, hat sie wohl weit häufiger etwas mehr Größe und da sie auch nicht welkt, paßt sie besser für unser Klima und verdient häufig angepflanzt zu werden.

Literatur und Synonyme: Diel A—B, I, S. 82. Dittrich I, S. 288. Das T. O.-Cab. Nr. 52 und von Aehrenthal, Taf. 18, geben kenntliche Abbild.

Gestalt: meistens hochaussehend, oft wie etwas walzenförmig. Gute Früchte sind nach Diel 2¼, selten 2½" breit und auf der höchsten Seite eben so hoch, oder nur ¼" niedriger. Der flache Bauch sitzt meist merklich mehr nach dem Stiele hin, um den die Frucht sich plattrund wölbt. Nach dem Kelche nimmt sie, selbst in etwas walzenförmigen Exemplaren, meist noch bemerklich stärker ab und ist stark abgestumpft.

Kelch: fein gespitzt, geschlossen, einzeln halb offen, sitzt in geräumiger, tiefer, oft schüsselförmiger Einsenkung, in der man mehrere feine

Rippchen steht, wie auch über die Frucht deutlich mehrere Erhabenheiten, oft selbst etwas calvillartig hinlaufen.

Stiel: oft ein Fleischbutz, oft aber auch holzig und $^2/_3$—$^3/_4$" lang, sitzt in schöner, tiefer, mit feinem, strahlig verlaufenden Roste bekleideter Höhle.

Schale: glatt, vom Baume grünlichgelb, in der Zeitigung hohes Citronengelb, wobei sich auf der Sonnenseite selten etwas Röthe findet. Die Punkte sind zerstreut, fein und oft undeutlich, (die Edelreinette hat meist starke Punkte). Feine Anflüge von ziemlich glatt anzufühlendem, zimmtfarbigen Roste, der oft kleine Ueberzüge bildet, oder zersprengt erscheint, finden sich gleichfalls, so wie einzelne Rostwarzen. Geruch sehr schwach.

Das Fleisch ist recht fein, gelblich, saftvoll, fest, doch in der Reife mürbe, von erhabenem, gewürzreichen, weinartigen Zuckergeschmacke, der nach Diel mit dem des Engl. Goldpeppings Aehnlichkeit hat, nach meinem Urtheile fast dem der Edelreinette gleicht, nicht so süßweinig als bei dem Engl. Goldpepping.

Das Kernhaus ist nach Diel geschlossen, ich fand es auch öfter so, aber die beiden obigen Zeichnungen zeigen, daß es nicht selten auch etwas oder selbst stärker offen ist. Die etwas engen Kammern enthalten schöne, meistens 2 vollkommene, schwarzbraune, spitzeiförmige Kerne. Die Kelchröhre geht als ziemlich starker, spitzer oder etwas abgestumpfter Kegel etwas herab.

Reifzeit und Nutzung: Zeitigt im November oder December und hält sich den Winter hindurch, wo sie zuletzt welkt.

Der Baum wächst sehr lebhaft, litt bisher nicht, wie die Edelreinette, an Krebs, geht in etwas spitzen Winkeln schön in die Luft, belaubt sich stark, macht viel Holz und ist recht fruchtbar. Sommertriebe nach Diel stark, oft frech von Wuchs, (während meine Bäume bisher gemäßigt wuchsen), sind bewollt, nur wenig und leicht silberhäutig, nach unten meist olivengrün, nach oben und besonnt trüb violettbraun überlaufen, zahlreich, doch fein punktirt. Blatt mittelgroß, fast flach, meistens kurzoval, (nach Diel rundeiförmig), mit aufgesetzter Spitze, einzeln langoval, tief und scharf gezahnt. Ich bemerkte 1868 an kräftigen Trieben, daß die Zahnung stellenweise so tief in das Blatt einschnitt, daß es dadurch etwas lappig erschien. Afterblätter zahlreich, doch klein, kurz lanzettlich oder pfriemenförmig. Augen klein, wollig, auf etwas flachen, flach gerippten Trägern.

Anm. Bei der Edelreinette fand ich die Triebe stark silberhäutig und dunkler, mehr violettschwarz von Farbe; das Blatt theils etwas rinnig und mehr elliptisch von Form.

Oberdieck.

No. 594. Reinette von Madeira. Diel IV, 1; Lucas VIII, 2. b; Hogg III, 1. A.

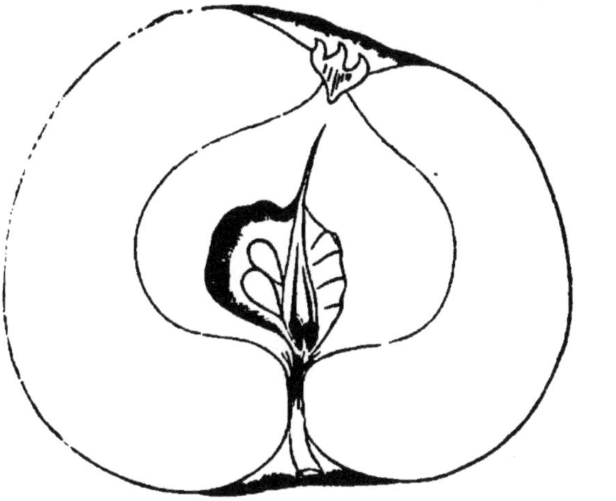

Reinette von Madeira, **††, Dezember bis März.

Heimath und Vorkommen: Ueber die Herkunft dieser Sorte weiß ich noch nichts zu sagen, da wohl kaum anzunehmen ist, daß auf der Insel, auf welche der Name hinweiset, sie ihre Heimath habe, ebenso wie die Weiße Antillische Winterreinette und Canadareinette, (beide unsere Pariser Rambourreinette), von den Antillen und wohl auch aus Canada nicht herstammen werden. Ich kann selbst noch nicht bestimmt behaupten, daß ich in der hier vorliegenden Frucht die wirklich rechte Sorte des Namens gebe, da ich von Herrn Behrens zu Travemünde in Frucht und dann auch im Reise eine etwas größere, erst Ende Februar zeitigende, runde, an beiden Seiten etwas gedrückte, rippige, hellgrasgrüne, erst spät gelbliche, nicht geröthete Frucht mit offenem Kernhause und feinem, sehr saftreichem Fleische und etwas gewürztem, weinartigen, doch nicht edlen Geschmacke erhielt, und daher deren Werth nur mit *†† bezeichnete. Es könnte diese Frucht wohl aus warmem Lande herstammen. Indeß glaube ich, daß die obige Frucht, die ich auf der Ausstellung in Görlitz in der Collection der Gebrüder Simon Louis fand, deßhalb eher die rechte sein möchte, weil auch der Königin Sophiensapfel, (Kirkes Lemon Pippin der Engländer), der mit der obigen Frucht dieselbe eigenthümlich gelbe Farbe der Schale hatte, auf der Ausstellung zu Görlitz in mehreren Collectionen fälschlich als Reinette von Madeira sich fand und es wahrscheinlich war, daß die gleiche, eigenthümlich gelbe Farbe die Verwechslung mit der Reinette von Madeira herbeigeführt haben möge. Wie nun aber die Duplicität des Namens sich einmal weiter aufkläre, so mögen wir die obige edle, wirklich delikate Frucht als Reinette von Madeira bei uns einführen, und darf ich eine nähere Beschreibung geben, nachdem auch das von den Herrn Simon Louis erhaltene Reis getragen hat und sich zeigte, daß ich die rechte Sorte bekommen habe. Woher das Reis weiter stammt, habe ich noch nicht erfahren können.

Literatur und Synonyme: Ich finde in den mir bekannten pomologischen Werken den Namen nicht, auch vermag ich sie mit einer andern, schon bekannten Frucht nicht zusammen zu stellen. In der Monatsschrift von 1864, S. 89, gab ich von ihr bereits vorläufige Nachricht.

Gestalt: Die Figur oben stellt eine von den aus Görlitz mitgenommenen Früchten dar und wird diese Größe in etwas wärmeren Gegenden Deutschlands und in für Aepfel recht günstigem Boden wohl immer sich finden. Die hier gewachsenen Früchte, zumal es Erstlingsfrüchte waren, fielen etwas kleiner aus, waren fast hochaussehend und neigten etwas zum abgestumpft Konischen, eine Abänderung in der Gestalt, die sich auch bei der Reinette von Orleans und andern Früchten häufig findet. Der Bauch sitzt auch bei den größeren, mehr runden Früchten etwas mehr nach dem Stiele hin, um den die Frucht sich zurundet und stark abstumpft. Nach dem Kelche nimmt sie etwas stärker ab und ist stark abgestumpft.

Kelch: breitgespitzt, grünbleibend, halboffen, einzeln geschlossen, sitzt in flacher, ziemlich weiter, bald fast ebener, bald einige Falten und Fleischperlen zeigender Senkung. Ueber die Frucht laufen nur flache, bei kleineren Exemplaren etwas flach kantig hervortretende Erhabenheiten hin.

Stiel: kurz, holzig, oft auch gegen die Basis hin etwas fleischig, 1/3" lang, oft noch kürzer, sitzt in enger, flacher, nur fein rostiger und lange grün bleibender Höhle.

Schale: vom Baume schon gelblichgrün, zeigt später ein eigenthümliches, etwas düsteres Hochgelb. Röthe fehlt. Die Punkte sind zahlreich, fein, stellenweise auch etwas stärker und machen sich häufig dadurch bemerklich, daß manche derselben mit ganz feinen, rothen Stippchen, oder auch etwas stärkeren, blutrothen Fleckchen umgeben sind. Auch feine Rostanflüge und Rostfiguren finden sich mitunter, sind jedoch nicht zahlreich. Der Geruch ist schwach.

Das Fleisch ist gelblich weiß, fein, saftreich, mürbe, von delikatem, merklich gewürzten, etwas süßweinigen Zuckergeschmacke.

Das Kernhaus ist verhältnißmäßig nicht groß, hat etwas hohle Achse, in die die Kammern sich bald nur nach dem Stiele hin herzförmig etwas, bald auch mehr spaltartig öffnen. Die mäßig geräumigen Kammern enthalten schwarzbraune, vollkommene, kleine, eiförmige Kerne. Die Kelchröhre ist bald flach, bald geht sie trichterförmig fein noch etwas herab.

Reifzeit und Nutzung: Zeitigt Ende November und hält sich den Winter hindurch.

Der Baum wächst in der Baumschule sehr lebhaft und schön, geht mit dem Hauptstamme kerzengerade in die Höhe, setzt die Nebenzweig in etwas spitzen Winkeln an und belaubt sich schön. Die Sommertriebe sind stark, kurzgliedrig, mit feiner Wolle bekleidet und dadurch grau von Ansehen, leicht silberhäutig, unansehnlich violettbraun, zahlreich und in die Augen fallend punktirt. Blatt ziemlich groß, nur flach rinnig, langoval, oft eioval, mit aufgesetzter, kurzer Spitze, einzeln elliptisch, schön und scharf, mäßig tief gezahnt. Afterblätter zahlreich, an starken Trieben recht in die Augen fallend lanzettlich. Augen flachgedrückt, wollig, sitzen auf wenig vorstehenden, flachgerippten Trägern. Oberdieck.

No. 595. Thouins Reinette. Diel IV, 1. (3); Lucas IX, 1. b; Hogg III, 1. A.

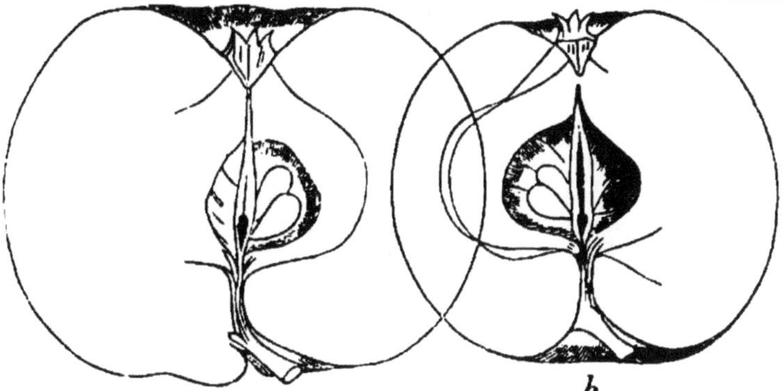

a *b*

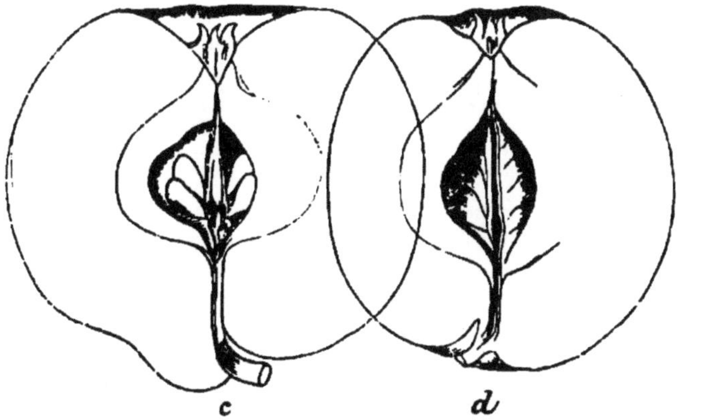

c *d*

Thouins Reinette, **††, November durch Winter.

Heimath und Vorkommen: Das Reis dieser trefflichen, äußerst reichtragenden Frucht erhielt ich von Herrn Rechtsanwalt Adam zu Altenburg, einem eifrig forschenden Pomologen, zu dem es von Rinz in Frankfurt kam. Ich bezog die Sorte auch noch von Herrn Leroy zu Angers, der sie als eine der besten Reinetten zum frischen Genusse lobt und zeigte diese sich 1866 mit der von Herrn Adam bezogenen Sorte in Baum und Frucht identisch, so daß ich annehmen darf, die Sorte ächt zu besitzen, die auch mit den kurzen, über sie vorliegenden Nachrichten stimmt. In der Monatsschrift von 1863, S. 144, referirt Jahn, daß er die Frucht auf der Ausstellung zu Namur fand, mit dem Beisatze: Galopin, welcher also der Erzieher ist und schildert sie als mittelgroß, plattrund, ziemlich wie ein Kurzstiel, doch von Farbe gelb, ohne Aehnlichkeit mit einem ihm bekann-

Anm. Daß oben 4 Figuren im Holzschnitte dargestellt sind, ist Mißverständniß des Xylographen; a und b sollten nur dargestellt werden.

ten Apfel. Auch meine Frucht hat mit andern mir bekannten Aepfeln wenig Aehnlichkeit, gleicht jedoch in kleineren, regelmäßiger geformten, gerötheten Exemplaren einem Edelborsdorfer. Der rasch groß gewordene Probezweig trug schon 1864 sehr voll, doch blieben die Früchte in dem kalten, nassen Jahre klein und unvollkommen, aber schon 1865 setzte der Zweig, während die meisten Aepfel dasmal nicht trugen, wieder so voll an, daß ich die Hälfte der Früchte ausbrechen mußte, die sich dann zu einer schönen Größe ausbildeten. 1866, wo es in der Blüthe der Aepfel fror, saß der Probezweig wieder sehr voll, 1868 auch der Zweig von Leroy. Die Sorte wird sich wohl bald merklich verbreiten.

Literatur und Synonyme: Eine Beschreibung der Frucht ist mir bisher nicht bekannt und wird sie hier etwa zuerst beschrieben.

Gestalt: Kann mit Recht zu den Kurzstielen gerechnet werden und hat wohl noch am meisten Aehnlichkeit mit einem Deutschen Goldpepping, in kleineren gerötheten Exemplaren mit einem Edelborsdorfer. Die Form ist flachrund, der Bauch sitzt oft ziemlich in der Mitte und wölbt die Frucht sich nach beiden Seiten dann fast gleichmäßig und ist an beiden Enden gedrückt. Oft jedoch sitzt der Bauch auch etwas mehr nach dem Stiele hin und nimmt die Frucht dann nach dem Kelche noch bemerklich stärker ab. Einzelne Exemplare sind hochaussehend.

Kelch: fein und mäßig langgespitzt, geschlossen oder nur ein Geringes offen, sitzt bald in etwas enger und flacher, bald auch weiterer und tiefer, etwas schüsselförmiger Senkung, nur mit einzelnen Falten oder ganz flachen Beulen umgeben und auch über die Frucht laufen nur sehr flache, oft wenig bemerkbare Erhabenheiten hin, doch ist die gewöhnlich schöne und gefällige Form nicht immer ganz rund, auch nicht selten eine Seite höher, als die andere.

Stiel: holzig, einzeln dünn und ½ bis ¾" lang und sitzt dann in ziemlich weiter, tiefer, trichterförmiger Höhle; allermeist aber ist er sehr kurz und gehört es zur Charakteristik der Frucht, daß sich ein starker, merklich sich erhebender Fleischwulst an den Stiel anlegt, denselben ganz zur Seite drückt und die Stielhöhle sehr verflacht oder fast verdrängt. Die Stielhöhe ist immer mit zimmtfarbigem Roste ziemlich stark belegt, der sich nicht selten noch etwas, doch nicht weit über die Stielhöhle hinaus verbreitet.

Schale: glatt mattglänzend, vom Baume wachsartig weiß, später etwas hellgelb, zuletzt fast goldgelb. Stärker besonnte Früchte haben eine sanft und etwas gelblich roth geröthete Backe meistens in der Nähe des Stiels, oder auf der Stielwölbung, oft jedoch nur einen Anflug davon. Mitunter ist die Röthe an der Sonnenseite aber auch stärker, etwas gelblich karmosinroth und zeigt deutliche Spuren von Streifen. Feine Rostpunkte sind ziemlich zahlreich und sind in der Röthe mit feinen, häufig selbst ziemlich starken, gelblichen Dupfen umgeben. Rost findet sich wenig; der Geruch ist angenehm, doch etwas schwach.

Das Fleisch ist gelblich, fein, saftreich, mürbe, von gewürztem, etwas weinartigen Zuckergeschmacke.

Das Kernhaus ist klein, geschlossen, mit kleiner, hohler Achse, in die manche Kammern sich fein herzförmig etwas öffnen. Die mäßig geräumigen, glattwandigen Kammern enthalten viele schwarzbraune, vollkomnene, häufig facettirte Kerne. Die Kelchröhre ist ein kurzer Kegel.

Reifzeit und Nutzung: In dem warmen Sommer 1865 zeitigten die Früchte schon im November und hielten sich den Winter hindurch.

Der Baum wächst gut und rasch und hat der große Probezweig mehrere, etwas breit auseinander gehende, nicht viel verzweigte, mit kurzem Fruchtholze sehr reich besetzte Zweige gemacht, wornach er eine etwas lichte Krone machen wird. Sommertriebe ziemlich stark, nach oben wenig abnehmend, nach oben mit feiner Wolle belegt, violettbraun, nicht silberhäutig, ziemlich zahlreich, doch fein und nicht in die Augen fallend punktirt. Das zweijährige Holz ist dagegen recht stark punktirt. Blatt ziemlich groß, fast flach, eioval, oft lang und spitz eiförmig, schön gezahnt. Afterblätter häufig, lanzettlich. Augen etwas breit, wollig, sitzen auf flachen Trägern.

Oberdieck.

Nr. 596. Reinette von Normandie. Diel IV, 2; Lucas IX, 2. a; Hogg III, 1. C.

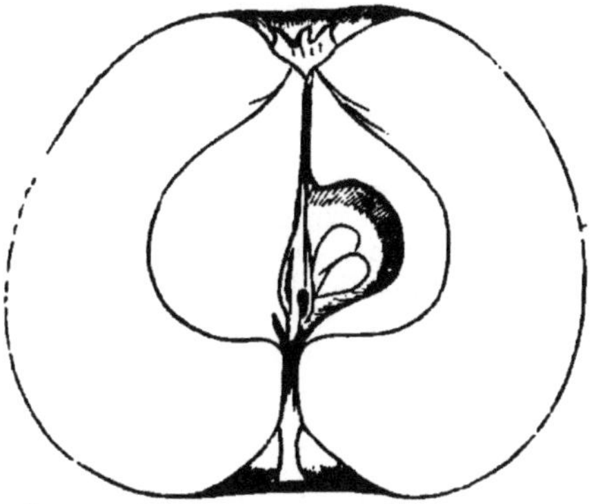

Reinette von Normandie, **††, Oktober, 8 bis 10 W.; nach Diel 2.

Heimath und Vorkommen: Diel erhielt diese, früher bei keinem Pomologen sich findende Frucht schon 1788 von Herrn Overmann aus Brüssel, unter dem Namen **Reinette de Normandie**; sie hat sich aber anscheinend noch höchst wenig verbreitet, obwohl Diel sie als eine überaus köstliche Reinette bezeichnet, die man auch den doppelten Edelborsdorfer nennen könnte, den sie aber an Geschmack noch übertreffe, woneben er sie später auch ganz vorzüglich für den Landmann empfiehlt. Er bemerkt freilich auch, daß die Frucht sehr guten Boden und warme Lage fordere. Sie war indeß auch in meiner Gegend und Boden trefflich und nahm merklich mehr Röthe an, als Diel beschreibt, weßhalb ich sie auch nicht mit Diel zu den einfarbigen Reinetten, und nach Fleisch und Geschmack zu den Borsdorfer Reinetten gezählt habe. Mein Reis erhielt ich direct von Diel und kann an Aechtheit der Sorte nicht zweifeln.

Litteratur und Synonyme: Diel III, S. 142, Reinette von Normandie, die Normännische Reinette. Dittrich I, S. 247, nach Diel. Auch Christ, Handwörterb. S. 92, gibt Diels Beschreibung wieder. Diel bemerkt noch, daß Christs Reinette von Normandie, Nr. 92, (des Handbuchs von Christ; Nr. 132 der Vollst. Pomol.), die Edelreinette sei. Ich finde eine Reinette von Normandie, nachdem Christ früher schon die Dielsche Frucht unter diesem Namen beschrieben hatte, in der Vollst. Pomologie S. 175, Nr. 182, die allerdings unsere Frucht nicht ist und mit der Edelreinette ganz gut stimmt, obwohl Christ selbst anmerkt, daß man diese Frucht nicht mit der Edelreinette verwechseln müsse, der sie sehr ähnlich sei, wobei indeß die angegebenen Unterschiede kaum wesentliche sind. Indeß möchte ich fast glauben, daß ich diese Christliche Reinette von Normandie von Jahn 1865 unter diesem Namen in Frucht bekommen habe, die allerdings die Edelreinette nicht war, aber auch nicht die Dielsche Reinette von Normandie, da Jahns Frucht wenig Röthe hatte und erst weit später zeitigte. Dieselbe Irrung über die Reinette von Normandie findet sich auch bei Hogg, S. 168, wo er bei der **Reinette Franche** (Duham.) zugleich als Synonyme **Reinette de Normandie**, (Christ Handb. Nr. 92) und Französische Edelreinette, (Diels Kernobstsorten I, S. 120) anführt. v. Aehrenthal gibt Tafel 74, eine ziemlich gute

Abbildung. — Unter dem Namen doppelter Borsdorfer hat man im Hannoverschen noch eine ganz andere, dem Edelborsdorfer auch ähnliche Frucht.

Gestalt: flachrund, nach Diel oft 3 bis $3^1/_4$" breit und $2^1/_2$" hoch, in welcher Größe ich sie aber bisher nicht ganz hatte. Der Bauch sitzt allermeistens etwas mehr nach dem Stiele hin, um den die Frucht sich flachrund wölbt. Nach dem Kelche nimmt sie etwas stärker ab und ist noch stark abgestumpft.

Kelch: nach Diel geschlossen, war aber an meinen Früchten stets weit offen, (so daß möglich die Angabe bei Diel ein Schreibfehler ist). Er sitzt nach Diel in geräumiger, mehrentheils tiefer Einsenkung, in der man selten einige feine Fältchen bemerke. An meinen etwas kleineren Früchten war die Kelchsenkung mäßig weit und tief und zeigte mehrere Falten, die aber über die Frucht nur sehr flach hinliefen und nur bei etwas verbildeten Exemplaren die schöne Form etwas verschoben.

Stiel: kurz, holzig, oft nur ein Fleischbutz, sitzt in weitgeschweifter, nicht tiefer Höhle, die fein rostfarbig ist. An mehreren Exemplaren meiner 1860 geerndteten Früchte verbreitete ein ziemlich starker, zimmtfarbiger Rost sich selbst noch etwas über die Stielwölbung.

Schale: nicht stark, glatt, ziemlich glänzend. Die Grundfarbe ist vom Baume gelblichgrün, später fast goldgelb. Die Sonnenseite zeigt nach Diel, bei frei hängenden Exemplaren einen Anflug einer orleansartigen Röthe, die sich oft auf der ganzen Kelchwölbung verbreitet und mehr als die Hälfte der Frucht einnimmt, während beschattete Früchte von Röthe oft keine Spur haben. Ich fand die Röthe allermeist stärker und weiter verbreitet und überdeckte die Röthe bald leichter, bald stärker und von Aufliegendem etwas abgeschnitten, den größeren Theil der Sonnenseite und oft noch Stellen nach der Schattenseite hin. In einem recht warmen Jahre war die Röthe selbst stark, etwas blutartig. War die Röthe matt, so zeigten sich in derselben, wie Diel dies angibt, kleine, dunkelrothe, meistens etwas eingesenkte Fleckchen. Die Punkte bemerkt man am meisten auf der Schattenseite, die ich aber nicht, wie Diel angibt, stark und selbst kleinen Sternchen gleichend, sondern fein fand. Geruch ist schwach. Rostfiguren finden sich nicht selten und ziehen sich oft auch über die Röthe hin; auch finden sich Rostwarzen.

Das Fleisch ist gelblich, fein, fest, doch mürbe, saftreich, von erhabenem, gewürzten, etwas fein weinartigen Zuckergeschmacke, (nach Diel zuckerartigen Weingeschmacke), welchen man dem des Edelborsdorfers wohl vorziehen mag.

Das Kernhaus ist nicht groß, geschlossen, einzeln fand ich es aber auch etwas offen; die engen Kammern enthalten nach Diel mehr taube, als vollkommene Kerne, die ich meinerseits vollkommen braun, und eiförmig fand. Die Kelchröhre ist ein sehr kurzer Trichter oder Kegel.

Reifzeit und Nutzung: Zeitigt nach Diel zu Anfang oder Mitte Octbr. und hält sich 2 Monate, wo sie passirt ist. Wie ich sie in dem sehr warmen Jahre 1833 schon Ende September mürbe fand, so waren sie in andern kälteren Jahren erst im November zeitig.

Der Baum wächst nach Diel schön und belaubt sich stark, ist aber, ähnlich wie der Edelborsdorfer, in der Jugend nicht sehr fruchtbar. Er trägt die Aeste etwas stark abstehend in die Luft und setzt das Tragholz nicht häufig an. Die Sommertriebe sind stark, violettbraun, zahlreich aber nur fein punktirt. Blatt mittelgroß, flach, nach Diel fast rund, während ich es oval fand mit aufgesetzter Spitze, ziemlich tief, doch mehr stumpf als scharf gezahnt. Afterblätter klein, kurz lanzettlich oder pfriemenförmig. Augen klein, wollig, sitzen auf mäßig vorstehenden, flach gerippten Trägern.

Oberdieck.

No. 597. Fromms Reinette. Diel IV, 2; Lucas IX, 2. (1) a; Hogg III, 1. B. (A).

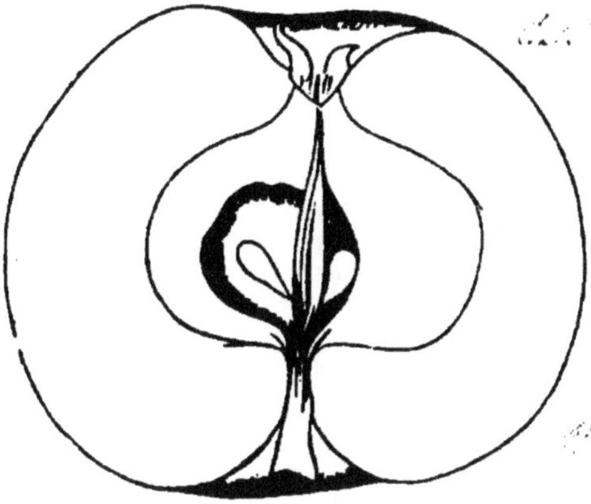

Fromms Reinette, fast **††, November durch Winter.

Heimath und Vorkommen: Diese wirklich treffliche Frucht, die in keinem größeren Garten fehlen sollte, stammt aus dem Dorfe Seeba, in der Nähe von Meiningen, wo sie wahrscheinlich aus dem Kerne entstanden ist. Sie hieß anfangs Seeber Borsdorfer und wurde später von der Pomologischen Gesellschaft zu Meiningen, dem Herrn Regierungs-Canzelisten Fromm zu Ehren, Fromms Goldreinette genannt, welche Benennung indeß, wie oben geschehen ist, umzuändern ist, da sie eine wahre Goldreinette kaum ist. Da sie selbst von Dittrich unter die Goldreinetten gerechnet ist, habe ich bisher einigen Zweifel gehabt, ob meine von Dittrich bezogene Sorte wirklich die rechte sein möchte, welcher Zweifel dadurch noch genährt wurde, daß ich von Bornmüller in Suhl diese Sorte, von der ich bisher Frucht noch nicht erzielen konnte, mit etwas feinerer Vegetation erhielt. Es hat mir indeß Jahn 1865 drei gute Früchte von der Fromms Goldreinette gesandt, in denen ich meine Frucht von Dittrich gänzlich wieder erkenne, so daß ich an deren Aechtheit keinen Zweifel mehr habe. Ich habe auch stets das Reis von meinen von Dittrich abstammenden Bäumen versandt.

Literatur und Synonyme: Dittrich I, S. 430, Fromms Goldreinette. Die von Dittrich gegebene kurze Beschreibung ist noch sehr ungenügend abgefaßt. Arnoldis Obst-Cabinet gibt Nachbildung Lief. 6, Nr. 17, nach recht großer Frucht, an der Sonnenseite gelblich roth verwaschen. Die beigegebene, von Herrn Pastor Koch abgefaßte Beschreibung ist bereits vollständiger. In der Monatsschrift 1863, S. 89, ist von Jahn bemerkt worden, daß der Große (nicht der gestreifte) Böhmische Borsdorfer unsere Fromms Reinette sei, was jedoch wohl fraglich bleibt. — Eine der Obigen sehr ähnliche, aber nie geröthete und nicht quittenähnlich gewürzte, höchst schätzbare, reichtragende Frucht, fand ich im Pfarrgarten zu Banteln und nannte sie Neue Borsdorfer Reinette.

Gestalt: Form und Größe ist nach Dittrich wie die der Winter-Goldparmäne und so hat auch Arnoldi sie nachgebildet. Meine Früchte waren indeß ebenso, wie die von Jahn mir gesandten, flachrund, nicht ganz 3" breit und 2 1/3" hoch, oft nur 2 1/2" breit und 2" hoch und gibt auch Arnoldis Obstcabinet an, daß die Größe oft unter 3" bleibe. Der Bauch sitzt meistens ziemlich in der Mitte, seltener etwas nach dem Stiele hin; um den Stiel wölbt die Frucht sich ziemlich rasch zugerundet und ist stark abgestumpft; nach dem Kelche nimmt sie meistens doch noch stärker ab und endigt ziemlich, oder noch stark abgestumpft.

Kelch: ziemlich breit- und langgespitzt, oft verstümmelt, ist fast, oder wirklich offen und sitzt in ziemlich weiter und tiefer, oder wirklich weiter und tiefer, fast schüsselförmiger Senkung, die ziemlich eben ist und auch über die Frucht ziehen sich nur flache, breite Erhabenheiten hin, die jedoch einzeln auch wohl vordrängen und nicht selten die Form der Frucht verschieben.

Stiel: oft holzig, 1/2 bis 3/4" lang, meistens ein kurzer, ziemlich fleischiger Butz, sitzt in weiter, oft auch tiefer Höhle, welche einzeln glatt, meistens aber mit zimmtfarbigem Roste belegt ist, der sich nicht selten strahlig noch auf der Stielwölbung verbreitet.

Schale: etwas fein, glatt, nur mattglänzend, im Liegen fein geschmeidig; Grundfarbe ist vom Baume ein weißliches oder gelbliches Grün und wird im Liegen hohes Citronengelb, nicht aber, so weit mir bisher Früchte vorlagen, eigentliches Goldgelb. Die Sonnenseite ist häufig nur goldartiger, doch zeigen stark besonnte Exemplare an der Sonnenseite eine sanfte, nicht weit verbreitete, gelblich rothe, verwaschene, mitunter, doch selten, auch undeutlich gestreifte Röthe. Die Punkte sind fein, fallen nicht ins Auge, in der goldartiger gefärbten Sonnenseite sind sie mitunter einzeln fein roth umringelt. Rostanflüge finden sich nur wenige. Der Geruch ist merklich.

Das Fleisch ist gelblich, fein, mürbe, saftreich, von etwas quittenartig gewürztem, schwach süßweinigen, merklichen Zuckergeschmacke. Daß sie in Geschmack und Güte, wie Dittrich will, der Winter-Goldparmäne vorzuziehen sei, ist etwas zu viel gesagt.

Das Kernhaus ist klein, geschlossen, oder nur wenig offen; die wenig geräumigen Kammern enthalten braune, ziemlich vollkommene, oft auch taube, langgespitzte Kerne. Die Kelchröhre ist kurzer, breiter Kegel.

Reifzeit und Nutzung: Zeitigt im November oder Dezember und hält sich den Winter hindurch.

Der Baum wird nach Dittrich groß, trägt die Aeste schön abstehend, regelmäßig weit ausgebreitet, ist schön belaubt und sehr fruchtbar. Er setzt auch an meinen Baumschulenstämmen die Aeste in etwas stumpfen Winkeln an, wächst stark und sehr gesund. Sommertriebe lang und stark, nach oben abnehmend, nach unten allermeist wenig, nach oben hin stark silberhäutig, nur oben etwas wollig, violettbraun, zahlreich und in die Augen fallend punktirt. Blatt ziemlich groß, flach, eiförmig, oft mehr kurz oval mit schöner, aufgesetzter Spitze, schön und scharf gezahnt. Afterblätter zahlreich, stark, lanzettlich. Augen mäßig groß, fast dreieckig, etwas wollig, sitzen auf mäßig vorstehenden, flach gerippten Trägern.

Oberdieck.

No. 598. Fittinghofs Reinette. Diel IV, 4; Lucas IX, 2. a; Hogg III, 1. B.

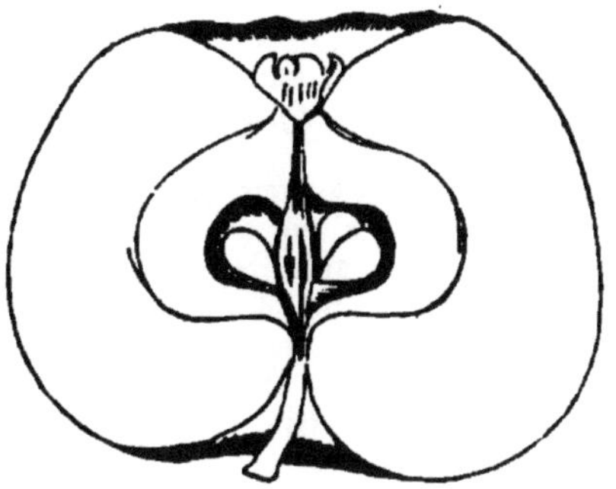

Fittinghofs Reinette, **††, W.

Heimath und Vorkommen: Ist eine neuerlichst erst gewonnene Frucht, die von dem um die Pomologie verdienten Herrn De Jonghe zu Brüssel erzogen wurde. Wer der Herr Fittinghof sei, nach dem die Frucht benannt ist, (ein anderer Pomologe hatte den Namen Fillinghof gelesen), konnte ich noch nicht auffinden. Sie ist, so viel ich weiß, noch nicht näher beschrieben. Das Reis erhielt ich durch Herrn Senator Doornkaat zu Norden aus der Fruchtcollection des Herrn De Jonghe zu Brüssel und darf wohl präsumiren, die rechte Sorte erhalten zu haben. Hat die Größe und annähernd die Gestalt eines guten Edelborsdorfers und ist wohl noch ähnlicher dem schon beschriebenen Duquesne's Pepping. Sie zeigt in manchen Exemplaren sehr deutlich ihre Abkunft von der Reinette von Orleans, der sie auch im Geschmacke fast gleich ist, wobei sie in nassen Herbsten nicht aufspringt, wie sie auch, etwas später gebrochen, nicht welkt. Der Probezweig trug bald und voll und verdient diese delikate Frucht doch, trotz ihrer Aehnlichkeit mit anderen schon bekannten, häufigen Anbau. Wird auf Hochstamm gedeihen, doch etwa noch besser als Zwerg gezogen werden.

Literatur und Synonyme: Wird wohl hier zuerst näher beschrieben und finde ich die Sorte bisher nur in Catalogen aufgeführt.

Gestalt: flachrund, in den vollkommensten Exemplaren selbst plattrund. Der Bauch sitzt mehr nach dem Stiele hin, um den die Frucht sich plattrund wölbt. Nach dem Kelche nimmt sie etwas, oft sehr bemerklich stärker ab und ist stark, bei stärker abnehmenden, oder etwas zugerundeten Exemplaren auch nur mäßig abgestumpft.

Kelch: kurz- und breitgespitzt, weit offen, sitzt bei recht vollkommenen Exemplaren in recht weiter und tiefer, schüsselförmiger Senkung mit Falten umgeben, wobei aber die Frucht nur flache, oft nur unbedeutende Erhabenheiten hinlaufen, so daß die Rundung sehr gefällig ist. Bei weniger vollkommenen Exemplaren ist die Kelchsenkung nur mäßig weit und tief.

Stiel: holzig, meistens kurz und kaum oder gar nicht über die Stielwölbung hinausgehend, oft auch 1″ lang, sitzt in weiter, tiefer, mit grünlich zimmtfarbigem, strahlig verlaufendem Roste bekleideter Höhle.

Schale: fein, glatt, vom Baume grünlichgelb, in der Reife ziemlich goldgelb. Die Sonnenseite und oft der größere Theil der Oberfläche der Frucht ist mit sanft aufgetragenen, meist etwas langabgesetzten Carmosinstreifen gezeichnet, zwischen denen die Sonnenseite oft noch so stark roth überlaufen ist, daß die Streifen etwas undeutlich werden. Nach der Schattenseite hin ist die Schale zwischen den Streifen mehr punktirt. Die Punkte sind sehr fein, wenig bemerklich. Der Geruch ist schwach. Rostanflüge sind nicht häufig und zeigen sich hauptsächlich nur um den Kelch und auf der Kelchwölbung.

Das Fleisch riecht gewürzt, ist fein, saftreich, von gewürztem, etwas süßweinartigen Zuckergeschmacke, der dem der Reinette von Orleans sehr ähnlich ist.

Das Kernhaus ist nicht groß, fast ganz geschlossen; die ziemlich engen Kammern enthalten ziemlich viele, vollkommene, schwarzbraune, breiteiförmige, oder eiförmige Kerne; die Kelchröhre ist ein breiter, kurzer Kegel.

Reifzeit und Nutzung: Zeitigt im Dezember und hält sich den Winter hindurch.

Der Baum wächst in der Baumschule gemäßigt, doch gut, setzt die Zweige in etwas stumpfen Winkeln an, die dann aber mit einem sanften Bogen sich schön in die Luft erheben, belaubt sich gut und setzt schon in der Baumschule viel kurzes Fruchtholz an. Sommertriebe mäßig lang und stark, nach oben wenig abnehmend, nach oben wollig, beschattet olivengrün, besonnt unansehnlich violettbraun überlaufen, zerstreut und nur wenig punktirt. Blatt ziemlich groß, meist flach, mehr elliptisch, als oval, oft mit aufgesetzter oder halbaufgesetzter, etwas gedrehter, scharfer Spitze, ziemlich tief und etwas stumpf gezahnt. Afterblätter klein, pfriemenförmig, fehlen oft. Augen stark, geschwollen, weißwollig, sitzen auf flachen, flach gerippten Trägern.

Oberdieck.

No. 599. Rother Borsdorfer. Diel IV, 2; Lucas IX, 2. a; Hogg III, 1. B.

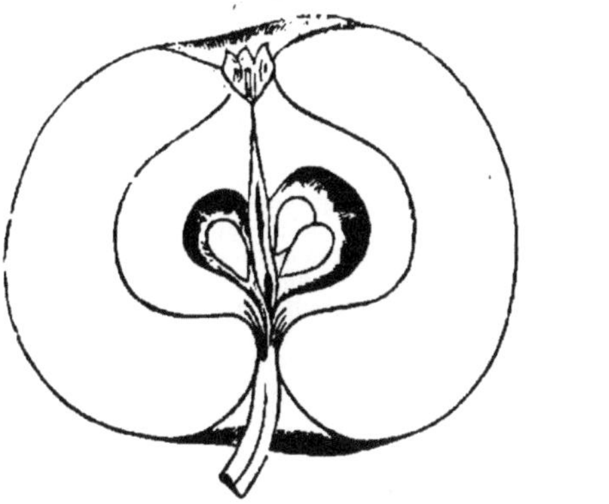

Rother Borsdorfer, *† †, November bis Sommer.

Heimath und Vorkommen: Muß wohl als schon ziemlich alte Frucht und vielleicht Deutschen Ursprunges betrachtet werden und ist die Herkunft derselben nicht näher nachgewiesen. Diel erhielt die Frucht durch Herrn Burgermeister Weilburg zu Limburg aus der Abtei Erbach am Rhein und bezeichnet sie als wahrhaft vorzüglichen Tafelapfel, der sich sowohl durch innere Güte, als durch lange Haltbarkeit empfehle. Mein Reis erhielt ich direct von Diel und stimmten die erbauten Früchte mit der Beschreibung völlig überein. Daß er etwa ein Abkömmling des Edelborsdorfers sei, steht dahin und geschah es wohl ziemlich leicht, daß man eine dem so geschätzten und allgemein bekannten Edelborsdorfer etwas ähnliche Frucht mit dem Namen Borsdorfer bezeichnete. Erwähnt mag noch werden, daß Diel immer Borstorfer schreibt, während alle andern Pomologen Borsdorfer schreiben. Der Name kommt her von einem Dorfe in Sachsen unweit Meißen, (obwohl es auch einen Ort des Namens bei Leipzig gibt, der die Frucht auch baut) und möchte noch näher ermittelt werden, ob man den Ort Borsdorf oder Borstorf schreibt.

Literatur und Synonyme: Diel I, S. 153, Rother Borstorfer. T. O.-G. X, S. 41, Taf. 3, ist der Obige, da Diel selbst die Beschreibung für den T. O.G. lieferte. An diesem Orte ist Sickler in den von ihm der Dielschen Beschreibung hinzugefügten Vergleichungen der Meinung, daß Christs Rother Borsdorfer wohl derselbe sei und auch der von Knoop Taf. 8 abgebildete Süße Kurzstiel identisch mit Diels Rothem Borsdorfer sein werde. Bei Beschreibung der Frucht im Systeme verbessert Diel indeß Sicklers Ansicht dahin, daß seine Frucht sicher nicht der von Christ beschriebene Rothe Borsdorfer sei, (den Christ auch etwas anders beschreibt, weßhalb dieser, wenn er wieder ächt aufgefunden würde, Christs rother Borsdorfer heißen müßte) und daß Knoops Süßer Kurzstiel, den er besitze, ein anderer und wahrhaft süßer Apfel sei. (Er hat diesen Letzteren X, S. 128, als Kleinen, süßen Kurzstiel beschrieben). — Christ im Handbuche und im Handwörterb. S. 25, hat daher nicht den Dielschen Rothen

Borsdorfer. Dagegen ist ohne Zweifel der Rothe Borsdorfer in der Vollst. Pomologie S. 150, Nr. 107, Diels Frucht, wenn gleich die Beschreibung nach Diel mit einigen Variationen gegeben wird, zumal er am Schlusse der Beschreibung hinzusetzt „in seiner Baumschule gebe es noch eine Varietät des Rothen Borsdorfers, der aus Jülich stamme, dessen Bau höher sei, der mehr Röthe und weißes Fleisch mit Rosenparfüm, auch eine rosenrothe Ader ums Kernhaus habe", alles Kennzeichen, die er früher von seinem Rothen Borsdorfer angibt. Was soll man nun von einem pomologischen Werke halten, (und es gibt ja leider noch manche ähnliche), das nicht einmal mit ein paar kurzen näheren Bemerkungen nachweiset, welche Frucht genauer gemeint sei! — Dittrich I, 358, hat den Dielschen Rothen Borsdorfer, wirft aber in der Literatur Christs Rothen Borsdorfer mit dem Dielschen zusammen. — Der Name wird sich wohl leicht in provinziellen Benennungen auch noch bei andern, ähnlichen Früchten finden und wird z. B. der Jechenbacher Streifling (siehe dessen Beschreibung), in Jechenbach als Rother Borsdorfer gebaut. Die Annales VIII, S. 71, führen bei Abbildung des Edelborsdorfers irrig auch Rother Borsdorfer als Synonym mit an.

Gestalt: mehrentheils platt, seltener zugespitzt, kugelförmig, in schönster Vollkommenheit nach Diel $2^1/_2$" breit und 2" hoch, gewöhnlich aber nur, wie auch bei mir, $2^1/_4$" breit und $1^3/_4$" hoch. Der Bauch sitzt fast in der Mitte, doch ist die Wölbung nach dem Kelche oft doch noch bemerklich etwas stärker abnehmend, als nach dem Stiele.

Kelch; etwas breit und kurz gespitzt, halb oder fast ganz offen, (welche Eigenschaft Diel in der Beschreibung übergeht), sitzt in ziemlich weiter, fast flacher Senkung, bald nur mit Falten und ganz feinen Rippchen, bald mit merklicheren Rippen umgeben, die theils flach, theils etwas kantig über die Frucht hinlaufen.

Stiel: bald fleischig und stark, bald auch holzig und $^3/_4$" lang, sitzt in geräumiger, nicht sehr tiefer, meistens fein rostfarbiger Höhle.

Schale: fein, nicht fettig, ziemlich glänzend, vom Baume grüngelblich, im Liegen gelb, doch etwas schmutziger als das Gelb des Edelborsdorfers. Die Sonnenseite, ja oft der größere Theil der Frucht ist dunkelkarmosinroth, bald glänzend, bald etwas schmutzig aussehend überlaufen, in welchem Roth sich deutlich dunklere, starke, abgesetzte Streifen finden, die an den stärker gefärbten Stellen etwas undeutlich werden. Aufliegendes schneidet die Röthe ab. Oft findet man in der Röthe einen wahren dunklen Bandstreifen. Die Punkte sind sehr fein, in der Grundfarbe kaum zu bemerken, im Roth durch matte, hellere, feine Tupfen um die Punkte noch bemerklich. Rost und Rostwarzen finden sich selten. Geruch schwach.

Das Fleisch riecht angenehm, ist gelblich oder grünlichgelb, fein, fest, hinreichend saftreich, von sehr angenehmem, nur durch etwas Säure gehobenen, merklichen Zuckergeschmacke.

Das Kernhaus ist geschlossen; die geräumigen, glattwandigen Kammern enthalten viele schwarzbraune, vollkommene, meist facettirte Kerne. Die Kelchröhre ist kurzer Kegel.

Reifzeit und Nutzung: Zeitigt im November, schmeckt im Dezember am besten, hält sich aber in guten Gewölben oft ein ganzes Jahr hindurch.

Der Baum wächst gesund und ziemlich stark, setzt die Zweige in etwas stumpfen Winkeln an, gleicht dem Edelborsdorfer in der Vegetation nicht und setzt nach Diel früh, etwas weitläufig aber regelmäßig, schönes Tragholz in Fruchtspießen an, das jährlich Früchte liefert. Sommertriebe stark, nach oben nur mäßig abnehmend, oft etwas silberhäutig, violettbraun, oft violettschwarz, ziemlich zahlreich, doch fein punktirt. Blatt mittelgroß, etwas rinnig, oval oder eioval, häufig mit aufgesetzter, kurzer Spitze, nicht tief, meist gerundet gezahnt. Afterblätter pfriemenförmig oder schmal lanzettlich. Augen klein, sitzen auf ziemlich flachen Trägern.

Oberdieck.

No. 600. Steins Pepping. Diel IV, 2; Lucas X, 1. (2) a. (b); Hogg III, 1. B (C).

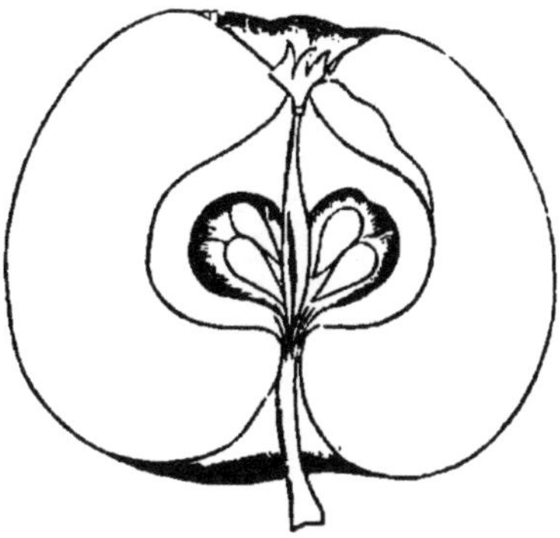

Steins Pepping; an sich **†, wegen Neigung zum Welken bei mir nur *†; November bis Januar.

Heimath und Vorkommen: Gehört zu den Sämlingen des Herrn van Mons, welcher die Frucht nach Herrn Kunstgärtner Stein zu Paris benannte, dem Diels Collection so manche gute Frucht verdankt. Mein Reis erhielt ich direct von Diel und kann, trotz einigen kleinen Abweichungen von der Beschreibung, nicht zweifeln, die rechte Sorte erhalten zu haben. Sie hat in meiner Gegend, oder vielleicht nur Boden, wegen zu beträchtlicher Neigung zum Welken, geringeren Werth, wird aber in südlicherer Gegend, wohl auch in England, ohne Zweifel sehr schätzbar sein und gedeiht der Baum auf Johannisstamm, auf dem er gern trägt.

Literatur und Synonyme: Diel A—B, II, S. 110, Steins rother Winterpepping, Peppin Stein. Dittrich I, S. 360. Kommt sonst nur noch in Dochnahls Führer Nr. 50, vor.

Gestalt: etwas klein, hat in Form und Größe, selbst in der Färbung einige Aehnlichkeit mit dem Edelborsdorfer. Der Bauch sitzt ziemlich in der Mitte, oft jedoch auch etwas mehr nach dem Stiele hin. Nach dem Kelche nimmt er nach Diel, (was ich jedoch nur bei etwas stielbauchigen Früchten so finde), bemerklich stärker ab, als nach dem Stiele, so daß beide Wölbungen deutlich und mitunter stark verschieden sind. Die gewöhnliche Größe ist 2 bis 2½" Breite und 1¾ bis 2" Höhe.

Kelch: langgespitzt, nach Diel offen und mit den Ausschnitten sternförmig aufliegend; an meinen meistens die gehörige Größe nicht genügend erlangenden Früchten stets geschlossen und sitzt nach Diel in seichter, ebener Senkung, wie auch keine wahren Erhabenheiten über die Frucht hinliefen. An meinen Früchten fanden sich jedoch um den Kelch Falten und konnte ich flache, etwas feine, über die Frucht hinlaufende Erhabenheiten sehr wohl wahrnehmen.

Stiel: dünn, holzig, $^3/_4$—1" lang, sitzt in geräumiger, tiefer, trichterförmiger, mit zimmtfarbigem Roste meistens stark belegter Höhle, der sich nicht selten noch etwas auf der Stielwölbung verbreitet.

Schale: glatt, mattglänzend, nicht fettig; Grundfarbe vom Baume strohgelb, in der Zeitigung hohes Citronengelb. Die Sonnenseite ist nach Diel mit einem schönen Carmosinroth verwaschen, wie beim Edelborsdorfer, während ich sie in meiner Gegend nicht verwaschen, sondern ziemlich deutlich gestreift und dazwischen noch punktirt fand, so daß die Färbung sehr gefällig war. Daß roth verwaschene Früchte unter Umständen auch gestreift erscheinen, findet sich gar nicht selten, z. B. schon bei Winter-Goldparmäne. Die Punkte sind zahlreich, gleichmäßig vertheilt, rostig, doch an meinen Früchten fein. Es gesellen sich nach Diel dazu oft schwärzliche Rostflecke, womit wohl Regenflecke gemeint sind, die sich in nassen Jahren finden. Geruch schwach.

Fleisch: fein, gelblich, ziemlich saftvoll, von recht angenehmem, gewürzhaften, etwas weinartigen Zuckergeschmacke.

Das Kernhaus ist klein, geschlossen; die mäßig geräumigen, glattwandigen Kammern enthalten starke, schwarzbraune, vollkommene Kerne. Die Kelchröhre ist ein kurzer Kegel oder kurzer Trichter.

Reifzeit und Nutzung: Zeitigt im November, welkt aber selbst nach Diels Bemerkung im Winter gern. Als ich in dem warmen Sommer 1865 die Früchte bis zum 18. Oktober sitzen ließ, war das Welken nur gering, doch ist auch diese Sorte ein Beweis, daß keineswegs die neuen Kernsorten von allen Mängeln älterer Varietäten frei sind.

Der Baum wächst in meiner Baumschule ziemlich stark und gesund, bildet nach Diel eine flach gewölbte Krone und trägt reichlich. Mein Zwergbaum auf Johannisstamm ist rasch in die Höhe gegangen, vielleicht jedoch nur, weil ihm andere Stämme etwas nahe standen. Sommertriebe lang, ziemlich stark, fein wollig, nach Diel nicht silberhäutig, während ich sie etwas schmutzig fein silberhäutig fand, braunroth, zahlreich, ziemlich fein punktirt. Blatt mittelgroß, nach Diel meistens elliptisch, mit schöner, auslaufender Spitze, nicht tief, aber scharf gezahnt. Ich notirte die Form auch als spitz eiförmig, mit schöner, auslaufender Spitze; die unteren Blätter am Sommertriebe sind recht groß und schmal. Afterblätter lanzettlich. Augen sehr klein, wollig, sitzen auf deutlich gerippten Trägern.

Oberdieck.

No. 601. Pearsons Reinette. Diel IV, 2; Lucas X, 1. (2) a; Hogg III, 1. C.

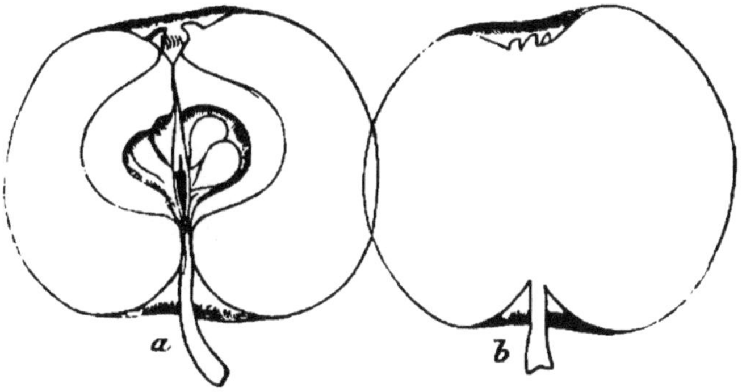

Pearsons Reinette, fast **†, W.

Pearsons Plate.

Heimath und Vorkommen: Ist eine in England für die Tafel besonders geschätzte Frucht, über deren nähere Herkunft und Benennung Hogg nichts besagt. Das Reis erhielt ich von der Hort. Soc. durch Urbanek und stimmen die erbauten Früchte sehr gut mit der Beschreibung überein. Die Sorte blieb indeß in meinem Boden durchschnittlich noch ein Weniges kleiner, als Hoggs schon kleine Figur (b oben) und zeigte, selbst bei spätem Brechen, Neigung zum Welken, so daß sie in meiner Gegend wenigstens etwas feuchteren Boden und Erziehung in Zwergform verlangt.

Literatur und Synonyme: Hogg S. 154, Pearsons Plate. Londoner Catalog S. 31, Nr. 565. Auch Downing hat ihn bereits S. 126, bemerkt indeß, daß die Sorte erst ganz kürzlich eingeführt sei und sich dort noch nicht bewährt habe. — In den Annales IV, S. 61, wird Pearsons Plate, als Synonym von Reinette d'Italie angeführt. Nach den jetzt von beiden hier gesehenen Früchten muß diese Angabe indeß als irrig betrachtet werden und da in den Werken des Auslandes angegebene Identitäten in der Regel ohne weitere Angabe, worauf die angenommene Identität sich stütze, nur angeführt werden, so bleiben sie unerwiesene Behauptungen. Die Annales VIII, S. 81, geben denn auch als Pomme Pearsons plate eine von der Reinette d'Italie ganz verschiedene Frucht, die zwar weit größer ist, als ich sie hatte und Hogg sie darstellt, indeß die rechte Sorte wohl sein wird, zumal da bemerkt wird, daß die abgebildete Frucht auf Pyramide erwachsen sei. Man hätte dabei auf das irrig bei Reinette d'Italie gegebene Synonym hinweisen mögen, was jedoch nicht geschehen ist.

Gestalt: flachrund, einzeln hochaussehend. Größe bei mir wie a oben. Der Bauch sitzt fast in der Mittte und wölbt die Frucht sich nach beiden Seiten flachrund, nimmt jedoch nach dem Kelche meistens und noch bemerklich etwas stärker ab.

Kelch: offen, mit breiten, kurzen Ausschnitten, die über die weite Kelchhöhle schräg hinliegen, sitzt in flacher, weiter, fast ebener Senkung und auch über die schön gerundete Frucht sieht man nur einzeln, namentlich bei hochaussehenden Exemplaren etwas deutlichere Erhabenheiten hinlaufen, obgleich die Hälften der Frucht öfter ungleich ausfallen.

Stiel: bald kurz und selbst ein Butz, bald holzig und $^2/_8$ bis $^3/_4$" lang, sitzt in ziemlich weiter, mäßig tiefer, mit feinem Roste besetzter Höhle.

Schale: fein, glatt, durch den Rost kaum etwas ganz fein rauh anzufühlen, mattglänzend. Grundfarbe ist vom Baume grün und auch später nur grünlichgelb. Die Sonnenseite ist mit bräunlicher, meist etwas leicht aufgetragener Röthe überzogen, die nach Hogg auch dunklere Streifen zeigt, welche ich indeß nur an der Minderzahl der Exemplare deutlich genug bemerken konnte und die auch die Abbildung in den **Annales** nicht deutlich zeigt. Punkte sehr fein, durch den Rost meist maskirt. Rostanflüge sind häufig und findet um den Kelch sich gewöhnlich ein etwas rauher Ueberzug von Rost. Geruch ist schwach.

Das Fleisch ist etwas grünlichgelb, fein, saftreich, zart, von gewürztem, etwas süßweinigen, merklichen Zuckergeschmacke.

Das Kernhaus ist geschlossen, die mäßig geräumigen Kammern enthalten viele, starke, oft nicht recht vollkommene und oft etwas facettirte Kerne. Die Kelchröhre ist ein kurzer, breiter Kegel.

Reifzeit und Nutzung: Zeitigt nach Hogg im Dezember und hält sich bis zum März. Bei mir waren die Früchte schon Ende November hinlänglich mürbe.

Der Baum, von dem ich indeß bis jetzt nur Einen Stamm hatte, wächst in der Baumschule gemäßigt und trug schon früh. Er setzt die Nebenzweige in mittelstumpfen Winkeln an, macht viel feines Tragholz und wird gute Zwerge selbst auf Wildling geben. Sommertriebe ziemlich lang, nicht stark, fein, wollig, mit dünnem Silberhäutchen überlegt, braunroth, nur wenig und fein punktirt. Blatt etwas klein, elliptisch, auch breitlanzettlich, flachrinnig, am breitesten oft mehr nach der Spitze hin mit aufgesetzter, schöner Spitze, tief und scharf gezahnt. Afterblätter pfriemenförmig. Augen klein, nur wenig wollig, sitzen auf recht flachen, flach und kurz gerippten Trägern.

Oberdieck.

No. 602. Dunkelrother Nonpareil. Diel IV, 2; Lucas X, 1. a. (b); Hogg III, 1. C.

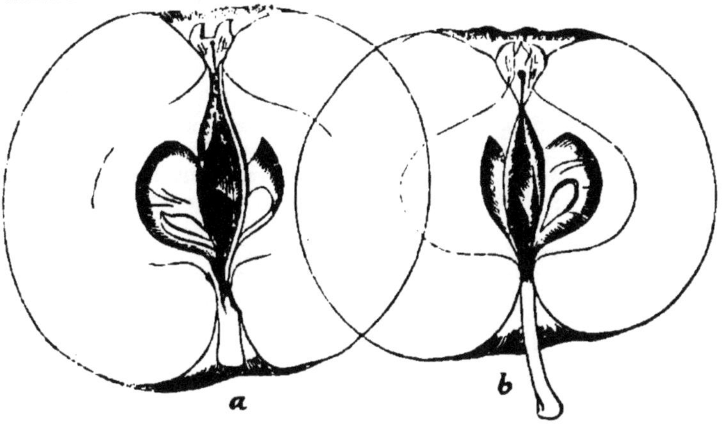

Dunkelrother Nonpareil, *. †‡†. Januar bis in Sommer.

Heimath und Vorkommen: Stammt aus England. Das Reis erhielt ich durch Herrn Pfarrer und jetzigen Domherrn Urbanek als Scarlet Nonpareil von der Londoner Societät und möchte ich in dieser Frucht diejenige erkennen, welche ich unter den von dem Prinzen Albert aus England zu der Ausstellung in Gotha gesandten schönen Früchten fand, wenngleich die dort ausliegenden 2 Früchte noch etwas schöner gerundete Gestalt und etwas dunklere Färbung hatten. Der Name paßt eher auf die hier vorliegende Frucht, als auf die, welche ich als Scarlet Nonpareil direct von der Societät zu London erhielt und weit weniger stark geröthet ist; dennoch ist dieser letztere, nach den in mehreren Englischen Werken gegebenen Abbildungen, offenbar die rechte Frucht. Es wird ja auch in England passiren, daß 2 verschiedene Früchte denselben Namen haben*) und habe ich die hier vorliegende Frucht vorerst als Dunkelrothen Nonpareil bezeichnet. Die Sorte ist so tragbar, als haltbar, für den Haushalt äußerst brauchbar, für die Tafel jedoch etwas weniger schätzbar, als der ächte Scharlachrothe Nonpareil.

Literatur und Synonyme: Scheint noch nicht beschrieben zu sein.

Gestalt: flachrund. Form etwas veränderlich, einzeln fast hochaussehend. Gute Exemplare sind 2½—2¾" breit und 2—2¼" hoch. Der Bauch sitzt meistens ziemlich in der Mitte; an beiden Enden ist die Frucht ziemlich stark oder stark abgestumpft, nimmt aber meistens nach

*) Wahrscheinlich habe ich als Scarlet Nonpareil von J. Booth noch eine dritte, dunkelrothe Frucht erhalten.

dem Kelche doch noch etwas stärker ab, oder es rundet die Frucht nach dem Kelche sich stärker zu, als nach dem Stiele und ist dann am Kelche nur mäßig abgestumpft.

Kelch: breitgespitzt, einzeln geschlossen, meist halb offen, in der Vollkommenheit der meistens beschädigten Ausschnitte etwas langgespitzt, sitzt in flacher, etwas enger, bei den stark abgestumpften Exemplaren aber weiter Senkung mit Falten, unregelmäßigen Fleischperlen und Beulen, oft auch ziemlich regelmäßigen, feinen Rippen umgeben, wie auch über die Frucht bald unregelmäßige breite oder breitkantige, die Form etwas verschiebende, bald regelmäßige, feinkantige Erhabenheiten hinlaufen.

Stiel: bald holzig, ³/₄ bis 1″ lang, in weiter, tiefer, mit strahligem Roste belegter Höhle, bald ganz kurz in enger und häufig selbst noch durch einen starken und merklich vortretenden Fleischwulst verflachter und einzeln glatter Höhle.

Schale: glatt, ziemlich glänzend; Grundfarbe vom Baume ein schönes, etwas mattes Grün, später ziemlich hochgelb, wovon indeß häufig nichts rein zu sehen ist, indem eine vom Baume etwas düstere und unansehnliche, in der Reife heller und freundlicher gewordene Blutfarbe die Frucht überall stärker und leichter verwaschen überzieht. Nur bei einzelnen Exemplaren sieht man in der Röthe sehr zerstreute, kurz abgesetzte, dunkler rothe Streifen. Punkte sehr zahlreich, erscheinen in der Röthe als feine, gelblich graue Stippchen. Feine Rostfiguren zeigen sich nur sehr vereinzelt. Geruch schwach.

Fleisch: etwas grünlich gelblich, mit gelbgrüner Ader ums Kernhaus, fein, saftreich, von angenehmem, etwas weinartigen Zuckergeschmacke.

Das Kernhaus ist etwas unregelmäßig mit meistens starker, unvollkommen ausgebildeter, oft wie zerrissener, hohler Achse, in die die Kammern sich bald etwas, bald stark öffnen. Die bald geräumigen, bald auch wieder wenig geräumigen, fein gestreiften Kammern enthalten größtentheils wenig zahlreiche, vollkommene, fast schwarze, spitze, häufig facettirte Kerne. Die Kelchröhre geht als Trichter bald nur wenig herab, bald bis aufs Kernhaus oder mündet sich selbst in dasselbe.

Reifzeit und Nutzung: Zeitigt erst recht im Januar oder Februar und hält sich bis in den Sommer. Fault fast gar nicht.

Der Baum wächst rasch und gesund, setzt die Zweige in ziemlich stumpfen Winkeln an und wird eine etwas breite und zerstreute Krone machen, mit kurzem, etwas starken Fruchtholze. Sommertriebe mäßig lang, steif, unansehnlich violettbraun, mit oft durchscheinender, olivengrüner Grundfarbe, wenig punktirt. Blatt ziemlich flach, elliptisch, nach oben kurz oval, seicht und scharf gezahnt. Afterblätter pfriemenförmig. Augen kurz, wollig, auf nur etwas vorstehenden, noch deutlich gerippten Trägern.

Oberdieck.

No. 603. Tyroler Pepping. Diel IV, 2; Lucas X, 1. (2) a; Hogg III, 2. C. (B.)

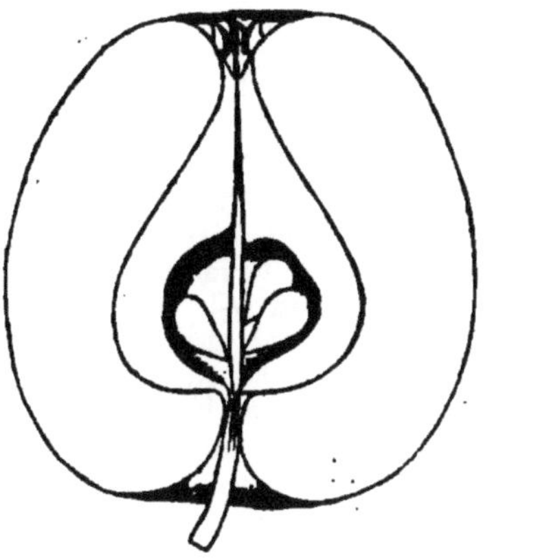

Tyroler Pepping. *††, in meiner Gegend nur *†, December bis Sommer.

Heimath und Vorkommen: Stammt wohl aus Italien ab und wurde, der Angabe nach, von einem Italiener Namens Grandi in Limburg, von dem auch der Weiße Ital. Wintercalvill herstammt, aus seiner Vaterstadt Roveredo mitgebracht, aus welcher Quelle Diel ihn erhielt. Findet sich bei andern Pomologen nicht, wenn er sich nicht möglich noch bei Gallesio findet. Diel bezeichnet die Frucht als haltbar, angenehm zum rohen Genusse und ausgesucht gut für die Küche. In meiner Gegend verräth er etwas das südliche Klima, ist indeß doch noch etwas werthvoller als die Tyrol. Rosmarinäpfel in unserem Norden es sind. Südlicher wird die Frucht, die fast nie fault, sehr schätzbar sein, und empfiehlt sich durch lange Haltbarkeit. Mein Reis erhielt ich direkt von Diel und stimmte die Frucht mit Diels Beschreibung ganz überein.

Literatur und Synonyme: Diel XII, S. 155, unter obigem Namen. Dittrich I, S. 381, nach Diel. Kommt sonst nur noch in Dochn. Führer, Nr. 692, vor. In Hrn. Mas Verger findet sich unter Nr. 11 als Tyroler Pepping mit dem Beinamen Reinette du Tyrol, eine Abbildung der obigen Frucht, in der ich, zumal auch Reinette du Tyrol darunter steht, wohl die Tyroler Glanzreinette gesucht hätte, indeß nach einer Mittheilung des Hrn. Mas wird die Abbildung doch der obigen Frucht gelten, (was auch die Beschreibung ergibt), die dann dort größer und runder war. Die Güte derselben wird gelobt.

Gestalt: hochaussehend, Form steht zwischen walzenförmig und abgestumpft konisch, häufig stark zu der letzten Form neigend; gute Früchte sind nach Diel 2—2¼" breit und eben so hoch. In meinem Boden erlangt er nicht über 2" Größe. Der Bauch sitzt oft stark, nicht selten aber auch nur wenig mehr nach dem Stiele hin, um den er sich zurundet und merklich abstumpft. Nach dem Kelche nimmt er oft beträchtlich, oft nur wenig stärker, immer aber doch etwas mehr ab, als nach dem Stiele und ist stark abgestumpft.

Kelch: kurzblättrig, lange grün bleibend, halb offen oder ganz offen, sitzt in mäßig weiter, meistens seichter, einzeln auch tieferer Senkung, welche mit vielen feinen Falten besetzt ist. Einige flache, oft unbedeutende Erhabenheiten ziehen sich über die Frucht hin und verschieben mitunter die meistens gefällige Rundung etwas in die Breite.

Stiel: nach Diel bald dünn, holzig und sehr kurz, bald auch nur ein Fleischbutz, war an meinen Früchten meistens holzig, verhältnißmäßig nicht dünn, $^1/_2$ bis gegen $^2/_3$'' lang und sitzt in enger, mäßig tiefer, oft auch weitgeschweifter und meist nicht tiefer, oder durch einen starken, an den Stiel sich anlegenden Fleischwulst sehr verflachter Höhle, die mit zimmtfarbigem Roste besetzt ist, der sich nicht selten strahlig noch beträchtlich über die Stielwölbung verbreitet.

Schale: fein, glatt, nicht fettig; Grundfarbe ist vom Baume ein etwas mattes oder schon gelbliches Hellgrün, das im Liegen schönes Gelb wird. Die Sonnenseite zeigt eine sanfte, meist verwaschene Röthe, in der sich indeß mitunter auch kurz abgesetzte Streifen zeigen, die oft nur schwach angedeutet sind und wenig ins Auge fallen. Punkte fein, etwas zerstreut, in der Röthe oft mit starken rothen Kreischen umzogen. Geruch schwach.

Fleisch: etwas gelblich weiß, fein, saftreich, fest, von etwas zimmtartig gewürztem, fast süßweinartigen Zuckergeschmacke.

Kernhaus: ziemlich groß; die geräumigen, glattwandigen Kammern enthalten recht starke, breite, ziemlich eiförmige, braune Kerne. Die Kelchröhre ist kurzer, spitzer Kegel.

Reifzeit und Nutzung: Zeitigt nach Diel im December, in meiner Gegend erst gegen Ende Januar und hält sich bis in den Sommer.

Der Baum wächst lebhaft, geht nach Diel schön in die Luft, setzt bald viel kurzes Fruchtholz an und trägt reichlich. Sommertriebe lang, nicht stark, nicht oder nur wenig silberhäutig, mit dünner Wolle besetzt, violettbraun, ziemlich zahlreich, nach unten zahlreich punktirt. Blatt klein, nach Diel etwas herzförmig, mit kurzer, aufgesetzter Spitze, nach meiner Wahrnehmung recht lang eiförmig, mit auslaufender Spitze, etwas rinnenförmig, nicht tief und meist stumpf gezahnt. Blatt der Fruchtaugen recht lang elliptisch oder eilanzettlich. Afterblätter sind nur fadenförmige Afterspitzen. Augen lang, länglich herzförmig, sitzen auf wenig vorstehenden, schwach gerippten Trägern.

Oberdieck.

No. 604. Der Silberpepping. Diel IV, 2; Lucas X, 1. b; Hogg III, 1. C.

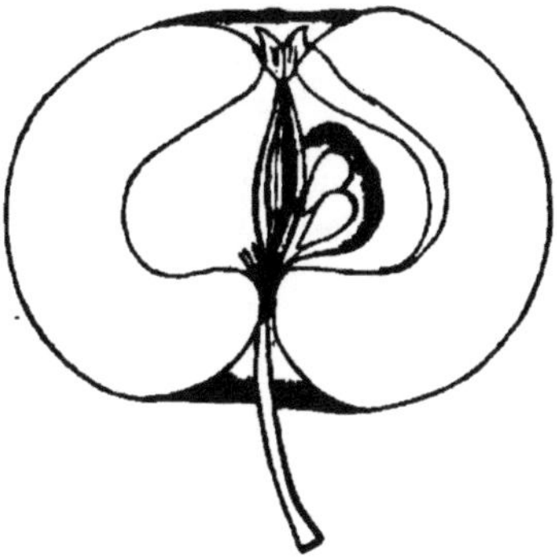

Der Silberpepping, Pepping vermeil. •†, W.

Heimath und Vorkommen: Diel erhielt diese Frucht von Hrn. Overmann aus Brüssel, als **Pepping vermeil**, und glaubte ihn, wegen seiner anfangs weißlich glänzenden Schale, durch Silberpepping besser zu benennen, da wir einen Rothen und Rosenpepping bereits besäßen, und für die Benennung Purpurpepping die rothe Farbe zu hell sei, wobei jedoch zu bemerken ist, daß **vermeil** auch zugleich vergoldetes Silber bedeutet und der Name etwa eine silberweiße Frucht mit goldartig gerötheter Sonnenseite bedeuten soll. Die Dielsche Benennung wird um so mehr passen, als in meiner Gegend die Röthe häufig so wenig stark ist, daß ich die Frucht zu den einfarbigen Reinetten würde gezählt haben, wohin sie auch nach der von Diel selbst angegebenen Färbung wohl noch eher zu setzen gewesen sein möchte. Sie wird in südlicher Gegend aber stärker geröthet sein. Mein Reis erhielt ich von Diel und stimmt die Frucht mit der Beschreibung gut überein. Der Werth derselben wird dadurch verringert, daß die Frucht klein und die feine Schale gegen Druck etwas zu empfindlich ist, so daß sie leicht unansehnlich wird.

Litteratur und Synonyme: Diel V, S. 118, der Silberpepping, le Pepping vermeil. Dittrich I, S. 377. Christ Vollst. Pomol. S. 258. Diel bemerkt, daß Manger unter seinen vielen Peppings auch einen Silver Pippin anführe, den Miller haben solle, den er aber in seiner Ausgabe, (Nürnberg 1769), nicht finde. Er führt indeß Hogg S. 271, nach Fors. Treateuse, S. 183, auch einen Silver Pippin auf, bei dem die sehr kurzen Angaben auf unsern Silberpepping einigermaßen passen, die Identität mit demselben jedoch dadurch fraglich wird, daß Hogg die Form als konisch bezeichnet. — Die hier beschriebene Frucht muß nicht verwechselt werden mit Diels Engl. großen Silberpepping, (Cat. 2te Forts. S. 48), den Diel aus London erhielt, der jedoch auch als plattrund bezeichnet wird. Bei Hogg und im Lond. Catal. finde ich diese letztere Frucht nicht.

Gestalt: Diel gibt die Form als etwas länglich kugelförmig und dem Engl. Goldpepping ziemlich, oft sehr ähnlich an, dem er auch in der Größe gleichkomme; der Bauch sitze in der Mitte und wölbe sich die Frucht nach beiden Seiten gleichmäßig; gute Früchte seien $1^3/_4$—2″ breit und $1^1/_2$—$1^3/_4$″ hoch. Diese Maße und Gestalt finden sich bei meiner Frucht, auch mag man in Form und Größe gar manche Aehnlichkeit mit dem Engl. Goldpepping finden; doch bleibt es dunkel, was bei diesen angegebenen Maßen eine etwas längliche Kugelform bezeichnen soll, da ich die Frucht vielmehr flachrund, oft selbst ziemlich käsförmig finde.

Kelch: klein, geschlossen, oder nur halb offen, sitzt in geräumiger, ansehnlich tiefer, oder wirklich tiefer, ziemlich schüsselförmiger Einsenkung, allermeist nur mit feinen Falten umgeben, wie auch der Bauch in der Regel schön eben ist und nur einzelne Exemplare als Ausnahme flache, über den Bauch laufende Rippen zeigen.

Stiel: dünn, nach Diel kurz, während ich ihn meist lang nennen mußte und häufig 1—$1^1/_4$″ lang fand, steht nach Diel in seichter, kleiner, meistens glatter Höhle, die jedoch an meinen Früchten oft wirklich tief und schön trichterförmig, allermeistens aber auch bei mir glatt war.

Schale: fein, nicht fettig, vom Baume glänzend weiß, später strohgelb und in der Zeitigung schön citronengelb, wobei nach Diel ein kleiner, nicht verbreiteter Fleck auf der Sonnenseite mit heller Carmosinröthe leicht verwaschen ist. So war auch bei mir meistens die Färbung, jedoch wurde in dem heißen Jahre 1865 die Röthe etwas beträchtlicher und in der Reifzeit wieder matter, so daß stark besonnte über $^2/_3$ der Sonnenseite mit gelblicher Röthe leicht oder selbst etwas stärker überzogen waren. Eigentliche Rostpunkte finden sich, sind aber fein und zerstreut. Geruch schwach.

Das Fleisch ist weiß, fein, saftvoll, nach Diel von erhabenem, zuckerartigen Geschmacke, den ich zwar gewürzt, aber nicht eigentlich angenehm und edel finde.

Das Kernhaus ist nach Diel eng und geschlossen, die Kammern enthalten schöne, vollkommene Kerne; die Kelchröhre ist kurzer Kegel. Die beiden letzten Kennzeichen passen wieder auf meine Frucht, doch konnte ich das Kernhaus verhältnißmäßig nicht klein nennen, und hatte es nicht nur eine hohle, oft starke hohle Achse, sondern die Kammern öffneten sich auch etwas, oft selbst ziemlich stark in die hohle Achse. Von einem Dutzend, 1865 zerschnittener Exemplare, hatte nur eins ein ganz geschlossenes Kernhaus, und gingen die andern Exemplare durch eine beginnende, noch kleine, ganz geschlossene hohle Achse, zu stets größerer Erweiterung der hohlen Achse und zunehmender Oeffnung den Kammern in dieselbe, bis zu einer weiten und fast als ganz offenes Kernhaus erscheinenden hohlen Axe über.

Reifzeit und Nutzung: Zeitigt im December und hält sich bis zum Frühling. In dem heißen Jahre 1865 hatte die Frucht weniger Güte als gewöhnlich und war schon Ende Oktober zeitig.

Der Baum wächst nach Diel zwar lebhaft, wird aber doch nicht groß, da er schon im 6ten Jahre langsam wächst und feines Holz treibt, auch frühzeitig und sehr fruchtbar wird, was mein Zwergbaum bestätigt. Sommertriebe fein und lang, kurzgliedrig, wollig, braunroth, wenig silberhäutig, zahlreich und fein punktirt. Blatt klein, eiförmig, oft elliptisch, fein und spitz gezahnt. Afterblätter pfriemenförmig. Augen klein, auf etwas vorstehenden Trägern.

Oberdieck.

No. 605. Grumkower Wachspepp. Diel IV, 2; Luc. X, (VIII) 1. b; Hogg III, 1. A.

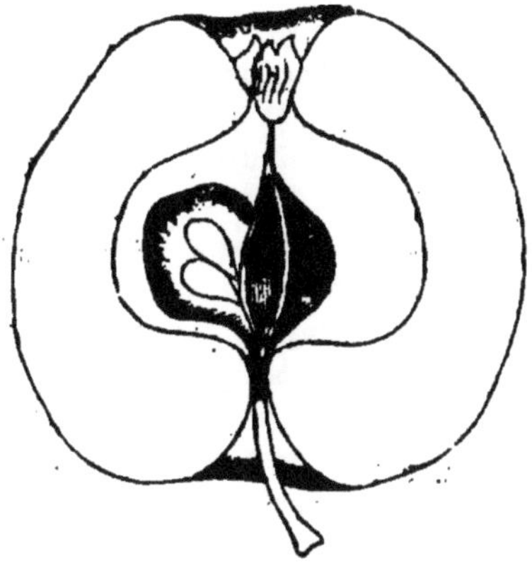

Grumkower Wachspepping. *††, Januar bis Sommer.

Heimath und Vorkommen: Diel erhielt diese schöne, sehr haltbare Frucht von Hrn. Cantor Koberstein zu Rügenwald in Pommern, und wird sie von ihrer Verbreitung bei Grumkow, nach welchem Orte auch die schätzbare Birne benannt ist, den Namen erhalten haben. Ist also eine Frucht, deren Güte auch in Norddeutschland breits erprobt ist. Diel hielt ihn für einen Abkömmling des Edelborsdorfers. Mein Reis erhielt ich durch Bödiker falsch, aus Hohenheim und Herrnhausen, beide weiter von Diel bezogen, aber ächt, und stimmten die Früchte mit der Beschreibung ganz überein. Verdient häufigen Anbau und bezeichnet Diel ihn als von recht angenehmem Geschmacke und für jeden ökonomischen Gebrauch unverbesserlich.

Litteratur und Synonyme: Diel X, S. 123, unter obigem Namen. Dittrich I, S. 399. Kommt sonst nur noch in Dochnahls Führer vor und findet sich bei älteren Pomologen nicht.

Gestalt: kugelartig, hat nach Diel die Größe eines Edelborsdorfers, oft nur die des Engl. Goldpeppings, und ist gewöhnlich 2" breit und $1^3/_4$" hoch. Meine Früchte von einem Zwergbaume erlangten die oben dargestellte Größe, und waren einzeln etwas hochaussehend. Der Bauch sitzt allermeistens in der Mitte und wölbt die Frucht nach beiden Enden sich gleichmäßig, jedoch ist die Kelchwölbung manchmal auch etwas kleiner, als die nach dem Stiele.

Kelch: ziemlich stark, blättrig, geschlossen, sitzt bald in seichter, bald auch ziemlich tiefer, geräumiger Einsenkung, in der man meistentheils bald schöne, kleine Fleischperlchen, bald wirkliche, feine Rippchen sieht, die aber nicht über die Frucht hinlaufen, obgleich man doch nicht selten einige feine, flache Erhabenheiten in der Rundung wahrnimmt.

Stiel: holzig, nach Diel 1/2" lang, an meinen Früchten jedoch auch stark 3/4" lang, sitzt in recht tiefer, trichterförmiger, mit zimmtfarbigem Roste bekleideter Höhle.

Schale: fein, ziemlich glänzend, nicht fettig werdend; Grundfarbe vom Baume bloß strohweiß, in der Zeitigung hell citronengelb. Die Sonnenseite zeigt eine leicht verwaschene, etwas bleiche Röthe, die keine große Stelle einnimmt und bei etwas beschatteten Früchten nur in einem ganz leichten Anfluge besteht. Punkte sind wenig bemerklich, fein, und treten nur in der Röthe deutlicher hervor, wo sie häufig mit einem rothen Kreischen eingefaßt sind. Geruch schwach.

Fleisch: ziemlich weiß, sehr fein, fest, saftvoll, von gewürzhaftem, etwas weinartigen Zuckergeschmacke.

Kernhaus: ziemlich groß, oft etwas offen; die geräumigen Kammern enthalten viele schöne, vollkommene Kerne. Kelchröhre ist bald ganz kurz, bald geht sie bis aufs Kernhaus herab.

Reifzeit und Nutzung: Zeitigt im Januar und hält sich, ohne zu welken, bis zum Sommer, vielleicht ein ganzes Jahr lang.

Der Baum wächst etwas langsam, macht nach Diel feines Holz und bildet eine schöne, kugelförmige Krone, die, so viel ich aus meinem Zwergbaume abnehme, eine lichte, etwas leicht belaubte, nicht zu viel schattende Krone sein wird. Sommertriebe schlank, nicht lang, etwas steif, nach oben stark wollig, etwas silberhäutig, violettbraun, doch sehr fein und kaum bemerklich punktirt. Blatt klein, eiförmig, mit kurzer, aufgesetzter Spitze, schön und spitz gezahnt. Afterblätter klein, meist pfriemenförmig. Augen klein, hellroth, herzförmig, sitzen auf ziemlich vorstehenden, nur auf den Seiten gerippten Trägern.

Oberdieck.

No. 606. Der Weilburger. Diel IV, 2; Lucas X, 1. (b); Hogg III, 1. C.

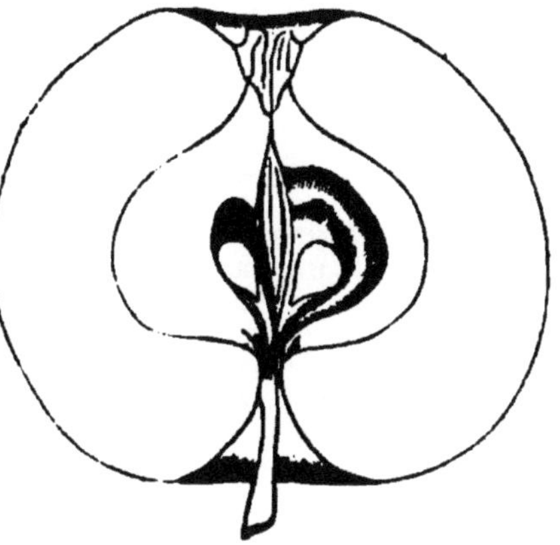

Der Weilburger. *††, December bis Sommer.

Heimath und Vorkommen: Findet sich bei älteren Pomologen nicht und ist vielleicht eine deutsche Kernfrucht, die ihren Namen von dem Orte an der Lahn tragen wird, wo er zuerst aufgefunden wurde, oder schon allgemeiner gebaut war. Das Reis erhielt ich direkt von Diel und zeigte die Sorte sich ungezweifelt ächt, nur daß an meinen Früchten und selbst an ein paar, 1865 von Hrn. Rodt aus Böhmen mir gesandten Früchten von meinem zu ihm gekommenen Reise, nach welchen obige Fig. gemacht ist, sich so wenig Röthe zeigte, daß ich den Apfel zu den einfarbigen Reinetten gezählt haben würde, während er in andern Gegenden gewiß die von Diel angegebene stärkere Röthe haben wird. Diel empfiehlt die Frucht sehr, theils wegen langer Haltbarkeit und fast jährlicher großer Tragbarkeit, theils weil er mit dem Edelborsdorfer im Werthe streite. Die Fruchtbarkeit zeigte sich auch bei mir und ist sie in Bodenarten, wo die Aepfel nicht etwa leicht zu klein bleiben, gewiß mit eben dem Rechte zu bauen als der Kleine Langstiel, dem er noch ähnlicher ist als dem Borsdorfer. In trockenem, oder selbst etwas magerem Geestboden dürften aber die Früchte leicht etwas klein bleiben.

Literatur und Synonyme: Diel I, S. 149, der Weilburger. Dittrich hat ihn nicht. Christ Handwb. S. 115, unter Beziehung auf Diel, Vollst. Pomol.. Nr. 158. v. Aehrenthal bildet, Taf. 3, so große Frucht ab, daß man an Aechtheit der Sorte zweifeln möchte. In den Monatsh. 1865, S. 72, gibt Herr Direktor Dr. Thomä noch die Nachricht, daß man öfter auch den Zehendheber, der bei Wiesbaden Crome-Lohr genannt wird, irrig Weilburger genannt habe.

Gestalt: in Form und Größe dem Edelborsdorfer etwas ähnlich, zu dessen Familie Diel ihn zählt, nur nicht so platt, mehr kugelig und spitzer gegen den Kelch zulaufend. Breite gewöhnlich $2\frac{1}{4}$", Höhe 2".

Kelch: nach Diel meistens offen, doch fand ich ihn auch mitunter geschlossen und sitzt in ziemlich flacher, etwas schüsselförmiger Einsenkung, mit feinen, oft wenig merkbaren Falten umgeben. Ueber die Frucht laufende Erhabenheiten sind häufig kaum bemerklich, oft zeigen sich jedoch auch einige.

Stiel: holzig, ragt selten merklich über die Stielwölbung hervor und sitzt in ziemlich tiefer und weiter, rostfarbiger, oder auch nur wenig Rost zeigender Höhle.

Schale: zart, glatt, glänzend, im Liegen fein fettig. Grundfarbe vom Baume strohgelb, im Liegen etwas gelber. Nach Diel färbt die Frucht sich, wohin nur die Sonne fällt, schön karmosinroth, so daß sie bald mehr, bald weniger als zur Hälfte roth ist, welches Roth sich nach der Schattenseite hin nicht schnell verliert, durch Aufliegendes aber abgeschnitten wird. Meinerseits fand ich mehrmals an Früchten, die doch nicht ganz beschattet gesessen hatten, nur Anflug von Röthe oder manche carmosinrothe Fleckchen um Punkte. Punkte zerstreut, wenig bemerklich, doch gibt Diel an, daß in der Röthe sich schöne, dunkler rothe Kreischen um feine, in der Mitte derselben stehende Rostpunkte zeigen. Einzeln finden sich auch Rostwarzen. Geruch fein, violenartig.

Fleisch: fein, saftreich, nach Diel sehr weiß, während ich es gelblich fand, (welche Abweichung von der von Diel angebenen Farbe des Fleisches sich bei mir ganz gewöhnlich findet). Der Geschmack ist nach Diel dem des Edelborsdorfers ähnlich, nur nicht so gewürzhaft, als dieser in seiner vollen Zeitigung. Meinerseits konnte ich Fleisch und Geschmack dem eines hier gewachsenen Edelborsdorfers nicht ähnlich finden und bezeichnete den Geschmack als etwas gewürzten, weinartigen Zuckergeschmack.

Das Kernhaus ist nach Diel groß, offen, die Kammern geräumig. Ich fand es indeß auch wohl bloß hohlachsig, wie in obiger Figur. Kerne braun, häufig vollkommen, breiteiförmig. Kelchröhre ziemlich starker, etwas herabgehender Kegel.

Reifzeit und Nutzung: Zeitigt im December, behält bis zum Frühjahre noch den vollen Saft und hält sich bis zum Sommer. Ob er sich auch, wie der Edelborsdorfer, gut mit der Schale schmooren läßt, habe ich noch nicht versucht. Wo der Geestboden so fruchtbar ist, daß er ziemlich großes Obst liefert, wird der Obige wohl mit mehr Vortheil angebaut werden, als der Edelborsdorfer, der sein Element nur in schwerem Boden hat.

Der Baum wächst auch bei mir rasch und sehr gesund, macht einen schön geraden Stamm, setzt die Zweige in ziemlich spitzen Winkeln an, mit schönem pyramidalen Wuchse in der Jugend und macht eine gut verzweigte Krone mit vielem, kurzen Fruchtholze. Sommertriebe lang und schlank, wenig wollig, nach unten etwas silberhäutig, unansehnlich braunroth, (Diel bezeichnet die Farbe, wohl wenig passend, als grün-gelblich-grau), etwas zerstreut und fein punktirt. Blatt mittelgroß, fast flach, oder nur wenig rinnig, lang und spitzelförmig, schön und scharf gezahnt. Afterblätter pfriemenförmig, fehlen meist. Augen mäßig groß, weißwollig, auf nur etwas vorstehenden, wenig gerippten Trägern.

Oberdieck.

No. 607. Voß Reinette. Diel IV, 8; Lucas X. 1. b; Hogg III, 1. C.

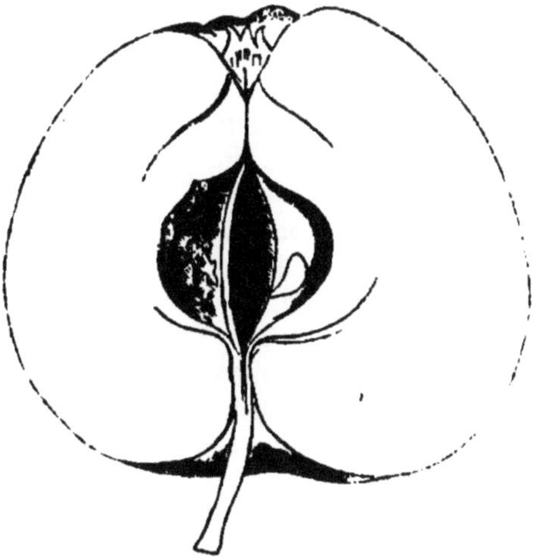

Voß Reinette. *††. Dezember bis März.

Heimath und Vorkommen: Das Reis dieser schätzbaren Frucht erhielt ich unter dem Namen Reinette de Voss von Hrn. Rechtsanwalt Dr. Adam zu Altenburg, an den es von J. Booth kam. Woher sie weiter stammt, habe ich bis jetzt nicht erfahren können. Sie ist ohne Zweifel nach ihrem Erzieher oder Auffinder benannt. Die Sorte ist nicht gerade an sich eine Bereicherung der Pomologie, der rasch recht groß gewordene Probezweig trug aber 3 Jahre hinter einander, während höchst viele Aepfelsorten ohne Frucht blieben, voll, 1863 so voll, daß ich die Hälfte der Früchte ausbrechen mußte, und verdient die Sorte wegen dieser großen Fruchtbarkeit wohl, auch weiter bekannt und angebaut zu werden.

Literatur und Synonyme: Ist ohne Zweifel noch nicht beschrieben. Muß nicht verwechselt werden mit der Dielschen Fox Reinette, welche eine kleinere, ganz rothe Frucht ist.

Gestalt: steht zwischen kugelig und konisch, einzelne Früchte sind hochaussehend, gewöhnlich 2½" breit, 2¼" hoch. Der Bauch sitzt etwas mehr nach dem Stiele hin, um den die Frucht sich zurundet und noch stark abstumpft. Nach dem Kelche nimmt sie oft beträchtlich, immer aber noch bemerklich stärker ab und ist mehr oder weniger abgestumpft.

Kelch: etwas langgespitzt, geschlossen, in flacher, oft auch enger Senkung, mit Fleischperlen und feinen Rippen reich umgeben, die oft sehr regelmäßig zu 5 sich erheben, am Bauche jedoch breit und flach werden, aber die Gestalt oft etwas verschieben.

Stiel: holzig, 1" lang, in ziemlich weiter und tiefer, rostfarbiger Höhle, die einzeln durch einen an den Stiel sich anlegenden Fleischwulst noch sehr verflacht wird.

Schale: mattglänzend, vom Baume etwas weißlichgrün, in der Reife gelb. Die Sonnenseite ist mit einer leichten bräunlichen Röthe verwaschen. Die Punkte sind fein, wenig bemerklich; der Geruch schwach.

Das Fleisch ist gelblich, fein, saftreich, von sehr angenehmem, etwas weinartigen, gezuckerten Geschmacke.

Das Kernhaus ist ziemlich stark offen; die geräumigen Kammern enthalten allermeist unvollkommene oder taube Kerne. Die Kelchröhre ist ein etwas breiter Kegel.

Reifzeit und Nutzung: Zeitigt im December und hält sich bis Ostern. Verträgt frühes Brechen.

Der Baum wächst rasch und macht, nach Ergebniß des Probezweigs, eine lichte Krone, die sich nicht allzu reich verzweigt, da die Sommertriebe fast in ihrer ganzen Länge im nächsten Jahre kurzes Fruchtholz machen. Sommertriebe schlank, nach oben etwas abnehmend, violettbraun, beschattet mehr olive, nach oben wollig, unregelmäßig und nur stellenweise zahlreicher punktirt. Blatt groß, flach ausgebreitet, am Fruchtholze lang und schmal, an den Trieben breit, oval mit aufgesetzter Spitze, einzeln zu rundlich neigend, stumpf gezahnt. Afterblätter lanzettlich; Augen stark, ziemlich lang, sitzen auf flachen, wenig gerippten Trägern.

Oberdieck.

No 608. Apfel von Mantua. Diel IV, 2; Lucas X, 1 b; Hogg III, 1. C.

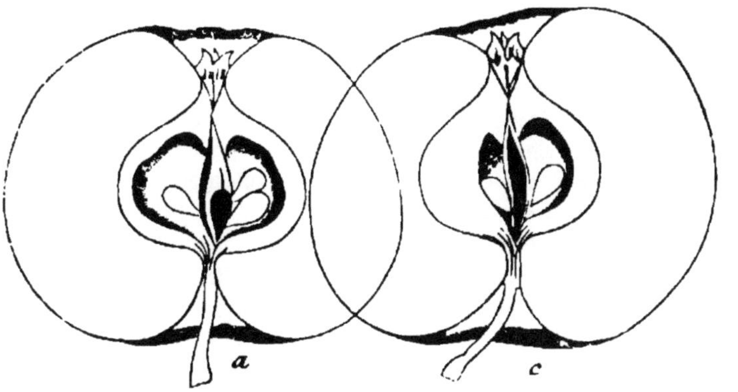

Mantuaner (…)   abb. „Der Fruchtgarten" Wien 192…

Apfel von Mantua, (Mantovano). •†† Dezember bis April.

Rosa gentile; Rosa Mantovano; Kalterer-Böhmer in Südtirol

Heimath und Vorkommen: Ist eine Italienische Frucht, deren Reis ich durch Hrn. Mallardi in d'Allarmi im Campo Trientino empfing. Die schöne, sehr fruchtbare und besonders reich tragende Frucht von der Größe eines Edelborsdorfers verdient gar sehr die weitere Beachtung der Pomologen und wird wohl bald sich weiter verbreiten.

Literatur und Synonyme: Ob die Sorte in Gallesios Werke etwa schon mit beschrieben ist, ist mir bisher nicht bekannt und wird sie wahrscheinlich hier zuerst beschrieben.

Gestalt: flachgedrückt, oft etwas käsförmig, einem mittelmäßig großen Zwiebelborsdorfer etwas ähnlich, doch ist die Form der Frucht häufig weniger regelmäßig und etwas verschoben. Der Bauch sitzt bald ziemlich in der Mitte, bald auch etwas mehr nach dem Stiele hin. Die Wölbung um den Stiel ist flachrund oder plattrund. Nach dem Kelche nimmt die Frucht doch meistens noch bemerklich stärker ab und ist ziemlich stark abgestumpft.

Kelch: grünbleibend, ziemlich breitgespitzt, geschlossen, sitzt bald in ziemlich weiter und tiefer, bald, bei stärker flach gedrückten Exemplaren, weiter und tiefer, etwas schüsselförmiger Einsenkung von Falten und etwas flachen, feinen Fleischrippchen umgeben, die flachkantig, einzeln auch etwas kantig über die Frucht hinlaufen, einzeln vordrängen und die Rundung dadurch oft merklich verschieben.

Stiel: holzig, $^1/_2$—$^3/_4$″ lang, sitzt in weiter, verhältnißmäßig tiefer, allermeist mit etwas strahlig verlaufendem Roste belegter Höhle, die einzeln auch glatt ist. Der Rost verbreitet sich selten merklich über die Stielhöhle hinaus.

Schale: glatt, etwas fein, ziemlich geschmeidig, glänzend. Grundfarbe vom Baume grünlich gelb, in der Reife schön gelb. Besonnte Exemplare sind über einen beträchtlichen Theil der Frucht, wohin eben die Sonne stärker traf, mit einer anfangs etwas blutartigen, dunkel karmosinfarbigen, später freundlichen Röthe überzogen, die bei etwas weniger gerötheten Exemplaren sichtbare Spuren von Streifen zeigt. Aufliegendes schneidet die Röthe scharf ab. Die Punkte sind sehr fein, kaum bemerklich, zeigen sich aber in der Röthe öfter als zerstreute, feine, gelbliche Stippchen, oder dadurch, daß einzelne matt roth umringelt sind. Geruch ziemlich stark.

Das **Fleisch** ist schwach gelblich weiß, fein, saftreich, mürbe, von schwach gewürztem, durch etwas Säure gehobenen, angenehmen Zuckergeschmacke.

Das **Kernhaus** ist nur etwas offen; die mäßig geräumigen Kammern enthalten starke, schöne, schwarzbraune, vollkommene Kerne. Die Kelchröhre geht als Kegel, oder auch als Trichter noch etwas und meist bis aufs Kernhaus herab.

Reifzeit und Nutzung: Zeitigt Ende November und hält sich den Winter hindurch.

Der **Baum** wächst gut und sehr gesund, macht eine nicht viel verzweigte, etwas lichte Krone, die Aeste setzen in ihrer ganzen Länge sehr viel kurzes Fruchtholz an, das früh und reich tragbar wird. Der groß gewordene Probezweig trug in ungünstigen Obstjahren 4 mal hinter einander, darunter 2 mal voll. Sommertriebe schlank, nach oben abnehmend, nach oben etwas wollig, stellenweise etwas silberhäutig, schwärzlich violett, ziemlich stark punktirt. Blatt theils flach, theils etwas rinnenförmig, ziemlich groß, elliptisch, nach unten am Zweige mehr langeiförmig oder langoval, nicht tief und etwas stumpf gezahnt. Afterblätter kurz lanzettlich; Augen klein, sitzen auf flachen Trägern.

Anm. Mit der Fig. a oben ist, statt einer von mir gezeichneten Fig. b, irrig die weniger davon differirende, von mir mit c bezeichnete Figur dargestellt; unter b hatte ich eine beträchtlich breitere als hohe Frucht dargestellt, wo das Kernhaus sich anders und die Ader ums Kernhaus käsförmig und sehr in die Breite laufend darlegte. Wie nach der Form der Frucht auch die Ader ums Kernhaus sich ändert, zeigt auch die Figur von Nr. 611, Lehnhoffs Reinette.

Oberdieck.

No. 609. Spanische Herbstreinette. Diel IV, 2; Lucas X, 2. a; Hogg II, 1. C.

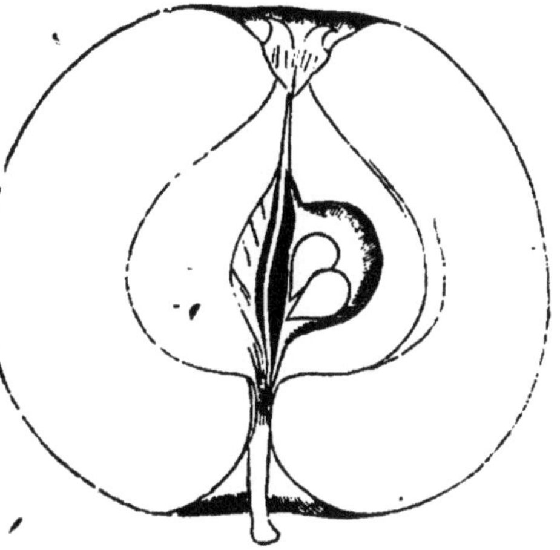

Spanische Herbstreinette, fast oder wirklich **††, Oktober bis Ende Decbr.

Heimath und Vorkommen: Diel erhielt diese treffliche Frucht von dem oft angeführten Kunstgärtner Stein zu Harlem und glaubt, daß sie eine neuere Frucht sein möchte, die man, um ihr Eingang zu verschaffen, mit einem ausländischen Namen belegt habe. Er bezeichnet sie als mittelgroße Herbstreinette für die Tafel und schätzbar für den Markt. Mein Reis erhielt ich von Diel und zeigte sich ächt. Auch diese Frucht hatte hier mehr Röthe als Diel angibt, so daß ich sie nicht mit Diel zu den einfarbigen Reinetten zählen konnte. Sie entwickelte in meiner Gegend mehr Güte, als Diel ihr beilegt, trug auch voll und hatte ich Früchte von 2$^3/_4$'' Breite und 2$^1/_4$'' Höhe. In dem warmen Jahre 1849 wurden manche Exemplare selbst 3'' breit und 2$^3/_4$'' hoch, wurden aber, als zu stark aufgetrieben, dasmal etwas stippig im Fleische. Bei Hrn. Senator Doornkaat in Norden blieb sie in den kalten Jahren 1864—1866 merklich kleiner und neigte etwas zum Welken, gewöhnlich war sie aber auch dort delikat. (Cf. Monatshefte 1865, S. 202.) Die Frucht verdient gar sehr weitere Verbreitung.

Literatur und Synonyme: Diel A—B, VI, S. 64, unter obigem Namen. — Sowohl das T. O.Cab. 6, 22, als auch v. Aehrenthal, Taf. 25, bilden sie wohl ungezweifelt falsch ab. Dittrich I, S. 275, nach Diel.

Gestalt: meistens ziemlich kugelförmig, oft aber auch hochaussehend. Gute Früchte sind nach Diel 2$^3/_4$'' breit und auf der höchsten Seite 2$^1/_2$'' hoch. Ich fand sie wiederholt in günstigen Jahren 2$^3/_4$''

breit, einzeln nur $2^1/_4$'' hoch und wieder andere, die auch fast $2^3/_4$'' hoch waren. Der Bauch sitzt meistens etwas mehr nach dem Stiele hin, um den die Frucht sich flachrund wölbt. Nach dem Kelche nimmt sie oft nur dem Anscheine nach stärker ab, meistens sind beide Wölbungen gleich.

Kelch: breitblättrig, bald ziemlich geschlossen, bald auch offen, sitzt in geräumiger, tiefer, schüsselförmiger Senkung, in der man mehrere feine Falten oder Rippchen sieht, und aus der auch mehrere Erhabenheiten sich sanft über die Frucht hinziehen und einzeln die Rundung verschieben oder die Hälften etwas ungleich machen:

Stiel: dünn, holzig, $^1/_2$'' lang, oft auch $^1/_4$'' länger, sitzt in tiefer trichterförmiger, stark mit Rost bekleideter Höhle, der sich oft noch etwas auf der Stielwölbung verbreitet.

Schale: glatt, nicht fettig, etwas glänzend. Die Grundfarbe ist vom Baume eine gelbliches Grün, in meiner Gegend meistens schönes, helles Grün, und wird im Liegen citronengelb, wobei sich, nach Diel, auf der Sonnenseite nur ein leichter, in manchen Jahren auch ziemlich starker Anflug von erdartiger Röthe findet. Ich fand in meiner Gegend die Röthe meistens stärker, die als erdartige, bräunliche Röthe oft die ganze Sonnenseite überzog und im Liegen merklich freundlicher wurde; 1868 hatten sie aber auch wieder wenig Röthe. Die Punkte sind, nach Diel, weitläufig vertheilt und deutlich zu sehen, braun, (d. h. rostig): ich fand sie zahlreicher, theils fein, theils stärker; und selbst kleine Sternchen bildend, in matter Röthe oft auch etwas dunkler roth umringelt. Einzeln fand ich auch Rostanflüge und selbst Rostwarzen. Der Geruch ist schwach.

Das Fleisch ist gelblich, in kalten Jahren etwas grünlich gelb, fein, saftvoll, von gewürzreichem, weinartigen Zuckergeschmacke.

Das Kernhaus ist geschlossen, oder nur etwas offen; die Kammern sind mäßig geräumig und enthalten starke, braune, eiförmige Kerne. Die Kelchröhre ist ein breiter, kurzer Kegel.

Reifzeit und Nutzung: Nach Diel zeitigt sie im Oktober, hält sich aber nicht lange. In meiner Gegend zeitigte sie meist Ende Oktober und hielt sich viel länger, öfter hatte ich noch im Januar Exemplare von gutem Geschmacke.

Der Baum wächst recht lebhaft und ist gesund, so daß ich ihn noch nirgend an Krebs leiden sah. Er geht mit den Aesten gut in die Luft und bildet eine kugelförmige Krone, setzt bald Fruchtspieße und Fruchtruthen an und liefert reichliche Erndten. Sommertriebe mittelmäßig stark, nach oben wollig, fein silberhäutig, violettbraun, wenig und fein punktirt. Blatt ziemlich groß, eiförmig, mit starker auflaufender Spitze, meist oval mit aufgesetzter Spitze, mit ziemlich starken spitzen Zähnen besetzt. Afterblätter pfriemenförmig, fehlen oft. Augen ziemlich stark wollig, sitzen auf etwas vorstehenden, nur an den Seiten gerippten Trägern.

Oberdieck.

No 610. Sondergleichen von Hubardston.

Diel IV, 2; Lucas X, 2. a; Hogg III, 1. B.

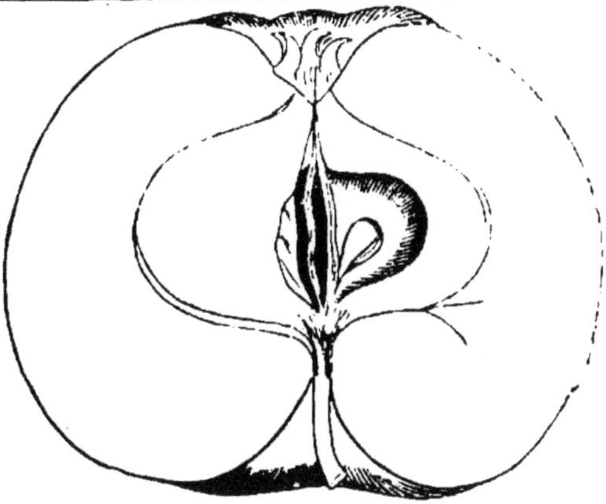

Sondergleichen von Hubardston. **††, Anfang November bis Januar.
Hubardston Nonsuch.

Heimath und Vorkommen: Ist eine Amerik. Frucht, welche bei der Stadt Hubardston in Massachusets in den Ver. Staaten entstand. Wie Hovey und die Annales die Fruchtbarkeit des Baumes rühmen, so bewährte sich diese bereits auch an meinem Zwerge auf Johannisstamm und gehört die Frucht zu den edlen, wirklich schätzbaren, die allgemeiner angebaut zu werden verdienen. Mein Reis erhielt ich durch die Güte des Hrn. Heinrich Behrens zu Travemünde, weiter herstammend von Downing, und wie man schon durch diese Abkunft zu der Aechtheit der Sorte volles Vertrauen haben kann, so stimmen die erbauten Früchte mit den gegebenen Beschreibungen, namentlich mit Hoveys am genauesten und ausführlicher gegebener Beschreibung recht gut überein. Ich erhielt die Sorte außerdem noch von der Soc. v. Mons, die, nach den noch unvollkommenen Früchten, die ich bekam, dieselbe sein wird.

Literatur und Synonyme: Von den Amerik. und Engl. Autoren beschreiben die meisten sie nur kurz, ohne beigegebene Figur, so daß es scheint, daß keiner sie selbst kannte. Downing S. 113, Hubardston Nonsuch; er allegirt Manning und Kenrick, welcher Letztere die Frucht S. 47 und zuerst beschrieben hat. Elliott S. 84, mit dem Syn. Hubardston Pippin. Hovey Fruits of Amerika I, S. 67, gibt schöne Abbildung und sagt, der Obige nehme unter den frühen Winterfrüchten denselben Rang ein, als der Baldwin unter den späten und stellt sie 3½" breit, 3¼" hoch dar, Emmons gibt Taf. 51 und 74 unter diesem Namen 2 ziemlich sichtbar verschiedene Abbildungen. Auch die Annales III, S. 25, geben Abbildung, ganz in der Form, wie ich sie von Hrn. Behrens habe und Hovey sie nur etwas höher gebaut darstellt. Sowohl in den Annales als bei Hovey ist die Röthe brillanter und stärker als in meiner Gegend, so daß die Abbildung in den Annales in starker Röthe nur noch undeutliche Streifen zeigt. Hogg S. 241, wiederholt das von Downing Gesagte. Der Lond. Cat. hat sie nicht.

Gestalt: theils etwas flachrund, theils auch nach dem Kelche merklicher zugespitzt und etwas hochaussehend. Der Bauch sitzt ziemlich in der Mitte. Nach dem Stiele rundet die Frucht sich zu und stumpft sich noch ziemlich stark ab. Nach dem Kelche nimmt sie allermeistens etwas stärker, oft sichtbar stärker ab und ist mäßig stark abgestumpft. Manche waren auch höher gebaut, als die Figur oben.

Kelch: ziemlich langgespitzt, halb offen oder offen, mit meistens dürren Spitzen der Segmente, sitzt in etwas enger, nicht tiefer Senkung, aus der allermeistens nur breite und flache Erhabenheiten über die Frucht hinlaufen, so daß bei gut ausgebildeten Exemplaren die Form gefällig ist.

Stiel: holzig, mäßig stark, $1/2$—$3/4$" lang, steht der Stielwölbung gleich, oder ragt nur wenig über sie hinaus und sitzt in ziemlich weiter, tiefer Senkung, die mit strahlig verlaufendem Roste belegt ist, der sich oft fein noch etwas über die Stielwölbung verbreitet.

Schale: fein, glatt, ziemlich glänzend, im Liegen geschmeidig. Die Grundfarbe ist vom Baume ein etwas helles Grün und später schönes, ziemlich helles Gelb. Besonnte Früchte sind über den größeren Theil der Frucht, oft fast rundum mit etwas dunklen, blutartigen, ziemlich zahlreichen und langabgesetzten, starken Carmosinstreifen besetzt und zwischen denselben noch leichter roth überlaufen und stellenweise mehr nur punktirt. (In der Abbildung der Annales ist der größeste Theil der Frucht mit dunkler, fast scharlachrother Röthe überdeckt, die erst nach der Schattenseite hin Streifen etwas deutlicher zeigt.) Aufliegendes schneidet die Röthe ab. Die Punkte, (welche in den Annales als graue Stippchen in der Röthe hervortreten), sind fein, wenig ins Auge fallend. Einzelne Früchte zeigen starke Rostwarzen, in nassen Jahren auch schwarze Regenflecke und mit rauhem Roste bedeckte Stellen, unter denen sich, (ähnlich wie oft beim Cornwalliser Nelkenapfel), das darunter liegende Fleisch nicht gehörig ausbildet. Der Geruch ist recht merklich.

Das Fleisch ist gelblich weiß, fein, saftreich, mürbe, von edlem, etwas weinartigen Zuckergeschmacke.

Das Kernhaus ist klein, hat hohle Achse, in die die Kammern sich bald gar nicht, bald etwas und mehr spaltartig öffnen. Die mäßig geräumigen Kammern enthalten mäßig zahlreiche, etwas kleine, vollkommene, meist facettirte Kerne. Die Kelchröhre ist ein breiter, kurzer Kegel.

Reifzeit und Nutzung: Verträgt frühes Brechen, zeitigt schon Anfang November und hält sich bis in den Januar.

Der Baum gehört nach Hovey zu den härtesten, tragbarsten Sorten und macht eine nur etwas breite Krone. Auch mein Zwergbaum ist rasch und gesund gewachsen und hat eine mäßig breite, ziemlich verzweigte Krone mit vielem kurzen Fruchtholze gemacht. Die Sommertriebe sind lang, ziemlich stark, mit feiner Wolle bekleidet, schwarz violett, stark silberhäutig, ziemlich zahlreich und noch in die Augen fallend punktirt. Blatt groß, flach rinnig, elliptisch, einzeln mehr eiförmig, ziemlich tief und meist etwas stumpf und nur an recht großen Blättern spitz und dann etwas unregelmäßig und theils recht tief gezahnt. Afterblätter zahlreich, mäßig groß, lanzettlich. Augen stark, etwas geschwollen, sitzen auf gut vorstehenden, deutlich gerippten Trägern.

Oberdieck.

No. 611. **Lehnhoffs Reinette.** Diel IV. 2; Lucas X, 2. a; Hogg III, 1. (2) B.

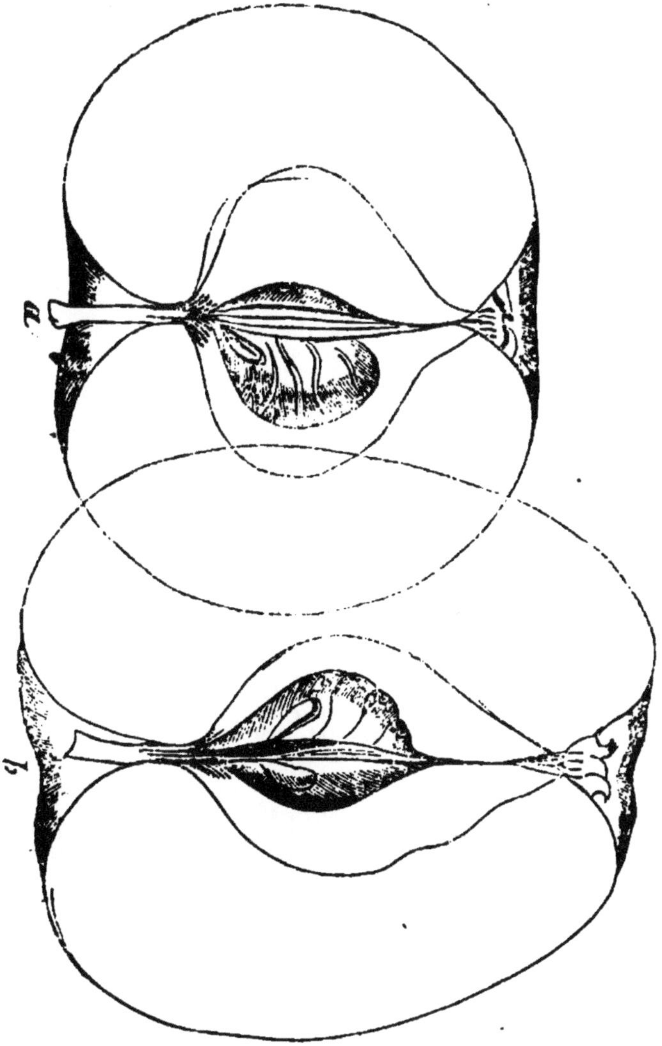

Lehnhoffs Reinette. • ††. November bis März, L.

Heimath und Vorkommen: Ist eine bei Beek, unweit Ruhrort, Regierungsbezirk Duisburg, unter dem Namen **Dicker Saurer** sehr verbreitete und als Haushaltsapfel geschätzte Frucht, deren Baum durch reiche Fruchtbarkeit sich auszeichnet. Reis und schöne Früchte erhielt ich wiederholt von Hrn. Lehrer Lehnhoff zu Beck, dem wir die Kenntniß mehrerer, sehr werthvoller Früchte verdanken. Da der unpassende Trivialname nicht bleiben kann, erlaube ich mir, um die Verdienste des Hrn. Lehnhoff um die Pomologie zu ehren, sie, wie oben, zu benennen, und wird später auch noch ein Lehnhoffs Streifling vorkommen.

Literatur und Synonyme: Ist eine bei den Pomologen noch unbekannt gebliebene Frucht.

Gestalt: neigt zur Kugelform, ist in der Mehrzahl der Exemplare runder und ebener, als der ihm ähnliche, auch von Hrn. Lehnhoff stammende Wurstapfel. Manche Exemplare sind selbst etwas flach gedrückt, während einzelne auch stark hochaussehend und ziemlich abgestumpft konisch geformt sind, 3¹/₂" breit und hoch, oft selbst fast ¹/₄" höher als breit, so daß in den gezeichneten Figuren beide Früchte ganz verschieden zu sein scheinen, wobei auch das Kernhaus dann eine lang gestreckte ganz andere Form annimmt. Der Bauch sitzt bei der Mehrzahl der Früchte ziemlich in der Mitte und wölbt dann die Frucht sich nur wenig abnehmender nach dem Kelche, als nach dem Stiele, und ist an beiden Enden, (auch bei den konischen Exemplaren), stark abgestumpft.

Kelch: an der Basis breit gespitzt und dann bei seinen Enden der Kelchblättchen etwas oder wirklich offen, und liegt nicht selten mit seinen Ausschnitten über die weite Kelchhöhle fast horizontal hin, die dadurch nicht ganz bedeckt wird, während er in andern Exemplaren sich etwas rückwärts überbiegt. Die Kelchsenkung ist weit, ziemlich tief, fast eben, nur mit sehr flachen Beulen umgeben, und auch über die Frucht laufen bei flacheren, regelmäßig geformten Exemplaren, nur sehr flache und breite, oft wenig bemerkbare Erhabenheiten hin, die indeß doch oft auch stärker vortreten und die Rundung verschieben, oder eine Seite der Frucht höher machen als die andere.

Stiel: holzig, kurz, oft nur ein Butz, sitzt in ziemlich weiter und tiefer, mit Rost belegter Höhle.

Schale: fein, glatt, ziemlich glänzend, zuweilen etwas fein geschmeidig. Die Grundfarbe ist in der Zeitigung schönes, fast hohes Gelb, wovon indeß bei recht besonnten Exemplaren wenig ganz rein zu sehen ist, indem die Frucht überall, wo die Sonne stärker hintraf, mit schönen, etwas langabgesetzten Karmosinstreifen gezeichnet, und zwischen diesen noch reichlich roth punktirt, oder selbst ziemlich dunkelroth überlaufen ist, so daß an den am meisten besonnten Stellen selbst die Streifen undeutlich werden und nicht selten der größere Theil der Sonnenseite verwaschen und ziemlich glänzend dunkelroth erscheint. Aufliegendes schneidet die Röthe ab. Die Punkte sind ziemlich zahlreich und erscheinen in der Röthe als matt gelblich umflossene, feine Fleckchen. Der Geruch ist schwach. Rostanflüge und selbst Figuren von grau zimmtfarbigem Roste finden sich mitunter, namentlich an der Sonnenseite auf der stärkeren Röthe.

Das Fleisch ist gelblich, fein, saftreich, von angenehmem, weinartig gezuckerten Geschmacke, der merklich weiniger, als bei dem Wurstapfel ist.

Das Kernhaus ist geschlossen, etwas unregelmäßig, so daß einzelne Kammern auch offen sind. Die flachen Kammern enthalten allermeist unvollkommene, oder taube Kerne. Die Kelchröhre geht als Kegel nicht weit herab.

Reifzeit und Nutzung: Zeitigt im November und hält sich bis zum März, oft noch länger, gut.

Der Baum wächst, nach der gegebenen Nachricht, gesund und stark und ist sehr fruchtbar. Er wächst in meiner Baumschule sehr rasch, setzt in mittelstumpfen Winkeln die nur mäßig zahlreich austreibenden Nebenzweige an und belaubt durch sein großes Blatt sich schön. Die Sommertriebe sind lang, gerade, nach oben mäßig abnehmend, auf dem größeren Theile Ende September noch wollig, stark silberhäutig, zerstreut und fein, nicht in die Augen fallend punktirt. Blatt flach, etwas hängend, oval, häufig kurzoval, zu rund neigend, ziemlich tief, etwas stumpf, doppelt gekerbt, gezahnt. Afterblätter stark, lanzettlich. Augen mäßig groß, sitzen auf mäßig vorstehenden, kurz und ziemlich flach gerippten Trägern.

Anm. Vom Rambour von Beck unterscheidet der Obige sich in runderer Form und durch geschlossenes Kernhaus. Oberdieck.

No. 612. Reinette von Doué. Diel IV, 2; Lucas X, 2. a; Hogg II, 1. B.

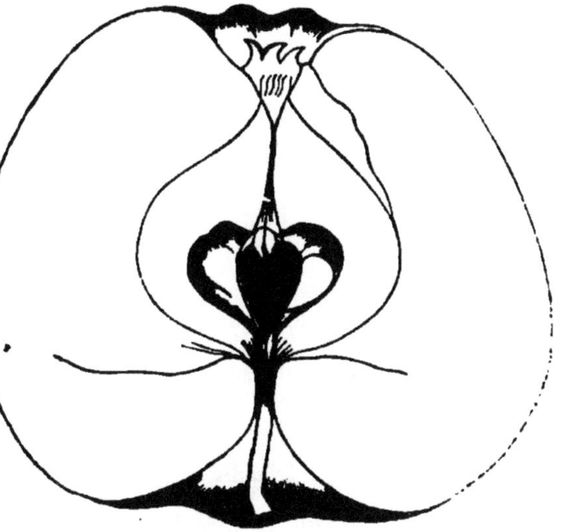

Reinette von Doué.

In Frankreich **††!, in hiesiger Gegend *††, November bis März.

Heimath und Vorkommen: Nach Beschreibung einer Pfirsche von Doué in **Decaisne's Jardin Fruitier**, ist **Doué Chef lieu de Canton du Departement de Maine et Loire**, und wird etwa an diesem Orte die Frucht erzogen sein. Schöne Früchte davon nahm ich aus der in Görlitz ausgestellten Collektion der Gebrüder Simon Louis zu Metz mit, erhielt daher auch später das Reis und 1865 gleichfalls Früchte aus dem pomologischen Garten zu Braunschweig, von einem von Simon-Louis bezogenen Cordon. Die in Metz gewachsenen Früchte waren für die Tafel von ausgezeichneter Güte; die in Braunschweig erbauten zwar nicht so gewürzt und delikat, doch durch zartes, feines Fleisch auch zum rohen Genusse immer recht angenehm und bleibt, bei langer Haltbarkeit und Brauchbarkeit, die Sorte auch hier immer schätzbar.

Literatur und Synonyme: Eine schon gegebene Beschreibung und Synonyme sind mir nicht bekannt und wird die Frucht erst in neuester Zeit gewonnen sein.

Gestalt: neigt zum abgestumpft Konischen; Früchte von Zwergbäumen hatten die oben dargestellte Größe. Der Bauch sitzt stark nach dem Stiele hin, um den die Frucht sich flachrund wölbt. Nach dem Kelche nimmt sie stärker und etwas, oft selbst stark konisch ab und ist bald stark, bald nur ziemlich stark abgestumpft.

Kelch: wollig, grün, ziemlich langgespitzt, an den hier gewachsenen Früchten kurz und breit gespitzt, halb offen, sitzt in ziemlich weiter und tiefer, etwas schüsselförmiger Senkung, bei den in Braunschweig erzogenen Früchten nur mit einigen fein rippigen Falten, bei den aus Metz erhaltenen, dagegen mit Falten und flachrippigen Beulen umgeben, die sich auf der Kelchwölbung mehr erhoben und schön und regelmäßig kantig über die Frucht hinliefen, während über die in Braunschweig erwachsenen Früchte nur flache, breite Erhabenheiten hinliefen, jedoch die Form ein Weniges verschoben und die eine Hälfte der Frucht stärker machten, als die andere.

Stiel: holzig, 1½—¾" lang, der Stielwölbung häufig nicht gleichstehend, sitzt in tiefer, trichterförmiger, mit strahlig verlaufendem Roste belegter Höhle.

Schale: fein, glatt, glänzend, im Liegen etwas geschmeidig; Grundfarbe vom Baume hellgrün, später hellgelb, mit stellenweise noch grünlichen Stellen, in hiesiger Gegend selbst bis in den Februar hin noch grünlichgelb. Die Sonnenseite zeigt eine bald nicht weit verbreitete, (so wohl an etwas beschattet gesessenen Exemplaren), bald über die ganze Sonnenseite sich erstreckende, etwas matte, bräunliche Röthe, in der die in Braunschweig erzogenen, gut besonnten Früchte noch deutlich ziemlich viele, langabgesetzte, bräunliche Streifen zeigten. Rostpunkte fein, etwas zerstreut, in der Röthe häufiger und durch feine, sie umgebende, matte, gelbliche Dupfen ziemlich stark ins Auge fallend, so daß die Frucht dadurch wie forellenartig gefleckt ist. Geruch mäßig stark.

Fleisch: sehr fein, recht zart, saftreich, etwas grünlich-gelblich; die in Metz erwachsenen Früchte hatten ein starkes, eigenthümliches, etwas citronenartiges Gewürz und süßweinartigen, delikaten Zuckergeschmack; die in Braunschweig in einem warmen Jahre gezogenen bezeichnete ich als etwas gewürzt, von angenehmem, schwach weinartigen gezuckerten Geschmacke.

Kernhaus: verhältnißmäßig klein, herzförmig, hat hohle, oft mit Fleisch theilweise wieder ausgefüllte Achse, in die die Kammern bald nur fein herzförmig nach dem Stiele hin, bald auch stark herzförmig sich öffnen. Die mäßig geräumigen, etwas gestreiften Kammern enthalten starke, braune, langeiförmige, theils facettirte Kerne. Die Kelchröhre ist ein schöner, oft starker und etwas herabgehender Kegel.

Reifzeit und Nutzung: Zeitigte bereits im November und waren Früchte Ende Februar noch sehr gut, so daß die Haltbarkeit bis Ende März und vielleicht noch weiter gehen wird.

Der Baum treibt in meiner Baumschule rasch und geht mit den Nebenzweigen in ziemlich spitzen Winkeln schön in die Luft. Die Sommertriebe sind stark, nach oben wollig, nur leicht silberhäutig, nach unten ziemlich zahlreich, etwas fein, doch sehr bemerklich punktirt, violettschwarz. Blatt ziemlich groß, fast flach, schön elliptisch, oft etwas lang elliptisch, ziemlich tief, doch stumpf gezahnt. Afterblätter klein, pfriemenförmig. Augen ziemlich stark, dreieckig, etwas wollig, sitzen auf etwas vorstehenden, merklich gerippten Trägern.

Oberdieck.

No. 613. Rother Römerapfel. Diel IV, 2; Lucas X, 2. a; Hogg III, 1. B.

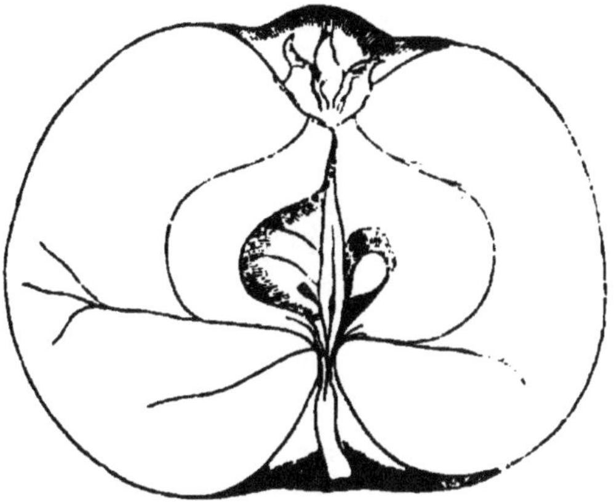

Rother Römerapfel. *††. Dezember durch Winter.

Heimath und Vorkommen: Die Früchte Gestreifter und Rother Römerapfel sind, so weit Nachrichten vorliegen, zunächst aus Mecklenburg ausgegangen, und bisher von Pomologen wohl meistens aus Organist Müschens Baumschule bezogen. Diese Benennungen sollten glauben lassen, daß man diese Früchte, etwa nach ihrer Einführung in Deutschland durch die alten Römer, benannt habe. In pomol. Werken finden sie sich zuerst in Dittrichs Handbuche, wo sie indeß Theil I, am Schlusse der Aepfel, nur dem Namen nach aufgeführt werden. Unser Handbuch brachte nun I, S. 59, durch eine Beschreibung des Hrn. von Flotow, schon nähere Kunde von dem Gestreiften Römerapfel, welchen derselbe, nebst dem Rothen Römerapfel von Müschen erhielt, und bei dem Hr. von Flotow bemerkt, daß er in Mecklenburg sich bereits häufig finde, dabei aber zugleich erklärt, daß beide obgedachten Römeräpfel sich bei ihm völlig identisch gezeigt hätten. Diese Ansicht beruht indeß ohne Zweifel auf einer Reiserverwechslung, und wie Müschen mir schrieb, daß beide Sorten sichtbar verschieden seien, so habe ich sie auch, nach den von Müschen erhaltenen Reisern, auf meinen Probebäumen sehr verschieden gefunden. Möge die gute und schöne Sorte um so mehr die Beachtung der Pomologen finden.

Literatur und Synonyme: Findet sich noch bei keinem Pomologen und wird hier zuerst beschrieben. Selbst Dochnahl in seinem Führer hat im Register nur den Gestreiften Römerapfel, wobei die beistehende Nr. 246 den Rheinischen Krummstiel ergibt, bei dem die Benennung Gestreifter Römerapfel nur als Synonym steht. Da Hr. Dochnahl nie sagt, woher er Notiz und Gewißheit über eine statuirte Identität habe, bleiben alle Angaben darüber so ziemlich bloße, unbewiesene Behauptungen, was in keiner Wissenschaft gefährlicher ist, als in der Pomologie, und mag die Frucht eher noch mit dem Pommerschen Krummstiele identisch sein, wiewohl ich es noch nicht weiß.

Gestalt: flachrund, in kleinen Exemplaren zum abgestumpft Konischen neigend, 3" breit und 2¼" hoch. Der Bauch sitzt nur wenig mehr nach dem Stiele hin, um den die Frucht sich flachrund wölbt. Nach dem Kelche nimmt sie bemerklich etwas stärker ab und ist stark abgestumpft.

Kelch: breit- und langgespitzt, an den Spitzen dürr werdend, ziemlich offen, sitzt in mäßig weiter und tiefer Senkung, mit einigen breiten Beulen umgeben, die sichtbar, doch breit, über die Frucht hinlaufen.

Stiel: holzig, sehr kurz, steht der Stielwölbung meistens nicht gleich und sitzt in weiter, ausgeschweifter, recht tiefer Höhle, die ziemlich stark mit zimmtfarbigem, oft selbst rauhem, strahlig verlaufenden Roste besetzt ist.

Schale: etwas fein, glatt, ziemlich glänzend. Grundfarbe vom Baume gelblich grün, später schön gelb, wovon aber wenig rein zu sehen ist, indem die Frucht fast rundherum mit rothen Streifen besetzt ist, die bald als deutliche, dunkle, glänzende Carmosinstreifen hervortreten, bald auch wieder matter und undeutlich werden und dann mit einer matten rothen Farbe etwas verschwimmen, die die Grundfarbe noch durchscheinen läßt und mit der die Frucht zwischen den Streifen überlaufen ist. Die Punkte sind fein und zerstreut und machen sich, namentlich an der Sonnenseite, als matte, gelbliche Dupfen bemerklich. Geruch ziemlich stark, violenartig.

Das Fleisch ist gelblich, ziemlich fein, saftreich, abknackend, in gehöriger Reife mürbe, von recht angenehmem, nur mit wenig Säure versehenen, gewürzreichen, ziemlich starken Zuckergeschmacke.

Das Kernhaus ist klein, geschlossen, hat flache hohle Achse, in die die Kammern sich nur schnittförmig öffnen. Die engen Kammern enthalten wenig zahlreiche, schwarzbraune, theils auch taube Kerne. Die Kelchröhre ist ein breiter, kurzer Kegel.

Reifzeit und Nutzung: Zeitigt erst gehörig im Dezember und hält sich den Winter hindurch.

Der Baum wächst in meiner Baumschule ziemlich stark und gesund, hat schönes großes Laub und ist nicht zu zweifeln, daß er sehr fruchtbar werde. Sommertriebe ziemlich stark, nach oben wenig abnehmend, nur nach oben wollig, nach unten stellenweise etwas, wie zerrissen aufgetragen, silberhäutig, schwärzlichviolett, mit zahlreichen, ziemlich starken gelblichen Punkten gezeichnet. Blatt groß, flach, breitelliptisch oder eioval, schön und scharf gezahnt. Afterblätter lanzettlich; Augen kurz, klein, wollig, sitzen auf ziemlich vorstehenden, kurz gerippten Trägern.

Oberdieck.

No. 614. Büttners Reinette. Diel IV, 2; Lucas X, 2. (a) b; Hogg III, 1. B (C).

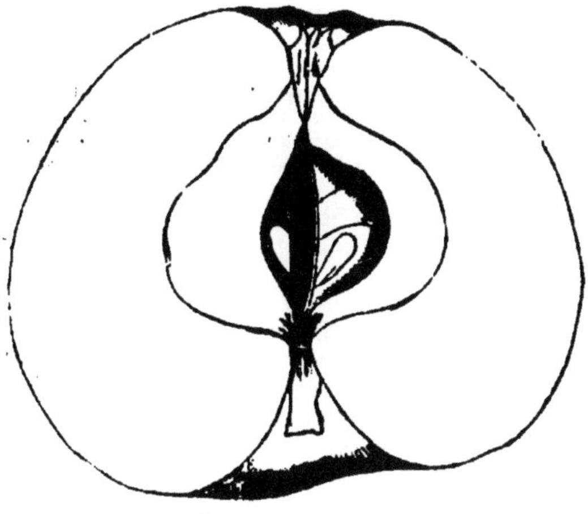

Büttners Reinette, *††, Januar bis Sommer.

Heimath und Vorkommen: In Diels Cataloge, 2te Fortsetzung, Nr. 605, findet sich eine, als schätzbar gerühmte, wahrscheinlich vom Stiftsamtmann Büttner zu Halle herstammende Reinette unter dem Namen: Büttners schwärzlich schillernde Goldreinette, welche, wie nachstehend, charakterisirt wird: Sehr haltbar, $2^1/_2$" breit, $2^1/_4$" hoch; Kelch geschlossen, der Frucht meistens fast gleichstehend, mit nur Spuren von über die Frucht laufenden Rippen; Stiel kurz, holzig; Stielhöhle tief; Grundfarbe der Schale düster grün, wie schwärzlich überlaufen, im Winter gelb, selten rein zu sehen, sondern mit einem sehr feinen, zimmtfarbigen, glatten Ueberzuge bedeckt; Fleisch etwas grünlich, recht fein, fest, saftig, von gewürzhaftem, süßweinichten Geschmacke; Kernhaus offen, wenige Kerne; Kelchröhre spitzer, bis aufs Kernhaus herabgehender Kegel. — Mein Reis erhielt ich von Diel durch Bödiker in Meppen und da die erbauten Früchte keine Goldreinette waren und namentlich mit den unterstrichenen Angaben nicht harmonirten, ließ ich mir die Sorte nochmals von Fürst in Frauendorf, der alle Sorten Diels bezog und von Herrn v. Flotow zu Dresden kommen, der das Reis seinerseits von v. Aehrenthal, also auch wieder von Diel herstammend, erhielt. Ich bekam aber von Probezweigen der drei Sorten, die auf demselben Baume angebracht waren, ganz dasselbe und da es nicht denkbar ist, daß von Diel an so verschiedene Orte dieselbe falsche Sorte durch denselben Mißgriff im Reise gekommen sein sollte, muß wohl angenommen werden, daß in der Beschreibung eine Unrichtigkeit mit untergelaufen sei, was immer leicht möglich war und sich auch bei ein paar andern Früchten, z. B. dem Virginischen Rosenapfel ergeben hat. Ich gebe daher die Beschreibung meiner Sorte hier selbstständig, die am meisten einem Rothen Eiserapfel ähnlich, auch fast ebenso dauerhaft, aber edler im Fleische und wohl ebenso tragbar ist.

Literatur und Synonyme: Es ist nur wahrscheinlich, daß die Büttners schwärzlich schillernde Goldreinette, Catalog, 2te Fortsetzung, Nr. 605, unsere obige Frucht sei, über welche Dittrich I, S. 448, das von Diel Gesagte nur wiederholt, welches auch in Dochnahls Führer, Nr. 874, nur geschehen sein wird.

Gestalt: etwas flachrund; gute Früchte sind 2½ bis 2¾" breit und 2¼ bis 2½" hoch; manche Exemplare waren selbst noch ¼" größer. Der Bauch sitzt meistens etwas mehr nach dem Stiele hin, um den die Frucht sich flachrund wölbt. Nach dem Kelche nimmt sie stärker ab und ist nur wenig, oft fast gar nicht abgestumpft.

Kelch: geschlossen, oft fast obenauf sitzend, meistens in flacher, enger Senkung, auf deren Rande merkliche Beulen sich erheben, die aber dann nur flach über die Frucht hinlaufen, wenngleich sie mitunter die gewöhnlich schöne Form etwas verschieben.

Stiel: bald kurz oder nur ein Butz, bald holzig und ¾" lang, sitzt in weiter, tiefer, trichterförmiger Höhle, die bald wenig Rost zeigt, meistens jedoch mit zimmtfarbigem, strahlig verlaufenden, glatten, mitunter selbst rauhem Roste belegt ist, der sich öfter noch etwas über die Stielhöhle hinaus zieht.

Schale: glatt, glänzend, am Baume mit etwas Duft belaufen, im Liegen kaum etwas geschmeidig. Grundfarbe vom Baume ein etwas gelbliches Grün, später schönes Gelb, wovon aber bei den allermeisten Früchten nichts rein zu sehen ist, indem eine dunkelcarmosinrothe, etwas blutartige, an der Sonnenseite nicht selten etwas schwärzlich schillernde Röthe die Frucht stärker und leichter überzieht, in welcher Röthe nach der Schattenseite hin sich deutliche Spuren von Streifen zeigen. Aufliegendes schneidet die Röthe ziemlich ab. Rostpunkte ziemlich zahlreich, aber recht fein, oft an der Sonnenseite mit feineren, helleren Dupfen umgeben. Geruch schwach.

Das Fleisch ist matt gelblich weiß, fein, hinlänglich saftreich, erst im Januar mehr mürbend, von angenehmem, etwas gewürzten, durch etwas Säure gehobenen Zuckergeschmacke.

Das Kernhaus ist etwas offen; die mäßig geräumigen Kammern enthalten meist unvollkommene Kerne; die Kelchröhre geht als Kegel ziemlich herab.

Reifzeit und Nutzung: Zeitigt erst im Januar oder Februar und hält sich bis in den Sommer.

Der Baum wächst gesund und recht kräftig, gedeiht auch auf Johannisstamm und ist recht fruchtbar. Er macht eine etwas breite, kugelförmige, reichverzweigte, schön belaubte Krone. Sommertriebe ziemlich stark, gerade, etwas steif, nach oben wollig, schwärzlich violett, stellenweise silberhäutig, fein und nicht ins Auge fallend punktirt. Blatt ziemlich groß, fast flach, eiförmig, nach oben am Zweige lang und spitz eiförmig, mäßig tief, doch scharf gezahnt. Afterblätter klein, lanzettlich. Augen etwas stark, ziemlich weißwollig, sitzen auf flachen Trägern.

Oberdieck.

No. 615. Amerik. Melonenapfel. Diel IV, 2; Lucas X, 2. b; Hogg III, 1. B.

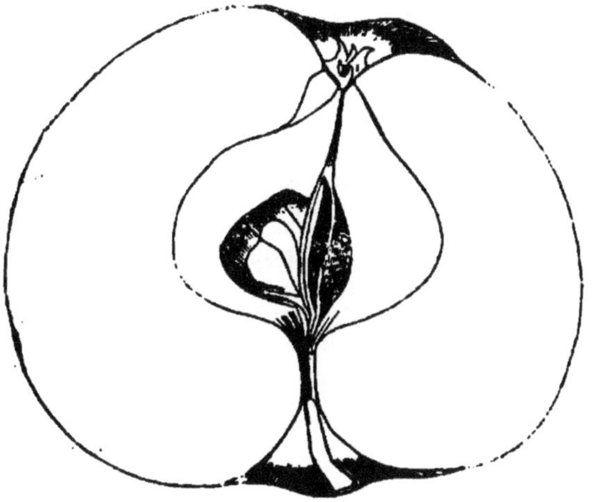

Amerikanischer Melonenapfel, ** † †, November bis Februar.

Heimath und Vorkommen: Ist eine Amerikanische Frucht, deren Ursprung nach Elliott theils aus Neuyork, theils aus Connecticut abgeleitet wird. — Das Reis erhielt ich durch Herrn Rechtsanwalt Adam zu Altenburg, der mir als ein sorgfältig forschender Pomologe bekannt wurde und dem ich noch mehrere andere schätzbare Sorten verdanke. Er erhielt, nach der gegebenen Nachricht, das Reis aus England, (etwa von Rivers) und kann ich, nach der von der Sorte gegebenen, kurzen Beschreibung, wohl annehmen, die rechte Sorte erhalten zu haben. Herr Adam äußerte die Ansicht, daß die Frucht mit der Goldreinette von Blenheim identisch sein möchte; doch ist diese Ansicht etwa durch eine vorliegende, hochgebaute Frucht veranlaßt worden und waren die hier erbauten Früchte von der Goldreinette von Blenheim unschwer zu unterscheiden, hatten auch anderen Geschmack. Der Probezweig trug schon im 3ten Sommer, was immer auf frühe und besondere Fruchtbarkeit hinweiset, auch gleich im nächsten Jahre wieder und verdient die werthvolle Frucht sehr, weiter bekannt zu werden.

Literatur und Synonyme: Elliott, S. 90, Melon Apple, mit den Synonymen Norton's Melon und Watermelon. Die von ihm gegebene Figur ist etwas hochaussehend, stark $2^{3}/_{4}$" breit und stark $2^{1}/_{2}$" hoch, mittelbauchig, nach dem Kelche nicht stärker abnehmend, als nach dem Stiele, welche Figur etwa den Namen Melon erklären könnte. Diese Form wird aber leicht auch flacher und nach dem Kelche mehr abnehmend vorkommen und wie man den Namen recht gut auch vom Geschmacke herleiten kann, so sagt auch Hogg, der sie im Manuale auch aufführt, daß sie nach dem Kelche etwas stärker abnehme. (Seine

2te Ausgabe des Manuals hat keine Seitenzahl und muß man nach dem Alphabet aufschlagen). Die Boskooper Fruchtsorten, 3te Reeks, S. 180, Nr. 178, haben die Sorte unter dem obigen Namen und mit meiner Frucht stimmend. Kommt sonst nicht vor und hat auch Downing sie erst Ausgabe von 1866, S. 87, so daß die Frucht neueren Ursprunges sein muß.

Gestalt: rundlich, oft flachrund. Elliott gibt, wie schon gedacht, eine hochaussehende, mittelbauchige, nach beiden Seiten gleich abnehmende Figur. Wie indeß Hogg sagt, daß die Frucht nach dem Kelche stärker abnehme, so saß auch bei meinen bisher erbauten Früchten der Bauch mehr nach dem Stiele hin, um den sie sich flachrund wölbten und nahmen sie nach dem Kelche bemerklich stärker ab und waren nur mäßig abgestumpft.

Kelch: grünbleibend, kurzgespitzt, fast oder wirklich geschlossen, sitzt in enger, mäßig tiefer Senkung, von einigen Falten und breiten Beulen umgeben, die flachkantig, einzeln auch wohl stärker vordrängend und die Rundung etwas verschiebend über die Frucht hinlaufen.

Stiel: holzig, dünn, $^{3}/_{8}$" lang, bei kleineren Exemplaren oft auch länger, sitzt in weiter, tiefer, mit feinem, strahlig verlaufenden Roste belegter Höhle.

Schale: mattglänzend, glatt, mitunter etwas geschmeidig. Die Grundfarbe ist vom Baume hellgrün oder schon gelbgrün und später gelb. Die ganze Sonnenseite und oft selbst noch ein Theil der Schattenseite ist mit bald etwas düsteren, in anderen Jahren auch freundlicheren, bald kurz-, bald lang abgesetzten Carmosinstreifen besetzt und zwischen denselben an der Sonnenseite noch leichter roth überlaufen oder nur mehr punktirt. Hogg bezeichnet die Farbe nur als light crimson an der Sonnenseite; Elliott gibt aber ausdrücklich zahlreiche Streifen an. Die Punkte sind ziemlich zahlreich, aber fein und fallen oft sehr wenig ins Auge. Der Geruch ist merklich.

Das Fleisch riecht gewürzt, ist gelblich, fein, saftreich, von eigenthümlich gewürztem, schwach weinartigen Zuckergeschmacke, in dem man wohl etwas Melonenartiges finden mag.

Das Kernhaus ist etwas unregelmäßig, etwas offen, oder hat eine kurze, hohle Achse, in die die Kammern sich herzförmig etwas öffnen. Die mäßig geräumigen, oft selbst kleinen Kammern enthalten starke, vollkommene, breiteiförmige, schwarzbraune Kerne. Die Kelchröhre ist ganz kurz.

Reifzeit und Nutzung: Zeitigt nach Elliott von Oktober bis Dezember, nach Hogg im Dezember und Januar. Meine Früchte waren Mitte November schon mürbe und hielten sich bis Ende Januar; ja würden sich wohl noch länger gehalten haben.

Der Baum wächst nach Elliott kräftig, macht eine breite Krone und fordert schweren, tiefen Boden. Er wächst in meiner Baumschule gesund und hat die Nebenzweige in etwas stumpfen Winkeln angesetzt. Sommertriebe ziemlich stark und lang, nach oben wenig abnehmend, nur nach oben wollig, olive, mit einem unansehnlichen und schmutzigen Violettbraun, bald leicht, bald etwas stärker überlaufen, silberhäutig, an starken Trieben wie mit einem schmutzigen, stellenweise etwas gelblichen Silberhäutchen überlaufen, mit ziemlich vielen, theils auch starken, aber matten Punkten gezeichnet. Blatt elliptisch, oft mehr eiförmig. Augen klein, wollig, sitzen auf recht flachen, flach gerippten Trägern.

Oberdieck.

No. 616. Jonathan. Diel IV, 3; Lucas X, 2. b; Hogg III, 1. B.

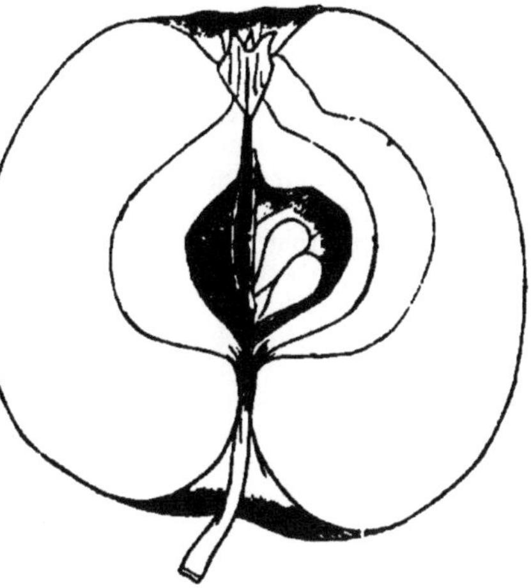

Jonathan, **††. W.

Heimath und Vorkommen: Ist eine bei uns noch unbekannte, Amerikanische Frucht und erwuchs, nach den von Downing und Elliott gegebenen Nachrichten, auf der Farm eines Herrn Philipp Rick zu Kingston, Neuyork. Der Richter Buel, unter dessen Namen mehrere Früchte vorkommen, beschrieb sie zuerst und benannte sie zu Ehren eines Herrn **Jonathan Hasbrouck** zu **Kingston**, der die Frucht Herrn Buel mitgetheilt hatte. Das Reis erhielt ich durch die Güte des Herrn Behrens zu Travemünde aus Downings Collection und darf, nach den schon wiederholt erbauten Früchten und deren Uebereinstimmung mit den Beschreibungen von Downing und Elliott, bestimmt glauben, die rechte Sorte erhalten zu haben. Ihre Schönheit, Fruchtbarkeit und Güte wird von Downing und Elliott sehr gelobt und gehört auch in meiner Gegend zu den früh- und reichtragenden, sehr werthvollen Sorten.

Literatur und Synonyme: Downing, S. 113, Jonathan. Er allegirt Buel und Kenrick und hat die Synonyme Philip Rick und King Philip. Elliott, S. 86, mit denselben Synonymen, denen er, als falsche Synonyme, noch hinzusetzt: Winesap und Wine, dabei auch gute Figur gibt. Kenrick, S. 47. Der Lond. Catalog hat unter Nr. 368, nur erst den Namen ohne Angabe näherer Kennzeichen, so daß die Frucht der neueren Zeit angehören wird. Hogg führt sie S. 243, mit Downings Angaben auf.

Gestalt: mittelgroß, oval, an beiden Enden abgestumpft, oft auch, wie auch Elliott die Figur darstellt, parmänförmig und nach dem Kelche stärker abnehmend, (**roundish ovate, or tapering to the eye, Down.**) Bei jener Form sitzt der Bauch ziemlich in der Mitte, bei dieser etwas mehr nach dem Kelche hin; nach dem Kelche nehmen jedoch auch Exemplare von der ersten Form noch bemerklich etwas stärker ab. Elliotts Figur ist 2³/₄" breit und 2¹/₂" hoch; meine Früchte waren etwas kleiner, werden aber in besserem Boden leicht die angegebene Größe erlangen.

Kelch: grün, wollig, geschlossen, einzeln halb offen, sitzt in tiefer, ziemlich weiter Senkung, mit Falten und feinen Rippen umgeben, die etwas kantig bis zur Stielhöhle hinlaufen.

Stiel: holzig, ¹/₂ bis ³/₄" lang, sitzt in weiter, tiefer, meist glatter, oft auch mit feinem, zimmtfarbigen Roste belegter Höhle.

Schale: fein, glatt, glänzend; Grundfarbe vom Baume etwas wachsartig weiß, später hellgelb; besonnte sind über den größeren Theil der Oberfläche freundlich karmosinroth gestreift, theils in schmalen, etwas langabgesetzten, theils in kurzabgesetzten, nur in punktirter Manier ausgeführten Streifen und dazwischen noch ebenso punktirt, oder bei stark besonnten leichter roth überlaufen und wird die Röthe an der Sonnenseite oft ziemlich stark; (nearly covered by lively red stripes and deepening into brilliant or dark red in the sun; Down.) Punkte sind meist wenig bemerklich, fein und kündigen sich nur durch feine, zerstreut sie umgebende, rothe Fleckchen an; an einzelnen Exemplaren treten aber die Punkte auch deutlicher hervor, namentlich auf der Stielwölbung, wo sich dann oft ziemlich starke, mit einem bläulichen Dufte umgebene Rostpunkte bilden.

Das Fleisch ist gelblich weiß, (nach Downing mitunter schwach röthlich), fein, saftreich, mürbe, von etwas zimmtartig gewürztem, durch Beimischung angenehmer Säure gehobenen, edlen Zuckergeschmacke. In dem kalten Jahre 1864 war die Säure bis zur vollen Lagerreife etwas fein einschneidend.

Das Kernhaus ist fast geschlossen, oder die Kammern öffnen sich nur etwas und nach dem Stiele hin, allermeist herzförmig erweitert, in eine nicht ganz ausgebildete hohle Achse. Die ziemlich geräumigen, fast glattwandigen Kammern enthalten viele, starke, braune, langeiförmige, meist facettirte Kerne. Die Kelchröhre geht als Kegel etwas herab.

Reifzeit und Nutzung: Zeitigt Ende November oder Dezember und hält sich den Winter hindurch.

Der Baum wächst, wie Downing bemerkt, gemäßigt, mit etwas sich hängendem Holze und sind die Sommertriebe kenntlich durch hellbraune Farbe und haben an der Spitze starke Knospen. Die Farbe der Sommertriebe fand ich etwas dunkler braunroth, nach oben wollig, etwas silberhäutig, nur fein punktirt. Blatt mittelgroß, elliptisch, fast flach, ziemlich tief und scharf gezahnt. Afterblätter kurz lanzettlich. Augen klein, wollig, auf etwas vorstehenden, gerippten Trägern.

Oberdieck.

No. 617. Schöner von Norfolk. Diel IV, 2; Lucas X, 2 (1) b (a); Hogg III, 1. B (D).

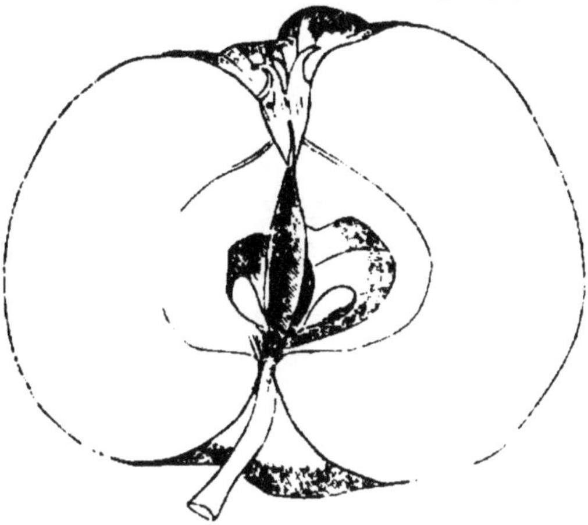

Schöner von Norfolk, † †, Januar bis Mai.
Norfolk Beaufin.

Heimath und Vorkommen: Diel ist der Ansicht, das Beiwort Beaufin weise auf Abkunft der Sorte aus der Normandie hin, wofür genügender Grund nicht vorzuliegen scheint und kann man etwa eben so gut annehmen, daß sie eine Englische, nach der Gegend, wo sie hauptsächlich gebaut wird, benannte Frucht sei, woher auch der Norfolk Storing stammt, der, nach dem, was ich erhielt, unser Winter-Quittenapfel ist. Hogg bemerkt über die Benennung, man habe den Namen zwar bisher Beaufin geschrieben, richtiger aber laute er Beefing, von der Aehnlichkeit der getrockneten Frucht mit rohem Rindfleische. Dies ist indeß wohl etwas unwahrscheinlich, da es noch einen Striped Beaufin, Suffolk Beaufin, White Beaufin und einen Beaufinette gibt, die nicht alle von derselben Aehnlichkeit der getrockneten Frucht benannt sein können. Es gab ja etwa auch in England, wie bei uns, eine Zeit, wo man den Früchten gern Französische Benennungen gab. Wir behalten daher die Schreibart Beaufin und Diels Uebersetzung derselben bei. Die durch Bödicker von Diel erhaltene Sorte trug mir noch nicht; ich bekam aber den Norfolk Beaufin auch von der Londoner Societät und sah wiederholt gute Früchte, die mit Hoggs Beschreibung und auch mit Diels Angaben gut stimmten. Die Frucht hat durch lange Haltbarkeit und Tragbarkeit Werth und gab Diel ihr selbst ein Sternchen. Sie hat vom Baume manche Aehnlichkeit mit dem Grünling von Yorkshire, wird aber im Liegen früher gelb und stärker und freundlicher roth. Diel setzte sie unter die Rothen Reinetten, möchte aber füglicher zu den Streiflingen zu zählen sein, wenn nicht das offene Kernhaus entgegenstände.

Literatur und Synonyme: Diel, Catalog 2te Fortsetzung, S. 66, was Dittrich I, S. 390, wiederholt. Hogg, S. 146, Norfolk Beefing, mit den Synonymen Norfolk Beaufin, (nach Roger's Fruit Cultiv 59), Norfolk Beefin, (nach Forsyth Treat. Edit 3, S. 124), Read's Baker und Catshead Beaufin, (nach dem Londoner Catalog). Lindley Guide 55. Londoner Catalog, S. 6, Nr. 34, mit den Synonymen Catshead (of some), Catshead Beaufin, Reads Baker und Beaufin Millemont. Abbildungen geben Brookshaw Pomona Brittannica, (London 1812), Taf. 92, Figur 3, und Ronald Pyrus malus, Taf. 33, Figur 8, wo jedoch die Frucht wenig gerippt, (was auch Diel angibt), mit ganz flach liegendem Kelche und rundum glänzend violettroth verwaschen dargestellt ist. Im Texte sagt er freilich a little ribbed, aber auch of a deep copper colour. Es liegen indeß auch bei den Abbildungen von Sommerparmäne, Scharlachrothe Parmäne und andern Beispiele vor, daß eine Frucht in England sich weit stärker färbt, als bei uns. Downing S. 120, Elliott ganz kurz S. 190, unter den bereits übertroffenen Früchten.

Gestalt: mittelgroß, mehr flach als kugelig, häufig etwas unregelmäßig gestaltet und die Form nicht schön. Größe auch bei mir, wie Diel angibt, 3" breit und 2¹/₂ bis 2³/₄" hoch auf der höchsten Seite, indem eine Seite sehr häufig niedriger ist, als die andere. Der Bauch sitzt nur wenig mehr nach dem Stiele hin, um den die Frucht sich ziemlich flachrund wölbt. Nach dem Kelche nimmt sie etwas stärker ab und ist stark abgestumpft.

Kelch: ziemlich langgespitzt, nach Hogg offen, war an meinen Früchten wiederholt geschlossen oder nur halb offen und durch umgebende Beulen und Falten an manchen Exemplaren wie etwas geschnürt, sitzt in ziemlich weiter und tiefer Senkung, aus der feine und gröbere Rippen entspringen, von denen einzelne fast unmerklich, (so daß wenigstens eine Seite des Apfels schön gerundet war), andere merklicher, doch breit über die Frucht sich hinziehen, wobei häufig eine oder zwei sich vordrängen und die Gestalt verderben.

Stiel: nach Hogg kurz, war es bei mir 1866 auch, selbst etwas fleischig, während ich 1864 den Stiel holzig und wie auch Diel angiebt, ²/₃ bis ³/₄" lang fand. Die Stielhöhle ist weit und tief, bald nur etwas rostig, bald stärker mit strahligem Roste besetzt.

Schale: glatt, ziemlich glänzend, vom Baume etwas düster grün, später gelb. Der größere Theil der Frucht ist mit vielen, vom Baume düster aussehenden, etwas lang abgesetzten, rothen Streifen gezeichnet und zwischen denselben auf der Sonnenseite mit unansehnlichem Roth bald leicht, bald auch so stark überlaufen, daß die Streifen in der Röthe undeutlich werden. Im Liegen werden die Streifen fast carmosinroth. Ronald stellt, wie schon gedacht, die Röthe weit stärker dar und auch Hogg sagt, daß die Frucht fast ganz mit dunklem Braunroth überzogen sei, das an der Sonnenseite am stärksten werde; oft sei sie auch mit einigen abgesetzten, dunkeln rothen Streifen gezeichnet. Punkte sehr wenig bemerklich, erscheinen in der Grundfarbe oft als weißliche Schalenduppfen. Geruch schwach.

Das Fleisch ist etwas grünlich gelb, fein, fest, saftreich, von angenehmem, sehr mildem, weinsäuerlichem Geschmacke, etwas gezuckerter, als bei dem Rothen Stettiner.

Das Kernhaus ist offen, etwas unregelmäßig; die ziemlich geräumigen Kammern enthalten wenige, vollkommene, lang- und spitzeiförmige Kerne. Die Kelchröhre geht als starker Kegel bis auf das Kernhaus herab.

Reifzeit und Nutzung: Zeitigt im Januar und hält sich bis zum Frühlinge. Der Londoner Catalog und Hogg rühmen die Güte der Frucht zum Trocknen.

Der Baum wächst nach Hogg in der Jugend stark, ist aber in manchem Boden dem Krebs unterworfen, was ich hier nicht bemerkte. Der Probezweig zeigte sich recht fruchtbar. Die Sommertriebe sind lang und stark, nach oben wenig abnehmend, nur ganz oben wollig, nicht silberhäutig, braunroth, sehr wenig punktirt. Blatt ziemlich elliptisch. Augen ziemlich stark, geschwollen, etwas lang, wenig wollig, sitzen auf etwas vorstehenden, deutlich gerippten Trägern.

Oberdieck.

No. 618. Der Rosenpepping. Dkl IV, 2; Lucas X, 2. b; Hogg III, 1. B.

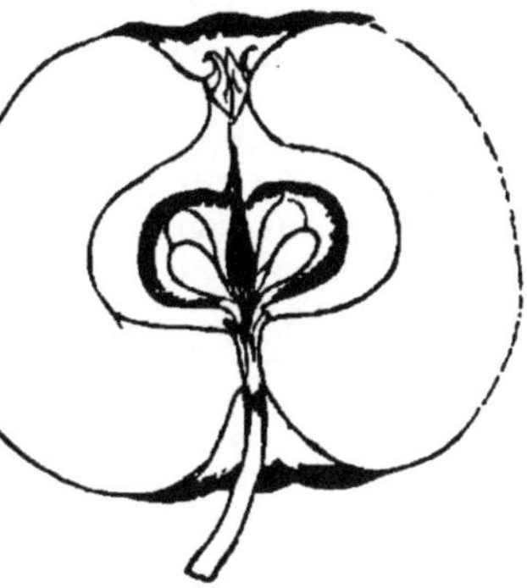

Der Rosenpepping. *††. Januar bis Sommer.

Heimath und Vorkommen: Diel erhielt diese Frucht unter dem Namen Le Peppin Rose schon 1786 aus einer Baumschule zu Kärlich am Rheine und vermuthet, daß eine Kernfrucht neuerer Zeit in ihr vorliege. Er urtheilt über dieselbe, daß sie wegen langer Haltbarkeit sowohl für die Tafel, als auch vorzüglich für die Oekonomie zum Welken und Dämpfen schätzbar sei. Das Reis erhielt ich aus Herrenhausen, nachdem es kurz vorher von Diel dahin gekommen war, bekam auch von der Societät zu Prag dieselbe Sorte, welche Letztere ich, da die Identität und Aechtheit evident waren, wieder eingehen ließ. Haltbarkeit und reiche Tragbarkeit der Frucht bewährte sich auch bei mir und ist der Geschmack auch gewürzt und sehr angenehm, doch blieb dieselbe, sowohl in Nienburg als in Jeinsen zu klein, wurde meist nicht viel größer, als ein Kleiner Api und manche waren nur 1³/₄" breit, so daß in meiner nördlichen Gegend die Frucht geringeren Werth hat. In Süddeutschland wird sie schätzbar sein und bemerkt Diel, daß je länger sie am Baume sitze, desto rosenartiger werde der Geschmack.

Literatur und Synonyme: Diel III, S. 189, der Rosenpepping, Le Peppin Rose. Dittrich hat ihn nicht. Christs Handwörterb. S. 70, und Vollst. Pomol. S. 257, ist der Obige, und verweiset auch selbst auf Diel. Er hat im Handwörterb. noch einen Rothen Pepping mit dem Synon. Roset-Pepping, der nicht mit dem Obigen verwechselt werden muß. Kommt sonst nur noch in Dochnahls Führer vor.

Gestalt: Die Größe gibt Diel von 2 bis 2¹/₄" Breite und stark 1³/₄" Höhe an. Von Form ist sie etwas veränderlich, bald etwas platt, bald hochaussehend. Der Bauch sitzt oft fast in der Mitte, nimmt aber meist bemerklich mehr nach dem Kelche ab, so daß manche Früchte stumpf zugespitzt aussehen.

Kelch: klein, wollig, geschlossen, sitzt in geräumiger, oder ziemlich geräumiger, tiefer Einsenkung mit feinen Falten oder schönen Rippen umgeben, wovon viele sehr sichtbar über die Frucht bis zur Stielhöhle hinlaufen, so daß manche Frucht in ihrer Rundung etwas uneben wird.

Stiel: fast oder wirklich 1'' lang, verhältnißmäßig stark, steht in tiefer, trichterförmiger, nach Diel glatter Höhle, die ich jedoch auch öfter mit feinem Roste bekleidet fand.

Schale: fein, glatt, glänzend; Grundfarbe vom Baume strohgelb oder gelblichgrün, im Liegen schön citronengelb. Die Färbung beschreibt Diel dahin, daß die Sonnenseite von der Kelchwölbung bis in die Stielwölbung, (soll wohl heißen: Stielhöhle), mit vielen feinen, kurzabgesetzten, dunkel karmosinrothen Streifen besetzt und zwischen diesen etwas heller roth verwaschen sei, oder es ziehe sich auch die rothe Farbe in und um die ganze Kelchwölbung herum und einen Theil abwärts über die Schattenseite, wobei die Streifen blasser und die Zwischenräume nur punktirt seien; an jeder Frucht sehe man aber, mehr oder weniger, noch viel von der reinen Grundfarbe. Recht freihängende Früchte fand ich meinerseits fast rundum und auf der Schattenseite nur matter, mit vielen Carmosinstreifen recht bunt gezeichnet und wo die Sonne stärker hin getroffen hatte, dazwischen etwas leichter roth überlaufen. Die Punkte sind zahlreich aber recht fein und erscheinen in der Röthe als sehr feine, gelbliche Stippchen. Mitunter finden sich auch kleine Rostflecke. Geruch fein, etwas violenartig.

Das Fleisch ist fein, fest, saftreich, nach Diel weiß, bei mir gelblich, von angenehmem, gewürzhaften Violen- oder Rosengeschmacke, der am merklichsten ist, wenn man die Frucht mit der Schale genießt.

Das Kernhaus ist geschlossen; die glattwandigen, ziemlich geräumigen Kammern enthalten sehr viele, vollkommene Kerne, in derselben Kammer oft 3 oder selbst 4. Die Kelchröhre ist ein nicht weit herabgehender Kegel.

Reifzeit und Nutzung: Zeitigt im Januar und hält sich bis in den Sommer, vielleicht ein Jahr lang. Fault fast nie auf dem Lager.

Der Baum wächst lebhaft und gesund, trägt die Zweige sehr regelmäßig in scharfen Winkeln in die Höhe und belaubt sich schön. Das Fruchtholz setzt er, nach Diel, anfangs etwas weitläufig an, wird aber nachher sehr fruchtbar und trägt jährlich. Sommertriebe lang, etwas dünn, fein silberhäutig, mit dünner Wolle belegt, besonnt braunroth, beschattet mehr olivenfarbig, fein und nicht zahlreich punktirt. Blatt mittelgroß, nach Diel eiförmig, meistens nach dem Stiele ebenso abnehmend als nach der Spitze, (was nicht gut zu eiförmig paßt), nach meiner Annotirung elliptisch, oder zu oval neigend, seicht und etwas stumpf gezahnt. Afterblätter pfriemenförmig. Augen klein, sitzen auf flachen Trägern.

Anm. Die niedliche Frucht könnte wohl mit mehr Recht, als der Kleine Api, als Zierbäumchen gezogen werden. Gedeiht auf Johannisstamm.

Oberdieck.

No. 619. Dauerapfel von Hambledon.

Diel IV, 2; Lucas X, 2. b; Hogg III, 1. B.

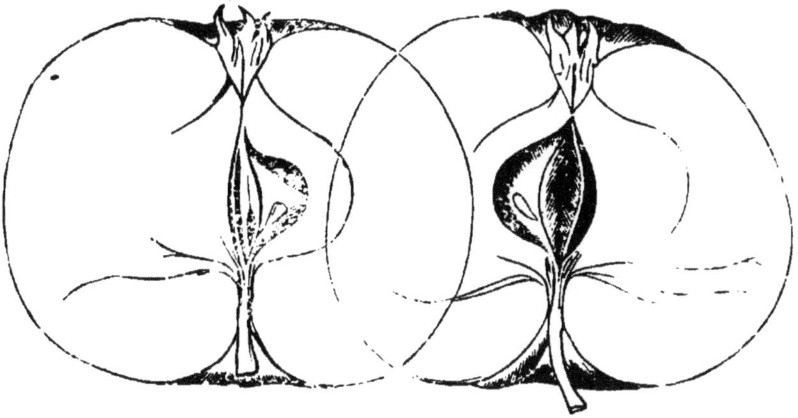

Dauerapfel von Hambledon. *††. Januar bis Mai.

Hambledon's deux ans.

Heimath und Vorkommen: Ist eine für die Küche sehr geschätzte und selbst für die Tafel beliebte, Englische Frucht, welche aus Hambledon in Hampshire abstammt. Das Reis erhielt ich durch Herrn Pfarrer Urbanek, weiter herstammend von der Londoner Societät und stimmt die Frucht mit der Beschreibung überein. Der Probezweig trug bereits mehrmals voll, so daß an reicher Tragbarkeit auch bei uns wohl nicht zu zweifeln ist. Die Frucht fault auch fast nie und ist für Tafel und Küche brauchbar. Ohne das im Geschmacke noch merkliche Gewürz würde ich sie unter die Streiflinge setzen. Verdient bei uns häufiger angebaut zu werden, indeß muß ich noch hinzusetzen, daß 1866, nach einem nassen, mehr kalten, als warmen Sommer, die Früchte im Nachwinter merklich welkten, obwohl sie Ende Oktober gebrochen waren.

Literatur und Synonyme: Londoner Catalog S. 12, Nr. 202, Hambledon's deux ans. Der Londoner Catalog hat auch noch einen Sommersetshire deux ans und Wickenhams deux ans. Hogg, S. 105, mit derselben Benennung. Ronald Pyrus Malus, Taf. 42, Fig. 4, gibt gute Abbildung. Die Amerikanischen Pomologen haben die Frucht noch nicht, die auch in Deutschland noch ganz unbekannt ist.

Gestalt: flachrund. Hogg gibt die Größe zu 3″ Breite und $2^1/_2$″ Höhe an und waren meine Früchte nicht viel kleiner. Der Bauch sitzt oft ein Weniges mehr nach dem Stiele hin, häufig aber auch in der Mitte und wölbt die Frucht sich dann nach beiden Seiten fast gleichmäßig und ist an beiden Enden stark abgestumpft.

Kelch: breit und langgespitzt, grünbleibend, geschlossen, sitzt in mäßig weiter und tiefer Senkung, oft mit einigen Falten umgeben. Ueber die Frucht ziehen nur breite, flache Erhabenheiten sich hin, die jedoch bei einzelnen Früchten, namentlich auf der Kelchwölbung, stärker und rippig vortreten, einzeln vordrängen und die Rundung verschieben, während wieder andere Exemplare schön rund und gefällig geformt sind.

Stiel: holzig, 1/2 bis 3/4" lang, oft kürzer, sitzt meistens in enger, flacher Höhle und legt fast immer ein kleiner oder stärkerer Fleischwulst an den Stiel sich an. Die Stielhöhle ist mehr oder weniger, häufig, selbst stark, mit grünlich zimmtfarbigem Roste besetzt und verbreitet sich nicht selten der Rost noch etwas auf der Stielwölbung.

Schale: glatt, ziemlich glänzend. Die Grundfarbe ist vom Baume schön grasgrün und wird in der Reife schön gelb. Besonnte Früchte sind fast rundherum und besonders auf der ganzen Stielwölbung mit zahlreichen, langabgesetzten, vom Baume düsteren, später freundlicher werdenden Carmosinstreifen gezeichnet, zwischen denen die Frucht noch roth punktirt, oder leicht roth angelaufen ist. Nach Hogg ist die Röthung an der Sonnenseite stärker, doch zeigen in dem Roth sich immer noch dunkler rothe Streifen. Die Punkte sind fein, wenig bemerklich. Rost ist nicht häufig und wenig zu bemerken, wiewohl man an einzelnen Früchten einen feinen Rost stellenweise fühlen kann. Der Geruch ist ziemlich stark.

Das Fleisch ist gelblich, bei etwas zu früh gebrochenen Früchten ziemlich gelb, fein, ziemlich saftreich, von angenehm, wie fein zimmtartig gewürzten, fast weinartigen Zuckergeschmacke. Hogg bezeichnet das Fleisch als not very juicy, but richly and briskly flavored.

Das Kernhaus ist nicht groß, unregelmäßig ausgebildet, hat häufig eine hohle Achse, in die die Kammern sich etwas öffnen, die einzeln auch wieder weit offen sind. Die wenig geräumigen Kammern enthalten nicht viele schwarzbraune, ziemlich vollkommene, oft auch unvollkommene Kerne. Die Kelchröhre ist ein starker, etwas herabgehender Kegel.

Reifzeit und Nutzung: Zeitigt im Januar und hält sich bis in den Mai. Es mag leicht geschehen, daß die Frucht in guten Kellern sich auch 2 Jahre lang hält.

Der Baum wächst in meiner Baumschule kräftig, setzt die Nebenzweige in etwas spitzen Winkeln an und setzt schon in der Baumschule kurzes Fruchtholz an. Sommertriebe lang, mäßig stark, nach oben etwas abnehmend, nur oben wenig wollig, violettschwarz, leicht silberhäutig, mit etwas zerstreuten, aber ziemlich starken Punkten gezeichnet. Blatt ziemlich groß, gewöhnlich mit den Rändern etwas muldenförmig flach aufwärts gebogen, oval oder eioval, seicht und scharf gezahnt. Afterblätter pfriemenförmig. Augen ziemlich stark, flach gedrückt, etwas wollig, sitzen auf flachen, wenig gerippten Trägern.

Oberdieck.

No. 620. **Roxbury Russet.** Diel IV, 3; Lucas XI, 1. b; Hogg III, 1. A (B).

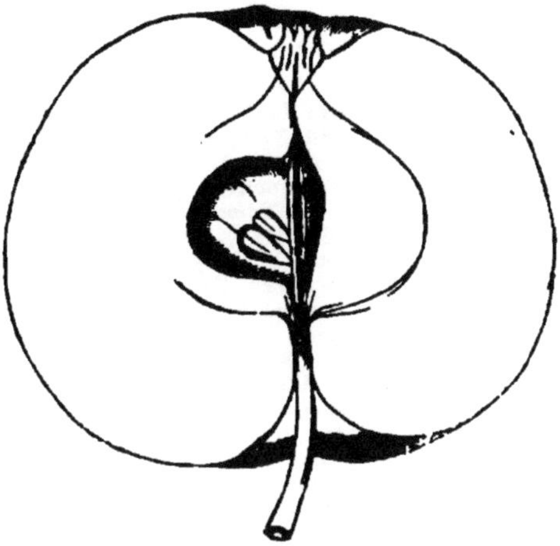

Roxbury Russet. **††, Januar bis Juni.

Heimath und Vorkommen: Ist eine schon weit verbreitete, Amerikanische Frucht, welche nach den von Downing und noch genauer von Elliott gegebenen Nachrichten in Connecticut oder wahrscheinlicher Massachusetts entstanden ist, darauf um 1796 durch einen Herrn Israel Putnam im Ohio-Thale eingeführt und von da aus weiter sich verbreitet hat, vorzugsweise aber bei Boston gebaut wird, woher auch der Name Boston Russet stammt. Die Annales bemerken, daß die Allgemeine Gartenbaugesellschaft in Amerika kürzlich sich dahin entschieden habe, den Namen Roxbury Russet für die Frucht beizubehalten, weßhalb denn dies auch oben als Hauptname steht. — Downing rühmt sehr, so die Gesundheit als reiche Tragbarkeit des Baums, auch die Güte der Frucht, die sich lange halte und allgemeine Anpflanzung verdiene. Elliott sagt, daß der Baum gewöhnlich gut trage, die Frucht aber kaum ersten Ranges sei, welchem Urtheile ich jedoch nicht beistimmen kann. — Meinerseits erhielt ich die Sorte zuerst von Herrn Pfarrer Urbanek, weiter von der Hort. Soc. bezogen, dann unter dem Namen Putnam Russet von Herrn Director Fickert zu Breslau und ist die Aechtheit der Sorte um so mehr dadurch festgestellt, daß der Boston- und Putnam Russet sich identisch zeigten. Die Frucht blieb in meinem Boden, wenigstens bisher, merklich kleiner, als Downing sie darstellt und hat der in meinem Garten vor dem Orte stehende, schon ziemlich starke Zwergbaum sich etwas empfindlich in der Blüthe gezeigt, indem der Baum in den letzten 4 Jahren, wo die Witterung für den Ansatz allerdings sehr ungünstig war, nichts ansetzte.

Ein Probezweig des Boston Russet im Garten beim Hause trug ziemlich gut und der Probezweig des Putnam Russet trug gleich im 3ten Sommer nach dem Ansetzen des Reises. Im Allgemeinen ist an Tragbarkeit der Sorte nicht zu zweifeln und ist sie wegen langer Haltbarkeit doch sehr schätzbar.

Literatur und Synonyme: Downing S. 133, Boston or Roxbury Russet, mit dem Synonym nach Kenrick Roxbury Russeting, stellt die Frucht ganz in Form wie sie mir vorliegt, aber 3½" breit und 2½" hoch dar. Elliott, S. 109, Roxbury Russet, mit den Synonymen Boston Russet, Mariett's Russet, Putnam Russet, Belpré Russet, Sylvan Russet. Kenrick S. 53, Roxbury Russeting. Emmons S. 96. Der Londoner Catalog hat die Frucht S. 89, Nr. 736, als Boston Russet, mit den Synonymen Roxbury Russet und Shippen's Russet (of some), setzt die Frucht in den ersten Rang und sagt, daß sie das Gewürz des Ribston Pepping habe. Hogg S. 42, Boston Russet, mit den Synonymen Roxbury Russeting, Shippen's Russet, (nach dem Londoner Catalog) und Putman's Russet, (wie auch im Register steht, aber durch Druckfehler oder falsche Lesung des Namens, statt Putnam Russet stehen wird,) gibt die Größe zu 3¼" Breite, und 2½" Höhe an. — Die Annales III, S. 49, geben gute, doch in Form noch stärker gedrückte, fast mittelbauchige Abbildung, wo die Färbung allerdings weit lebhafter ist, als in meiner Gegend.

Gestalt: flachrund, bald ziemlich mittelbauchig, bald auch ein Wenig stielbauchig, um den Stiel flachrund gewölbt, nach dem Kelche noch bemerklich stärker abnehmend und stark abgestumpft. Größe in meinem Boden wie in der Figur oben, doch wird in günstigerem Boden die Sorte leicht eine Breite von 3 bis 3¼" und entsprechende Höhe annehmen.

Kelch: geschlossen, sitzt in meist flacher, mäßig weiter, oft selbst etwas enger Senkung, mit einigen Falten und oft selbst feinen Rippchen umgeben, die breitkantig, oft selbst flach über die Frucht hinlaufen, einzeln mitunter vordrängen und die Rundung etwas verderben, oder die Hälften ungleich machen.

Stiel: ziemlich stark, holzig, fast 1" lang, sitzt in tiefer, ziemlich weiter, trichterförmiger, etwas rostiger Höhle.

Schale: durch den Rost fein rauh, vom Baume grasgrün, später gelb. Ueber die Frucht sind etwas grünlich zimmtfarbige Anflüge von feinem Roste verbreitet, der stellenweise etwas silbergrau wird. Die Sonnenseite zeigt bei frei hängenden Früchten eine matte, bräunliche Röthe, die auch Downing und Hogg kaum stärker angeben, als ich sie hier fand. Punkte sind wenig bemerklich; neben feinen Rostanflügen finden sich manche stärkere Flecke von Rost. Geruch ist schwach.

Das Fleisch ist etwas grünlichgelb, fein, fest, doch in der Zeitigung mürbe, von edlem, weinartigen Zuckergeschmacke, in dem auch ich etwas von dem Gewürz des Ribston Peppings finde.

Das Kernhaus ist geschlossen, die ziemlich flachen Kammern haben wenig vollkommene, häufig taube Kerne. Die Kelchröhre ist ziemlich kurzer Kegel.

Reifzeit und Nutzung: Zeitigt Ende Dezember oder im Januar und hält sich bis in den Frühling. Nach Downing kann er noch im Juni zu Markte gebracht werden.

Der Baum wächst in meiner Baumschule rasch und gesund, setzt die Nebenzweige in etwas stumpfen Winkeln an und macht, nach meinem Zwergbaume, eine breite, zerstreute, licht belaubte Krone mit vielem, kurzen Fruchtholze. Sommertriebe lang und stark, nach oben etwas abnehmend, mit feiner Wolle besetzt, stark silberhäutig, violettbraun, ziemlich zahlreich, doch fein punktirt. Blatt mittelgroß, flach rinnig, oval, oder eioval, mit aufgesetzter Spitze, ziemlich tief, schön und meist doppelt gekerbt gezahnt. Afterblätter kurz lanzettlich. Augen ziemlich groß, geschwollen, sitzen auf flachen, wenig gerippten Trägern.

Oberdieck.

No. 621. Holländischer grauer Rabau.

Diel IV, 3. (4); Lucas XI (XII), 2. b; Hogg III, 1. D.

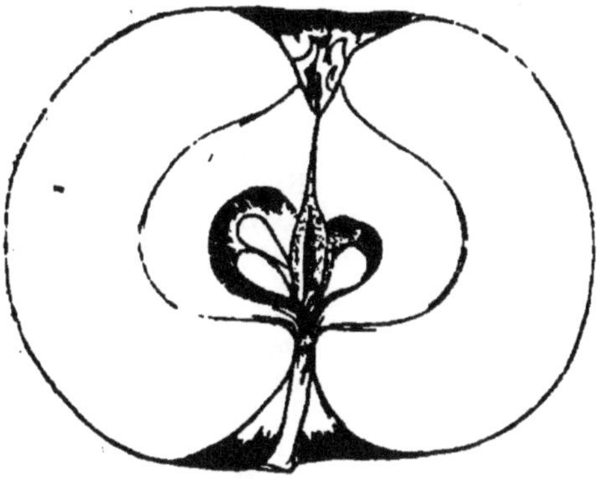

Holländischer grauer Rabau.

An sich **††, doch gern welkend; in warmen Gegenden wohl delikat; W.

Heimath und Vorkommen: Ist eine Holländische Frucht, welche Diel von dem oft genannten Stein zu Harlem als **Doubbelde grauwe Rabauw** erhielt. Meinerseits erhielt ich das Reis von Diel durch Bödiker in Meppen und stimmten die erbauten Früchte mit der Beschreibung vollkommen überein, nur daß in meiner Gegend die Schale gewöhnlich nicht eigentlich goldgelb wird und überhaupt so viel Rost hat, daß ich sie entschieden eher zu den Grauen Reinetten, als Goldreinetten zählen möchte. Es nehmen überhaupt mehrere Graue Reinetten, wenn sie in guten Jahren lange am Baume sitzen, eine hochgelbe Farbe an. Den Namen zu verkürzen geht nicht wohl, da es der Grauen Rabaus mehrere gibt. Schon die Graue französische Reinette wird in manchen Gegenden Grauer Rabau genannt und wie ich aus Beek einen trefflichen Süßapfel als Grauen Rabau erhielt, so bekam ich von Holländischen Früchten aus der Boskooper in Görlitz ausgestellten Collection einen Grauen Rabau, Süßen grauen Rabau und Rothen Herbst-Rabau. Diel hat dann noch den Sauren Rabau, Krötenrabau, Rothgestreiften Pelzrabau, Süßen gestreiften Rabau, (**Bloem Zoete Rabauw**) und (Weißen) Sommer-Rabau, (**Blanke Rabauw, Bloem Zuur Rabauw**), auch meistens Holländische Früchte. — Der Werth der Frucht wird, wie schon Diel anmerkt, dadurch vermindert, daß sie im Winter gern welkt und muß sie lange am Baume sitzen und gleich in den Keller gebracht werden. Vielleicht welkt sie schon an der Seeküste, oder in England nicht, wo gar manche Früchte geschätzt werden, die hier stark welken. Ziemlich ähnlich ist die **Krappe Kruy'n Reinette**, die ich von Herrn Wilhelm Ottolander zu Boskoop erhielt, ist aber auch bei mir merklich größer.

und schmeckt stärker weinartig. Auch der Süße Rabau von Ottolander ist etwas ähnlich, ist aber wirklicher, sehr guter Süßapfel.

Literatur und Synonyme: Diel XXI, S. 158, Holländischer grauer Rabau, Doubbelde grauwe Rabau. Ist sonst nur noch in Dochnahls Führer S. 23, mit angegeben, in dessen Register noch einige weitere Sorten von Rabau zu finden sind.

Gestalt: bald etwas plattrund, bald ziemlich hochkugelförmig; in schönster Vollkommenheit ist er nach Diel 3" breit und $2^1/_4$ bis $2^3/_4$" hoch. Meine Früchte erlangten an unbeschnittener Pyramide nur die oben dargestellte Größe und blieben meistens noch kleiner. Der Bauch sitzt in der Mitte und wölbt die Frucht sich flachrund um den Stiel. Nach dem Kelche nehmen plattrunde Exemplare etwas stärker ab, während mehr kugelige sich nach beiden Seiten gleich wölben.

Kelch: klein, kurzblättrig, halb offen oder geschlossen, sitzt in kleiner, etwas enger, meist flacher, zuweilen tieferer und ziemlich schüsselförmiger Senkung, in der man gewöhnlich nichts von wahren Rippchen bemerkt; doch drängt am Bauche sich öfter eine oder die andere Erhabenheit vor, welche die Frucht in die Breite verschieben.

Stiel: holzig, kurz, $^1/_2$" lang, oft nur ein Butz, ragt meistens über die Stielwölbung nicht hinaus und sitzt in tiefer, geräumiger, (bei kleinen Früchten auch oft flacher und enger), trichterförmiger, mit Rost bekleideter Höhle.

Schale: fein rauh, vom Baume gelblich hellgrün, (bei mir meist noch unansehnlich grün), und wird in der Zeitigung hohes Citronengelb, wobei die ganze Sonnenseite mit einem in der Zeitigung angenehmen Roth leicht verwaschen ist, welches nicht selten etwas Streifenartiges verräth. Zimmtfarbiger Rost überzieht oft die ganze Schale, bald sehr zusammenhängend, bald mehr zersprengt, so daß dann Grundfarbe und Röthe reichlich zu sehen sind. Punkte undeutlich, weitläuftig vertheilt, fein; Geruch fehlt.

Fleisch: gelblich, recht fein, saftvoll, von kraftvollem, gewürzhaften, zuckerartigen Weingeschmacke, bei recht reif gewordenen Exemplaren fast süßen Weingeschmacke.

Das Kernhaus ist klein, nach Diel fast geschlossen, hat, näher bezeichnet, hohle Achse, in die die Kammern sich etwas öffnen. Die ziemlich geräumigen Kammern enthalten viele eiförmige, oft auch lange und spitze, schwarzbraune Kerne. Die Kelchröhre ist nach Diel kurz und spitz und war bei mir oft ein ziemlich starker Kegel.

Reifzeit und Nutzung: Zeitigt im November und hält sich bis zum Frühjahre, wo sie zu stark welkt.

Der Baum wächst lebhaft, treibt besonders auf meinem Johannisstamme ähnlich stark, als der Gravensteiner, wird aber nach Diel nur mittelmäßig groß, bildet eine etwas flache Krone, belaubt sich stark und ist recht fruchtbar. Sommertriebe mäßig stark, nur an der Spitze wollig, nur wenig silberhäutig, violettbraun, ziemlich zahlreich, doch fein punktirt. Blatt ziemlich groß, etwas rinnenförmig, nach Diel rundelförmig mit aufgesetzter Spitze, an meinem Baume auch oft kurz-oval, seicht, doch kurz gezahnt. Die Fruchtblätter sind groß und lang. Afterblätter klein. Augen stark wollig, sitzen auf wulstigen, kaum merklich gerippten Trägern.

Oberdieck.

No. 622. Königl. Russet. Diel VI, 3; Lucas XI, 2. (3) b; Hogg III, 1. D. (B).

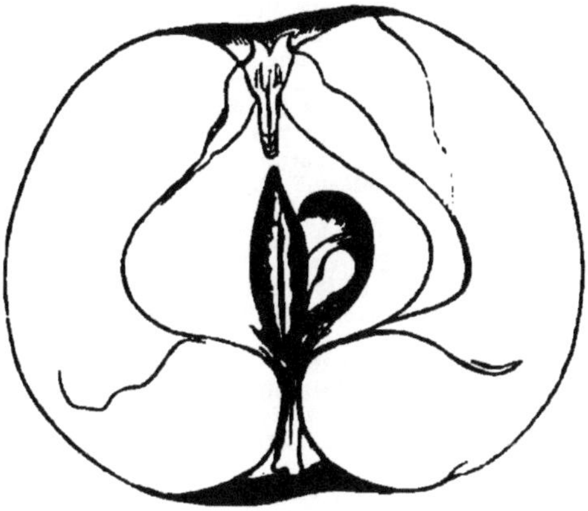

Königlicher Russet. ††, Dezember bis Sommer.

Heimath und Vorkommen: Ist gleichfalls eine recht alte, aber immer noch sehr geschätzte, Englische Frucht, die von Lawson schon um 1597 aufgeführt wird und bei der auch Hogg Raii Historia, wie bei Golden Russet, mit der Zahl 1448 anführt, (bedeutet diese Zahl die Pagina?) Sie wird als eine sehr tragbare und nur zum Welken etwas geneigte Küchenfrucht bezeichnet, die man nach Thompsons Rathe vor dem Welken durch Einlegen in Sand bewahren kann; doch weiß man, daß alle großen Früchte, ganz abgesehen von ihrer innern Güte, in England nur als Küchenfrüchte gelten. Das Reis erhielt ich sowohl von der Societät zu London direkt, als auch von Herrn Lieutenant Donauer zu Coburg unter der synonymen Benennung Leather Coat. Die direkt von der Societät bezogene Sorte, die gar keinen Rost hat, muß ich entschieden für falsch halten, die von Hrn. Lieutenant Donauer stimmt recht gut mit der Beschreibung, nur daß sie bisher merklich unter der angegebenen Größe zurück blieb. Die Frucht zeichnet auch bei uns durch innere Güte sich aus und verdient, wo sie nicht zu stark welkt, häufigen Anbau.

Literatur und Synonyme: Lond. Cat. S. 89, Nr. 749, Royal Russet, mit den Syn. Passe pomme de Canada, Reinette du Canada grise, Reinette du Canada platte und Leather Coat. Hogg S. 175, Royal Russet, allegirt Millers Dictionär, Fors Treat. 125, Rog. Fruit Cultiv 108, Lindley Guide 96; führt die Syn. des Lond. Cat. unter Beziehung auf diesen auf, und Leather Coat nach Lawsons Orchad Lond. 1597. Abbildung gibt Ronald Pyr. mal., Taf. 19, Fig. 1 und Lindley Pomologia Brittannica III, Taf. 125. Letzterer gibt als Syn. nur an Leather Coat nach Millers Dictionär und Reinette du Canada grise mit dem Beisatze of the French, wobei er bemerkt, dieses franz. Syn. werde recht sein, aber der franz. Name Passe pomme de Canada unrichtig, wenigstens bezeichne Passe ja eine bald passirende Frucht. Von deutschen Schriftstellern hat zunächst

Dittrich die Frucht III, S. 55, unter der Benennung Königlicher rothbrauner Apfel und den Syn. Graue Canadische Reinette, Royal Russet, Leather Coat, Passe Pomme du Canada und Reinette du Canada grise. Er allegirt noch Pomol. Magaz. III, Nr. 125. Die Beschreibung ist sichtbar Uebersetzung des in Engl. Werken Gesagten ohne eigene Anschauung. Christ Hand.-W.-B. S. 100, Royal Russet, Royal Russeting und Leather Coat mit nur kurzen Angaben. — Downing hat die Frucht nicht, Elliott S. 190 als Old Royal Russet und Leather Coat, nur ganz kurz. Es ist zu bemerken, daß in Frankreich und Deutschland als Reinette du Canada grise eine andere Frucht vorkommt.

Gestalt: zwischen flachrund und abgestumpft konisch, oft zu letzter Form neigend. Die Größe gibt Hogg zu 3½" Breite und 2¾" Höhe an. Lindley bildet den Apfel selbst 4" breit und 3½" hoch ab. Meine Früchte erlangten bisher nur gegen 3" Breite. Der Bauch sitzt etwas mehr nach dem Stiele hin, um den die Frucht sich flachrund wölbt. Nach dem Kelche nimmt die Frucht etwas stärker ab und ist ziemlich oder selbst noch stark abgestumpft.

Kelch: grün, breitgespitzt, geschlossen, oder auch etwas offen, sitzt in etwas enger, mäßig tiefer Senkung, mit feinen, oder auch etwas merklicheren Rippchen umgeben, die auch breit und flach über die Frucht hinlaufen.

Stiel: ½" lang, oft noch kürzer, sitzt in weiter, tiefer Höhle, die mit Rost bekleidet ist, wenn an einzelnen Exemplaren die Frucht überhaupt wenig Rost zeigt.

Schale: mattgrün, oft schon vom Baume ziemlich gelb, später hochgelb, wovon bei stärker berosteten Exemplaren oft nichts völlig rein zu sehen ist, indem ein zimmtfarbiger, stellenweise feiner und zersprengter, stellenweise stärkerer, bei recht beschattet gesessenen oft in größeren Stellen selbst rauher Rost mehr oder weniger die ganze Frucht überzieht. Die Sonnenseite hat nach Hogg eine braunrothe Backe; ich fand an weniger berosteten Früchten die Sonnenseite matt braun, oft nur goldartiger geröthet, an stärker berosteten sahen auch öfter nur einzelne, etwas langabgesetzte, ziemlich freundliche Carmosinstreifen durch den Rost herdurch. Punkte bald zerstreut und nicht ins Auge fallend, bald und besonders bei stark berosteten Exemplaren zahlreich, meist ziemlich stark und bildeten dann rostige oder graurostige kleine Erhöhungen auf der Schale. Geruch merklich.

Fleisch: nach Hogg grünlich gelb, in warmen Jahren bei mir ziemlich stark gelb, fein, hinlänglich saftreich, von edlem, gewürzten, süßweinartigen Zuckergeschmacke, dem des Ribston Peppings etwas ähnlich. Von starker Säure und feiner Herbigkeit im Fleische, deren Lindley gedenkt, bemerkte ich nichts; es ist indeß bekannt, wie der Geschmack nach Boden und Klima sich merklich ändert.

Das Kernhaus ist mäßig groß, geschlossen, mit ziemlich starker oder wirklich starker, oft etwas ausgeblühter, hohler Achse, in die die Kammern sich nicht oder kaum etwas öffnen. Die mäßig großen, glattwandigen Kammern enthalten braune, allermeist unvollkommene oder taube Kerne. Die Kelchröhre geht als Trichter merklich und oft bis aufs Kernhaus herab.

Reifzeit und Nutzung: Zeitigt nach Hogg im November, bei mir, selbst in warmen Jahren, erst recht im December und hält sich bis in den Mai und länger.

Der Baum ist nach Hogg hart gegen klimatische Einflüsse, reich tragbar und wird sehr groß. Lindley hebt noch hervor, daß er besonders große Blüthe habe. Er wächst mir bisher gesund und kräftig, setzt die Zweige in etwas stumpfen Winkeln an und macht eine flache, durch ziemlich kleines, etwas krauses Blatt ziemlich licht belaubte Krone, die viel kurzes Fruchtholz ansetzt. In den letzten 5, für den Ansatz der Aepfel immer für meine Gegend sehr ungünstigen Jahren, setzte der reich blühende, noch junge Baum bisher nur einzelne Früchte an, doch ist an der Fruchtbarkeit nicht zu zweifeln. Sommertriebe ziemlich stark, nach oben wenig abnehmend, violettbraun oder schwärzlich violett, durch feine Wolle silbergrau, nur leicht silberhäutig, wenig punktirt. Blatt rinnenförmig, wie etwas gekräuselt, elliptisch, schön und ziemlich scharf gezahnt. Afterblätter klein, pfriemenförmig. Augen stark, lang, recht weißwollig, sitzen auf mäßig vorstehenden, nur an den Seiten gerippten Trägern.

Oberdieck.

No. 623. Pepping von Court of Wick.

Diel IV, 4; Lucas XII, 1. (2) a; Hogg III, 1. B. (C).

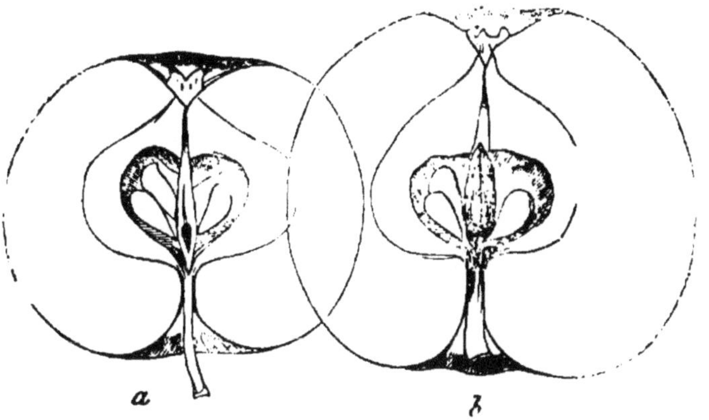

a *b*

Pepping von Court of Wick, an sich **†, W.; leider in meiner Gegend merklich welkend.

Heimath und Vorkommen: Ist eine Engl. Frucht, deren Ursprung man aus Court of Wick in Sommersetshire herleitet, wo sie aus einem Kerne des Engl. Goldpeppings entstanden sein soll. Die Engl. Autoren stimmen alle überein in besonderem Lobe dieser Frucht, die Hogg als eine der besten für die Tafel bezeichnet, sowohl wegen Härte des Baums gegen klimatische Einflüsse, als ihres delikaten Geschmacks, der dem des Engl. Goldpeppings nicht nachstehe. Diesem Lobe wird auch überall da, wo die Sorte nicht zu merklich welkt, beigestimmt werden und eignet sie sich bei dem gemäßigten Wuchse des Baums wohl besonders zur Zucht als Zwergbaum, wie ich einen solchen, schon mehr herangewachsenen, recht tragbaren habe. Daß die Frucht ein Sämling des Engl. Goldpeppings sein werde, zeigt sowohl die äußere Erscheinung, als der Geschmack derselben. Leider fand ich auch diese Frucht in den meisten Jahren in meiner Gegend zum Welken sehr geneigt, doch hielten die Früchte, die ich in dem warmen Sommer 1865 bis gegen 20. Oktober sitzen ließ, sich auch bei mir und selbst auf der Obstkammer gut. Die Classification der Frucht ist einiger Schwierigkeit unterworfen, indem sie in meiner Gegend gewöhnlich wenig Röthe annimmt, sich jedoch bei längerem Sitzen am Baume noch merklicher röthet, bald mehr verwaschen, bald etwas gestreift, und bilden auch die Engl. Kupferwerke merklichere Röthe ab, weßhalb man sie wohl am besten zu den Goldreinetten zählt. Mein Reis erhielt ich von den Herren J. Booth zu Flotbeck und aus Lübeck überein, und haben die Früchte die Aechtheit der Sorte hinlänglich dargethan, wie ich auch in Görlitz aus der Collection des Hrn. Ottolander zu Boskoop dieselbe Frucht erhielt.

Literatur und Synonyme: Lond. Cat. S. 12, Nr. 187, Court of Wick, mit den Syn. Fry's Pippin, Golden Drop, Knightwick Pippin, Woods Huntingdon, Philipps Reinette, Woods new Transparent, Weeks's Pippin und Yellow. Unter Nr. 188 führt der Lond. Cat. auch noch einen Scarlet Court of Wick auf. — Hogg S. 63, Court of Wick; er hat noch die Syn. Wick's Pippin und Rival golden Pippin und allegirt Lindley Guide 42, auch Rog. Fruit Cultiv 87. — Abbildungen geben Hooker's Pomona Londinensis, Taf. 32, (sehr kenntlich), Ronald Pyrus Malus, Taf. 12, Fig. 23, Pomol. Magaz., Taf. 32, Lindley Pomologia Brittannica I, Taf. 32, (was immer die Figuren aus dem Pomolog. Magaz. sein werden, da sie stets dieselben Nummern haben). — Downing S. 105, mit den obigen Syn., lobt gleichfalls die Frucht für das dortige Klima und sie sei für Canada und Maine sehr geeignet. Elliott S. 133 lobt weniger und findet die Säure zu scharf! Kenrick S. 74. — Bei uns hat Dittrich die Frucht III, S. 46, Beschreibung noch zu ungenügend und nur nach Engl. Werken entworfen. — Auch der Nederlandsche Boomgaard gibt Taf. 30, Nr. 58, gute Abbildung mit den Syn. des Lond. Cat.

Gestalt: Unter mittelgroß, in Form und Größe einem starken Engl. Goldpepping sehr ähnlich, theils merklich flachgedrückt, wie oben a, theils auch etwas höher gebaut (oben b). Der Bauch sitzt gewöhnlich ziemlich in der Mitte, wölbt sich nach beiden Enden fast gleichmäßig und ist an beiden Enden stark abgestumpft. Höher gebaute nehmen auch wohl nach dem Kelche hin etwas stärker ab und Lindley stellt die Frucht sogar als stark nach dem Kelche abnehmend, ziemlich zugespitzt dar. Hoggs Figur ist wie oben a fast 2½″ breit und 2″ hoch.

Kelch: breitgespitzt, so weit die Spitzen nicht verstümmelt sind, auf die Frucht zurückgebogen, wollig, offen, sitzt in weiter, flacher, fast ebener Senkung und auch über die Frucht sieht man bemerklichere Erhabenheiten nicht hinlaufen, doch ist mitunter die eine Seite der Frucht höher und stärker als die andere.

Stiel: holzig, oft dünn, ⅔—¾″ lang, oft auch etwas stärker, sitzt in schöner, trichterförmiger, ziemlich tiefer, oft aber auch durch einen an den Stiel sich anlegenden Wulst verengerter, ganz mit etwas grünlich zimmtfarbenem Roste belegter Höhle, der sich meistens über die Stielwölbung noch etwas verbreitet.

Schale: fein, an sich glatt, doch von den oft häufigen Rostanflügen fein rauh, meist nur mattglänzend, bei recht reif gewordenen Früchten stärker glänzend. Grundfarbe bei hinlänglich langem Sitzen der Frucht schon vom Baume grünlichgelb, später hochgelb. Die Sonnenseite hat häufig nur einen Anflug von leichter Röthe, die die Sonnenseite oft nur goldartiger macht. Später nimmt jedoch die Frucht mehr und freundliche Carmosinröthe an, die sich oft um den größeren Theil derselben verwaschen herumzieht und nach den Seiten hin auch einige Streifen zeigt, von denen einzelne sich auch an weniger gerötheten Früchten und dann meist an der Sonnenseite finden. Rostanflüge und Rostpunkte, bald feine, bald auch etwas stärkere, sind meist häufig. Der Geruch ist angenehm und gewürzt.

Das **Fleisch** ist gelblich, fein, saftreich, von einem dem Engl. Goldpepping ähnlichen, ziemlich süßweinartigen, wenn auch nicht ganz so süßweinigen Geschmacke.

Das **Kernhaus** hat hohle Achse, in die die Kammern sich etwas, theils spaltartig, theils nur nach dem Stiele hin herzförmig öffnen. Die ziemlich geräumigen Kammern enthalten schwarzbraune, oft starke, oft nicht gehörig vollkommene, gewöhnlich facettirte und am Kopfe ein stumpfes Knöpfchen bildende Kerne. Die Kelchröhre ist kurz.

Reifzeit und Nutzung: Die Reifzeit gibt Hogg an vom Oktober bis März, doch reift die Frucht in hiesiger Gegend erst im December und hält sich, wenn sie nicht welkt, den Winter hindurch.

Der **Baum** wächst gemäßigt, gedeiht auf dem Johannisstamm, wird auch nach Hogg nur mittelgroß, geht mit den Zweigen ziemlich flach auseinander und macht eine breite, licht verzweigte Krone. Sommertriebe mäßig stark, nach oben nicht viel abnehmend, ziemlich steif, wenig wollig, schmutzig violettbraun, etwas silberhäutig, zahlreich punktirt. Blatt mäßig groß, flach, elliptisch oder breitelliptisch, einzeln oval, flach gezahnt. Afterblätter pfriemenförmig; Augen klein, wenig wollig, auf flachen, kurz gerippten Trägern. Oberdieck.

No. 624. Cox's Orangen-Reinette. Diel IV, 4; Lucas XII, 2. a; Hogg III, 1. B.

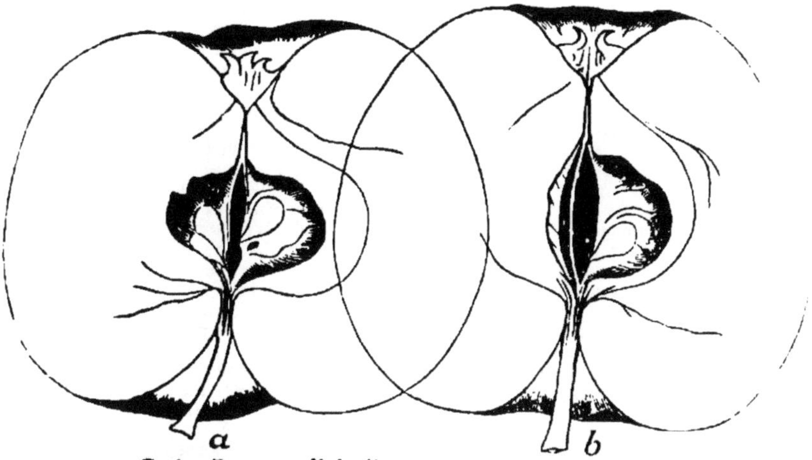

Cox's Orangen-Reinette. **††, November bis März.

Heimath und Vorkommen: Nach der in den Annales VII, S. 11 gegebenen Nachricht ist diese sehr tragbare und delikate Frucht um 1830 erzogen durch M. R. Cox aus Colnbrook-Lawn zu Backs, (par M. R. Cox de Colnbrook-Lawn a Backs), wie man abnehmen muß ein Ort in England. Der Niederl. Baumg. gibt Lief. 18, Taf. 33, Nr. 64, bei Abbild. der Cox's Pomona noch die Nachricht, daß Colnbrook-Lawn bei Colnbrook, an der Straße von London nach Windsor liege. Hr. Cox hatte 9 Kerne des Ribston Pepping ausgesäet, unter denen der Obige und auch die Cox's Pomona fielen. Es wird hinzugesetzt, daß bis gegen 1858 die treffliche Frucht in den Baumschulen zu Colnbrook und der Umgegend ganz unbekannt geblieben sei; die Gartenbau-Gesellschaft zu London habe aber dieser Frucht mehrmals und namentlich 1858 Preise ertheilt, und hätten die Preisrichter erklärt, daß die Frucht den Ribston Pepping noch übertreffe und der beste Apfel in England sei. Dies ist immerhin etwas viel gesagt; indeß wie man die Abkunft der Frucht vom Ribston Pepping nicht verkennen kann, so gehört sie doch zu den besonders schätzbaren Früchten und hat in hiesiger Gegend vor dem Ribston Pepp. allerdings das voraus, daß sie weit reicher trägt und nicht so leicht stippig wird. Das Reis erhielt ich von der Soc. v. Mons und sandte mir auch Hr. Kunstg. Lauche zu Potsdam 1865 ein paar schöne Früchte, die ich, nach der gemachten Zeichnung und Beschreibung, mit meiner Sorte, die erst 1866 reicher trug, identisch finde. Sie stimmt auch mit der Beschreibung und Abbild. in den Annales recht gut, nur daß die Farben, wie gewöhnlich im Belg. Klima, weit intensiver sind und die dargestellten grauen Punkte in der Röthe fehlen, die erst bei lebhafterer Färbung erscheinen werden.

Litteratur und Synonyme: Annales VII, S. 11, Cox's Orange Pippin, mit der Nebenbenennung Pomme Reinette Orange de Cox, Pomme Cox

Orange. Außerdem finde ich die Sorte nur noch in den Boskooper Fruchtsorten
Ste Recks, S. 182, Nr. 179 und in Hoggs Manuale, der sie gleichfalls lobt, doch keine nähere Nachricht über Ursprung der Sorte gibt. Im Lond. Catal. und in Hoggs British Pomology findet man sie noch nicht; auch die Amerik. Schriftsteller haben sie noch nicht. Von Herrn Clemens Rodt zu Sterkowitz bekam ich 1864 ein paar schöne Exemplare von der Reinette Quarrendon der Soc. v. Mons, welche gleichfalls sehr delikat waren, und einige Aehnlichkeit, (auch im Geschmacke), mit Ribston Pepping hatten. Es wird näher zu beachten sein, ob diese Frucht etwa mit der obigen identisch ist. Mein von der Soc. v. Mons bezogenes Reis trug noch nicht. Es mag noch angemerkt werden, daß man den Erzieher der obigen Frucht nicht mit dem Amerik. Pomologen Coxe verwechseln muß.

Gestalt: theils hochaussehend und parmänförmig, wie die Fig. b oben, theils auch breiter als hoch und hatte ich 1865 selbst ein paar Früchte, die platt wie eine Champagner Reinette waren. Die Mehrzahl der 1866 erbauten Früchte war breiter als hoch, und maßen solche Früchte 3" Breite und $2^1/_4$—$2^1/_3$" Höhe, hochaussehende waren $2^3/_4$" hoch und gegen 3" breit. Der Bauch sitzt auch bei den hochaussehenden noch wahrnehmbar, bei den flach gebauten Exemplaren deutlich mehr nach dem Stiele hin, um den die Frucht sich dann flachrund wölbt. Nach dem Kelche nimmt sie etwas stärker ab und ist stark abgestumpft.

Kelch: lang- und etwas schmalgespitzt, offen oder halb offen, liegt mit den Ausschnitten zunächst fast horizontal über die Kelchhöhle hin, die sich dann rücklings überbiegen und sitzt in weiter, ziemlich tiefer, oft wirklich tiefer Senkung, die nur einige Falten zeigt; doch entspringen aus derselben breitkantige Erhabenheiten, die bald nur flach über die Frucht hinlaufen, so daß die Form schön gerundet bleibt, bald auch stärker hervortreten, so daß die Rundung mehr oder weniger verschoben wird und eine Seite der Frucht niedriger ausfällt als die andere.

Stiel: holzig, mäßig stark, $^1/_2$—1" lang, oft auch kurz und ziemlich fleischig, sitzt in weiter, ziemlich tiefer Höhle, die einzeln nur wenig, meistens aber ziemlich stark mit strahlig verlaufendem Roste belegt ist. Mitunter legt ein Fleischwulst an den Stiel sich an.

Schale: glatt, etwas glänzend, im Liegen oft etwas geschmeidig. Die Grundfarbe ist vom Baume ein grünliches oder etwas wachsartig weißes Gelb und wird im Liegen ziemlich hohes Gelb. Stark besonnte sind auf der ganzen Sonnenseite mit etwas langabgesetzten Carmosinstreifen ziemlich zahlreich besetzt und zwischen denselben noch leichter roth überlaufen, oder nach den Seiten hin mehr punktirt. Weniger besonnte haben wenigere und mattere, theils nur wie in punktirter Manier ausgeführte rothe Streifen und sind dazwischen mehr nur roth punktirt. Die Punkte sind fein, wenig bemerklich; der Geruch ist ziemlich stark.

Das Fleisch ist etwas gelblich weiß, fein, saftreich, mürbe, von gewürztem, (fast etwas zimmtartig), durch süße Säure gehobenen Zuckergeschmacke.

Das Kernhaus hat etwas hohle Achse, in die die Kammern sich meist nur stark spaltartig öffnen, einzeln auch stärker offen stehen. Die mäßig geräumigen, etwas gestreiften, oder etwas und fein ausgeblühten Kammern enthalten meist zahlreiche, braune, spitzeiförmige, vollkommene Kerne, neben denen andere ganz avortirte sich finden. Die Kelchröhre geht als breiter Kegel, oder kurzer Trichter nur etwas herab.

Reifzeit und Nutzung: Verträgt frühes Brechen, zeitigt schon Anfang November und hält sich ziemlich tief in den Winter hinein.

Der Baum wächst rasch und gesund und trug der Probezweig selbst in dem ungünstigen Jahre 1866, wo es am 22. und 23 Mai, in der Blüthe der Aepfel noch fror, voll. Er hat die Nebenäste etwas stumpf angesetzt, sich wenig verzweigt, ist aber durch vieles und großes Laub schön belaubt und hat in der ganzen Länge der Triebe viel kurzes Fruchtholz gemacht. Die Sommertriebe sind ziemlich stark, nach oben nur mäßig abnehmend, mit feiner Wolle belegt, fein, wie etwas zerrissen, silberhäutig, violettbraun, sehr wenig punktirt. Blatt groß, flachrinnig, unten am Zweige eioval, etwas weiter hinauf breiteiförmig, am Stiele oft etwas herzförmig eingezogen, nach oben mehr oval, mit starker Spitze, tief und scharf gezahnt. Afterblätter lanzettlich, stark und zahlreich. Augen dreieckig, ziemlich groß, sitzen auf etwas vorstehenden, deutlich gerippten Trägern.

Oberdieck.

No. 625. **Neuer Amerikaner.** Diel IV, 4; Lucas XII, 2. a; Hogg III, 1. B.

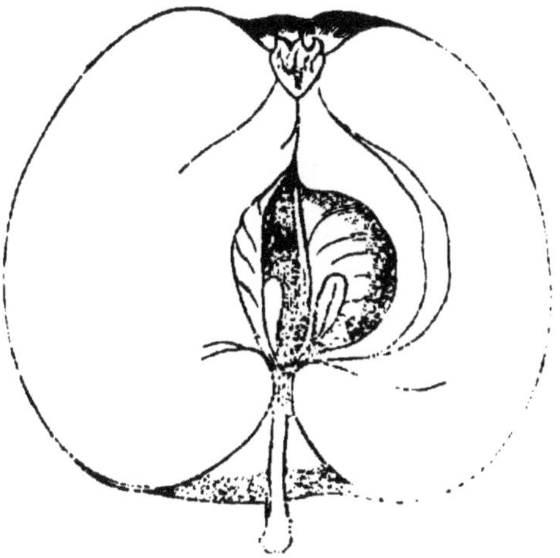

Neuer Amerikaner. **††. W.

Heimath und Vorkommen: Das Reis dieser trefflichen Frucht, die allgemeine Anpflanzung verdient und in Güte der Orleans Reinette nahe steht, ohne in feuchter Herbstwitterung aufzuspringen, erhielt ich noch in Nienburg von Herrn Sanitätsrath Jahn unter dem Namen Nouvelle de Nordamerique. Woher sie stammen mag, ob sie etwa wirklich eine Amerik. Frucht ist und möglich noch unter einem andern Namen vorkommt, weiß ich bis jetzt nicht zu sagen, habe auch in pomol. Schriften, ja selbst in Catalogen über dieselbe nichts gefunden.

Literatur und Synonyme: Wird hier zuerst beschrieben und ist eingeführt unter dem Namen Nouvelle de Nordamerique. Arnoldis Obst-Cabinet gibt Lief. 28, Nr. 86, gute Nachbildung.

Gestalt: meist hochaussehend, wie die Figur oben, parmänförmig und einer Loans Parmäne in Gestalt und Größe ziemlich ähnlich, oft auch flacher gebaut und merklich breiter als hoch. Gute Früchte sind gegen $2^3/_4$" breit und $2^1/_2$" hoch. Der Bauch sitzt etwas mehr nach dem Stiele hin, um den die Frucht sich flachrund wölbt, doch sitzt bei manchen Exemplaren der Bauch ziemlich in der Mitte. Nach dem Kelche nimmt die Frucht stärker ab und ist stark abgestumpft.

Kelch: breit- und langgespitzt, oft aber auch verstümmelt, ist offen und sitzt in ziemlich tiefer, einige Falten zeigender Senkung, aus der bald flache, bald merklichere Rippen sich erheben und oft ziemlich regelmäßig, fast calvillartig, oft auch unregelmäßiger und einzeln etwas vordrängend über die Frucht hinlaufen.

Stiel: holzig, meist kurz und nicht über die Stielwölbung hinausragend, seltener 1" lang, sitzt in tiefer, trichterförmiger, meist mit Rost und oft selbst stark belegter Höhle, so daß der Rost nicht selten noch strahlig sich etwas auf der Stielwölbung verbreitet.

Schale: ziemlich fein, glatt, mattglänzend, nicht fettig werdend, vom Baume matt hellgrasgrün, oft schon ziemlich gelb, in der Reife goldgelb. Besonnte Früchte sind an der Sonnenseite leicht roth überlaufen und zeigen in der Röthe noch etwas zerstreute, kurz abgesetzte, oft auch längere, häufig selbst nur etwas undeutlich hervortretende Carmosinstreifen. Die Punkte sind bald etwas zerstreut, bald häufiger, oft ziemlich stark und in der Grundfarbe mit matt grünlichen Kreischen umgeben. Einzeln finden sich etwas eingesenkte, schwärzliche Regenflecke, von denen die Frucht aber doch nicht leicht anfault. Der Geruch ist mäßig stark.

Das Fleisch ist fein, gelblich, mürbe, saftreich, von edlem, fein weinartigen, etwas citronenartig gewürzten Zuckergeschmacke.

Kernhaus: geschlossen oder etwas offen; Kammern ziemlich flach, nur fein gestreift, fast glattwandig; Kerne lang, meist unvollkommen; die Kelchröhre ist ein breiter, kurzer Kegel.

Reifzeit und Nutzung: Zeitigt in ordinären Jahren Mitte December und hält sich den Winter hindurch. Zu jedem Gebrauche. Verträgt frühes Pflücken.

Der Baum wächst rasch und gesund, und verspricht groß zu werden. Er setzt die Zweige in mittelstumpfen Winkeln an, und wird eine kugelförmige, etwas zerstreute Krone bilden, die viel kurzes Fruchtholz macht und früh und reich trägt. Die Sommertriebe haben etwas Aehnlichkeit mit denen der Reinette von Orleans, von der die Frucht gefallen sein mag, sind stark, schlank, mit Wolle größtentheils belegt, unten silberhäutig, schmutzig braunroth, mäßig zahlreich punktirt. Blatt ziemlich groß, meist etwas rinnig, eioval, schön und scharf gezahnt. Afterblätter lang, theils schmal lanzettlich, theils etwas breiter lanzettlich. Augen stark, lang, wollig, sitzen auf flachen, etwas gerippten Trägern.

Oberdieck.

No. 626. Zuckerapfel v. Beek. Diel IV, 4; Lucas XII, 2. a; Hogg III, 1. C.

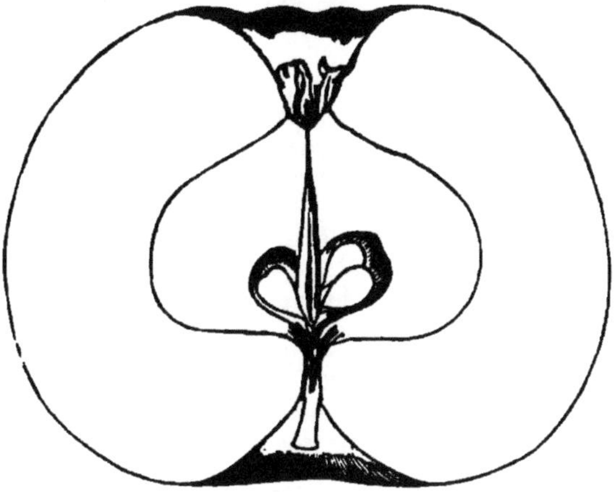

Zuckerapfel von Beek. (Grüner Süßer), fast ** ††, November bis März. L.

Heimath und Vorkommen: Diese gute Tafel- und Küchenfrucht findet sich in der Umgegend von Beek bei Ruhrort, unter dem Namen Grüner Süßer, häufig gebaut, wiewohl sie mehr für die Tafel als zu Haushaltszwecken angebaut, und z. B. zur Bereitung des Apfelkrauts (Apfelsyrup) nicht benutzt wird. Hr. Lehrer Lehnhoff zu Beek, dem ich noch manche andere werthvolle Sorten verdanke, wie den Großen Mönchsapfel, den Wurstapfel und Andere, sandte mir 1862 ein Dutzend schöner Früchte, und 1863 abermals wieder welche, und empfieng ich von ihm das Reis. Die Frucht gehört für Liebhaber stark gezuckerter Aepfel in den allerersten Rang. Das Fleisch hat durchaus nichts lederartiges, wie bei so manchen andern süßen Aepfeln, und dürfte diese Frucht eine Bereicherung der Pomologie sein. Für sich allein gekocht gibt sie einen feinen, aber fast etwas zu süßen Apfelbrei, kann aber desto mehr zur Versüßung säuerlicher Aepfel dienen.

Literatur und Synonyme: Wird eine den Pomologen noch unbekannte Frucht sein.

Gestalt: ziemlich flachrund, manche sehen einem etwas hochgebauten Königl. Kurzstiel ähnlich, andere gleichen mehr einer Reinette von Orleans, oder nicht hochaussehenden Winter Goldparmäne. Vollkommene Früchte sind 3″ breit und $^1/_2$″, manche selbst $^3/_4$″ niedriger. Der Bauch sitzt ziemlich in der Mitte, oder nur etwas mehr nach dem

Stiele hin, um den die Frucht sich rasch zurundet und stark abstumpft; nach dem Kelche nimmt sie stärker ab, als nach dem Stiele und ist stark abgestumpft.

Kelch: breit- und kurzgespitzt, ziemlich grünbleibend, wollig, offen, sitzt in weiter, tiefer, einzeln selbst recht tiefer, fast schüsselförmiger und fast ebener, nur einige Falten oder sehr flache Beulen zeigender Senkung, aus der nur sehr flache Erhabenheiten über die Frucht sich hinziehen, wiewohl deren Rundung durch breit vortretende Erhabenheiten nicht selten verschoben, oder eine Seite höher ist als die andere.

Stiel: holzig, dünn, sehr kurz, sitzt in weiter, tiefer, trichterförmiger, fast stets mit Rost belegter Höhle, der oft selbst rauh wird.

Schale: fein, ziemlich glänzend, glatt, geschmeidig; Grundfarbe in der Zeitigung schönes, hohes Gelb. Bei stark besonnten ist der größere Theil der Frucht mit einer schönen Carmosinröthe überzogen, die, wo sie recht stark ist, verwaschen aussieht, jedoch meistens deutlich noch dunklere, etwas undeutlich und erst nach den Seiten hin deutlich werdende Streifen zeigt. Die Punkte sind sehr zahlreich, ziemlich stark, rostig, meist noch mit einem helleren, oder in der Grundfarbe grünlichen feinen Dupfen umflossen. Rostanflüge sind nicht häufig, aber starke Rostwarzen finden sich mitunter. Der Geruch ist merklich.

Das Fleisch ist etwas gelblich, fein, mürbe, ziemlich saftreich, von starkem, süßen Zuckergeschmacke.

Das Kernhaus ist klein, geschlossen, mit unbedeutender hohler Achse. Die kleinen Kammern enthalten braune, vollkommene, auch manche unvollkommene Kerne. Die Kelchröhre ist ein starker, nicht weit herabgehender Kegel.

Reifzeit und Nutzung: Zeitigt im November, (1867 Decbr.), und hält sich den Winter hindurch.

Der Baum wächst, nach der von Hrn. Lehnhoff gegebenen Nachricht, gut, wird groß, gedeiht in allerlei Boden, wenn derselbe nur nicht allzu schlecht ist, und ist sehr fruchtbar. Der junge, kräftig wachsende Baum in meiner Baumschule setzt die Zweige in etwas stumpfen Winkeln an. Die Sommertriebe sind stark und lang, nach oben etwas abnehmend, nur oben wollig, violettbraun, leicht silberhäutig, zerstreut und fein punktirt. Blatt groß, flach ausgebreitet, elliptisch, mit schöner, starker, meist fast auslaufender Spitze, regelmäßig und zahlreich, schön und scharf gezahnt. Afterblätter ziemlich klein, lanzettlich; Augen stark, geschwollen, weißwollig, sitzen auf etwas vorstehenden, deutlich gerippten Trägern.

Oberdieck.

No. 627. Reinette Tafelsei. Diel IV, 4; Lucas XII, 2. a; Hogg III, 1. B.

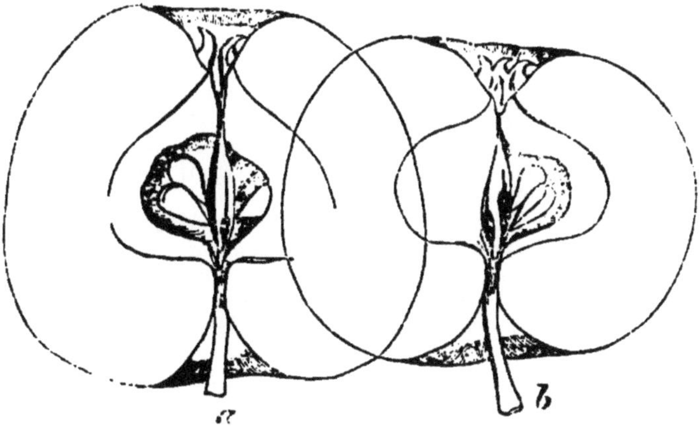

Reinette Tafelsei, fast **††, W.

Heimath und Vorkommen: Diese in Deutschland noch sehr unbekannte, aber edle Frucht stammt aus der Fruchtcollektion des Chorherrn Schmidtberger zu St. Florian, ohne daß man näher angeben kann, woher sie weiter stammt, oder ob er sie etwa selbst erzog. Er gedenkt derselben nur in seinen Beiträgen, Heft III, S. 80, bei den Angaben über die Reinette von Orleans, und sagt: Die Reinette Tafelsei sei eine, der Reinette von Orleans ähnliche Frucht, wie sie, eine wahre Goldreinette und mit ihr von gleicher Güte, und unterscheide die Reinette von Orleans von der Obigen sich dadurch, daß sie höher gebaut sei, ihre Streifung flammenartiger erscheine und stärkere graue Punkte habe. Darnach darf ich annehmen, die Sorte ächt zu haben, und das um so mehr, als ich sie von Dittrich und von Hrn. von Flotow, weiter direkt von Schmidtberger bezogen, überein erhielt. Die Benennung ist etwas wunderlich, da die Frucht in Form gar nichts Eiförmiges hat. Ich muß hinzusetzen, daß die Frucht in meiner Gegend weit kleiner blieb, als die Reinette von Orleans, auch nach meinem Urtheile deren Güte doch nicht ganz hatte. Vielleicht ist sie, mehr südlich erzogen, größer und noch besser.

Literatur und Synonyme: Schmidtbergers Beiträge, III, S. 80. Dittrich III, S. 59, gibt auch nur ganz kurze Angaben und wiederholt eigentlich nur das von Schmidtberger Gesagte, fügt aber Angaben über die Vegetation hinzu. Kommt sonst nur noch bei Dochnahl im Führer vor, wo aber auch nur Dittrichs und Schmidtbergers Angaben wiederholt werden.

Gestalt: flachrund, oft wirklich flach gedrückt. Gute Früchte waren $2^1/_2$" breit und $2^1/_4$, oft nur 2" hoch, viele blieben noch etwas kleiner. Der Bauch sitzt bei den hochaussehenden Früchten etwas mehr nach dem Stiele hin, nimmt nach dem Kelche etwas stärker ab und ist stark ab=

gestumpft. Die flachgedrückten haben den Bauch ziemlich in der Mitte und nehmen nach beiden Seiten fast gleichmäßig ab.

Kelch: ziemlich langgespitzt, etwas, oft völlig offen, sitzt in weiter, bald flacher, bald auch tieferer Senkung, mit feinen Falten und Rippchen umgeben, die flach und breit über die Frucht hinlaufen.

Stiel: holzig, dünn, ½—¾" lang, manchmal auch kurz und fleischig, sitzt in tiefer, trichterförmiger Höhle, die mitunter glatt ist, meist aber mehr oder weniger Rost zeigt, so daß bei einzelnen der Rost sich selbst noch etwas verbreitet. Oft legt ein Wulst an den Stiel sich an und verengert die Stielhöhle.

Schale: ziemlich glatt, mattglänzend, wenn die Frucht am Baume lange genug sitzt, vom Baume schon grüngelb, später ziemlich hochgelb. Früh gebrochene sind vom Baume ganz grün und werden auch später nicht goldgelb. Die Sonnenseite zeigt bald kurz abgesetzte, bald etwas längere, bei früh gebrochenen Früchten düstere Carmosinstreifen, zwischen denen die Schale noch leicht roth, mit durchscheinender Grundfarbe, überlaufen ist. Bei stark besonnten wird die Röthe oft jedoch so stark, daß die Streifen etwas undeutlich werden. Die Punkte sind sehr fein und fallen nicht ins Auge, seltener sind sie feine Roststernchen. Schwärzliche Regenflecke zeigt die Frucht in nassen Jahren ziemlich viele. Der Geruch ist nicht stark. Rost ist nur wenig bemerklich.

Das Fleisch ist gelb, bei früh gebrochenen grünlichgelb, mürbe, zart, saftreich, von fein weinigem Zuckergeschmacke, der aber in hiesiger Gegend kaum so edel ist, als der der Reinette von Orleans.

Das Kernhaus ist geschlossen, oft mit etwas hohler Achse, die mäßig geräumigen Kammern enthalten große, aber häufig unvollkommene, wenn vollkommen häufig facettirte und in Form den Kernen der Orleansreinette ganz ähnliche Kerne, die besonders die Abkunft von der Orleansreinette zeigen. Die Kelchröhre geht als Kegel oder Trichter etwas herab.

Reifzeit und Nutzung: Zeitigt im November oder December und hält sich bis zum Frühjahre. Muß reichlich so lange und wohl noch länger am Baume sitzen, als die Reinette von Orleans, um nicht zu welken und die Färbung einer Goldreinette anzunehmen.

Der Baum wuchs bisher in meiner Baumschule gesund und stark und zeigten die Probezweige und jungen Stämme sich hinlänglich fruchtbar. Er schlägt im Frühling ziemlich spät aus. Der Wuchs des Baumes ist pyramidal und macht er eine mäßig reich verzweigte, aber mit recht vielem kurzen Fruchtholze besetzte Krone. Sommertriebe ziemlich lang und stark, fast gerade, nach oben etwas abnehmend, nach oben wollig, violettbraun, nur leicht silberhäutig, zerstreut und fein punktirt. Blatt ziemlich groß, fast flach, elliptisch, oft etwas umgekehrt eiförmig, mit aufgesetzter Spitze, schön, ziemlich tief und scharf gezahnt. Afterblätter pfriemenförmig; Augen kurz, etwas wollig, sitzen auf flachen, aber deutlich gerippten Trägern.

Oberdieck.

No. 628. Wormser bunter Streifling. Diel V, 4; Luc. XIII, 1. a. (b); Hogg III, 1. B.

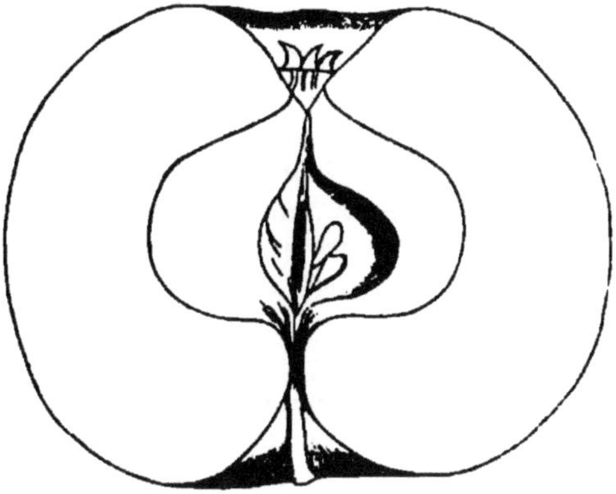

Wormser bunter Streifling, fast ††, Dezember bis Sommer.

Heimath und Vorkommen: Diel erhielt diese Sorte von einem Hrn. Witt zu Worms und bezeichnet sie als eine gute Frucht vom 2ten Range und noch angenehm selbst zum rohen Genusse. Mein Reis erhielt ich direkt von Diel und stimmten die Früchte mit der Beschreibung ganz überein. Die Sorte hatte indeß in meiner Gegend den Fehler, daß die Früchte nicht nur mehrmals merklich unter der gehörigen, oben dargestellten Größe zurückblieben, sondern auch, wenn nicht spät gebrochen wurde, Neigung zum Welken zeigten. Diel bemerkt indeß, daß die Frucht nicht welke und in südlicherer Gegend wird sie wohl schätzbar sein; für meine Gegend schien es mir aber selbst für den Haushalt manche bessere Früchte zu geben.

Literatur und Synonyme: Diel A—B I, S. 140, Wormser bunter Streifling. v. Aehrenthal gibt Taf. 72, ziemlich gute, doch wohl zu schöne Abbildung. Dittrich hat ihn nicht. In Dochnahls Führer Nr. 922 findet man noch kurze, aus Diel entnommene Angaben.

Gestalt oft rein kugelförmig; der Bauch sitzt gewöhnlich in der Mitte und die Frucht ist dann nach beiden Seiten gleichmäßig gewölbt. Die gewöhnliche Größe ist nach Diel $2^3/_4$" Breite und $2^1/_2$" Höhe.

Kelch: schmal- und langgespitzt, etwas offen, sitzt nach Diel in geräumiger, ungemein tiefer, schüsselförmiger Einsenkung, in der man nur einige Falten sieht, wie auch über die Frucht deutliche Erhabenheiten nicht hinlaufen. An meinen meistens kleinen Früchten war die

Kelchsenkung nicht ungemein tief und zeigte sich selbst etwas von über die Frucht hinlaufenden Erhabenheiten.

Stiel: kurz, sitzt in geräumiger, tiefer, trichterförmiger, oft glatter, oft fein rostfarbiger Höhle, und verbreitete der Rost sich an einigen meiner Exemplare selbst noch etwas über die Stielwölbung.

Schale: glatt, glänzend, nicht fettig; Grundfarbe vom Baume hellgrün, in der Zeitigung hoch citronengelb, wovon aber bei recht besonnten Früchten gar keine Stelle rein zu sehen ist, indem die ganze Schale rund herum mit vielen starken, dunkelcarmosinrothen Streifen besetzt und zwischen diesen noch roth getuscht ist, welches nur nach der Schattenseite hin schwächer wird. Zwischen den Streifen der Schattenseite scheint die Grundfarbe deutlich hindurch und ist bei etwas beschatteten Früchten rein zu sehen. Mehrere meiner Früchte waren, namentlich 1865, an der Sonnenseite zwischen den Streifen so stark roth überlaufen, daß die Streifen an der Sonnenseite selbst undeutlich wurden. Wahre Punkte findet man nicht, oder nur einige feine auf der Schattenseite. Geruch schwach.

Das Fleisch ist etwas gelblich, ziemlich fein, locker, saftvoll, von etwas himbeerartigem, erfrischenden Weingeschmacke.

Das Kernhaus ist geschlossen; die etwas engen, glattwandigen Kammern enthalten nur wenige, vollkommene, meistens unvollkommene oder taube Kerne. Die Kelchröhre geht als Kegel nicht weit herab.

Reifzeit und Nutzung: Zeitigt im December und hält sich bis zum Sommer.

Der Baum wächst lebhaft, bildet nach Diel eine etwas breite Krone und ist recht fruchtbar. Sommertriebe mittelmäßig stark, wollig, silberhäutig, trüb dunkel braunroth, wenig und kaum bemerklich punktirt. Blatt ziemlich groß, eiförmig mit kurzer, aufgesetzter Spitze, nicht tief, aber scharf gezahnt. Afterblätter pfriemenförmig; Augen klein, sitzen auf etwas vorstehenden, nur auf den Seiten gerippten Trägern.

Oberdieck.

No. 629. **Normännischer Büschelapfel.** Diel IV, 1; Luc. XIII, 1. b; Hogg III, 1. B.

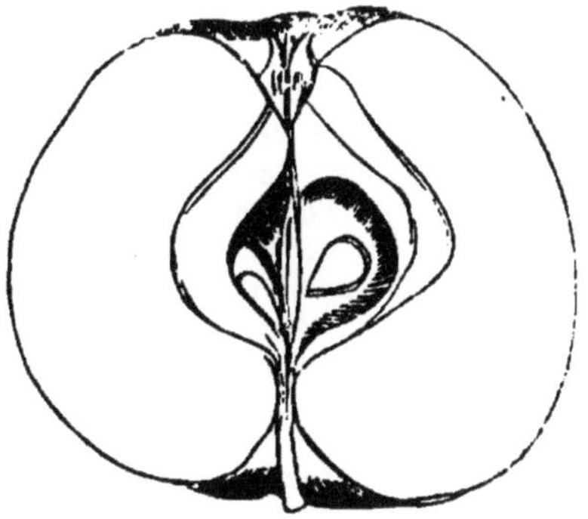

Normännischer Büschelapfel. ††, December bis April.

Heimath und Vorkommen: Diese besonders zur Cyderbereitung gerühmte Frucht, die jedoch selbst für die Tafel brauchbar sei, erhielt Diel als Pomme Glane, 1815, unter einer Anzahl gerühmter Cyderäpfel aus der Normandie, durch Herrn Maire Corneli zu Rimburg in Hoffstad bei Aachen, von denen ihm jedoch nur der Obige und der Orgueil angingen. Glane bedeutet ein Büschel Aehren, und gab ihm Diel daher den obigen Namen, den er bei seiner, auch in meiner Gegend äußerst reichen Tragbarkeit verdient. Diel setzt noch hinzu, daß die Frucht alle Eigenschaften habe, einen sehr haltbaren Wein zu geben, es scheint die Sorte aber in Deutschland noch gewaltig wenig bekannt geworden zu sein. Mein Reis erhielt ich direct von Diel und ergaben die erbauten Früchte ungezweifelt die Aechtheit der erhaltenen Sorte.

Literatur und Synonyme: Diel A—B IV, S. 112. Normännischer Büschelapfel, Pomme Glane. Dittrich hat die Sorte nicht und findet sie sich nur noch in Dochnahls Führer Nr. 927, wobei mit einem ? hinzugesetzt wird, ob es etwa Noisettes Wilder Apfel in Büscheln sein möchte, was dahin steht.

Gestalt: In gewöhnlicher Größe ist die Frucht $2^1/_2$" breit und 2 bis $2^1/_4$" hoch. In meiner Gegend blieb sie etwas kleiner, nur $2^1/_4$" breit. An Größe und Gestalt gleicht er etwas dem Edelborsdorfer, ist jedoch oft stärker konisch gebaut. Der Bauch sitzt bald etwas mehr nach dem Stiele hin, bald und wohl in der Mehrzahl der Exemplare in der Mitte, doch wölbt sich die Frucht auch dann nach dem Kelche etwas abnehmender, als nach dem Stiele und gar manche Exemplare haben ein etwas hohes, abgestumpft konisches Ansehen.

Kelch: stark und langgespitzt, grünbleibend, steht oft straußförmig in die Höhe, ist geschlossen, und sitzt in ziemlich weiter und tiefer Einsenkung, mit Falten und Fleischperlen umgeben. Ueber die Frucht laufen nur recht flache Erhabenheiten hin.

Stiel: nach Diel dünn, holzig, bei mir oft etwas stark, ist $1/2''$ lang und sitzt in tiefer trichterförmiger nach Diel mit starkem Roste bekleideter Höhle, die ich jedoch an manchen Exemplaren auch ganz rostfrei fand.

Schale: etwas stark, glatt, mattglänzend, nicht geschmeidig, ist vom Baume schön grasgrün und wird erst nach und nach im Winter hellgelb, wobei die Sonnenseite mit einem erdartigen, oft nur leicht aufgetragenen Roth verwaschen ist, in dem man, genau betrachtet, etwas dunkelrothe Streifen sieht, die nicht gleich ins Auge fallen; doch fand ich 1836 die Streifen in der Röthe selbst ins Auge fallend. Bei etwas beschatteten Früchten fehlt meist alle Röthe. Rostige Punkte finden sich zerstreut im Roth oft zahlreich, und erscheinen dann in der Röthe als feine, matte, weißlichgraue, manchmal etwas rosenrothe Stippchen. Geruch fehlt.

Das **Fleisch** ist nach Diel weiß, bei mir meist etwas grünlichgelb, fein, nach dem Abnehmen vom Baume saftreich, in der Lagerreife etwas weniger saftreich, nach Diel von etwas zimmtartig gewürztem, fast zuckerartigen Geschmacke, den ich mir als dem Geschmacke des Langen Bellefleurs ähnlich, doch stärker gezuckert und weniger unter die eigentlichen Süßäpfel zu rechnen, auch schwach zimmtartig gewürzt notirte.

Das **Kernhaus** ist geschlossen, die geräumigen, glattwandigen Kammern enthalten starke, eiförmige, hellbraune Kerne. Die Kelchröhre ist ein starker, ziemlich herabgehender Kegel.

Reifzeit und Nutzung: Zeitigt im December und hält sich den Winter hindurch. Ich fand die gar nicht leicht faulenden Früchte im April noch sehr gut. In meiner Gegend muß die Frucht nicht zu früh gebrochen werden, da sie in kalten Jahren, bei früherem Brechen, merkliche Neigung zum Welken zeigte. Diel bemerkt indeß, daß die Frucht nicht welke, was südlicher also nicht vorkommt.

Der **Baum** wächst auch bei mir stark und gesund, wird nach Diel groß, bildet eine breitgewölbte Krone, ist bald fruchtbar und macht durch Volltragen seinem Namen Ehre. Der Stamm wächst in der Baumschule sehr gerade empor und ist mit großem Laube schön belaubt. Sommertriebe lang, mittelmäßig stark, nach oben etwas abnehmend, an der Spitze wollig, nur unten oder hie und da leicht silberhäutig, oft nicht silberhäutig, erdartig braunroth, oft selbst violettbraun, zahlreich aber fein, und nur an recht starken Trieben in die Augen fallender punktirt. Blatt groß, fast flach ausgebreitet, ziemlich tief, meistens etwas stumpf und meistens doppelt gekerbt gezahnt, von Form nach Diel herzförmig mit kurzer, aufgesetzter Spitze, nach meiner Annotirung mehr oval als elliptisch, mit aufgesetzter, schöner Spitze, oft selbst elliptisch. Afterblätter zahlreich, fein, fadenförmig oder pfriemenförmig; Augen klein, dreieckig, etwas weißwollig, oft auch röthlich, sitzen auf etwas vorstehenden, flach gerippten Trägern.

Oberdieck.

No. 630. Wilhelm Gay. Diel V, 4. (2); Lucas XIII, 1. (2) b; Hogg III, 1. B. (C.)

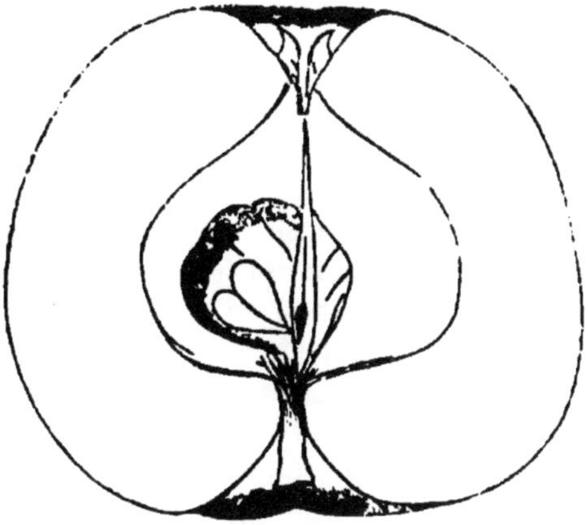

Wilhelm Gay, † †', Januar bis Sommer.

Heimath und Vorkommen: Diel erhielt diese sehr gute, äußerst haltbare, zu den Kohläpfeln gehörende Haushaltsfrucht aus Wien mit der Bemerkung, daß die Frucht aus der Wallachei abstamme. Der Name erklärt sich dadurch nicht und ist fraglich, ob er etwa nach dem Kunstgärtner und Baumschuleninhaber Gay zu Bollweiler, oder etwa einem Sohne desselben benannt ist, nach dem auch wohl die Gays Reinette benannt sein wird. Das Reis erhielt ich von Diel durch Bödiker in Meppen, und kann an Aechtheit der Sorte nicht zweifeln. Ist noch sehr wenig bekannt, und unterliegt vorerst noch weiterer Prüfung der Pomologen.

Literatur und Synonyme: Diels Catalog, 2te Fortsetzung, S. 78, Nr. 611. Dittrich hat ihn nicht. Findet sich noch in Dochnahls Führer, Nr. 934, mit den wenigen aus Diels Cataloge entnommenen Notizen, und Aehrenthal giebt Taf. 84 Abbildung, die wohl nicht gehörig vollkommen ist.

Gestalt: Mittelgroß, nach Diel $2^3/_4$'' breit, $2^1/_2$'' hoch, bei mir blieb er etwas kleiner. Der Bauch sitzt nur etwas mehr nach dem Stiele hin, um den die Frucht sich etwas flachrund wölbt. Nach dem Kelche nimmt sie doch noch etwas stärker ab und ist nur mäßig, oft wenig abgestumpft.

Kelch: etwas breitgespitzt, meist halb offen, sitzt in mäßig weiter und tiefer mit Falten umgebener Senkung, bei kleinen Exemplaren fast oben auf. Ueber die Frucht laufen nur sehr flache Erhabenheiten hin.

Stiel: kurz, holzig, oft fleischig, verhältnißmäßig stark, sitzt in ziemlich weiter und tiefer mit nur etwas feinem, grünlichen Roste besetzter Höhle.

Schale: glatt, ziemlich glänzend. Grundfarbe vom Baume fast grasgrün, erst spät gelb, doch davon meist nichts ganz rein zu sehen, indem die Frucht mit einem trüben, erdartigen, auf der Sonnenseite dunkelblutartigen, oder selbst ins schwärzliche schillernden Roth überzogen ist. In dem Roth bemerkt man oft noch deutliche, dunklere Streifen, die aber bei manchen stärker gefärbten Früchten wenig bemerklich sind. Punkte sehr wenig bemerklich und finden sich in der Röthe nur einzelne feine, hellere Stippchen. Geruch schwach.

Das Fleisch ist etwas grünlich gelblich, fein, saftreich, von süßweinsäuerlichem, etwas zimmtartigen Geschmacke.

Das Kernhaus ist geschlossen, ziemlich groß; die glattwandigen Kammern enthalten braune, lange und spitze, meist facettirte Kerne. Die Kelchröhre geht als Trichter nur etwas herab.

Reifzeit und Nutzung: Zeitigt im Januar und hält sich lange.

Der Baum ist in meiner Baumschule gesund und recht rasch gewachsen, und setzte die Nebenzweige in etwas stumpfen Winkeln an. Die Sommertriebe sind ziemlich lang und stark, nur oben wollig, wenig silberhäutig, violettschwarz, fein und nicht in die Augen fallend, oder doch zerstreut punktirt. Blatt flach, elliptisch, scharf gezahnt. Afterblätter kurz-lanzettlich; Augen dreieckig, ziemlich groß, wenig wollig, auf etwas vorstehenden, deutlich, doch kurz gerippten Trägern.

Oberdieck.

No. 631. Fechenbacher Streifling.

Diel V, 2; Lucas XIII, 2. a. (b); Hogg III, 1. B.

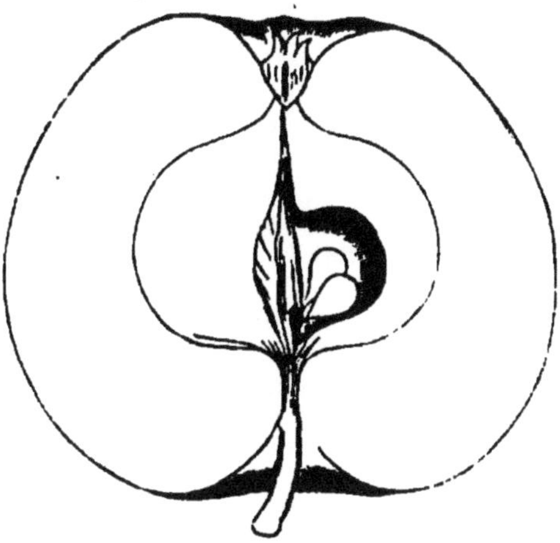

Fechenbacher Streifling. ††, Ende November durch Winter.

Heimath und Vorkommen: Diel erhielt diese schätzbare Haushaltsfrucht von Herrn Pfarrer Nicala in Fechenbach am Main, wo er häufig, und unter dem Namen Rother Borsdorfer gebaut wird (jedoch von Diels Rothem Borsdorfer ganz verschieden ist). Diel empfiehlt die Sorte als geeignet sowohl zum rohen Genusse, als noch mehr für die Oeconomie und sagt „eine der ersten vom 2ten Range". Die Frucht hat in Fleisch und Dauer manche Aehnlichkeit mit dem Purpurrothen Cousinot. Das Reis erhielt ich von Diel durch Herrn Justizrath Burchardt zu Landsberg an der Warthe, und ließen die erbauten Früchte die Aechtheit nicht verkennen. Jedoch will ich anmerken, daß mehrmals meine erbauten Früchte auf gesundem Probezweige beträchtlich kleiner waren, als Diel angiebt und nur 2" breit und 1½" hoch, wie auch Herr Clemens Rodt zu Sterkowitz in Böhmen mir 1865 eine Frucht nur von dieser Größe sandte. Es bleibt daher noch weiter zu untersuchen, ob die Sorte nicht in manchen Bodenarten zu klein bleibt. Wo das nicht eintritt, ist sie ohne Zweifel sehr werthvoll.

Literatur und Synonyme: Diel VII, S. 214, unter obigem Namen, findet sich sonst nur noch in Dochnahls Führer, ist mithin noch sehr unbekannt. Daß die Frucht in Fechenbach gewöhnlich Rother Borsdorfer genannt wird, ist schon erwähnt.

Gestalt: Ziemlich kugelförmig, etwas zugespitzt, zuweilen jedoch, wie Diel bemerkt (und namentlich meine kleinen Früchte ergeben) auch plattrund. Der Bauch sitzt in der Mitte und nimmt nach dem Kelche stärker ab, so daß er ein etwas hohes Ansehen gewinnt. Die Größe recht vollkommener Exemplare beträgt nach Diel 3″ Breite und 2¾″ Höhe, doch sei er in manchen Jahren fast etwas klein. Die größte Frucht, die ich bisher erndtete, ist oben dargestellt, viele waren, wie schon gesagt, nur 2″ breit und 1¾″ hoch.

Kelch: wollig, nicht stark, bald offen, bald geschlossen, sitzt bald in etwas enger, bald auch geräumiger, schöner Einsenkung, meistens mit feinen Falten umgeben, wie auch über die Frucht öfters einige flache Erhabenheiten hinlaufen, die man aber meistens kaum bemerkt, so daß der Bauch schön gerundet ist.

Stiel: etwas dünn, ¾—1″ lang, sitzt in tiefer, oft recht tiefer Höhle, welche mit Rost bekleidet ist, der sich strahlig noch über die Stielwölbung verbreitet.

Schale: fein, glatt, am Baume mit Duft belaufen, glänzend, bei der Zeitigung geschmeidig; Grundfarbe ist vom Baume ein schönes Hellgrün, welches erst spät gelb wird. Von der Grundfarbe sieht man aber bei vielen Früchten keine Spur, als wo Aufliegendes die Röthe abgeschnitten hat, denn die Sonnenseite ist mit hohem dunklen Karmosinroth stark überzogen, welches erst nach der Schattenseite hin heller wird, so daß die Grundfarbe durchschimmert. In dem Roth sieht man meistens noch dunklere Streifen, die oft kaum bemerklich sind, und erst nach der Schattenseite hin etwas deutlicher werden. Bei etwas beschatteten Früchten sind die Streifen deutlicher, und bilden oft breite Bandstreifen, zwischen denen die Grundfarbe sichtbar bleibt und auch hie und da solche Bandstreifen darstellt. Punkte ziemlich häufig, aber kaum bemerkbar, fein und gelblich. Auch Rostflecke finden sich häufig. Geruch sehr angenehm und stark.

Das **Fleisch** ist fest, etwas grünlich weiß, recht fein, voll Saft, von gewürzhaftem, süßsäuerlichen Geschmacke.

Kernhaus geschlossen, mit schmaler, hohler Achse. Die geräumigen Kammern enthalten viele schöne vollkommene, eiförmige Kerne. Die Kelchröhre ist kurz.

Reifzeit und Nutzung: Zeitigt im November und hält sich den Winter hindurch.

Der **Baum** wächst lebhaft und geht schön in die Luft. Sommertriebe etwas schmutzig wollig, nicht silberhäutig, hell erdbraunroth, wenig und fein punktirt. Blatt mäßig groß, eiförmig, oft mehr elliptisch, nicht tief und stumpfspitz gezahnt. Afterblätter pfriemenförmig, Augen klein, wenig wollig, sitzen auf ziemlich vorstehenden stark gerippten Trägern.

Oberdieck.

No. 632. Herrnhäuser Schmelzling. Diel V, 4; Lucas XIII, 3. b; Hogg II, 1.B.

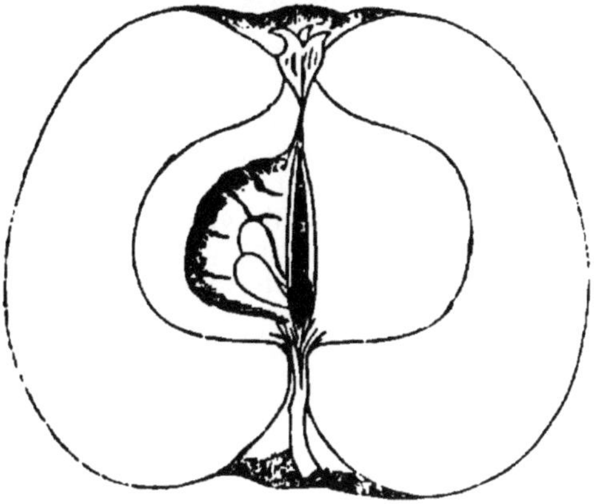

Herrnhäuser Schmelzling. •††, Sept., Oct., Nov. 8 W.

Heimath und Vorkommen: Diel erhielt diese gute, recht reich tragende Frucht, die für den rohen Genuß etwas gewürzter sein könnte, aus Herrnhausen unter dem Namen Rostocker Schmelzling, hat jedoch, obwohl es im Herrnhäuser Sortimente, wie Diel bemerkt, noch einen andern Schmelzling schlechtweg gab, die Benennung Herrnhäuser Schmelzling adoptirt, zumal die Herkunft der Sorte von Rostock wohl unsicher war. Die Aenderung des Namens schadet auch nicht, da das alte Herrnhäuser Sortiment, nachdem richtiger benannte Sorten eingeführt waren, jetzt untergegangen ist. Es ist mir von der obigen Sorte selbst noch kein Baum in unserem Lande vorgekommen, dieselbe möchte aber wegen ihrer Fruchtbarkeit doch sehr weiter zu beachten sein, und selbst für den Landmann Anpflanzung verdienen. Sie mag sich auch besonders für nördliche und rauhe Gegenden eignen, da sie bei mir wiederholt größer war, als Diel angiebt. Der Name soll Mürbigkeit und Zartheit des Fleisches andeuten. Mein Reis erhielt ich direct von Diel.

Literatur und Synonyme: Diel XII, S. 184, Herrnhäuser Schmelzling, mit dem Synonym Rostocker Schmelzling. Kommt sonst nicht vor, und findet sich selbst bei Dittrich nicht.

Gestalt: Nähert sich der Kugelform oder steht vielmehr zwischen kugelig und abgestumpft konisch, zu der letzten Form neigend. Nach Diel sitzt der Bauch in der Mitte und wölbt die Frucht sich eben so abgerundet nach dem Stiele, als nach dem Kelche, wodurch beide Wölbungen sich meistentheils gleich sind. An meinen größeren Früchten fand sich indeß der Bauch doch bemerklich mehr nach dem Stiele hin, um den die Frucht sich flachrund wölbte, nahm, noch hinreichend bemerklich, bei manchen Exemplaren sehr bemerklich, stärker nach dem Kelche ab und war am Kelche ziemlich stark abgestumpft. Gute Früchte, deren Größe Diel auf 2½" Breite und 2" Höhe angiebt, maßen mehrmals bei mir fast 3" Breite und 2½" Höhe.

Kelch: klein, langgespitzt, wollig, geschlossen, sitzt in mäßig weiter und tiefer Einsenkung, mit feinen Rippchen umgeben, die auch, flach erhoben, deutlich über die Frucht hinlaufen.

Stiel: dünn, holzig, nach Diel ¾" lang, war bei mir häufig noch merklich kürzer, kaum an die Stielwölbung hinanreichend und sitzt in geräumiger, tiefer, meistens mit strahlig verlaufendem Roste besetzter Höhle, der indeß bei manchen Exemplaren auch unbedeutend ist.

Schale: zart, jedoch gegen Druck nicht zu weichlich, nicht fettig, vom Baume gelblich grün, später schön hellgelb. Die Sonnenseite ist nach Diel mit nicht vielen, kurz abgesetzten Carmosinstreifen besetzt und zwischen diesen, besonders um die Stielwölbung, noch stark getuscht, wobei auch über die Schattenseite noch einzelne, blasse Streifen laufen, die aber oft auch fehlen. Die Streifen fand ich an meinen Früchten ziemlich zahlreich und die Schale dazwischen zahlreich roth punktirt, nicht getuscht, auch fand sich an meinen, durch kürzeren Stiel mehr aufrecht sitzenden Früchten die Streifung nicht gerade um den Stiel, sondern an der Sonnenseite. Aufliegendes schneidet die Röthung ab, die am Baume auch erst spät beginnt. Eigentliche Punkte finden sich nach Diel gar nicht, die ich indeß an meinen Früchten sehr wohl wahrnehmen konnte, jedoch meistens als Dupfen in der Schale erschienen. Geruch merklich.

Das Fleisch ist weiß, fein, weich, saftvoll, von angenehmem, etwas gewürzten, zuckerartigen, mit nur etwas angenehmer Säure versehenen Geschmacke. Daß, wie Diel bemerkt, der Apfel noch an die wahren Süßäpfel grenze, kann ich nicht sagen, da einige Säure im Geschmacke, die auch Diel angiebt, die Frucht genügend von eigentlichen Süßäpfeln trennt.

Das Kernhaus ist groß, hat meistens eine hohle Achse, in die manche Kammern sich schnittförmig oder spaltförmig öffnen. Manche Exemplare haben selbst ein offenes Kernhaus. Die ziemlich geräumigen Kammern mit ausgeblühten Wänden enthalten viele, vollkommene Kerne. Die Kelchröhre ist ein kurzer, spitzer Kegel.

Reifzeit und Nutzung: Zeitigt nach Diel Anfangs Nov. und hält sich bis Weihnachten. In recht warmen Jahren, wie 1834 und 1865, mürbeten die Früchte schon mit Anfang October oder selbst Ende September.

Der Baum wächst sehr lebhaft, und wird nach Diel ansehnlich groß. Er setzt die Zweige in ziemlich spitzen Winkeln an, geht rasch in die Luft, setzt sehr viel kurzes Fruchtholz an und wird früh und recht reich fruchtbar. Sommertriebe lang, ziemlich stark, fein wollig, stark silberhäutig, beschattet schmutzig olive, besonnt mit violettem Braun überlaufen, mit vielen, meistens feinen, nicht stark ins Auge fallenden Punkten besetzt. Blatt mittelgroß, meistens lang und spitz eiförmig, mit starker auslaufender Spitze, manche aber auch mehr elliptisch oder selbst oval. Die Zahnung ist etwas seicht und stumpf. Afterblätter kurz lanzettlich oder pfriemenförmig. Augen flach, etwas wollig, sitzen auf flachen, flach gerippten Trägern.

Oberdieck.

No. 633. Hoheitsapfel. Diel V, 1; Lucas XIII, 3. b; Hogg III, 1. B.

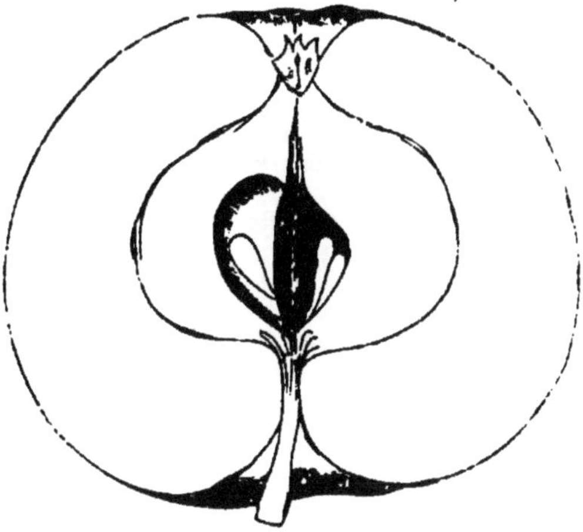

Hoheitsapfel. ††, wohl *, Dezember durch Winter.

Heimath und Vorkommen: Ist eine noch höchst wenig bekannte, gute Frucht, welche Diel von Herrn Consistorialsecretär Fromm in Meiningen erhielt. Findet sich bei keinem Pomologen. Das Reis erhielt ich direct von Diel, und darf ich, trotz mehrerer Abweichung in Färbung und Kernhaus, die Sorte wohl für ächt halten, zumal wegen der angegebenen Beschaffenheit des Fleisches und der langen Haltbarkeit. Diel bezeichnet die Frucht als eine der besten vom 2ten Range, und nennt sie eine ausgesuchte ökonomische Frucht für den Landmann, besonders wegen Saftfülle.

Literatur und Synonyme: Diel A—B VI, S. 115. Hoheitsapfel, Dittrich I, S. 452. Findet sich sonst nur noch bei Dochnahl Nr. 1012. Das T. Obst-Cab. Nr. 31 bildet unter dem Namen Hoheitsapfel eine dem Geflammten weißen Cardinal ähnliche Frucht ab, und fand sich dieser auch in Herrnhausen unter obigem Namen, wodurch ich in den Irrthum gerieth, in der Monatsschrift von 1863, S. 41, den Hoheitsapfel mit dem Geflammten weißen Cardinal als identisch zu setzen, mit welchem aber der Obige gar keine Aehnlichkeit hat und schon wegen langer Dauer von ihm verschieden ist.

Gestalt: Gewöhnlich etwas flach, seltener platt kugelförmig und etwas in die Breite verschoben. Der Bauch sitzt in der Mitte und wölbt die Frucht sich flachrund um den Stiel. Nach dem Kelche nimmt sie etwas stärker ab, und sind beide Wölbungen dann sichtbar verschieden. Gewöhnlich ist die Frucht 3″ breit und 2¼ bis 2½″ hoch.

Kelch: breitblättrig, ziemlich geschlossen, sitzt in etwas enger, flacher Senkung mit Falten und feinen Rippchen umgeben, die meistens auch über den Bauch sehr deutlich hinlaufen.

Stiel: stark, holzig, nach Diel $^3/_4$" lang, bei mir oft merklich kürzer, sitzt in geräumiger, tiefer, trichterförmiger, mit Rost bekleideter Höhle.

Schale: glatt, ziemlich glänzend, gar nicht fettig. Grundfarbe vom Baume strohweiß, später schön citronengelb, wobei man nach Diel auf der Sonnenseite einzelne oft nur undeutliche Streifen sieht. Diese Angabe scheint etwas mangelhaft, wenigstens war bei mir die Röthe stärker, ziemlich blutartig und überlief bei freihängenden Exemplaren die ganze Sonnenseite so stark, daß die Streifen in der stärkeren Röthe oft undeutlich wurden und sich erst nach der Seite hin und auf der Schattenseite deutlicher zeigten. Selbst über einen Theil der Schattenseite verbreitete sich noch eine leichte Röthe. Bei etwas mehr beschatteten Früchten zeigten die Streifen auch in der Röthe der Sonnenseite sich sehr deutlich. Punkte weitläufig vertheilt, kaum bemerklich, auf der Sonnenseite zerstreute, ganz feine, gelbliche Stippchen. Geruch fehlt.

Das **Fleisch** ist nach Diel weiß, bei mir ziemlich merklich gelb oder auch grünlichgelb, fein, saftreich, mürbe, von recht angenehmem, feinen, süßweinsäuerlichen Geschmacke.

Das **Kernhaus** ist nach Diel groß, meistens offen, die weiten, muschelförmigen Kammern enthalten wenige, schwarzbraune, langgespitzte Kerne. Ich fand das Kernhaus 1865 nur hohlachsig und in den glattwandigen, geräumigen Kammern lange, recht langgespitzte, häufig unvollkommene Kerne. Die Kelchröhre ist ein kurzer Kegel.

Reifzeit und Nutzung: reift nach Diel und wie ich es auch fand im December und hält sich den ganzen Winter hindurch.

Der **Baum** wächst stark und gesund, treibt nach Diel ziemlich starke Aeste, die eine flach gewölbte Krone bilden und wird bald fruchtbar. Sommertriebe ziemlich stark, nach oben nicht merklich abnehmend, fein wollig, leicht silberhäutig, trüb violettbraun, wenig und fein punktirt. Blatt groß, langeiförmig mit schöner Spitze, ziemlich tief und scharf gezahnt. Afterblätter pfriemenförmig, fehlen meist. Augen stark, etwas wollig, sitzen auf ziemlich vorstehenden, nur auf den Seiten gerippten Trägern.

Oberdieck.

Nachtrag: Indem ich, bei Correctur der gedruckten Beschreibung, nochmals Dittrichs Beschreibung der Sorte nachsehe, wird es, durch den Umstand, daß Dittrich bei seiner Beschreibung auf die Abbildung im T. O.-Cab. sich bezieht, mit denkbar, daß er bei Abfassung der Beschreibung, — (wenn dies auch nur selten der Fall gewesen sein wird, und seine Beschreibungen immer nur wörtliche Copieen der Dielschen Beschreibungen sind) — wirklich eine, und möglich von Diel als Hoheitsapfel bezogene Frucht vor Augen hatte, die dem Geflammten Cardinal wohl ähnlich war, aber spät zeitigte. Es wäre mir lieb, zu erfahren, ob eine solche Frucht als Hoheitsapfel irgendwo noch fortgepflanzt worden ist. In diesem Falle müßte doch wohl angenommen werden, daß die vorstehende Beschreibung nicht auf die rechte Frucht des Namens gehe und mir von Diel ein unrichtig benanntes Reis zugegangen wäre, wenn auch in den übrigen Punkten die erhaltene Frucht mit Diels Beschreibung genügend stimmte.

No. 634. Der Erndteapfel. Diel VI. 1; Lucas XIV, 2. a (b); Hogg I, 2. C.

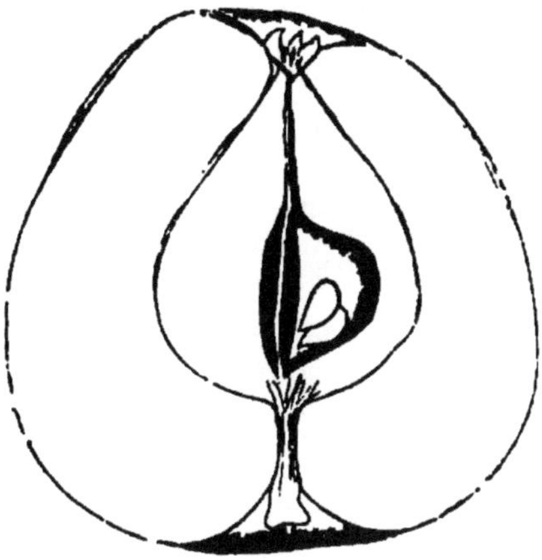

Der Erndteapfel. ††. H. L.

Heimath und Vorkommen: Diel erhielt diese Sorte von Herrn Amtmann und Rath Roth zu Nassau an der Lahn und bemerkt, daß dieselbe sich bestimmt bei keinem Pomologen finde, jedoch viele Aehnlichkeit mit Knoops Pearmain d'été habe, (welche indeß unsere Sommer-Parmäne ist). Diels Urtheil über den Apfel lautet dahin, daß derselbe zwar etwas klein, aber wegen großer Fruchtbarkeit, auch Güte zum rohen Genusse für den Landmann und durch ausgebreiteten Nutzen für die Oeconomie wirklich schätzbar sei, der sich schon vom Baume genießen und doch bis in den Winter aufbewahren lasse. Zum Welken werde er von Vielen dem Edelborsdorfer vorgezogen und verdiene der Baum, der auch in gutem Grasboden fortkomme, die häufigste Anpflanzung. Das Reis erhielt ich von Diel und zeigte die Sorte sich ächt, muß indeß bemerken, daß wenigstens bis jetzt mein großer vor etwa 10 Jahren angefertigter Probezweig sich für hiesige Gegend noch nicht recht fruchtbar zeigte. Vielleicht will der Baum, ehe er reich trägt, erst einiges Alter erlangen.

Literatur und Synonyme: Diel V, S. 187, der Erndteapfel. Kommt sonst nur noch in Dochnahls Führer S. 262 vor. Nach Dochnahl würden auch der Weiße Sommercalville, die Goldgelbe Sommerreinette und der Jacobsapfel (welcher letzte in Thüringen, wie schon Dittrich S. 480 bemerkt, auch Korn- und Kleiner Kornapfel heiße) Erndteapfel genannt, und ist dieser Name auch leicht mehreren früh reifenden Sorten beigelegt worden. Von Hrn. Dr. Liegel erhielt ich einen Kornapfel, der auch wieder ein anderer ist, und diesen Namen behalten mag.

Gestalt: abgestumpft konisch, nach Diel $2^1/_2$" breit und hoch. Meine Früchte erlangten bisher nicht ganz diese Größe. Der Bauch sitzt merklich mehr nach dem Stiele hin, um den die Frucht sich platt-rund wölbt. Nach dem Kelche nimmt sie kegelförmig und beträchtlich stärker ab, und ist ziemlich stark abgestumpft.

Kelch: klein, halb offen, sitzt in flacher, weiter Senkung mit feinen Falten umgeben. Auch über die Frucht laufen breite Hervorragungen hin, so daß sie selten schön rund ist.

Stiel ist nur ein kurzer Fleischbutz und sitzt nach Diel in ziemlich tiefer, mit gelbbraunem Roste bekleideter Höhle, der sich oft weit über die Stielwölbung verbreitet. Zu dem letzteren hatten meine Früchte nur nach einer Seite hin einen Ansatz, und war die Stielhöhle durch einen an den Stiel sich anlegenden Fleischwulst verengt und verflacht.

Schale: fein, ziemlich glänzend, geschmeidig. Die Grundfarbe ist in der Zeitigung ein schönes, helles Citronengelb, wobei ein großer Theil der Frucht, wohin gerade die Sonne stärker traf, mit schönem hellen Blutroth (etwas gelblichem Roth) verwaschen ist, ohne daß man Spuren von Streifen bemerkte. Die Punkte sind nicht häufig, sehr fein, und nur in der Grundfarbe sichtbarer; im Roth bilden sie sehr zerstreute, feine, gelbliche Stippchen. Der Geruch ist fein und angenehm.

Das Fleisch ist gelblich weiß, fein saftvoll, von angenehmem, feinen, süßweinsäuerlichen Geschmacke.

Das Kernhaus ist klein, etwas offen; die Kammern sind unregelmäßig und enthalten oft wenige, oder gar keine Kerne. Die Kelchröhre ist sehr kurz.

Der Baum wird, nach Diel, groß und alt, ist gesund, trägt Anfangs die Aeste schön in die Luft, bildet aber eine breite, flache Krone mit vielem feinen Holze, das sich, bei der jährlichen großen Fruchtbarkeit, herabhängt, setzt früh eine Menge von Fruchtspießen oder Fruchtruthen an, und ist in der Blüthe nicht empfindlich. Auch mein Probezweig ist mit mehreren Nebenästen rasch, und in ziemlich spitzen Winkeln in die Luft gegangen und setzte allerdings auch in dem naßkalten Jahre 1866, wo es am 22. und 23. Mai noch fror, und zahlreiche andere Sorten ohne alle Frucht blieben, recht gut und selbst voller, als bisher früher, an, die Sommertriebe sind fein und lang, mit feiner, etwas schmutzig aussehender Wolle bekleidet, unansehnlich braun, fein und zerstreut punktirt. Blatt ziemlich groß, rinnig, langeiförmig, oft auch mehr elliptisch, seicht und etwas stumpf-gezahnt, Afterblätter pfriemenförmig; Augen klein, sitzen auf flachen Augenträgern.

Oberdieck.

No. 635. Devonshire Buckland. Diel VII, 1; Lucas XV, 1. a; Hogg III, 1. A.

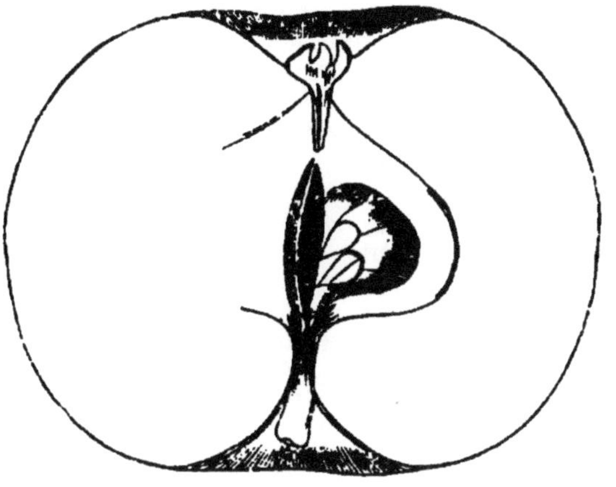

Devonshire Buckland. *††, Dezember bis März.

Heimath und Vorkommen: Ist eine Englische Frucht, die nach der Provinz, wo sie entsprang oder sich besonders verbreitet fand, benannt sein wird. Hogg bezeichnet sie als von erster Qualität für Küche und Tafel. Der Lond. Cat. bezeichnet sie nur als Küchenfrucht; beide loben die reiche Tragbarkeit des Baumes. Das Reis erhielt ich von der Societät zu London, und stimmen die erbauten Früchte sehr mit der Beschreibung überein. Die Sorte ist gerade keine Bereicherung der Pomologie, doch besonders für den Haushalt gut, und verdient zunächst alle weitere Beachtung der Pomologen. Hat einige Aehnlichkeit mit unserm Weißen Winter Taffentapfel.

Literatur und Synonyme: Lond. Cat. S. 8, Nr. 97. Buckland Devonshire mit den Synonymen Lily Buckland, White Lily, Dredges white Lily. Hogg S. 66, Devonshire Buckland, mit denselben Synonymen, allegirt Forsyth Treat. 99. Die Amerikaner kennen obige Sorte noch nicht und haben nur den Devonshire Quarrendon (unsern Rothen Quarrendon), der mit dem Obigen nicht zu verwechseln ist. Hogg hat auch S. 282 noch einen, von dem Obigen verschiedenen Yellow Buckland.

Gestalt und Größe, wie Hogg beides angiebt, 3" breit, 2½" hoch, flachrund; manche blieben bei mir kleiner. Der Bauch sitzt ziemlich in der Mitte, und wölbt die Frucht sich nach dem Kelche nur wenig, oft kaum stärker abnehmend, als nach dem Stiele. Manche Exemplare sind jedoch auch noch bemerklich stielbauchig, und nehmen dann nach dem Kelche bemerklich stärker ab und sind stark abgestumpft.

Kelch: grün, breitgespitzt, wollig, halb oder ganz offen, sitzt in weiter, mäßig tiefer, bei regelmäßiger Bildung ziemlich schüsselförmiger Senkung, umgeben mit schönen Falten, einzeln auch mit unregelmäßig aufgeworfenen, oft etwas perlenartigen, den Kelch schnürenden Beulen. Ueber die Frucht laufen nur flache, breite Erhabenheiten hin und machen einzeln die Hälften etwas ungleich.

Stiel: kurz, holzig, meist ein Butz, sitzt in weiter und tiefer, mit etwas Rost belegter Höhle.

Schale: ziemlich fein, glatt, glänzend, vom Baume wachsartig weiß, später etwas dunkler, wachsartig gelb. Die Sonnenseite zeigt leichten Anflug gelblicher Röthe, und manche feine Carmosinfleckchen und Punkte. Hogg sagt, die Frucht sei ganz überstreut mit feinen Rostpunkten (russety dots), die an der Sonnenseite am stärksten seien. Ich fand schon wiederholt zahlreichere feine Rostpunkte nur stellenweise an einzelnen Früchten mehr ins Auge fallend, an der Mehrzahl der Früchte waren die Punkte sehr fein und hauptsächlich nur durch die sie umgebenden hellen Dupfen in der Schale bemerklich. Geruch schwach.

Das Fleisch ist gelblich weiß, fein, mürbe, hinreichend saftreich, von schwach gewürztem, durch einige beigemengte Säure gehobenen Zuckergeschmacke.

Das Kernhaus ist nur etwas offen, oft mit hohler Achse, in die die Kammern sich etwas öffnen. Die flachen, glattwandigen Kammern enthalten schwarzbraune, theils unvollkommene, theils vollkommene, ziemlich eiförmige, kleine Kerne. Die Kelchröhre geht als Trichter etwas, oft bis auf die Spitze des Kernhauses herab.

Reifzeit und Nutzung: Zeitigt nach Hogg vom October bis Februar, wurde aber bei mir, selbst in dem warmen Jahre 1865 und so auch 1866, erst im Dec. mürbe und hielt über den Februar hinaus.

Der Baum ist nach Hogg und dem Lond. Cat. hart gegen klimatische Einflüsse, und trägt reich, was mein Probezweig auch bereits bestätigte. Er wächst in meiner Baumschule gesund, bisher in 2 Stämmen (was jedoch noch nicht entscheidet), nur gemäßigt und setzt die Zweige in mittelstumpfen Winkeln an. Sommertriebe mäßig stark, nach oben etwas abnehmend, nach oben wollig, beschattet olive, besonnt braunroth oder etwas gelblich braunroth, nicht silberhäutig, zahlreich, doch ziemlich fein punktirt. Blatt mittelgroß, fast flach, etwas weich von Gewebe, eiförmig, mitunter am Blattstiele etwas herzförmig eingezogen, tief und scharf, meist doppelt gekerbt gezahnt. Afterblätter nicht häufig, pfriemenförmig oder kurz lanzettlich. Augen klein, sitzen auf wenig vorstehenden, flach gerippten Trägern.

Oberdieck.

No. 636. Grüner Osterapfel. Diel VII, 1; Lucas XV, 1. (2) b.; Hogg III, 1. A.

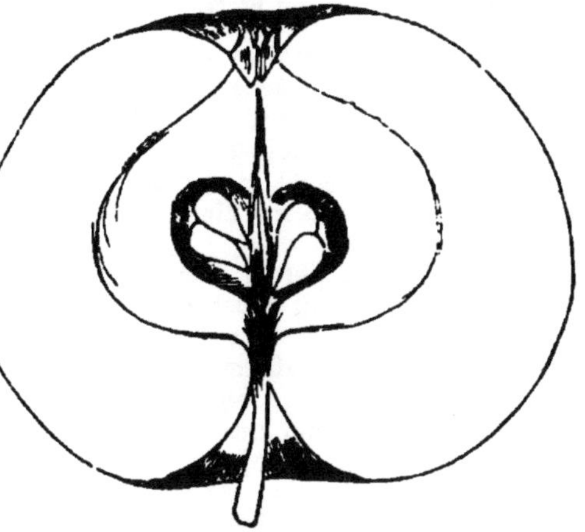

Grüner Osterapfel. *†† , December bis Sommer; gut aufbewahrt 2 Jahre.
Easter Pippin.

Heimath und Vorkommen: Ist eine in England verbreitete und wohl auch in England entstandene Frucht, obwohl das Synonym French Crab auf Frankreich, als Geburtsland, hinweiset, wo aber die Frucht nicht bekannt scheint. Das Reis erhielt ich von der Societät zu London und stimmt die Frucht ganz mit der Beschreibung. Diese zeichnete sich auch bei uns durch reiche Tragbarkeit, lange Dauer, ohne irgend zu faulen oder zu welken, und sehr milden, weinsäuerlichen, fast süßweinsäuerlichen Geschmack sehr vortheilhaft aus, und wird bei uns wohl bald häufig angebaut werden, obwohl wir in dem Grünen Fürstenapfel, Rothen Eiserapfel und Andern, schon recht lange dauernde, gute Aepfel haben.

Literatur und Synonyme: Lond. Cat. S. 14, Nr. 233, Easter Pippin, mit den Syn. French Crab, Young's long Keeping, Claremont Pippin und Ironstone Pippin. Wird als Sorte 2ten Ranges für Tafel und Küche bezeichnet. Im Nachtrage S. 4, Nr. 283, wird die Frucht nochmals aufgeführt, mit denselben Syn., denen noch Ironside, (in Gloucestershire) hinzugefügt wird. — Hogg hat die Frucht S. 206, als Winter Greening und will diese Benennung adoptiren, weil sie die älteste sei, und es schon einen Paasch Apple of Knoop und White Easter des Lond. Cat. gebe. Dem kann man entgegensetzen, daß es der grünen Aepfel im Nachwinter auch schon mehrere gibt, wie Woods Grünling und Andere und weicht die Benennung Grüner Osterapfel von dem Namen im Lond. Cat. weniger ab, woneben Knoops Osterapfel und der Weiße Osterapfel des Lond. Cat. unter dieser Benennung fortbestehen können. Hogg hat die Benennung Winter Greening nach Abercrombie Gard. Diction (1778), führt als Syn. an: French Crab, (Forsyth Treat. 102), Easter Pippin, (Lindl. Guide 45) und nach dem Lond. Cat. noch Claremont Pippin, Ironstone Pippin und Younge long Keeping, auch John Apple nach Rogers Fruit Cultiv. — Abbildungen geben Brookshaw Pomona

Brittannica, Taf. 93, Fig. 1 und Ronald Pyrus Malus. Taf. 42, Fig. 3, als French Crab, wo die Frucht $3^1/_3$" breit und 3 hoch dargestellt ist. Auch die Amerikaner kennen die Sorte bereits. Downing hat sie S. 109 als Easter Pippin, mit den Syn. des Lond. Cat. Elliott führt sie S. 186 nur kurz unter den bereits übertroffenen Früchten auf, wo er aber wohl zu vorschnell urtheilt.

Gestalt: flachrund; gute Früchte sind nach Hogg $2^3/_4$" breit und $2^1/_4$" hoch, sie blieben, wenigstens 1865 und 1866, bei mir etwas kleiner und waren nur $2^1/_2$" breit und fast $2^1/_4$" hoch. Der Bauch sitzt fast in der Mitte; um den Stiel wölbt die Frucht sich flachrund zu; nach dem Kelche nimmt sie mit gerundeten Linien noch bemerklich stärker ab und ist nur mäßig abgestumpft.

Kelch: klein, geschlossen, sitzt in flacher, mäßig weiter, fast enger Senkung, mit schönen, starken, oft etwas feinrippigen Falten umgeben. Ueber die Frucht laufen aber nur sehr flache, wenig bemerkliche Erhabenheiten hin, deren Rundung allermeist schön und gefällig ist.

Stiel: holzig, $^3/_4$—1" lang, sitzt in ziemlich weiter und tiefer, trichterförmiger Höhle, die bald nur etwas Rost zeigt, bald etwas stärker, mit feinem, strahlig auslaufenden Roste bekleidet ist.

Schale: glatt, glänzend, vom Baume und noch lange auf dem Lager schön grasgrün, ziemlich seladongrün, und wird erst spät gelb. Stark besonnte Exemplare zeigen an der Sonnenseite eine bräunliche, etwas leicht aufgetragene, meistens auch nicht über die ganze Sonnenseite verbreitete Röthe. Die Punkte sind sehr fein, nicht ins Auge fallend, doch ziemlich zahlreich und erscheinen in der Grundfarbe oft hauptsächlich als hellere Schalendupfen, in der Röthe oft als matte, ein Geringes dunkler rothe, wie verschwommene feine Fleckchen. Der Geruch ist schwach.

Das Fleisch ist etwas grünlich gelb weiß, fein, saftreich, fest, von sehr angenehmem, fast süßweinsäuerlichen Geschmacke.

Kernhaus: geschlossen, mit nur kleiner hohler Achse; die mäßig geräumigen, glattwandigen Kammern enthalten viele starke, schwarzbraune, ziemlich eiförmige Kerne. Die Kelchröhre ist kurz.

Reifzeit und Nutzung: Ist im December für die Küche schon brauchbar, zeitigt erst mehr im Januar und hält sich bis tief in den Sommer. Hogg empfiehlt, den Apfel in trockenem Sande aufzubewahren, wo er sich dann 2 Jahre halte. Es verlieren indeß alle über Jahresfrist aufbewahrte Aepfel zu sehr den Saft.

Der Baum wächst schön und kräftig, ist nach Hogg gegen klimatische Einflüsse hart und trägt reich, was sich auch hier bestätigte, da selbst 1866, wo es in der Blüthe der Aepfel noch fror, und so viele Sorten nichts trugen, der Probezweig voll saß. Der junge Hochstamm hat die zahlreich ausgetriebenen Aeste in etwas spitzen Winkeln angesetzt, die sich dann nicht viel verzweigt haben und in ihrer ganzen Länge mit kurzem Fruchtholze besetzt sind, und werden die nur mäßig starken Triebe durch die Menge der Früchte sich wohl hängen. Sommertriebe lang, nicht stark, nur nach oben wollig, olivengrün, nach oben unansehnlich bräunlich überlaufen, zerstreut punktirt. Blatt groß, etwas gekräuselt, fast kurzoval, tief, meist scharf und häufig doppelt gekerbt gezahnt. Afterblätter nicht stark, kurz lanzettlich. Augen etwas geschwollen, ziemlich stark wollig, sitzen auf flachen, flach gerippten Trägern.

Oberdieck.

No. 637. **Platter Zwillingsapfel.** Diel VII, 1; Luc. XV, 2. a; Hogg III, 1. C.

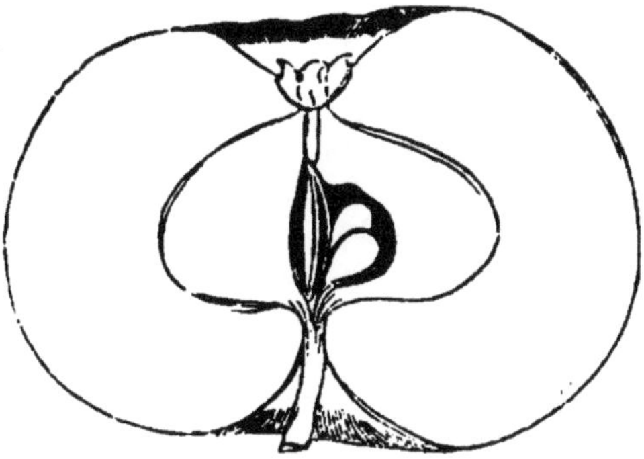

Platter Zwillingsapfel. ††, December bis März.

Heimath und Vorkommen: Diel erhielt diese gute Haushaltsfrucht vom Professor Crede zu Marburg, und bemerkt, daß sie sich bei keinem Pomologen finde, und daß der Name insofern nicht passe, als er nicht etwa davon entnommen sei, daß der Baum oft zwei zusammengewachsene Früchte, (eigentlich Zwillingsäpfel) trage, sondern daß mehrere Früchte auf demselben Fruchtkuchen wuchsen, was die Franzosen passender durch fruits à trochet, Strauß- oder Bouquetfrüchte ausdrückten. Im Systeme urtheilt Diel über die Frucht: „ein schöner, wohlgeformter, mittelmäßig großer Winterapfel, von ungemeiner Fruchtbarkeit und für den Landmann, sowohl zum rohen Genuß, als auch zu jedem ökonomischen Gebrauche schätzbar." In den Catolog hat er ihn nicht wieder mit aufgenommen und mag ihm auch, nachdem er ein so zahlreiches Sortiment hatte, als entbehrlich erschienen sein; er ist jedoch, bei seinem merklich gezuckerten Fleische an sich sehr gut. Ich habe die Sorte aus Herrnhausen, wohin sie von Diel kam.

Literatur und Synonyme: Diel IX, S. 203, Gelber platter Zwillingsapfel. Kommt sonst nicht vor und selbst Dittrich hat ihn nicht.

Gestalt: sehr flachgedrückt, oft fast zwiebelförmig, $2^3/_4$" breit und nur 2" hoch. Der Bauch sitzt in der Mitte und wölbt die Frucht um den Stiel sich flach; nach dem Kelche ist die Wölbung fast ebenso, oder die Frucht nimmt auch ein Weniges stärker ab.

Kelch: groß, kurzblättrig, oft mangelhaft, ist weit offen und sitzt in sehr geräumiger, bald tiefer, bald etwas seichter Einsenkung, auf deren Rande sich häufig 5 schmale Falten erheben, die einen Stern bilden; der Bauch ist jedoch eben und rund und bei manchen Früchten tritt auch der gedachte Stern von Rippen wenig deutlich hervor.

Stiel: dünn, holzig, $^1/_2$—$^3/_4$" lang, sitzt in geräumiger, ziemlich tiefer Höhle, die mit rauhem Roste bekleidet ist, der sich auch häufig, aber unregelmäßig über die Stielwölbung verbreitet.

Schale: zart, glatt, glänzend, nicht fettig; die Grundfarbe ist vom Baume ein helles Blaßgrün und wird nach und nach auf dem Lager schön citronengelb. Besonnte Früchte haben bald am Bauche, bald mehr um die Kelch- oder Stielwölbung, wohin eben die Sonne am stärksten traf, eine sanfte, leicht verwaschene, nach Diel fast orleansfarbige, an den mir vorliegenden Früchten etwas gelblich röthliche, fast carmosinfarbene und ziemlich starke Röthe, die durch Aufliegendes abgeschnitten wird und an beschatteten Früchten fehlt. Die Punkte sind in der Grundfarbe sehr undeutlich, treten jedoch in der Röthe als gelbumflossene Stippchen hervor. Geruch angenehm, doch schwach.

Das Fleisch ist schwach gelblich, fein, saftvoll, markicht, von angenehmem, zuckerartigen, etwas gewürzten Geschmacke, ohne merkliche Säure.

Das Kernhaus ist geschlossen, hat hohle Achse, in die manche Kammern sich etwas öffnen; die geräumigen Kammern enthalten viele braune, vollkommene, eiförmige Kerne. Die Kelchröhre geht nach Diel als spitzer Kegel bis zur Hälfte nach dem Kernhause herab, nach meiner Wahrnehmung oft auch als feiner Cylinder bis aufs Kernhaus herab, und hebt Diel hervor, — was indeß auch bei andern Früchten mit weit offenem Kelche nicht selten vorkommt, daß man von oben in der Mitte des offenen Kelches die Oeffnung der Kelchröhre wahrnehme.

Reifzeit und Nutzung: Zeitigt im Dezember und hält sich bis zum Frühjahre, wo er fade wird und fault. Scheint vorher schwer zu faulen.

Der Baum wächst lebhaft, belaubt sich nach Diel etwas licht, setzt frühzeitig kurzes Fruchtholz an und wird ausnehmend fruchtbar. Sommertriebe lang, nicht stark, nur nach oben etwas wollig, stark silberhäutig, violettbraun, nur wenig und fein punktirt. Blatt groß, rundeiförmig oder oval, mit starker, aufgesetzter Spitze, rinnenförmig, am Rande mit gerundeten oder stumpfspitzen Zähnen besetzt. Afterblätter lanzettlich; Augen wenig wollig, sitzen auf dreifach gerippten Trägern.

Oberdieck.

Nr. 638. Lahnischer Weinapfel. Diel VII, 2; Lucas XV, 2. b; Hogg III, 1. C.

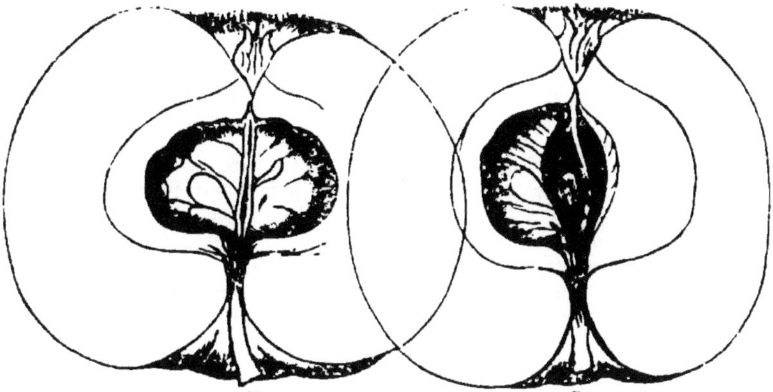

a b

Lahnischer Weinapfel. ††, Dezember bis Mai. L.

und Nr. 687 pag. 291 unter gleichem Namen.

Heimath und Vorkommen: Trägt den Namen wohl von Verbreitung der Sorte in der Lahn-Gegend, obwohl Diel nicht ausdrücklich sagt, daß dieselbe dort sehr verbreitet sei, und nur bemerkt, daß auf die Güte dieser Frucht zuerst Herr Hofgärtner Schulz zu Schaumburg ihn aufmerksam gemacht habe, der viele Bäume davon in seinen Pflanzungen gehabt habe. Er urtheilt über den Werth der Frucht, daß sie für den Landmann zum rohen Genusse eben so beliebt, als auch, bei langer Haltbarkeit, für die Oeconomie brauchbar und namentlich zur Bereitung von Wein sehr schätzbar sei, welches Urtheil auch für die hiesigen nördlicheren Gegenden, nach den bisher von mir erbauten Früchten zutreffend sein wird. Mein Reis erhielt ich direct von Diel.

Literatur und Synonyme: Diel VII, S. 269, Lahnischer kleiner Weinapfel, wobei Diel bemerkt, daß derselbe sonst nirgends beschrieben sei. Da kein Lahnischer großer Weinapfel bekannt ist, und der hier vorliegende schöne Größe hat, wird der Name füglich, wie oben, abgekürzt werden können. Findet sich sonst nur noch in Dochnahls Führer, und hat auch Dittrich ihn nicht.

Gestalt: Ist nach Diel ziemlich kugelförmig, in gewöhnlicher Vollkommenheit auf Hochstamm 3—3¾" breit und 2¾—3" hoch. In dieser Größe und Dimension hatte ich die Frucht in Sulingen auch, in meinem hiesigen trockenen Boden kommt sie aber etwas flacher gebaut vor, wie Fig. a. Doch kommen daneben auch hoch aussehende Exemplare vor, wie b oben. Der Bauch sitzt bald in der Mitte, bald etwas mehr nach dem Stiele hin, um den die Frucht sich plattrund zuwölbt. Nach dem Kelche nimmt sie etwas stärker ab und ist ziemlich stark abgestumpft.

Kelch: grünbleibend, ziemlich langgespitzt, geschlossen, sitzt in geräumiger, nicht tiefer Senkung, mit feinen Falten umgeben, und auch über die Frucht laufen sanfte, mitunter selbst etwas feinkantige doch nicht stark vortretende Erhabenheiten hin, die die schöne Form nicht verderben.

Stiel: holzig, etwas dünn, bald kurz, bald $^3/_4$" lang, sitzt in recht weiter und tiefer Höhle, welche nur etwas Rost zeigt.

Schale: dünn, glatt, geschmeidig, etwas glänzend. Die Grundfarbe ist vom Baume ein blasses Hellgrün, in der Zeitigung schönes Citronengelb, wobei nach Diel die halbe*) Sonnenseite, aber meistens nur von der Stielwölbung bis an den Bauch herauf mit einem blutartigen Roth verwaschen ist, das von jeder Bedeckung abgeschnitten wird, so daß etwas beschattete Früchte oft schon reingelb sind. Ich fand an meinen Früchten die Röthe über reichlich die halbe Sonnenseite verbreitet, aber nur sehr leicht und etwas matt aufgetragen, mit stark durchscheinender Grundfarbe. Wahre Punkte sieht man, nach Diel, in der Grundfarbe keine oder nur sehr wenige, während man in dem Roth mehrere ganz feine bemerke, die dann etwas dunkler roth eingefaßt seien. Ich konnte wahre Rostpunkte wiederholt auch in der Grundfarbe sehr wohl bemerken, doch waren sie fein, nicht ins Auge fallend, und traten an der Sonnenseite auch viele blutrothe Ringe um die Punkte, in der dünn aufgetragenen Röthe ins Auge fallend, hervor. Geruch nicht stark, doch bemerklich.

Das Fleisch ist etwas gelblich weiß, fein, fest, saftreich, von etwas weinsäuerlichem Zuckergeschmacke, in dem Diel Aehnlichkeit mit dem Geschmacke des Edelborsdorfers findet, die ich, doch etwas entfernt, auch wohl finde.

Das Kernhaus ist nach Diel geschlossen und enthalten die geräumigen Kammern viele schöne, starke, spitze, vollkommene Kerne. Ich fand es theils geschlossen, theils und wiederholt, bald in einzelnen Fächern, bald überhaupt ziemlich offen und die Kerne zwar von der angegebenen Gestalt aber nicht häufig und theils taub oder selbst avortirt. (Auch der Zeichnung a gegenüber zeigte die andere Hälfte der Frucht eine offene Kammer.) Die Kelchröhre geht als Kegel oder mehr trichterförmig bis zur Hälfte nach dem Kernhause herab.

Reifzeit und Nutzung: Zeitigt im Dezember, und hält sich bis in das Frühjahr, wo die Frucht den Geschmack verliert. Mußte in meiner Gegend erst 8 Tage nach Michaelis gebrochen werden, da sich sonst im Winter etwas Neigung zum Welken zeigte.

Der Baum wächst rasch und gesund, wird nach Diel groß, trägt die Aeste abstehend in die Luft, und bildet eine ziemlich kugelförmige Krone, welche selbst in ungünstigen Frühjahren reichliche Früchte liefert. Sommertriebe lang, ziemlich stark, mit feiner Wolle belegt, ein wenig silberhäutig, braunroth, mäßig zahlreich und nur fein punktirt. Blatt mittelgroß, nach Diel eiförmig, oft elliptisch, mit scharfer, auslaufender Spitze, während ich es als oval, oft kurzoval mit aufgesetzter Spitze notirte, nicht tief und etwas gerundet, gezahnt. Afterblätter klein, kurz lanzettlich, oft fadenförmig. Augen klein, wenig wollig, sitzen auf flachen, etwas und noch deutlich gerippten Trägern.

*) Im Texte steht helle Sonnenseite, was wohl ein Druckfehler ist.

Oberdieck.

No. 639. Der Campaner. Diel VII, 2; Lucas XV, 2. b; Hogg III, 1. C.

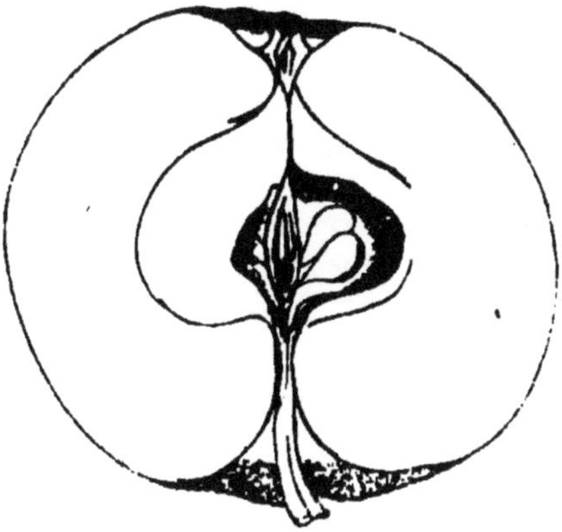

Der Campaner. ††, Januar bis Sommer.

Heimath und Vorkommen: Das Reis dieser schätzbaren Frucht erhielt ich von Herrn Dr. Lucas mit der Nachricht, daß dieselbe aus dem Thurgau stamme. Meine Früchte von einem Baumschulenstamme blieben in hiesiger Gegend etwas klein, waren aber äußerst haltbar. Nachher erhielt ich in Görlitz durch Herrn Kohler aus Küsnacht bei Zürich, aus dessen Collection ein paar größere Früchte von lachender Schönheit, nach denen die obige Figur gezeichnet ist und steht so viel fest, daß die Sorte in Süddeutschland eine besonders gute Haushaltsfrucht sein wird, die auch Herr Kohler lobte, wie nicht weniger Lucas sagt, daß sie sehr zur Weinbereitung tauge. Verdient daher vorerst alle Beachtung der Pomologen.

Literatur und Synonyme: Bei einem Pomologen kann ich die Frucht nicht finden und scheint sie noch nicht beschrieben zu sein. Selbst Dochnahls Führer hat sie nicht. Herr Dr. Lucas sagt nur, daß der Name nur durch etwas corrumpirte Aussprache, wie oben, laute und so viel als Champagner-Apfel bedeute. Da indeß auch Herr Kohler Campaner geschrieben hatte, habe ich den Namen nicht abändern mögen.

Gestalt: kugelig; gute Früchte sind $2^1/_2$″ breit und fast $2^1/_4$″ hoch. Meine Früchte erreichten nicht völlig 2″ Breite; doch kann die Frucht bei mehrerem Alter des Baumes größer werden. Der Bauch sitzt in der Mitte; nach dem Stiele rundet die Frucht sich zu und ist noch stark abgestumpft; nach dem Kelche nimmt sie kaum stärker ab und ist wenig oder nur mäßig stark abgestumpft.

Kelch: breit- und kurzgespitzt, grün, fast oder wirklich geschlossen, sitzt in ziemlich enger, flacher Senkung mit starken Falten, oft auch einigen Fleischperlen reich umgeben. Ueber die Frucht laufen unregelmäßige Erhabenheiten flach, oft auch ziemlich kantig hin und verderben mitunter die schöne Gestalt.

Stiel: holzig, 3/4" lang, sitzt in enger, tiefer, bald mit Rost belegter, bald fast glatter Höhle.

Schale: fein, glänzend, vom Baume strohweiß, in der Reife etwas hoch citronengelb; die ganze Sonnenseite ist mit einer schönen, etwas dunkeln Carmosinröthe verwaschen. Punkte wenig bemerklich. Geruch schwach.

Fleisch: fein, saftreich, abknackend, von gewürztem, etwas süßweinartigen Zuckergeschmacke.

Kernhaus: fest geschlossen; die Kammern sind mäßig weit und enthalten vollkommene braune Kerne. Die Kelchröhre geht als Kegel nicht weit herab.

Reifzeit und Nutzung: Zeitigt im Dezember oder Januar und hält sich bis tief in den Sommer. Mag auch zu Wein sehr taugen.

Der Baum wächst in meiner Baumschule stark und gesund, geht mit dem Stamme schön gerade in die Höhe und setzt die Nebenzweige in mittelmäßig stumpfen Winkeln an. Sommertriebe lang und schlank, olivenfarbig, besonnt mit unansehnlichem Braun überlaufen, nach oben wollig, nur sehr leicht silberhäutig, zahlreich, etwas fein, doch hinreichend in die Augen fallend punktirt. Blatt groß, flach, nach unten am Zweige fast oval, nach oben lang- und spitzeifrömig, tief und meist scharf gezahnt. Afterblätter pfriemenförmig. Augen klein, fast dreieckig, wollig, sitzen auf flachen, wenig gerippten Trägern.

Oberdieck.

No. 640. Garibaldi's Calvill. Diel I, 1; Lucas I, 1 a; Hogg III, 1. A.

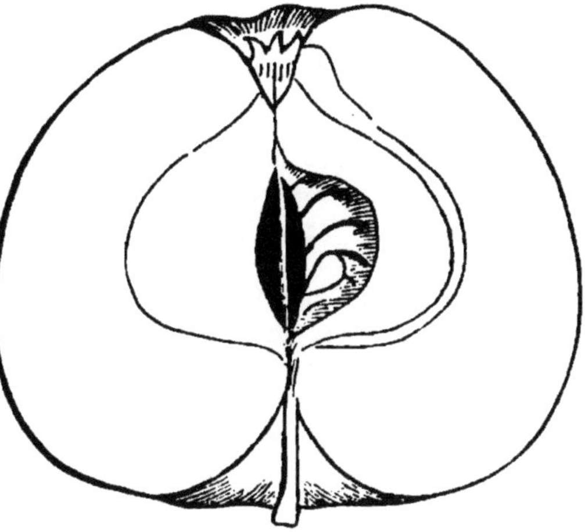

Garibaldi's Calvill, fast **††, Dezember bis März.

Heimath und Vorkommen: Ist ein Bruder der höchst berühmten Birn General Tottleben, wurde von Herrn Fontaine Ghelin zu Mons in Belgien erzogen und durch den Baumschulenbesitzer Verschaffelt zu Gent verbreitet. Durch diese Frucht ist wohl nicht ganz so allgemein, als durch die Birne, die ganze pomologische Welt in Athem gesetzt worden, um schließlich eine gute Birne, die nicht besser, eher etwas geringer ist, als manche andere, zu finden; indeß bleibt auch bei dem Garibaldi Calvill das Resultat so ziemlich dasselbe. Die Frucht ist gut, und hat ein eigenthümliches, doch nach meinem Geschmacke nicht genügende Güte habendes Gewürz, indeß steht sie schon einem Weißen Wintercalvill an Güte nicht ganz gleich und schätze ich auch den Kaiser Franz Joseph höher. Auch über Früchte, die sich auf der Ausstellung in Reutlingen, 1867, fanden, wird, Monatshefte 1868 S. 99, geurtheilt, daß sie in Güte einem Weißen Wintercalvill nicht gleich gewesen seien. Das Reis erhielt ich zuerst durch Herrn Gartenmeister Schiebler in Celle und bekam dieselbe Sorte in mehreren guten Früchten auch von Herrn Rittmeister Hermann zu Schönebeck bei Magdeburg, nach denen die obige Zeichnung gemacht ist, und wo sie in dem dortigen guten Boden wohl die Größe erreicht haben, welche die Frucht gewöhnlich hat.

Literatur und Synonyme: In dem blumistischen Blatt Illustration horticole wurde zuerst von Verschaffelt Abbildung und Nachricht gegeben und ist diese Abbildung in den Monatsheften 1868 S. 99 wiederholt, mit der Bemerkung, daß auf der Ausstellung in Reutlingen sich findende Früchte der obigen Sorte mit der Abbildung gestimmt hätten, nur kleiner gewesen seien, und wird zugleich noch angemerkt, daß auf der Ausstellung in Reutlingen sich unter dem Namen Garibaldi's Calvill auch eine rothgestreifte, aber irrig benannte Frucht gefunden habe.

Gestalt: Ist einem Weißen Wintercalvill sehr ähnlich, nicht ganz so stark gerippt. Gute Früchte sind 3" breit, und $2^1/_3$" hoch. Der Bauch sitzt etwas mehr nach dem Stiele hin, um den die Frucht sich flachrund wölbt. Um den Kelch nimmt sie stärker ab, und ist nur wenig abgestumpft.

Kelch: breitgespitzt, wollig, nur theilweise grün bleibend, offen, sitzt in enger, nicht tiefer Senkung, von Rippen umgeben, die noch kantig, doch flacher als bei dem Weißen Wintercalvill, über die Frucht hinlaufen.

Stiel: holzig, gegen 1" lang, oft auch kurz und fleischig, sitzt bald in weiter, tiefer, mit strahligem Roste besetzter, bald in ganz flacher, wenig rostiger Höhle und oft selbst auf einem über die Stielhöhle sich noch flach erhebenden Fleischwulste.

Schale: glatt, glänzend, fein, geschmeidig, vom Baume hellgrün, später grünlich gelb und zuletzt schön quittengelb. Die Sonnenseite zeigt nur einen matten Anflug von Röthe, die meistens fehlt. Punkte sind höchst wenig bemerklich. Der Geruch ist ziemlich stark.

Das Fleisch ist etwas grün-gelblich, mit grünlichen Adern ums Kernhaus, fein, ziemlich saftreich, von eigenthümlich gewürztem, etwas süßweinartigen Zuckergeschmacke.

Das Kernhaus ist etwas offen, mäßig groß; die ziemlich geräumigen Kammern mit streifigen Wänden, enthalten nur einzelne vollkommene, meistens taube oder avortirte Kerne. Die Kelchröhre ist ein nur etwas herabgehender Kegel.

Reifzeit und Nutzung: Zeitigt im Dezember und hält sich den Winter hindurch.

Der Baum wächst in meiner Baumschule rasch und scheint früh zu tragen. Er setzt die Zweige in mittelstumpfen Winkeln an. Die Sommertriebe sind lang, ziemlich stark, nur nach oben etwas wollig, ziemlich stark silberhäutig, violett braunroth, zerstreut und nicht in die Augen fallend punktirt. Blatt ziemlich groß, flach oder flachrinnig, meist elliptisch, ziemlich stumpf und nicht tief gezahnt. Afterblätter lanzettlich. Augen dreieckeg, stumpf, etwas wollig, sitzen auf ziemlich stark vorstehenden, deutlich, doch meist kurz gerippten Trägern.

Oberdieck.

No. 641. Calville von Rochelle. Diel I, 1, (3); Luc. I, (III) 3, a; Hogg II, 1, B.

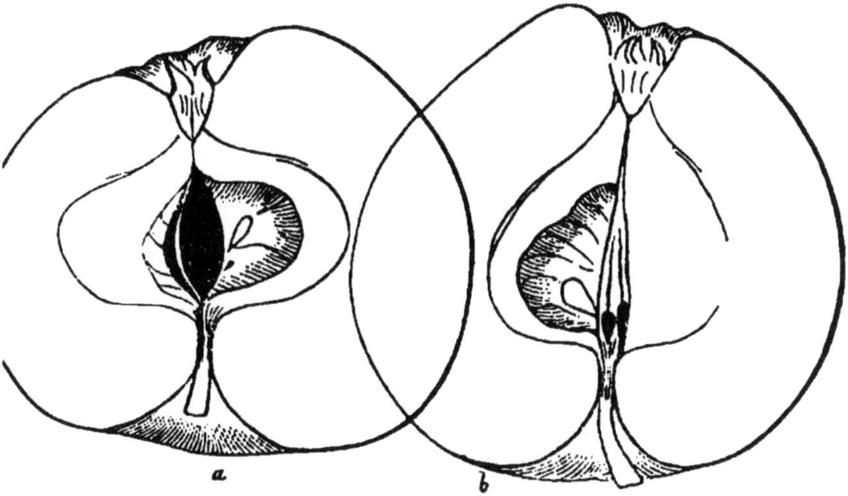

a b

Calville von Rochelle, *††, fast **; November bis Februar.

Heimath und Vorkommen: Ueber die Abkunft dieser Frucht ist nichts Näheres bekannt, doch weiset der Name auf Frankreich hin. In Diels Werken findet sich nur im Cataloge, 2te Fortsetzung, kurze Charakteristik der Frucht, wo bereits nicht mehr bemerkt ist, woher Diel seine Sorten nahm. Das Reis erhielt ich meinerseits durch Herrn Obergerichts-Direktor Bödiker zu Meppen von Diel und stimmten die mehrmals erbauten Früchte mit Diels Angaben überein; auch erhielt ich 1867 dieselbe Sorte von Liegel in Früchten auf der Ausstellung zu Reutlingen. Verdient alle Beachtung, ist ein für die Tafel sehr angenehmer und für die Küche ebenso brauchbarer früher Winterapfel.

Literatur und Synonyme: Diels Catalog, 2te Fortsetzung, S. 7, Nr. 505, unter obigem Namen; Dittrich 1, S. 124, wiederholt nur Diels Angaben. Das Jenaer deutsche Obstkabinet gibt unter Nr. 25 nicht genügend kenntliche Abbildung. Kommt sonst nur noch in Dochnahls Führer vor.

Gestalt: Ist nach Diel einem Weißen Wintercalvill sehr ähnlich, 3" breit und $2^1/_4$" hoch, welche Aehnlichkeit ich meinerseits nicht näher fand, namentlich bei in Jeinsen erwachsenen Früchten, die flachrund waren mit stark ungleichen Hälften (Fig. a oben). Die Größe ist nach Diel 3" Breite und $2^1/_4$" Höhe und waren auch meine Früchte nahezu so groß und gewöhnlich breiter, als hoch, doch fand ich die Höhe nicht nur einzeln stärker als $2^1/_4$", sondern es kamen auch Früchte von gleicher Höhe und Breite vor, welche Dimensionen auch die aus Liegels Collection mitgenommene, oben unter b dargestellte Frucht hatte. Der Bauch sitzt bei regelmäßig gebauten Exemplaren etwas mehr nach dem Stiele hin, um den die Frucht sich flachrund wölbt, oft mehr zurundet und noch stark abstumpft. Nach dem Kelche nimmt sie stärker, oft etwas zugespitzt ab, und ist noch ziemlich stark abgestumpft.

Kelch: fein gespitzt, steht mit meist dürren Ausschnitten etwas in die Höhe, ist halboffen oder geschlossen, durch die ihn umgebenden Beulen gewöhnlich etwas geschnürt, oder in der Rundung verdorben und sitzt in etwas enger, mäßig tiefer Senkung, von vielen schönen, oft etwas perlenähnlichen Rippen umgeben, die schön kantig oft nur (wie es auch bei Liegels Frucht der Fall war), auf der Kelchwölbung hervortreten und dann nur flachkantig, einzeln selbst flach bis zur Stielhöhle hinlaufen. Indeß fand ich 1855 und 1868 auch sichtbarer über die ganze Frucht laufende Rippen, was auch bei Diel so der Fall gewesen ist, (da er sagt: mit Rippen bis zum Stiele), und in günstigem Boden sich wohl immer so findet, weßhalb ich die von Diel vorgenommene Einreihung unter die wahren Calvillen oben stehen ließ, während ich sie in meiner Gegend lieber unter die Gulderlinge gesetzt hätte.

Stiel: kurz, meist holzig, oft ein Geringes fleischig, meist 3/4" lang, reicht selten über die Stielwölbung hinaus, sitzt in ziemlich weiter und tiefer Höhle, die mit strahlig verlaufendem Roste bekleidet ist, der sich einzeln selbst noch etwas auf der Stielwölbung verbreitet, während bei einzelnen Exemplaren die Stielhöhle auch nur im Grunde Rost zeigt.

Schale: ziemlich fein, glatt, geschmeidig, etwas glänzend, vom Baume gelblich grün, in der Reife hellgelb. Besonnte Früchte zeigen an den am meisten besonnten Stellen, oft rund um die Stielwölbung herum, schöne, meistens deutlich abgegrenzte, bei etwas beschatteten Exemplaren mehr in punktirter Manier ausgeführte und mattere Carmosinstreifen, zwischen denen die Schale noch leichter roth punktirt oder stellenweise leicht roth überlaufen ist. Aufliegendes schneidet die Röthe ab und ganz beschattete Früchte zeigen fast keine Röthe. Punkte sind sehr fein, zerstreut, wenig bemerklich; Geruch ziemlich stark.

Das Fleisch ist gelblich weiß, fein, saftreich, mürbe, von sehr angenehmem, fein weinsäuerlichen Zuckergeschmacke.

Das Kernhaus ist ziemlich groß, meist ziemlich weit offen, hat einzeln flache hohle Achse, in die die Kammern sich spaltartig und nach dem Stiele hin herzförmig öffnen. Die Kammern sind groß und enthalten nur einzelne schwarzbraune, vollkommene, meistens aber taube Kerne. Die Kelchröhre ist ein starker, etwas herabgehender Kegel.

Reifzeit und Nutzung: Zeitigt im November und hält sich bis in den Winter.

Der Baum wächst rasch und gesund; er setzt die Zweige in ziemlich stumpfen Winkeln an. Die Sommertriebe sind lang und ziemlich stark, nach oben wollig, schmutzig violettbraun, unten meist olive, mit zerrissenem, etwas gelblich grauen Silberhäutchen bedeckt, nur wenig und sehr zerstreut punktirt; Blatt mäßig groß, flach, bald elliptisch, bald mehr eiförmig, ziemlich stark, oben stumpf gezahnt; Afterblätter häufig, kurz lanzettlich; Augen stark, geschwollen, sitzen auf flachen, wenig gerippten Trägern.

Oberdieck.

No. 642. Langgestreifter Calvill. Diel I, 1; Luc. I, 3, b; Hogg II, 2, B.

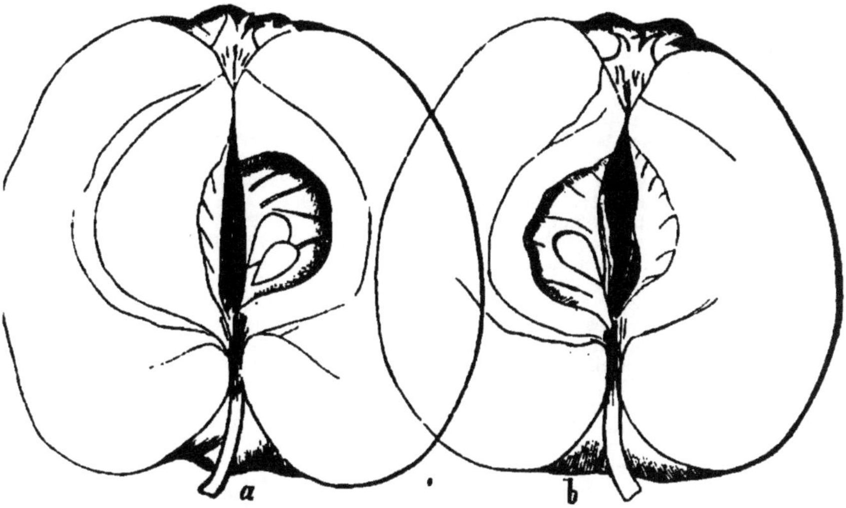

a b

Langgestreifter Calvill, **††, Ende Oktober bis Januar.
Calville barré.

Heimath und Vorkommen: Das Reis dieser für die Tafel sehr werthvollen Frucht mit sehr angenehm gewürztem, mürben Fleische, erhielt ich von der Société van Mons als Calville barré. Der stark gewachsene Probezweig zeigt sich zwar bisher noch nicht reich, doch gut tragbar und trug selbst in den Mißjahren 1866 und 1868 noch gut, wo so viele Sorten gar nichts ansetzten. — Die Annales bilden nun, VII, S. 43, als Calville barré eine ganz andere, einem Weißen Wintercalville ähnliche, etwas mehr als diese nach dem Kelche zugerundete Frucht ab, von welcher Sorte ich auch von Herrn Heinrich Behrens zu Travemünde Reis und Frucht erhielt. Da aber nicht abzusehen ist, welchen Sinn diese Benennung bei der in den Annales abgebildeten Frucht haben sollte, da, wie ich glaube, barré nur eine mit langen Streifen besetzte Frucht bezeichnen kann und daneben als Calville barré auch ganz dieselbe Frucht an Herrn Wilhelm Ottolander zu Boskoop und auch aus Belgien gekommen ist, aus dessen in Görlitz ausgestellter Fruchtcollection ich 1863 schöne Exemplare mitnahm, so wird bei der Abbildung in den Annales wohl ein ganz ähnlicher Irrthum vorgefallen sein, als bei der Pflaume Monsieur jaune (siehe die Beschreibung der Gelben Herrnpflaume im Handbuche VI, S. 291) und glaube ich wohl annehmen zu dürfen, daß die rechte Frucht von der Société van Mons an mich gelangt sei, die ich darnach, wie oben benannt habe. Auch Herr Leroy zu Angers hat in seinem Cataloge einen Calville barré ou rayé, so daß auch aus dieser Zusammenstellung von Namen abgenommen werden mag, daß barré gestreift bedeutet. Ob Herr Leroy freilich dieselbe Frucht unter dem Namen habe, wird dadurch sehr zweifelhaft, daß er sie in den 3ten Rang setzt und sie bezeichnet als mittelgroß, festfleischig, vom Januar bis April reifend und für die Küche brauchbar, wobei er als Schriftsteller, bei dem diese Frucht vorkomme, Noisette angibt. Dieses Werk besitze ich leider nicht, um näher nachsehen zu können. Es steht indeß nichts entgegen, die wirklich edle Frucht unter obigem Namen bei uns erst einzuführen, bis sich genauer herausstellt, was eigentlich Calville barré ist, und welchen Namen die obige Frucht führt. Von Herrn Generalconsul Labe zu Villa Monrepos bei Geisenheim erhielt ich ganz dieselbe Frucht als Calville rose, (unser Früher Rosencalvill ist eine ganz andere Frucht), und auch ein Calville rose in der in Hamburg ausgestellten Collection des Herrn Demouilles zu Toulouse war wohl ganz dieselbe, unter welchem, aber nicht passenden Namen sie also in Frankreich vorkommen wird. Auch Herr Gastwirth Neumann zu Zeven sandte mir die obige Frucht von einem in seinem Garten stehenden, guttragenden Hochstamme, wo man den Namen der Sorte nicht kannte.

Literatur und Synonyme: Wird hier wohl zuerst näher beschrieben. Die Boskooper Sorte findet sich in den Boskooper Vruchtsoorten, 3. Reeks, Nr. 166. Daß der Calville barré der Annales (VI, S. 43) eine andere Frucht sei, ist schon erwähnt. Ob Noisettes Calville barré unsere Frucht ist, steht noch dahin.

Gestalt: mittelgroß, gute Exemplare sind stark hochaussehend, 3³/₄" hoch und breit, manche schmalere wirklich etwas höher als breit, (auch Ottolanders Früchte waren stark 2³/₄" breit und 3" hoch), während kleinere Exemplare auch flacher und nur 2¹/₂" breit und 2¹/₄" hoch sind. Der Bauch sitzt noch bemerklich, oft merklich mehr nach dem Stiele hin, um den dann die Frucht sich flachrund wölbt. Nach dem Kelche nimmt sie stärker ab, und ist noch stark abgestumpft.

Kelch: grünbleibend, langblättrig, durch Beulen etwas geschnürt, geschlossen, sitzt in mäßig weiter, bald flacher, bald ziemlich tiefer Senkung, aus der starke Rippen entspringen und etwas flachrippig, manche mehr wirklich kantig, bis zur Stielhöhle hinlaufen. Einzelne Rippen drängen sich nicht selten stärker vor, und machen die Breitendurchmesser der Frucht ungleich, auch die eine Hälfte meist ein wenig höher, als die andere.

Stiel: holzig, ³/₄—1" lang, sitzt in weiter, tiefer, mit zimmtfarbigem Roste belegter Höhle, der sich einzeln noch etwas auf der Stielwölbung verbreitet. Oft ist jedoch die Stielhöhle auch nur an einer Seite, oder gar nicht mit Rost belegt.

Schale: fein, glatt, glänzend, im Liegen geschmeidig. Von der schön gelben Grundfarbe ist meist nichts ganz rein zu sehen, indem besonnte Früchte rundum, an der Schattenseite nur matter, mit schönen, etwas dunkeln, meist langabgesetzten Carmosinstreifen gezeichnet, und an der Sonnenseite dazwischen leichter roth überlaufen, an der Schattenseite mehr nur roth punktirt sind. An der Sonnenseite wird die Röthe zwischen den Streifen oft so stark, daß die Streifen fast etwas undeutlich werden. Aufliegendes schneidet die Röthe ziemlich ab. Die Punkte sind recht fein, zerstreut und sind nur in der Grundfarbe deutlicher zu bemerken. Der Geruch ist angenehm und gewürzt.

Das Fleisch ist gelblich, oft nach der Schale hin mit matt röthlichem Scheine, fein, sehr mürbe, genügend saftreich, von edlem, merklich gewürztem, ganz fein himbeerartigen Zuckergeschmacke.

Das Kernhaus hat unvollkommene hohle Achse, in die die Kammern sich bald stärker, bald nur wenig, oder auch wohl nur fein herzförmig nach dem Stiele hin öffnen. Die flachen großen Kammern mit gestreiften Wandungen enthalten braune, vollkommene, langeiförmige, oft facettirte Kerne. Die Kelchröhre ist ein schöner Kegel, bis zu dem die Spitze des Kernhauses sich heraufzieht.

Reifzeit und Nutzung: Zeitigt in gewöhnlichen Jahren Ende Oktober und hält sich bis nach Weihnachten. In dem heißen Jahre 1868 waren manche Exemplare, wohl weil zu spät gebrochen, schon Anfang November zu weich, die meisten jedoch noch delicat.

Der Baum wächst rasch, geht nach den Ergebnissen des großen Probezweigs mit den Aesten rasch in die Luft und macht eine sich licht verzweigende, mit sehr vielem, ganz kurzem Fruchtholze versehene Krone. Sommertriebe schlank, etwas steif, braunroth, feinwollig, nicht silberhäutig, zahlreich, doch fein punktirt. Blatt groß, flachrinnig, unten am Triebe oval, weiter nach oben spitz- und langeiförmig, am Fruchtholze merklich schmaler als an den Trieben, scharf und tief gezahnt. Afterblätter schmal lanzettlich; Augen sitzen auf flachen, flach gerippten Trägern.

Oberdieck.

No. 643. Großer Richard. Diel I, 1; Lucas I, 3, b.; Hogg II, 1, B.

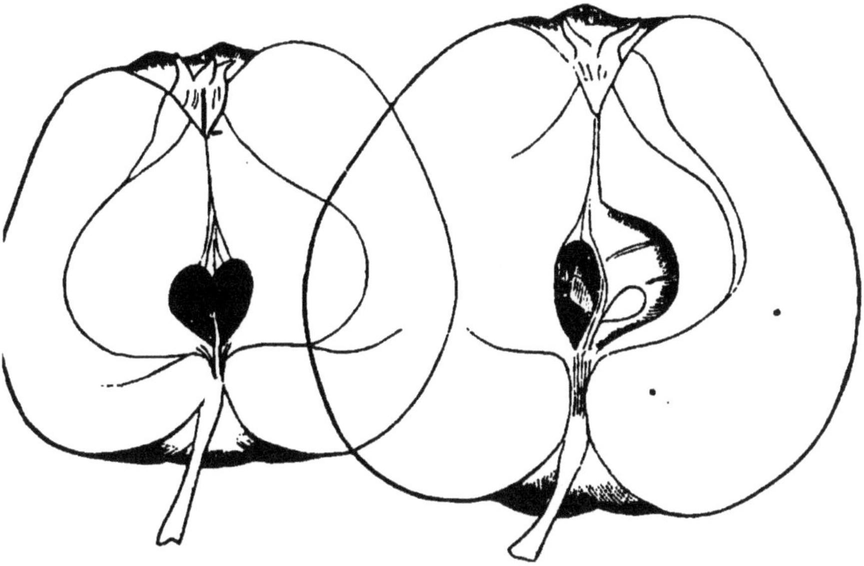

Großer Richard (Hirschfeld), **††, Oktbr., Novbr., oft schon Septbr.

Grand Richard.

Heimath und Vorkommen: Die hier vorliegende Frucht ist diejenige, welche schon Hirschfeld in seinem Handbuche aufführt, die im Holsteinischen sehr beliebt, vielleicht auch dort entstanden, jedoch anderweit noch wenig verbreitet und den meisten Pomologen unbekannt geblieben ist. Da man die Frucht schätzte, hat man nach und nach noch mehrere Aepfel mit dem Namen Grand Richard belegt, besonders die dem Obigen ähnliche Sommer-Parmäne, die man, da man die richtigere Frucht kennen lernte, zum Unterschiede Sommer Grand Richard nennen wollte, was schon deßhalb nicht hätte geschehen sollen, weil beide Früchte fast gleichzeitig reifen. Es hat ferner im Mecklenburgischen, ausgegangen aus dem Orte Körchow, sich noch ein anderer ganz gelber Grand Richard verbreitet, den das Handbuch als Gelber Richard aufgeführt hat. Da der Name Sommer Richard, als falsch, wieder untergehen muß, und der Körchower Grand Richard kürzer und zweckmäßiger Gelber Richard genannt worden ist, wird man die obige Frucht unter dem Namen Großer Richard genügend von dem Namensvetter unterscheiden. Mein Reis erhielt ich von Herrn Heinrich Behrens zu Travemünde und Herrn Kunstgärtner Hartwig zu Lübeck. Die Frucht gehört zu den sehr edlen Herbstäpfeln, so daß man sie durch das mürbe Fleisch und den angenehmen, gewürzten Himbeergeschmack einem Gravensteiner an die Seite stellen mag, und hat nur den Mangel, daß der Baum etwas schwach wächst, der aber früh und reich trägt. Nach Herrn Hartwigs Urtheile muß die Sorte zwergstämmig auf Doucin erzogen werden, indem der Baum als Hochstamm erzogen, leicht erkrankt. Auch 2 Bäume, die ich von

Herrn Behrens Reise zog, wuchsen recht schwach und sehen die Triebe ziemlich grindig aus. Herr Behrens urtheilt im Cataloge ganz ähnlich.

Literatur und Synonyme: Ist ursprünglich wohl aufgeführt von Hirschfeld im Handbuche der Fruchtbaumzucht, Braunschweig 1788, Th. I, S. 193. Er führt den Grand Richard unter den in Holstein und der Nachbarschaft verbreiteten Aepfeln auf und gibt folgende Kennzeichen an: „Ziemlich groß, mit wenig vertieftem, rund umher etwas gereifelten Fruchtauge, von grüner, rings umher mit Roth durchstreifter Farbe, ohne merklichen Geruch; doch aufgeschnitten hat das Fleisch einen feinen, melonenartigen Geruch; ist weiß, zart, schmelzend, ungemein angenehm, etwas säuerlich, den gemeinen Felderdbeeren ähnlich." Reifzeit leider nicht angemerkt. — Dieselben Angaben hat, ganz nach Hirschfeld, auch Christ im Hand. W. B. S. 98. In der Swensk Pomologi des Herrn Dr. Eneroth II, S. 38, kommt ein Hallon äple vor, der mit Hirschfelds Grand Richard identisch gesetzt wird. Die Figur paßt gut. — Herr Behrens Nachfolger, Dr. Cords, setzt im Verzeichnisse der Baumschulen des Travemünder Seebades (1862) die Reifzeit vom September bis November. Herr Behrens wirft noch die Vermuthung hin, ob Pomme des quatre goûts der Franzosen etwa obige Frucht sei.

Gestalt: Regelmäßig gebaute Früchte haben einige Aehnlichkeit in der Form mit einem Danziger Kantapfel und dem später zeitigenden Gestreiften Winter-Himbeerapfel. Die Form des Apfels ist aber weniger regelmäßig, es kommen auch hochaussehende Exemplare vor, und ist die Form des Apfels durch vordrängende Kanten oft merklich verschoben. Der Bauch sitzt mehr nach dem Stiele hin, um den die Frucht sich flachrund wölbt und stark abstumpft. Nach dem Kelche nimmt sie in regelmäßiger gebauten Exemplaren beträchtlich stärker ab und ist noch ziemlich stark abgestumpft. Gute Früchte haben die oben dargestellte Größe.

Kelch: langgespitzt, wollig, an den Spitzen meist verdorrt, geschlossen oder etwas offen, sitzt in ziemlich weiter und tiefer Senkung, mit rippenartigen Beulen oder bei regelmäßig gebauten Exemplaren wirklichen und regelmäßig gestellten Rippen umgeben, die auch kantig über die Frucht und häufig bis in die Stielhöhle hinlaufen, einzeln aber stärker vordrängen.

Stiel: holzig, oft an der Basis ein wenig fleischig, ³/₄"—1" lang, einzeln länger, sitzt in weiter und tiefer, mit Rost nicht belegter Höhle.

Schale: fein, glatt, ziemlich glänzend, etwas geschmeidig. Grundfarbe vom Baume hellgrün oder gelblich grün, in der Reife grünlich gelb. Besonnte Früchte rundum, an der Schattenseite nur weniger zahlreich, mit schönen, meist etwas langabgesetzten, dunkeln Carmosinstreifen gezeichnet, zwischen denen die Schale an der Schattenseite noch, je nach der Besonnung, zahlreicher oder weniger zahlreich roth punktirt und an der Sonnenseite so zahlreich punktirt ist, daß die Frucht zwischen den Streifen wie gelblich roth überlaufen erscheint. Bei mehr beschatteten Früchten ist die ganze Zeichnung matter. Punkte ziemlich zahlreich, doch fein. Einzelne Regenflecke finden sich und ist die Frucht am Baume mit Duft belaufen. Geruch ist, besonders bei schon zeitigen Früchten sehr bemerklich.

Das Fleisch ist weiß, mit gelbgrünen Adern ums Kernhaus, fein, sehr mürbe, hinlänglich saftreich, von gewürztem, edlen, himbeerartigen Geschmacke.

Das Kernhaus ist etwas unregelmäßig, ziemlich offen, einzeln völlig offen. Die mäßig geräumigen Kammern enthalten theils vollkommene, braune, ziemlich eiförmige, theils taube oder avortirte Kerne. Die Kelchröhre ist ein schöner Kegel.

Reifzeit und Nutzung: Zeitigt meist im Oktober und hält sich einige Wochen. Im heißen Jahre 1868 waren die Früchte 2. September völlig mürbe.

Der Baum wächst auch in meiner Baumschule langsam ohne Krebs, war aber etwas grindig. Man veredelt ihn am besten auf Doucin und zieht ihn zwergstämmig. Sommertriebe auf Zwergbäumen lang und stark, feinwollig, olive, schwach und unansehnlich braunroth überlaufen, mit vielen gelblich grauen Punkten besetzt, die man unter dem Betasten der Finger oft als feine Erhöhungen fühlen kann; von Silberhäutchen findet sich nur stellenweise schwacher Ueberlauf. Blatt ziemlich groß, flach, meist elliptisch, mit auf die elliptische Form halbaufgesetzter langer, scharfer Spitze, scharf gezahnt. Afterblätter zahlreich, theils lanzettlich, theils recht schmal lanzettlich, fast etwas fadenförmig; Augen breit, wollig, auf nur etwas vorstehenden, breit und noch deutlich gerippten Trägern. Oberd.

No. 644. Münchhausens Glockenapfel. Diel I, 2; Lucas II, 3, b; Hogg II, 2, B.

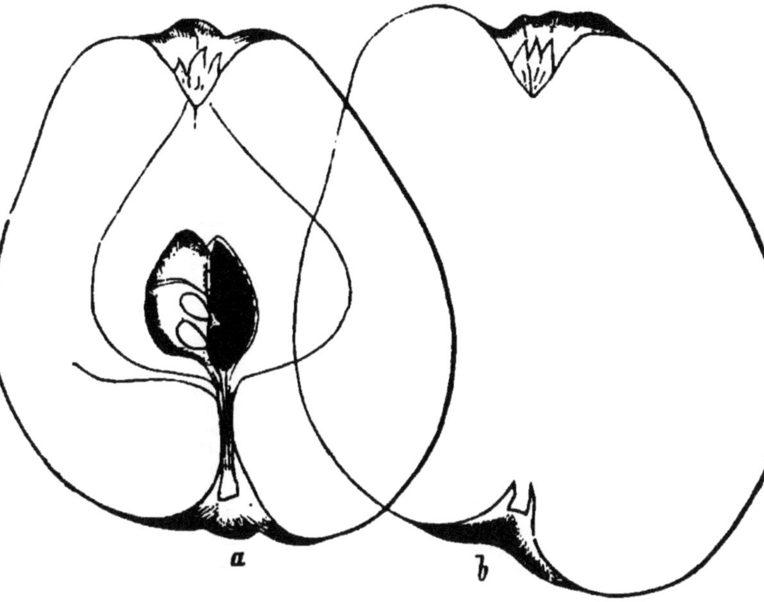

a b

Münchhausens Glockenapfel, •††, Ende Oktober, 6—8 Wochen.

Heimath und Vorkommen: Diel erhielt diese Sorte 1864 aus der Herrnhäuser Baumschule als Gestreifter Glockenapfel, wo sie aber wieder untergegangen ist, mir auch im Lande noch nicht vorkam. Es mag, wie Diel meint, wahrscheinlich sein, daß die Frucht dieselbe sei, welche Otto von Münchhausen in seinem Hausvater Th. III, S. 312 als Glockenapfel aufführt, jedoch nur mit dem Kennzeichen: lang wie eine Walze, und kam von Herrn von Münchhausen etwa nach Herrnhausen, weßhalb Diel der Sorte den Namen des um den Garten- und Obstbau verdienten Herrn von Münchhausen vorsetzte. Diel urtheilt über den Apfel, daß er zum rohen Genuß angenehm und zum Dämpfen ausgesucht gut sei, welches Urtheil wohl völlig zutrifft. Das Reis erhielt ich direkt von Diel.

Literatur und Synonyme: Diel XII, S. 15, Münchhausens gestreifter Glockenapfel. Nachdem der Frucht der Name des Herrn von Münchhausen vorgesetzt worden ist, wird das Beiwort: Gestreifter wegfallen können, da es keinen 2ten, nach Herrn von Münchhausen benannten Glockenapfel gibt. Dittrich III, S. 10. Von Aehrenthal gibt Taf. 41 Abbildung, doch zu schön illuminirt und nach recht großer Frucht.

Gestalt: In seiner wahren Form und Größe ist er recht hochaussehend, bald abgestumpft konisch, bald mehr zur Eiform neigend. In Sulingen erbaute ich ihn in der Größe und Gestalt wie Fig. a oben, fast 3" breit und 3" hoch. Seitdem verdarb mir mehrmals ein Probezweig und konnte in Jeinsen noch keine Frucht wieder gewinnen, weßhalb ich 1867 aus der in Reutlingen mit ausgestellten Hohenheimer Collection ein paar gute Früchte mitnahm, unter denen 2 die Form und Größe, wie b oben hatten, mit stark schiefstehender Stielfläche. Der Bauch sitzt bald in der Mitte, bald auch etwas mehr nach dem Stiele hin, um den er sich stark abnehmend und häufig so uneben, oder so zugespitzt wölbt, daß er nicht stehen kann, während andere Exemplare gut, nur schräg geneigt aufstehen. Nach dem Kelche nimmt er allmählig, und stark ab, und endigt mit mehr oder weniger abgestumpfter, häufig auch schief stehender Fläche. Die Größe gibt Diel zu 3—3¼" Breite und 3—3½" Höhe an.

Kelch: breitblättrig, meistens geschlossen, einzeln halb offen, bleibt grün und sitzt in enger, ziemlich tiefer Senkung, mit feinen Rippen umgeben, die auch stark, calvillartig und einzeln sehr vordrängend, bis zur Stielhöhle hinlaufen.

Stiel: bald ein Fleischbutz, bald holzig, ½" lang, sitzt bald in enger, ziemlich tiefer, bald auch in einer durch einen Wulst fast verdrängter Höhle. Die Stielhöhle ist, nach Diel, gewöhnlich glatt, aber sowohl an den von mir erbauten Früchten, als an den in Hohenheim erwachsenen, war die Stielhöhle mit meist strahlig verlaufendem Roste belegt.

Schale: glatt, glänzend, fast geschmeidig, doch nicht fettig. Die Grundfarbe ist vom Baume strohweiß oder grünlich gelb, und wird später schön citronengelb, wovon man nach Diel, bei freihängenden Früchten, fast nichts rein sieht, da viele, meistens langabgesetzte, einzeln selbst bandartige Streifen die Schale rund herum bedecken, zwischen denen dieselbe auf der Sonnenseite noch so stark punktirt ist, daß die Grundfarbe nur auf der Schattenseite durchscheint, während sie bei etwas beschatteten Früchten auf der Schattenseite rein erscheint. An den Früchten, welche ich erbaute und aus Hohenheim vor mir liegen habe, war die Schale an der Sonnenseite zwischen den Streifen nur zahlreich roth punktirt mit noch gut durchscheinender Grundfarbe, und an der Schattenseite blieben größere Stellen rein von Streifen. Die Punkte sind zahlreich, treten aber erst in der Grundfarbe auf der Schattenseite deutlicher hervor. Geruch schwach.

Das **Fleisch** ist gelblich weiß, fein, markig, ziemlich saftreich, von angenehmem, etwas himbeerartigen Zuckergeschmacke.

Das **Kernhaus** ist groß, unregelmäßig gebildet und offen; die geräumigen Kammern enthalten gewöhnlich viele kleine, dicke, braune, eiförmige Kerne. Die Kelchröhre geht, nach Diel, bis zur Mitte nach dem Kernhause herab, während ich in den eben vorliegenden Früchten nur einen kurzen Kegel fand.

Reifzeit und Nutzung: Zeitigt Ende Oktober und hält sich nicht viel über 6 Wochen, ohne den Saft zu verlieren.

Der **Baum** wird, nach Diel, groß, treibt starke Aeste, bildet eine hohe, etwas flach gewölbte Krone, und ist ausnehmend fruchtbar. Er wuchs auch in meiner Baumschule gut. Die Sommertriebe sind lang und stark, leicht silberhäutig, mit feiner Wolle bedeckt und dadurch grau, unansehnlich braunroth, zahlreich, aber fein und nicht ins Auge fallend, punktirt. Blatt mittelgroß, flach oder flachrinnig, nach Diel langherzförmig, mit starker aufgesetzter Spitze, während ich es mehr oval mit starker aufgesetzter Spitze fand, und ist es mäßig tief und etwas stumpf gezahnt. Afterblätter lanzettförmig, ziemlich zahlreich; Augen stark, etwas wollig, sitzen auf etwas vorstehenden, deutlich, oft stark gerippten Trägern.

Oberdieck.

No. 645. Eßlinger Schnabelapfel. Diel I, 2; Luc. II, 3, b; Hogg II, 2, B.

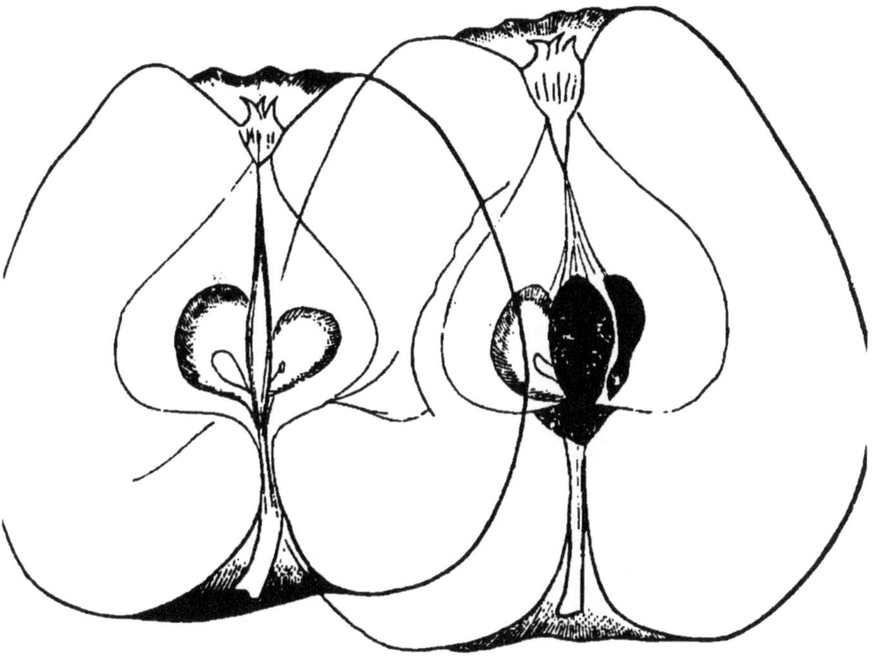

Eßlinger Schnabelapfel, ††, Septbr., Oktbr., hält sich lange.

Heimath und Vorkommen: Ist eine in der Umgegend von Eßlingen in Württemberg viel gebaute und besonders zur Mostbereitung geschätzte Frucht. Der Obstmost aus der Eßlinger Gegend ist neuerdings besonders gesucht worden, und gehört nach einer Mittheilung, die ich durch Herrn Dr. Neuffer aus Eßlingen erhielt, der mir auch Reis und schöne Früchte sandte, die obige Frucht dort zu den besonders werthvollen Mostfrüchten. Auch Apfelbrei davon war, ohne Zuthaten, wohl so gut, als der vom Gravensteiner; für den frischen Genuß gibt es bessere Früchte. — Woher der Apfel stammt, ist nicht bekannt, vielleicht ist er nach einem ersten Besitzer benannt.

Literatur und Synonyme: In Lucas' Kernobstsorten Württembergs, S. 128, kommt Schnabelapfel als Synonym des Konstanzers vor, der auch bei Eßlingen verbreitet sein soll; dieser wird aber anders beschrieben. Wären die Synonyme dennoch richtig, so hieße die Sorte auch noch Klosterapfel (bei Laupheim) und Dürrer Greitlesapfel (bei Tübingen). Um Verwechslungen zu vermeiden, habe ich aber im Namen noch Eßlingen hinzugesetzt.

Gestalt: Abgestumpft konisch; man würde die Frucht in andern Gegenden etwa als Schafsnase oder ähnlich benannt haben. Der Bauch sitzt ziemlich stark nach dem Stiele hin, um den die Frucht sich flachrund wölbt. Nach dem Kelche nimmt sie beträchtlich stärker ab und ist noch stark abgestumpft. Gute Früchte sind $3^1/_4$—$3^1/_2$" hoch und breit, oft, so wie die oben dargestellte, besonders schöne Frucht, noch etwas höher als breit.

Kelch: ziemlich langgespitzt, grünbleibend, wollig, geschlossen, sitzt in tiefer, gewöhnlich enger Senkung, von schönen, oft wie perlenartigen Rippen umgeben, die die Kelchsenkung verengern und sie in der Rundung allermeistens etwas verderben. Auch über die Frucht laufen etwas flache, kantige Erhabenheiten bis zur Stielhöhle hin.

Stiel: zuweilen $^3/_4$" lang und dünn, meist stark und sehr kurz, oft nur ein Butz, sitzt in weiter, tiefer, einzeln fast glatter, meistens aber mit starkem und selbst rauhen Roste bekleideter Höhle, der sich nicht selten strahlig noch etwas auf der Stielwölbung verbreitet.

Schale: glatt, ziemlich glänzend, vom Baume grünlich gelb, später etwas hellgelb. Die Frucht ist an der Sonnenseite und besonders um die Stielwölbung mit schönen, oft nur in punktirter Manier ausgeführten, meist langabgesetzten Carmosinstreifen sanft gezeichnet und dazwischen noch etwas matter roth punktirt, so daß die Färbung nichts Grelles hat. Die Punkte sind fein, zerstreut und fallen nicht besonders ins Auge. Der Geruch ist schwach.

Das Fleisch ist gelblich weiß, nicht recht fein, ziemlich mürbe, mäßig saftreich, von nicht eigentlich edlem, etwas gewürzten, säuerlichen Zuckergeschmacke.

Das Kernhaus ist in der Mehrzahl der Exemplare geschlossen, theils mit nicht gehörig ausgebildeten Kammern, nicht groß; die Kerne in den flachen Kammern unvollkommen oder taub. In einzelnen Exemplaren ist es auch offen und etwas zerrissen. Die Kelchröhre erscheint nach dem Zerschneiden gewöhnlich als abgerundeter Kegel, einzeln auch als etwas herabgehender Trichter.

Reifzeit und Nutzung: Zeitigt gegen Anfang Oktober und hielten die aus Eßlingen erhaltenen Früchte sich nicht lange, indem das Fleisch schon Mitte Oktober anfing, innen zu verderben, doch muß dies zufällig gewesen sein, indem nach Hrn. Dr. Neuffers Nachricht die Sorte sich lange, oft bis in den März hält. Für die Küche gibt es im Allgemeinen wohl noch bessere Früchte und der Werth der Frucht wird hauptsächlicher nur in der Benützung zu Most bestehen, doch ist sie auch zum Trocknen und Kochen vorzüglich. Von diesem Apfel bereiteter Apfelbrei war gar sehr schmackhaft und stand in Güte dem Apfelbrei vom Gravensteiner sehr nahe, ohne daß Zucker angewandt worden war.

Der Baum wächst rasch, wird aber, nach der von Herrn Dr. Neuffer gegebenen Nachricht, nicht groß, trägt voll, läßt aber die Früchte gern etwas zu früh fallen, die indeß bei ihrer frühen Reifzeit immer brauchbar bleiben. Die Sommertriebe sind lang und stark, machen nach unten oft schon kurzes Fruchtholz, nehmen nach oben wenig ab, sind nur noch oben wollig, braunroth, oder schmuzig violettbraun, unten ziemlich stark silberhäutig, wenig und sehr zerstreut punktirt. Blatt groß, flachrinnig, oval mit aufgesetzter Spitze, oft breit eiförmig, nach oben und am Fruchtholze lang elliptisch oder umgekehrt lang eiförmig, nur mäßig tief, bald scharf, bald stumpf gezahnt. Afterblätter lanzettlich, Augen stark, ziemlich wollig, sitzen auf flachen, sehr flach gerippten Trägern.

Oberdieck.

No. 646. Seizens Apfel. Diel I, 2.; Lucas II, 3. b.; Hogg III, 1. B.

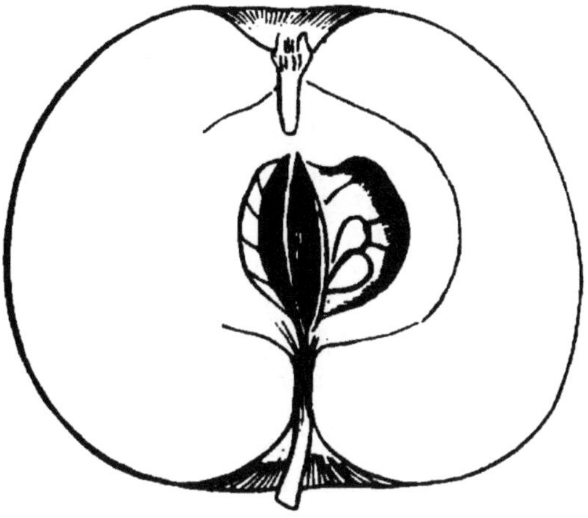

Seizens Apfel, *††, Winter.

Heimath und Vorkommen. Auch mit dieser, bei Eßlingen in Württemberg zu den vorzüglichsten Most- und Haushaltsäpfeln gezählten Frucht machte mich 1867 in Reutlingen Herr Dr. Neuffer aus Eßlingen bekannt, sandte mir auch freundlich Reis und schöne Früchte, nach denen die nachstehende Beschreibung entworfen ist. Auch diese Frucht ist sehr schön, und ähnlich, doch nicht so dunkel, wie der Luikenapfel gestreift und roth gefärbt. Herr Dr. Neuffer lobte sehr die Güte der Frucht zur Mostbereitung, indem neben dem Kienlesapfel besonders der Obige und der Knollesapfel den Eßlinger Most gehoben hätten. Er gibt auch noch die Nachricht, daß Seiz dort ein Familienname sei und ein Weingärtner dieses Namens ihn zuerst gezüchtet habe. — Wegen des offenen Kernhauses habe ich ihn unter die Schlotteräpfel gesetzt, sonst würde ich ihn unter die Streiflinge setzen und kommt auch etwa das Kennzeichen eines geschlossenen Kernhauses bei den Streiflingen nicht durchweg vor.

Literatur und Synonyme: Kommt selbst in Lucas Kernobstsorten Württembergs nicht vor und scheint noch nirgends beschrieben zu sein.

Gestalt: Theils kegelförmig, an beiden Enden abgestumpft, theils mehr konisch aussehend und nach dem Kelche etwas zugespitzt. Der Bauch sitzt bei der ersten Form nur wenig mehr nach dem Stiele hin, wölbt sich um den Stiel flachrund, nimmt nach dem Kelche noch eben bemerklich stärker ab, rundet sich fast zu und ist nur wenig abgestumpft. Bei der zweiten Form sitzt der Bauch mehr nach dem Stiele hin, rundet sich nach dem Stiele zu und ist nur mäßig abgestumpft, nimmt dagegen nach dem Kelche ziemlich zugespitzt merklich stärker ab und ist nur wenig abgestumpft.

Kelch: etwas klein, grünbleibend, mit dürren Spitzen der Ausschnitte, geschlossen, sitzt in enger, bald flacher, bald auch etwas tieferer Senkung, von theils flachen, theils mehr rippenartigen Erhabenheiten umgeben, die sich flachkantig über die Frucht bis in die Stielhöhle hinziehen und da fast am stärksten hervortreten.

Stiel: holzig, $^1/_2$—$^2/_3$" lang, geht nur wenig über die Stielwölbung hinaus, oder steht selbst derselben nicht gleich, und sitzt in etwas enger ziemlich tiefer Höhle, die meistens nur im Grunde etwas feinen Rost zeigt.

Schale: ziemlich fein, glatt, glänzend, stark geschmeidig. Die Grundfarbe ist in der Reife etwas hell gelb, wovon sehr wenig ganz rein zu sehen ist, indem zahlreiche, schöne, etwas langabgesetzte Carmosinstreifen die Frucht oft rund herum bedecken, die meistens jedoch an der Schattenseite weniger zahlreich und matter werden. Zwischen den Streifen ist die Frucht noch zahlreich carmosinroth punktirt und an stark besonnten Stellen mit etwas hellerem Roth überlaufen. Punkte ziemlich zahlreich, erscheinen in der Röthe als matte, heller rothe, gelbliche Stippchen und Fleckchen. Der Geruch ist schwach.

Das Fleisch ist weiß, ziemlich fein, saftreich, mürbe, von angenehmem, gewürzten, weinsäuerlichen, fast ein Geringes herben, gezuckerten Geschmacke, der ein flüchtiges Gewürz zeigt.

Das Kernhaus ist groß, ziemlich weit offen. Die geräumigen Kammern enthalten viele vollkommene, braune, eiförmige Kerne. Die Kelchröhre geht fast bis auf die Spitze des Kernhauses herab.

Reifzeit und Nutzung: zeitigt mit dem bekannten Luikenapfel im Winter

Der Baum wächst kräftig, blüht nach der von Herrn Dr. Neuffer gegebenen Nachricht spät und trägt voll. Ueber seine Kronenform weiß ich noch nichts anzugeben. Die Sommertriebe waren an meinem Probezweige ziemlich wollig, schwarz violett; nicht silberhäutig, nur wenig und fein punktirt. Blatt mittelgroß, flach, elliptisch, oft eioval, nicht tief aber scharf gezahnt. Afterblätter lanzettlich, Augen wollig, auf etwas vorstehenden, flach gerippten Trägern.

Anm. Durch die sehr weiße Farbe des Fleisches und besonders das stark offene Kernhaus unterscheidet er sich von dem Muskateller-Luiken und dem Knollesapfel, die ähnlich gestreift sind.

Oberdieck.

No. 647. **Gelber Gulderling.** Diel I, 3; Lucas III, 1, b; Hogg III, 2, A.

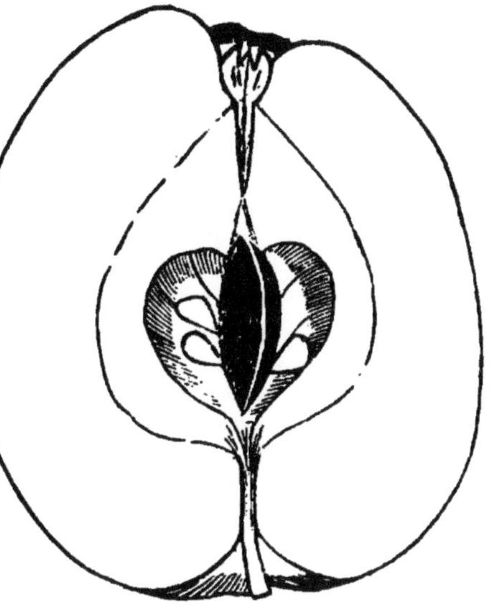

Gelber Gulderling, *††, Dezember—Mai.

Heimath und Vorkommen: Diese jetzt fast gänzlich unbekannt gewordene aber vor dem Untergange gewiß zu bewahrende, sehr gute Frucht, bei der ich mehrmals notirt habe, daß ich sie dem von Diel sehr empfohlenen Goldgulderling (Gelben Engl. Gulderling) vorziehen müsse, kam im Reise noch direkt von Diel an mich und stimmte die Frucht mehrmals ganz mit Diels Beschreibung, wie man die Frucht auch leicht in der von Knoop gegebenen Abbildung erkennen konnte, der sie mehrmals in Form und Größe völlig glich. Leider bemerkt Diel in den ersten Heften seines Hauptwerkes noch nicht, woher er die Sorte nahm; doch bezog er sie vermuthlich mit aus Holland. Vielleicht ist selbst in Holland die Frucht nicht mehr bekannt, da das, was ich von Herrn Senator Doornkaat unter dem Synonyme Enkelde Gulling erhielt, auch eine schätzbare und ähnliche, aber wohl sicher davon verschiedene Frucht war. Die obige Sorte war in Sulingen und Nienburg recht reich tragbar, seither in Jeinsen an einem schon größeren Zwerge weniger, doch wohl nur in Folge der seit 10 Jahren, so lange wir sehr weiche Winter hatten, für den Obstertrag ungünstigen Witterung.

Literatur und Synonyme: Diel I., Seite 81, Gelber Gulderling, wobei Diel anmerkt, daß vielleicht von dieser Frucht wegen ihrer gelben Farbe ursprünglich der Name Gulderling entstanden sein möge. Knoop bildet die Frucht, wie auch Diel schon bemerkt, sehr kenntlich ab I. Taf. 7, als Geele Gulderling, im Kupfer mit dem Namen Einfacher Gulderling, im Register mit den Synonymen Enkelde Gulderling, Fyne Galling, Goud-Appel. Schon Elsholz wird die Frucht als Einfacher Gulderling haben, wie Hirschfeld als Gulderling Nr. 37 und der Niederlausitzer hat sie wohl unter dem nicht mehr bezeichnenden Namen Schafsnase und dem falschen Synonyme Haute bonté. Christ Vollständige Pomologie S. 366. Nr. 281, der Gelbe Gulderling, nach Diel. Kommt sonst wohl nicht weiter vor,

— Daß der Gelbe Gulderling, wie Herr von Flotow (Handbuch I. Seite 67) wenigstens andeutet, mit dem Goldgulderling identisch sei, ist irrig und hat er in seinen beiden Bäumen einen von beiden irrig gehabt.

Gestalt: Meistens länglich, bald walzenförmig, wie die Figur oben, bald auch nach dem Kelche mehr zugespitzt und stärker abnehmend; in Jeinsen kamen auch merklich niedriger gebaute Exemplare vor, die mehr zum Kugeligen neigten. Gute Früchte sind $2^3/_4$" breit und so hoch, oft auch etwas höher als breit. Bei walzenförmigen und mehr kugeligen Exemplaren steht der Bauch ziemlich in der Mitte, bei den zugespitzten etwas mehr nach dem Stiele hin.

Kelch: etwas kurzgespitzt, geschlossen, sitzt in enger, nicht tiefer Senkung, mit Falten und Beulen etwas geschnürt. Ueber die Frucht laufen sichtbar mehrere kantige Erhabenheiten bis zur Stielhöhle hin.

Stiel: holzig, kurz, steht bald in flacher und enger, bald auch tieferer Höhle, die nicht immer Rost zeigt.

Schale: fein, geschmeidig, vom Baume blaßgrün oder schon etwas grünlichgelb, wird später schönes, beim Abreiben glänzendes Goldgelb. Sehr besonnte Früchte bekommen einen Anflug erdartiger Röthe und finden sich einzeln gelbgraue Warzen. Die Punkte sind nach Diel sehr fein und bemerkt man nur wenige und fand ich dies mehrmals ebenso, habe jedoch einmal notirt, daß feine Punkte auch bemerkbar gewesen seien, die meistens mit einem feinen helleren Dupfen umgeben und in der Röthe röthlich grau waren. Der Geruch ist etwas schwach.

Das Fleisch ist gelblich weiß, fein, saftvoll, mürbe, von sehr angenehmem, gewürzten, fast weinartigen Geschmacke, so daß die Frucht sehr gut auch als Tafelapfel dienen kann.

Das Kernhaus ist nach Diel groß, ganz offen, oft unregelmäßig und geht mit einer dünnen Spitze bis unter den Kelch. An den von mir erbauten Früchten fand ich das Kernhaus seltener ganz, meistens nur ziemlich offen und die Form, wenigstens häufig, wie oben gezeichnet, umgekehrt herzförmig, ohne daß die Spitzen des Kernhauses bis zum Kelche gegangen wären, während umgekehrt die trichterförmige Kelchhöhle mit etwas sich erweiterndem Cylinder bis fast auf das Kernhaus herabging. Die geräumigen Kammern enthalten ziemlich viele kleine, kurze, vollkommene Kerne, die in der Frucht oft klappern.

Reifzeit und Nutzung: zeitigt im Dezember und hält sich, ohne zu welken, bis in den Mai hinein und länger. In dem heißen Jahre 1834 waren manche Exemplare schon Ende September gut genießbar.

Der Baum wächst gut und gesund, wird aber nur mittelmäßig groß, macht viel feines herabhängendes Holz und ist, wie auch Diel bemerkt, außerordentlich fruchtbar, setzt aber das Fruchtholz erst gern an Fruchtruthen an. Die Sommertriebe sind mäßig lang und stark, nach oben etwas abnehmend, olivenfarbig oder mehr grün, besonnt braunroth leicht überlaufen, fein wollig, zerstreut und nicht in die Augen fallend punktirt. Das Blatt ist mittelgroß, fast flach, etwas wellenförmig gebogen, elliptisch, oft fast kurzoval mit aufgesetzter ziemlich starker Spitze, bald ziemlich scharf, bald stumpf gezahnt. Afterblätter kurz lanzettlich; Augen ziemlich lang, stark wollig, sitzen auf wenig vorstehenden, flach gerippten Trägern. Oberd.

Nr. 648. Schwedischer Winter-Postoph. Diel I, 3; Luc. III, 3, a(b); Hogg III, 1. B.

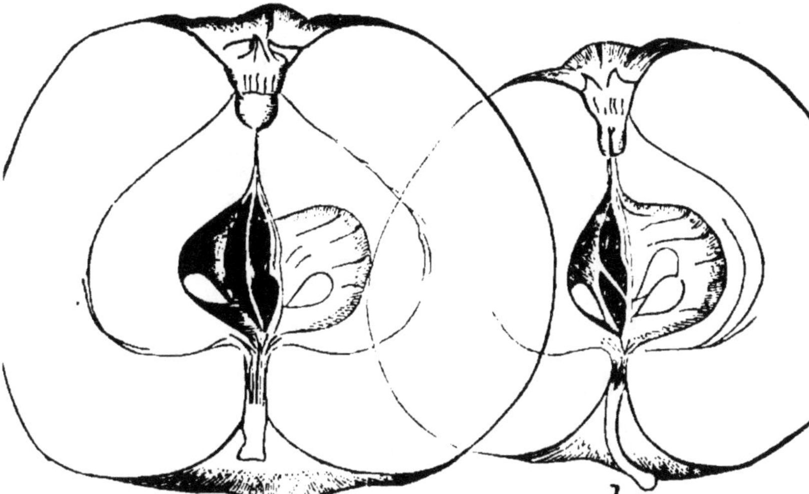

a b

Schwedischer Winter-Postoph, fast **††, Herbst—Winter.

Heimath und Vorkommen: Ist eine in Schweden unter dem Namen Wintergülling bereits weit verbreitete, und auch von Herrn Dr. Eneroth zu Stockholm mir als eine der besten dortigen Früchte bezeichnete Sorte, der mir auch Reiser und sowohl 1864 als 1865 je 4—5 schöne Früchte sandte. Er wünschte sehr, den uns etwa für die Sorte bekannten Namen zu haben, doch habe ich sie mit keiner mir bekannten Frucht genügend vereinigen können. Mit dem bereits beschriebenen Schwedischen Rosenhäger hat sie die recht starke, ähnlich breite Kelchröhre gemein, unterscheidet sich aber von ihm durch meistens mehr zugespitzte Form und schöne Streifung. Es ist zu erwarten, daß die hier, nur nach aus Schweden gesandten Früchten beschriebene Sorte bei uns an Gewürz und Güte noch zunehmen wird und verdient sehr, auch bei uns weiter bekannt zu werden.

Literatur und Synonyme: Die Frucht ist in der Swensk Pomona S. 128 von Herrn Dr. Eneroth als Svensk Vinterpostoph beschrieben, findet sich aber wohl in deutschen pomologischen Werken unter anderm Namen noch nicht. Herr Dr. Eneroth scheint den Namen gewählt zu haben in der Ansicht, daß die Frucht mit dem Duhamelschen Postophe d'hyver und dem Winterpostoph bei Dittrich und Oberdieck, welche er allegirt, identisch sei; eine Ansicht, die er mir auch brieflich mittheilte. Es hat indeß diese Frucht mit unserm Dielschen Winterpostoph, den auch das Handbuch gibt, (I. S. 205), nichts gemein und möchte es vorzuziehen gewesen sein, der Frucht den Namen Schwedischer Winter-Gulderling zu lassen.

Indeß durch den Namen Schwedischer Winter-Postoph wird er von dem gewöhnlichen auch geschieben. Als Synonyme werden am angeführten Orte angegeben: Wintergylling, Graygylling, Winterastrakan. Es hat mir Herr Dr. Eneroth mehrmals bemerkt, daß der schwedische Ausdruck Gylling nicht dasselbe bedeute, als unser Gulderling.

Gestalt: Gut gewachsene Früchte sind 3'' breit und $2^1/_2$'' hoch, oft noch größer. Die Form steht zwischen kugelig und abgestumpft konisch und neigt sich in vielen Exemplaren stark zu der letzten Form. Der Bauch sitzt mehr nach dem Stiele hin, um den die Frucht sich flachrund oft selbst plattrund wölbt. Nach dem Kelche nimmt sie etwas, oft beträchtlich und etwas zugespitzt, stärker ab und ist nur mäßig abgestumpft.

Kelch: grünbleibend, halboffen, indem die an der Basis meist breitblättrigen und dann feiner gespitzten Ausschnitte die Kelchröhre nicht ganz decken, sitzt oft in weiter, ziemlich tiefer, meistens in enger, nicht tiefer Senkung, von Falten und Rippchen zuweilen etwas geschnürt. Aus der Kelchsenkung erheben sich meistens regelmäßige, kantige, einzeln auch breitkantige Erhabenheiten, die auf der Kelchwölbung am stärksten vortreten und sich dann breiter fortziehen, einzeln auch öfter vordrängen, die Rundung etwas verschieben oder die Hälften der Frucht etwas ungleich machen.

Stiel: holzig, $^1/_2$—$^3/_4$'' lang, sitzt einzeln in etwas enger, flacher, meistens weiter und tiefer, mit strahlig verlaufendem Roste belegter Höhle, die sich oft noch etwas auf der Stielwölbung verbreitet.

Schale: etwas fein, glatt, ziemlich glänzend. Die Grundfarbe ist vom Baume gelblich grün, später schön gelb, wovon aber bei stark besonnten Früchten oft kaum etwas ganz rein zu sehen ist, indem die Frucht fast überall mit schönen, kurz abgesetzten, etwas dunkeln Carmosinstreifen besetzt und dazwischen an der Sonnenseite noch roth, oft ziemlich stark roth überlaufen, an der Schattenseite aber zahlreich punktirt ist. Bei etwas weniger besonnten Exemplaren ziehen Streifen und Röthe dazwischen sich hauptsächlich, bald matter, bald auch recht lebhaft, um die ganze Stielwölbung herum und verlieren sich nach dem Kelche hin punktirt. Punkte fein, wenig bemerklich, erscheinen in der Röthe oft noch als matte, etwas hellere Dupfen, die nicht ins Auge fallen. Geruch ziemlich stark.

Das Fleisch ist gelblich, oft etwas grünlich gelblich, mit grüngelben Adern ums Kernhaus, fein, saftreich, mürbe, von merklich gewürztem, etwas fein weinartigen Zuckergeschmacke.

Kernhaus: hohlachsig, mit meistens etwas geöffneten Kammern. Die großen, etwas flachbauchigen, auf den Wandungen gestreiften Kammern enthalten ziemlich viele, meistens vollkommene, braune, spitze, einzeln taube Kerne. Die Kelchröhre ist ein starker, oft bauchig etwas wieder erweiterter, abgerundeter, etwas herabgehender Cylinder.

Reifzeit und Nutzung: Die Früchte zeitigten 1864 Mitte Dezember, 1865 schon gegen Ende November und hielten sich bis ziemlich tief in den Winter hinein.

Der Baum macht, nach der von Herrn Dr. Eneroth gegebenen Nachricht, eine runde Krone mit etwas verworrenen Aesten und etwas düsterer Belaubung. Sommertriebe lang, schlank, unten gelblich braun, sehr glänzend, nach oben mehr violettbraun überlaufen, nur nach oben wollig, nicht silberhäutig, zahlreich punktirt. Blatt groß, fast flach, unten oval mit aufgesetzter Spitze, nach oben oft mehr eiförmig, selbst ein wenig herzförmig am Stiele eingezogen, mäßig tief und scharf gezahnt. Afterblätter kurz-lanzettlich; Augen etwas klein, mäßig wollig, sitzen auf wenig vorstehenden, kurz gerippten Trägern.

Oberdieck.

Nr. 649. Gestreifster Cousinot. Diel II, 2; Lucas IV, 3. a; Hogg II, 1. B.

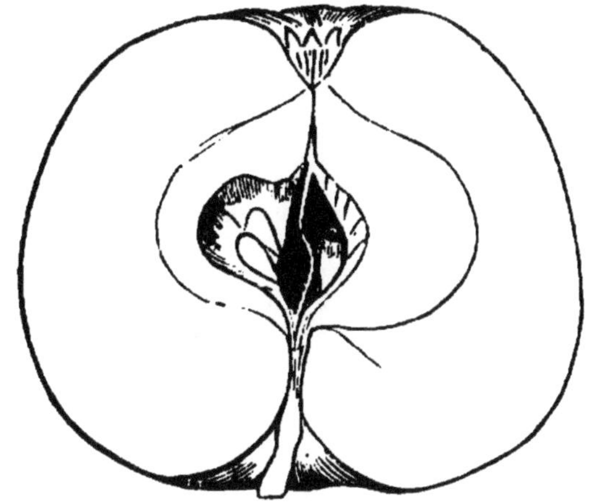

Gestreifster Cousinot, *++, September, 6 Wochen haltbar.

Heimath und Vorkommen: Diel erhielt diese, noch wenig bekannt gewordene, gute und reichtragende Sorte von einem Herrn Hoffmann in Bendorf am Rheine, der davon einen Baum ohne Namen besaß. Er glaubt, daß die Frucht holländischer Abkunft sein möge und da er sie bei keinem Pomologen fand, benannte er sie Gestreifster Sommercousinotte, welcher Name wie oben abgekürzt werden kann, ohne daß Verwirrung in den Benennungen entstände. Das Reis kam von Diel direkt nach Herrnhausen und von da an mich und stimmten die erbauten Früchte sehr mit der Beschreibung überein. Die Frucht ist sowohl für die Tafel recht angenehm, als auch für den Haushalt sehr gut. — Diel bemerkt noch, daß die Frucht einen warmen Sonnenstand erfordere, weil sie sonst säuerlich bleibe, was ich bei meinem Baume vor dem Orte, der nicht wärmer steht, als alle andern, nicht wahrnahm.

Literatur und Synonyme: Diel VI. S. 38, Gestreifster Cousinotte, La Cousinotte rayée d'été. Dittrich hat die Frucht nicht. In Christs vollständiger Pomologie findet sie sich S. 75 unter Diels Benennung. Außerdem führt nur Dochnahl im Führer I. S. 111 die Sorte auf. Muß nicht verwechselt werden mit Cousinot rayé hatif, wie Diel den Geflammten Cousinot nannte und Cousinotte rouge d'été, welchen Namen Diel dem Seidenapfel beigibt.

Gestalt: flachrund und mehrentheils etwas in die Breite verschoben. Der Bauch sitzt oft ziemlich in der Mitte, meist etwas mehr nach dem Stiele hin, um den die Frucht sich plattrund wölbt. Nach dem Kelche nimmt sie stärker ab und ist mäßig abgestumpft. Gute Früchte sind, nach Diel, $3^1/_4$—$3^1/_2$'' breit und auf der höchsten Seite 3'' hoch. In

Herrnhausen und bei mir erreichten sie bisher diese Größe nicht ganz und waren meist 3'' breit.

Kelch: offen, bei kleinen Exemplaren auch geschlossen, grünbleibend, sitzt in ziemlich geräumiger und tiefer, nach Diel oft sehr tiefer Einsenkung, die mit Fleischperlen oder feinen Rippen und Falten besetzt ist, die nach Diel calvillartig über die Frucht sich hinziehen und bis zur Stielwölbung sich sanft verlaufen, während sie an meinen Früchten nur breit und flach über die Frucht sich hinzogen.

Stiel: kurz, 1/2'' lang, auch länger, oft etwas fleischig oder ein Butz, sitzt nach Diel in geräumiger, tiefer, trichterförmiger, mit feinem Roste bekleideter Höhle, die ich an meinen Früchten nur mäßig tief und bald mit etwas strahligem Roste besetzt, bald auch glatt fand.

Schale: fein, in der Zeitigung geschmeidig; die Grundfarbe ist vom Baume gelblich grün, später gelb, und ziehen bei recht besonnten Exemplaren sich schöne, carmosinrothe, meistens kurz abgesetzte Streifen rund um die Frucht vom Stiele ab bis gegen den Kelch hin, zwischen denen die Frucht noch zahlreich fein punktirt, ja stellenweise mit leichterem Roth überlaufen ist. Bei mehr beschatteten Früchten sind die Streifen schwächer und nicht so ausgebreitet. Aufliegendes schneidet die Röthe ziemlich scharf ab. Die Punkte sind etwas weitläufig vertheilt, fein und meistens nicht ins Auge fallend; an einzelnen Exemplaren waren indeß feinere und selbst stärkere Rostpunkte leicht wahrzunehmen. Der Geruch ist angenehm und ziemlich stark.

Das Fleisch ist schwach gelblich weiß, fein, ziemlich saftreich, mürbe, locker, von rosenartigem, süßweinsäuerlichem angenehmem Geschmacke, der viel vom Geschmack guter Reinetten hat.

Das Kernhaus ist etwas, bei manchen Exemplaren ziemlich stark offen; die nicht großen aber geräumigen Kammern enthalten viele schwarzbraune, vollkommene, kleine, oft etwas unförmliche Kerne. Die Kelchröhre ist ein etwas breiter, nicht tief herabgehender Kegel.

Reifzeit und Nutzung: zeitigt nach Diel im halben September, bei mir meistens erst gegen Ende September und hält sich 6 Wochen lang.

Der Baum wächst, wie auch Diel bemerkt, in der Jugend lebhaft, wird aber nur mittelmäßig groß, belaubt sich schön, macht eine breite, gut verzweigte Krone, und wird früh und sehr fruchtbar. Mein schon etwas erstarkter Baum hatte in Jeinsen selbst in Mißjahren immer noch ziemlich gut angesetzt. Die Sommertriebe sind lang und ziemlich stark, nicht silberhäutig, feinwollig, violettbraun mit vielen feinen Punkten besetzt. Blatt ziemlich groß, elliptisch, zu oval mit aufgesetzter Spitze neigend, nach dem Stiele hin häufig stärker abnehmend, als nach der Spitze hin, weich von Gewebe, meist stumpf gezahnt. Afterblätter klein, kurz lanzettlich; Augen klein, wollig, auf flachen, flach gerippten Trägern.

Oberdieck.

Nr. 650. Der Immapfel. Diel II, 2; Lucas IV, 3. a; Hogg II, B.

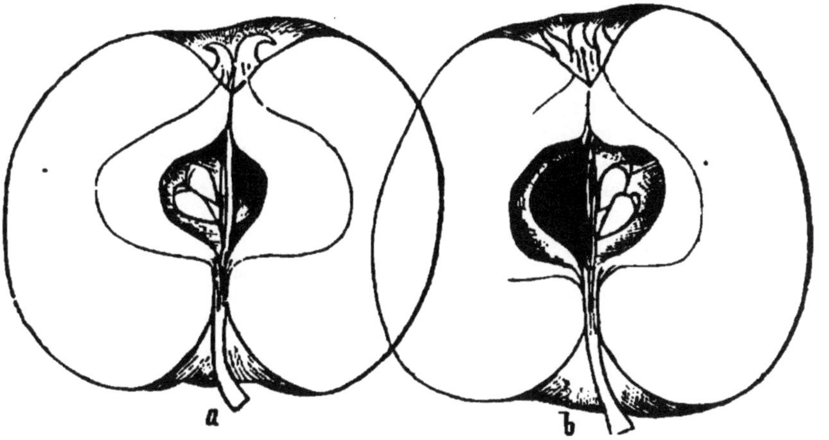

a b

Der Immapfel, **††, Oktober—Weihnachten.

Heimath und Vorkommen: Ist eine im Fürstenthum Hildesheim sehr verbreitete, von Hildesheim weiter nach Osten hin sich findende, sehr werthvolle Frucht, mit der Herr Inspektor Palandt in Hildesheim mich bekannt machte und mir 1868 schöne Früchte mittheilte. Sie ist am meisten im Amt Woldenberg verbreitet, wo in demselben Garten sich häufig mehrere Stämme von derselben finden und fanden sich solche auch schon im Garten von Herrn Palandts Vater, wo vor 40 Jahren wenigstens schon 40jährige Stämme standen. Die Sorte trägt sehr reich und fast jährlich, ja sitzt mitunter zu voll und sind auch die oben dargestellten Früchte, wo 1868 die Bäume wieder sehr voll saßen, etwas kleiner geblieben, als sie gewöhnlich ausfallen. — Sie gehört zu den schon lange gebauten Sorten, hat sich zunächst aus mehreren Klöstern im Hildesheimischen verbreitet und standen diese Klöster mit denen am Rheine wieder in Verbindung, so daß dahinsteht, wie jedoch wahrscheinlich sein mag, ob der Immapfel im Hildesheimischen entstand. Zur Erklärung des Namens läßt sich nichts mehr sagen, und wollte man denken, daß die Frucht davon benannt sei, daß Wespen den gezuckerten Apfel am Baume gern angefressen hätten, so möchte man die Wespen unter Immen (Bienen) mit begriffen haben, was im Munde des Landmanns nicht unmöglich ist.

Literatur und Synonyme: Wird in pomologischen Werken noch nicht vorkommen. Im Amte Woldenberg wird er auch Herrenapfel genannt.

Gestalt: Flachrund, oft zum abgestumpft Konischen neigend. Der Bauch sitzt häufig fast in der Mitte, oft jedoch noch bemerklich mehr nach dem Stiele hin, um den die Frucht sich flachrund wölbt oder zurundet und stark abstumpft. Nach dem Kelche nimmt sie noch bemerklich stärker ab und ist stark abgestumpft. Gute Früchte von nicht zu voll tragendem Baume sind gegen 3″ breit und $2^1/_2$″ hoch.

Kelch: langgespitzt, meist auch grün, wollig, mit den Spitzen rückwärts übergebogen, offen, oft weit offen, sitzt in weiter, ziemlich tiefer, bald ebener, fast schüsselförmiger, bald flache Beulen zeigender Senkung, die breitkantig und meist nur flach über die Frucht hinlaufen, oft einzeln etwas vordrängen und die schöne Rundung dann etwas verschieben.

Stiel: holzig, $^3/_4$—1″ lang, sitzt in weiter, tiefer, trichterförmiger Höhle, die nur innen in der Stielhöhle mit feinem Roste belegt ist, der sich nicht weiter verbreitet.

Schale: glatt, ziemlich glänzend, fast geschmeidig; Grundfarbe vom Baume schon gelblich, später etwas hochgelb, wovon aber bei genügend besonnten Früchten fast nichts rein zu sehen ist, indem fast rund herum und an der Schattenseite nur matter und weniger zahlreich, sich schöne Carmosinstreifen finden, zwischen denen die Frucht carmosinroth überlaufen und auch die Schattenseite fein punktirt ist. Bei stark besonnten wird die Röthe ziemlich stark und dunkel, sehr schön purpurfarben und wird die Schönheit der Frucht noch dadurch erhöht, daß sie am Baume mit veilchenblauem Dufte belegt ist. Die Punkte sind sehr fein, wenig bemerklich. Der Geruch ist gewürzt und ziemlich stark.

Das Fleisch ist gelblich, fein, mürbe, fast zart, von gewürztem, nur durch schwache Säure gehobenen, merklich gezuckerten, vorzüglichen Geschmacke.

Das Kernhaus ist klein, eng, meist geschlossen, hat oft nur 4 Kammern und sind dann einzelne Kammern stark offen (Fig. b oben). Die Kerne sind schwarzbraun und füllt der innere Kern die Kernhülle allermeist nicht bis oben hin, so daß es aussieht, als ob der eiförmige Kern am Kopfe noch ein stumpfes oder gerundetes Spitzchen hätte. Die Kelchröhre ist ein kurzer Kegel.

Reifzeit und Nutzung: Zeitigt im Oktober und hält sich bis Weihnachten. Ist für Tafel und Haushalt gleich werthvoll.

Der Baum wächst, nach der von Herrn Inspektor Palandt gegebenen Nachricht, in der Jugend stark, ist stets gesund, liebt etwas feuchten, kräftigen Boden, treibt später gemäßigt, indem er alle Kraft auf die fast jährlich vielen Früchte verwendet und macht eine flache Krone. Die Sommertriebe sind schlank, nach oben etwas abnehmend, fein wollig, leicht silberhäutig, violettbraun, kaum sichtbar punktirt. Blatt etwas klein, unten am Zweig elliptisch, mehr nach oben, auch oft nach der Spitze stärker abnehmend, als nach dem Stiele, flachrinnig, seicht und meist stumpf gezahnt. Afterblätter klein, pfriemenförmig. Augen ziemlich stark wollig, sitzen auf flachen, flach gerippten Trägern.

Oberdieck.

No. 651. Weißer Junkerapfel. Diel II, 1; Luc. V, 1. a. (b); Hogg III, 2. A.

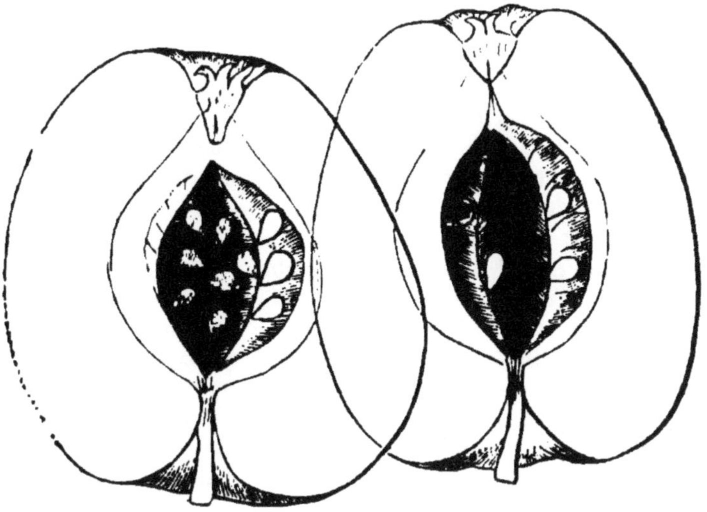

Weißer Junkerapfel, fast **††, December—April.

Heimath und Vorkommen: Schon bei Beschreibung von Schmidt's Junkerapfel (Handbuch VIII. S. 35) ist gesagt, daß in der Gegend des Herrn Oberförsters Schmidt zu Oberförsterei Blumberg unweit Stettin, sowie in seiner Baumschule sich als Junkerapfel mehrere schätzbare Sorten finden, die durch Beisätze näher geschieden werden müssen. In der obstehenden, von Herrn Oberförster Schmidt in Frucht und Reise erhaltenen Sorte liegt nun eine weitere, schöne und schätzbare Varietät der dortigen Junkeräpfel vor, die mit einem Weißen Italienischen Rosmarinapfel manche Aehnlichkeit hat. Sie kam an Herrn Oberförster Schmidt aus den Pflanzungen eines bejahrten Baumschulenbesitzers und Obstliebhabers zu Arenswalde, Namens Julius Scharlock, wo sie bereits den Namen Weißer Junkerapfel trug, und hatte derselbe viele Stämme unveredelt erzogen. Sie verdient sehr weitere Verbreitung.

Literatur und Synonyme: Wird hier wohl zuerst beschrieben, und kann ich sie mit keiner mir bekannten Frucht zusammenstellen, oder bei einem Pomologen bestimmter auffinden.

Gestalt: bald einem Weißen Winter-Taubenapfel in Gestalt und

Größe gleichend, bald mehr walzenförmig. Der Bauch sitzt bald ziemlich in der Mitte, bald etwas mehr nach dem Stiele hin. Nach dem Kelche nimmt er oft bemerklicher, oft auch nur wenig stärker ab und ist mäßig stark abgestumpft.

Kelch: ziemlich langgespitzt, doch mit dürren Ausschnitten, die oft fehlen, halboffen, sitzt in etwas enger, mäßig tiefer Senkung, mit einigen Falten umgeben, die nur flachkantig über die Frucht hinlaufen.

Stiel: holzig, 1/2" lang, nicht viel über die Stielwölbung hinausgehend, sitzt bald in enger, mäßig tiefer, bald weiterer und ziemlich tiefer Höhle, die mit etwas Rost bekleidet ist.

Schale: fein, glatt, mattglänzend, wachsartig weiß, später hellgelb. Die Sonnenseite ist bald mit einer matten, etwas rosenartigen Röthe nur leicht angelaufen, bald zeigt sie matte, einzeln bandartige Streifen. Die feinen Punkte sind sehr wenig bemerklich. Der Geruch ist ziemlich stark.

Das Fleisch ist gelblich weiß, fein, mürbe, von rosenartig gewürztem, schwach mit Säure versehenen Zuckergeschmacke.

Das Kernhaus ist weit offen; die bald zahlreichen, bald nur wenigen Kerne sind klein, etwas unförmlich, kurz eiförmig. Die Kelchröhre ist ein nicht weit herabgehender, abgestumpfter Kegel oder auch Trichter.

Reifzeit und Nutzung: Reift im Dezember und hält sich bis tief in den Winter.

Der Baum wächst in meiner Baumschule gut und gesund. Ueber die Form seiner Krone habe ich noch keine Angaben, doch wird der Baum als reichtragend bezeichnet. Die Sommertriebe sind lang, ziemlich stark, nach oben etwas abnehmend, schlank, fein wollig, nur unten leicht silberhäutig, violettbraun, erscheinen ziemlich silbergrau und sind nur fein punktirt. Blatt ziemlich groß, flach, elliptisch, mit langer, fast auslaufender, oft auch mehr aufgesetzter Spitze, einzeln langeiförmig, tief und ziemlich scharf gezahnt. Afterblätter schmal, kurzlanzettlich oder pfriemenförmig. Augen wollig, sitzen auf etwas vorstehenden, kurz und deutlich gerippten Trägern.

Oberdieck.

No. 652. Kunze's Königsapfel. Diel II, 1; Lucas V, 8, a; Hogg III, 2, B.

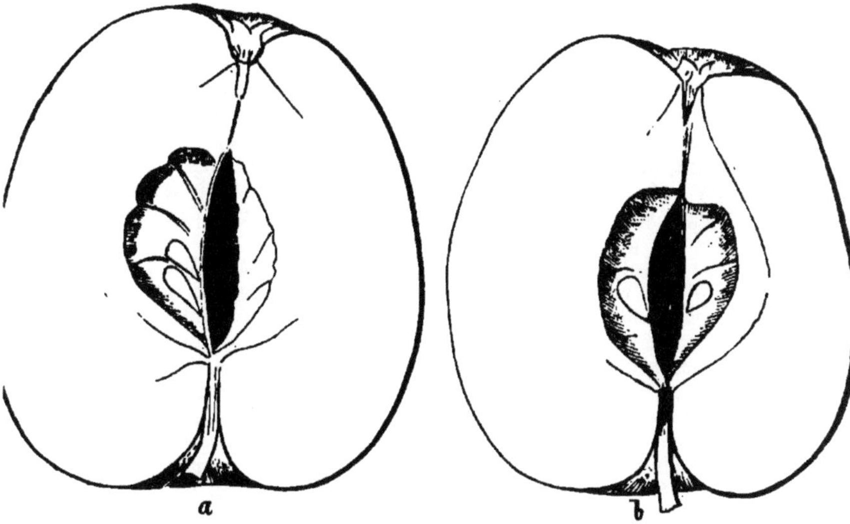

a b

Kunze's Königsapfel, fast **††, November—April.

Heimath und Vorkommen: Ueber die Abkunft dieser recht schätzbaren Frucht läßt sich vor der Hand nur sagen, daß sie von Hrn. Kunstgärtner Kunze in Jever, unter dem Namen Königsapfel an Hrn. Senator Doornkaat zu Norden in Ostfriesland kam, in dessen Gegend die Sorte schon sehr verbreitet und geschätzt ist, und von dem ich weiter Reis und wiederholt schöne Früchte bekam. Herr Doornkaat gibt in seinem Werkchen S. 11 über sie Nachricht und beschreibende Angaben. Der Baum hat sich dort, sowohl in schwerem Kleiboden, als leichtem Sandboden, als gesund und vor andern tragbar gezeigt und hält er die Sorte selbst zur Bekleidung von Wänden mit nördlicher oder nordöstlicher Exposition für passend. Im Geschmacke vergleicht auch er die Frucht mit dem Weißen Winter-Taubenapfel, dessen Gewürz nur weniger hervorstieche, und gehört die Sorte zu den Taubenäpfeln und wäre passender Kunze's Taubenapfel genannt; doch ändert man einmal vorhandene Namen nicht gern. In Jeinsen 1868 erwachsene Früchte fielen merklich kleiner aus, als die oben stehende Figur, doch wohl nur zufällig, wegen großer Dürre des Sommers.

Literatur und Synonyme: Noch nicht beschrieben, und ist nur in der schon obgedachten Schrift des Hrn. Senators Doornkaat über sie Nachricht gegeben. Bei erster Zusendung von Früchten glaubte er, daß die Sorte der Knoop'sche Prinzessinapfel (Taf. III) sein möchte. Wie indeß die Früchte auch bei mir sich färbten, hatten sie zwar mit Knoops Prinzessinapfel etwas Aehnlichkeit, doch ließ, bei Knoops sehr kurzen und mangelhaften Angaben sich nichts entscheiden und Diels Prinzessinapfel (I, S. 216), ist jedenfalls ein Anderer, in dem Diel den Knoop'schen Prinzessinapfel suchte.

Gestalt: Gleicht in Form etwas einem Rothen Winter-Taubenapfel, und steht meist zwischen konisch und walzenförmig Der Bauch sitzt fast in der Mitte oder etwas mehr nach dem Stiele hin, um den die Frucht sich zurundet und stark abstumpft. Nach dem Kelche nimmt sie stärker ab und ist etwas, oft auch ziemlich stark abgestumpft. Bei Norden gewachsene Früchte waren gegen 3″ breit und hoch.

Kelch: ziemlich langgespitzt, hat dürre Ausschnitte, die häufig beschädigt sind, ist etwas offen und sitzt meistens in etwas enger und flacher, oft jedoch auch weiterer und ziemlich tiefer Senkung, mit Falten oder fein rippigen Erhabenheiten umgeben, die sich aber nur flach über die, meistens schön gerundete Frucht hinziehen.

Stiel: holzig, kurz, meist nicht über die Stielwölbung hinausstehend, sitzt in meistens enger und flacher, oft auch wieder weiterer und tieferer Höhle, die bald nur wenig, bald auch stark roststrahlig ist.

Schale: fein, glatt, etwas glänzend, im Liegen fein geschmeidig, vom Baume grüngelb, später hellgelb. Die Sonnenseite ist bei Norden mit schönen, jedoch etwas matten Carmosinstreifen gezeichnet und zwischen denselben ganz fein roth punktirt, welche Färbung über die ganze Sonnenseite geht, an mehr beschatteten Früchten aber gänzlich fehlt, oder nur in einigen blutartigen Flecken oder Punkten besteht. In meiner Gegend zog die Röthung in zahlreicheren etwas matten Streifen sich noch über einen Theil der Schattenseite hin, zwischen denen eine matte, leicht aufgetragene Röthe sich verbreitet. Die Punkte sind sehr fein und zerstreut; der Geruch ziemlich stark.

Das Fleisch ist sehr weiß, fein, saftreich, von sehr angenehmem, etwas kalmusartig gewürztem, fein weinsäuerlichen Zuckergeschmacke.

Das Kernhaus ist ziemlich offen, oft selbst ziemlich weit offen; die Kammern, mit ausgeblüheten Wänden, sind bald flach, bald etwas geräumiger und enthalten braune, lange, spitze, vollkommene Kerne. Die Kelchröhre geht als schöner Trichter etwas herab.

Reifzeit und Nutzung: Zeitigt im November und hält sich bis tief in den Winter. Die Frucht fault nicht leicht.

Der Baum wächst, nach der gegebenen Nachricht, in der Jugend stark, scheint aber nicht groß zu werden, bildet eine hohe Krone, und ist früh und recht reich fruchtbar. Er ist auch in meiner Baumschule gut und gesund gewachsen, und hat die Nebenzweige in etwas spitzen Winkeln angesetzt. Sommertriebe ziemlich lang und stark, nach oben wenig abnehmend, unansehnlich violettbraun, besonnt mit etwas schmutzigem Silberhäutchen, oft selbst stark belegt, nach oben wollig, zerstreut punktirt. Blatt ziemlich groß, flach, etwas weich von Gewebe, unten am Triebe elliptisch, weiter hinauf mehr eioval, oder selbst eiförmig, nicht tief aber scharf gezahnt. Afterblätter kurz, schmal lanzettlich; die in kurzen Intervallen sitzenden Augen sind wenig wollig und sitzen auf flachen, kurz gerippten Trägern.

Oberdieck.

No. 653. Rother Winter-Rambour. Diel III, 1; Lucas VI, 2, b (a); Hogg III, 1, C.

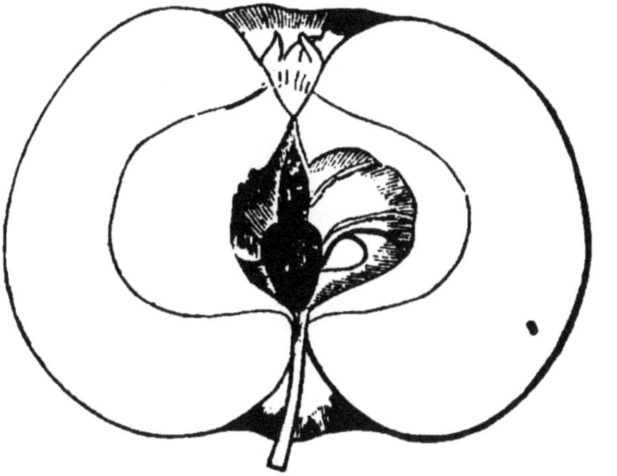

Rother Winter-Rambour, ††, December—Frühjahr. L.

Heimath und Vorkommen: Ist eine treffliche, ohne Zweifel schon lange existirende Haushaltsfrucht, deren Baum Diel 1803 aus der Mayer'schen Baumschule in Würzburg erhielt. Meinerseits erhielt ich das Reis direct von Diel, auch von Burchardt in Landsberg, und stimmten die Früchte mit Diels Beschreibung oft völlig, immer aber völlig zureichend, überein. Scheint noch sehr wenig bekannt zu sein, und habe ich auf den großen Ausstellungen nur erst in Reutlingen, in der Collection des Herrn Hofgärtner Glocker zu Enying in Ungarn ein paar Früchte gefunden, nach denen die obige Figur gemacht ist, da mir der Probezweig in Jeinsen einging und ich seit 1858 Früchte noch nicht wieder erzielen konnte.

Literatur und Synonyme: Diel A.-B. I, S. 51 unter obigem Namen. Mayer, von dem Diel diesen Apfel erhielt, hat ihn in der Pomona Franconica Tafel 13, Nr. 19 sehr gut abgebildet. Dittrich I, S. 255, gibt die Beschreibung nach Diel. Schon Merlet hat einen Rothen Winter-Rambour, der nach den beigebrachten Kennzeichen der rechte sein kann. Zinks Rother Rambour kann nach der angegebenen Reifzeit, im September, nur etwa der Rothe Sommer-Rambour sein. Eine Frucht unter dem Namen Mère des pommes mit dem Synonym Rambour rouge, welche die Annalen II, S. 47 abbilden, hat nicht genügende Aehnlichkeit, soll sich auch nicht lange halten, und ist mithin unsere Frucht nicht.

Gestalt: plattrund, kleine Früchte nähern sich der Kugelform. Vollkommene, plattrunde, ziemlich käsförmige Früchte sind nach Diel 4" breit und 3" hoch, kleinere, mehr runde $3\frac{1}{2}$" breit und $2\frac{3}{4}$" hoch. Die in meinen Gärten wiederholt erbauten Früchte wurden gewöhnlich stark 3" breit und gegen $2\frac{1}{4}$" hoch, und von ganz ähnlicher Größe waren die Früchte, die ich aus der Collection des Herrn Hofgärtner

Glocker in Ungarn mitnahm. Der Bauch sitzt in der Mitte und wölbt die Frucht, bei regelmäßig gebauten Exemplaren, sich nach beiden Seiten fast gleichmäßig, oder nimmt nur noch bemerklich stärker nach dem Kelche ab.

Kelch: kleinblättrig, gewöhnlich mit dürren Spitzen der Ausschnitte, ist nach Diel geschlossen und sitzt in ziemlich tiefer Einsenkung, in der man oft viele feine Rippen sieht, die aber nur breit und flach über die Frucht hinlaufen, jedoch die Rundung oft in die Breite verschieben, oder beulenartige Erhabenheiten bilden. Ich muß jedoch hinzusetzen, daß, während ich schon 1833 notirt habe, daß der Kelch völlig offen gewesen sei, während ich in andern Jahren die völlige Uebereinstimmung mit der Beschreibung annotirte, ich auch wieder an den aus Hrn. Glockers Collection mitgenommenen Früchten den Kelch völlig offen fand, was also variirt.

Stiel: bald kurz und fleischig, bald holzig und 1" lang, sitzt in weitgeschweifter, recht tiefer Höhle, welche im Grunde meistens rostfarbig ist.

Schale: mäßig stark, am Baume mit starkem, blauen Dufte belaufen, glänzend, auf dem Lager fast geschmeidig. Von der vom Baume hellgrünen, später gelben Grundfarbe ist oft gar nichts rein zu sehen, indem, nach Diel, über $^2/_3$ der ganzen Frucht mit einem ungemein dunklen, abgerieben stark glänzenden, blutartigen Carmosinroth verwaschen ist, oft nur wie etwas marmorirt, welches nach der Schattenseite bleicher wird und die Grundfarbe durchscheinen läßt, während bei etwas beschatteten Früchten man die Grundfarbe deutlich sieht, und das Roth nach der Schattenseite hin deutlich streifig wird. Meinerseits habe ich jedoch notirt, wiederholt auch im Roth der Sonnenseite noch völlig deutlich wahrnehmbare dunklere Streifen gefunden zu haben und war es eben so an der einen, aus Hrn. Glockers Collection mitgenommenen Frucht; wie denn überhaupt bei allen Früchten, deren Röthung streifig beginnt, es ganz nach Jahr und Witterung 2c. darauf ankommt, bis zu welchem Grade der Intensivität die Röthung sich fortsetzt. Die Punkte sind sehr deutlich und erscheinen meist als etwas matte, hellere Stippchen in der Röthe. Geruch ist stark.

Das Fleisch ist ziemlich weiß, fein, saftvoll, mürbe, von angenehmem weinsäuerlichen etwas rosenartigen Geschmacke.

Das Kernhaus ist groß, offen und breit, die geräumigen, nach dem Stiele hin oft herzförmig erweitert geöffneten Kammern enthalten nur wenige vollkommene, kleine, eiförmige Kerne. Kelchröhre nach Diel kurz und breit, geht jedoch als starker Kegel meist halb bis aufs Kernhaus herab.

Reifzeit und Nutzung: Zeitigt im December oder Januar und hält sich bis zum Frühlinge.

Der Baum wächst lebhaft und gesund, wird nach Diel groß, belaubt sich stark, bildet eine kugelförmige Krone und ist recht fruchtbar. Sommertriebe lang und stark, mit feiner Wolle belegt, nicht silberhäutig, dunkel blutartig roth, zahlreich und deutlich punktirt. Blatt mittelgroß, meist elliptisch, oft mehr eiförmig, manche mehr rund, mit starker aufgesetzter Spitze mit vielen stumpfspitzen Zähnen besetzt. Afterblätter lanzettlich; Augen klein, sitzen auf etwas vorstehenden, flach gerippten Trägern. Oberdieck.

No. 654. Das Hausmütterchen. Diel III, 1; Luc. VI, 3, a (b); Hogg II, 1, B (A).

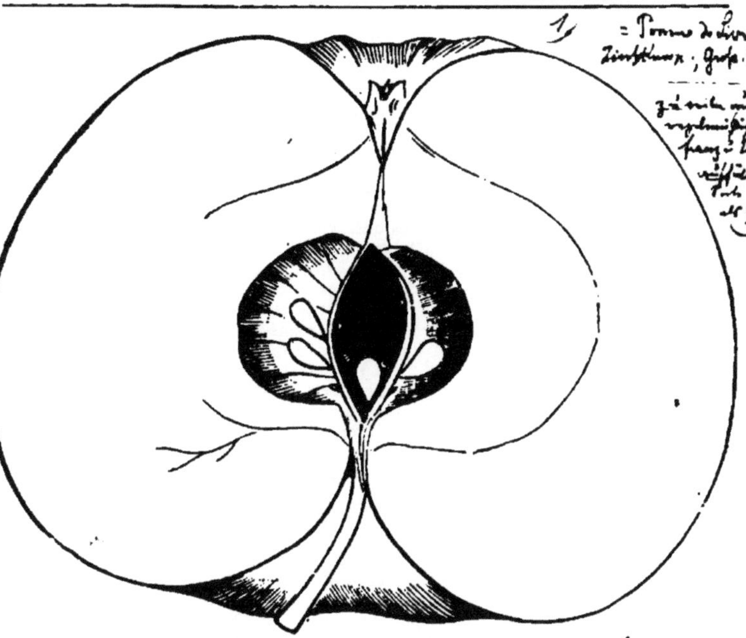

Das Hausmütterchen, ††, Oktober—Dezember.

Heimath und Vorkommen: Diese, wegen Größe und Schönheit immer beizubehaltende, wenn auch in Güte übertroffene Frucht, stammt, nach der von Sickler gegebenen Nachricht, her aus Linden bei Hannover, wo sie von Hrn. Kunstgärtner Maßmann wohl nur aufgefunden war, der 1821 an Sickler einige Exemplare sandte, um den rechten Namen zu erfahren. Maßmanns Schwiegersohn, Herr Poske, hatte die Frucht Großer Pfund-Rambour-Wildling genannt. Sickler glaubte, daß diese Frucht mit einer Beschreibung, die er früher durch einen Gärtner in Lemberg, von einem dort erzogenen, La Mère domestique genannten Apfel erhalten hatte, übereinstimme und nannte sie Hausmütterchen. Es steht dahin, ob diese Benennung, ohne daß Sickler beide Sorten in der Natur verglich, nicht die, mir immer wahrscheinlicher werdenden Irrungen in Zusammenstellung mit der Menagère der Franzosen, (was ja nicht Mère domestique wäre, wobei aber Sickler bei dem Namen gleich hinzusetzt: französ.: La Menagère) und mit dem angeblich in Amerika erzogenen Gloria Mundi herbeigeführt hat. Mein Reis erhielt ich von Dittrich ächt. Die Figur oben ist nach Früchten, die ich 1867 aus der Münchener Collection in Reutlingen mitnahm, gezeichnet.

Literatur und Synonyme: Allgemeines Deutsches Gartenmagazin 1805, S. 453, mit Abbildung Taf. 29. Monatshefte 1868, S. 268 gibt Lucas gelungene Abbildung. Dittrich I, S. 246, wobei auch gleich La Menagère als Synonym hinzugefügt wird. — Hogg hat S. 91, den aus Amerika gekommenen Gloria Mundi, bei dem er, ähnlich, wie es Downing that, als Synonyme angibt: Monstrous Pippin, (Coxe View, 117), Baltimore, (Hortic. Soc. Transact. III, S. 20;

Lindley Guide, 61), Glazewood Gloria Mundi, Newyork Gloria Mundi, American Gloria Mundi, American Mammoth, (Hort. Soc. Catal), Mammoth, (Ronald Pyr. Mal. 13), Ox apple (Downing), Pomme Josephine, (Poiteau et Turpin, V, Taf. 423), Pomme Melon, (ibidem), Belle Josephine, (Lelieur), Belle Dubois, Pater noster und Rhode-Island (Dubrieul), Hausmütterchen und Menagère. (Deutsches Garten-Magazin 1805, Taf. 29.) Man glaubte früher, daß Gloria Mundi in Amerika erzogen sei, wo sich schon Red Hook am Hudson, Long-Island und Baltimore um die Paternität stritten; aber wegen des — man weiß nicht auf welche Autorität und nach welchen Vergleichungen — angenommenen Synonymes La Menagère kam man auf die Frage, ob das Deutsche Hausmütterchen etwa durch Auswanderer nach Amerika gekommen sei. Die Identität ist mir, nach mehreren Durchzeichnungen von Früchten, die ich als Gloria Mundi erhielt, auch die Form meist hochaussehend, am Kelche stark abgestumpft, fast kurz walzenförmig, die Farbe vom Baume gelber, das Fleisch fester und etwas besser fand, sehr fraglich, und auch die Frucht, die ich aus der Collection der Hrn. Simon Louis zu Metz als Menagère erhielt, war anders, namentlich das Fleisch etwas schmantartig und besser von Geschmack, die Form gewöhnlich auch hochaussehend und Schale wenig geröthet. Auch die Synonyme Belle Josephine und Belle Dubois blieben fraglich und scheinen unter diesen Namen auch davon differirende Früchte vorzukommen. Ronald (Pyr. Mal.) scheidet den Mammoth (pag. 13, Taf. 7) von dem Baltimore (pag. 47, Taf. 24), welcher letzte ziemlich aussieht als die Menagère von Simon Louis, jedoch überall netzförmige Rostfiguren zeigt. Lond. Cat. scheidet auch Mère de Menage (Nr. 436) mit den Synonymen Menagère und Hausmütterchen, von Gloria Mundi. Menagère, die Hogg S. 137 hat, wird aber als fast rundum roth mit rothen Streifen geschildert und ist falsch.

Gestalt: flachrund, etwas stielbauchig, um den Stiel flachrund gewölbt, nach dem Kelche stärker abnehmend und ziemlich stark abgestumpft. Die Figur oben ist nach der in Reutlingen 1867 mitgenommenen Frucht entworfen. Das Deutsche Gartenmagazin stellte die Frucht noch größer und etwas flacher gebaut vor. Meine Früchte vom Hochstamme wurden 4'' breit und 3¹/₂'' hoch.

Kelch: bei der von Sickler dargestellten Frucht weit offen, an der aus Reutlingen mitgenommenen Frucht halb offen, an meinen Früchten geschlossen, sitzt in mäßig weiter, oft selbst etwas enger, ziemlich tiefer Senkung, mit flachen, fein rippigen Erhabenheiten umgeben, von denen eine Anzahl sich flachkantig, oft breit, einzeln auch vordrängend und die Form etwas verschiebend, über die Frucht hinzieht.

Stiel: holzig, häufig kurz und der Stielwölbung nicht gleich stehend, oft auch 1'' lang, sitzt in weiter, tiefer Höhle, die bald nur mehr im Grunde, bald auch stärker mit Rost bekleidet ist.

Schale: glatt, ziemlich fein, etwas glänzend, vom Baume gelblich grün, etwas stärker baumreif wachsartig weiß; die Sonnenseite ist bald nur auf einer kleinen Stelle nach dem Stiele hin matt und oft flammenartig, oft auch nur wie angespritzt, bei recht besonnten aber sehr freundlich roth, etwas rosenroth und undeutlich gestreift, oder etwas geflammt und dazwischen noch zahlreich roth punktirt, geröthet. Punkte bald ziemlich zahlreich, bald mehr zerstreut, oft auch nur als weißliche Schalenduपfen bemerklicher. Geruch ziemlich stark.

Das Fleisch ist weiß, mit grünlicher Ader ums Kernhaus, fein, saftreich, mürbe, von angenehmem, etwas süßweinartigen Geschmacke.

Das Kernhaus ist ziemlich, oder wirklich weit offen; Kammern weit; Kerne ziemlich zahlreich, theils vollkommen, etwas unregelmäßig geformt, theils auch abortirt. Die Kelchröhre geht als Regel etwas herab.

Reifzeit und Nutzung: Zeitigt im Oktober, hält bis December.

Der Baum wächst, nach den gemachten Angaben, stark, und bildet eine gut, doch nicht dicht verzweigte, breite Krone. Sommertriebe lang und stark, wenig wollig, mit wie etwas zerrissenem Silberhäutchen belegt, ziemlich zahlreich, doch fein punktirt. Blatt ziemlich groß, langelliptisch, einzeln mehr eiförmig, ziemlich tief gezahnt. Augen stark, wenig wollig, sitzen auf etwas vorstehenden, kurz, doch deutlich gerippten Trägern.

Oberdieck.

No. 655. **Kirkes Sondergleichen.** Diel III, 2; Lucas VI, 3, b; Hogg I (II), 1, B.

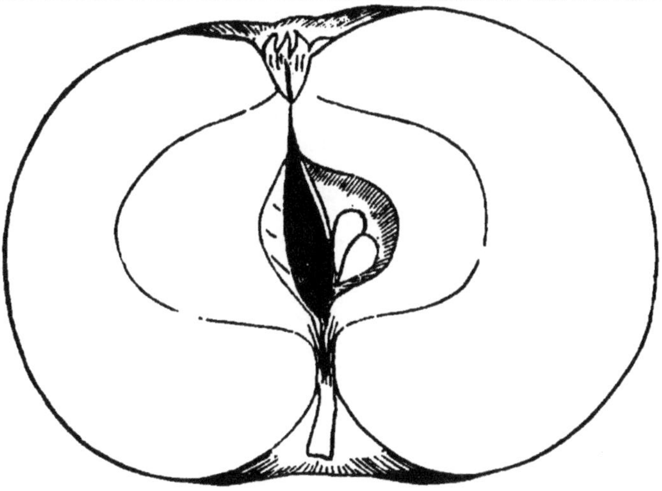

Kirkes Sondergleichen, *††, Septbr., Oktbr., 6 W.
Kirkes Incomparablo.

Heimath und Vorkommen: Ist eine prachtvolle und treffliche, dem Namen nach von dem bekannten Baumzüchter Kirke in England erzogene oder aufgefundene Frucht, die, nach der mir gegebenen Nachricht, von Kirke zuerst an Burchardt in Landsberg an der Warthe, und wohl von da an Diel kam, der die Frucht nur erst und sehr kurz in der 2ten Fortsetzung des Catalogs aufführt. Ich finde sie in Englischen Werken unter diesem Namen nicht mehr und steht dahin, ob sie dort verloren gegangen, oder unter anderem Namen fortgepflanzt worden ist. In Englischen Werken findet sich als Rambour von Kirke nur der Kirkes Scarlet Admirable, unser Kirkes schöner Rambour, der in Engl. Werken auch nicht mehr unter Kirkes Namen, sondern als Hollard-bury vorkommt.*) Der Lond. Cat. hat noch eine Kirkes Fame ohne alle näheren Angaben, so daß dahin steht, ob diese möglich unsere obige Frucht ist. Meinerseits erhielt ich das Reis von der Societät zu Prag und zeigte sich ächt.

Literatur und Synonyme: Diels Cat. 2te Fortsetzung, S. 30, **Kirkes** Sondergleichen, **Kirkes Incomparable**, wo Diel nur bemerkt: „Prachtfrucht, dem Lothringer Sommer-Rambour sehr ähnlich, 3¹/₂" breit, 3" hoch, zeitigt im September, hält sich 4 Wochen gut." (In meiner Gegend hielt er sich länger.) Dittrich I, S. 258, wiederholt das von Diel Gesagte. Außerdem hat ihn nur noch Dochnahl im Führer I, S. 82, mit ähnlichen kurzen Angaben, als Diel, wobei

*) Nach noch unvollkommenen Früchten, die ich von dem direkt aus London bezogenen Hollandbury bekam, wird dieser jedoch von Diels Kirkes schönm Rambour verschieden sein, wenn ich das rechte Reis erhielt.

nur hinzugesetzt wird, „wenig fruchtbar“ Worauf sich diese Angabe gründet, ist nicht gesagt. Ich hatte zwar nur erst 1849 und 1853 in Nienburg schöne Früchte. Der Probezweig saß aber voll. In Jeinsen hatte ich noch keine Probezweige wieder, und erhielt erst wieder Frucht von einem Probezweige bei Hrn. Oberamtsrichter v. Hinüber zu Moringen, der das Reis von mir bekam. Muß, wie schon gedacht, nicht mit dem Rambour Kirkes Skarlet Admirable, unserer Kirkes schöner Rambour verwechselt werden.

Gestalt: etwas plattrund, fast käsförmig; Früchte von meinem Probezweige in Nienburg waren 2½″ breit und 2¼″ hoch. In Moringen erwuchsen sie in der oben dargestellten Größe, gegen 4″ breit und 2¾″ hoch. Der Bauch sitzt in der Mitte und wölbt die Frucht sich nur wenig oder gar nicht abnehmender nach dem Kelche, als nach dem Stiele; um den Stiel wölbt sie sich plattrund, am Kelche mehr flach zugerundet und stark abgestumpft.

Kelch: grün, kurzgespitzt, geschlossen oder nur etwas offen, sitzt in flacher, bald verhältnißmäßig etwas enger, bald auch weiter Senkung, oft mit Fleischperlen, immer mit etwas flachen Beulen umgeben, die breit und flachkantig über die Frucht hinlaufen.

Stiel: holzig, kurz, oft der Stielwölbung nicht ganz gleichstehend, oder über sie nicht hinausgehend, sitzt in weiter, tiefer, mit etwas grünlich zimmtfarbigem Roste belegter Höhle.

Schale: fein, ziemlich glänzend, im Liegen stark geschmeidig, vom Baume wachsartig weiß, im Liegen schön gelb. Besonnte Früchte sind, wo die Sonne stärker hinfiel, meistens um die ganze Stielwölbung herum bis zur Kelchwölbung hin, mit schönen, meist langabgesetzten, starken Carmosinstreifen reich gezeichnet, und zwischen diesen noch roth punktirt. An der Schattenseite sind die Streifen meist weniger zahlreich und blasser. Einzeln finden sich Rostwarzen und stellenweise feiner Rostanflug. Die Punkte sind fein, zerstreut, wenig bemerklich; der Geruch ist stark.

Das Fleisch ist fein, mürbe, sehr saftreich, von sehr angenehmem, gewürzten, etwas weinartigen Zuckergeschmacke, ähnlich dem des Kaiser Alexander, doch noch etwas mehr gewürzt, so daß man wohl das Zeichen *†† geben könnte.

Das Kernhaus ist offen, die nicht großen, mäßig geräumigen Kammern enthalten nur wenige vollkommene, meistens avortirte Kerne.

Reifzeit und Nutzung: Die Frucht zeitigte in warmen Jahren auch bei mir schon gegen Ende September, in kältern Anfangs Oktober und hielt sich reichlich 6 Wochen.

Der Baum wächst stark und gesund und macht eine breite, etwas zerstreute Krone mit vielem ganz kurzem Fruchtholze. Die Sommertriebe sind lang und stark, nach oben etwas abnehmend, nur ganz oben wollig, violettbraun, nur stellenweise leicht silberhäutig, meistens nicht zahlreich punktirt. Blatt groß, flach, oval oder eioval, nicht selten selbst langeiförmig und spitz, nach oben mehr elliptisch, etwas weich von Gewebe, nicht tief, aber scharf gezahnt. Am Fruchtholze ist das Blatt häufig lang und langelliptisch. Afterblätter nicht groß, kurz lanzettlich. Augen ziemlich stark, dreieckig, wollig, auf etwas vorstehenden deutlich gerippten Trägern. Oberdieck.

No. 656. **Der Winterrambour.** Diel III, 1.; Luc. IV, 3. b.; Hogg III, 1. B.

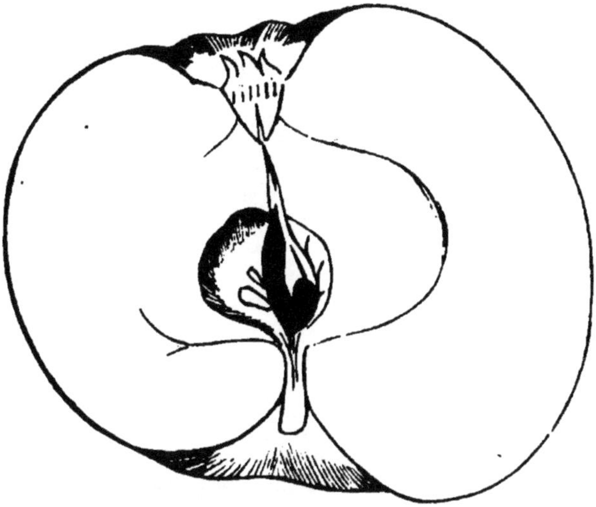

Der Winterrambour, ††, W.

Heimath und Vorkommen: Gehört zu den schon alten Früchten, deren Ursprung nicht mehr bekannt ist, kam aus der Pariser Carthause an Diel, ist aber in Deutschland wohl noch sehr wenig verbreitet. Da mir in Jeinsen ein Probezweig zweimal verdarb, habe ich auf unsern großen Obstausstellungen, zur Anfertigung der Figur für's Handbuch, länger vergeblich nach dieser Sorte gesucht und bekam erst 1867 in Reutlingen von Hrn. Geh.-Rath von Trapp ein paar schöne Früchte, die mit Diels Beschreibung ganz übereinstimmten, und nach denen obige Figur gezeichnet ist. Die Sorte ist für die Küche schätzbar, für den rohen Genuß könnte das Fleisch etwas feiner sein. Mein Reis erhielt ich von Diel.

Literatur und Synonyme: Diel III, Seite 109, der Winterrambour; Le Rambour d'hiver, Duhamel. Duhamel hat die Frucht unter Nr. 29 ohne Figur. Pomon. Franc., der Winterramburger, auch ohne Abbildung. Dittrich I, Seite 250 Nr. 182; Christ, Hand.-W.-B. S. 78; in der Vollständigen Pomologie hat er ihn nicht; im Handbuch Nr. 144 hat er ihn irrig mit dem Rothen Winter-Rambour zusammengeworfen. Hogg und der Londoner Catalog haben ihn vielleicht als Rambour Franc d'hiver, doch führt Hogg diesen S. 260 auch nur kurz auf. Die Amerikaner haben ihn mithin noch weniger und kennen nur den gewöhnlichen Rambour Franc (Lothringer Rambour). Diel hat II, S. 55 auch einen Sauren Winter-Rambour, der mit dem Obigen nicht zu verwechseln ist.

Gestalt: Diel bemerkt mit Recht, daß er zum nahen Verwandten den Lothringer Rambour habe, dem er selbst in der Zeichnung ähnlich ist, jedoch wird der Letztere häufig weit größer, zeitigt auch früher. Die

Form ist etwas veränderlich, manchmal etwas hochaussehend, gewöhnlich aber mehr flachrund. Der Bauch sitzt mehr nach dem Stiele hin, um den die Frucht sich plattrund wölbt; nach dem Kelche nimmt sie stets merklich stärker ab und ist stark abgestumpft. Vollkommene Früchte messen nach Diel 4" Breite und 3" Höhe auf der höchsten Seite, indem die eine Seite der Frucht fast stets merklich niedriger ist, als die andere.

Kelch: ziemlich langgespitzt, grünbleibend, geschlossen, steht in schöner, tiefer Einsenkung, aus der sich meistens schöne Rippen erheben, die ziemlich kantig über die Frucht bis zur Stielhöhle hinlaufen. Oft zeigt auch die Kelchsenkung wenig von Rippen; doch ist die Kelchsenkung in der Rundung durch breite Erhabenheiten verschoben, die auch die Form der Frucht verschieben und in der einen Dimension länger machen als in der andern.

Stiel: meist ein Fleischbutz, oft auch $^3/_4$" lang, steht in geräumiger, tiefer, öfters verschobener und stets mit Rost stark belegten Höhle, der sich oft noch strahlig etwas über die Stielwölbung verbreitet.

Schale: fein, geschmeidig, nicht fettig, vom Baume gelblich hellgrün oder seladongrün, in der Zeitigung schön citronengelb, wobei länger noch grünliche Stellen zurückbleiben. Die Sonnenseite ist mit schönen, sanften, zahlreichen Carmosinstreifen von der Stielhöhle bis zum Kelche besetzt und zwischen den Streifen noch schön roth punktirt. Aufliegendes schneidet die Röthe ziemlich scharf ab; Punkte fein, zerstreut, nur in der Grundfarbe mehr bemerklich. Geruch schwach.

Das Fleisch ist schwach gelblich weiß, saftvoll, etwas grobkörnig, von angenehmem süßweinsäuerlichen Geschmacke.

Das Kernhaus ist nicht groß, etwas offen, oft nur so, daß manche Kammern sich nach dem Stiele hin herzförmig in eine unvollkommen ausgebildete, hohle Achse öffnen; die Kammern sind ziemlich weit und enthalten meist taube Kerne; die Kelchröhre ist ein etwas herabgehender Kegel, der nach Diel, was er selbst als charakteristisch hervorhebt, bis zur Hälfte nach dem Kernhause herabgeht.

Reifzeit und Nutzung: Zeitigt im Dezember und hält sich bis zum Frühlinge. Diel bemerkt, daß er guten, fetten Boden und warme Lage erfordere; wie weit das wirklich gegründet ist, steht dahin.

Der Baum wächst stark und gesund, wird groß, belaubt sich schön und ist fruchtbar. Die Aeste stehen etwas weit ab, gehen aber ziemlich in die Luft. Sommertriebe stark und lang, fein silberhäutig, mit Wolle besetzt, im Schatten olivenfarbig, besonnt violettbraun mit wenigen, doch nach unten starken Punkten gezeichnet. Blatt groß, etwas langoval, nach dem Stiele häufig spitz abnehmend, etwas dünn von Gewebe, fein und scharf gezahnt. Afterblätter fehlen meist. Augen bauchig, nicht stark wollig, sitzen auf flachen, wenig gerippten Trägern.

Oberdieck.

No. 657. Adenaw's Rambour-Rtte. Diel IV, 1, (2); Luc. VII, 1, a; Hogg III, 2, C, (A).

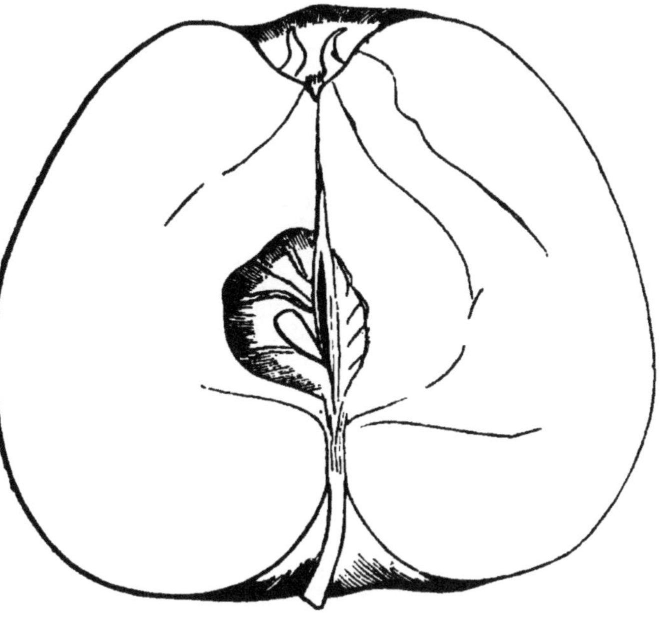

Adenaw's Rambour-Reinette, **††, Ende Dez.—April. L.

Heimath und Vorkommen: Ist eine große, in Güte des Geschmacks und Werth mit der Pariser Rambour-Reinette völlig wetteifernde Frucht, welche erzogen ist von Herrn Gutsbesitzer Adenaw zu Vorweiden, unweit Aachen und machte Herr Landrath von Haßlacher zu Aachen mich mit derselben bekannt, sandte mir auch schöne Früchte von dorther und ein Reis. Sie unterscheidet sich von der Pariser Rambour-Reinette durch höheren Bau und stärker nach dem Kelche zugespitzte Form. Wenn Herr Landrath von Haßlacher den Wunsch aussprach, daß die Sorte nach dem Erzieher benannt werden möge, so ist diese Benennung um so mehr angemessen, als der Erzieher einer schätzbaren Frucht schon fast überall dadurch geehrt wird, daß man sie nach dem Namen des Erziehers benennt, welcher Schuldigkeit ich mit Vergnügen nachkomme. Mag die Sorte sich bald weiter verbreiten.

Literatur und Synonyme: Wird hier zuerst beschrieben.

Gestalt: abgestumpft konisch; hochgebaut; gute Früchte sind, selbst vom Hochstamme, $3^1/_2''$ breit und hoch. Der Bauch sitzt mehr nach dem

Stiele hin, um den die Frucht sich flachrund, oft plattrund wölbt. Nach dem Kelche nimmt sie beträchtlich stärker ab und ist noch stark abgestumpft.

Kelch: langgespitzt, halb offen, mit dürren Spitzen der Ausschnitte, die häufig fehlen, so daß die breiten Rudimente der Kelchausschnitte, welche fast horizontal über die weite Kelchhöhle hinliegen, diese nicht decken können und der Kelch als völlig und weit offen erscheint. Der Kelch sitzt in weiter, tiefer, etwas schüsselförmiger Einsenkung, auf der nur breite und flache Erhabenheiten über die Frucht sich hinziehen, jedoch die Form meistens etwas verschieben.

Stiel: holzig, kurz und kaum über die Stielwölbung hinausreichend, gegen 1'' lang, oft sehr kurz, sitzt in weiter, tiefer, trichterförmiger Höhle, die mit strahlig verlaufendem Roste bekleidet ist.

Schale: mäßig stark, mattglänzend, an sich glatt und nur durch die Punkte etwas fein rauh. Die Grundfarbe ist schon vom Baume ein gelbliches Grün und ist später schön gelb, mit noch länger zurückbleibenden grünlichen Stellen. Frei hängende Früchte sind über den größeren Theil der Sonnenseite mit gelblicher Röthe fast verwaschen gezeichnet, in der man kaum Spuren von Streifen bemerkt. Mehr beschattete Exemplare haben von Röthe nur einen schwachen Anflug. Die Punkte sind ziemlich zahlreich, namentlich in der Grundfarbe theils stark und etwas sternförmig. Daneben finden sich manche Rostanflüge und einzelne, oft warzenähnliche Rostfiguren. Der Geruch ist ziemlich stark.

Das Fleisch ist etwas gelblich weiß, mit häufig unregelmäßig geschlängelten, gelblichen Adern ums Kernhaus, gewürzt riechend, fein, saftreich, gehörig zeitig mürbe, von etwas süßweinigem, edlen Zuckergeschmacke, der mit dem der Pariser Rambourreinette wetteifert und etwas mehr Zucker hat.

Das Kernhaus ist fast geschlossen mit bald unvollkommener, bald größerer hohler Achse, in die einzelne Kammern sich bald etwas stärker, bald nur spaltartig öffnen; die ziemlich großen, nicht weiten Kammern mit streifig ausgeblühten Wänden enthalten nicht viele langeiförmige, gewöhnlich nicht vollkommene Kerne. Die Kelchröhre ist ein breiter, äußerst kurzer, kaum etwas herabgehender Kegel.

Reifzeit und Nutzung: Zeitigt Ende Dezember und hält sich den Winter hindurch.

Der Baum wächst sehr kräftig und gesund und hat der Mutterstamm sich sehr fruchtbar gezeigt. Die Sommertriebe sind lang und stark, beschattet olivengrün, besonnt leicht und unansehnlich violettbraun überlaufen, nach oben fein wollig, nach unten leicht silberhäutig, ziemlich zahlreich punktirt. Das Blatt ist ziemlich groß, fast flach, kurz eioval, tief und scharf gezahnt. Afterblätter lanzettlich. Die etwas wolligen Augen sitzen auf etwas vorstehenden, flach gerippten Trägern.

Oberdieck.

No. 658. **Jägers Reinette.** Diel IV, 1; Lucas VII, 1, b.; Hogg III, 1, A.

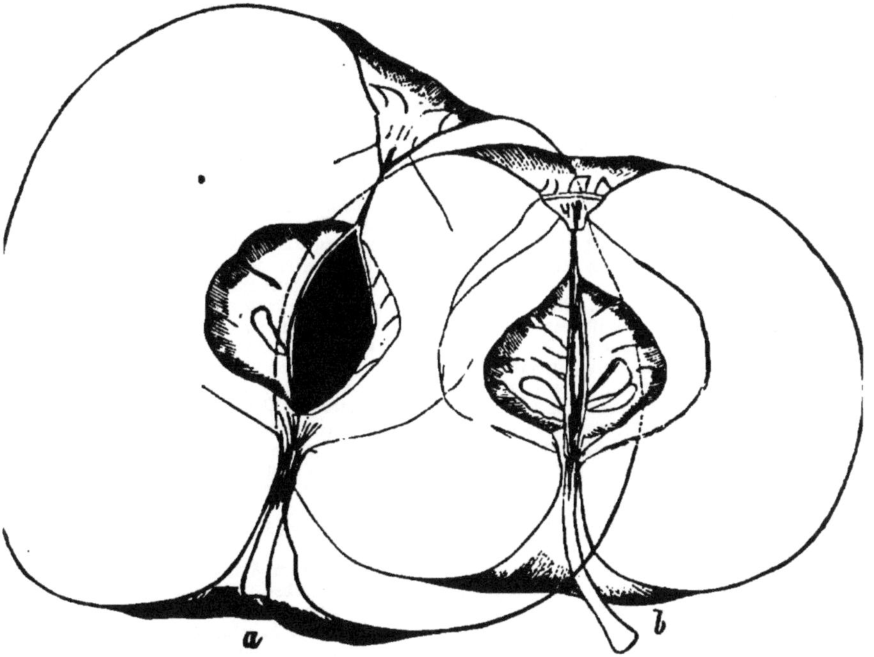

Jägers Reinette, **††, Nov., Dec. durch Winter.

Heimath und Vorkommen: Diese recht treffliche Frucht ist, so viel ich durch Mittheilungen des Herrn Alfred Loisel zu Falkenberg erfuhr, erzogen von Herrn Jäger in Heerlage, 1/4 Stunde von Welten unweit Aachen. Mit der Sorte machte mich zuerst Herr Lehrer Remagen zu Niederbiber am Rhein auf der Versammlung zu Görlitz bekannt, von dem ich schöne Früchte, wie auch ein Reis erhielt, bekam die Sorte dann auch weiter von den Herrn Simon-Louis zu Metz und sah auch wiederholt Frucht von einem Cordon, der von Simon-Louis nach Braunschweig gekommen war. Da die erste Frucht aus Braunschweig von den von Hrn. Remagen erhaltenen Exemplaren darin abwich, daß sie nicht offenes, sondern geschlossenes Kernhaus hatte mit flacher, hohler Achse, in die einzelne Kammern sich fein spaltartig öffneten (Fig. b oben), auch die Braunschweiger Frucht etwas Röthe zeigte und ganz gleiche Hälften hatte, blieb ich ungewiß, ob die Herrn Simon-Louis nicht eine andere Sorte haben möchten, als ich von Hrn. Remagen erhielt; neue Frucht aus Braunschweig, die ich 1868 erhielt, stimmte aber mit Hrn. Remagens

Frucht überein, und ist auch die verglichene Vegetation dieselbe, so daß kein Zweifel ist, daß ich die rechte Sorte erhalten habe. In flacher gebauten Exemplaren mit weniger ungleichen Hälften hat die Frucht manche Aehnlichkeit mit einem Goldzeugapfel, und werden Früchte von Hochstämmen wohl auch oft geschlossenes Kernhaus haben. Nach den bisherigen Ergebnissen ist die Sorte recht fruchtbar.

Literatur und Synonyme: Mir ist nicht bekannt geworden, daß die Frucht schon einmal in einem pomologischen Werke beschrieben worden sei.

Gestalt: Meistens etwas flachrund, mit gewöhnlich stark ungleichen Hälften. Die oben dargestellten Exemplare sind von einem Cordon in Braunschweig entnommen, und werden von Hochstämmen 1/2'' weniger groß sein. Die Form ist gewöhnlich nicht schön, und werfen einzelne über die Frucht laufende breite Beulen sich stark auf. Früchte von Hochstämmen, die ich noch nicht sah, werden wohl mehr der Figur b nahe kommen; die Zeichnung von Hrn. Remagens Frucht steht zwischen beiden in der Mitte, mit gleichfalls stark offenem Kernhause und ungleichen Hälften der Frucht. Der Bauch liegt bald ziemlich in der Mitte, bald und besonders bei höher gebauten Exemplaren mehr nach dem Stiele hin und wölbt die Frucht um den Stiel sich flachrund. Nach dem Kelche nimmt sie, meistens noch sehr bemerklich, etwas stärker ab und ist stark oder ziemlich stark abgestumpft, allermeist mit, durch die ungleichen Hälften der Frucht, stark schräg stehender Fläche.

Kelch: breitgespitzt, grünbleibend, wollig, offen oder halb offen, sitzt in bald enger, nicht tiefer, bald weiterer und tieferer Senkung, aus der breite, flache und einzeln meist stark rorbrängende Erhabenheiten über die Frucht hinlaufen, die die Form etwas verschieben und die Hälften stark ungleich machen.

Stiel: holzig, bald kurz, bald 3/4'' lang und selbst länger, sitzt in an sich weiter und tiefer, aber durch einen an den Stiel sich anlegenden, stärkeren Fleischwulst häufig verengerter und verflachter Höhle, die etwas mit feinem Roste belegt, oft auch fast glatt ist und lange grün bleibt. Die 1869 aus Braunschweig erhaltene Frucht zeigte in der Stielhöhle mehrere starke Strahlen von Rost, die bis zum Bauche der Frucht hinliefen.

Schale: ziemlich fein, glatt, wenig glänzend, vom Baume grünlich gelb, später schön gelb, mit gewöhnlich länger zurückbleibenden, grünlicheren Stellen. Stärker besonnte Früchte zeigen eine mäßig weit verbreitete, leicht aufgetragene, gelblich bräunliche Röthe, die oft nur in einem Anfluge besteht, oder ganz fehlt. Rostpunkte sind ziemlich zahlreich, theils etwas stark und häufig ganz fein grün umflossen. Auch stärkere Rostwarzen finden sich, und hat die Frucht nach den Jahren bald ziemlich viele, bald fast gar keine Anflüge von Rost. Der Geruch ist ziemlich stark.

Das Fleisch ist gelblich weiß, fast grün gelblich, fein, saftreich, mürbe, von edlem, etwas süßweinartigen Zuckergeschmacke.

Das Kernhaus ist groß, meistens stark offen, einzeln geschlossen, und dann mit flacher, hohler Achse, in die die Kammern sich spaltartig fein öffnen. Die geräumigen Kammern mit stark gestreiften Wandungen haben meistens wenige und unvollkommene oder taube Kerne, die bei den von Herrn Remagen erhaltenen Früchten jedoch in der Mehrzahl vollkommen, schwarzbraun und spitzeiförmig waren. Die Kelchröhre ist breiter, nicht weit hinabgehender, oft etwas abgestumpfter Kegel.

Reifzeit und Nutzung: Zeitigt im November, oft erst December, und hält sich durch den Winter.

Der Baum wächst in meiner Baumschule recht rasch, setzt die Nebenzweige in etwas stumpfen Winkeln an, und macht schon früh Anstalt zur Bildung von Fruchtholz. Die Sommertriebe sind lang und stark, violettbraun, nach oben wollig, stellenweise ziemlich stark oder stark silberhäutig, mit ziemlich vielen, starken Punkten besetzt. Blatt ziemlich groß, flach ausgebreitet, breit elliptisch, oft oval, mit aufgesetzter, scharfer Spitze, tief und scharf gezahnt; Afterblätter zahlreich, lanzettlich, Augen ziemlich stark, sitzen auf etwas vorstehenden, deutlich gerippten Trägern.

Oberdieck.

No. 659. Reinette v. Wormsley. Diel IV, 1 (4); Luc. VIII (XII), 1. a.; Hogg II, 1 A.

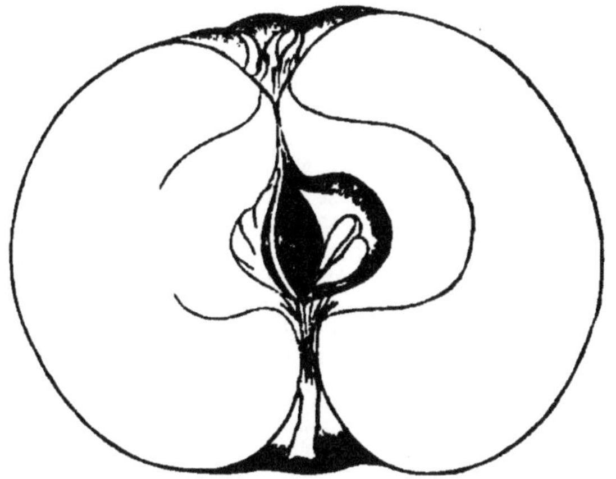

Reinette von Wormsley, **†† October, 8 Wochen.

Heimath und Vorkommen: Diese sehr werthvolle, in England sehr geschätzte und nach Hogg auch in ganz England gut gedeihende Frucht, die er als an admirable apple bezeichnet, wurde, nach der in mehreren Englischen Werken gegebenen Nachricht, erzogen von dem bekannten und verdienten Esq. Knight zu Wormsley Grange in Herefordshire, wo Knight einen Landsitz hatte, und machte er sie in den Transactions of the Horticult. Soc. vom Jahre 1811 bekannt, wo Knight bemerkt, daß viele seiner Freunde die Frucht für die beste zu ihrer Reifzeit hielten. Für die von Knight gegebene Benennung Wormsley Pippin wird man nach unsern Begriffen von einem Pepping, lieber den Namen Apfel von Wormsley wählen, zumal Pippin im Englischen auch nur einen Sämling (auch bei uns oft durch Kernapfel gegeben), bezeichnet. Nach Anologie der auch an demselben Orte von Knight erzogenen Früchte Goldpepping von Grange und Granges Parmäne könnte man die Frucht auch Apfel von Grange nennen; da sie indeß in England Wormsley Pippin genannt wird, behält man lieber den obigen Namen, durch den auch um so eher Verwechslungen vermieden werden. Mein Reis erhielt ich von der Societät zu London, und zeigte die Frucht sich sichtbar ächt, die auch bei mir bald trug und sich als für Tafel und Haushalt gleich werthvoll erwies.

Literatur und Synonyme: Hogg Seite 210, Wormsley Pippin, mit dem Synonym Knigths Codlin; London. Catalog Seite 46, Nr. 886, mit gleichen Benennungen. Roger fruit Cultiv. 80; Hogg allegirt auch Gardeners Chronicle 1846, 853. — Gute Abbildungen geben Ronald Pyrus malus, Tafel 4, Figur 2; Hooker Pomona Londiniensis XXII. Auch Lindley, Pomolog. Brittan. giebt, Seite und Tafel 80, Beschreibung und Abbildung, wo er die Frucht, aber ganz gegen den Text, wo er sie als brown next the sun bezeichnet, einfarbig hellgrün dargestellt hat. In Amerika scheint die Frucht nicht gleiche Gunst gefunden zu haben. Downing in der Ausgabe von 1854 führt sie, Seite 97, ziemlich kurz auf, in der Ausgabe von 1866 noch kürzer, und Elliott, Seite 36, fertigt sie mit einer Zeile unter den schon übertroffenen Früchten ab. Auch Emmonns hat sie Seite 41. — Bei deutschen Schriftstellern finde ich sie nur bei Dittrich, III, Seite 36, (wo die

Angaben aus dem Pomolog. Mag., II, Nr. 80, genommen sein werden) und Dochnahl im Führer I. Seite 152. In Belgien und Frankreich scheint die Frucht noch unbekannt zu sein.

Gestalt: flachrund, zum Kugeligen neigend, nach Hogg, Ronald und Lindley 3¼" breit und 3" hoch, welche Größe meine Früchte nicht ganz erreichten, wie auch der Londoner Catalog die Früchte als von zweiter Größe bezeichnet. Ronald und Lindley bilden sie auch etwas stielbauchig ab. Der Bauch sitzt an meinen Früchten, was auch Hogg so angibt, in der Mitte, und wölbte sich nach beiden Seiten ziemlich gleichmäßig, an beiden Enden stark abgestumpft.

Kelch: langgespitzt, offen, sitzt in weiter ziemlich tiefer Senkung, mit Rippen umgeben, die sich in den Abbildungen etwas breit über die Frucht hinziehen, an meinen Früchten jedoch nicht so stark und flacher waren.

Stiel: kurz, holzig, nicht über die Stielwölbung hinausreichend, sitzt in tiefer und weiter, stark mit strahligem Roste bekleideter Höhle.

Schale: glatt, ziemlich glänzend, fast etwas geschmeidig; die Grundfarbe ist schon vom Baume ein etwas grünliches Gelb, und wird im Liegen bald schönes Gelb, wohl goldgelb. Die Sonnenseite ist mit schöner, gelblich-rother Röthe gezeichnet (Golden orange tinge nach Hogg, wie auch Ronald und Hooker die Frucht darstellen), die nach den Seiten hin undeutliche Spuren von Streifen zeigte und trifft besonders durch diese Färbung die angegebene Aehnlichkeit mit dem berühmten Newtown Pippin vert zu. Die Punkte sind fein, zerstreut, nicht ins Auge fallend, werden aber an der Sonnenseite dadurch etwas sichtbarer, daß sie meist mit matten, helleren und gelblichen Dupfen, oft auch, wie es auch Ronald so darstellt, mit etwas dunklen rothen Fleckchen umgeben sind. Außerdem hatten meine Früchte einzeln noch einige rauhe, warzenähnliche Rostflecke und kleine Rostanflüge. Der Geruch ist stark und gewürzt.

Das Fleisch ist gelblich weiß, fein, saftreich, mürbe, von gewürztem, delikaten, süßweinigen Zuckergeschmacke, der einige Aehnlichkeit mit dem des Gravensteiners hat.

Das Kernhaus ist nicht groß, etwas offen; die glattwandigen, ziemlich geräumigen Kammern enthalten schwarzbraune, große und lange, facettirte Kerne. Die Kelchröhre geht als spitzer Kegel nicht weit herab.

Reifzeit und Nutzung: Hogg setzt die Reifzeit in den September und October, Lindley auch von Anfang September bis Ende October. Bei uns möchte die Reifzeit ziemlich gleichzeitig mit dem Gravensteiner beginnen, erst Ende September und sich eben so lange, wie dieser halten.

Der Baum ist nach Hogg gesund und hart gegen klimatische Einflüsse und trägt äußerst reich. Ueber die Form der Krone weiß ich noch nichts Bestimmtes zu sagen. In der Baumschule wuchs der Baum gesund und stark, setzt die Zweige in mittelstumpfen Winkeln an und wird eine gut verzweigte Krone bilden, die bald recht viel kurzes Fruchtholz macht. Die Sommertriebe sind ziemlich stark und lang, nach oben mäßig abnehmend, nach oben wollig, silberhäutig, schwärzlich violett, ziemlich zahlreich punktirt. Blatt ziemlich groß, fast flach, neigt stark zu einer langen Eiform, ist am Stiele nicht selten etwas eingezogen und ist ziemlich tief und scharf gezahnt. Afterblätter zahlreich, klein, meist pfriemenförmig. Augen ziemlich stark, fein wollig, sitzen auf etwas vorstehenden, kurz gerippten Trägern.

Oberdieck.

No. 660. Wormser Kugelreinette. Diel IV, 1.; Luc. VIII, 1. a.; Hogg II, 1. A.

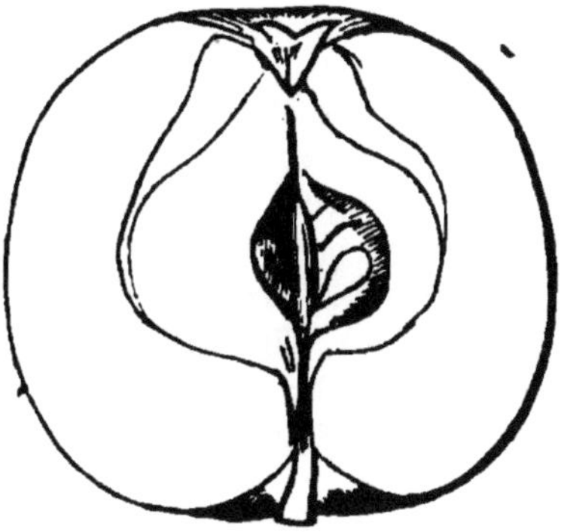

Wormser Kugelreinette, **†, Oktober—Dezember.

Heimath und Vorkommen: Diel erhielt diese äußerst angenehme Tafelfrucht mit noch einigen andern von einem viele ökonomische Kenntnisse besitzenden Herrn Witt zu Worms und wurde auch diese Frucht ihm von Herrn Witt als werthvoll empfohlen. Er setzt hinzu, daß ihm bis dahin noch keine ihr gleiche Frucht bekannt geworden sei und vermuthet, daß sie eine Pfälzer Originalfrucht sein möchte. Er bezeichnet sie als einfarbige, recht wohlschmeckende Herbstfrucht für den Vorwinter und leitet den Namen Gelbe Kugelreinette her von der Kugelform, der sie sich meistens nähert. Das Reis erhielt ich von Diel und darf glauben, die rechte Sorte erhalten zu haben, wenn auch ein paar kleine Abweichungen von der Beschreibung sich fanden. Ich erhielt sie 1867 nochmals von Herrn Hofgärtner Glocker zu Enying in Ungarn in Reis und schönen Früchten und trug der Probezweig bereits 1869 ziemlich voll, was auf besondere Fruchtbarkeit hinweist, zumal es im Mai in der Blüthezeit der Aepfel drei Frostnächte gab, die sehr viele Apfelblüthen verdarben.

Literatur und Synonyme: Diel XXI, S. 100, Wormser gelbe Kugelreinette. Von Aehrenthal gibt Taf. 54 ziemlich gute Abbildung. Findet sich sonst nur noch in Dochnahls Führer Nr. 9, wo Diels Angaben ganz kurz zusammengestellt sind.

Gestalt: Diel gibt die Größe an zu $2^1/_2$'' Breite und $2^1/_4$'' Höhe. So groß hatte ich sie nicht, sondern nur in der oben dargestellten Größe und war die Form auch nicht immer besonders kugelförmig, sondern stand oft zwischen kugelförmig und abgestumpft konisch und glich sehr einem Downton Pepping oder auch Hughes Goldpepping. Der Bauch sitzt in der Mitte und wölbt die Frucht sich meistens eben so abnehmend nach dem Stiele, als nach dem Kelche und nur selten nimmt die Frucht nach dem Kelche etwas stärker ab.

Kelch: offen, klein und breitblättrig, lag an den von mir erbauten Früchten öfter ganz sternförmig auf und sitzt in geräumiger, nach Diel ziemlich tiefer, an meinen Früchten meist sehr flacher Senkung, in der man einige feine Falten sieht, wobei jedoch über die schön gerundete und ebene Frucht nichts von Erhabenheiten hinläuft.

Stiel: kurz, oft fleischig, sitzt nach Diel in enger, mit feinem Roste bekleideter Höhle, die in der vollen Reife oft noch grün ist. An meinen Früchten war die Stielhöhle mehrmals auch weit und flach, mit nur wenigem Roste.

Schale: fein, vom Baume strohweiß, in der vollen Zeitigung hoch citronengelb, ohne daß man auf der Sonnenseite etwas von wahrer Röthe bemerkt. Doch finden sich oft manche Carmosinflecke und Punkte. Diese sind fein, zerstreut, hauptsächlich nur auf der Sonnenseite bemerklich durch die röthliche Einfassung, wozu nicht selten sich feine Rostfiguren gesellen. Geruch, nach Diel recht angenehm, ich fand ihn schwach.

Das Fleisch ist gelblich weiß, fein, saftvoll, zart, nach Diel von kraftvollem, angenehmen weinsäuerlichen Geschmacke, den ich erquickend und gezuckert weinsäuerlich, wirklich vorzüglich fand.

Das Kernhaus ist geschlossen, die engen Kammern enthalten ziemlich viele kleine, langeiförmige, braune Kerne. Die Kelchröhre geht kegelförmig etwas herab.

Reifzeit und Nutzung: Zeitigt im Oktober und hält sich wohl bis zum Dezember, wo sie fault, oder den Saft verliert.

Der Baum wächst, nach Diel, ziemlich langsam, belaubt sich nicht stark, bildet eine etwas breite, flache Krone, und scheint erst etwas spät Früchte zu liefern, was nach der Eingangs gedachten Erfahrung sich nicht bestätigt. Die Sommertriebe sind mäßig lang, etwas steif, kurzgliedrig, oben mit feiner Wolle bedeckt, silberhäutig, trüb dunkel braunroth oder violettbraun, nur wenig und zerstreut punktirt. Blatt mittelgroß, rinnig, nach Diel eiförmig, mit langer scharfer aufgesetzter Spitze, nach meiner Wahrnehmung elliptisch, oft jedoch mit aufgesetzter Spitze, auch oft mehr oval, zahlreich, scharf und fein gezahnt. Afterblätter pfriemenförmig, oft mehr lanzettförmig. Augen klein, wenig wollig, sitzen auf nicht viel vorstehenden, noch deutlich gerippten Trägern.

Oberdieck.

No. 661. **Die Limburgerin.** Diel IV, 1.; Luc. VIII, 1. a.; Hogg II, 2. A.

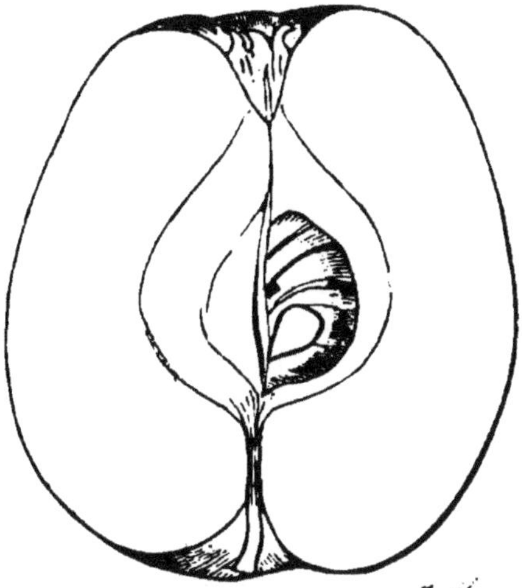

Die Limburgerin, (La Limbourgeoise), **††, October—Dezember.

Heimath und Vorkommen: Gehört zu den schon in beträchtlicher Zahl von dem bekannten Herrn Alfred Loisel zu Falkenberg (in Schriften jetzt als Fauquemont aufgeführt) im Holländischen Limburg, in neuerer Zeit erzogenen Apfelsorten, und erhielt ich durch die Freundlichkeit des Herrn Loisel 1868 selbst schöne Früchte, von denen eine oben dargestellt ist. Herr Loisel schrieb dabei, daß in dem sehr trockenen Sommer 1868, wo die Bäume zugleich auch sehr voll gesessen hätten, die Früchte merklich kleiner ausgefallen seien, als gewöhnlich und gehöre die Frucht zu den größern. Die Figur oben wird etwa die Größe geben, in der die Frucht in meiner Gegend erwachsen wird. Sie gehört zu den werthvollen Tafelsorten und verdient gar sehr vorerstigen weiteren Anbau seitens der Pomologen. Mein Reis erhielt ich durch die Güte des Herrn Präsidenten Royer zu Namür und 1869 auch von Herrn Loisel selbst.

Literatur und Synonyme: Kommt, so viel mir bekannt ist, in pomologischen Werken noch nicht vor und wird hier etwa zuerst beschrieben.

Gestalt: Die Frucht hat in Gestalt und Größe viel Aehnlichkeit mit der trefflichen Reinette von Middelburg. Die Form ist abgestumpft konisch und sind gute Früchte 2½" breit und 2¾" hoch. Der Bauch sitzt mehr nach dem Stiele hin, um den die Frucht sich zurundet und auch stark abstumpft. Nach dem Stiele nimmt sie, flach gerundet, oder mit einer geringen Einbiegung stärker ab und ist stark abgestumpft.

Kelch: feingespitzt, grünbleibend, ziemlich offen, mit den Spitzen der Ausschnitte auf die Frucht zurückgebogen, sitzt in weiter und tiefer, fast ebener, nur einzelne, flache Erhabenheiten zeigender Senkung, und auch über die schön gerundete Frucht laufen nur sehr breite Erhabenheiten hin.

Stiel: holzig, kurz, über die Stielwölbung nicht hinausragend, sitzt in mäßig weiter, ziemlich tiefer, trichterförmiger Höhle, die nur einzelne Roststrahlen zeigt und fast glatt ist.

Schale: fein, etwas glänzend, im Liegen stark geschmeidig. Die Farbe ist vom Baume ein helles, etwas gelbliches Grün und behält selbst bei beginnender Reife noch etwas Grüngelbes bei. Röthe fehlt ganz oder die Sonnenseite hat nur einen matten Anhauch bräunlicher Röthe. Feine Rostpunkte sind ziemlich zahlreich. Der Geruch ist schwach.

Das Fleisch ist etwas gelblich weiß, fein, mürbe, saftreich, von etwas gewürztem, fast süßweinigen, edlen Zuckergeschmacke.

Das Kernhaus ist geschlossen und hat nur Ansatz von hohler Achse, in die einzelne Kammern sich etwas spaltartig öffnen. Die ziemlich großen, aber flachen Kammern enthalten wenige vollkommene, hellbraune, eiförmige, oft langeiförmige, meist spitze, theils auch avortirte Kerne. Die Kelchröhre ist ein nicht weit herabgehender Kegel.

Reifzeit und Nutzung: Herr Loisel setzt die Reifzeit in September und Oktober. Die mir gesandten Früchte mürbeten indeß in dem warmen Jahre 1868 erst gegen Ende Oktober, werden in meiner Gegend meist wohl erst Anfangs November mürben und sich bis in den Winter hinein halten.

Der Baum ist, nach der Mittheilung des Herrn Loisel, sehr fruchtbar. Er wächst auch in meiner Baumschule (erzogen von dem von Herrn Royer erhaltenen Reise, von welchem Reise ich zwar Früchte noch nicht sah, jedoch die Aechtheit wohl präsumiren darf) gesund und stark, hat die Nebenzweige in ziemlich stumpfen Winkeln angesetzt und scheint eine mäßig verzweigte Krone machen zu wollen. Sommertriebe lang und stark, violettbraun, oft schwarzviolett, nach oben nur wenig wollig, stark silberhäutig, nur zerstreut und fein punktirt. Blatt ziemlich groß, flachrinnig, eiförmig, oft selbst langeiförmig, oft auch elliptisch, mäßig tief, bald stumpf, bald ziemlich scharf gezahnt. Afterblätter lanzettlich; Augen klein, wenig wollig, sitzen auf wenig vorstehenden, noch deutlich gerippten Trägern.

Oberdieck.

No. 662. Bodenfelder Reinette. Diel IV, 1.; Luc. VIII, 1. a.; Hogg II, 1. A.

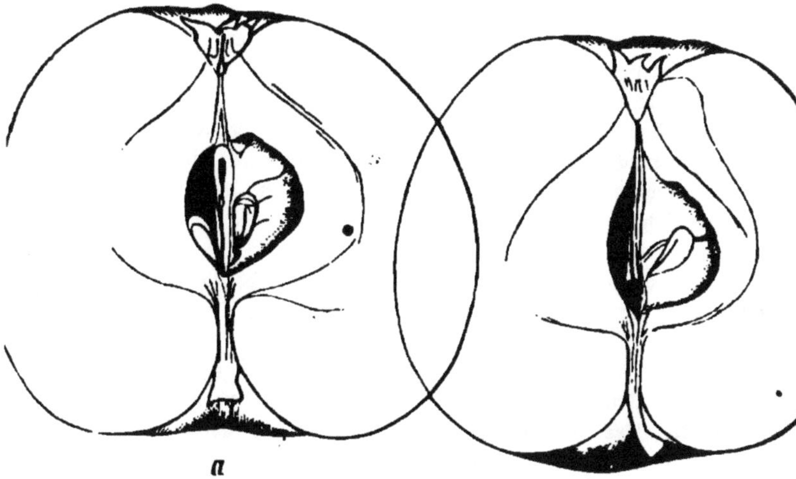

a

b

Bodenfelder Reinette, **††, Oktober—Weihnachten.

Heimath und Vorkommen: Ist eine recht trefflliche, wohl bisher den Pomologen noch ganz unbekannte Reinette, deren schon alter Baum Herr Oberamtsrichter von Hinüber zu Moringen bei Herrn Förster Vollmer, in dem Flecken Bodenfelde im Göttingischen, auffand und mir Reis und schöne Früchte mittheilte. Von dem Baume sind schon öfter Reiser begehrt und gegeben worden. Woher die Sorte weiter stammt, ist unbekannt und ist sie etwa ein Erzeugniß der dortigen Gegend; wie denn immer mehr bisher ganz unbekannt gebliebene, werthvolle Aepfel in Deutschland auftauchen, das nicht wenige gute Aepfel, Kirschen und Pflaumen, ja selbst manche gute Birnen erzeugt hat. — Der Baum der obigen Sorte ist gesund und fast jährlich reich tragbar.

Literatur und Synonyme: Kommt in pomologischen Werken wohl noch nicht vor.

Gestalt: Neigt zur Kugelform, oft etwas zum abgestumpft Konischen. Der Bauch sitzt etwas mehr nach dem Stiele hin, um den die Frucht sich fast flachrund wölbt. Nach dem Kelche nimmt sie beträchtlich stärker ab und ist noch ziemlich stark abgestumpft. Gute Früchte vom Hochstamme sind 3″ breit und $2^{3}/_{4}$″ hoch. Die Figur a oben stellt Frucht von dem Baume in Bodenfeld dar, von denen eine noch etwas breiter und etwas stärker nach dem Kelche abnehmend war. Frucht von einem Probezweige bei Herrn Oberamtsrichter von Hinüber in Moringen hatte schmalere, mehr hoch aussehende Form, wie b oben und zeigten Kerne, Fleisch und Reifzeit, daß eine Verwechslung nicht vorgegangen war.

Kelch: langgespitzt, liegt mit den meistens dürren und daher oft beschädigten Ausschnitten auf, ist offen und sitzt in ziemlich weiter und tiefer, mitunter schön schüsselförmiger Senkung, umgeben mit Fleischperlen oder auch wohl nur feinen, rippigen Falten. Ueber die Frucht laufen nur breite Erhabenheiten hin, die jedoch nicht selten die Rundung etwas verschieben.

Stiel: oft nur ein kurzer Butz, meistens jedoch holzig und 1″ lang, sitzt in weiter und tiefer Höhle, die bald nur etwas, bald stärker roststrahlig ist.

Schale: schön gelb, glatt, etwas glänzend, meist ohne alle Röthe, doch hatte die Frucht vom Probebaume in Moringen eine matte, gelblich rothe Backe. Die Sonnenseite ist zuweilen etwas goldartiger. Die ziemlich starken Rostpunkte sind ziemlich zahlreich und gewöhnlich noch mit einem matten, etwas helleren Schalendupfen umgeben. Der Geruch ist ziemlich stark.

Das Fleisch riecht gewürzt, ist gelblich weiß, fein, saftreich, mürbe, von delikatem, angenehm gewürzten, fast süßweinigen Zuckergeschmacke.

Das Kernhaus ist geschlossen oder hat unvollkommene hohle Achse; die mäßig geräumigen, häufig flachen Kammern enthalten wenige, schwarzbraune, lange, oft taube und spitze Kerne. Die Kelchröhre ist ein breiter, kurzer Kegel.

Reifzeit und Nutzung: Zeitigt im Oktober und hält sich bis Weihnachten hin. Ist für Tafel und Haushalt werthvoll.

Der Baum wächst gesund und rasch, wird groß und bildet eine kugelförmige Krone. Er trägt, nach Meldung des Herrn Försters Vollmer, fast jährlich sehr voll und lieferte noch in dem für in der Blüthezeit etwas empfindliche Sorten mißlichen Jahre 1868, wo so manche Sorte nichts ansetzte, 20 Hbt. Die Sommertriebe sind stark und lang, nach oben wenig abnehmend, fein wollig, ziemlich stark silberhäutig, braunroth, meist violettbraun und ziemlich zahlreich punktirt. Blatt groß, flach, meistens schön oval, mit aufgesetzter, kurzer Spitze, oft mehr elliptisch, schön und scharf, mäßig tief gezahnt. Afterblätter klein, pfriemenförmig oder kurz lanzettlich. Augen ziemlich stark, fein wollig, sitzen auf gut vorstehenden, deutlich gerippten Trägern.

Oberdieck.

No. 663. Scipios Reinette. Diel IV, 1. (3.); Luc. VIII, (XI,) 1. a.; Hogg III, 1. A.

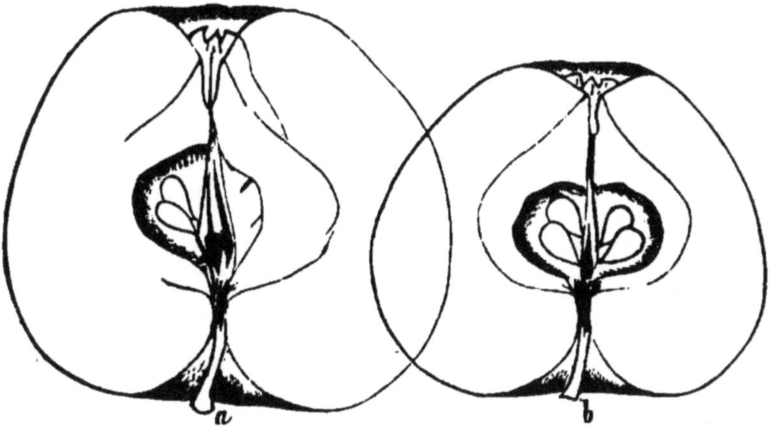

Scipio's Reinette, **††, Dezember, durch Winter.

Heimath und Vorkommen: Diese treffliche Frucht fand Herr Pfarrer Scipio zu Wrexen bei Rhoden im Fürstenthume Waldeck, ein eifriger Pomologe, in einer vom Vorgänger ihm hinterlassenen, verwahrlosten Baumschule. Der Stamm schien ihm, bei genauerer Untersuchung unveredelt zu sein und ließ er, wegen edler Vegetation, ihn fortwachsen. Er wuchs rasch heran, trug bald und fast alljährlich sehr voll, ja selbst 1867 wieder voll, wo außer dieser Frucht nur noch die Winter-Goldparmäne dasmal gut trug und zeigte sich so werthvoll, daß er mir 1866 und 1867 Früchte sandte, um zu erfahren, ob ich die Sorte unter anderem Namen kenne, oder sie als ein Sämling zu betrachten sei. Ich fand sie, nach den äußeren Kennzeichen mit der Englischen Herbstreinette (Handb. IV. S. 505), die in meinem Boden sehr wenigen Rost hat, so überein, daß ich geneigt war, beide für identisch zu halten. Indeß bei Untersuchung des Innern zeigten sich doch Verschiedenheiten, und war namentlich das Fleisch gelber, und der Geschmack, der dem des Englischen Goldpeppings sehr gleicht, so viel edler, daß die Englische Herbstreinette durch diese Frucht überflüssig gemacht wird und wird sie wohl ungezweifelt als ein Sämling zu betrachten sein, den ich nach Herrn Pfarrer Scipio zu benennen mir erlaubte und mir auch ein Reis erbat. Die Sorte wird wohl bald sich weiter verbreiten.

Literatur und Synonyme: Wird ohne Zweifel hier zuerst beschrieben.

Gestalt: Neigt sehr zum abgestumpft Konischen. Gut gewachsene Früchte haben die Größe wie Figur a; manche bleiben etwas kleiner wie b. Der Bauch sitzt mehr nach dem Stiele hin, um den die Frucht sich flachrund wölbt. Nach dem Kelche nimmt sie stärker ab und ist mäßig, oft ziemlich stark-abgestumpft.

Kelch: kurz und breit gespitzt, grünbleibend, offen, sitzt in flacher, bald etwas enger, bald weiterer Senkung, aus der nur flache, oft jedoch auch etwas kantige Erhabenheiten über die Frucht hinlaufen.

Stiel: holzig, an der Basis zuweilen etwas fleischig, $^1/_2$—$^2/_3$" lang, nicht, oder nur wenig über die Stielwölbung hinausragend, sitzt in weiter, mäßig, oft auch wirklich tiefer Senkung, die durch einen kleinen Stielwulst oft etwas verflacht wird und bald mit Rost bekleidet ist, bald nur im Grunde etwas Rost zeigt.

Schale: glatt, wenig glänzend, fein, vom Baume grün oder schon grünlich gelb, später gelb. Die Sonnenseite ist mit schwacher, etwas gelblicher Röthe meist nur leicht angeflogen, oft nur goldartiger und etwas beschattete Exemplare erscheinen ganz einfarbig. Die Punkte sind zahlreich, doch fein und fallen nur stellenweise mehr ins Auge, oder machen sich einzeln in der Röthe durch feinere, sie umgebende dunkler rothe Dupfen mehr bemerklich. Rostanflüge oder Figuren finden sich meist an jeder Frucht und sind, nach den Jahren, bald wenig zahlreich, bald häufiger, so daß die Frucht das Ansehen einer grauen Reinette gewinnen kann. Der Geruch ist schwach.

Das Fleisch ist gelblich, oft ein Geringes grünlich gelb, mit grünlichen Adern ums Kernhaus, fein, mürbe, saftreich, von gewürztem edlem, fast weinartigen Zuckergeschmacke.

Das Kernhaus ist bald fast oder wirklich geschlossen, bald hat es eine deutlichere hohle Achse, in die die Kammern sich spaltartig und nach dem Stiele hin herzförmig öffnen. Die ziemlich geräumigen Kammern enthalten lange und spitze, theils facettirte schwarzbraune, vollkommene Kerne. Die Kelchröhre geht als Trichter etwas herab.

Reifzeit und Nutzung: Zeitigt etwa Mitte Dezember und hält sich den Winter hindurch.

Der Baum ist bei Herrn Pastor Scipio gesund und kräftig gewachsen und zeigt sich ganz besonders tragbar. Die Sommertriebe an meinem jungen Baume sind lang und ziemlich schlank, nur nach oben wollig, braunroth, nur leicht silberhäutig und nur nach unten mäßig zahlreich und fein punktirt. Blatt mittelgroß, fast flach, meist langeiförmig, einzeln mehr oval mit aufgesetzter Spitze, mäßig tief, doch ziemlich scharf gezahnt. Afterblätter pfriemenförmig, fehlen meist. Augen ziemlich stark, wenig wollig, sitzen auf merklich vorstehenden, doch kurz und flach gerippten Trägern.

Oberdieck.

No. 664. **Pepping von Wyken.** Diel IV, 1; Luc. VIII, 1, a; Hogg III, 1, A.

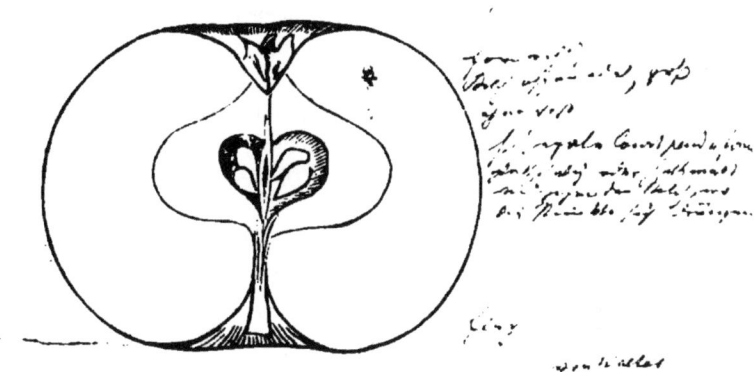

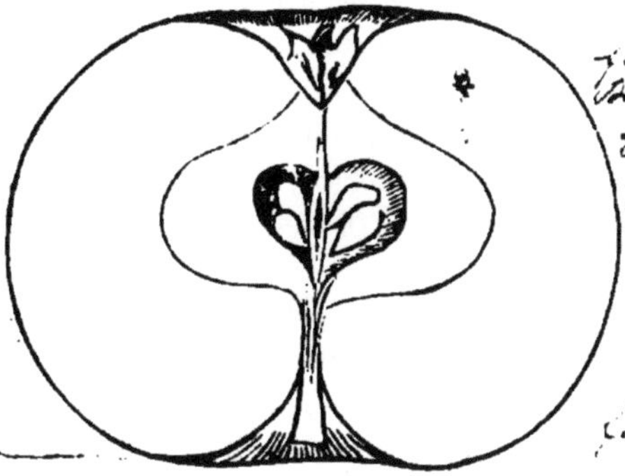

Pepping von Wyken, **††, Dezember—April.

Heimath und Vorkommen: Nach der von Hogg gegebenen Nachricht ist diese Frucht in England erzogen aus einem Kerne, den Lord Craven auf einer Reise in Frankreich und Holland mitgebracht hatte und wurde der Stamm gepflanzt zu Wyken, 2 engl. Meilen von Coventry. Der schon alte Mutterstamm existirte 1827 noch. Da die Reinette von Orleans in Holland Wyker Pepping genannt wird, gibt der Name vielen Anlaß zu Verwechslung des Obigen mit dem Holländischen Wyker Pepping und wäre es etwa besser, die Sorte unter dem Synonyme Pepping aus Warwickshire aufzuführen. Wenigstens muß die Differenz der beiden ähnlich benannten Früchte genau beobachtet werden. — Mein Reis erhielt ich von der Societät zu London und zeigte es durch erbaute Früchte sich ächt. Hogg bezeichnet die Sorte als sehr werthvollen Tafelapfel und den Baum als reich tragbar und möchte die Frucht, die nicht welkt, im Werthe dem ähnlichen deutschen Goldpepping nicht viel nachstehen, so daß sie vorerst wenigstens der Beachtung der Pomologen warm empfohlen werden muß.

Literatur und Synonyme: Lond. Cat. S. 46, Nr. 886, Wyken Pippin, mit den Synonymen Warwickshire Pippin, Girkin Pippin und Arley. — Hogg S. 211, unter derselben Benennung und mit denselben Synonymen. Hogg allegirt noch Lindley Guide, 25 und Rog Fr. Cultiv. 93. Abbildung gibt Ronald Pyrus malus, Taf. 12 Fig. 1. In deutschen und amerikanischen Werken finde ich die Frucht noch nicht.

Gestalt: Hat die Größe eines starken deutschen Goldpeppings und ist noch stärker flach gedrückt als dieser in seiner breiten Form, so daß er etwas käsförmig wird. Der Bauch sitzt in der Mitte und wölbt die Frucht nach beiden Seiten sich gleichmäßig; oft jedoch nimmt sie auch noch bemerklich stärker nach dem Kelche ab. Gute Früchte sind $2^1/_2$" breit und 2" hoch.

Kelch: breit und etwas kurzgespitzt, offen, sitzt meistens in weiter, etwas flacher Senkung, nur mit einigen Falten umgeben. Auch über die Frucht laufen nur unmerkliche Erhabenheiten hin, deren Form schön gerundet und eben ist.

Stiel: ein dicker, kurzer Butz, sitzt in flacher, meist auch etwas enger Höhle, die stark mit zimmtfarbigem Roste besetzt ist, der sich noch auf der Stielwölbung verbreitet.

Schale: fast glatt, wenig glänzend, vom Baume gelblich grün, später gelb. Die Sonnenseite zeigt eine gelblich rothe oder orangenfarbige Backe. Rostpunkte sind ziemlich zahlreich. Außerdem finden sich oft Anflüge von Rost.

Das Fleisch ist gelblich weiß, fein, saftreich, von süßweinigem, vorzüglichen Geschmacke, etwas ähnlich dem des Englischen Goldpeppings.

Das Kernhaus ist klein, läuft in die Breite, die engen Kammern enthalten vollkommene, schwarzbraune, eiförmige Kerne. Die Kelchröhre ist ein etwas kurzer Kegel.

Reifzeit und Nutzung: Zeitigt im Dezember und hält sich bis zum April.

Der Baum ist nach Hogg gesund, wächst stark und trägt reich. Er wächst auch in meiner Baumschule gesund und gut und trug schon als Baumschulenstamm. Er setzt die Zweige in etwas spitzen Winkeln an. Die Sommertriebe sind ziemlich lang und stark, olivengrün, besonnt leicht und unansehnlich braunroth überlaufen, fein wollig, erst am zweijährigen Holze silberhäutig, zerstreut punktirt. Blatt mittelgroß, fast flach, elliptisch, oft mehr oval mit aufgesetzter Spitze, mäßig tief und etwas stumpf gezahnt. Afterblätter pfriemenförmig; Augen wollig auf flachen, flachgerippten Trägern.

Oberdieck.

No. 665. **Moringer Reinette.** Diel VI, 1; Luc. VIII, 1, a.; Hogg III, 1, A.

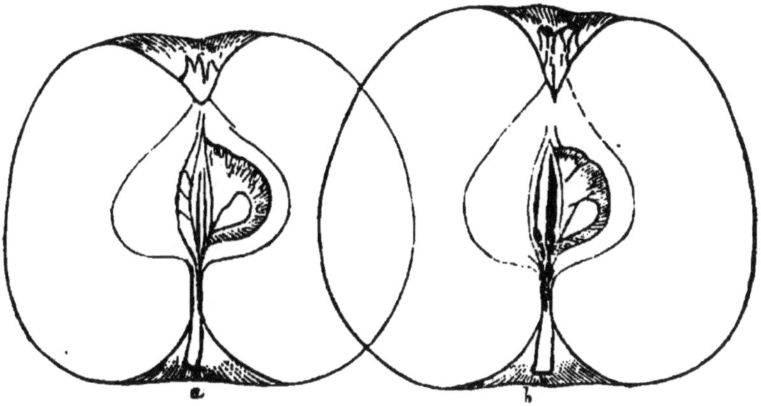

Moringer Reinette, **††, Dezember—April.

Heimath und Vorkommen: Ist eine schätzbare Tafel- und Haushaltsfrucht, die sich in der Gegend von Moringen im Göttingischen findet und dort vielleicht aus dem Kerne entstanden ist. Wenigstens läßt sie sich bisher mit keiner andern Sorte genügend identificiren. Steht am Werthe dem deutschen Goldpepping sehr nahe und welkt, selbst bei frühem Brechen, nicht. Der Baum ist reich tragbar und verdient die Sorte sehr weiteren Anbau.

Literatur und Synonyme: Wird hier ohne Zweifel zuerst beschrieben.

Gestalt: Zwischen kugelig und abgestumpft konisch, in größeren Exemplaren meist zu letzter Form neigend. Der Bauch sitzt bei kleineren Exemplaren oft in der Mitte, bei größeren mehr nach dem Stiele hin, um den die Frucht sich dann flachrund wölbt. Nach dem Kelche nimmt sie meistens noch bemerklich stärker ab und ist stark abgestumpft.

Kelch: feingespitzt, grünbleibend, halb offen, oft, namentlich bei beschädigten Spitzen der Ausschnitte, offen, sitzt in tiefer, meist auch weiter, fast ebener Senkung, auf der nur flache Erhabenheiten über die Frucht sich hinziehen, die nur einzeln flachkantig werden, die Form aber wohl etwas verschieben.

Stiel: kurz, holzig, meist nur ein ganz kurzer Butz, sitzt in mäßig weiter und tiefer, oft selbst enger und flacher, meistens etwas roststrahliger, einzeln glatter Höhle.

Schale: fein, glatt, etwas glänzend. Grundfarbe vom Baume grünlichgelb, später hell citronengelb. Stark besonnte zeigen auf der Sonnenseite eine, meistens nur leicht und matt aufgetragene, gelbliche Röthe mit zahlreichen, dunkleren, rothen Stippchen oder Fleckchen um die Punkte, die man auch oft allein an der Sonnenseite sieht, so wie mehr beschattete Exemplare ganz einfarbig erscheinen. Rostpunkte sind in der Grundfarbe bald häufig, bald mehr zerstreut. Einzeln finden sich Rostwarzen. Der Geruch ist schwach.

Das Fleisch ist gelblich weiß, fein, saftreich, von sehr angenehmem, etwas weinartigen Zuckergeschmacke.

Das Kernhaus hat hohle Achse, in welche die Kammern sich meist spaltartig, oft nach dem Stiele hin herzförmig, etwas öffnen. Die mäßig geräumigen Kammern enthalten braune, ziemlich eiförmige, vollkommene Kerne. Die Kelchröhre ist ein schöner spitzer, nur etwas herabgehender Kegel.

Reifzeit und Nutzung: Zeitigt im Dezember und hält sich den Winter hindurch bis zum April. Dürfte auch zur Weinbereitung sehr tauglich sein.

Der Baum wächst rasch, wird jedoch nur mittelgroß, und ist früh und recht fruchtbar. Er macht eine hochgebaute, kugelförmige Krone, die sich reich verzweigt und viel Holz macht, so daß der Baum öfter ausgeputzt werden muß. Sommertriebe lang, schlank, mäßig stark, nach oben wenig abnehmend, unansehnlich braunroth, an beschatteten Stellen mehr olive, wenig silberhäutig, nach oben fein wollig, zerstreut punktirt. Blatt mittelgroß, flach ausgebreitet, eiförmig, oft mehr oval mit aufgesetzter Spitze, ziemlich tief und meist scharf gezahnt. Afterblätter klein, pfriemenförmig, fehlen häufig ganz. Augen etwas klein, fein wollig, auf flachen, kurz gerippten Trägern.

Oberdieck.

No. 666. **Köstlicher von Kew.** Diel IV, 1; Luc. VIII, 1, a; Hogg III, 1, A.

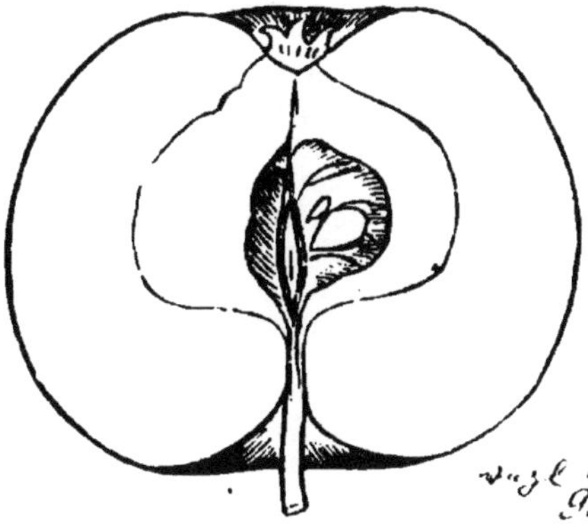

vgl. N 132 I A. 295 Goldapfel v. Kew

Köstlicher von Kew, je nach dem Boden *† oder **††, Dezember—April.
Kew's Admirable.

Heimath und Vorkommen: Durch einen mit Diel befreundeten Herr Goedeke kam diese Frucht aus London 1811 an Diel, unter dem Namen Kew's Admirable, wobei Diel muthmaßt, die Frucht möge aus dem berühmten Garten zu Kew bei London abstammen. Durch Urbanek erhielt ich, wieder aus London stammend, dieselbe Frucht als Kew's Pippin. Auffallend ist es, daß Hogg weder einen Kew's Admirable noch einen Kew's Pippin aufführt. Der Londoner Catalog hat allerdings Seite 22 unter Nr. 381 einen Kew's Admirable, doch ohne irgend weitere Beisätze. War die Frucht in England um 1842 noch nicht näher bekannt geworden? oder zeigte sie sich, ähnlich wie bei uns, in verschiedenem Boden von sehr verschiedenem Werthe? Diel bezeichnet die Frucht als eine wahrhaft köstliche. In meinen Gärten zu Bardowieck, Sulingen, Nienburg und Jeinsen blieb sie klein und hatte keinen rechten Geschmack, welkte auch. In Herrnhausen (hinlänglich feuchter, leichter Boden, in dem Birnen ausgezeichnet gedeihen,) war er schon größer und besser, und Herr Oberamtsrichter von Hinüber zu Moringen, unweit Göttingen (genügend feuchter Lehmboden), der die Frucht von mir erhielt und sie sehr lobte, sandte mir im Januar 1868 sehr schöne, große, recht vollkommen gewachsene Früchte, die man als werthvoll bezeichnen mochte, wenn gleich der Geschmack etwas gewürzter hätte sein können, während neue, in dem sehr warmen Sommer 1868 in Moringen erwachsene Früchte, die ich erhielt, ganz den von Diel bezeichneten, edlen Geschmack hatten. Aber Erfahrungen dieser Art werden ja mit jedem Jahre häufiger und läßt sich kaum von irgend einer Frucht streng sagen, daß sie wirklich überall gedeihe. — Mein Reis erhielt ich direkt von Diel.

Literatur und Synonyme: Diel A—B. II. S. 83, unter obigem Namen Dittrich I. S. 292, nach Diel. von Aehrenthal gibt Taf. 24 Abbildung nach recht großer Frucht. Das Jenaer deutsche Obstkabinet gibt unter Nr. 30 ganz gute Abbildung. Auch Arnoldi's Obstcabinet hat Lief. 15 Nr. 41, Nachbildung von einer in südlicher Gegend erwachsenen Frucht gegeben.

Gestalt: Meist flachrund, manche Exemplare auch hochaussehend. In schönster Größe ist er nach Diel 2³/₄" breit und nur stark 2" hoch. Größer als obige Figur hatte ich ihn in nördlicher Gegend noch nicht, doch erlangten in dem sehr warmen Jahre 1868 in Moringen manche Exemplare ganz die von Diel angegebene Größe. Der Bauch sitzt in der Mitte und wölbt die Frucht sich meist nach beiden Enden ziemlich gleich und ist an beiden Enden ziemlich stark abgestumpft.

Kelch: ziemlich lang- und starkblättrig, mit den Ausschnitten aufliegend, aber häufig beschädigt und der Spitzen beraubt, ist offen und sitzt in weiter, flacher, selten etwas tieferer Senkung, nach Diel mit 5 perlenartigen Rippchen umgeben, die gleichsam einen Stern um den Kelch bilden, — deren ich aber auch öfter 6—8 fand und in einzelnen Exemplaren umgekehrt selbst nur wenige Falten. Ueber die Frucht laufen nur sehr breite, meist unbedeutende Erhabenheiten hin und ist die Form gewöhnlich schön gerundet.

Stiel: holzig, bald kurz, oder selbst nur ein Butz, bald 1" lang, sitzt in schöner, tiefer Höhle, die lange grün bleibt, und bald glatt, bald mit feinem Roste bekleidet ist.

Schale: glatt, glänzend, zart, nicht fettig, vom Baume strohgelb, in der Reife schönes, hohes Citronengelb, wobei man auf der Sonnenseite keine Spur von Röthe und selbst keine Carmosinflecken bemerkt, (die ich ebenso wenig bisher fand, als Diel). Oefters zeigen sich schwarz eingefaßte Rostflecken, von denen wieder die in Moringen erwachsenen Früchte ganz frei waren. Punkte weitläufig vertheilt, fein, nach Diel meistens nur auf der Sonnenseite bemerklich und braun, (welcher letzte oft in gleichem Sinne vorkommende Ausdruck so viel als rostfarben bezeichnen soll). An meinen Früchten fanden die Punkte sich rundum, waren sehr fein, aber durch einen sie umgebenden, etwas helleren Dupfen leicht bemerkbar. Geruch fehlt.

Das Fleisch ist gelblich weiß, fein, fest, nach Diel voll Saft von erhabenem, gewürzhaften, vortrefflichen, weinartigen Zuckergeschmacke. Ich fand das Fleisch selbst in den in Moringen gewachsenen Früchten nur ziemlich saftreich und den zuckerartigen Geschmack durch Säure nicht hinlänglich und angenehm genug gewürzt, während Früchte aus meinen Gärten fast fade waren. In dem warmen Jahre 1868 hatten indeß in Moringen erwachsene Früchte ganz den von Diel bezeichneten, edlen Geschmack.

Das Kernhaus ist klein, geschlossen. Die engen Kammern enthalten nicht viele eiförmige, theils auch taube Kerne; die Kelchröhre ist breit und kurz, oft ein kurzer, abgestumpfter Trichter, nach Diel dagegen spitz.

Reifzeit und Nutzung: Zeitigt im Dezember und hält sich bis zum Frühlinge.

Der Baum wächst sehr lebhaft, geht, nach Diel, mit seiner holzreichen Krone kugelförmig in die Luft und hat im ganzen Ansehen etwas Aehnliches mit dem Engl. Goldpepping, aus dessen Kernen er entstanden sein mag, setzt viele Fruchtspieße an und wird ungemein fruchtbar. Sommertriebe lang und ziemlich stark mit feiner Wolle belegt, leicht silberhäutig, beschattet grün oder olive, besonnt braunroth überlaufen, nur wenig und fein punktirt. Blatt klein, rundeiförmig mit starker, scharfer Spitze, mit vielen schönen Zähnen besetzt. Afterblätter stark, lanzettlich. Augen klein, wollig, sitzen auf flachen, flachgerippten Trägern. Oberdieck.

No. 667. Loisels Herzogin v. Brabant. Diel IV, 1; Luc. VIII, 1, b (a); Hogg III, 2, A.

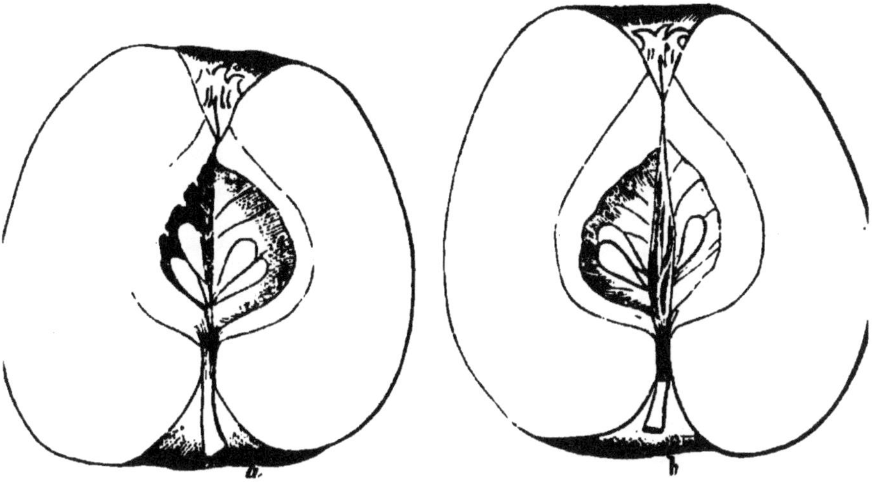

Loisels Herzogin von Brabant, **††, Dezember—April.
Reinette Duchesse de Brabant.

Heimath und Vorkommen: Diese recht schätzbare Sorte gehört gleichfalls zu den in neuerer Zeit von dem bekannten Pomologen Herr Alfred Loisel zu Falkenberg im Holländischen Limburg erzogenen Apfelsorten. Sie muß nicht verwechselt werden mit der von Gailly erzogenen Pomme Duchesse de Brabant, welche in den Annales VI. S. 63 abgebildet und eine ziemlich stark geröthete, kugelige Frucht ist, während die Obige mehr konisch, fast ganz einfarbig und einer Reinette von Middelburg, auch der Limburgerin etwas ähnlich ist. Die Figur oben ist nach Früchten gemacht, die ich 1868 durch die Freundlichkeit des Herrn Loisel erhielt und von einem sehr voll tragenden Hochstamme genommen waren, so daß sie wohl die Größe haben möchten, welche die Frucht in meiner Gegend erreicht. Die Frucht steht im Werthe andern, schon bekannten, besonders werthvollen Sorten nicht gerade vor, ist aber gut und schmeckt die Frucht etwa wie ein Deutscher Goldpepping.

Literatur und Synonyme: Ist, so viel mir bekannt ist, noch nicht beschrieben.

Gestalt: Hochaussehend, stark zu abgestumpft Konisch neigend. Der Bauch sitzt mehr nach dem Stiele hin, um den die Frucht sich flachrund wölbt. Nach dem Kelche nimmt sie stärker ab und ist stark abgestumpft. Gute Früchte sind 2½" hoch und breit.

Kelch: feingespitzt, mit dürren Spitzen der Ausschnitte, die sich rückwärts überbiegen, ist halb offen oder geschlossen und sitzt in weiter, ziemlich tiefer Senkung mit Falten oder auch einzelnen mehr rippigen Beulen umgeben. Ueber die Frucht ziehen sich breitkantige, theils ziemlich kantige Erhabenheiten hin.

Stiel: holzig, kurz, oft sehr kurz und der Stielwölbung nicht gleichstehend, sitzt in weiter, tiefer, nur im Grunde mit grünlichem Roste bekleideter Höhle.

Schale: glatt, etwas glänzend, geschmeidig, vom Baume grünlich gelb. Die Sonnenseite zeigt nur einen Anflug bräunlicher Röthe, der durch Aufliegendes selbst scharf abgeschnitten wird. Feine Rostpunkte sind ziemlich häufig; ganz leichte Rostanflüge sieht man noch etwas um den Kelch. Der Geruch ist schwach.

Das Fleisch ist fast weiß, nach der Schale zu aber stark gelblich, mit gelblichen Adern ums Kernhaus, von schwach gewürztem, etwas süßweinigen Zuckergeschmacke.

Das Kernhaus hat eine unvollkommene, hohle Achse, in die die Kammern sich spaltartig, oft wie durch die zerrissene Wand der hohlen Achse öffnen. Die großen, etwas flachen Kammern mit gestreiften Wänden enthalten viele vollkommene, recht lange und sehr spitze Kerne. Die Kelchröhre geht als Kegel etwas herab.

Reifzeit und Nutzung: Zeitigt im Dezember und hält sich den Winter hindurch.

Der Baum wächst gesund und ist nach der von Herrn Loisel gegebenen Nachricht sehr fruchtbar. Die Sommertriebe sind ziemlich lang und stark, gerade, violettbraun, nicht silberhäutig, nach oben wollig, zerstreut punktirt. Das Blatt ist mittelgroß, flach ausgebreitet, elliptisch, sehr seicht und fein gezahnt. Die kleinen Augen sitzen auf wenig vorstehenden, flach gerippten Trägern.

Oberdieck.

No. 668. **Nonpareil von Downton.** Diel IV, 1; Luc. VIII, 2, (a) b; Hogg III, 1, A.

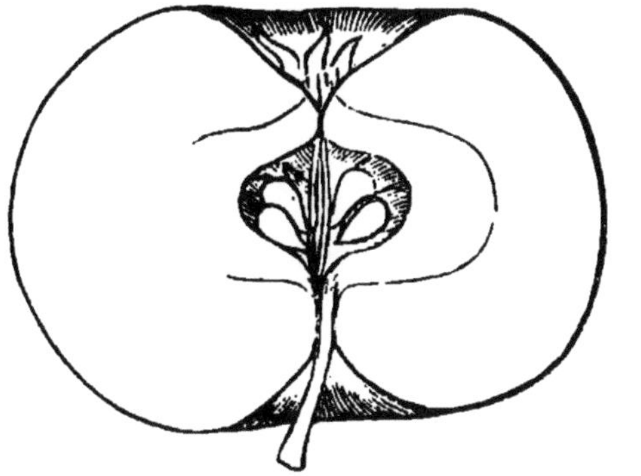

Nonpareil von Downton, **††, Dezember—April.

Heimath und Vorkommen: Ueber diese treffliche Frucht liegen nur erst wenige Nachrichten vor. Dem Namen nach ist sie, wie der Downton Pepping, ohne Zweifel von dem bekannten Esq. Knight in England erzogen und ist zu verwundern, daß diese Frucht, die fast den delikaten Geschmack des Englischen Goldpeppings hat, den englischen Pomologen noch wenig bekannt geworden ist und man der Erziehung durch Knight nicht gedenkt. Die Sorte wird sich ohne Zweifel bald weiter verbreiten. Das Reis erhielt ich sowohl durch Urbanek, als durch Herrn Bentzien in Kopenhagen, aus London und scheinen beide überein zu sein, nur daß die Früchte von Urbaneks Reise nach dem Kelche stärker abnahmen und mehr Rost hatten als die oben dargestellte Frucht von Herr Bentzien's Reise.

Literatur und Synonyme: Lond. Catal. S. 27, Nr. 468 Downton Nonpareil, mit den Kennzeichen green, russety, roundish, 2. Größe, für Taf. I, Dezember—April und der Bemerkung Sharp rich flavour. Hogg hat die Sorte nur unter den ihm nicht genügend bekannten Früchten, S. 229, nach dem Lond. Cataloge mit selbst noch mehr unvollständigen Angaben. Die Amerikaner haben die Frucht noch nicht, die man selbst in der letzten Ausgabe des Werkes von Downing nicht findet. — Gedacht ist der Frucht im 2. Jahrgange der Monatsschrift, S. 208 unter den Früchten des Herrn von Flotow und in der Schrift über die Reutlinger Ausstellung, S. 92, wo sie in der Collection des Herrn General-Consuls Lade vorkommt und als delicate und prachtvolle Frucht bezeichnet wird, an die ich meinerseits mich nicht erinnere. Wenn in der gedachten Stelle der Monatsschrift die von Baumann bezogene Sorte als Tafelapfel nur vom 2., als Wirthschaftsapfel vom 1. Range und nur bis in den Januar haltbar bezeichnet wird, so war diese Frucht offenbar nicht die rechte.

Gestalt: Früchte von Herrn Bentziens Reise, die 1868 auf einem Baumschulenstamme erwuchsen, hatten die oben dargestellte Form und Größe. Früchte vom Probezweige von Urbaneks Reise blieben etwas kleiner, waren $2^1/_2$" breit und fast 2" hoch, nahmen nach dem Kelche stärker ab und waren nur mäßig abgestumpft, so daß sie mehr die gewöhnliche Form der Nonpareils hatten.

Kelch: fein und langgespitzt, halb offen, an den Früchten von Urbaneks Reise in flacher, weiter, ziemlich ebener Senkung; an den Früchten von Herrn Bentziens Reise in weiter, tiefer, schüsselförmiger Senkung. Ueber die schön geformte Frucht laufen nur flache Erhabenheiten hin.

Stiel: holzig, theils kurz, nicht über die Stielwölbung hinausreichend, theils 1'' lang, sitzt in weiter, ziemlich tiefer, fein rostiger Höhle.

Schale: ziemlich glänzend, grünlich, später ziemlich gelb ohne alle Röthe, oder die Sonnenseite hat eine goldartige nur leicht aufgetragene Röthe. Punkte ziemlich zahlreich, fein, bei dem Roste nicht in die Augen fallend. Feine Rostanflüge waren an den Früchten von Urbaneks Reise ziemlich häufig und stellenweise etwas silbergrau, während die 1868 von Herrn Bentziens Reise erwachsenen Früchte wenig Rostanflüge aber theils auf der Kelchwölbung etwas nur feinen Rostüberzug zeigten, auch ein paar Rostwarzen hatten.

Das Fleisch ist gelblich, fein, saftreich, in der vollen Zeitigung mürbe, von starkem, weinartigen, fast süßweinigen, gewürzten, delikaten Geschmacke, der dem des Engl. Goldpeppings nahe kommt.

Das Kernhaus ist geschlossen, mit feiner, hohler Achse und mit in diese spaltartig geöffneten Kammern. Die mäßig geräumigen Kammern enthalten braune, vollkommene, ziemlich eiförmige, facettirte Kerne. Die konische Kelchröhre geht nicht weit herab, denn das Kernhaus reicht oft bis zu ihr hinauf.

Reifzeit und Nutzung: Zeitigt im Dezember und hält sich lange. In meinem Boden zeigt die Frucht etwas Neigung zum Welken, was in weniger trockenem Boden wohl nicht vorkommt.

Der Baum wächst in meiner Baumschule kräftig und gesund und scheint recht tragbar zu sein. Er setzt die Zweige in mittelstumpfen Winkeln an. Sommertriebe lang und schlank, mäßig stark, mehr bräunlich als violettbraun, nur leicht silberhäutig, nach oben wollig, zahlreich punktirt. Blatt etwas klein, flachrinnig, oval mit aufgesetzter, schöner Spitze, oft mehr elliptisch, mäßig tief, theils scharf, theils stumpf gezahnt. Afterblätter kurz-lanzettlich, oft pfriemenförmig; Augen klein, etwas wollig, sitzen auf flachen, kurz gerippten Trägern.

Oberdieck.

No. 669. Neue Borsdorfer Reinette. Diel IV, 1; Luc. IX, 1, a; Hogg III, 1, A.

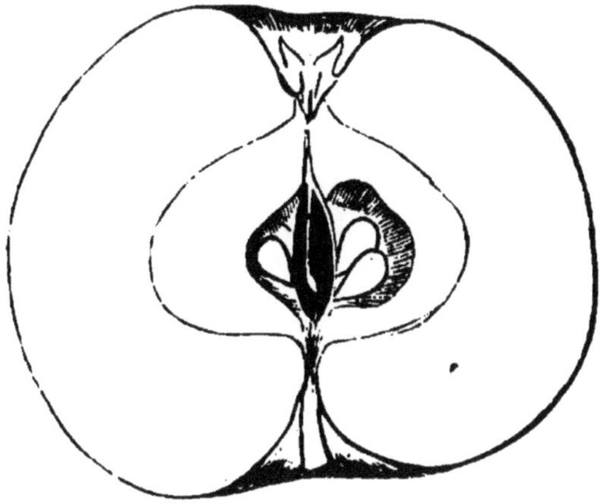

Neue Borsdorfer Reinette, fast **††, Dezember—April.

Heimath und Vorkommen: Diese treffliche Frucht fand ich im Pfarrgarten zu Banteln, unweit Elze, wo derzeit mein Schwiegersohn, der jetzige Superintendent Haccius zu Herzberg, als Prediger stand und zeigte sich bald der besondere Werth der Frucht, namentlich auch für den Haushalt. Ich habe sie bisher sonst nirgends gefunden und da sie einige Aehnlichkeit mit einem recht großen Borsdorfer hat und Diel mit Unrecht die Glanzreinette auch als Borsdorferreinette beschrieben hatte, nannte ich sie Neue Borsdorfer Reinette. Sie hat noch mehr Aehnlichkeit und gleichen Werth mit Fromms Reinette, ist indeß schon durch den Wuchs des Baumes von ihr verschieden. Die Sorte verdient sehr weitere Verbreitung und ist zu erproben, ob sie nicht auch in leichtem Boden besser gedeiht als der Edelborsdorfer. Bisher konnte ich die Frucht nur im Calenberger Lehmboden beobachten.

Literatur und Synonyme: Wird ohne Zweifel hier zuerst beschrieben.

Gestalt: meist flachrund; hochgebaute Exemplare neigen mehr zum abgestumpft Konischen und gute Exemplare sind $2^1/_2$—$2^3/_4$" breit und gewöhnlich einige Linien niedriger, oft auch eben so hoch. Die Figur oben ist nach besonders großen Früchten entworfen. Der Bauch sitzt gewöhnlich etwas mehr nach dem Stiele hin, um den die Frucht sich sanft zurundet und stark abstumpft. Nach dem Kelche nimmt sie meist noch bemerklich stärker ab und ist stark abgestumpft.

Kelch: langgespitzt, meist ziemlich lange, aber nicht immer grünbleibend, offen, sitzt in weiter, tiefer, schüsselförmiger Einsenkung, die meistens einige Falten und Beulen zeigt, die indeß schon auf dem Rande der Kelchsenkung flach werden und über die Frucht so flach hinlaufen, daß diese häufig schön gerundet, jedoch in manchen Exemplaren durch breite Beulen in der Rundung etwas verdorben oder selbst verschoben erscheint und die Durchmesser etwas ungleich werden.

Stiel: kurz, häufig etwas fleischig, steht meistens der Stielwölbung nicht gleich und sitzt in ziemlich tiefer, weiter Höhle, die mit strahlig sich etwas verbreitendem Roste bekleidet ist.

Schale: fein, im Liegen oft etwas geschmeidig, glatt, ziemlich glänzend. Die Grundfarbe ist vom Baume ein wachsartiges Weißgelb und wird im Liegen schönes Gelb. Die Sonnenseite ist mit einer gelblichen Röthe etwas leicht und oft nicht weit verbreitet überlaufen, oft auch nur etwas goldartiger mit einigen rothen Fleckchen um Punkte, die theils fein, theils etwas stärker sind. An einzelnen Früchten finden sich Rostanflüge und Figuren, die im Allgemeinen nicht häufig sind.

Das Fleisch ist gelblich weiß, oft mit starken, grüngelben Adern ums Kernhaus, fein, mäßig saftreich, mürbe, von ganz ähnlicher Beschaffenheit, als das des Edelborsdorfers, gezuckert und etwas gewürzt, ein Wenig weniger als bei dem Borsdorfer.

Das Kernhaus ist etwas offen, die mäßig weiten Kammern enthalten viele vollkommene, braune, ziemlich eiförmige Kerne. Die Kelchröhre ist flach und geht als kurzer Trichter nur etwas herab.

Reifzeit und Nutzung: Ist im November schon brauchbar, zeitigt völlig Mitte Dezember, fault gar nicht leicht, welkt auch nicht und hält sich bis gegen Ostern.

Der Baum wächst rasch und gesund, bildet eine sich gut verzweigende etwas licht belaubte, kugelartige Krone, wobei aber die Zweige, namentlich die feineren sich durch die Schwere der Früchte etwas hängen, und wird früh und reich tragbar. An meinem, 10 Jahre stehenden, jungen Baume hat sich weiter abwärts an den Zweigen zerstreutes ganz kurzes dicht am Zweige liegendes Fruchtholz gebildet. Sommertriebe mäßig lang und stark, oft etwas fein, nach oben etwas abnehmend, nur oben wollig, leicht silberhäutig, etwas gelblich braunroth, ziemlich zahlreich, doch recht fein punktirt. Blatt ziemlich groß, etwas rinnig, elliptisch, häufig zu einer langen Eiform neigend, oder auch fast oval, mit aufgesetzter Spitze, etwas grob und stumpf gezahnt. Afterblätter fein lanzettlich oder pfriemenförmig. Augen klein, dreieckig, sitzen auf flachen, wenig gerippten Trägern.

Oberdieck.

No. 670. **Rothe Sternreinette.** Diel IV, 2.; Luc. X, 1. a.; Hogg III, 1. C.

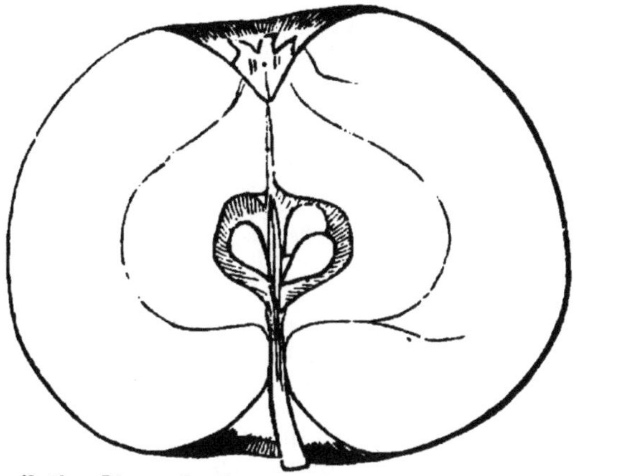

Rothe Sternreinette, fast **††, Dezember—März.

Heimath und Vorkommen: Diese, durch Schönheit sich auszeichnende, auch gute Frucht, von der ich nur in meiner Gegend noch nicht genügende Proben ihrer reichen Fruchtbarkeit hatte, ist in Deutschland zunächst bekannter geworden durch den, als wackern Pomologen, schon häufig genannten Herrn Vicarius Schuhmacher zu Ramrath bei Düsseldorf am Rheine, von dem ich in Gotha Früchte und später ein Reis erhielt mit der Nachricht, daß er das Reis von Commans in Cöln habe und dieser die Frucht bei Lüttich aufgefunden habe. Schuhmacher hatte 1867 in Gotha schöne Früchte davon unter dem Namen Reinette St. Lambert ausgelegt, äußerte aber dabei gleich die Meinung, daß ihr Name nicht richtig und der rechte Name vielmehr Meusers rothe Herbstreinette sein werde. Alle Data und Nachrichten über diese Frucht hier nochmals zusammen zu stellen, erlaubt der Raum nicht, und muß nachgelesen werden, was ich in dem, zum Illustrirten Handbuche gehörenden Hefte „Berichtigungen und Zusätze zu Band I. und IV. „Aepfel" S. 97 ff. gesagt habe. Ich will, nach Früchten, die ich 1868 von der von Bödiker in Meppen bezogenen Reinette St. Lambert erhielt, hier nur noch hinzusetzen, daß es, falls die Obige, die in Jeinsen noch nicht trug, nicht auch nach Boden &c. mit nur ganz feinen Stippchen in der Röthe vorkommt, unter den beiden genannten Benennungen wahrscheinlich 3, zwar ähnliche, aber nicht identische Früchte giebt, die man wegen ihrer Aehnlichkeit mehrseitig verwechselt hat: 1) Die in den Annales V. S. 83 abgebildete, flachgedrückte Reinette St. Lambert, die nur ganz feine, nicht in's Auge fallende, wenig bemerkliche, weiße Stippchen in der Röthe hat und keine Röthe im Fleische. 2) Die etwa ächte Meuser's rothe Herbstreinette, die unter diesem Namen an Diel gelangte und durch Herrn Bornmüller in Suhl von Diel an mich kam, ich auch von Bödiker als Reinette St. Lambert erhielt. Sie ist ein wenig kleiner als die Rothe Sternreinette, noch etwas kugelförmiger, hat in der starken, rundum gehenden Röthe auch nur sehr feine, weiße Stippchen und bemerkte ich an ihr noch keine stärkere Röthe im Fleische. Möglich ist die von Jahn (Handbuch IV, S. 315,) beschriebene Meusers rothe Herbstreinette dieselbe. Jahn bemerkt leider nicht, von wem er eine Sorte bezog; wahrscheinlich hatte er sie von Liegel, auf den er sich wenigstens bezieht und recht viele Reiser von ihm erhielt, und kam an Liegel die Frucht wieder von Diel. — 3) Die rothe Sternreinette, die als Calville étoilée und später Reinette étoilée (so fand ich die Frucht auch 1869 in der in Hamburg ausgestellten Obstcollection des Herrn Jamin Durand unweit Paris), in der Umgegend von Antwerpen, Limburg und Lüttich schon lange verbreitet gewesen ist. Diese Frucht ist etwas stielbauchiger, als die Meusers rothe Herbstreinette, wie ich sie von Diel bekam, hat starke Röthe im Fleische und starke, wirklich sternartige, weißliche Fleckchen in der Röthe, die ich an den von Schuhmacher und von Herrn Fabrikant Uhlhorn zu Grevenbroich erhaltenen Früchten, nach denen die obige Figur und die vorstehende Beschreibung gegeben ist, noch stärker und lebhafter und in die Augen fallender fand, als Lucas sie in der Rothen Sternreinette (Monatshefte 1868 S. 2) darstellt. Es wird, wenn dies gegründet ist und nicht etwa die Frucht darin abwechselt, daß die Punkte in der Röthe bald stärker, bald sehr fein und wenig ins Auge fallend sind, (die Vegetation von Schuhmachers und Bödikers Reinette St. Lambert schien allerdings überein) um so zweckmäßiger sein, diese letzte Frucht unter dem Namen Rothe Sternreinette, den sie durch ihre starken weißlichen Fleckchen in der Röthe verdient, von den beiden ähnlichen Früchten zu scheiden. Leider hatte ich hier von Schuhmachers Sorte immer noch nicht selbst Früchte.

Literatur und Synonyme: Gelungene Abbildung gibt Lucas in den Monatsheften 1868 S 2. Sie wäre weiter als Calville étoilée mit dem Beinamen Reinette étoilée im Bivorts Album IV, S. 61 abgebildet.

Gestalt: meistens etwas flachrund, einzeln auch etwas zu abgestumpft Konisch neigend, $2^3/_4$—3″ breit und $2^1/_3$—$2^1/_2$″ hoch. Der Bauch sitzt etwas mehr nach dem Stiele hin, um den die Frucht sich flachrund wölbt. Nach dem Kelche nimmt sie etwas stärker ab und ist stark abgestumpft.

Kelch: mäßig lang gespitzt, wollig, offen, sitzt in ziemlich weiter und tiefer, fast oder wirklich schüsselförmiger, einzeln auch durch flache Beulen unregelmäßiger Senkung. Ueber die Frucht laufen nur sehr flache Erhabenheiten hin, die indeß mitunter die Rundung etwas verschieben.

Stiel: holzig, bald kurz bald bis gegen 1″ lang, sitzt in weiter, tiefer, trichterförmiger Höhle, die mit feinem Roste belegt ist, der, wenn er sich auf der Stielwölbung noch etwas verbreitet, etwas silbergrau erscheint.

Schale: glatt, etwas geschmeidig. Von der gelben Grundfarbe ist meistens nichts ganz rein zu sehen, indem die Frucht rundum mit einem schönen, starken Roth, fast hellem Blutroth oder mehr Kirschroth, das an den stark besonnten Stellen selbst etwas schwarzroth erscheinen kann und auf der Schattenseite lichter wird, gefärbt ist. Charakteristisch sind meist um die ganze Frucht verbreitete, zahlreiche, etwas röthlich graue oder röthlich weiße, starke Dupfen oder Sternchen, in denen man häufig einen feinen, oft etwas stärkeren und etwas sternartigen grünlichen Rostpunkt bemerkt. Rost findet sich wenig oder fehlt ganz; doch kommen einzelne Rostwarzen vor. Der Geruch ist ziemlich stark.

Das Fleisch ist stellenweise sehr weiß, oft mehr gelblich weiß, an den meisten Stellen wie bei dem Rothen Herbstcalvill, nur nicht ganz so dunkel, stark und schön roth gefärbt, welche Färbung, wie lavirt, gefällig ins Weiße übergeht, wie auch die Adern ums Kernhaus roth erscheinen. Es ist dabei fein, mürbe und von recht angenehmem, fast weinartigen, gewürzten, erquickenden Geschmacke.

Das Kernhaus ist geschlossen, klein und zeigt nur Anlage zu hohler Achse. Die ziemlich engen Kammern enthalten schöne, schwarzbraune, vollkommene, eiförmige, spitze Kerne. Die Kelchröhre ist theils ein breiterer, kurzer Kegel, theils geht sie als feiner Cylinder noch etwas weiter herab.

Reifzeit und Nutzung: Zeitigt Ende November und hält sich lange.

Der Baum von Schuhmachers Reise wächst in meiner Baumschule mäßig stark, doch gut und gesund. Er setzt die Triebe in mittelstumpfen Winkeln an. Ueber seine Tragbarkeit in hiesiger Gegend habe ich noch keine Resultate. Die Sommertriebe sind ziemlich lang und stark, schlank, unansehnlich violettbraun, nach unten silberhäutig überlaufen, beschattet unten olive, mit etwas zerstreuten, matten, mehr gelblichen Punkten gezeichnet. Blatt ziemlich groß, fast flach, schön elliptisch, bald scharf, bald stumpfer und mäßig tief gezahnt. Afterblätter kurzlanzettlich, klein, meist pfriemenförmig. Augen klein, wollig, sitzen auf nur etwas vorstehenden, kurz gerippten Trägern.

Oberdieck.

No. 671. **Loisels Osterapfel.** Diel IV, 2; Luc. X, 1. a; Hogg III, 2. A.

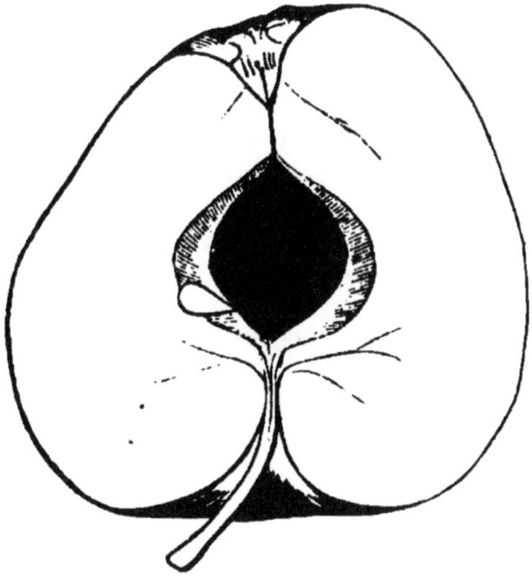

Loisels Osterapfel, *††, Januar—Sommer.
Pomme de Paques (Loisel).

Heimath und Vorkommen: Auch diese gute Frucht verdanken wir dem um die Pomologie verdienten Herrn Loisel zu Fauquemont (Falkenberg) im Holländischen Limburg, von dem ich sowohl Reis, als 1868 auch gute Früchte erhielt, nach denen obige Figur gezeichnet ist. Die Sorte ist für die Tafel sehr angenehm und für die Küche recht schätzbar und hat einige Aehnlichkeit mit der Rothen Winter-Parmäne, die jedoch noch vorzüglicheren Geschmack hat. Verdient vorerst sehr weitere Beachtung der Pomologen.

Literatur und Synonyme: Ist wohl noch nicht näher beschrieben.

Gestalt: Neigt stark zum Konischen. Gute Früchte sind $2^3/_4$'' breit und fast eben so hoch. Der Bauch sitzt stark nach dem Stiele hin, um den die Frucht sich flachrund wölbt. Nach dem Kelche nimmt sie beträchtlich stärker ab und ist noch ziemlich stark abgestumpft, meist mit etwas oder selbst stärker schräg stehender Fläche.

Kelch: fein und langgespitzt, liegt mit den dürren Spitzen der Ausschnitte fast auf, und sitzt in etwas enger, meist auch flacher Senkung mit einigen, oft vielen rippenartigen, feinen Beulen umgeben, die aber nur sehr breit und flach über die schöngeformte Frucht hinlaufen, indeß die eine Hälfte der Frucht häufig stärker machen als die andere.

Stiel: holzig, 1—$1^1/_3$" lang, sitzt in weiter, tiefer, mit zimmtfarbigem Roste oft ganz, oft nur auf einer Seite besetzter Höhle.

Schale: fein, glatt, mattglänzend. Die Grundfarbe ist vom Baume ein grünliches Gelb, das später ziemlich hohes Gelb wird. Die Sonnenseite und noch ein Theil der Schattenseite ist mit schönem, sanft sich verlierenden und durch Aufliegendes abgeschnittenen Carmosinroth überlaufen, in dem man nur undeutliche und schwache Spuren von Streifen wahrnimmt. Die Punkte sind ziemlich zahlreich, theils stark und etwas sternartig; sonstiger Rost ist unbedeutend. Der Geruch ist schwach.

Das Fleisch ist gelblich weiß, fein, saftreich, von etwas gewürztem, mit etwas süßer Säure versehenen Zuckergeschmacke.

Das Kernhaus ist groß, weit offen, die geräumigen Kammern enthalten schwarzbraune, starke, vollkommene, nicht häufige Kerne. Die Kelchröhre ist ein nicht weit herabgehender, abgerundeter Kegel.

Reifzeit und Nutzung: Zeitigt im Januar und hält sich bis in den Sommer.

Der Baum wächst rasch und gesund und ist nach dem in Falkenberg stehenden Mutterstamme sehr fruchtbar. Die Sommertriebe sind lang und stark, etwas steif, nach oben wenig abnehmend und nach oben wollig, braunroth, fast violettbraun, nur fein und zerstreut punktirt. Blatt ziemlich groß, flachrinnig, elliptisch mit aufgesetzter oder halb auslaufender Spitze, seicht und scharf gezahnt. Afterblätter pfriemenförmig, oft kurz lanzettlich. Die Augen stehen auf nur etwas vorstehenden, flachgerippten Trägern.

Oberdieck.

No. 672. Hodenbergs Reinette. Diel IV, 3; Luc. X, 2, a; Hogg II, 1, B.

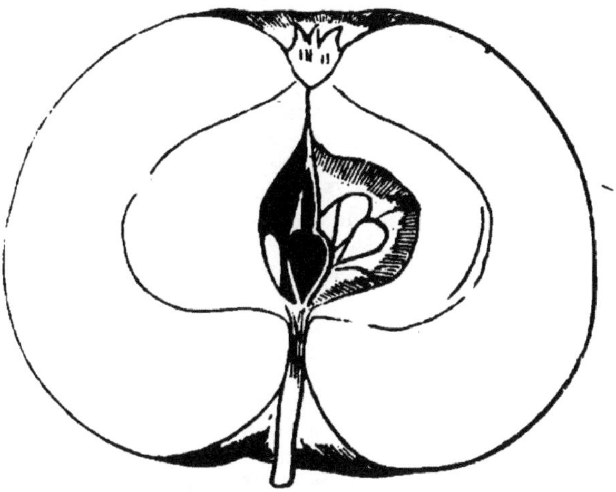

Von Hodenbergs Reinette, **††, Oktober—Januar.

Heimath und Vorkommen: Mit dieser trefflichen, delikaten Frucht, die in Zartheit und Gewürz des Fleisches einem Gravensteiner ganz an die Seite gesetzt werden kann, machte Herr Administrator Tausch zu Hudemühlen in unserm Lande mich bekannt, der mir von dem dortigen Gute unsers früheren Cultus-Ministers, von Hodenberg, schöne Früchte und auch später einige Reiser sandte. Von der Sorte, die noch gänzlich unbekannt sein wird und ich wenigstens mit keiner mir bekannten Frucht irgend vereinigen kann, steht auf dem dortigen Gute ein junger Baum, der von einem älteren, jetzt fast abgestorbenen veredelt worden war. Ueber die etwaige weitere Herkunft der Sorte wußte man nichts zu sagen. Bäume für die dortigen Gärten würden etwa am gewöhnlichsten aus Herrenhausen oder Celle bezogen worden sein; doch kann man daher den Ursprung des alten Baumes nicht herleiten, da eine so ausgezeichnete Frucht in den Baumschulen zu Herrenhausen und Celle nicht ganz hätte verloren gehen können. Sie wird aus irgend einer andern Quelle gekommen sein, und mag am wahrscheinlichsten schon vor längerer Zeit in der Gegend von Hudemühlen aus dem Kerne entstanden sein, wo man nur ihre Güte erst jetzt näher beachtet hat. Herr Administrator Tausch gab mir noch die Nachricht, daß der absterbende, alte Baum sich recht fruchtbar gezeigt habe. Die Sorte wird wohl sich rasch weiter verbreiten, und habe ich sie am besten, wie oben geschehen ist, zu benennen geglaubt.

Literatur und Synonyme: Wird in pomologischen Werken noch nicht vorkommen.

Gestalt: flachrund, einzelne Früchte sind hochaussehend; gut gewachsene Exemplare sind 3—3¼" breit und 2½" hoch. Der Bauch sitzt fast in der Mitte und nimmt die Frucht nach dem Kelche nur wenig stärker ab, als nach dem Stiele, wobei sie am Stiele stark, am Kelche nur mäßig abgestumpft ist.

Kelch: grün bleibend, breit- und ziemlich lang gespitzt, halboffen, sitzt in schöner, mäßig weiter und tiefer Senkung, mit Falten, oder ganz feinen, flachen Rippchen umgeben, die bei regelmäßig gebauten Exemplaren kaum bemerklich über die gefällig gerundete Frucht hinlaufen, während bei hochaussehenden Exemplaren einzelne flache Erhabenheiten öfter vordrängen und die schöne Form etwas verderben.

Stiel: holzig, dünn, ½—¾" lang, sitzt in tiefer, ziemlich weiter, bei regelmäßig gebauten Exemplaren trichterförmiger Höhle, die mit Rost nicht besetzt ist.

Schale: fein, etwas glänzend, fein fettig; die Grundfarbe ist ein schönes, etwas helles Gelb. Ueber den größern Theil der Frucht ist eine etwas gelbliche Carmosinröthe, meistens etwas leicht und nur an der am meisten besonnten Stelle etwas intensiver verbreitet, in der man schöne, sanft aufgetragene Carmosinstreifen bemerkt, die an der stärksten Sonnenstelle in der Röthe undeutlich werden. Rostpunkte sind zerstreut, doch ziemlich stark und am Kelche findet sich etwas ganz feiner Anflug von Rost. Der Geruch ist stark und gewürzt.

Das Fleisch ist gelblich weiß, fein, sehr mürbe, saftreich, von merklich und delikat gewürztem, durch etwas feine Säure gehobenen süßen Zuckergeschmacke. Das Kernhaus läuft etwas in die Breite; die Kammern sind theils offen, theils öffnen sie sich herzförmig oder spaltartig in eine hohle Achse. Die Kerne sind ziemlich zahlreich, vollkommen, schwarzbraun, eiförmig; die Kelchröhre ist ein kurzer Kegel.

Reifzeit und Nutzung: In dem heißen Jahre 1868 waren die Früchte schon Mitte Oktober mürbe, meistens mürben sie gegen Ende October und halten sich, nach der gegebenen Nachricht, bis nach Weihnachten.

Der Baum ist gesund, bildet eine etwas kugelige, gut in die Höhe strebende Krone und trägt gut. Die mir gesandten Sommertriebe sind etwas fein, haben viel Aehnlichkeit mit denen des Alantapfels, nehmen an Dicke nach oben kaum ab, sind etwas hell braunroth, fein wollig, ganz leicht silberhäutig, sehr wenig punktirt. Blatt mittelgroß, flach ausgebreitet, schön elliptisch, unten am Zweige auch oval, fein, seicht und scharf gezahnt. Afterblätter pfriemenförmig, Augen ziemlich stark, weißwollig, sitzen auf etwas vorstehenden, an dünnen Trieben deutlich, an stärkeren flach gerippten Trägern.

Oberdieck.

No. 673. Gestreifter Capendü. Diel IV, 2; Luc. X, 2, a (b); Hogg III, 1, B.

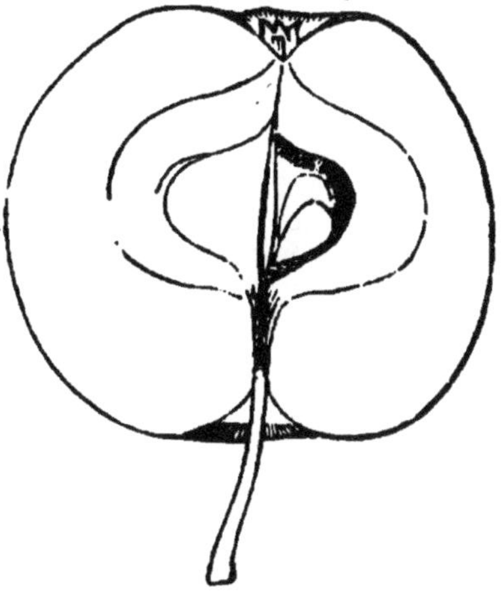

Gestreifter Capendü, *††, Januar—Frühjahr.

Heimath und Vorkommen: Diel erhielt diese Frucht aus der Baumschule des Herrn Filassier bei Paris unter dem Namen Capendu. Da er sie von Duhamels Capendu verschieden fand, glaubt er, daß es etwa der in der Baumschule der Carthäuser sich findende Capendu sein möchte und setzte, zum Unterschiede von Duhamels Frucht, das Beiwort Gestreifter hinzu. Er bezeichnet die Sorte als etwas kleinen, schön gestalteten, sehr haltbaren Winterapfel, für die Tafel und für die Küche unvergleichlich, da er bei seinem festen Fleisch im Dämpfen nicht leicht zerfalle. Mein Reis erhielt ich zunächst aus Herrenhausen, wohin die Frucht direkt von Diel kam und stimmten die erbauten Früchte mit der Beschreibung ganz überein, ließen auch die von Diel prädicirte Qualität annehmen.

Literatur und Synonyme: Diel X, S. 160; v. Aehrenthal hat Taf. 54 Abbildung gegeben. Die älteren Pomologen haben keinen Capendü und mehrere neuere Pomologen, wie Mayer, Manger, Hirschfeld und Salzmann haben diese Frucht mit dem Courtpendü verwechselt. Ein Capendü kommt zuerst bei Duhamel (II, S. 42, Taf. 13) und im Verzeichnisse der Pariser Carthause vor. Duhamels Frucht ist offenbar nicht unsere obige Sorte; die Carthause führt die Frucht als Großen rothen Capendü auf, der sehr süß sein soll, und mag man nach diesen, wenn auch kurzen Angaben, doch wohl zweifeln, daß etwa die Carthause unsere obige Frucht gehabt habe, die mithin zuerst von Diel beschrieben ist. Mayer, Tom. III, S. 142, hat den Capendü nur nach Duhamel, so auch Christ, Hdw.-B. S. 31. Obige Frucht kommt sonst nirgends vor und hat selbst Dochnahls Führer nur den Duhamel'schen Capendü.

Gestalt: Hat nach Diel die Größe eines starken Edelborsdorfers. Die Form ist kugelig und setzt Diel hinzu, daß die Frucht nur zuweilen etwas höher, als breit zu sein scheine. Der Bauch sitzt in der Mitte und sind die Wölbungen nach beiden Seiten gleich. Die Größe gibt Diel an zu $2^1/_2$" Breite und 2" Höhe. Meine Früchte fielen, besonders in dem trockenen Jahre 1868, wo ich endlich wieder Früchte erhielt, nach denen obige Figur gezeichnet ist, etwas kleiner aus, werden aber in etwas feuchterem Boden die angegebene Größe erlangen.

Kelch: recht kurzblättrig, meistens offen, sitzt, nach Diel, in einer tiefen, geräumigen, oft ungemein tiefen Einsenkung, in der man kaum einige feine Fältchen bemerke, wobei auch wahre Erhabenheiten über die Frucht nicht hinliefen, so daß dieselbe fast ganz rund sei. Meine 1868 erbauten Früchte wichen nur in dem einen Punkte von der Beschreibung ab, daß der Kelch nur in geringer Vertiefung, fast eben auf, mit einigen Fleischperlen umgeben saß, was als Folge des trockenen Jahres angesehen werden muß.

Stiel: gewöhnlich dünn, bald 1", bald kaum $^1/_2$" lang, sitzt in etwas enger, ziemlich tiefer Höhle, die mit feinem, zimmtartigen Roste bekleidet ist.

Schale: etwas rauh anzufühlen, am Baume mit Duft belaufen; die Grundfarbe ist vom Baume ein blaßes Hellgrün, später wahres Citronengelb, wovon man aber, bei frei hängenden Früchten, wenig rein sieht, indem die Schale rund herum mit vielen feinen und starken, jedoch nicht grell ins Auge fallenden, dunklen, blutartigen Streifen besetzt, und zwischen diesen noch so stark roth punktirt und verwaschen ist, daß man die Grundfarbe nur auf der Schattenseite sieht, die häufig gleichfalls noch roth punktirt ist oder matte Streifen zeigt. Die Punkte sind bald zahlreich, bald etwas weitläuftig vertheilt, bald stark und sternförmig, bald fein, und wahre Rostpunkte, wozu sich nicht selten noch Rostflecken gesellen. Geruch fehlt.

Das Fleisch ist weiß, fein, ganz reinettenartig, fest, nach Diel von angenehmem, gewürzhaften, mehr süßen als säuerlichen Geschmacke, an der Grenze des wahren Süßen, den ich meinerseits als weinartig gezuckert und edel bezeichnete.

Das Kernhaus ist geschlossen; die geräumigen Kammern enthalten viele starke, vollkommene, nach Diel lange, nach meiner Wahrnehmung mehr breit-eiförmige Kerne, die häufig facettirt sind. Die Kelchröhre ist ein abgestumpfter Kegel.

Reifzeit und Nutzung: Zeitigt im Januar und hält sich bis zum Frühjahre, wo, nach Diel, die Frucht welkt; doch zeigten selbst 1868 meine Früchte kein stärkeres Welken, die indeß spät gebrochen waren.

Der Baum wächst, nach Diel, in der Jugend lebhaft, belaubt sich stark, wird aber nur mittelmäßig groß, setzt sehr viele Fruchtspieße an, und liefert sehr reichliche Ernten. Auch in meiner Baumschule wuchs der Baum kräftig und gesund. Die Sommertriebe sind mittelmäßig lang, nicht stark, nur nach oben wollig, unansehnlich braunroth oder violettbraun (nach Diel violettbraun und glänzend), stellenweise silberhäutig gefleckt, nach Diel mit vielen schönen weißgrauen Punkten besetzt, die ich nur zerstreut fand. Blatt etwas klein, flach oder flachrinnig, etwas düster und wenig glänzend, elliptisch, seicht und stumpf gezahnt. Afterblätter pfriemenförmig oder fadenförmig; Augen wenig wollig, sitzen auf breiten, flach gerippten Trägern. Oberdieck.

No. 674. Schwarzer Kurzstiel. Diel IV, 2; Lucas X, 2, a; Hogg III, 1, B.

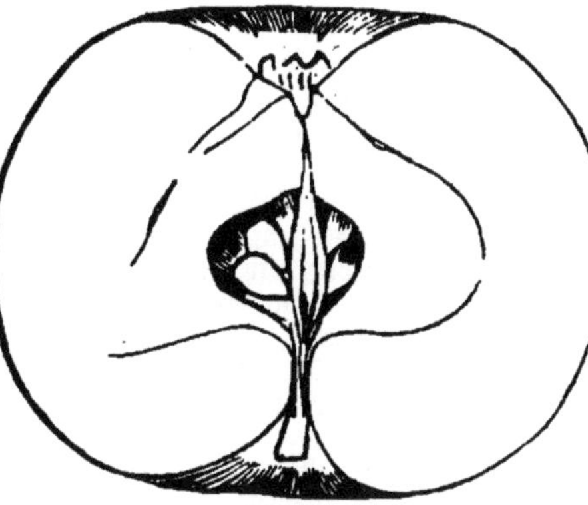

Schwarzer Kurzstiel, *††, Dezember—Sommer.

Heimath und Vorkommen: Mit dieser für den Haushalt werthvollen, bis in den Sommer haltbaren und schon durch die schwarzrothe Färbung interessanten und schönen Frucht wurde ich zuerst auf der Ausstellung in Görlitz bekannt, wo ich sie in der von den Pomologen zu Boskoop in Holland ausgestellten Collection fand und ein paar Exemplare davon mitnahm, auch später das Reis erhielt. 1868 bekam ich durch die Güte des Herrn Alfred Loisel zu Fauquemont im holländischen Limburg wieder 3 schöne Früchte, der zugleich die reiche Tragbarkeit der Sorte rühmte und hinzufügte, daß er sie aus Holland erhalten habe. Sie ist also wohl holländischer Abkunft und wird eine Frucht neueren Ursprungs sein. Sie empfiehlt sich durch reiche Tragbarkeit und Haltbarkeit im Winter. Bei den Früchten aus Boskoop fand ich kein bemerkliches Gewürz, welches die Früchte aus Fauquemont deutlich zeigten. Darnach habe ich sie unter die Rothen Reinetten eingereiht, während ich die Boskooper Früchte wohl besser unter die Streiflinge gesetzt hätte.

Literatur und Synonyme: In pomologischen Werken finde ich nichts ihr Entsprechendes und scheint selbst dem Namen nach nicht vorzukommen.

Gestalt: flachgedrückt, an beiden Enden stark abgestumpft, häufig selbst ziemlich käsförmig. Gute Früchte sind 2¾" breit und stark 2" hoch. Der Bauch sitzt in der Mitte und wölbt die Frucht sich kaum oder wirklich nicht abnehmender nach dem Kelche, als nach dem Stiele.

Kelch: breit- und kurzgespitzt, grün, liegt etwas über die weite Kelchhöhle hin, die aber dadurch wenig bedeckt wird, so daß der Kelch noch weit offen erscheint, der in weiter, ziemlich tiefer, schüsselförmiger Senkung steht, die oft fast eben ist, gewöhnlich jedoch mit 5 schönen, feinen und flachen Rippchen sternförmig umgeben ist, die aber schon auf der Kelchwölbung sich verlieren und höchst breit und flach, oft kaum bemerklich über die Frucht hinlaufen, die gefällig gerundet ist, und meistens gleiche Hälften zeigt.

Stiel: holzig, sehr kurz, meist nur ein Butz, sitzt in etwas enger, meist auch nicht tiefer oder selbst flacher Höhle, die stark mit etwas grünlich zimmtfarbigem Roste besetzt ist, der sich allermeist noch ziemlich weit auf der Stielwölbung verbreitet.

Schale: glatt, glänzend, fast etwas geschmeidig. Von der vom Baume grasgrünen und selbst im Dezember und Januar noch ziemlich grünen Grundfarbe ist selten etwas ganz rein zu sehen, indem eine dunkle an der Sonnenseite wirklich schwarzrothe Röthe die Sonnenseite fast verwaschen überzieht, während die Schattenseite mehr mit lang abgesetzten, zahlreichen Streifen bedeckt erscheint, zwischen denen die Schale theils noch roth punktirt ist. Bei etwas beschatteten Früchten kann man auch in der Röthe der Sonnenseite noch dunklere Streifen wahrnehmen. Die Punkte sind etwas zerstreut, fein, erscheinen aber sehr sichtbar als feine oder mit etwas stärkeren helleren Dupfen umgebene, gelbliche Stippchen oder Fleckchen. Der Geruch ist schwach.

Das Fleisch ist gelblich weiß mit gelblich grüner Ader um's Kernhaus, noch fein, saftreich, von etwas gewürztem, durch eine etwas angenehme Weinsäure gehobenen Zuckergeschmacke. Bei Ottolanders Frucht war das Gewürz wenig bemerklich.

Das Kernhaus ist nicht groß, geschlossen, mit kleiner hohler Achse, in welche die Kammern sich nur fein und meist nur schnittförmig öffnen; die flachen, glattwandigen Kammern enthalten vollkommene, starke, dunkelbraune, etwas breit eiförmige Kerne. Die Kelchröhre ist meist ein oben breiter und dann rasch zugespitzter, nicht weit herabgehender, etwas trichterförmiger Kegel.

Reifzeit und Nutzung: Zeitigt erst spät, Ende Dezember oder im Januar, und hält sich bis in den Sommer. Die Frucht fault fast gar nicht.

Der Baum wächst in meiner Baumschule stark und gesund und hat die Nebenzweige in sehr stumpfen Winkeln und fast flach ausgehend angesetzt. Sommertriebe lang und stark, nach oben etwas abnehmend, schwarz violett, stark silberhäutig, etwas zerstreut punktirt. Blatt groß, flachrinnig, meist lang eiförmig, oft mehr breit eiförmig, oft mit halbaufgesetzter Spitze, seicht und etwas stumpf, doppelt gekerbt gezahnt. Afterblätter kurz lanzettlich, zahlreich vorhanden; Augen ziemlich klein, wenig wollig, auf wenig vorstehenden, unbedeutend gerippten Trägern.

Oberdieck.

No. 675. Hartwig's Herbstapfel. Diel IV, 2; Lucas X, 2—6; Hogg II, 1, B.

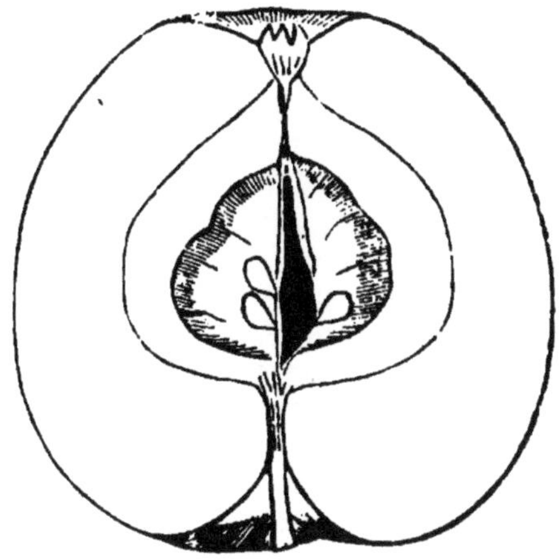

Hartwig's Herbstapfel, **††, September, Oktober—Dezember.

Heimath und Vorkommen: Diese treffliche Frucht wurde erzogen von Herrn Kunstgärtner Hartwig zu Lübeck, der mir auch das Reis und Früchte mittheilte. Sie hat in Färbung manche Aehnlichkeit mit der scharlachrothen Parmäne, zeigte sich auch in Jeinsen eben so fruchtbar und trug selbst in Mißjahren, reifte aber etwas früher, als die scharlachrothe Parmäne. Sie verdient sehr weiteren Anbau.

Literatur und Synonyme: Wird hier zuerst beschrieben.

Gestalt: Bald etwas zum Konischen, bald zu einer kurzen Walzenform neigend, hochaussehend, in guten Früchten, wie ich sie von Herrn Kunstgärtner Hartwig erhielt, 3″ breit und hoch, in Jeinsen meist etwas kleiner, wie die Figur oben. Der Bauch sitzt bald etwas mehr nach dem Stiele hin, bald ziemlich in der Mitte. An beiden Enden stumpft die Frucht sich stark ab.

Kelch: breitgespitzt, grün bleibend, geschlossen, sitzt in weiter, tiefer, oft schüsselförmiger Senkung, die mit Falten und Beulen ziemlich reich besetzt ist. Aus der Kelchsenkung entspringen flachkantige Erhabenheiten, die oft recht sichtbar und wirklich kantig über die Frucht hinlaufen.

Stiel: holzig, ziemlich dünn, geht meist nicht über die Stielwölbung hinaus und sitzt in weiter, tiefer, nur mit feinem Roste belegter Höhle, die oft auch fast rostfrei ist.

Schale: fein, glatt, fast geschmeidig. Die Grundfarbe ist vom Baume ein weißliches Grün, und wird im Liegen hellgelb, wovon aber wenig ganz rein zu sehen ist, da die Frucht fast rund herum mit meistens lang abgesetzten Streifen besetzt ist, zwischen denen die Schale noch etwas leichter roth verwaschen gefärbt ist, nach der Schattenseite hin mehr punktirt. Die zerstreuten Punkte sind in der Grundfarbe wenig bemerklich, erscheinen aber in dem Roth oft, jedoch nicht immer, als feine weißliche Stippchen. Geruch ist noch bemerklich.

Das Fleisch ist schwach gelblich-weiß, fein, etwas locker, mürbe, von etwas weinartigem, gewürzten Zuckergeschmacke.

Das Kernhaus war an den aus Lübeck gesandten Früchten weit offen, in Jeinsen nur etwas offen oder fast geschlossen, ziemlich groß und enthält kleine, braune, kulpige, in den Früchten mit offenem Kernhause gewöhnlich klappernde Kerne. Die Kelchröhre geht als Trichter oder sich wieder etwas erbreiternder Cylinder bis auf die Spitze des Kernhauses herab.

Reifzeit und Nutzung: Zeitigt mit Anfang Oktober und hält sich 3 Monate lang.

Der Baum ist in meiner Baumschule gut und rasch, doch nicht stark gewachsen, war auch gesund. Er geht schön in die Luft und macht nach dem großen Probezweige eine etwas zerstreute Krone mit zahlreichem, kurzen Fruchtholze. Sommertriebe ziemlich lang und stark, gerade, nach oben etwas wollig, violettbraun, nicht stark silberhäutig, mäßig zahlreich punktirt. Blatt ziemlich groß, fast flach, elliptisch, oft langelliptisch, seicht gezähnt. Afterblätter kurz-lanzettlich; Augen etwas klein, sitzen auf wenig vorstehenden, flach gerippten Trägern.

Oberdieck.

No. 676. Der Silberfelder. Diel IV, 2 (4); Luc. X, (XII) 2, b; Hogg III, 1, C. (A).

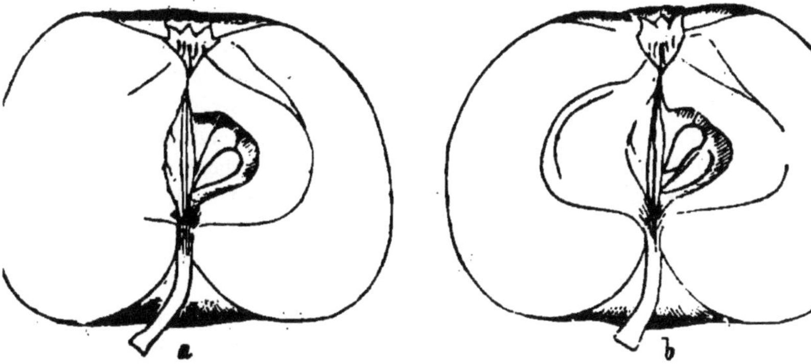

Der Silberfelder, **††, Dezember—März.

Heimath und Vorkommen: Diel hat diese schätzbare, delikate Frucht nur in der 2ten Fortsetzung des Catalogs kurz charakterisirt, wo er nicht mehr angibt, woher er die einzelnen Sorten bekam, und läßt sich nur schließen, daß sie nach dem Orte ihres Auffindens oder ihrer Erziehung benannt sei. Diel setzt nur hinzu: noch neue Frucht. Höchst ähnlich fand ich die von Diel bezogene Oheim Michels Reinette, und sind beide wahrscheinlich identisch. Gleichzeitig vergleichen konnte ich noch nicht. Die Oheim Michels Reinette erhielt Diel von Hrn. Vikarius Lax zu Goch am Rheine. In meiner Gegend welkt die Frucht merklich, weiter nach Süden, oder näher an der Meeresküste wird sie sehr schätzbar sein und mag man nach den Kernen und dem Fleische glauben, daß sie von der Reinette von Orleans und dem englischen Goldpepping abstamme. Gibt schöne, früh fruchtbare Zwergbäume.

Literatur und Synonyme: Diel, Catalog 2te Forts. S. 60, der Silberfelder. Dittrich I. S. 389 nach Diel. Kommt sonst nur noch in Dochnahls Führer vor. Vielleicht ist die Sorte identisch nach Diel Oheim Michels Reinette.

Gestalt: ziemlich flachgedrückt, nach Diel 2¹/₂" breit, 2" hoch. Manche Früchte erreichten diese Größe nicht ganz und auch Früchte, die ich 1864 durch Herrn Robt zu Sierkowitz in Böhmen erhielt, gewonnen von einem, aus dem Prager Vereinsgarten bezogenen Reise, und in denen ich meinen von Diel erhaltenen Silberfelder völlig wieder erkannte, hatten nur die Größe der obigen Figur, nicht ganz 2¹/₄" Breite und gegen 2" Höhe. Der Bauch sitzt etwas mehr nach dem Stiele hin, um den die

Frucht sich plattrund wölbt. Nach dem Kelche nimmt sie etwas stärker ab und ist stark abgestumpft.

Kelch: an kleineren Früchten geschlossen, an größeren oft halboffen, sitzt in weiter, mäßig tiefer, schüsselförmiger Senkung mit Falten und nach Diel oft auch kleinen Rippchen umgeben, während nach Diel der Bauch schön rund ist. Dies fand ich an meinen Früchten und den von Hrn. Robt erhaltenen nicht, und liefen vielmehr auf dem Rande der Kelchsenkung noch recht flache Erhabenheiten dann etwas stärker vortretend, über die Frucht hin, und verschoben oft selbst die Rundung etwas.

Stiel: holzig, $^3/_4$" lang, in recht weiter, tiefer, allermeist mit feinem Roste besetzten Höhle.

Schale: fein, durch häufig feine Rostanflüge ganz fein rauh, vom Baume schön gelblich, in der Reife hohes Gelb. Nach Diel ist die ganze Sonnenseite mit einem glänzenden Carminroth verwachsen, das nach den Seiten hin streifig wird, und etwas beschattete Früchte sind bloß streifenartig geröthet. Die Färbung fand ich aber bei meinen Früchten in den Erndten mehrerer Jahre, selbst von einem Zwergbaume, und auch bei den von Hrn. Robt erhaltenen so lebhaft nicht und waren vielmehr die stark besonnten Stellen nur leicht mit etwas gelblichem Roth überlaufen, mit durchscheinender Grundfarbe und stellenweise noch deutliche Spuren von Streifen. Punkte zahlreich, fein, am deutlichsten in der gelben Grundfarbe. Geruch gewürzt.

Fleisch: stark gelblich, sehr fein, mürbe, ziemlich saftreich, von delikatem, süßweinartigen, gewürzreichen Geschmacke.

Kernhaus: geschlossen, klein; die wenig geräumigen Kammern enthalten viele starke, vollkommene, lange, spitze Kerne. Die Kelchröhre ist ein kurzer, breiter Kegel.

Reifzeit und Nutzung: zeitigt im Dezember und hält sich lange.

Der Baum wächst in der Baumschule gut, doch gemäßigt und setzte früh Frucht an. Er scheint sich recht zu Zwergen zu passen. Sommertriebe ziemlich lang und stark, nach oben nicht stärker abnehmend, beschattet olivengrün, besonnt schmutzig braunroth überlaufen, nach oben wollig, unten leicht silberhäutig, wenig punktirt. Blatt mittelgroß, flach ausgebreitet, elliptisch, seicht gezahnt. Afterblätter meist pfriemenförmig, oft schmal lanzettlich; Augen klein, etwas wollig, sitzen auf etwas vorstehenden, flach gerippten Trägern.

Oberdieck.

No. 677. **Reinette von Auvergne.** Diel IV, 3.; Luc. XI, 1, b; Hogg III, 1, A.

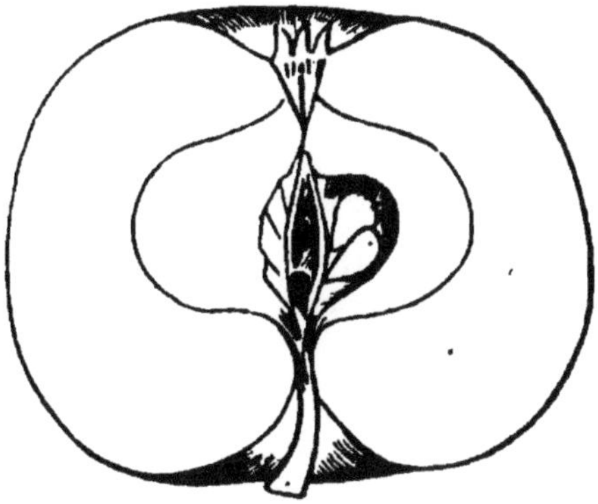

Reinette von Auvergne. **†† Dezember—April.

Heimath und Vorkommen: Diese sehr gute, einer Spitalsreinette etwas ähnliche Frucht, die Diel, nach seinen größeren Exemplaren auch passend, mit der späten gelben Reinette vergleicht, bekam Diel zuerst aus Herrenhausen und später von Christ. Der Name weist auf die bekannte Provinz in Frankreich hin, doch will Diel daraus, daß sie in Frankreich gar nicht bekannt sei, schließen, daß sie wohl ein deutsches Erzeugniß sei, indem man gute, in Deutschland gewonnene Früchte häufig mit französischen Namen benannt habe, um für die neue Sorte desto mehr Absatz zu haben. Dies mag wahr sein; mundus vult decipi, und ein in meinem Geburtsort stehender Danziger Kantapfel, dessen rechten Namen ich gegeben hatte, wollte unter dem Namen in Hannover keine Käufer finden, fand aber begierig Abnehmer, als der Besitzer ihn Goldcalville getauft hatte. Indeß ist wohl mancher in früherer Zeit in Frankreich gebaute Apfel dort durch die Revolution und nachdem die Franzosen und Belgier nichts mehr schätzten und kannten als Birnen, verloren gegangen und hat sich bei den beständigeren Deutschen erhalten. Mein Reis erhielt ich nicht mehr direct von Diel, aber, und schon in der Vegetation der jüngeren Bäume leicht kenntlich, überein von Bodiker in Meppen und Jahn, und stimmten auch die erbauten Früchte sehr mit der Beschreibung. Jahn kannte bei Meiningen mehrere gute Hochstämme von der Sorte und schätzte sie sehr. Auch Herr Senator Doornkaat zu Norden lobt sie, Monatshefte 1865 S. 201.

Literatur und Synonyme: Diel X, S. 164, Reinette von Auvergne, Reinette d'Auvergne. Christ, Hdw.-B. S. 79, vollst. Pomol. Nr. 141. Das allgemeine deutsche Garten-Magazin 1866, Taf. 15, gibt Abbildung, welche Abbildung auch im deutschen Fruchtgarten VIII. Taf. 46, nochmals gegeben ist. Die Abbildung im deutschen Obst-Cab. Nro. 42 gibt auch wohl die rechte Frucht, jedoch ganz grasgrün, (baumreif?) und mit nur mäßig vielem Roste und Flecken. Dittrich I, S. 416, Nro. 411. Sonst finde ich sie nur noch in Dochnahls Führer, Nro. 800.

Gestalt: In ihrer rechten Gestalt nähert sie sich der Kugelform. Der Bauch sitzt in der Mitte, die Frucht nimmt nach beiden Seiten ziemlich gleichmäßig ab und ist an beiden Enden stark abgestumpft. Gute Früchte sind nach Diel 2$^3/_4$—3" breit und 2$^1/_2$—2$^3/_4$" hoch. Meine Früchte erlangten nicht ganz diese Größe und stellt auch das allgemeine deutsche Garten-Magazin sie nur als 2$^1/_2$" breit und 2" hoch dar, in welcher Größe ich sie mehrmals hatte und von Jahn erhielt; Früchte, die in dem trockenen Jahre 1868 in Moringen im Göttingischen erwuchsen, waren stark platt gedrückt.

Kelch: langgespitzt, in die Höhe stehend, geschlossen, sitzt in weiter, bei nicht plattgedrückten Exemplaren auch tiefer Senkung, mit Falten und fein rippigen Erhabenheiten umgeben, die aber nur flach über die Frucht hinlaufen, jedoch einzeln vordrängen und die Rundung etwas verderben

Stiel: oft nur ein kurzer Butz, oder holzig und meist nicht über die Stielwölbung hinausgehend, sitzt in weiter und tiefer, mit feinem Roste bekleideter Höhle.

Schale: fein rauh; Grundfarbe vom Baume ein gelbliches Hellgrün, in der Lagerreife hohes Citronengelb. Der größte Theil der Oberfläche ist meist bald marmorirt, bald auf größeren Stellen einen Ueberzug bildend, mit zimmtfarbigem Roste bedeckt. Die Sonnenseite zeigt selten etwas von Röthe oder hat davon nur schwachen Anflug. Die Abbildung im Allgemeinen Teutschen Garten-Magazin zeigt wenigen Rost, (was ja nach Jahr und Boden abändert,) und dagegen eine leicht gelbliche Röthe, in der mehrere dunkle rothe Flecke angedeutet sind. Die Punkte sind fein, an sich zahlreich, aber durch den Rost oft verdeckt. Der Geruch ist schwach oder fehlt.

Das Fleisch ist gelblich, fein, fest, saftvoll, von gewürztem, erhabenem, sehr süßweinartigen Zuckergeschmacke, der dem der Spitalsreinette ähnlich ist.

Das Kernhaus ist mittelmäßig groß, nach Diel etwas offen, während ich nur etwas hohle Achse fand, in die die Kammern sich öffneten. Die verhältnißmäßig geräumigen Kammern enthalten viele vollkommene, spitze, eiförmige Kerne. Die Kelchröhre ist nach Diel ein breiter, abgestumpfter Kegel, nach meinen Wahrnehmungen ein spitzer, bis auf die Spitze des Kernhauses herabgehender Kegel.

Reifzeit und Nutzung: Zeitigt im Dezember und hält sich, kühl aufbewahrt, bis zum Frühling, wo sie nach Diel dann welkt. Dieser Fehler kam auch an meinen Früchten vor, doch hängt das Welken hauptsächlich mit etwas trockenem Boden zusammen.

Der Baum ist schon in der Baumschule an dem raschen, kerzengraden, ganz pyramidalen Wuchse kenntlich, wo die Nebenzweige in ziemlich spitzem Winkel sich ansetzen Er wird nach Diel nur mittelmäßig groß, geht mit den Aesten gut in die Luft, setzt bald und viel kurzes Fruchtholz an, das reich fruchtbar wird. Sommertriebe mäßig lang und stark, doch etwas fein, nach oben abnehmend, fein wollig, leicht silberhäutig und davon etwas grau, violettbraun, wenig und fein punktirt. Blatt etwas klein, elliptisch zu breit-lanzettlich neigend mit schöner, scharfer Spitze, nicht tief und mehr stumpf gezahnt. Afterblätter kurz lanzettlich; Augen etwas wollig, auf wenig vorstehenden, noch deutlich gerippten Trägern. Oberdieck.

No. 678. Früher Englischer Gewürzpepping. Diel IV, 3; Luc. XI, 2, b; Hogg II, 2, C.

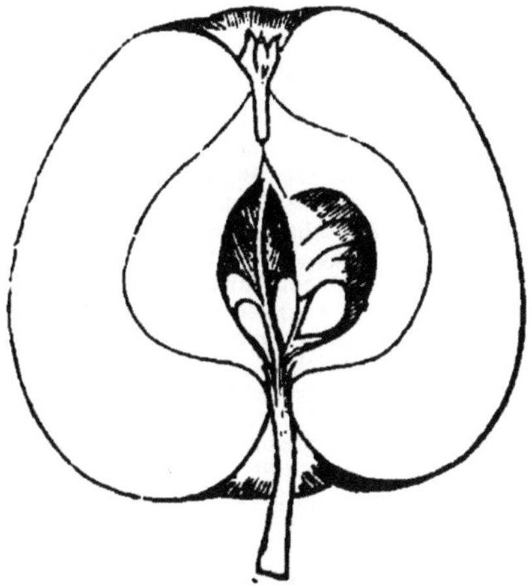

Früher Englischer Gewürzpepping, fast **††, Anf. Oktober, 6 Wochen.

Heimath und Vorkommen: Ist eine englische Frucht, die Diel von Loddiger in London unter dem Namen the Aromatic Pippin erhielt. Er bemerkt, daß sie in England geschätzt sei und auch gewöhnlich in keinem Obstverzeichniß in England fehle, daß es aber, nach den Angaben der Pomologen Miller, Abercrombie, Mawe und Gordon über die Reifzeit des Aromatic Pippin, in England mehrere Sorten des Namens zu geben scheine, da die beiden ersten die Reife in den Oktober setzten, die 2 letzteren eine später reifende und lange haltbare Frucht hätten. Dies ist nicht nur völlig gegründet, sondern ich mag noch hinzusetzen, daß ich nicht weiß, unter welchem Namen der hier gemeinte Aromatic Pippin in England jetzt noch vorkommen mag. Hogg verweist im Register bei Aromatic Pippin nur auf den Cornish Aromatic Pippin, unsern Cornwalliser Gewürzapfel, der eine ganz andere Frucht ist Mein Reis erhielt ich von Diel direkt und außerdem noch von Dittrich als Gewürz-Pepping, den ich begehrt hatte, wobei, da er den Obigen auch hat, ein Mißgriff im Reise durch die Aehnlichkeit der Namen statt gefunden haben muß. Von diesem von Dittrich bezogenen Gewürzpepping habe ich jetzt einen seit 14 Jahren stehenden Zwergstamm, der die Fruchtbarkeit der Sorte bewies, wobei ich jedoch diese Frucht nicht ausgezeichnet fand, die häufig schon vor voller Baumreife abfiel, welcher letzte Fehler aber an meinem Boden gelegen haben wird. — Diel bezeichnet die Frucht als mittelmäßig großen, nicht durch Schönheit in's Auge fallenden, aber recht delikaten Herbstapfel für die Tafel von sehr feinem und gewürzhaften Fleische.

Literatur und Synonyme: Diel X. S. 154, Früher Englischer Gewürzpepping, Dittrich I, S. 401, unter demselben Namen und mit Diels Beschreibung. Auch Diel bemerkt schon, daß der Gewürzpepping des T. O. G. III, S. 103 und Taf. 7, der als Synonym auch Pepping le grand hat, dessen Reife vom Januar bis Mai angegeben wird, und den auch Dittrich I, S. 396 hat, ein anderer sei. Die Frucht darf auch nicht mit dem gleichfalls früh zeitigenden Englischen Gewürzäpfel (Weißer Englischer Gewürzapfel, Diel), und mit dem Sommer-Gewürzapfel verwechselt werden. Nach der von Miller und Abercrombie angegebenen Reifezeit des Aromatic Pippin darf man glauben, daß diese unter dem Namen den Obigen hatten. Hogg verweiset, wie schon gedacht, bei Aromatic Pippin auf den Cornwalliser Gewürzapfel und der Londoner Catalog hat zwar unter No. 17 einen Aromatic Pippin, aber ohne alle näheren Kennzeichen. Hogg fand im Londoner Catalog aber noch einen Edmontons Aromatic Pippin, aber nur als Synonym des Kerry Pepping, der wieder ein ganz anderer ist. Auch der Aromatic Russet der Engländer und die beiden Spice Apple bei Hogg sind andere Früchte. Man darf daher unsere Frucht bei den Amerikanern noch weniger suchen.

Gestalt: mittelgroß, hochaussehend, neigt selbst häufig zum abgestumpft Konischen. Der Bauch sitzt bald in der Mitte, bald etwas mehr nach dem Stiele hin, um den die Frucht sich dann plattrund wölbt. Nach dem Kelche nimmt sie stärker ab und endigt noch stark abgestumpft.

Kelch: ziemlich lang und fein gespitzt, grün bleibend, geschlossen, sitzt in geräumiger, nicht tiefer Senkung, mit Falten und Fleischperlen, oder feinen Rippchen umgeben, die auch bemerklich und selbst etwas kantig über die Frucht hinlaufen.

Stiel nach Diel dünn und 1³/₄" lang, an meinen Früchten dagegen meist etwas stärker und stark 1" lang, sitzt in geräumiger, tiefer, bald berosteter, bald von Rost freier Höhle.

Schale: fein, nicht fettig, wenig glänzend. Grundfarbe vom Baume grünlich gelb, später etwas hellgelb. Freihängende Früchte zeigen auf der ganzen Sonnenseite eine unansehnliche, etwas gelblich-bräunliche, meist nur leicht aufgetragene Röthe. Ueber die Röthe zieht sich nach Diel häufig ein zimmtfarbiger, etwas rauher Rost hin, der an großen Stellen, ja nicht selten die ganze Schale dergestalt überzieht, daß von der Grundfarbe nur kleine Stellen übrig blieben, durch welchen Rost die Frucht zu den grauen Reinetten gehört, die man, wo der Rost fehlt, unter die rothen Reinetten versetzen würde. So würde auch ich sie, wenn mir nicht Diel's Angaben vorlagen, classificirt haben, da in meinem Boden es häufig vorkommt, daß unter die grauen Reinetten gezählte Früchte fast gar keinen Rost haben. Wahre Punkte sieht man nach Diel eigentlich gar keine, die an meinen Früchten zwar zerstreut aber genügend sichtbar als recht feine, gelbliche Stippchen in der Röthe hervortreten. Der Geruch ist schwach.

Das Fleisch ist gelblich weiß, fein, saftvoll, mürbe, von etwas zimmtartig gewürztem, mit wenig Säure gehobenen Zuckergeschmacke.

Das Kernhaus ist verhältnißmäßig groß, etwas offen, die geräumigen, leicht ausgeblühten oder gestreiften Kammern enthalten schwarze, eiförmige, vollkommene Kerne. Die Kelchröhre ist nach Diel ein abgestumpfter Kegel, war aber in meinen Früchten meistens ein bis auf die Spitze des Kernhauses herabgehender Trichter.

Reifzeit und Nutzung: Zeitigt Anfangs Oktober, oft schon Ende September und hält sich 6 Wochen lang. Gegen Ende September fielen in meinem Boden die Früchte gern nach und nach schon ab.

Der Baum wächst nach Diel lebhaft, belaubt sich gut und setzt viele, etwas lange Fruchtspieße an, wodurch er sehr fruchtbar wird. Der Baum wuchs in meiner Baumschule gemäßigt. Die Sommertriebe sind lang, nicht stark, schlank, violettbraun, nach oben wollig, etwas silberhäutig, mit ziemlich zahlreichen aber sehr feinen Punkten gezeichnet. Blatt etwas klein, fast flach, elliptisch, häufig breitelliptisch, oft auch mehr oval mit gewöhnlich halb aufgesetzter Spitze, nicht breit und stumpfspitz gezahnt. Afterblätter pfriemenförmig oder fadenförmig; Augen klein, ziemlich weißwollig, sitzen auf etwas vorstehenden, deutlich gerippten Trägern.

Oberdieck.

No. 679. Gestreifte Winter-Reinette. Diel IV, 4; Lucas XII, 2, a; Hogg III, 1, B.

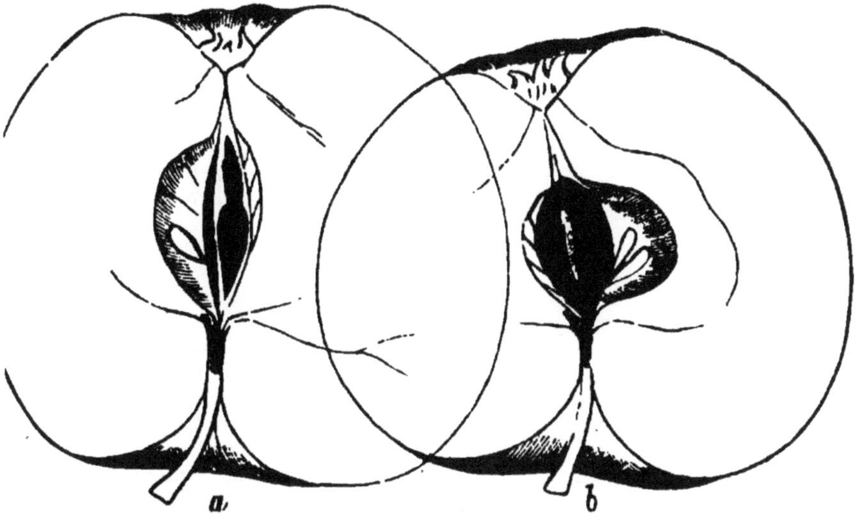

Gestreifte Winter-Reinette, **††, Dezember—April.

Heimath und Vorkommen: Diese sehr schätzbare Reinette erhielt ich von Herrn Domherrn Urbanek, als er noch in Majthény in Ungarn war, unter dem Namen Gestreifte Winter-Reinette, ohne weitere Nachricht über die Herkunft und Bezugsquelle, und mit der hinzugefügten Notiz, daß sie die Muskat-Reinette sei. Die Sorte hat erst in Jeinsen auf einem Zwergstamme schöne, vollkommene Früchte gebracht, zeigte sich aber von der Muskatreinette sehr verschieden. Ihre reiche Tragbarkeit bewährte sich schon in Nienburg, da ich die Sorte von Urbanek auch noch unter dem aber irrigen Namen Beachamwell's Sämling erhielt, welche Frucht auch in Jeinsen wiederholt trug und sich mit der obigen Sorte völlig identisch zeigte. Bis etwa ein Weiteres über sie sich findet, gebe ich, da die Frucht weitere Verbreitung sehr verdient, von ihr Beschreibung unter obigem Namen. Sie hat manche Aehnlichkeit mit der Goldreinette von Blenheim, ist jedoch mit ihr nicht identisch, hat im Geschmacke etwas weniger Säure und noch mürberes Fleisch.

Literatur und Synonyme: Wird wohl hier zuerst beschrieben. Muß nicht verwechselt werden mit alledem, was Herr Dochnahl im Führer als Gestreifte Reinette aufführt, wo es zunächst vorkommt (aber wohl nur als irrige provinzielle Benennung) als Synonym von dem Kleinen Neuzerling, ferner in Nro. 726 unter eigenem Namen mit den als fraglich beigesetzten Synonymen Winter-Parmäne und Lange gestreifte Reinette (was dann unsere Carmeliter-Reinette wäre), und auch noch als Synonym von Nro. 864, der Großen Casseler-Reinette. Auch seine Gemeine Reinette (Nro. 772) der er zum Synonym Gestreifte rothe Reinette gibt, ist eine andere, und ohne Zweifel der Purpurrothe Cousinot.

Gestalt: meist flachrund, oft auch, wie in der Figur oben, hochaussehend und zu abgestumpft, konisch etwas neigend. Der Bauch sitzt nur etwas mehr nach dem Stiele hin, um den die Frucht sich flachrund wölbt. Nach dem Kelche nimmt sie nur etwas mehr ab, und ist stark abgestumpft. Gute Früchte sind selbst vom Hochstamm 3—3¹/₄" breit und 2¹/₂—2³/₄" hoch.

Kelch: ziemlich langgespitzt, meist grün bleibend, wollig, stark halb oder ganz offen, sitzt in weiter, ziemlich tiefer Einsenkung, mit einigen Falten oder feinen, flachen Rippen umgeben, die, nur sehr flach vortretend, oft wenig bemerklich über die Frucht hinlaufen, aber öfter die eine Seite der Frucht etwas höher machen, als die andere.

Stiel: meist holzig, seltener etwas fleischig, 1" lang, oft nicht über die Stielwölbung hinausreichend, sitzt in weiter, tiefer, trichterförmiger, oft aber auch durch einen an den Stiel sich anlegenden Wulst verengerter, ziemlich stark mit zimmtfarbigem Roste belegter Höhle, welcher Rost sich meist noch etwas auf der Stielwölbung verbreitet.

Schale: glatt, mattglänzend; die Grundfarbe ist vom Baume ein etwas gelbliches Grün und wird im Winter nach und nach schön goldgelb. Die besonnten Stellen sind oft über den größeren Theil der Frucht mit einer meist sanft aufgetragenen bräunlichen, später etwas blaß karmosinrothen Röthe überlaufen, in der man noch deutlich dunklere Streifen wahrnimmt. Bei recht besonnten Exemplaren wird die Röthe so stark, daß die Streifen oft undeutlich werden. Aufliegendes schneidet die Röthe, doch nicht scharf ab. Punkte rostig, fein, etwas zerstreut. Leichte Rostanflüge sind nicht häufig. Der Geruch ist ziemlich stark.

Das Fleisch riecht gewürzt, ist schwach gelblich weiß, fein, sehr saftreich, mürbe, von vorzüglichem, durch etwas beigemengte Säure gehobenen, merklichen Zuckergeschmacke.

Das Kernhaus ist etwas offen, mit unausgebildeter hohler Achse, und ist die Ader ums Kernhaus selten deutlicher zu bemerken. Die mäßig weiten Kammern enthalten oft taube, oft auch fast vollkommene, etwas lange, facettirte Kerne. Die Kelchröhre ist meist nur ein breiter, kurzer Kegel, geht aber einzeln auch als ganz feiner Trichter fast bis auf's Kernhaus herab.

Reifzeit und Nutzung: Zeitigt im Dezember und hält sich den Winter hindurch, fault selten.

Der Baum wächst recht kräftig, macht früh kurzes Fruchtholz und wird früh und reich fruchtbar. Die Sommertriebe sind stark, nach oben wollig, violettbraun, beschattet mehr olivengrün, stark silberhäutig, zerstreut, mit nicht vielen, starken Punkten gezeichnet. Blatt groß, flach ausgebreitet, meist oval, oft mehr breiteiförmig oder selbst am Stiel ein wenig eingezogen, nach oben und am Fruchtholz elliptisch, ziemlich tief und scharf gezahnt. Afterblätter zahlreich, lanzettlich. Augen ziemlich stark wollig, sitzen auf flachen, doch deutlich gerippten Trägern.

Oberdieck.

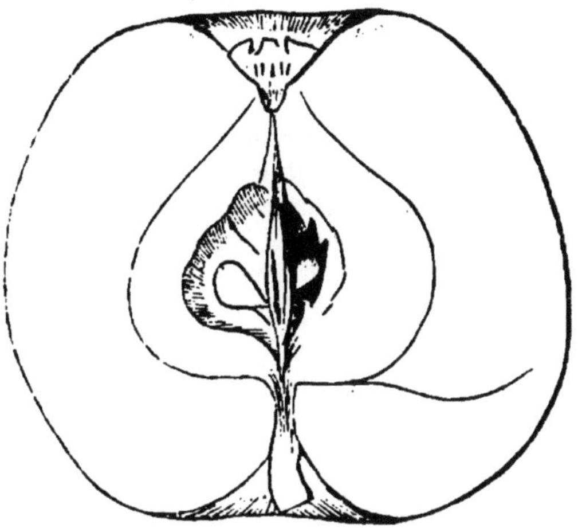

Gestreifte Goldreinette, **††, Oktober, 6 Wochen.

Heimath und Vorkommen: Das Reis dieser gar schätzbaren Frucht, die ganz das Pendant der Winter Goldparmäne bildet, und nur merklich früher zeitigt, so daß sie füglich Frühe Goldparmäne heißen möchte, wenn Diel nicht schon eine Frucht des Namens hätte (Diel XII, S. 105), erhielt ich von Herrn Oberförster Schmidt zu Oberförsterei Blumberg unweit Stettin, dem wir schon manche treffliche Sorte verdanken. Ueber ihre weitere Herkunft meldete mir Herr Oberförster Schmidt, daß die Sorte aus den Pflanzungen eines bejahrten Baumschulenbesitzers zu Arnswalde in dortiger Gegend, Namens Julius Scharlock, herstamme, der unter seinen Bäumen auch sehr viele Wildlinge aufgezogen hatte und äußert Hr. Scharlock in einem von Schmidt mir mit beigelegten Briefe selbst, daß die Sorte die Reinette von Orleans nicht sei, wofür man sie zuerst hätte ansehen wollen. Ich zweifle nicht, daß die Frucht sich rasch weiter verbreiten werde.

Literatur und Synonyme: Wird hier zuerst beschrieben.

Gestalt: abgestumpft konisch, hochaussehend; der Bauch sitzt mehr nach dem Kelche hin, um den die Frucht sich flachrund wölbt. Nach dem Kelche nimmt sie etwas stärker ab und ist stark abgestumpft. Die

Figur oben ist nach Früchten, die Herr Oberförster Schmidt sandte, gezeichnet.

Kelch: breitgespitzt, wollig, grünbleibend, fast geschlossen, sitzt in weiter, ziemlich tiefer, fast schüsselförmiger Einsenkung, auf deren Rande nur sehr flache Erhabenheiten sich zeigen, die nur flach und breit über die Frucht hinlaufen.

Stiel: ist meistens ein kurzer, fleischiger Butz, und sitzt in ziemlich weiter, nicht tiefer, fein rostiger Höhle.

Schale: glatt, ziemlich glänzend; die Grundfarbe ist ein schönes Gelb, was nur auf einer Stelle der Schattenseite sich rein zeigt, indem der größere Theil der Frucht mit schönem Carmosinroth überzogen, nach dem Stiele hin mehr punktirt ist, in welcher Röthe zahlreiche dunklere, meist kurz abgesetzte, schöne Streifen sich finden. Punkte ziemlich zahlreich, sind aber nur in der Grundfarbe mehr bemerklich. Der Geruch ist ziemlich stark.

Das Fleisch ist gelblich weiß, fein, mürbe, hinreichend saftreich, von gewürztem, durch etwas sanfte Säure gehobenem, sehr angenehmen Zuckergeschmacke, der dem der Winter-Goldparmäne sehr ähnlich ist.

Das Kernhaus hat schmale hohle Achse, in die die Kammern sich nur schnittförmig öffnen. Die etwas flachen Kammern enthalten nicht viele, doch vollkommene, schwarzbraune Kerne. Die Kelchröhre ist ein kurzer, breiter Kegel.

Der Baum wächst gut und gesund und ist, nach der gegebenen Nachricht recht fruchtbar. Ueber seine Kronenform vermag ich noch nichts zu sagen. Die Sommertriebe sind lang, ziemlich stark, schlank, nach oben mäßig abnehmend, braunröthlich, fast violettbraun, nur oben wollig, nur stellenweise leicht silberhäutig, zahlreich, etwas matt und gelblich punktirt. Blatt mittelgroß, flachrinnig oder flach, fast rundlich, einzeln oval, mit theils halb-, meist ganz aufgesetzter Spitze, seicht und stumpf gezahnt. Afterblätter schmal lanzettlich; Augen kurz, ziemlich breit, klein, sitzen auf flachen, fast gar nicht gerippten Trägern.

Oberdieck.

No. 681. Wood's Süßapfel. Diel V, 1; Luc. XIII, 1, b; Hogg I, 1, B.

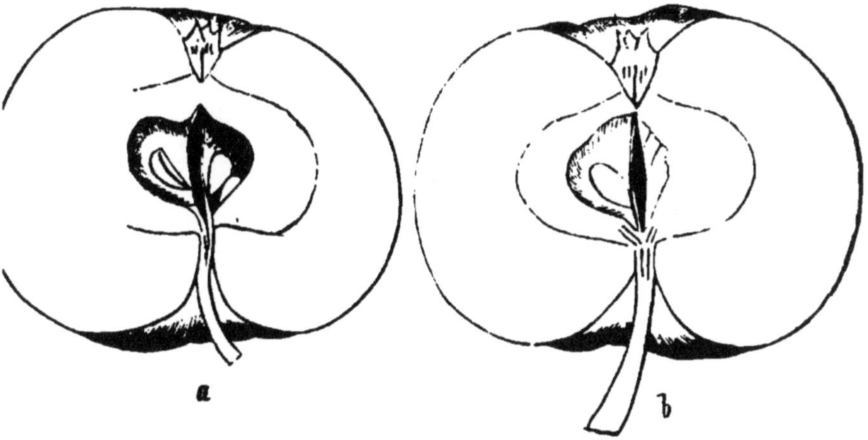

Wood's Süßapfel, ††, Sept., 4 Wochen.

Heimath und Vorkommen: Nach der von Downing, Ausgabe von 1866, S. 112, gegebenen Nachricht, ist diese Frucht Amerikanischen Ursprungs und ist, wie ein Herr Ketchem zu Brandon, bei Zusendung von Früchten ihm gemeldet hatte, erzogen von Herrn David Wood zu Sudbury, Vt.; wo die Frucht als der beste frühe Süßapfel betrachtet werde. Das Reis erhielt ich durch Herrn Präsidenten Mas zu Bourg-en-Bresse aus Downings (des jüngeren) Collection und darf, nach den kurzen, in Downings Werke sich findenden Angaben, als ächt betrachtet werden. Diese Frucht ist in Jeinsen kleiner ausgefallen, als Downing sie darstellt. Der Probezweig trug bald und schon wiederholt reich, und ist die Sorte gerade keine Bereicherung unserer Pomologie, doch gut, und wird, nach Beschaffenheit des Fleisches, im Kochen leicht mürbe werden.

Literatur und Synonyme: Downing, Ausgabe von 1866, S. 112, Wood's Sweet, mit Figur und dem Synonym Hydes Sweet. In der Ausgabe von 1854 findet die Sorte sich noch nicht, ist also neuesten Ursprungs. Downing stellt sie dar $3\frac{1}{4}$" breit, $2\frac{1}{2}$" stark hoch und flachrund. Er beschreibt sie folgendermaßen: Skin whitish, yellow, waxen, or oily, shaded and striped with fine rich red. Stalk rather short, inserted in a broad deep, furrowed cavity. Calyx small, closed, set in a rather deep open basin. Flesh white, tender juicy, almost melting whit a delightfull rich saccharine flavour, September, November. Eliott S. 117, ohne Figur.

Gestalt: flachrund, so groß als die Figur oben, der Bauch sitzt einzeln fast in der Mitte, meistens ein Weniges mehr nach dem Stiele hin, um den die Frucht sich flachrund wölbt. Nach dem Kelche nimmt sie etwas stärker ab und ist noch ziemlich stark abgestumpft.

Kelch: langgespitzt, geschlossen, in die Höhe stehend, sitzt in etwas tiefer, mäßig weiter Senkung, von Falten, einzeln schönen flachen Rippen umgeben, die sich breit über die Frucht hinziehen und in der Stielhöhle wieder deutlicher hervortreten.

Stiel: ziemlich stark, holzig, 1/2—3/4" lang, sitzt in weiter tiefer, selten etwas Rost zeigender Höhle.

Haut: fein, glänzend, gelblichgrün, in der Reife hellgelb. Besonnte Exemplare sind über die ganze Sonnenseite mit bräunlicher, in voller Reife glänzender, etwas gelblich rother, fast carmosinrother, ziemlich starker Röthe überlaufen, die noch deutliche Spuren von Streifen zeigt. Punkte sehr fein, sehr wenig bemerkbar, doch einzeln sich durch mattrothe, sie umgebende Fleckchen andeutend. Geruch schwach.

Das Fleisch ist gelblich weiß, ziemlich fein, nicht sehr saftreich, von dem Geschmacke eigentlicher Süßäpfel (nicht blos gezuckert), der jedoch in hiesiger Gegend erst in voller Reife stärker hervortritt.

Das Kernhaus hat eine hohle Achse, in die die Kammern sich meist etwas öffnen, steht mit der Spitze nach dem Stiele hin, ist mäßig groß, die ziemlich geräumigen Kammern enthalten braune, eiförmige, ziemlich vollkommene, nicht zahlreiche Kerne. Die Kelchröhre ist kurzer Kegel.

Reifzeit und Nutzung: War 1866 gegen Michaelis, und 1872 Mitte September, 1867, nach heißem August, schon Anfang September baumreif und zeitigte bald nachher auf dem Lager völlig. Es saßen aber auch noch am 6. Oktober Früchte am Zweige, die unverdorben und nicht mehlig, von recht angenehmem Geschmacke waren. Ist also lange brauchbar.

Der Baum wächst rasch und gesund, und macht an den Trieben gleich im nächsten Jahre rückwärts viel kurzes Fruchtholz, so daß die Fruchtbarkeit eine frühe und reiche ist. Die Krone wird, nach den Ergebnissen des Probezweiges, etwas breit ausfallen. Die Sommertriebe sind lang und stark, fein wollig, nicht silberhäutig, unansehnlich dunkelbraunroth, nur zerstreut und ganz fein, kaum bemerklich punktirt. Das Blatt ist groß, rinnig, rundlich oder rundeiförmig, am Stiele oft merklich herzförmig eingezogen, oft auch nicht, kleinere Blätter sind auch oft mehr langeiförmig, und ist das Blatt ziemlich tief, etwas grob und stumpf, doppelt gezahnt. Afterblätter lanzettlich, stark, häufig. Augen stark, breit, etwas wollig, sitzen auf nicht stark vorstehenden, flach gerippten Trägern.

Oberdieck.

No. 682. Der Muskateller-Luiken. Diel V, 2; Lucas XIII, 2, a; Hogg III, 1, B.

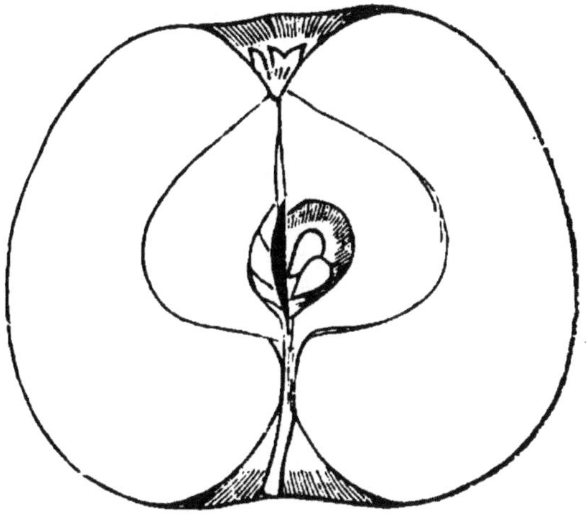

Der Muskateller-Luiken, *††, W.
Baschesapfel.

Heimath und Vorkommen: Gehört zu den im Württembergischen verbreiteten und geschätzten Most- und Haushaltsäpfeln und ist, nach Lucas, im Neckar- und Remsthale, bei Hegnach und auch sonst ziemlich verbreitet. Auch bei Eßlingen wird er als Mostapfel vorzüglich geschätzt, und sandte mir Herr Dr. Neuffer aus Eßlingen 1867 schöne Früchte, in denen ich den von Lucas früher schon erhaltenen Muskateller-Luiken wohl wieder erkannte, der jedoch in meiner Gegend bisher weniger vollkommen wurde. Bei Eßlingen wird die Sorte Baschesapfel genannt; da indeß die Frucht in schöner Färbung und der Baum im Wuchse dem Luikenapfel ähnlich ist, auch der Ledersüßling noch Baschesapfel genannt wird, (Lucas, Kernobstsorten S. 142), ist es wohl zweckmäßig, die obige Benennung als Hauptnamen beizubehalten.

Literatur und Synonyme: Lucas, Kernobstsorten Württembergs, S. 127, Muskateller-Luiken. Synonym Baschesapfel, Rother Baschesapfel (Remsthal), Schmidtbästles-Apfel (bei Reutlingen).

Gestalt: kugelig, manche etwas abgestumpft konisch. Der Bauch sitzt etwas mehr nach dem Stiele hin, um den die Frucht sich flachrund wölbt. Nach dem Kelche nimmt sie etwas stärker ab, und ist noch stark abgestumpft.

Kelch: kurzgespitzt, grün, fast oder wirklich offen, sitzt in mäßig weiter und tiefer Senkung, mit flachen Beulen umgeben, die eigentlich erst auf dem Rande der Kelchsenkung deutlicher hervortreten und flachrippig über die Frucht hinlaufen, auch gewöhnlich die Rundung etwas verderben.

Stiel: holzig, dünn, kurz oder sehr kurz, so daß er häufig der Stielwölbung nicht gleich steht; sitzt in ziemlich weiter und tiefer, mit zimmtfarbigem, strahlig verlaufendem Roste stark besetzter Höhle, der sich oft auf der Stielwölbung noch etwas verbreitet.

Schale: glatt, glänzend, im Liegen etwas geschmeidig. Von der in der Reife etwas hochgelben Grundfarbe ist fast nichts rein zu sehen, indem die Frucht rundherum mit zahlreichen, meistens langabgesetzten etwas dunklen Carmosinstreifen gezeichnet und zwischen diesen auf der Schattenseite oder bei beschatteten Früchten roth punktirt, an der Sonnenseite so stark roth gefärbt ist, daß die Streifen stellenweise etwas undeutlich werden. Punkte fein, wenig bemerklich. Geruch ziemlich stark.

Das Fleisch ist gelblich weiß, nach der Schale hin schwach röthlich, fein, saftreich, von sehr angenehmem, gewürzten, fein weinsäuerlichen Zuckergeschmacke.

Das Kernhaus ist klein, fast geschlossen, hat nur 4 Kammern, die kurzen, etwas geräumigen Kammern enthalten schwarzbraune, vollkommene Kerne. Die Kelchröhre ist ein kurzer Kegel.

Reifzeit und Nutzung: Die mir gesandten Früchte waren Ende Oktober hinlänglich mürbe und hielten sich bis ziemlich tief in den Winter.

Der Baum wächst ähnlich, wie der des Luikenapfels, blüht auch mit diesem zu gleicher Zeit und ist eben so tragbar. Er treibt auch in meiner Baumschule stark, mit wenigen Nebenzweigen und hat der Luikenapfel das Eigene, daß wenn die Krone sich schon zahlreich verästelt hat, er mit einzelnen Aesten stark über die übrige Krone sich erhebt, die in einiger Länge fast kahl bleiben und sich dann erst wieder reicher verzweigen. Die Sommertriebe sind lang, schlank, mäßig stark, nach oben abnehmend, beschattet olivengrün, besonnt violettschwarz überlaufen, zahlreich mit großen Punkten gezeichnet. Blatt ziemlich groß, meist eiförmig oder breiteiförmig, ziemlich tief, aber stumpf gezahnt. Afterblätter klein, pfriemenförmig oder fehlen Augen mittelgroß, etwas weißwollig, sitzen auf flachen, flach gerippten Trägern.

Oberdieck.

No. 683. **Knolle's Mostapfel.** Diel V, 2; Lucas XIII, 2, b; Hogg II (III?), 1, B.

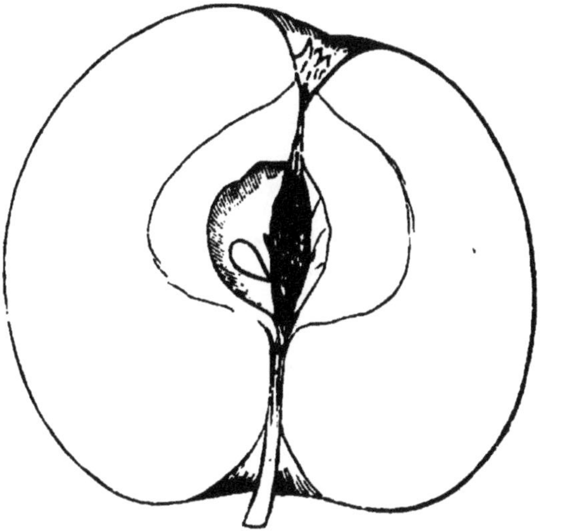

Knolle's Mostapfel, ††, Oktober, mehrere Wochen.

Heimath und Vorkommen: Gehört zu den im Württembergischen beliebten, bei Eßlingen zur Mostbereitung vorzüglich geschätzten Haushaltssorten und kommt dort allgemein unter dem Namen Knollesapfel vor. Auch mit dieser Frucht machte Herr Dr. Neuffer aus Eßlingen mich 1867 auf der Ausstellung zu Reutlingen bekannt, sandte mir auch nachher Früchte und Reis, wofür ich hiemit nochmals danke. Ist ähnlich und fast eben so schön gefärbt, als der berühmte Luikenapfel, doch mehr hochgebaut und am Kelche wenig abgestumpft. Herr Dr. Neuffer gab brieflich die Nachricht, daß auch diese Frucht nach einer Weingärtner-Familie Knoll auf einem Eßlinger Filiale benannt sei, die die Frucht zuerst gezüchtet habe, so daß diese Frucht mit dem Knollenapfel in den Württemberger Obstsorten von Dr. Lucas nicht zu verwechseln ist. Ergiebt sich weiter die Verschiedenheit beider Sorten, so muß lieber der obige Name allgemein angenommen werden, um Verwechslungen zu vermeiden.

Literatur und Synonyme: Lucas, Kernobstsorten Württembergs S. 35, hat einen Knollenapfel. Lucas bemerkt, daß die Sorte in den Oberämtern Ludwigsburg, Besigheim, Brackenheim, Neckarsulm, wie auch an den Straßen sehr verbreitet sei. Es sei ein dem Rheinischen Bohnapfel ähnlicher, beinahe eben so dauerhafter Winterapfel, werthvoll für den Landmann und besonders zur Mostbereitung geschätzt. Dieser ist, nach der Beschreibung, die obige Frucht nicht, die Lucas auch unter die Schlotteräpfel setzt. Die zu große Aehnlichkeit beider Namen wird schwer zu beseitigen sein. Bei Liebenstein im Württembergischen wird noch eine andere große Frucht Knollenapfel genannt, die in den Kernobstsorten Würtembergs, S. 38, als Liebensteiner großer Knollenapfel aufgeführt ist. Auch dieser wird der obige nicht sein.

Gestalt: Hochaussehend, zwischen kugelig und konisch, fast 3" breit, $2^3/_4$" hoch. Der Bauch sitzt ziemlich in der Mitte oder nur wenig mehr nach dem Stiele hin. Nach dem Stiele nimmt die Frucht sanft gerundet ab und ist noch stark abgestumpft. Nach dem Kelche nimmt sie stärker ab, spitzt sich etwas zu und ist nur etwas abgestumpft.

Kelch: klein, grünbleibend, wollig, geschlossen, sitzt in enger, mäßig tiefer Senkung, mit Falten und flachen Beulen umgeben, und auch über die Frucht laufen flache Erhabenheiten bis zur Stielhöhle hin.

Stiel: holzig, etwas dünn, $^3/_4$" lang, ragt nur wenig über die Stielwölbung hinaus, und sitzt in etwas enger, ziemlich tiefer Höhle, die bald fast glatt, bald mit feinem, strahligem Roste bekleidet ist.

Schale: fein, glatt, glänzend, etwas geschmeidig. Die Grundfarbe ist vom Baume weißlich grün, später schön gelb, wovon nur kleine Stellen ganz rein zu sehen sind, indem die Frucht rundum mit zahlreichen, schönen, meistens langabgesetzten, etwas dunklen Carmosinstreifen gezeichnet und zwischen diesen an der Sonnenseite heller roth überlaufen, an der Schattenseite nur roth punktirt ist. Die Punkte sind sehr fein, wenig bemerklich; der Geruch ziemlich stark.

Das Fleisch ist sehr weiß, ziemlich fein, mürbe, ziemlich saftreich, von etwas gewürztem, weinsäuerlichen, mehr etwas himbeerartigen Zuckergeschmacke.

Das Kernhaus hat mangelhaft ausgebildete hohle Achse; in die die Kammern sich schnittförmig, einzeln auch etwas stärker öffnen. Die etwas flachen Kammern haben nur einzelne, schwarzbraune, eiförmige, ziemlich vollkommene, größtentheils avortirte Kerne. Die schmale Kelchröhre geht als feiner Trichter etwas herab.

Reifzeit und Nutzung: Die mir gesandten Früchte waren gegen Ende Oktober völlig mürbe, versprachen aber noch merklich längere Haltbarkeit.

Der Baum wird, nach der von Herrn Dr. Neuffer gegebenen Nachricht, groß, macht eine schöne Krone mit vielem kurzen Fruchtholze und trägt reichlich. An meinem Baumschulenstamme fand ich die Sommertriebe stark und lang, fein wollig, nicht silberhäutig, braunroth, fein punktirt. Blatt ziemlich groß, flach, oft etwas rinnig, abwärts gebogen, elliptisch, oft breit lanzettlich oder am breitesten nach der Spitze hin, tief und scharf gezahnt. Afterblätter lanzettlich, Augen stark, wollig, sitzen auf mäßig vorstehenden, wenig gerippten Trägern.

Oberdieck.

No. 684. Der Kienlesapfel. Diel V, 4; Luc. XIII, 3, a; Hogg II, 1, B.

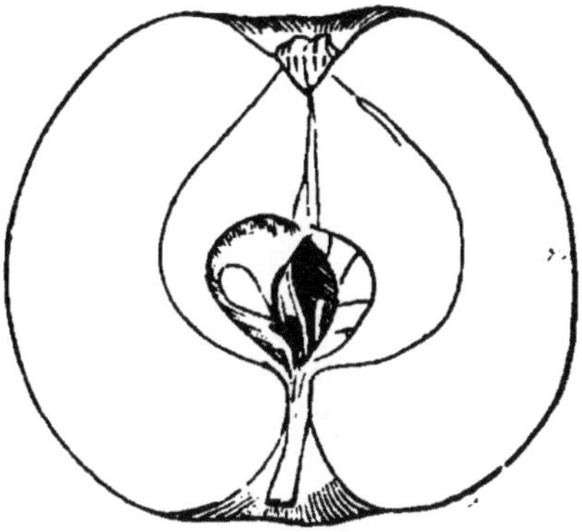

Der Kienlesapfel, ††, September, Oktober.

Heimath und Vorkommen: Mit dieser sehr werthvollen Mostfrucht machte mich Herr Dr. Neuffer aus Eßlingen in Württemberg 1867 auf der Ausstellung in Reutlingen bekannt, und sandte mir auch nachher schöne Früchte. Er theilte mir mit, daß der Ruf, welchen der Eßlinger Obstmost neuerdings erlangt habe, besonders durch häufige Anwendung des Kienlesapfels begründet worden sei. Er werde für den Most gerade durch seinen süßweinsäuerlichen Saft mit einem herben Nebengeschmacke so schätzbar. Man braucht ihn auch vielfältig, um den Most von andern Aepfeln zu verbessern. Das Reis erhielt ich durch Herrn Dr. Neuffer.

Literatur und Synonyme: Lucas, Kernobstsorten Württembergs, S. 122, der Kienlesapfel, das Kienle, mit der Bemerkung, daß derselbe auf den Fildern und in den Eßlinger Bergen sehr verbreitet sei. Es gibt auch noch einen Späten Kienlesapfel, der nach Lucas Kernobstsorten, nur Synonym des S. 118 dieser Schrift vorkommenden, ganz rothen Kleinen Bronnapfels ist. In der Monatsschrift von 1862, S. 102 ist bereits Beschreibung gegeben.

Gestalt: kugelig, an beiden Enden abgestumpft, oft hochaussehend, $2^1/_4$—$2^1/_2$" breit, 2" hoch. Der Bauch sitzt mitunter ziemlich in der Mitte, meistens etwas mehr nach dem Stiele hin, um den die Frucht sich flachrund wölbt und noch stark abstumpft. Nach dem Kelche nimmt sie etwas stärker ab, und ist am Kelche gleichfalls stark abgestumpft.

Kelch: kurz- und ziemlich breitgespitzt, offen, sitzt in weiter, mäßig tiefer, fast schüsselförmiger Einsenkung, mit Falten und einigen kleinen flachen Rippen umgeben, die breit und flach über die Frucht hinlaufen.

Stiel: holzig, kurz, reicht über die Stielwölbung nicht hinaus, und sitzt in ziemlich weiter, tiefer, trichterförmiger Höhle, die mit schönem zimmtfarbigen, strahlig verlaufenden Roste besetzt ist.

Schale: glatt, ziemlich glänzend, im Liegen etwas geschmeidig. Grundfarbe in der Reife ein etwas hohes Gelb, wovon aber nichts rein zu sehen ist; indem die Frucht rundherum mit zahlreichen, etwas dunkeln, und fast blutfarbig karmosinrothen, recht langabgesetzten Streifen besetzt und zwischen diesen noch etwas heller roth überlaufen und an der Schattenseite mehr zahlreich punktirt ist. Punkte etwas zerstreut, erscheinen in der Röthe als ziemlich starke gelbliche Stippchen. Geruch schwach.

Das Fleisch ist gelblich, nach der Schale hin etwas röthlich, ziemlich fein, anscheinend nur mäßig saftreich, aber beim Genusse immer mehr reichen Saft entwickelnd, von süßsäuerlichem Geschmacke, mit etwas beigemengter leichter Herbigkeit, fast Bitterkeit.

Das Kernhaus ist mäßig groß, hat eine nicht ausgebildete hohle Achse, in die die Kammern sich bald etwas, bald stärker öffnen. Die ziemlich geräumigen Kammern enthalten braune, spitzeiförmige, vollkommene Kerne. Die Kelchröhre geht als feiner Kegel etwas herab.

Reifzeit und Nutzung: Zeitigt, nach Lucas und Dr. Neuffer, schon Anfangs September; die mir gesandten Früchte waren Anfang Oktober kaum schon mürbe, und Ende Oktober noch ganz unverdorben, so daß sie sich noch länger gehalten hätten.

Der Baum wird, nach Lucas, sehr groß, bildet eine hochgewölbte, sehr umfangreiche Krone mit herabhängenden Aesten, trägt sehr reichlich, so daß er fast in keinem Jahre fehlt, und kommt in jeder Obstgegend fort. Wegen seiner Hängeäste wird, wie Lucas bemerkt, der Kienlesapfel häufiger auf ältere Bäume gepfropft, denn als junger Stamm angepflanzt. Nach Dr. Neuffers Bemerkung blüht der Baum spät, macht eine nicht dichte Krone, aber nicht mit hängenden, sondern stehenden Aesten und trägt sehr voll. Mein Probezweig setzt die Nebentriebe in etwas spitzen Winkeln an. Sommertriebe ziemlich lang und stark, schlank, kurzgliedrig, nach oben etwas abnehmend, nach oben wollig, violettschwarz, ziemlich stark silberhäutig und davon grau, wenig und fein punktirt. Blatt klein, glänzend, fast flach ausgebreitet, meist eiförmig, mit scharfer, langer Spitze, oft auch elliptisch, fein und scharf gezahnt. Afterblätter pfriemenförmig und nicht häufig. Augen mäßig stark, wenig wollig, sitzen auf etwas vorstehenden, deutlich gerippten Trägern.

Oberdieck.

No. 685. Der Glasluiken. Diel V, 2; Luc. XIII, 3, b; Hogg II, 1, B.

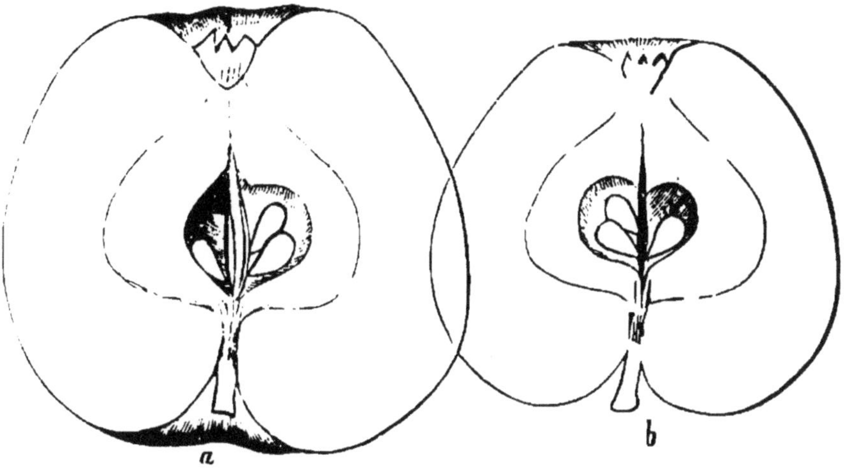

a b

Der Glasluiken, *††, Herbst; in meiner Gegend Dez.—März.

Heimath und Vorkommen: Gehört zu den im Württembergischen und besonders bei Stuttgart, Canstatt und im Remsthale viel gebauten und zugleich zur Mostbereitung gern benutzten Sorten. Sämmtliche Luikeräpfel und so auch der obige zeichnen sich durch Schönheit und im Württembergischen auch durch reiche Tragbarkeit aus. Ein von meinem von Herrn Dr. Lucas bezogenen Reise angefertigter Probezweig ist rasch und kräftig gewachsen und hat allerdings seit 5 Jahren, wo er blühete, nur einzelne Früchte angesetzt; indeß war die Blüthezeit nach allen bisherigen, zu weichen Wintern immer ungünstig und setzten häufig nur die Sorten an, die auch in meiner Gegend besonders reich tragen. Der Obige ist auch für die Tafel, bei seinem gewürzten Geschmacke, sehr angenehm.

Literatur und Synonyme: Lucas, Obstsorten Württembergs, S. 120, Glasluiken. Als Synonym wird angegeben, daß die Sorte in Oberschwaben Laurenzler genannt werde.

Gestalt: zwischen kuglig und abgestumpft konisch. Gute Früchte erlangten bei mir nahezu 3" Breite und stark $2^1/_2$" Höhe, so daß sie zu hochaussehend neigten. In Württemberg wird die Größe noch etwas mehr betragen. Der Bauch sitzt mehr nach dem Stiele hin, um den die Frucht sich flachrund wölbt. Nach dem Kelche nimmt sie stärker, einzeln etwas zugespitzt ab, und ist noch stark abgestumpft.

Kelch: breit- und mäßig langgespitzt, grün, meist geschlossen, einzeln jedoch auch stark halb offen, sitzt in mäßig weiter, ziemlich tiefer Senkung mit flachen Beulen, oft selbst feinen und flachen rippenartigen Falten umgeben, die einzeln etwas kantig, meist jedoch nur breit über die Frucht hinlaufen.

Stiel: kurz, nicht über die Stielwölbung hinausreichend, häufig nur ein ganz kurzer, holziger Butz, sitzt in weiter, tiefer, stark mit Rost besetzter Höhle, der sich häufig strahlig noch über die Stielwölbung verbreitet.

Schale: glatt, glänzend; die Grundfarbe ist vom Baume ein schönes helles, wachsartiges Weiß, durch welche Farbe er sich leicht von den andern Luikenäpfeln unterscheidet. Oft ist von der Grundfarbe jedoch fast nichts rein zu sehen, indem die Frucht oft fast rundherum und an der stärksten Schattenstelle nur matter und nicht zahlreich, mit vielen schönen feinen Carmosinstreifen besetzt und zwischen diesen noch roth punktirt ist. Die Färbung bleibt eine gefällige und sanfte. Die Punkte sind fein, etwas zerstreut, nicht ins Auge fallend. Der Geruch ist ziemlich stark.

Das Fleisch ist etwas gelblich weiß, fein, gewürzt, hinlänglich saftreich, von sehr angenehmem, durch etwas süße Säure gehobenen Zuckergeschmacke.

Das Kernhaus ist mäßig groß, geschlossen, mit unvollkommener hohler Achse, in die die Kammern sich meist spaltartig oder schnittförmig öffnen; die mäßig geräumigen Kammern enthalten starke, braune, lang-eiförmige Kerne. Die Kelchröhre ist ein nicht weit herabgehender Kegel.

Reifzeit und Nutzung: In meiner Gegend zeitigte die Frucht eigentlich erst im Dezember und hielt sich bis zum März; selbst in dem heißen Sommer 1868 waren sie Anfang Dezember erst ziemlich mürbe. In Württemberg rechnet man den Apfel zu den Herbstäpfeln.

Der Baum wächst stark und hat ganz den Wuchs des gewöhnlichen Luikenapfels. Sommerzweige recht lang, ziemlich stark, nach oben abnehmend, nach oben etwas wollig, olivengrün, besonnt violettbraun überlaufen, mit zahlreichen, ziemlich großen Punkten gezeichnet. Blatt groß, fast flach ausgebreitet, kurzoval, oft fast rund, mit aufgesetzter starker Spitze, ziemlich tief gezahnt und meist doppelt oder dreifach gekerbt. Afterblätter schmal lanzettlich; Augen klein, etwas wollig, sitzen auf sehr wenig vorstehenden, flach gerippten Trägern.

Oberdieck.

No. 686. Grüner Pauliner. Diel VIII, 2; Luc. XV, 1, a; Hogg III, 1, A.

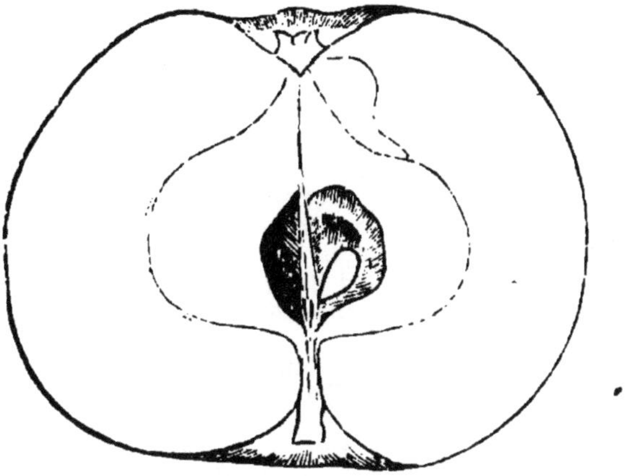

Grüner Pauliner, ††, Januar bis Sommer, oft 1 Jahr lang.

Heimath und Vorkommen: Diese für den Haushalt sehr achtungswerthe Frucht gehört zu den schon recht alten Sorten. Das Reis erhielt ich über Herrnhausen von Diel falsch, habe aber die Frucht, die ich länger vergebens suchte, aus der in Reutlingen 1867 ausgestellt gewesenen Collektion des Hrn. Hofgärtner Glocker zu Enying in Ungarn wohl ungezweifelt ächt erhalten, von dem ich auch das Reis bekam, und wichen die mitgenommenen Früchte von der Beschreibung nur dadurch ab, daß sie sich schon Anfang Dezember eindrücken ließen und genügend mürbe, doch noch ganz grün waren, was vom frühen Pflücken und dem wiederholten Eingepacktgewesensein herkommen wird. Die Frucht verdient wegen langer Haltbarkeit alle Beachtung, doch rühmt Herr Dochnahl im Führer zu viel, wenn er sie durch 2 Ausrufungszeichen empfiehlt.

Literatur und Synonyme: Diel II, S. 225. Zink (Knoop II) gibt Tafel 9 Nr. 73 leidliche, aber zu dunkelgrün gehaltene Abbildung unter dem Namen Wintergrüner Pauliner. Die Identität mit Obigem mag selbst fraglich sein, da Zinks Frucht schon im Oktober reifen soll. Diel sagt angef. Ortes, daß es 4 Sorten von Paulinern gebe,*) deren Familien-Charaktere er zu bestimmen sucht, die jetzt, bei so sehr vermehrtem Sortenreichthum, aber wohl nicht genügend mehr durchgreifen. Sie kämen häufig unter mehrerlei andern Namen vor, meistens als Glasäpfel oder Weinäpfel. Kommt sonst nur noch in Dochnahls Führer und Christs Hand-W.B. S. 68 vor und scheint selbst in Deutschland höchst wenig bekannt zu sein. Ob die Engländer oder Franzosen ihn unter einem andern Namen haben, steht dahin.

Gestalt: Etwas veränderlich; viele Früchte sehen, wie die Figur oben, platt aus, andere sind etwas höher und nehmen dann stärker nach

*) Außer dem Obigen den Polnischen Rothen, Polnischen Weißen und Kempes Pauliner, letzterer = unserem Grünen Fürstenapfel.

dem Kelche ab, als nach dem Stiele; die schönsten Früchte nähern sich, nach Diel, der Kugelform. Bei der ersten und letzten Form steht der Bauch in der Mitte, wölbt sich nach beiden Enden fast gleich und ist an beiden Enden stark abgestumpft. Gute Früchte sind, nach Diel, $3^1/_4$—$3^1/_2$" breit und $2^3/_4$—3" hoch

Kelch: grünbleibend, wollig, nach Diel groß, offen und sitzend in geräumiger, nicht tiefer Einsenkung, die mit feinen Rippen besetzt ist, die noch sichtlich, als flache, etwas breite Erhabenheiten über die Frucht hinlaufen, aber die Rundung nicht viel entstellen. An den mitgenommenen Früchten fand ich den Kelch breit, aber nicht langgespitzt, halboffen und die Kelchsenkung durch breite, flache Erhabenheiten in der Rundung zu einer dreieckigen Form verschoben, die aber dann nur sehr flach über die schön gerundete Frucht hinlaufen.

Stiel: sehr kurz, oft ein fleischiger Butz, steht in weiter, mäßig tiefer, mit etwas strahlig verlaufendem Roste besetzter Höhle, deren Grundfarbe lange grün bleibt

Schale: fein, im Liegen stark geschmeidig oder etwas fein fettig, ist nach Diel Anfangs ein blasses oder gelbes Grün, manchmal auch schon strohgelb, das nach und nach schönes, helles Citronengelb wird, wobei um die Kelchwölbung die grüne Farbe noch lange durchscheint. Anfang Dezember, wo ich die aus Reutlingen mitgenommenen Früchte durchschnitt, waren sie noch sehr schön grün. Stärker besonnte Exemplare haben einen vom Stiele aufwärts gehenden, doch nicht weit verbreiteten blassen Anflug lichtbrauner Röthe, die bei beschatteten Früchten gänzlich fehlt. Punkte fein, im Roth mit einem feinen rothen Kreischen, in der Grundfarbe mit weißlichen Dupfen umgeben. Rostflecken finden sich mitunter. Geruch ziemlich stark.

Das Fleisch riecht fein, ist nach Diel weiß, ins Gelbliche spielend, war an den von mir mitgenommenen Früchten grünlich weiß, fein, mäßig saftvoll, nach Diel fest, von angenehmem rein weinsaurem Geschmacke, der mit der Zeitigung milder wird. An den mitgenommenen Früchten fand ich das Fleisch schon Anfang Dezember hinlänglich mürbe, und den Geschmack sehr milde, etwas weinsäuerlich gezuckert, was Wirkung der südlicheren Lage sein wird, wo sie erwachsen waren.

Kernhaus: klein, enge, geschlossen, mit nur nach dem Stiele hin angedeuteter, hohler Achse; Kammern geräumig, glattwandig, mit einer tieferen muschelförmigen Aushöhlung versehen, enthalten, nach Diel, ziemlich viele vollkommene Kerne, die ich in den mitgenommenen Früchten meist taub und theils selbst abortirt fand.

Reifzeit und Nutzung: Zeitigt, nach Diel, im Januar und hält sich in guten Gewölben 1 Jahr lang, die frühere Reifezeit an den in Ungarn gewachsenen Früchten wird Folge der südlicheren Lage sein.

Der Baum wächst nach Diel stark, ist gesund und wird groß, geht mit den Aesten schön in die Luft und belaubt sich dicht. Sommertriebe lang und stark, nach oben wenig abnehmend, mit feiner Wolle besetzt, beschattet schmutzig olivengrün, besonnt schwärzlichviolett, stellenweise silberhäutig, mit etwas zerstreuten aber starken Punkten besetzt. Blatt groß, langoval, meist elliptisch, schön und scharf gezahnt. Afterblätter lanzettlich, fehlen meist. Augen klein, stehen auf mäßig vorstehenden, kurz gerippten Trägern. Oberdieck.

No. 687. **Lahnischer Weinapfel.** Diel VII, 2; Luc. XV, 1 (2), b; Hogg III, 1, A.

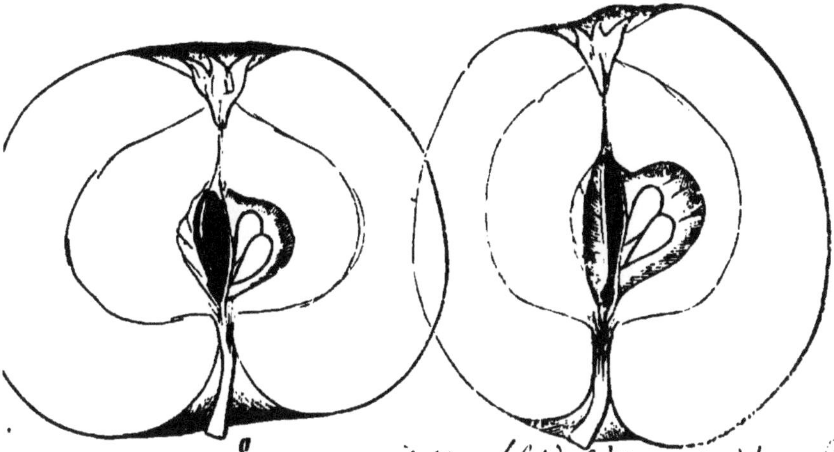

a

Lahnischer Weinapfel, *††, Dez.—Frühjahr.

Heimath und Vorkommen: Diel erhielt die Frucht von Hrn. Hofgärtner Schulz zu Schaumburg, der viele Bäume davon besaß und ihn auf die Güte der Frucht aufmerksam machte. Es steht dahin, ob die Frucht von der Lahn wirklich herstammte und scheint wenigstens noch sehr wenig bekannt zu sein. Diel bezeichnet sie als eine der ersten vom zweiten Range, da sie für den Landmann angenehm zum rohen Genuß, für die Wirthschaft sehr brauchbar und bis zum Frühjahre haltbar sei, ohne den Geschmack zu verlieren. Daß sie auch zur Mostbereitung tauge, sagt schon der Name und bemerkt Diel, daß sie sehr guten, haltbaren Wein gebe. Das Reis erhielt ich direkt von Diel, und darf glauben, die Sorte ächt erhalten zu haben.

Literatur und Synonyme: Diel VII, S. 269, Lahnischer kleiner Weinapfel. Da die Frucht gerade nicht klein ist, und ein Lahnischer großer Weinapfel nicht vorkommt, wird das Beiwort kleiner im Namen wegfallen können. Kommt sonst nur noch in Dochnahls Führer, mit Diels Angaben, vor.

Gestalt: Diel bezeichnet die Frucht als nächsten Anverwandten des Grünen Fürstenapfels, mit dem er indeß wenig Aehnlichkeit hat, die man nur in langer Haltbarkeit und gewöhnlich ziemlich kugelförmiger Gestalt suchen kann, wobei ich selbst einzelne hochaussehende, etwas walzenförmige Exemplare hatte, wie in Fig. b oben. Die Größe gibt Diel in schönster Vollkommenheit auf Hochstamm an zu 3 bis 3¼" Breite und 2¾ bis 3" Höhe. Einmal waren meine Früchte 3" breit und 2¾" hoch, öfter aber auch nur 2½" breit und entsprechend hoch. Der Bauch sitzt an den mehr kugeligen Exemplaren in der Mitte, oder nur wenig mehr nach dem Stiele hin, um den die Frucht sich flachrund wölbt. Nach dem Kelche nimmt sie etwas stärker ab, oft auch nur wenig stärker und ist etwas abgestumpft.

Kelch: langgespitzt, grünbleibend, wollig, meist aufliegend, ist geschlossen und sitzt in geräumiger, nicht tiefer Senkung, mit feinen Falten umgeben. Ueber die Frucht laufen nur einige, ganz seichte Erhabenheiten hin, die die Form nicht verderben.

Stiel: bald kurz, bald ²/₈'' lang, sitzt bei den kugeligen Exemplaren in weiter, tiefer, nach Diel mit etwas wenigem Roste bekleideter Höhle, in der ich jedoch bei einzelnen Früchten selbst ziemlich rauhen Rost fand.

Schale: dünn, glatt, ziemlich glänzend, etwas geschmeidig. Die Grundfarbe ist vom Baume ein blasses Hellgrün, welches später hohes Citronengelb wird, und wobei nach Diel die halbe Sonnenseite, meistens von der Stielwölbung bis an den Bauch herauf, mit blutartigem Roth verwaschen ist, das aber von jeder Bedeckung scharf abgeschnitten wird und bei etwas beschatteten Früchten fehlt. Bei meinen Früchten, die vielleicht etwas beschattet gesessen hatten, war die Röthe nur dünn und matt aufgetragen und bestand oft mehr in rothen Kreischen und Flecken um die Punkte. Wahre Punkte findet man in der Grundfarbe keine, oder nur zerstreut, und zeigen sich auch nach Diel in der Röthe nur durch sie umgebende dunkler rothe Kreischen. Geruch sanft und angenehm.

Das Fleisch ist gelblich, fein, fest, saftreich, nach Diel von angenehmem, fein weinsäuerlichen, zuckerartigen Geschmacke, ähnlich dem des Edelborsdorfers. Ich finde den Geschmack wie beschrieben, nur die Aehnlichkeit mit Edelborsdorfer nicht, den Diel überhaupt zu oft und ohne genügenden Grund, als ähnlich, vergleicht.

Das Kernhaus ist nach Diel geschlossen; die geräumigen Kammern enthalten viele starke, spitze, vollkommene Kerne, und gibt Diel bei der Kelchröhre als charakteristisch an, daß sie als schmale, mit den Blüthenstempeln angefüllte Röhre bis zur Hälfte nach dem Kernhause herabgehe. Letztere fand ich bisher nur als etwas herabgehenden Kegel und das Kernhaus wiederholt, wie in obiger Figur, etwas offen.

Reifzeit und Nutzung: Zeitigt im Dezember und hält sich bis zum Frühjahre.

Der Baum wird nach Diel groß, trägt seine Aeste abstehend in die Luft und bildet eine ziemlich kugelförmige Krone, welche selbst in ungünstigen Jahren reichliche Ernten liefert. Sommertriebe lang, ziemlich stark, mit feiner Wolle bekleidet, mit dünnem Silberhäutchen übersprengt, violett braunroth, nur wenig und fein punktirt. Blatt mittelgroß, theils eiförmig, meist mehr elliptisch, mit scharfer, fast auslaufender Spitze, oder zu oval neigend mit aufgesetzter Spitze, mit nicht tief gehenden kleinen, abgerundeten Zähnen besetzt. Das Blatt am Fruchtholze ist meist recht lang und groß. Afterblätter klein, fadenförmig. Augen klein, wollig, sitzen auf flachen, doch deutlich gerippten Trägern.

Oberdieck.

No. 688. Amerikanischer Zuckerapfel. Diel VII, 2; Luc. XV, 1, b; Hogg III, 1, A.

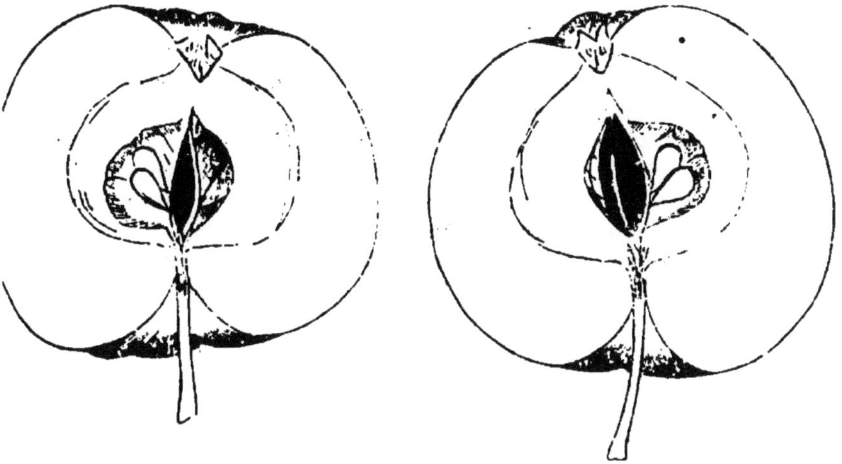

Amerikanischer Zuckerapfel, *††, Januar—April.
Molasses.

Heimath und Vorkommen: Nach Downing (Ausgabe von 1866, S. 173) soll diese Frucht in Nordkarolina entstanden sein. Das Reis erhielt ich aus Downings Collection durch Herrn Präsidenten Mas zu Bourg-en-Bresse in Frankreich, bekannten und verdienten Herausgeber des Verger. Die Frucht zeigt hier etwas weniger Röthe, als Downing angibt, wird aber doch, nach den übrigen, nur kurz angegebenen Kennzeichen, namentlich dem starken Zuckergeschmacke (Molasses bedeutet den Zuckersatz) völlig die rechte sein. Bei ihrer Haltbarkeit, da sie schwer fault, und dem wirklich süßen Geschmack, auch edlen Fleisch verdient die Frucht auch bei uns weitere Aufmerksamkeit.

Literatur und Synonyme: Downing, am schon angeführten Orte, S. 173. Die Frucht wird bezeichnet als mittelgroß, flach gedrückt, rippig. Schale dick, rauh, grüngelb, überlaufen mit sehr blassem Carmosinroth, dicht bedeckt mit starken carmosinfarbigen oder violetten (lilac) Flecken und violettem Dufte. Stiel lang, dünn, in weiter Höhle; Kelch geschlossen, sehr flach vertieft. Fleisch gelb, sehr süß. Januar—April. Elliot führt sie S. 191 nur sehr kurz unter den übertroffenen Früchten an, mit den Kennzeichen: klein, rundlich, roth, wenig saftreich, süß, und im Oktober reifend. Nach der letzten Angabe fragt es sich, ob er dieselbe Sorte gehabt hat. Als Synonyme führt er an Priest's Sweet, Butter, Blue Sweet.

Gestalt: theils flachrund, mehrere etwas hochaussehend und nach dem Kelche fast erhoben zugerundet. Gute Früchte hatten die obige Größe. Das Jahr 1867 war im Allgemeinen ein ungünstiges. Der Bauch sitzt etwas mehr nach dem Stiele hin, um den die Frucht sich flachrund wölbt. Nach dem Kelche nimmt sie allermeist etwas stärker ab und ist mäßig, oft wenig abgestumpft.

Kelch: langgespitzt, geschlossen mit dürren Spitzen der Ausschnitte, häufig verletzt und dann anscheinend halb offen, sitzt in flacher, ziemlich weiter Senkung mit Falten und theils flachen, bei andern Exemplaren mehr bemerkbaren Rippen umgeben, die aber nur sehr flach, jedoch einzeln vorbringend und die Form verschiebend, über die Frucht hinlaufen.

Stiel: holzig, lang, oft 1$^{1}/_{3}$″, sitzt in weiter, tiefer, fein rostfarbiger Höhle.

Schale: stark, fast glatt, mattglänzend. Grundfarbe vom Baume gelbgrün, später citronengelb. Die Sonnenseite zeigt einen matten Anflug von Röthe oder ist nur goldartiger. Punkte rostig, zerstreut, an der Sonnenseite häufig mit rothen Kreischen und Flecken umgeben. Rost war nur in schwachen Anflügen da. Ob die Schale mit Duft belegt gewesen ist, habe ich nicht beachtet.

Fleisch: gelblich, ziemlich fein, hinlänglich saftreich, mürbe, mit grüngelblicher Ader um's Kernhaus, von angenehmem, starken Zuckergeschmacke.

Kernhaus: etwas offen, mäßig groß. Kammern, ziemlich geräumig, nur fein ausgeblüht. Kerne vollkommen, zahlreich, schwarzbraun, theils facettirt. Kelchröhre kurzer, nicht breiter Kegel.

Reifzeit und Nutzung: Zeitigt im Januar und hält sich bis zum Frühling, vielleicht länger.

Der Baum wächst nach Downing stark und ist gegen Einflüsse der Witterung nicht empfindlich. Der rasch gewachsene Probezweig setzt die Triebe in mittelstumpfen Winkeln an, treibt die Nebentriebe in Quirlen erst nach der Spitze des vorigjährigen Triebes aus, und trug schon im dritten Sommer nach der Anfertigung, sowie auch 1872, voll. Sommertriebe lang, stark, wenig wollig, violettschwarz, leicht silberhäutig, mit zahlreichen, starken Punkten besetzt. Blatt groß, oval oder eioval mit aufgesetzter Spitze, oft am Stiele etwas herzförmig eingezogen, flachrinnig, mäßig tief und schön gezahnt. Afterblätter stark, lanzettlich; Augen dreieckig, wollig, sitzen auf nur mäßig vorstehenden, kurz gerippten Trägern.

Oberdieck.

No. 689. Süßapfel von Rockport. Diel VII, 2; Luc. XV, 2, a (b); Hogg III, 1, D.

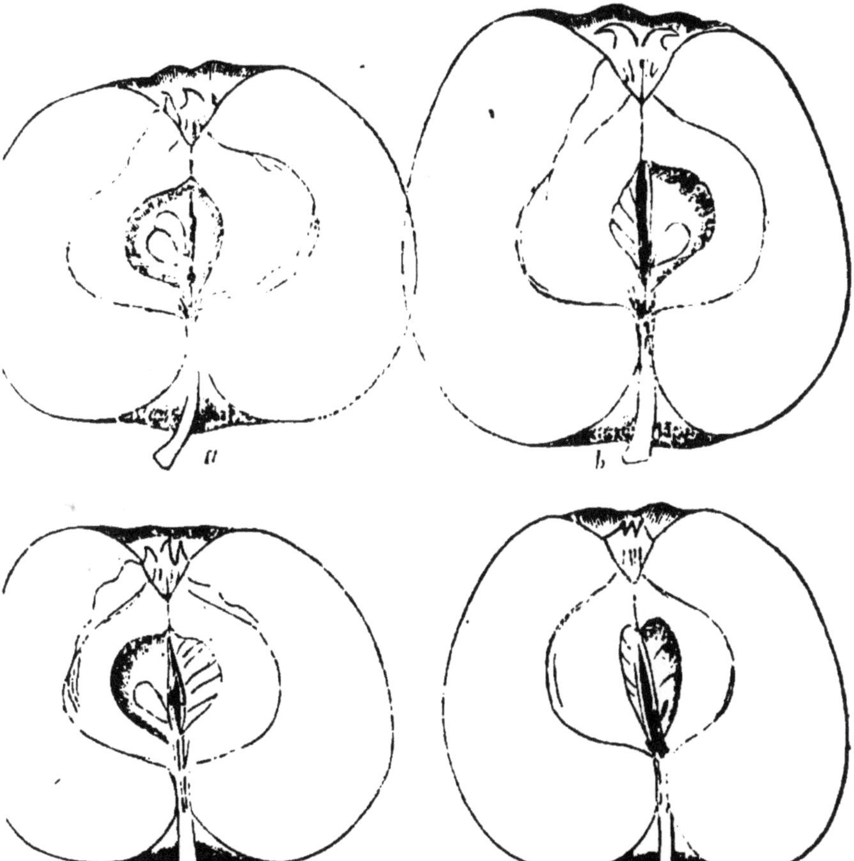

Süßapfel von Rockport, ††, Dezember—März.

Heimath und Vorkommen: Ist eine Amerikanische, nach Downing im Staate Massachusetts entstandene Sorte, und setzt Elliot hinzu, daß sie durch einen Hrn. H. R. Spencer erzogen sei. Die Sorte wird nicht gerade vor Andern gelobt, indeß als sehr tragbar und der Baum als starkwüchsig bezeichnet, und der Umstand, daß Downings letzte Ausgabe merklich mehr Süßäpfel enthält als früher, zeugt auch davon, daß deren Gebrauch zunimmt. Das Reis erhielt ich durch Herrn Präsidenten Mas zu Bourg-en-Bresse in Frankreich aus der Collection des jüngeren Downing und stimmten die erbauten Früchte mit der Beschreibung überein. Der

Apfel hat feines, gelbes Fleisch und ziemlich süßen, doch nicht so stark süßen Geschmack als bei manchen eigentlichen Süßäpfeln. Zu Haushaltszwecken wird er sehr brauchbar sein. Elliott bezeichnet die Sorte als „sehr gut".

Literatur und Synonyme: Downing, Ausgabe von 1866 S. 186; Rockport Sweet, ohne Figur; Elliott, S. 167, auch ohne Figur. Synonyme scheinen noch nicht vorzukommen.

Gestalt: flachrund, oft hochaussehend und zu abgestumpft konisch neigend. Der Bauch sitzt etwas mehr nach dem Stiele hin und wölbt die Frucht sich um den Stiel flachrund. Nach dem Kelche nimmt sie etwas stärker ab und ist noch stark abgestumpft. Gute Früchte, wie ich in meinem Boden sie erbaute, waren 2³/₄" breit und 2¹/₄" hoch, die hochaussehenden etwas schmaler und so hoch als breit. Downing bezeichnet die Frucht als mittelgroß.

Kelch: ziemlich langgespitzt, grün bleibend, wollig, geschlossen oder halb offen, sitzt in weiter, tiefer Senkung, mit Falten und theils feinen, theils stärkeren Rippen umgeben, die sich etwas flachkantig bis zur Stielhöhle hinziehen.

Stiel: holzig, kurz, ¹/₂—³/₈" lang, sitzt in ziemlich weiter, mäßig tiefer, oft selbst flacher Höhle, die meistens etwas strahligen Rost zeigt, einzeln auch glatt ist und noch spät auf dem Lager eine grüne Farbe hat.

Schale: mäßig stark, mattglänzend, fast etwas geschmeidig; Grundfarbe ist vom Baume hell grasgrün, später gelb. Die Sonnenseite ist mit einer bräunlichen, später gelbbräunlich werdenden Röthe überlaufen, die durch Aufliegendes abgeschnitten wird, bei weniger besonnten matt und unansehnlich ist, oft auch nur in blutrothen feinen und stärkeren Kreischen um die Punkte besteht. Die Punkte sind fein und machen sich in der Röthe durch sie umgebende feine dunkler rothe Kreischen einzeln bemerklich. Schwärzliche, eingesenkte Regenflecken finden sich, doch nicht zahlreich. Der Geruch ist schwach.

Das Fleisch ist gelblich weiß, fein, mürbe, nicht lederig, ziemlich saftreich, von angenehmem, etwas, doch nicht gerade edel gewürztem Zuckergeschmacke, nicht so süß als bei eigentlichen Süßäpfeln.

Das Kernhaus, welches Downing als offen bezeichnet, ist mehr geschlossen, oft mit hohler Achse, ziemlich klein, sitzt etwas nach dem Kelche hin, läuft bei hochaussehenden Früchten in die Länge und enthält schwarzbraune, taube oder nur halbvollkommene, meist nicht gut ausgebildete Kerne. Die Kelchröhre reicht als Regel nicht weit herab.

Reifzeit und Nutzung: zeitigte mit dem Dezember und hält sich den Winter hindurch. Nach Downing fällt die Reifzeit in Januar bis April.

Der Baum wächst nach Downing stark, nach Elliott gemäßigt. Mein Probezweig spricht für die erstere Angabe und hat auch die Fruchtbarkeit sich bestätigt, indem der Probezweig gleich im dritten Sommer nach der Anfertigung 10 Früchte trug und 1872 wieder voll saß. Er setzt früh viel kurzes Fruchtholz an. Sommertriebe lang und stark, schmutzig violettbraun, mehr beschattet olivengrün, wollig, wenig silberhäutig, zahlreich punktirt. Blatt groß, flachrinnig herzförmig, stark und meist doppelt gezahnt. Afterblätter klein, schmal lanzettlich. Augen dreieckig, wollig, sitzen auf nur mäßig vorstehenden, lang gerippten Trägern.

Oberdieck.

Anmerkung. Indem der Holzschneider eine, auf das Blatt mit den Figuren geschriebene Note übersehen hat, welche von den 4, zu meiner Notiz gezeichneten Figuren, in Holz geschnitten werden sollte, sind alle 4 Figuren mit dargestellt, die nun stehen bleiben müssen.

Birnen.

No. 626. **Elise von Heyst.** Diel I, 3, 3; Luc. V, 1, a; Jahn VI, 3.

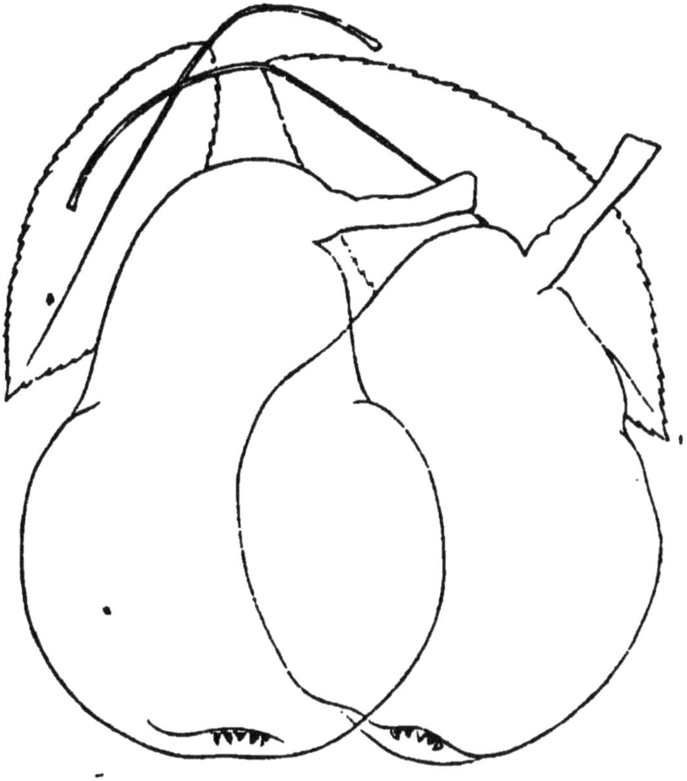

Elise von Heyst. *, Februar—April.
Bivort (Esperen).

Heimath und Vorkommen: Sie wurde wie ihre Namensschwester Emil von Heyst (vergleiche Illustr. Handbuch. II, 325) von Major Esperen erzogen und nach dem Kosten der ersten Frucht im April 1844 nach der Gemahlin seines Freundes, wohnhaft (habitant) in Heyst-op-den-Berg benannt. Wie ihr Beschreiber Bivort bemerkt, erlangt die Frucht ihre vorzüglichen Eigenschaften nur am Spaliere und nach Andern gedeiht sie nicht auf Quitte, verabscheut nassen Boden, ist aber wohl überhaupt zärtlich und empfindlich, wenigstens brachte ich sie auch in meinem trockenen Boden nicht recht zum Wachsen. Wahrscheinlich hat man mehrfach ähnliche Erfahrung gemacht und aus diesem Grunde hat wohl die Frucht bis jetzt weder in den Publicationen der Societ. van Mons, noch in den belgischen Annalen Aufnahme gefunden, während Emil d'Heyst in letzteren IV, 25 noch enthalten ist. — Ich selbst erzog die Frucht bis jetzt nicht, doch sandte mir Herr Clemens Rodt die zu unserem Holzschnitte benutzte Zeichnung. Derselbe fand zwar auch wie ich eine mir aus Magdeburg zugegangene Frucht nicht fehlerfrei, im Allgemeinen spricht er sich aber doch günstig über sie aus und mag man deßhalb ihre Anpflanzung auf günstigem Stande weiter versuchen.

Literatur und Synonyme: Biv. Alb. I, Nro. 88. Tougard, Tableau S. 54. — De Liron, Liste synon S. 71, auch Descript S. 12, Tab. 7, doch nur mit Fig. 1 wie Biv. — De Liron nahm sie ebensowenig in seine Poires les plus precieux, als Baltet in seine Bonnes Poires auf. — Leroy Dictionaire II, S. 125, zweiter Rang, Figur sehr klein. — v. Biedenfeld S. 114. — Dochnahl II, S. 180, nannte sie Elisa's Birne, doch darf sie nicht mit Madame Elisa, nach Madam Berkmanns benannt (Biv. Alb. III, 85), Elisa's Zapfenbirne von Dochnahl genannt, verwechselt werden. — Hogg, Man. v. 1860, S. 185 meist wie Bivort.

Gestalt und Größe: Die Frucht wird im Alb. als mittelgroß oder groß, sehr bauchig und stark nach dem Kelche zu abnehmend, ringsum beulig und rippig, bisweilen als birnförmig beschrieben. (Meine Magdeburger Frucht glich in der Form der kleineren Fig. unseres Holzschnittes, welche dies Abnehmen nach dem Kelche zu — wie es im Alb. an der 2³/₄″ breit und etwas über 3³/₄″ hoch, ovalbirnförmig abgebildeten Birne wohl allzustark ausgedrückt ist, mehr versinnlicht, sie war nur etwas kleiner.)

Kelch: langblättrig, steif, gelb, geschlossen, oft unregelmäßig, sitzt in tiefer, von starken Wülsten umgebener Senkung.

Stiel: dick, holzig, ³/₄—1″ lang, am Ende etwas angeschwollen, auf der Sonnenseite braun, gegenüber unterbrochen grün, sitzt meist durch einen sich anlehnenden Höcker schief.

Schale: grasgrün, in der Reife leicht gelblich, glatt, glänzend, mit vielen braunen Rostflecken, um den Stiel auch dichter berostet.

Fleisch: rosenfarbig, schmelzend, saftreich, gezuckert, von ausgezeichnetem Geschmack; unglücklicher Weise finden sich auf freiem Stande ums Kernhaus Körnchen, während dies am Spaliere, besonders auf der Ostseite, wo die Frucht delicat wird, weit weniger der Fall ist. — Herr Rodt bemerkte: Fleisch nicht ganz schmelzend, aber sehr saftig, sehr süß. etwas kühlend, gut gewürzt, ums Kernhaus steinig; recht gute Frucht. — Die von mir selbst untersuchte Birne hatte grünlichweißes, ebenfalls nur halbschmelzendes Fleisch und war süß und wohlschmeckend, doch fehlte Gewürz und es zeigten sich ums Kernhaus auch ziemlich viele und starke Körnchen, doch war sie in dem kühlen Sommer 1864 gewachsen.)

Reife und Nutzung: die Reife wird auf März und April angegeben, auch hielten sich Herrn Rodt's Früchte wie die meinige gut bis Ende Februar und die Birne verdient also schon dieser langen Dauer wegen weiter erprobt zu werden.

Eigenschaften des Baumes: Biv. schildert ihn als von schönem Ansehen, doch als mittelmäßig, über die Fruchtbarkeit bemerkt er nichts. — Ich erhielt von Papeleu und Herrn Hofrath Balling Pfropfreiser mit übereinstimmender und sonst den Angaben Bivort's entsprechender Vegetation. Die erzogenen Bäume zeichnen sich aber vor vielen andern durch ihre Schwachwüchsigkeit aus. Ihre dünnen, zerstreut stehenden, wenig aufwärts strebenden Aeste sind mit nicht vielen kurzen Fruchtspießen und an diesen mit kleinen, schmalen, denen einer schwachwachsenden Winter-Nelis gleichenden Blättern besetzt. Auch die Sommerzweige sind fein und zart, grünlichgrau, an der Sonnenseite bräunlichgelb, sparsam und fein, weißlich oder gelblich punktirt, glatt. Blätter lanzettförmig; bei noch kräftigen Wuchse waren sie 1¹/₂″ breit, 3—4″ lang, an den jetzt älteren Bäumen sind sie sehr klein und schmal, glatt, feingesägt, hellgrün, mattglänzend und stehen flach oder schwach schiffförmig, meist in gleicher Richtung mit den gelblichgrünen, zum Theil ziemlich langen, dünnen, aber etwas steifen Stielen. Blüthenknospen klein, kurzkegelförmig, sanft spitz, dunkel graubraun, glatt.

Jahn.

No. 627. Lieutenant Poitevin. Diel III, 3, 3; Luc. XI, 2, a; Jahn II, 3.

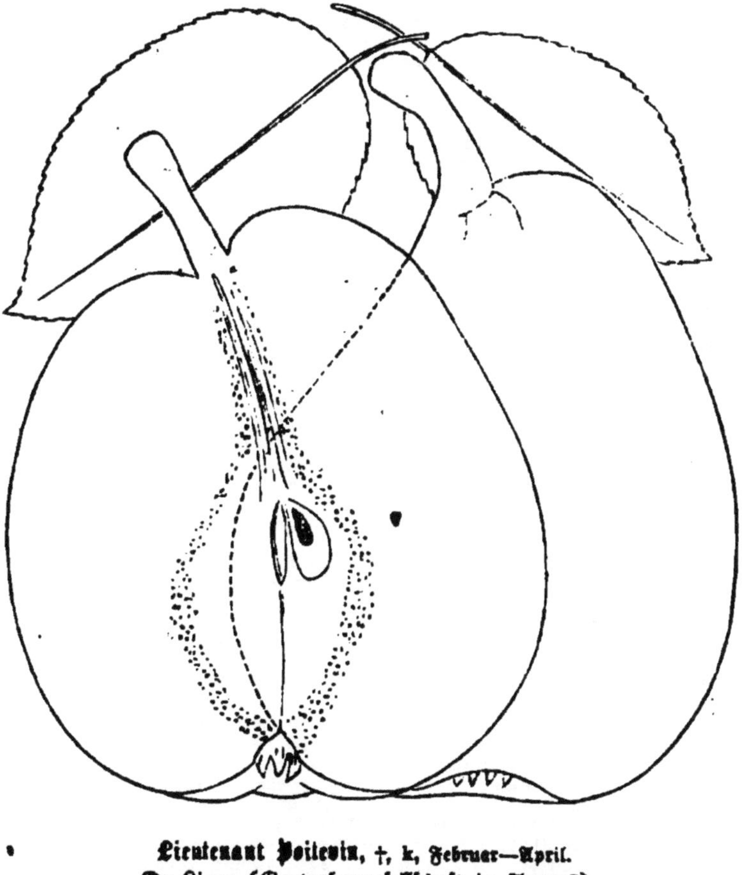

Lieutenant Poitevin, †, k, Februar—April.
De Liron (Gartenbaugesellschaft in Angers).

Heimath und Vorkommen: Diese neue Frucht wurde nach Leroy und de Liron Liste syn. erzogen von Herrn Flon-Grolleau, Gärtner in Angers, nach de Liron Descript. dagegen von der Gartenbaugesellschaft daselbst, und nach dem Lieutenant Poitevin, einem der Braven der afrikanischen Armee benannt. Erste Frucht des Baumes 1853. — Auch von ihr hatte ich die Frucht, wie sie unser Holzschnitt im Durchschnitt zeigt, von der Ausstellung in Erfurt aus der Herrn Gebr. Sim. Louis Sortiment daselbst, sah sie auch früher schon wie in der nebenan gezeichneten, aus de Liron entnommenen, mehr länglichen Figur, ebenfalls aus dem Sortimente der Herren Gebr. S. Louis beim Congreß in

Namur (wo ich sie einer weniger stark berosteten Diels Butterbirne am meisten verglich), doch ist sie nur eine große schöne Kochbirne, die wegen ihrer langen Dauer Werth hat, und zu solchem Zwecke mag man sie allenfalls bei uns pflanzen, aber wahrscheinlich wird sie die obige Größe nur am Spaliere erlangen.

Literatur und Synonyme: De Liron d'Airoles, Liste syn. (1857) S. 82, dessen Descript. Tom. II (1858) S. 11, Taf. 22, Fig. 2. Die Frucht ist nach ihm zuerst von der Gartenbaugesellschaft in Angers in der Pomologie de Maine — et — Loire beschrieben. De Liron schildert sie als 10 Centimeter (3³/₄") hoch und über 5 Centimeter (2") breit; Stiel ziemlich stark, an beiden Enden verdickt, holzig, röthlich, fast obenauf in Falten oder Höckern; Kelch groß, offen, in weiter Senkung; Schale sehr hellgrau, mit röthlichen und rothbraunen Flecken, in der Reife gelb; Fleisch weiß, grobkörnig, abknackend, März und April, Kochfrucht I, Tafelfrucht II. Ranges. — Leroy, Dictionaire II, S. 344, „groß, abknackend, Februar bis April, besser gekocht, als roh". — Aehnlich Galopin et fils — Gaujard 1862 bis 1863 „der Colmar d'Arenberg ähnlich, halbschmelzend, excellent, Februar, bisweilen April. — Sim. Louis 1862—63 „groß oder sehr groß, gekocht gut, roh ziemlich gut, Februar bis März".

Gestalt und Größe: bereits oben besprochen.

Kelch: an der mir vorliegenden Frucht lang und spitzblättrig, doch unvollständig, graubraun, geschlossen, in durch Beulen beengter, tiefer, unregelmäßiger Senkung stehend.

Stiel: stark, 1" lang, gelbbraun, holzig, steht wie eingedrückt neben einem großen Höcker, der ihn seitwärts drückt.

Schale: hellcitronengelb, mit einzeln stehenden, doch stellenweise auch gehäuften starken bräunlichen Punkten und Roststreifchen, an der SS. matter erd- oder orangefarbener Röthe und etwas mehr berostet um den Kelch.

Fleisch: gelblichweiß, etwas gröblich, saftreich, abknackend, von etwas herbem, süßem, wenig gewürztem Geschmack. Das Herbe dürfte sich bei längerer Aufbewahrung noch verloren haben.

Kernhaus: hat nur feine Körnchen im Umkreise, Achse voll, Kammern klein, mit unvollkommenen Kernen.

Reife und Nutzung: die Frucht mußte in Folge einer bösen Stelle im November verwendet werden, nach dem noch sehr festen Fleische hätte sie sichtbar ungleich länger, unter Umständen also, wie angegeben wird, bis Februar und März gehalten.

Eigenschaften des Baumes: derselbe ist nach de Liron starkwüchsig, wächst pyramidal und ist fruchtbar. — Die von den Herrn Sim. Louis empfangenen Reiser trieben im gegenwärtigen ersten Sommer etwa 1' lang aus; diese jungen Zweige sind ziemlich dick, nach oben etwas angeschwollen und schwach gekniet, bräunlichgelb, an der Sonnenseite orangegelb und schwach geröthet, an der Spitze graubraun und schwachwollig, unten etwas warzig, besser oben sparsam und fein weißgelb punktirt. Augen ziemlich groß, kegelförmig, spitz, hellbraun, glatt, ziemlich abstehend vom Zweige, auf wenig angeschwollenen schwachkantigen Trägern. Die Endknospe an denselben ist ziemlich groß und gelbwollig. Blätter klein, an sämmtlichen 3—4 Zweigen bis jetzt, Mitte September, schon sehr bleichgrün, und auf der oberen Fläche fleckenartig geröthet, in der Mitte des Zweigs eirund mit auslaufender Spitze, die untersten zum Theil ziemlich rundlich, die an der Spitze des Zweigs elliptisch, gesägt gekerbt, oft undeutlich; nur einige der unteren Blätter sind deutlich fein und spitz gesägt. Sie sind etwas schiffförmig (rinnenförmig) und leicht sichelförmig gebogen und stehen auf den aufgerichteten ¹/₂—³/₄" langen, oberseits schwach gerötheten, ziemlich starken Stielen horizontal oder hängen an ihnen leicht über.

Jahn.

No. 628. **Nachtgleichen-Birne.** Diel I, 2, 3; Luc. VI. 1, a; Jahn II, 3.

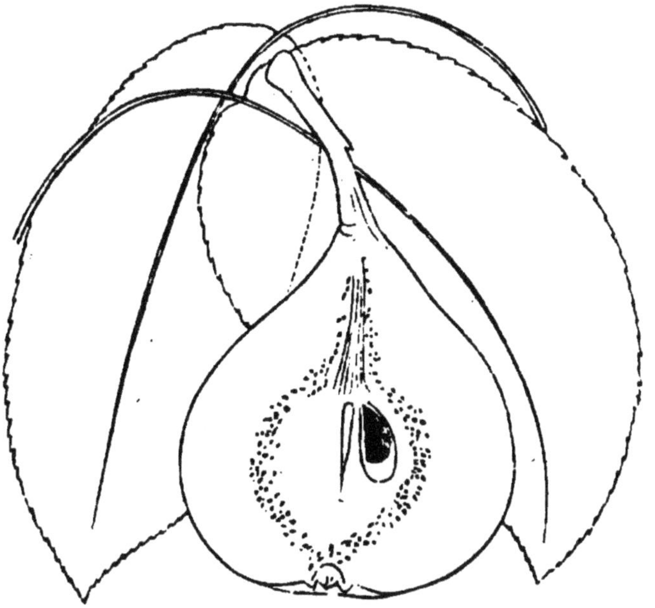

Nachtgleichen-Birne, **, März?
Vingt Mars. Du Breuil (de Bavay).

Heimath und Vorkommen: jedenfalls ist sie eine vielleicht schon ältere französische Frucht, doch wird sie erst seit etwa 15 Jahren genannt, aber es schwiegen über sie die neueren Schriftsteller und man findet sie nur in Verzeichnissen. — Man bestrebt sich jetzt überall um gute Winterbirnen, es ist deßhalb um so nöthiger, auch von den weniger geeigneten Nachricht zu geben, wie es unsere Frucht zu sein scheint. Ich empfing Zweige derselben von Herrn Hofrath Dr. Balling in Kissingen, wohl von Jamin und Durand in Paris abstammend und erzog mehrmals an einem Probezweige Früchte, die aber klein und deßhalb unbeachtet blieben, bis ich sie 1860 genauer ins Auge faßte. Die Birne wurde zwar selbst in diesem ungünstigen Jahre zartfleischig und wohlschmeckend, allein sie reifte viel früher und wenn sich dies vielleicht auch durch langes Hängenlassen verzögern läßt, so scheint sie dennoch keine rechte Winterbirne zu sein (doch vergleiche man Bd. II, S. 10) oder ich müßte nicht die richtige bekommen haben.

Literatur und Synonyme: Tougard, Tableau S. 80: Vingt Mars ou Equinoxe. Citirt den Catalog de Bavays (doch ist im Verzeichniß der k. Baumschulen zu Vilerode von 1856/57 eine Birne dieses Namens nicht enthalten) und sagt Herr Dubreuil (auf dessen Cours d'Arboriculture hie und da hingewiesen wird, spreche nicht über die Güte der Frucht (so daß Letzterer wahrscheinlich der Erzieher, Verbreiter oder Beschreiber ist). Sie halte sich bis März. Man bezeichne sie als sehr gut und schmelzend. — v. Biedenfeld (ohne Nachweis der Quelle) S. 118 ebenfalls mit dem Synonym Poire d'Equinoxe „schmelzend, als vortreffliche Tafelfrucht gerühmt, Februar—Mai". — Gaujard bezieht sich auf Jamin und Durand und bezeichnet sie (wie letztere) als I. Ranges, schmelzend, wogegen ihr Galopin und Söhne nur II. Rang und wie alle zuletzt Genannten Reifzeit im März beilegen. — Die sich ähnlich verhaltende Duchesse de Mars, nach Prévost mit Dauer bis 20. März, hat von unserer Birne ganz verschiedene Vegetation.

Gestalt und Größe der von mir auf freistehender Pyramide erzogenen Frucht gibt unser Holzschnitt. Meist bleibt sie unter dieser Größe zurück und wird dann zum Theil mehr mittelbauchig.

Kelch: kurz- aber breitblättrig, offen, in regelmäßiger, seichter weiter Senkung, die jedoch oft durch einseitige Erhebung des Bauchs verschoben steht.

Stiel: 1" lang, stark, gelbbraun, am Ende braun, öfters knospig, steht obenauf und verliert sich meist, auf einer Seite etwas abgeschnürt, in die Spitze der Frucht.

Schale: hellgrün, später gelblich mit grünen Stellen, ohne Röthe, mit feinen Rostpunkten und auf der Hälfte des Umfangs mit netzartigem Roste, der um die Kelchwölbung herum ganz zusammenhängend wird.

Fleisch: gelblichweiß, ziemlich fein, nach dem Kernhause zu etwas körnig, sehr saftreich, ganz schmelzend, von recht angenehmem, schwach säuerlich süßem Geschmack mit schwachem Gewürz, welches jedenfalls in wärmeren Sommern sich kräftigt.

Kernhaus: ist nur durch feine Körnchen angedeutet, hat eine Spur von hohler Achse, die Kammern sind mittelgroß, mit meist vollkommenen, ziemlich großen Kernen, die nur wenig Höckeransatz haben.

Reife und Nutzung: meine Früchte reiften gegen den 20. November, waren aber um Michaelis, wegen eingetretener sehr kühler Nächte, schon abgenommen. Sie welkten jedoch nicht auf dem Lager und auch dies scheint auf späte Reife nicht zu deuten; doch muß die Birne künftig immer noch weiter beobachtet werden.

Eigenschaften des Baumes: Mehrere jugendliche Bäume, die ich den Verlust meines Probeastes fürchtend, neu erzog, wachsen kräftig und ihre Blätter besitzen die oben gezeichnete Form und Größe, sind länglich eirund, mehrfach auch langoval, öfters etwas herzförmig, glatt, regelmäßig, fein aber seicht gesägt, etwas wellenförmig oder halbspiralförmig, auch schwach schiff- und sichelförmig gebogen, dunkelgrün und glänzend, ziemlich steif und lederartig. Blattstiel, besonders an schmäleren Blättern, oft sehr lang, bis 2¾". Am Probezweige sind die Blätter kleiner, doch von gleicher Form, öfters auch in elliptisch übergehend und heller grün. — Blüthenknospen kegelförmig, kurz zugespitzt, hellbraun. — Sommerzweige gerade, schlank, nicht wollig, bräunlich gelbgrün, an der Sonnenseite geröthet, mit sparsamen und feinen gelblichen Punkten.

Jahn.

Anmerkung: Herr Leroy sagt bei Vingt Mars, daß dies nur Synonym von Poire Cumberland sei, die sich I, S. 608 findet. Er setzt sie in den zweiten Rang und die Reife Anfangs September; führt ferner an, daß man über ihren Ursprung eine doppelte Version habe. Nach der einen (Bivort's Album, Theil II) sei sie erzogen von van Mons und benannt nach dem Herzoge von Cumberland; nach der andern dagegen in Amerika zu Cumberland in Rhodeisland. Da ist also noch sehr Vieles zu berichtigen und möchte ich glauben, Herr Leroy schließe zu rasch auf die Identität dadurch, daß er die Cumberland auch als Vingt Mars erhielt. Was ich als Vingt Mars von Balling und als Cumberland von de Jonghe erhielt, jedoch noch nicht trug, hat sehr verschiedene Vegetation.

Oberdieck.

No. 629. Anna Nelis. Diel III, 2, 3; Luc. XII, 1, b; Jahn IV (VI) 3.

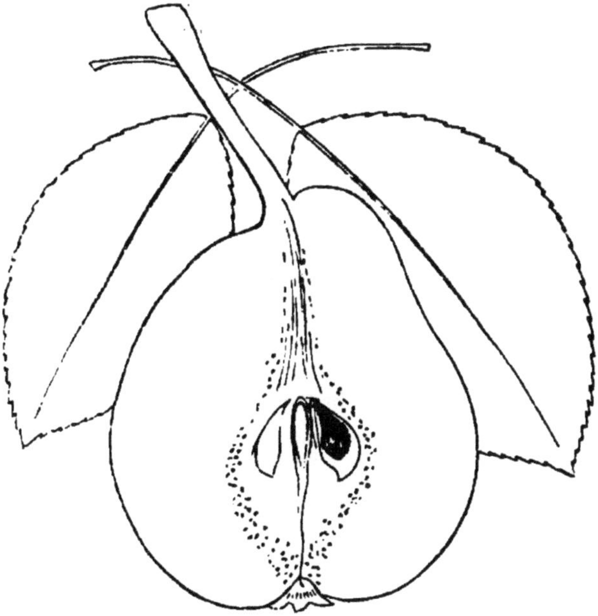

Anna Nelis, †, k, schwerlich oft *, April—Mai.
Gregoire.

Heimath und Vorkommen: auch diese Frucht ging aus einer 1835 gemachten Aussaat des Herrn Gregoire in Joboigne hervor; der junge Baum brachte 1848 die ersten Früchte. Wir sind diesem thätigen Pomologen für viele seiner neuen Erzeugnisse alle Hochachtung und viel Dank schuldig; ich brauche in solcher Hinsicht nur an seine im Handbuche beschriebenen Zöglinge Beurré Delfosse, Neue Fulvie, Helene Gregoire, Leon Gregoire und Zephirin Gregoire zu erinnern. Allein manche seiner Früchte werden wir so wenig als alle Sämlinge Esperens loben können, und hierunter scheint die vorliegende zu gehören, welche ich aus dem Sortimente der Gartenbaugesellschaft in Namur von der Ausstellung in Görlitz vor mir hatte. Der verehrte Herr Gregoire mag sich damit trösten, daß Andere in ihren Aussaaten auch nicht immer glücklich waren, so z. B. fand ich selbst von 100 der versprechendsten Aepfelsämlinge nach ihren bis jetzt von vielen gelieferten Früchten keinen der Weiterverbreitung werth. Uebrigens scheint der Samen edler Birnen immer noch mehr neues Gutes als der von Aepfeln zu liefern, doch fällt, nach Maßgabe der mir von Görlitz und Erfurt zugegangenen, unbenannten Sämlinge des Herrn Gregoire Nro. 6 (der vorliegenden sehr ähnlich), Nro. 24, 48, 51, 52 und 71, welche ich sämmtlich obschon äußerlich schön, doch von geringer Güte fand, so daß sie von andern gleichzeitig reifenden Früchten übertroffen werden, auch bei Birnen viel Mittelmäßiges aus, aber bei der großen Zahl von vorhandenen Varietäten wird man wohl thun, alles weniger Edle sogleich zu unterdrücken.

Literatur und Synonyme: die Birne ist bis jetzt nicht beschrieben, doch findet sie sich mehrfach in Verzeichnissen. Ich fand nur folgende kurze Angaben über sie: de Liron, Liste syn. S. 56 „mittelgroß, halbschmelzend, Tafelfrucht II. Ranges, April bis Mai, Baum ziemlich starkwüchsig, ziemlich fruchtbar". — Galopin und Sohn 1863/64 „groß, halbschmelzend, Mai—Juni. — J. Leonard Coulon in Lüttich 1864/65 „groß, abknackend, Mai—Juni. — Saujard 1862/63 „ziemlich groß, reif gelblich, I. Ranges, April—Mai, Baum starkwüchsig. — Sim. Louis 1862/63 „ziemlich groß, halbschmelzend, I. Ranges, April—Mai, Baum starkwüchsig, sehr fruchtbar. — Soc. van Mons hat in 3 Publ., Tome II. S. 83 nur den Namen. — Leroy Dictionaire I, S 180, gibt auch nur kurze Nachrichten.

Gestalt und Größe gibt unser Holzschnitt.

Kelch: kurz und hartblättrig, graubraun, offen, in schwacher schüsselförmiger, kaum mit einigen Beulchen besetzter Senkung.

Stiel: stark, 1¼'' lang, steht obenauf wie eingedrückt, doch schief neben einem Höcker.

Schale: grün mit gelblichem Schimmer, mit undeutlichen bräunlichen Punkten und Flecken, um den Stiel auch zusammenhängend berostet,

Fleisch: grünlichweiß, fein, saftlos, rübenartig fest, zwar süßlich, doch ohne Wohlgeschmack.

Kernhaus: hat nur feine Körnchen im Umkreise, eine etwas hohle Achse und flügelartige Kammern mit vollkommenen schwarzen Kernen.

Reife und Nutzung: die Frucht war zu Anfang des April noch vorhanden und fleckenlos, doch war sie ziemlich gewelkt. Wahrscheinlich war sie zur Beschickung der am 10. Oktober beginnenden Ausstellung doch zu früh abgenommen und es muß versucht werden, ob sie nach längerem Hängen besser wird, denn nach ihrem jetzigen Verhalten kann ich sie nur für eine länger dauernde Kochbirne erklären.

Eigenschaften des Baumes: nach dem Verhalten meiner Probeäste, zu welchen mir Herr Gregoire die Reiser sandte, scheint der Baum schwachwüchsig zu sein, denn die Zweige bleiben im Wachsthum gegen andere auf dem Baume befindliche Sorten zurück. Die Sommertriebe sind dünn und kurz, grünlichbraun, mit einzelnen feinen weißlichen Punkten, an der Spitze verdickt und wollig Augen gedrängt stehend, stark angeschwollen, eirund, kurz gespitzt, am Grunde etwas wollig oder weißlich; sie scheinen sich zu Blüthenknospen ausbilden zu wollen. Blätter klein, elliptisch, fast lanzettförmig, oft am Stiele noch etwas oval gerundet, meist jedoch sich verschmälernd, am Sommerzweige (an welchem die Blätter noch etwas größer sind) in Elliptisch, am Fruchtholze in Lanzettförmig übergehend; sie sind ferner länger oder kürzer meist auslaufend zugespitzt, glatt, regelmäßig feingesägt, hellgrün, wenig glänzend, reich, doch fein geadert. Stiel dünn, gelbgrün oder weißgrün, verschieden lang.

Jahn.

No. 630. Tavernier von Boullougne. Diel III, 3, 3; Luc. XI; Jahn.

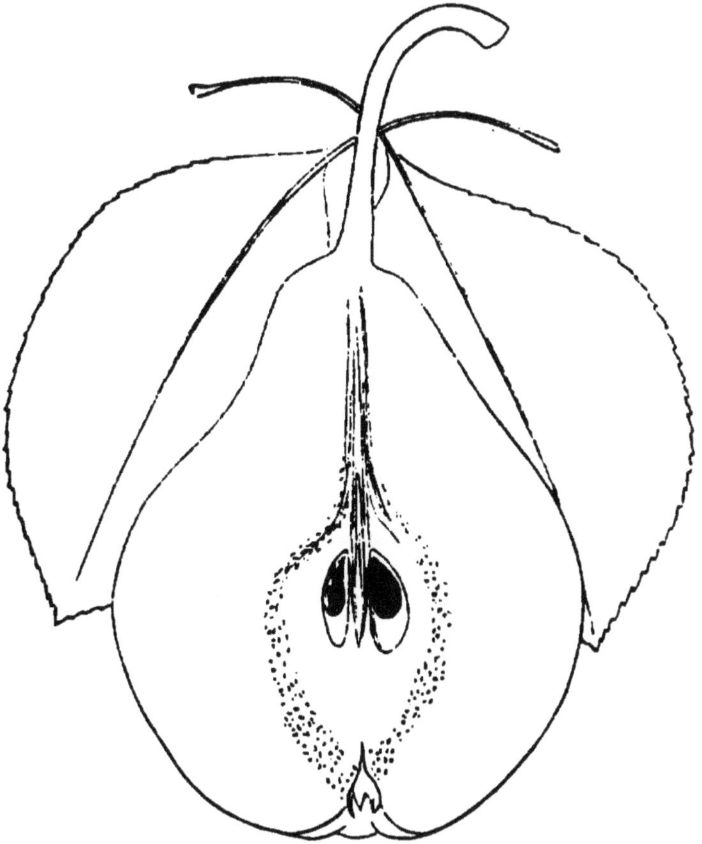

Travernier von Boullougne, †, k, Frühling—Sommer.
De Liron d'Airoles (Tavernier v. B.).

Heimath und Vorkommen: wie de Liron mittheilt, wurde sie von einem Herrn Tavernier von Boullougne (nicht Boulogne, oder Boullongne, wie Andere schreiben) 1836 im Gehölze von Bodinière, Commune Trelaze (Maine und Loire) aufgefunden; sie wird aber oft mit der Tarquin oder auch mit der Englischen Winterbirne verwechselt, wie unter letzterer gesagt ist. — Mir gingen Früchte von ihr aus dem Sortimente der Gartenbaugesellschaft in Angers von der Ausstellung in Berlin und aus der Sammlung der Herrn Gebr. Simon Louis von der Ausstellung in Erfurt zu. Ist nur Kochfrucht, doch von langer Dauer, ziemlich groß und schön, den Anbau verdienend.

Literatur und Synonyme: de Liron d'Airoles, Descript. II, S. 3, Tab. 21, Fig. 1. Sie wurde zuerst von der Gartenbaugesellschaft in Angers in der Pomol. de Maine et Loire beschrieben. — Mas, im Verger, Märzheft von 1865, Nr. 16, gibt colorirte Abbildung und beschreibt sie ausführlicher als „fast mittelgroß, bisweilen groß, Haut dick, etwas rauh, grasgrün mit noch intensiverem Grün nüancirt, in der Reife citronengelb, mit vielen, ziemlich starken braungrauen, grün umkreisten Punkten, meist auch mit einigen carmeliterbraunen Roststreifen um Stiel oder Kelch, an der Sonnenseite leicht rosenfarb geröthet, in manchem Boden auch mit vielen sehr großen schwarzgrauen Punkten, welche sich stellenweise häufen und der Frucht daselbst ein verkohltes Ansehen geben. Kelch geschlossen, lang- und wollblättrig, in unregelmäßiger schwachrippiger Senkung. Stiel sehr lang, ziemlich stark, krumm, am Ende dick, steht etwas schief auf der Spitze der Frucht, als sei er deren Fortsetzung. Fleisch weiß, fest, zähe, gezuckert, trocken, nur für die Küche, doch hierzu sehr gut. Ende des Frühlings und fast ein ganzes Jahr. — Baltet, Bonnes Poires, S. 46 (deutsch. S. 62) unter den Zierfrüchten, gekocht delicat, erst spät zu brechen, Dauer von einem Jahre zum andern. — Leroy Dictionaire II, S. 699, lobt sie auch; schreibt Boullongne.

Gestalt und Größe der Frucht der Herren Simon Louis gibt obige Figur, die mit der Abbildung im Le Verger stimmt, nur ist sie daselbst in etwas verschobener Form und größer, 3¹/₄" breit, 3³/₄" hoch abgebildet. Die Frucht aus Angers war gegen die Figur unseres Holzschnitts etwas kleiner und von der von de Liron gezeichneten Form mit dünner in den Stiel auslaufender Spitze, um den Kelch schön oval abgerundet, verschieden; bei de Liron ist sie 2³/₄" breit, fast 4" hoch.

Kelch: lang- und spitzblättrig, geschlossen, außen gelb, innen röthlich, in seichter enger Senkung, von Beulen umgeben, die sich auch verloren über den Bauch noch fortsetzen und Ungleichheiten verursachen.

Stiel: lang und zieml. stark, braunholzig, gekrümmt, steht auf der dünnen oder auch dickeren Fruchtspitze unvertieft oder geht einerseits in dieselbe ohne Absatz über.

Schale: oft durch körnige Unterlagerung etwas uneben, bei der reifen Frucht citronengelb, doch durch einen Hauch von kaum sichtbarem Rost verduftet, mit feinen oder stärkeren braunen Punkten, an der Sonnenseite bräunlich-carmin oder auch nur gelblich geröthet, theilweise in Punkten bestehend, die mit einem rothen Kreise umgeben sind, und um Kelch und Stiel auch dünn, etwas streifig berostet.

Fleisch: weiß, ziemlich fein, wenig saftig, abknackend, süß mit einiger Herbigkeit, die sich später verliert.

Kernhaus: mit feinen oder stärkeren Körnchen umgeben, schwach hohlachsig, Kammern groß, mit vollkommenen braunen Kernen mit kleinem Höcker.

Reife und Nutzung: Früchte waren Ende Januar unversehrt und hätten noch lange und, wie angegeben wird, bis in den Sommer gehalten.

Den Baum pflanzt man nach Mas am besten hochstämmig; er ist in jedem Boden und Clima gesund, seine Früchte hängen fest im Winde und seine ergiebigen Ernten versorgen die Küche reichlich; die Frucht übertrifft in Güte und langer Dauer viele anderen mehr bekannten und gepriesenen Kochbirnen. — Die Tragzweige (rameaux) sind nach ihm gerade, nicht stark, kurzgliedrig, besonders die unteren, olivengrün, stellenweise graurostig höckerig, unmerklich und unregelmäßig grau gefleckt. Holzaugen spitzkegelförmig, abstehend, glatt, schwarzbraun mit Silbergrau befleckt. Sommertriebe braungelb, nach oben gelbgrün und wollig. Blätter der Sommerzweige oval, länglich, schmal, nach beiden Enden abnehmend, nach dem Stiele zu oft stärker verschmälert*), schön schiffförmig und etwas gekrümmt, seicht, oft undeutlich gezahnt, Mittelrippe fein, wenig bemerklich. Blattstiele lang, dünn, horizontal oder sogar niederwärts gebogen. Am Fruchtholze seien die Blätter breiter, fast völlig oval, aber etwas länglich, flach, ziemlich scharf gezahnt, auf kurzen sehr dünnen schlaffen Stielen. Blüthenaugen groß, kegelförmig, länglich, spitz, schwarzbraun mit Aschgrau überlaufen.

Jahn.

*) Es stimmt hiemit die auf unserem Holzschnitte bemerklich gemachte Form der Blätter an meinen in diesem Frühjahre von den Herren Simon Louis empfangenen Probezweigen gut überein.

No. 631. Böhmische Jacobsbirn. Diel III, 3; Luc. I, 2, b; Jahn III, 1.

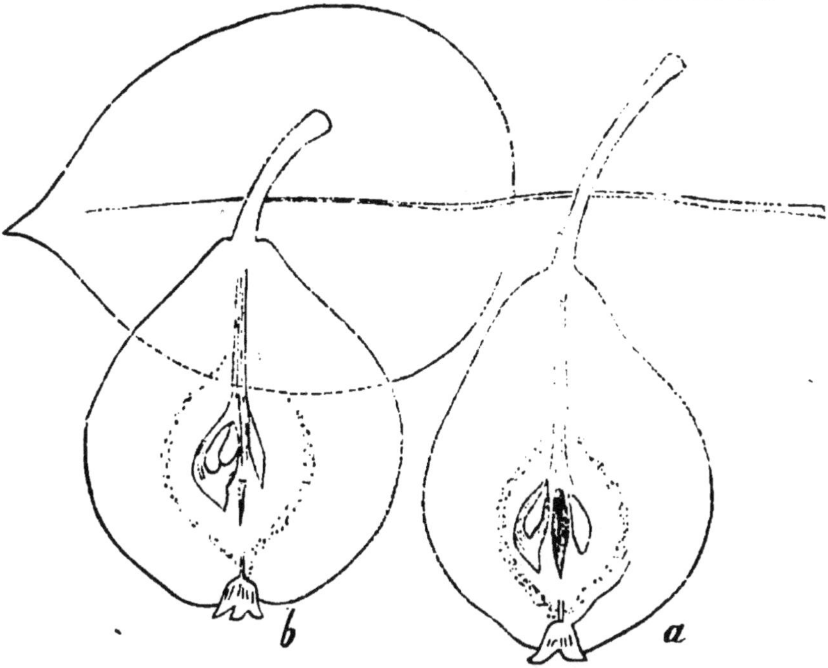

Böhmische Jacobsbirn, ††, Ende Juli, 14 Tage.

Heimath und Vorkommen: Ist eine in Böhmen verbreitete Frucht, die ich, noch in Nienburg, als frühe Jacobsbirne von der Societät zu Prag erhielt. Da es auch im Hannoverschen eine Jacobsbirn gibt, die von der Obigen verschieden ist, habe ich beide durch den Zusatz Hannoversche und Böhmische zu scheiden gesucht. Sie gehört zu den frühesten Haushaltsbirnen und ist brauchbar auch für den Markt. Als Compot gekocht, wozu man frühe Sommerbirnen gern benutzt, schmeckt sie gut, wird jedoch nicht roth, sondern nimmt eine etwas schmutzige, unansehnliche Farbe an, so daß etwas hinzugegeben werden muß, um die rothe Farbe hervorzurufen, wodurch der Geschmack auch wohl noch gehoben wird. Nach dem Ergebniß eines ziemlich großen Probezweiges ist sie wenigstens in meiner Gegend oder Boden weniger tragbar als die Hannoversche Jacobsbirn.

Literatur und Synonyme: Ist wohl noch nicht beschrieben und findet sich wohl nur in meiner Anleitung S. 364 als Böhmische frühe Jakobsbirn.

Gestalt: eiförmig, nach beiden Enden etwas zugespitzt, in Form oft einer Sommer-Eierbirn ähnlich. Exemplare jedoch, die sich nach dem Stiele noch stärker einbiegen, als Fig. a oben, gleichen sehr einer Hannoverschen Jacobsbirn. Der Bauch sitzt in der Mitte oder nur wenig mehr nach dem Kelche hin. Nach dem Kelche nimmt sie stumpf zugespitzt ab und ist sehr wenig abgestumpft. Nach dem Stiele nimmt sie erst eben so ab, macht dann eine sanfte Einbiegung und kurze, nur wenig, oft gar nicht abgestumpfte Spitze. Gute Früchte sind 1³/₄ bis fast 2″ breit und 2—3‴ höher.

Kelch: stark, breitgespitzt, offen, oft etwas verstümmelt und dann hartschalig, steht mit flachrinnigen Ausschnitten schräg in die Höhe und sitzt flach vertieft oder oben auf, mit schönen Beulen umgeben, die sich jedoch nicht weiter hinziehen.

Stiel: holzig, ziemlich stark, 1 bis 1¹/₂″ lang, sanft gebogen, meist nur wenig zur Seite gebogen, sitzt wie eingesteckt, von einigen feinen flachen Beulen begleitet, und, wenn ein Wulst der Spitze sich etwas erhebt, oft etwas seitwärts und unterwärts der höchsten Spitze der Frucht.

Schale: ziemlich fein, mattglänzend, glatt, hellgrün später grünlich gelb. Die Sonnenseite zeigt bei stark besonnten Exemplaren etwas bräunliche, matt aufgetragene Röthe, welche Spuren von Streifen zeigt, und oft nur in matten Kreischen um die Punkte besteht. Die Punkte sind fein, zahlreich, in der Grundfarbe grünlich umflossen, an der Sonnenseite grauweiße, feine Stippchen. Rost findet sich wenig, doch bildet er um den Kelch oft einen grünlichen Ueberzug. Der Geruch ist angenehm und ziemlich stark.

Das Fleisch ist etwas grünlich gelb, stellenweise mehr weißgelb, um das Kernhaus etwas körnig, mürbe, fast halbschmelzend, von süßem, schwach zimmtartig gewürzten, noch etwas beigemischte Säure zeigenden Geschmacke.

Das Kernhaus ist klein, hat kleine, oft unvollkommene hohle Achse; die Kammern sind ziemlich weit, haben nach dem Kelche hin eine starke Spitze und enthalten schwarzbraune, unvollkommene oder taube Kerne. Die starke Kelchhöhle zieht sich als feine, mit Staubgefässen gefüllte Röhre noch etwas in die Frucht hinein.

Reifzeit und Nutzung. Zeitigt mit der Grünen Magdalene, Hannoverschen Jacobsbirn und Anderen Ende Juli oder Anfang August. Ist zum Rohgenusse sehr angenehm und zum Kochen werthvoll.

Der Baum wächst rasch und gesund, ist durch das pappelähnliche Blatt kenntlich, geht rasch, in etwas spitzen Winkeln in die Höhe, setzt mit der Zeit viel kurzes Fruchtholz an, und bildet, nach dem großen Probezweige, eine etwas lichte bald fruchtbar werdende Krone. Die Sommertriebe sind lang und stark, etwas gekniet, lederfarben, ins Olive spielend, unansehnlich braunroth überlaufen, fein und wenig zahlreich punktirt. Das Blatt ist stark von Gewebe, glänzend, glatt, bald mehr breitelliptisch, zu Oval neigend, mit halbaufgesetzter Spitze, bald nach der Spitze so zugerundet mit aufgesetzter schöner und scharfer Spitze, daß es mehr eioval wird. Es ist fast flach ausgebreitet, nach dem Stiele hin nur gerändelt, nach der Spitze hin stärker und scharf gezahnt. Blatt der Fruchtaugen ist von ähnlicher Form, meist wie oben dargestellt, bald noch etwas mehr eiförmig oder auch noch stärker eioval, etwas aufwärts gebogen, etwas wollig am Rande, nur gerändelt, mit langer, scharfer, aufgesetzter Spitze. Afterblätter stark, fadenförmig. Augen mäßig stark, breieckig, ziemlich spitz, nur wenig abstehend, sitzen auf flachen, flach gerippten Trägern.

Oberdieck.

No. 632. Barkhausens Sommerbirn. Diel IV, 3, a; Luc. VII, 1, a; Jahn II, 1.

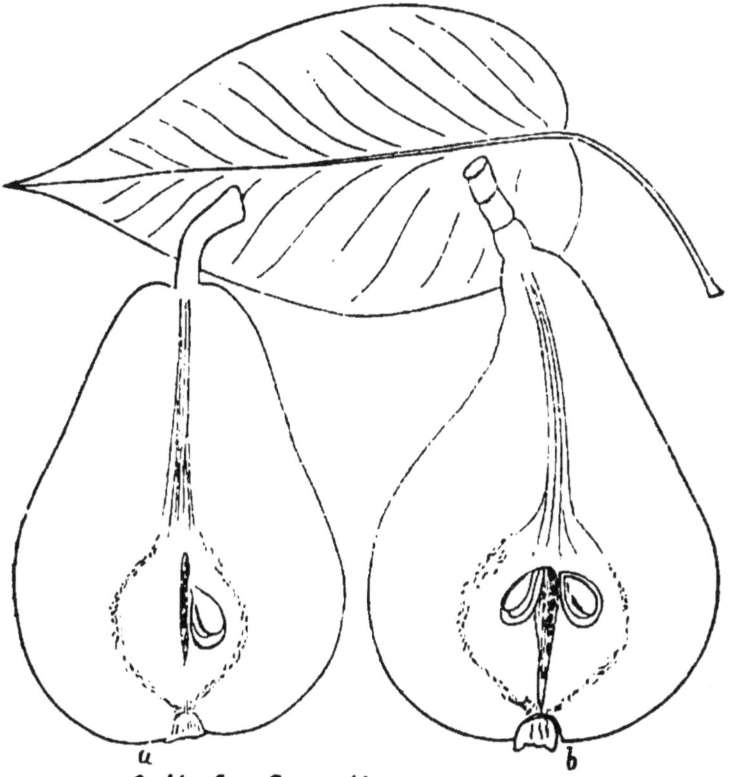

Barkhausens Sommerbirn, ††, Anfang August.

Heimath und Vorkommen: Das Reis dieser, durch Güte und Frühzeitigkeit schätzbaren Frucht erhielt ich von Hrn. Kunstgärtner Barkhausen zu Bothkamp bei Kiel, der mir wiederholt auch Früchte zusandte, und wird die Sorte in dortiger Gegend verbreitet sein. Sie hat mit keiner der mir bekannten frühen Sommerbirnen nähere Aehnlichkeit, als höchstens etwa mit der Schönsten Sommerbirn, die indeß leicht von ihr zu unterscheiden ist, und wird sie den Pomologen bisher unbekannt geblieben sein, verdient aber sehr weitere Verbreitung. Sie zeitigt mit der Edlen Sommerbirn, gleich nach der Grünen Magdalene und noch mit der Hannoverschen Jacobsbirn, übertrifft diese Letztere aber an längerer Haltbarkeit und ist ziemlich 3 Wochen für die Küche brauchbar. Gekocht ist sie von gutem Geschmacke, obgleich sie sich nicht leicht roth kocht. Nach den Ergebnissen eines schon länger beobachteten Probezweiges trägt sie gut, jedoch nicht so voll, als die Hannoversche Jacobsbirn.

Literatur und Synonyme: Wird hier wohl zuerst beschrieben.

Gestalt: steht zwischen konisch und birnförmig, 2" breit, 3" hoch. Der Bauch sitzt mehr, oder etwas mehr nach dem Kelche hin, um den die Frucht sich zurundet und häufig nur so weit abstumpft, daß sie noch stehen kann, während sie meist jedoch wegen des vorstehenden Kelches nicht aufstehen kann. In andern Exemplaren ist sie am Kelche mehr abgestumpft und steht gut. Nach dem Stiele macht sie nur sanfte, selbst schwache Einbiegungen, oft nur auf einer Seite, und einzelne eine dicke, konische, etwas abgestumpfte, meistens aber kürzere oder etwas längere, fast in den Stiel auslaufende Spitze. Die letztere Form findet sich namentlich in meinem Boden, wo die Früchte der obigen Sorte meist fast gar nicht abgestumpft sind, während Früchte, die ich aus Bothkamp erhielt, am Stiele abgestumpft waren. Gute Früchte hatten in meinem trockenen Garten beim Hause, je nach der kürzeren oder längeren und dann oft etwas übergebogenen Spitze, $2^1/_2$—3" Länge und 2" Breite.

Kelch: offen, mit den Spitzen, die aber häufig ganz fehlen, auf die Frucht zurückgebogen, oft erst etwas in die Höhe stehend und dann zurückgebogen, sitzt oben auf oder flach vertieft.

Stiel: dick, oft etwas fleischig, bald fast gerade, bald gebogen, $^1/_2$—$^3/_4$" lang, sitzt auf der Fruchtspitze wie eingesteckt, oder geht aus der Fruchtspitze fast heraus, und ist oft zur Seite gebogen.

Schale: etwas stark, grasgrün, später gelb. Die Sonnenseite ist mit braunrother, später freundlicher werdenden Röthe oft stark überzogen, die nach den Seiten hin noch deutliche Streifen zeigt. Bei beschatteten Exemplaren besteht jedoch die Röthe hauptsächlich in rothen Kreischen und Flecken um die Punkte, die etwas zusammenfließen, aber auch dann Streifen andeuten. Die zahlreichen Punkte erscheinen in der Röthe als gelbliche feine Stippchen oder feine Fleckchen, in der Grundfarbe mit dunkler grünen, feinen Dupfen umringelt. Geruch ist schwach, Rost wenig da.

Das Fleisch riecht gewürzt, ist fein, um das Kernhaus selbst in meinem Garten beim Hause nur sehr wenig körnig, mürbe, mäßig saftreich, von sehr angenehmem, reinen Zuckergeschmacke.

Das Kernhaus hat nur unbedeutende hohle Achse; die Kammern sind klein, die Kerne eiförmig, schwarz, theils unvollkommen.

Reifzeit und Nutzung: Zeitigt noch mit den frühesten Birnen oder gleich nach ihnen im halben August, ist aber zu Anfang des August für die Küche schon brauchbar. Wird nicht mehlig, auch nicht leicht moll, und hält sich bei etwas frühem Brechen länger als andre sehr frühe Birnen, 2 Wochen lang.

Der Baum wächst gut und gesund. Ueber seine Form weiß ich noch nichts zu sagen, doch wird er nach dem Probezweige, der bald fruchtbar wurde, eine zerstreute, lichte Krone machen. Sommertriebe ziemlich stark, wenig gekniet, lederfarben, mit ziemlich vielen, meistens starken, aber etwas matten Punkten gezeichnet. Blatt mittelgroß, rinnenförmig, glänzend, elliptisch oder breit-lanzettlich, nur gerändelt. Das Blatt der Fruchtaugen ist merklich größer, mehr langeiförmig, als elliptisch, am Stiele meist etwas eingezogen, fast flach, wellig gebogen, mit schöner langer halb oder fast auslaufender Spitze, nur schwach gerändelt. Afterblätter fehlen meist. Augen unten am Zweige anliegend, nur klein, mehr nach oben spitz, etwas abstehend, Augenträger flach.

Oberdieck.

No 633. Leckerbissen von Cacaudiere. Diel I, 3, a; Luc. I, 1, a (b); Jahn II, 1.

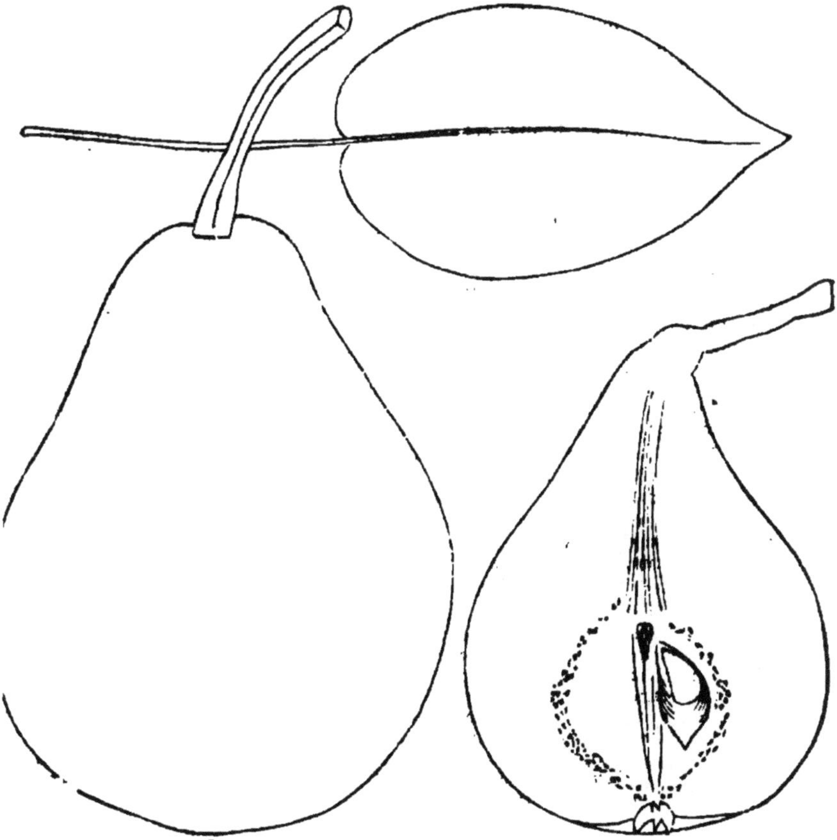

b a

Leckerbissen von Cacaudiere, **†, gegen Ende August.

Heimath und Vorkommen: Wurde erzogen durch den Herrn Grafen Eugene des Nonhes auf seinem Schlosse de la Caoandière bei Pouzaugnes in der Vendée. Der Baum trug zuerst 1848. Das Reis erhielt ich durch Herrn Präsidenten Mas zu Bourg-en-Bresse; der Probezweig trug bald und gab schmelzende Früchte von recht angenehmem Geschmacke.

Literatur und Synonyme: Leroy Dictionaire II, S. 9. Setzt die Frucht nur in den 2. Rang Mas, Verger, Sommerfrüchte, Nr. 32 S. 67. Liron d'Airoles Descriptions I. S. 37, Tafel 9 Fig. 8.

Gestalt: birnförmig, wie die oben stehende Figur es zeigt. In Jeinsen wurde sie auf Hochstamm nur 1³/₄" breit und 2¹/₄" hoch. Herr Mas bildet sie im Berger beträchtlich größer, etwa nach Frucht vom Zwergbaum ab, 3¹/₂" hoch und 2³/₄" breit. Der Bauch sitzt mehr nach dem Kelche hin, um den die Frucht sich etwas flach eiförmig rundet, und nur sehr wenig abstumpft, so daß, zumal der Kelch fast oben auf sitzt, sie nicht stehen kann. Nach dem Stiele nimmt sie rasch ab und bildet eine kegelförmige, halb oder fast ganz in den Stiel auslaufende Spitze. In noch besserem Boden oder auf Zwergbäumen wird sie dickere, konische, etwas abgestumpfte Spitze haben.

Kelch: mehr hartschalig, als blättrig, offen, mit den etwas feinen, ein wenig convergirenden Ausschnitten in die Höhe stehend, sitzt unbedeutend und sehr flach vertieft.

Stiel: stark, 1 bis 1¹/₂" lang, ein wenig fleischig, sitzt wie eingesteckt, oft seitwärts und etwas unterhalb der höchsten Spitze der Frucht oder geht aus der Spitze ziemlich heraus und ist durch die Spitze der Frucht meist stark zur Seite gebogen.

Schale: mäßig stark, glatt, nicht glänzend; Grundfarbe ist vom Baume ein etwas helles, mattes Grün, in der Zeitigung nur etwas gelbgrün. Stark besonnte Exemplare zeigen an der Sonnenseite einen matten Anflug von Röthe, die zuweilen, doch undeutlich und nur schwach, Streifen anzeigt. Die Abbildung im Berger bildet die Frucht mit ziemlich vieler, starker bräunlicher Röthe um den Kelch herum ab. Die Punkte sind sehr zahlreich, recht fein, etwas dunkler grün, matt und fein umringelt. Rost findet sich hie und da als leichter Anflug; doch zeigt sich etwas Ueberzug von Rost um den Kelch. Geruch ist kaum bemerklich.

Das Fleisch ist ein wenig grünlich gelbweiß, um das Kernhaus sehr wenig und nur fein körnig, fein, saftreich, schmelzend, von gewürztem, ziemlich süßen, noch etwas Säure zeigenden, sehr angenehmen Geschmacke.

Das Kernhaus hat meist nur angedeutete, hohle Achse; die ziemlich geräumigen Kammern enthalten schwarze, theils ziemlich vollkommene, theils unvollkommene Kerne, die am Kopfe nur ein flaches Knöpfchen haben.

Reifzeit und Nutzung: Zeitigte in Jeinsen bei mehreren Ernten nach der Sparbirn, mit der trefflichen Osbands Sommerbirn 2c., gegen Ende August.

Der Baum treibt nach Herrn Mas etwas schwach, besonders auf Quitte, wird auf dieser bald und recht fruchtbar, wächst gesund, hält sich aber wegen großer Fruchtbarkeit auf Quitte nicht lange. Die Sorte taugt auch für Hochstämme. Die Sommertriebe sind mäßig lang und stark, nach oben etwas wollig, olivenfarbig, zu lebergelb spielend, leicht braun überlaufen, zahlreich und deutlich punktirt. Blatt des Sommertriebes mittelgroß, oval, oft elliptisch, schwach rinnig, seicht und fein gezahnt. Blatt der Fruchtaugen etwas mehr zur Eiform neigend, fast ganzrandig. Augen konisch, etwas flach gedrückt, etwas abstehend, sitzen auf wenig vorstehenden, flach gerippten Trägern.

Oberdieck.

No. 634. Erzbischof Hons. Diel I, 3; Luc. I, 2, a; Jahn II (IV), 1.

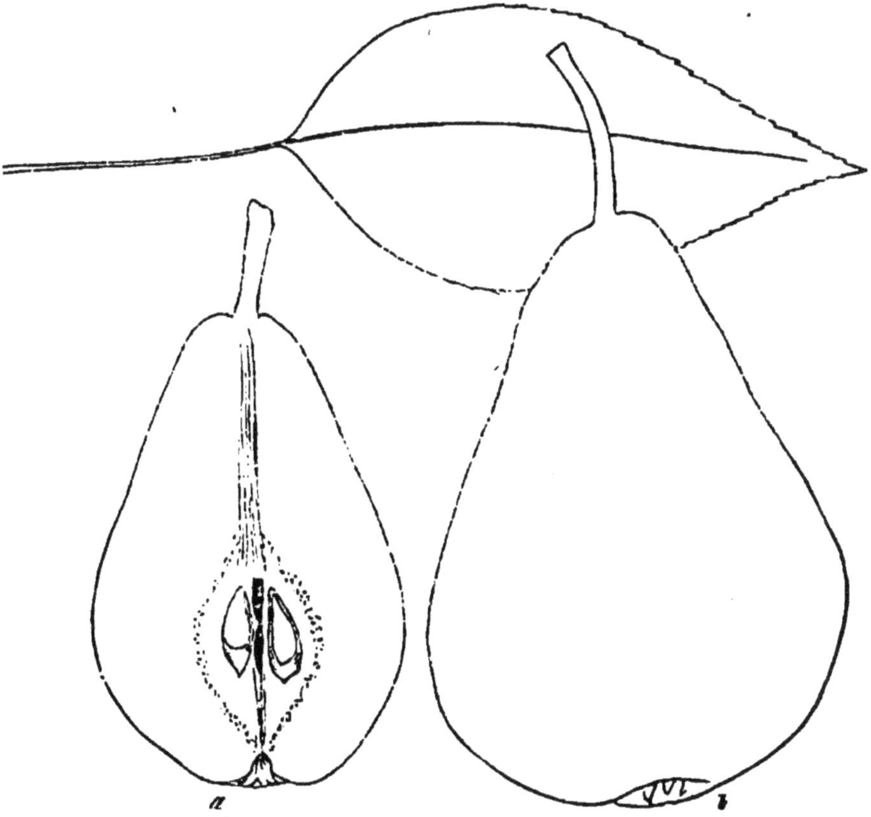

a b

Erzbischof Hons, **, Mitte August.

Heimath und Vorkommen: Diese durch frühe Reife und Güte des Geschmacks schätzbare Frucht ist 1856 erzogen durch Herrn Giboy-Lorne zu Troyes, der sie nach einem früheren Bischofe seiner Diöcese benannte. Sie ist in meiner Gegend noch früh reifend, hat süßen, gewürzten, durch etwas beimengte Säure gehobenen Geschmack, so daß sie sich wohl weiter verbreiten wird, wenn auch Herr Leroy von ihr sagt, daß sie nur in dem Boden, in dem sie erwuchs, sich vorzüglich gezeigt haben möge, und bei ihm eine nur mittelmäßig gute Frucht gewesen sei. Das Reis erhielt ich durch Herrn Dr. Lucas von den Herren Baltet zu Troyes und zeigte die Sorte sich ächt. Der Baum wächst bei mir bisher gemäßigt und dürfte sich für Pyramiden auf Wildling eignen; die Sommertriebe sind aber in meinem Boden grindig.

Literatur und Synonyme: Annales VIII, S. 85, Poire Monseigneur des Hons, wo Baltet die Beschreibung gibt. Die Figur b oben zeigt die Größe der Abbildung in den Annales. Vergl. noch Monatsschrift 1864 S. 233 und 1866 S. 145. In letzterer Stelle wird von Herrn Dr. Lucas die Reife 1865 auf 16. August nach der Grünen Hoyerswerder gesetzt. Letztere reift in meiner Gegend immer erst gegen Ende August, doch erhielt ich schon 2mal, und so auch 1869 Anfang August von Herrn Dr. Lucas halbschmelzend werdende, der Reife wenigstens nahe Früchte Der Berger des Hrn. Mas gibt Abbildung und Beschreibung unter Sommerfrüchte Nr. 45 nach ziemlich schmal ausgefallener Frucht, wo solche Exemplare auch vorkommen; die Güte der Frucht wird gelobt mit dem Zusatze, durch successives Pflücken könne man sie 4 Wochen lang haben. — Leroys Dictionaire de Pomologie hat sie II, S. 432 noch nach etwas kleinerer Frucht beschrieben und dargestellt; wie ich sie ähnlich auch schon einmal aus Reutlingen erhielt.

Gestalt: birnförmig, einzeln zur Zapfenform neigend, 2¾" hoch, 1¾" breit. Der Bauch sitzt mehr nach dem Kelche hin, um den die Frucht sich fast eiförmig zuspitzt, und so wenig abstumpft, daß sie meist nicht stehen kann. Nach dem Stiele macht sie nur schwache Einbiegungen und endet mit einer starken, konischen, etwas abgestumpften Stielspitze.

Kelch: offen, liegt mit den häufig mehr oder weniger beschädigten, schwach rinnenförmigen Ausschnitten auf oder biegt sich mit den Spitzen der Ausschnitte auf die Frucht zurück, und sitzt in unbedeutender Vertiefung, umgeben mit einigen Falten oder flachen Rippen, die oft bis zum Bauche hinlaufen.

Stiel: stark, fast gerade, kurz, meist ⅔—¾" lang, sitzt auf der Spitze der Frucht flach vertieft und ist durch einen sich erhebenden Wulst der Stielspitze oft etwas zur Seite gebogen.

Schale: ziemlich stark, wenig glänzend, grün, in der Zeitigung grüngelb. Besonnte Exemplare sind an der Sonnenseite, häufig am meisten nach dem Kelche hin oder um den Kelch, mit einer bräunlichen, in der Zeitigung freundlicher werdenden Röthe ziemlich stark überlaufen, die deutliche Spuren von Streifen zeigt. Punkte sind wenig bemerklich, Rostanflüge und Flecken sind meist ziemlich häufig. Geruch merklich.

Das Fleisch ist etwas grünlich gelb oder gelblich, um das Kernhaus etwas körnig, ziemlich fein, fast schmelzend, von süßem, gewürzten, schwach süßweinigen Geschmacke, den man mit dem Geschmacke der Rousselet von Rheims vergleichen kann.

Das Kernhaus ist klein; mit schwacher hohler Achse oder ohne hohle Achse, die engen Kammern enthalten theils taube, theils vollkommene, schwarze, langeiförmige Kerne mit flachen Knöpfchen am Kopfe.

Reifzeit und Nutzung: Von Hrn. Dr. Lucas 1869 Ende Juli gesandte Früchte waren 3ten August mürbe, um welche Zeit in Jeinsen die Grüne Magdalene eben passirt war. Die rechte Reife wird meist auf Mitte August fallen. Die Annales setzen die Reife in Troyes zwischen 1. und 20 August; Leroy setzt sie Ende August. Die Frucht hält sich, für so frühe Reifzeit, ziemlich lange.

Der Baum wächst bisher in meiner Baumschule in 2 Stämmen gut, doch gemäßigt, setzt die Zweige in mehr spitzen, als stumpfen Winkeln an, und macht früh Fruchtaugen. Die Sommertriebe sind ziemlich lang, wenig gekniet, ledergelb, etwas ins Olive spielend, besonnt schwach röthlich überlaufen, zerstreut und fein punktirt. Blatt glänzend, etwas rinnig, mittelgroß, theils ziemlich elliptisch, theils mehr langeiförmig, fein gezahnt. Afterblätter lang=pfriemenförmig. Blatt der Fruchtaugen größer; fast von derselben Form, langeiförmig, doch nach dem Stiele mehr elliptisch zulaufend; einzeln selbst zu lanzettlich neigend, schwach gezahnt, fast nur gerändelt. Augen klein, dreieckig, fast anliegend oder stehend, sitzen auf flachen, schwach gerippten Trägern.

Oberdieck.

No. 635. August Jurie. Diel I, 1, a; Luc. II, 1, b; Jahn II, 1.

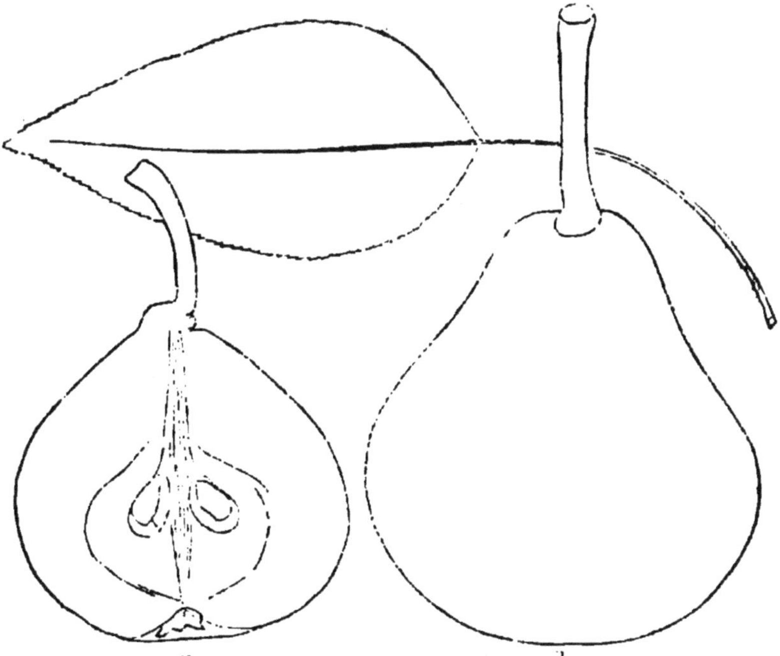

a b

August Jurie, **, nach Mitte August 14 T.

Heimath und Vorkommen: ist eine neuere Frucht, die von Herrn Fortuné Willermoz, Secretär des pomologischen Congresses der Rhone erzogen und nach Herrn August Jurie, Präsidenten des gedachten pomologischen Congresses benannt wurde. Das Reis erhielt ich von Herrn Präsidenten Mas zu Bourg-en-Bresse und darf, nach der Beschreibung, annehmen, die rechte Sorte erhalten zu haben. Herr Mas sagt von ihr, daß sie eine ausgezeichnete, auch gern tragende Frucht sei, bemerkt aber zugleich, daß sie auf Quitte zu schwach wachse und, weil die feinen Aeste sich stark hängten, am besten als Palmette an einer Mauer erzogen werde, wo auch die Früchte früher zeitigten und genügende Größe erlangten, die sie, auf Hochstamm erbaut, nicht hinreichend erhielten. Daß Letzteres gegründet ist, zeigen die bei mir erwachsenen Früchte (oben Figur a) und darf man wohl abnehmen, daß die im Verger gegebene Abbildung (oben Figur b) nach Frucht von einer Palmette an einer Mauer gegeben ist. Da indeß gar manche Birnen in meinem Garten beim Hause zu klein bleiben, mag die Obige doch in gutem Birnenboden selbst auf Hochstamm mehr Größe erreichen und werthvoll sein. Schmelzend wurde sie selbst in der geringen Größe, die sie in meinem Boden hochstämmig annahm, und der Geschmack war vorzüglich, doch muß man nicht zu spät pflücken und essen, ehe sie sich zu leicht eindrücken läßt.

Literatur und Synonyme: Der Verger gibt Beschreibung und Abbildung unter Nro. 29 der Sommerfrüchte S. 61, und allegirt den Congress pomologique de France. Bei Liron d'Airoles finde ich sie in den ersten 3 Heften, die ich besitze, nicht. Leroy, Dictionaire pomologique II. S. 167 gibt die Figur noch etwas größer und breiter, als Mas, und, wie bei meiner Frucht, am Stiel nicht abgestumpft, überhaupt ganz in der Form von a oben. Leroy lobt ihre Fruchtbarkeit und tadelt nur die Kleinheit, die doch so beträchtlich nicht ist.

Gestalt: In meinem Boden nehmen die Früchte ziemlich die Form der Pomeranzenbirnen an, und ein Exemplar rundete sich am Stiel ganz zu und hatte keine vorgeschobene Stielspitze. Nach Herrn Mas ist sie bald etwas eiförmig, bald kurz birnförmig. Der Bauch sitzt mehr nach dem Kelche hin, um den die Frucht sich flachrund oder etwas höher zuwölbt. Nach dem Stiele endet sie, nach Herrn Mas, bald mit sanft erhobenen Linien, bald mit Einbiegungen, und macht eine kurze und abgestumpfte Spitze, die an meinen kleinen Früchten gar nicht abgestumpft war, sondern mit Fleischbeulen halb in den Stiel überging.

Kelch: offen, hartschalig, meistens an den Spitzen verstümmelt, wo diese aber vorhanden sind, zur Frucht zurückgebogen oder aufliegend (nach Herrn Mas steht der Kelch bald in die Höhe, bald liegt er sternförmig auf) und sitzt in flacher Senkung, mit einigen Falten oder flachen Beulen umgeben, die am Bauche einzeln oft vordrängen und die eine Seite der Frucht stärker machen, als die andere.

Stiel: holzig, ziemlich stark, bald gerade, bald gebogen, an meinen Früchten meistens 1'' lang, einzeln kürzer, sitzt nach Herrn Mas wie eingesteckt oder in einer nur von kleinen Beulen gebildeten Höhle; nach meiner gewöhnlichen Bezeichnung geht die Frucht mit einem anliegenden Wulste halb in den Stiel über.

Schale: ziemlich stark, Grundfarbe vom Baume grasgrün, in der Zeitigung grüngelb (nach Herrn Mas citronengelb). Die Sonnenseite und oft noch ein Theil der Schattenseite ist, bei gut besonnten Früchten mit unansehnlicher brauner, später freundlicher werdenden Röthe überzogen, die nach den Seiten hin Spuren von Streifen zeigt. Die Punkte sind sehr zahlreich, treten jedoch nur in der Röthe sichtbarer hervor, wo sie gelbgrün sind. Rostanflüge nnd Figuren sind ziemlich häufig und überlaufen Anflüge davon oft auch die Röthe. Der Geruch ist gewürzt und ziemlich stark.

Das Fleisch ist nach Herrn Mas weiß, etwas mit Gelb geadert; an meinen Früchten war es etwas grünlich weiß; es ist sehr fein, saftreich, hat selbst in meinem Boden kaum Spuren von Körnchen ums Kernhaus. Der Geschmack ist süßweinig, mit einem eigenthümlichen, sehr angenehmen Gewürze gehoben, das Herr Mas als muskirt bezeichnet.

Das Kernhaus ist mäßig groß, hat keine hohle Achse; die mäßig geräumigen Kammern enthalten schwarze, ziemlich kleine, meistens platte und nicht recht ausgebildete, langeiförmige Kerne, die auch am Kopfe ein feines Knöpfchen haben.

Reifzeit und Nutzung: zeitigt nach Herrn Mas zu Anfang des August. In dem Anfangs kalten Sommer 1869 trat die Reife erst gegen Ende August ein.

Der Baum wächst, wie schon Eingangs gedacht ist, sehr gemäßigt, ist aber gesund und fruchtbar. Als Zwerg erzogen wird er besser für Spaliere als Pyramiden passen. Mein Probezweig davon hat 3 im ersten Jahre lange, nicht starke und dann, ohne weitere Verästelung als nur mit einem längeren Fruchtspieße fortwachsend, kurze, feine Triebe gemacht, die in ihrer ganzen Länge sich gleich mit vielem, ganz kurzem Fruchtholze bedeckten, das reiche Ernten verspricht. Die Sommertriebe sind Anfangs lang, nicht stark, etwas bräunlich olive, kurzgliedrig, sehr wenig punktirt. Das Blatt ist in der Mehrzahl langeiförmig, fast flach, glänzend seicht und fein gezahnt. Afterblätter fand ich im August schon nicht mehr. Das Blatt der Fruchtaugen spitzt sich am Stiele stärker zu und ist mehr eilanzettlich oder selbst lanzettlich, gleichfalls sehr fein gezahnt. Augen stark, konisch, stehen ab, sitzen auf wenig vorstehenden, flach gerippten Trägern. Oberdieck.

No. 636. **Die Tyson.** Diel I, 3, a; Luc. I, 1, a; Jahn II (IV), 1.

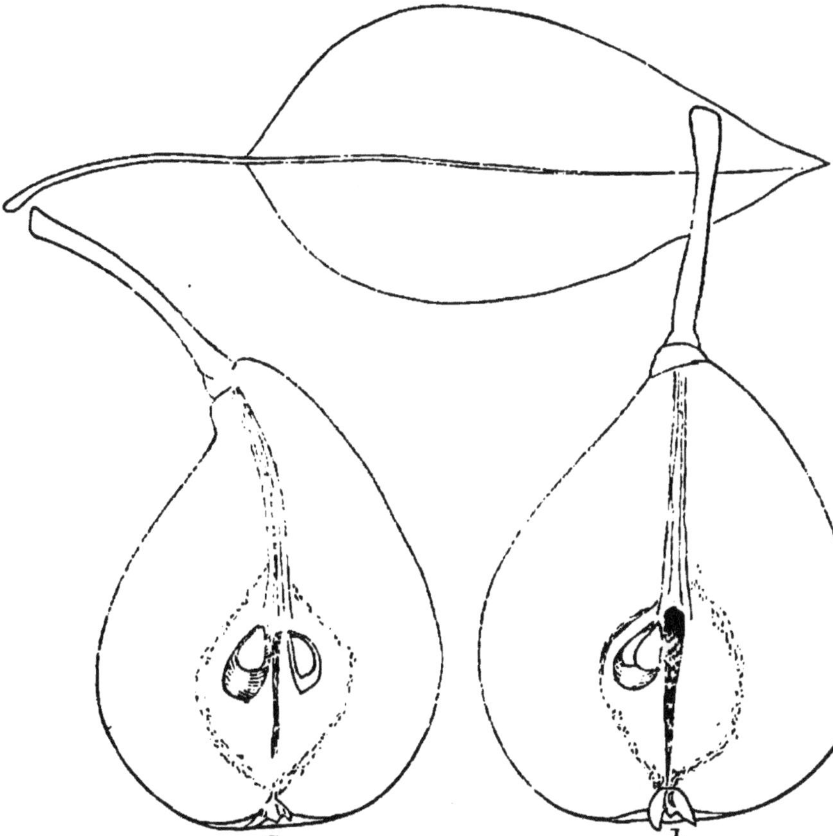

a b

Die Tyson, **†, gegen Ende August 14 Tage.

Heimath und Vorkommen: Ist eine amerikanische Frucht, die, nach der von Hovey, Downing und Elliott gegebenen Nachricht, um 1794 in einer Hecke bei Jenkintown unweit Philadelphia, auf der Farm eines Herrn Tyson gefunden wurde. Der Baum wurde in besseren Boden gepflanzt, stand, als Hovey schrieb, noch, und hatte derzeit, 2' von der Erde, einen Umfang von 6 Fuß. Das Reis erhielt ich durch die Güte der Herren André Leroy zu Angers und Präsident Mas zu Bourg-en-Bresse in Frankreich, überein, weiter wohl bezogen von Downing) und darf auch nach der gegebenen Beschreibung glauben, die Sorte ächt erhalten zu haben. Wie die Amerikaner ihre Güte sehr loben, so habe auch ich in ihr eine Frucht gefunden, die zu den werthvollen delikaten Tafelbirnen gehört, und verdient allgemeiner angebaut zu werden, da der Probezweig auch bei mir bald und voll trug und die Frucht selbst in meinem zu trockenen Garten beim Hause schon mehrere Jahre hindurch ganz schmelzend und delikat wurde.

Literatur und Synonyme: Hovey Fruits of America I, S. 37 mit Abbildung: Hovey's Werk gibt wohl durchweg treffliche, naturgetreue Abbildungen. Downing hat sie in der Ausgabe von 1856 noch nicht, in der Ausgabe von 1866 findet sie sich dagegen S. 445 mit Figur. Elliott S. 361. Herr Mas gibt im Verger unter Nro. 24 der Sommerbirnen Abbildung und Beschreibung. Die Abbildung hat fast Form und Größe der Figur a oben. Leroy's Dictionaire de Pomologie II, S. 710 Nr. 882.

Gestalt: Früchte, die bei mir erwuchsen, hatten die oben dargestellte Größe und Form. Hovey gibt die Hauptfigur in Größe und Form wie b oben, die Mehrzahl meiner Früchte h te indeß eine nach einer Seite übergebogene Spitze, einzeln noch stärker übergebogen, als in Figur a, und bemerkt auch Hovey, daß die Form etwas veränderlich sei, oft mit verlängerter Spitze und fast flaschenförmig. Der Bauch sitzt mehr nach dem Kelche hin, um den die Frucht sich bald ziemlich flachrund, bald etwas mehr eiförmig wölbt. Nach dem Stiel macht sie meistens sanfte Einbiegungen, oft nur auf einer Seite, und bald eine kürzere, dickere, bald eine etwas verlängerte, halb oder wirklich in den Stiel auslaufende Spitze.

Kelch: offen, steht mit den dürren, oft ziemlich breiten und harten Ausschnitten meistens in die Höhe, während einzeln auch die Spitzen der Ausschnitte, wenn sie vollständig da sind, sich rückwärts zur Frucht zurückbiegen, und sitzt in flacher, oft auch enger Senkung, umgeben mit flachen, breiten Beulen, die am Bauche sich oft einzeln vordrängen und die Rundung verschieben.

Stiel: stark, holzig, an der Basis fleischig, war an meinen Früchten 1—1½" lang, ging mehr oder weniger mit Beulen aus der Fruchtspitze heraus und war durch die sich überbiegende Spitze meistens mehr oder weniger, oft stark zur Seite gebogen.

Schale: ziemlich glatt und glänzend, mittelstark, vom Baume grasgrün, in der Zeitigung grünlich gelb, nach Hovey dunkelgelb. Die Sonnenseite ist zu einem beträchtlichen Theile mit einer bräunlichen, später freundlicher werdenden Röthe überlaufen. Die Punkte sind fein, zahlreich in der Röthe, vom Baume grünlich grau, später gelblich grau. Rostanflüge und Figuren sind bald nicht häufig, bald finden sie sich häufiger, 1867 bildete der Rost um den Kelch selbst Ueberzüge. Der Geruch ist schwach.

Das Fleisch ist gelblich mattweiß, ist selbst in meinem Boden ums Kernhaus kaum fein körnig, fein, saftreich und schmelzend, von süßem, schwach weinigen, leicht zimmtartig gewürztem, delikaten Geschmacke.

Das Kernhaus hat meistens nur kleine, hohle Achse; die mäßig geräumigen Kammern enthalten theils taube, theils vollkommene, eiförmige Kerne.

Reifzeit und Nutzung: Zeitigt in Amerika zu Ende des August oder Anfangs September. In dem kalten Jahre 1866 war die rechte Brechzeit 5ter September und mürbeten die Früchte am 12. September, in wärmeren Jahren Brechzeit gegen Ende August. 1867 brach ich, durch Uebersehen, erst 17. September und waren die Früchte Ende September unverdorben und schmelzend, so daß die Frucht auf den Pflückepunkt nicht zu eigen ist, doch wird sie bei frühem Brechen schmelzender.

Der Baum wächst rasch und gesund, nach Hovey selbst stark und wurde auch mein Probezweig rasch groß. Er gedeiht, nach Elliott, auf Quitte. Die Sommertriebe sind lang, ziemlich stark, etwas gekniet, beschattet olivengrün, besonnt stark braun, fast violettbraun überlaufen, nur mäßig zahlreich punktirt. Blatt mittelgroß, fast flach, etwas hängend, elliptisch, nur sehr seicht gezahnt, Afterblätter lang, fadenförmig. Blatt der Fruchtaugen ziemlich groß, glänzend, ziemlich elliptisch, meistens zwischen elliptisch und lang- und spitz eiförmig stehend, nur gerändelt. Augen kurz, etwas stumpf, stehend, oft ziemlich abstehend, sitzen auf flachen nur flach und kurz gerippten Trägern.

Oberdieck.

No. 637. Die Monchallard. Diel I, 3, a; Luc. I, 1, b; Jahn II, (VI), 1.

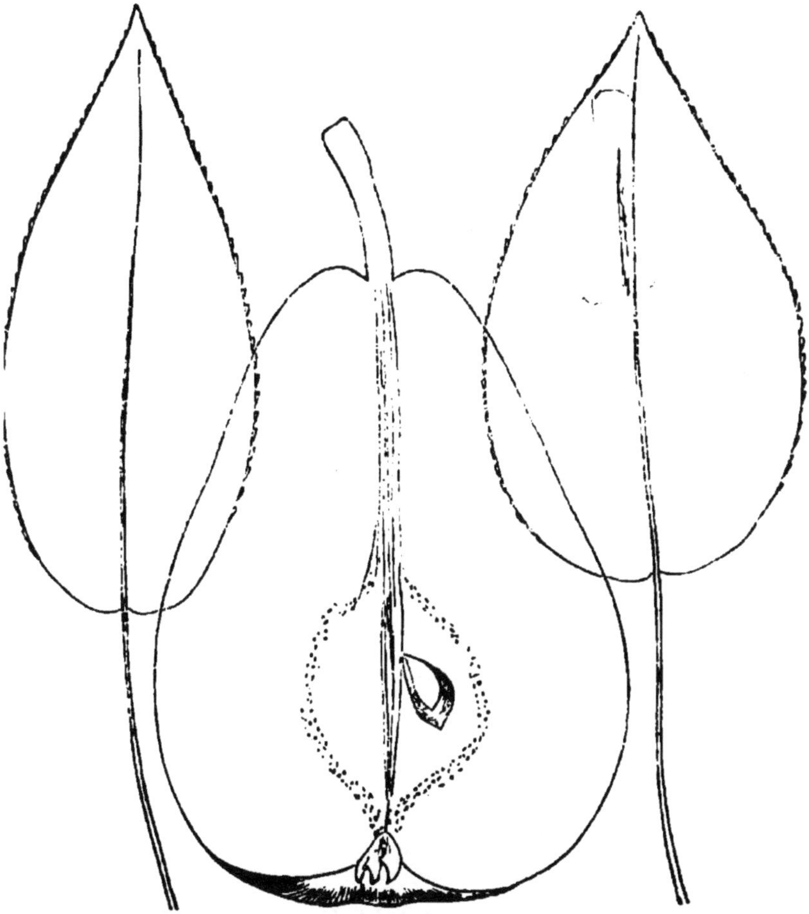

Die Monchallard, **†, Ende August, Anfangs September 14 Tage.

Heimath und Vorkommen: Nach der in Leroys's Dictionnaire II, S. 430. gegebenen Nachricht ist diese treffliche und wegen früher Zeitigung schätzbare Frucht aufgewachsen auf der Besitzung eines Herrn **Monchallard** zu **Valeuil**, Canton de Brantome (Dordogne) in Frankreich, und hat der jetzige Besitzer des Baumes noch näher bemerkt, daß sein Großvater 1810 in einem Gehölze einen jungen Stamm gefunden habe, der, in besseres Erdreich verpflanzt, die hier vorliegende Frucht lieferte, die man in der Familie Poire Monsalard nannte (nicht Monchallard, wie man später schrieb). Das Reis erhielt ich von Herrn Präsidenten Mas zu Bourg-en-Bresse, von Baltet und Anderen, bekam auch wiederholt schöne Früchte von Herrn Generalconsul Labé. Wird sich bald weiter verbreiten.

Literatur und Synonyme: Decaisne, Text Nummer 17 Tom IV. Poire Monchallard. Liron Notice Pomologique III, S. 33, Tafel 36, Nr. 2: Leroy, Dictionaire II, S. 429, unter demselben Namen, mit den Synonymen Belle épine fondante, Epine d'été de Bordeaux, Epine Rose de Jean Lami und Morsallard, letzteres nach dem Congres pomologique und nach der Pomologie de France 1864 Tom II, Nr. 87. — Zur Erklärung der meistens ganz unrichtigen Synonyme bemerken Decaisne und Liron d'Airoles, Tom II, 215 Supplement, S. 20, noch Folgendes: Ein Gärtner Namens Jean Lami, der sich in Bordeaux besetzte, brachte die Frucht ohne Namen mit aus Perigueux (Dordogne) und nannte sie Anfangs Epine rose, worauf alle Baumschulenbesitzer in Bordeaux sie unter dem eben so falschen Namen Epine d'Eté verbreiteten, Herr Gerard Catros daselbst sie jedoch Epine rose de Jean Lami nannte. Als Letzterer nachher unter den Namen Epine rose und Epine d'Eté bei Duhamel andere Früchte fand, nannte er sie Belle Epine fondante. Erst 1859 erfuhr man durch die Bemühungen des Congres pomologique die rechte Abkunft der Sorte

Gestalt: zwischen birnförmig und abgestumpft konisch, neigt meistens zum abgestumpft Konischen, doch variirt die Form darin, daß der Bauch einzeln mehr nach der Mitte hin liegt, oft auch noch stärker nach dem Kelche als in obiger Figur, die nach guten Früchten von Herrn Generalconsul Labé gezeichnet ist. Decaisne stellt die Frucht stark 3'' breit und 4'' hoch dar. Auf meinem Probezweige im Garten beim Hause blieb die Frucht kleiner, oft auch kürzer. Der Bauch sitzt meistens stark nach dem Kelche hin, um den die Frucht sich bald etwas flachrund wölbt und ziemlich stark abstumpft, bald mehr zurundet und wenig abstumpft. Nach dem Stiele macht sie, oft nur sichtbar auf einer Seite, schlanke, sanfte Einbiegungen und dicke, ziemlich oder wirklich stark abgestumpfte Spitze.

Kelch: bleibt hartschalig, offen, steht mit den an der Basis oft noch grünen und etwas fleischigen Ausschnitten in die Höhe und sitzt meistens nur flach, oft auch stärker vertieft in ziemlich ebener Senkung und auch über die Frucht laufen bemerkbare Erhabenheiten wenig hin.

Stiel: stark, meist 1'', einzeln bis 1½'' lang, sitzt auf der Spitze der Frucht allermeistens etwas vertieft, selten wie eingesteckt, ist meistens fast gerade und nur wenig oder nicht zur Seite gebogen.

Schale: glatt, mattglänzend, vom Baume grün, zuletzt gelb. Die Sonnenseite zeigt über beträchtlichen Theil derselben leichte verwaschene, bräunliche, später freundliche, etwas gelblich rothe Röthe, die nur nach den Seiten oder dem Stiele hin undeutlich oder deutlicher Streifen zeigt. Oft besteht die Röthe auch nur in rothen Kreischen und Dupfen um die zahlreichen feinen Punkte, die in der Grundfarbe theils fein grün umringelt sind und auch in der Röthe oft undeutlich heller umringelt erscheinen. Rost wenig, oft gar nicht da. Geruch stark.

Das Fleisch ist gelblich weiß, von Ansehen etwas körnig, doch beim Genusse fein, saftreich, schmelzend, von etwas rosenartig gewürztem, durch etwas feine Säure gehobenen Zuckergeschmacke.

Das Kernhaus hat keine hohle Achse, die mäßig geräumigen, oft kleinen Kammern enthalten kleine, schwarzbraune, nur ziemlich vollkommene, oft taube Kerne, die am Kopfe ein Knöpfchen haben.

Reifzeit und Nutzung: zeitigt bei uns Ende August und Anfangs Sept.; wird am besten, wenn sie vor der Zeitigung gebrochen wird.

Der Baum wächst rasch, macht nach Leroy eine Krone, in der die mittleren Aeste in die Höhe gehen, die seitlichen sich mehr flach wölben. Sommertriebe lang und stark, nach der Spitze nur etwas wollig, violettbraun, beschattet schmutzig olive, etwas gekniet, kurzgliedrig, ziemlich zahlreich punktirt. Blatt mittelgroß, etwas rinnig langelliptisch, glänzend, am Rande seicht und stumpf gezahnt. Afterblätter fein, fast fadenartig. Blatt der Fruchtaugen meistens eilanzettlich, in kürzer gestielten Exemplaren zu lang- und spitzeiförmig neigend. Augen klein, konisch, stehend oder anliegend, sitzen auf wenig vorstehenden, kurz gerippten Trägern.

Oberdieck.

No. 638. Meißner Liebchensbirn. Diel III, 2, 1; Lucas VII, 1, a; Jahn III, 1.

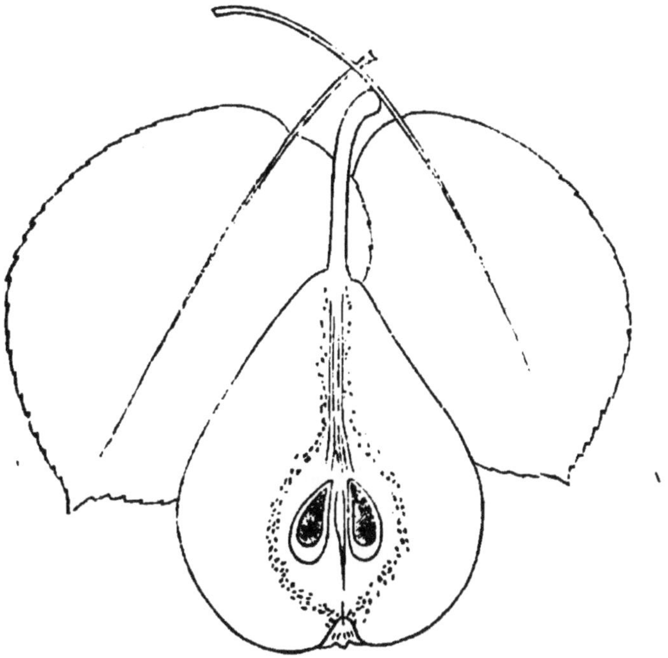

Meißner Liebchensbirn, †, Ende Aug. bis Anf. September.
Diel (Sickler.)

Heimath und Vorkommen: Stammt aus Sachsen, wo sie in der Gegend um Meißen auch (Kleinste) Jungfern- und Liebchensbirn benannt wird. Verschieden von der Liebesbirn, Illustr. Hdb. Nr. 110.

Literatur und Synonyme: Diel, welcher diese Sorte von Meier aus Meißen empfing, beschrieb sie im III. Bd. S. 155; Dittrich I. Bd. Nr. 79; T. O. G. 19. Bd. S. 192 mit guter Abbildung auf Taf. 17; Dochnahls Führer Nr. 484; v. Biedenf. S. 18.

Gestalt: rundbauchig, kegelförmig, $1^3/_4$" breit, $2^1/_4$" hoch, nach dem Kelche schön abgerundet, derart, daß die Frucht noch gut aufstehen kann; nach dem Stiele zu ohne Einbiegung kegelförmig, nur wenig abgestumpft spitz.

Kelch: klein, offen, lederartig, flach aufliegend, in seichter oder auch etwas tieferer, selten mit einigen Beulchen umgebener Einsenkung.

Stiel: selten über 1 Zoll lang, lichtgrün, obenaufsitzend, von einigen Falten umgeben und meistens etwas auf die Seite gedrängt.

Schale: Grundfarbe schön citronengelb, an der Sonnenseite glänzend feuerroth, welche Färbung nach dem Stiele hin streifenartig erscheint. Außerdem ist die ganze Schale mit vielen feinen graugrünen Punkten übersäet, und es finden sich zuweilen auch feine dünne Anflüge von Rost.

Fleisch: gelblich weiß, grobkörnig, um das Kernhaus steinig, rauschend, wenig saftreich, von süßem Geschmack.

Kernhaus: geschlossen, mit geräumigen muschelförmigen Kammern, welche lange vollkommene Kerne enthalten.

Reifzeit und Nutzung: Ende August, Anfang September. Hält sich 3 Wochen hindurch nach und nach abgenommen. Nur als Wirthschaftsfrucht verwendbar.

Eigenschaften des Baumes: Derselbe wird mittelgroß und trägt gewöhnlich ein Jahr ums andere. Sommerzweige lang und stark, wenig gekniet, doch gebogen, eine Strecke horizontal, dann wieder aufwärts strebend, am Grunde graugrün, besser oben hell gelbgrün, an der Sonnenseite und nach oben violettbraun geröthet, oben sehr fein, mehr nach unten stärker, etwas warzig braungelb punktirt. Augen kegelförmig, klein, spitz, schwärzlich braun, abstehend. Blätter breitoval, kurz- und stumpfspitz, oder auch länger und besonders oben am Zweige scharf zugespitzt, $1^3/_4$'' breit, $2^1/_4$—$2^1/_2$'' lang, seicht stumpfgesägt oder gekerbt, glatt, hellgrün, glänzend, reich, doch fein geadert, nur die oft röthlich gefärbte Mittelrippe ist ziemlich sichtbar. Bei öfterem Regen färbt sich gerne ein oder das andere Blatt auf seiner obern Fläche röthlich. Blattstiel $^1/_2$—$^3/_4$'' lang, ziemlich dünn, geröthet. Am älteren Holze sind die Blätter meist zwar von gleicher Form, einzelne aber sind eirund, kleinere kurz- und stumpfspitz, ganzrandig; der Blattstiel ist verschieden, bis $1^1/_2$'' lang, und stark, hellgrün, geröthet; das Blatt hängt an ihm, am Rande nach unten umgebogen, oder mit halbspiralförmig gebogener Spitze, im stumpfen oder rechtem Winkel über. Blüthenknospen mittelgroß, kegelförmig, ziemlich stehend, spitz, gelbbraun, am Grunde schwarzbraun, glatt. Obgleich die Frucht in ihrer Vollkommenheit angenehm ins Auge fällt, verdient sie doch weitern ausgedehnten Anbau nicht, um so weniger, als sie zur Zeit ihrer Reife viele Rivalen hat, von denen sie meistens übertroffen wird; sie ist daher nur für den Sammler von Werth.

S.

No. 639. Französische Sommerdorn. Diel I, 3, a; Luc. I, 1, a (b); Jahn VI, 1.

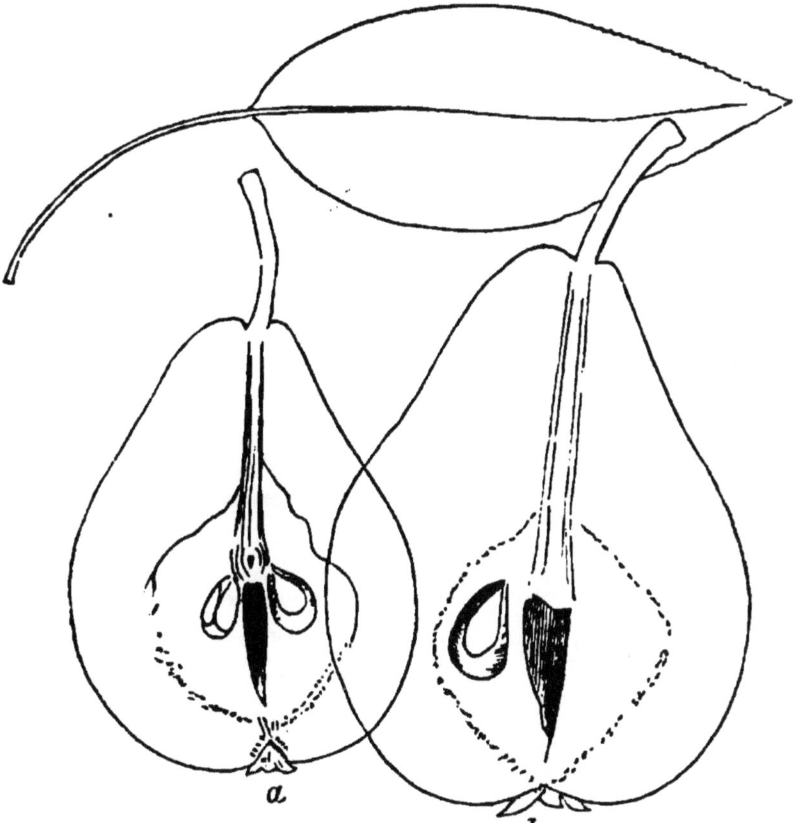

Französische Sommerdorn, fast **†, Anfangs September.
Epine d'Eté.

Heimath und Vorkommen: Ist diejenige Frucht, welche man in Frankreich jetzt für die Duhamel'sche Epine d'été hält. Namentlich hält Decaisne, von dem ich das Reis, wie in gleicher Vegetation auch von Mas erhielt, die Obige für Duhamels Frucht. Dies ist sicher irrig, da Diel als Epine d'été 1799 aus Paris unsern Grünen Sommerdorn bekam und diese Sorte sich bei ihm eher echt erhalten hat, als in Frankreich, Duhamel auch seine Frucht schildert als 2'' breit, gegen 3'' hoch, lang und schmal). Haut gleichsam fettig, sehr stark müskirter Geschmack, reifend Anfangs September. In Frankreich scheint weder unser Grüner, noch Rother Sommerdorn, die beide aus Frankreich kamen, mehr bekannt, am wenigsten unser Punktirter Sommerdorn. Obige habe ich daher im Namen von den anderen Sommerdornbirnen geschieden. Ist gut, zu spät gebrochen jedoch fade.

Literatur und Synonyme: Etienne hat eine Epine blanche und grise, aber keine Epine d'été, auch Quintinye nicht, was man erwarten sollte, da Ludwig XIV. sie gern gegessen haben soll. Duhamel hat Epin d'été III, S. 51, Taf. 30, die er in Größe und schmaler Form darstellt, wie recht vollkommene Exemplare des Grünen Sommerdorns. Pomol. Seine inferieure S. 28 Epine d'été (Synonym Bugiarda) gibt schmale Form, Geschmack sei stark müskirt (so schmeckt Grüner Sommerdorn). Decaisne Text-Nro. 143; Synon. Bonne poire de Louis XIV, Figue musquée, Grande épine d'été, Heathcot de Gore (! ganz irrig), Satin vert (paßt nach Farbe besser auf Grünen Sommerdorn, dem auch die meisten andern Synonyme gehören werden). Decaisne allegirt, außer Duhamel, noch: Jardin Solitaire, Epine d'été ou Fondante musquée; Catalog der Carthause (wo sich findet, daß Ludwig XIV. sie gern gegessen habe, auch das Synonym Bugiarda steht, was Diel beim Grünen Sommerdorn aufführt, wie diese in Italien genannt werde); ferner Pomon. Francon. S. 199, Taf. 22 (welche Abbildung Diel mit mehr Recht beim Grünen Sommerdorn anführt); Nouveau Duhamel S. 202, Tafel 64, Figur 2; Pomol. Seine inferieure 1839, S. 28. Mas, Verger, gibt unsere Frucht Sommerfrüchte, Nro. 71; ist nicht unser Grüner Sommerdorn, was Mas als Synonym anführt, citirt Duhamels Frucht und Handbuch II, S. 395 (beides irrig). Leroy, Dictionaire II, S. 138, Epine d'été. Nur durch bezogene Reiser wäre zu entscheiden, ob er den Grünen Sommerdorn vor Augen hatte, oder etwa den Obigen. Als Synonyme gibt er hauptsächlich: Fondante musquée, Grand epine d'été, Epine de Toledo (Andibert, Bulletin, XVI, S. 331); Epine d'été musquée (Noisette) und Satin vert (Lond. Catal.). Der Londoner Catalog hat S. 136 Epine d'été mit Synonymen Fondante musquée und Satin vert; hat daneben auch eine Epine d'été couleur de rose (unser Rosenfarbiger Sommerdorn? wird jedoch wohl Duhamel's Epine rose, Rosenbirn, sein). Hogg (Manuale) hat Epine d'été (Summerthorn) mit Synonym Epine d'été couleur de rose (!) Epine d'été vert, schildert sie schmal und lang, Geschmack stark müskirt. Nach Allem dürfte Duhamels Epine d'Eté unser Grüner Sommerdorn sein.

Gestalt: birnförmig, erwuchs bei mir, wie Figur a oben; unter b ist Decaisnes Figur beigefügt. Bauch mehr nach dem Kelche hin, um den die Frucht sich eiförmig zurundet und kaum etwas abstumpft, so daß sie nicht stehen kann. Nach dem Stiele schöne Einbiegungen, einzeln nur auf einer Seite, und starke, in meinem Boden nur wenig abgestumpfte Spitze

Kelch: weit offen, fast hartschalig, rinnig, halb aufliegend, sitzt fast oben auf.

Stiel: holzig, 1—1¼" lang, knospig, gewöhnlich etwas zur Seite gebogen, steht zwischen Beulen kaum vertieft, meist fast wie eingesteckt.

Schale: glatt, ziemlich glänzend, vom Baume grasgrün, ohne Röthe, nicht fettig, in Reife nur gelbgrün. Punkte sehr zahlreich, mit feinen, dunkleren Dupfen umgeben. Geruch schwach.

Fleisch: etwas grünlich gelbweiß, fein, fast schmelzend, von angenehmem, nur schwach müskirtem Geschmacke. Decaisne bezeichnet sie als sehr schmelzend, sehr saftreich, sucrée acidulée und müskirt (Duhamel seine Frucht als erhaben und stark müskirt, was auf Grünen Sommerdorn paßt).

Kernhaus: hat hohle Achse; die geräumigen Kammern enthalten starke, schwarzbraune, eiförmige Kerne.

Reifzeit und Nutzung: Zeitigt, nach Decaisne, Ende August, bei mir in warmen Jahren Anfangs September.

Der Baum wächst rasch und gesund, setzt an den vorigjährigen Trieben schon viel kurzes Fruchtholz und Fruchtruthen an und ist fruchtbar. Hat in der Vegetation einige Aehnlichkeit mit der Grünen Hoyerswerder. Sommertriebe mäßig lang und stark, etwas gekniet, mehr olive als lederfarbig, fein und zerstreut punktirt. Blatt klein, flachrinnig, fast lanzettlich, nur sehr seicht gezahnt. Afterblätter fadenförmig. Blatt der Fruchtaugen größer und länger, fast flach, lanzettlich nur gerändelt. Augen konisch, abstehend, sitzen auf merklich vorstehenden, ganz kurz gerippten Trägern. (Duhamel bezeichnet bei Epine d'été Form und Zahnung des Blattes, wie bei unserem Grünen Sommerdorn, Augen oben anliegend, was beim Grünen Sommerdorn nicht so ist.

Oberdieck.

No. 640. Die große Sommer-Rousselet. Diel II, 3, 1; Luc. I, 2, a; Jahn VI, 1.

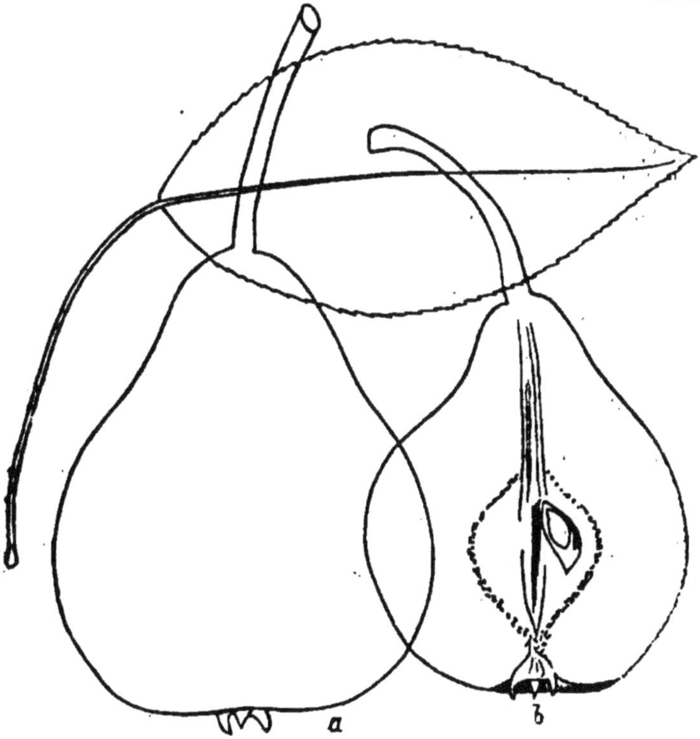
a b

Große Sommer-Rousselet, *, Anf. Sept., 14 Tage, in Jeinsen Mitte Sept.
Le gros Rousselet.

Heimath und Vorkommen: Ist schon alte Frucht, die gern trägt und immer noch gut ist, indeß jetzt von vielen neueren Sorten übertroffen wird. In Jeinsen blieb sie kleiner als in Nienburg. Diel erhielt die Sorte aus der Carthause als Roi d'Eté, wobei er bemerkt, daß sie in den meisten französischen Baumschulen fehle und die dort jetzt gängige Gros Rousselet die Rousselet von Rheims sei. Meinerseits erhielt ich das Reis von Liegel und aus Frauendorf, weiter herstammend von Diel, überein, sah auch 1869 auf der Hamburger Ausstellung dieselbe Frucht als Gros Rousselet in der Collection des Herrn Generalconsuls Labé zu Geisenheim, in Größe der Figur a, nur mehr eiförmig um den Kelch gerundet, mit längerem, gebogenem Stiele.

Literatur und Synonyme: Diel IV, S. 93, Große Sommerrousselet der Sommerkönig. Le gros Rousselet, Le Roi d'Eté. Diel hat noch eine Große muskirte Sommer-Rousselet, die nicht ganz so groß ist, als die Obige und die ich, wie ich sie aus 2 Quellen erhielt und wie sie auch von Diel nach Herrenhausen kam, von seiner Jargonelle und der Liebesbirn nicht unterscheiden konnte. Auch als Brauner langstieliger Sommerkönig hat er eine sehr reich tragende, an sich für den Haushalt sehr werthvolle, nur recht leicht moll werdende Frucht, die man mit Obiger nicht verwechseln muß. — Unter welchem Namen Merlot sie hat, ist nicht gewiß, wahrscheinlich ist sie sein Roi d'Eté. Quintinye hat sie nicht, nennt aber die Oignonet auch Roi d'Eté. Duhamel hat III, Tafel 12 als Roi d'Eté und Roi Rousselet, sie gut beschrieben. Decaisne Nr. 65, Gros Rousselet; er allegirt noch Nouveau Duhamel VI, S. 198. Die Carthause Le Roi d'Eté, Königsbirne, Junkerbirne. Leroy Dictionaire II, S. 250, Gros Rousselet. Knoop nennt die Oignont, mit Quintinye, auch Roi d'Eté. Zink's Roi d'Eté. Junkerbirn Nro. 40, Tafel 4, ist schwerlich die Obige, zumal sie erst Ende September reifen soll. Pomona Francon. III, Nr. 72. Tafel 56, Gros Rousselet, Roi d'Eté. Kraft Taf. 90, Sommerkönig, Große Rousselet. Christ's Handb. S. 207. Vollst. Pomol. Nr. 184. Dittrich I, S. 568. T.-O.-G. XII, S. 322, Tafel 18, nicht recht kenntlich, aber das abgebildete Blatt sagt schon, daß die Obige gemeint ist. Unter den Vergleichungen wird gesagt, daß Duhamel seine Gros Rousselet und den Roi d'Eté irrig für einerlei halte. In Band X, Nr. 61, ist die Royale d'hiver, auch Roi d'Eté genannt. Ist das kein Versehen und wäre da Roi d'Eté gemeint, der von der Rousselet gros sehr verschieden sei, so wäre die Verschiedenheit richtig, aber schon diese Benennung ein Mißgriff. Lond. Cat. S. 149, ohne Nummer mit kurzer Angabe der Kennzeichen und unter Duhamels Benennungen. Bei Amerikanern finde ich sie nicht. Decaisnes Frauenschenkel ist, nach bezogenen Reisern, die Obige.

Gestalt: die richtigste Figur gibt wohl Duhamel, die oben a dargestellt ist und hatte ich sie in Nienburg von gleicher Gestalt und Größe, in Jeinsen nahm sie nur die Größe der Figur b an, und waren viele auf der einen Seite merklich stärker eingebogen, als auf der andern. Bauch mehr nach dem Kelche hin, um den sich die Frucht eiförmig, bei konischen Exemplaren flachrund wölbt und dann stehen kann. Nach dem Stiele macht sie schöne Einbiegungen und etwas, in kleinen Exemplaren auch kaum etwas abgestumpfte Spitze. Diel gibt die Größe guter Früchte zu 3'' Länge und 2¼'' Breite an.

Kelch: feingespitzt blättrig, oft beschädigt, ist offen und sitzt bald flach vertieft, bald in ziemlich tiefer Senkung, mit flachen Beulen umgeben, die Duhamel selbst etwas rippenartig darstellt. Der Bauch ist meistens schön gerundet.

Stiel: mäßig stark, lang, an der Basis meist etwas fleischig, bald fast gerade, bald (wie er so an meinen Früchten in Jeinsen fast immer war und auch der Teutsche Obstgärtner ihn darstellt) sanft, oft stark gebogen, sitzt wie eingesteckt oder oben auf, von einigen feinen Beulen umgeben.

Schale: fein rauh; die Grundfarbe ist am Baume grün, in der vollen Zeitigung hell citronengelb. Nach Diel ist die halbe Sonnenseite mit einem trüben, erdartigen, in der Zeitigung freundlichen Roth verwaschen. In Jeinsen erstreckte sich bei recht frei hängenden Exemplaren die Röthe über den größeren Theil der Frucht oder ging selbst rund herum mit Ausnahme der Kelchfläche. Die Punkte sind fein und sehr zahlreich und ein zimmtfarbiger Rost überläuft in etwas leichten, aber leicht wahrzunehmenden Anflügen fast die ganze Frucht. Geruch ist schwach.

Das Fleisch ist grünlich weiß, feinkörnig, saftvoll, halbschmelzend, von erfrischendem, süßweinsäuerlichen, etwas muskatellernden Geschmacke.

Das Kernhaus ist klein, hat schmale, hohle Achse, die länglichen, engen Kammern enthalten theils taube, theils vollkommene Kerne.

Der Baum wächst sehr rasch und wird nach Diel ziemlich groß. Er geht mit den Aesten schön in die Luft und ist an den etwas feinen, ziemlich viel verästelten Zweigen, mit Anfangs starken, bald aber mehr feinen Trieben und dem schönen, etwas breit lanzettlichen, hängenden, glänzenden Blatt leicht kenntlich. Sommertriebe lang, ziemlich stark, etwas gekniet, etwas schmutzig violettbraun, mäßig zahlreich, an kurzen Trieben wenig punktirt. Blatt ziemlich groß, unten am Triebe häufig ziemlich oval oder etwas breitlanzettlich, nach oben mehr elliptisch oder schön lanzettlich, bald flachrinnig, bald etwas stärker rinnig, glänzend, seicht und fein gezahnt. Afterblätter pfriemenförmig, fehlen meist. Blatt der Fruchtaugen allermeist lanzettlich, auch langelliptisch, wenig ins Auge fallend gezahnt. Augen stark, spitz, doch etwas breit, abstehend, sitzen auf gut vorstehenden, flach gerippten Trägern.

Oberdieck.

No. 641. **Bergamotte von Cuerne.** Diel I, 3, a; Luc. I, 1, b; Jahn VI, 1.

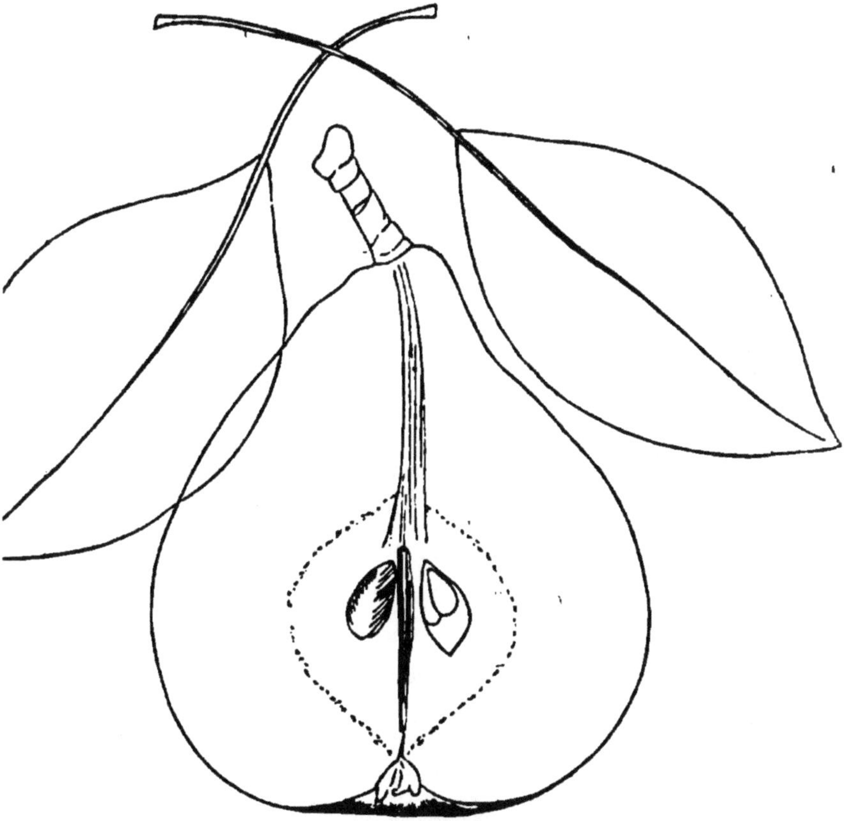

Bergamotte von Cuerne, **†, Anfangs September, 14 Tage.

Fondante de Cuerne.

Heimath und Vorkommen: Das Reis dieser trefflichen Sorte erhielt ich von der Société van Mons; der stark gewachsene Probezweig trug schon 1868 und 1869 und darf ich glauben, die rechte Sorte erhalten zu haben. Die Früchte bildeten sich schon wiederholt in meinem Garten beim Hause sehr gut aus, wurden ganz schmelzend mit feinem Fleische und werden in etwas trockenen Boden sehr passen. An Gewürz stehen einige, gleichzeitig reifende, Sorten noch etwas höher. — Ueber ihren Ursprung weiß man noch nichts Näheres und weiß nur, daß sie seit etwa 20 Jahren aus Belgien sich verbreitete. Nach den Annales entstand sie in der Umgegend von Courtray und ist benannt nach dem Dorfe, wo Herr Reynärt Bernärt sie fand, und wo man sie bis dahin Zop peer (Saftbirne), auch Weinbirne genannt gehabt habe.

Literatur und Synonyme: Annales II, S. 5, Fondante de Cuerne, gibt die Abbildung nach Früchten vom Hochstamme in ähnlicher Größe und Form wie oben, am Stiele in der einen Frucht etwas abgestumpft, in der andern in den Stiel übergehend und mit der Spitze übergebogen. Leroy's Dictionaire II, S. 174, Fondante de Cuerne. Liron d'Airoles Notice I, S. 35. Bei Engländern und Amerikanern finde ich sie noch nicht. Die Illustrirten Monatshefte 1869 S. 193 geben kurz Nachricht und geben Abbildung von der Sorte unter dem Namen Bergamotte von Cuerne, den ich mit adoptirt habe, obwohl, bei ihrer öfter auch höheren Gestalt, ich sie Anfangs Butterbirne von Cuerne genannt hatte.

Gestalt: etwas veränderlich, theils birnförmig, theils mehr dickbauchig kreiselförmig. Große Früchte, wie sie in meinem Garten beim Hause auf unbeschnittener Pyramide erwuchsen, sind 2³/₄" breit und 3¹/₈" hoch, andere sind kleiner, 2¹/₂" breit und 3" hoch. Der Bauch sitzt mehr nach dem Stiele hin, um den die Frucht sich zurundet und theils nur sehr wenig, theils etwas mehr abstumpft, so daß sie dann stehen kann. Nach dem Stiele macht sie bald keine, häufig aber nur auf einer Seite eine Einbiegung und dicke, kurze, sehr wenig abgestumpfte, oder halb in den Stiel auslaufende Spitze.

Kelch: offen, theils auch durch einige Falten etwas geschnürt und dann halboffen, hartschalig, in die Höhe stehend, meistens etwas vertieft, einzeln oben auf, ist mit kleinen Perlen, Falten oder breiten Beulen umgeben, von denen oft einzelne vordrängen und die eine Seite etwas stärker machen als die andere.

Stiel: stark, bald etwas fleischig, bald holzig, gerade oder wenig gebogen, ³/₄—1" lang, geht mit Fleisch-Ringeln halb aus der Frucht heraus oder sitzt wie eingesteckt und häufig seitwärts und unterhalb der sich aufwerfenden höchsten Spitze der Frucht, so daß der Stiel dann zur Seite gebogen ist.

Schale: vom Baume unansehnlich hellgrün, etwas gelblich grün; bei zeitigem Brechen grünlich gelb, in voller Baumreife hochgelb ohne Röthe, oder die Frucht hat nur schwachen Anlauf von Röthe durch ganz matte rothe Kreischen um die Punkte. Die Punkte sind sehr zahlreich und vor voller Reife häufig matt und fein grün umringelt. Rostanflüge und Figuren sind nicht häufig. Der Geruch ist stark.

Das Fleisch ist gelblich weiß, fein, saftreich, schmelzend, selbst in meinem Garten beim Hause um das Kernhaus kaum ganz fein körnig, von schwach kalmusartigem, durch ein wenig beigemengte Säure gehobenen Zuckergeschmacke.

Das Kernhaus hat keine hohle Achse, ist mäßig groß, die etwas kleinen Kammern enthalten schwarzbraune, vollkommene, eiförmige Kerne.

Reifzeit und Nutzung: Ende August oder in den ersten Tagen des September gebrochen, mürbeten die Früchte bald nachher und zeigte die Sorte sich nicht zu eigen auf den Pflückepunkt, indem auch am Baume fast gelb gewordene Früchte noch schmelzend wurden.

Der Baum wächst, nach dem rasch groß gewordenen Probezweige, gesund und gut und wird mit den Aesten rasch in die Luft gehen, macht auch bald kurzes Fruchtholz. Die Sommertriebe sind ziemlich lang und stark, nach oben abnehmend, oft etwas hörnerartig gebogen, ledergelb, besonnt meist röthlich überlaufen, ziemlich zahlreich mit matten großen Punkten gezeichnet. Blatt mittelgroß, flach ausgebreitet, glänzend, elliptisch, unten am Zweige mehr breit lanzettlich, seicht und stumpf gezahnt. Afterblätter pfriemenförmig. Das Blatt der Fruchtaugen ist mehr lanzettlich, als elliptisch, flachrinnig, nur fein gerändelt. Augen konisch, spitz, abstehend, sitzen auf etwas vorstehenden, flach gerippten Trägern.

Oberdieck.

No. 642. Reinettartige Bergamotte. Diel I, 2, a; Luc. IV, 1, a; Jahn IV (II), 1.

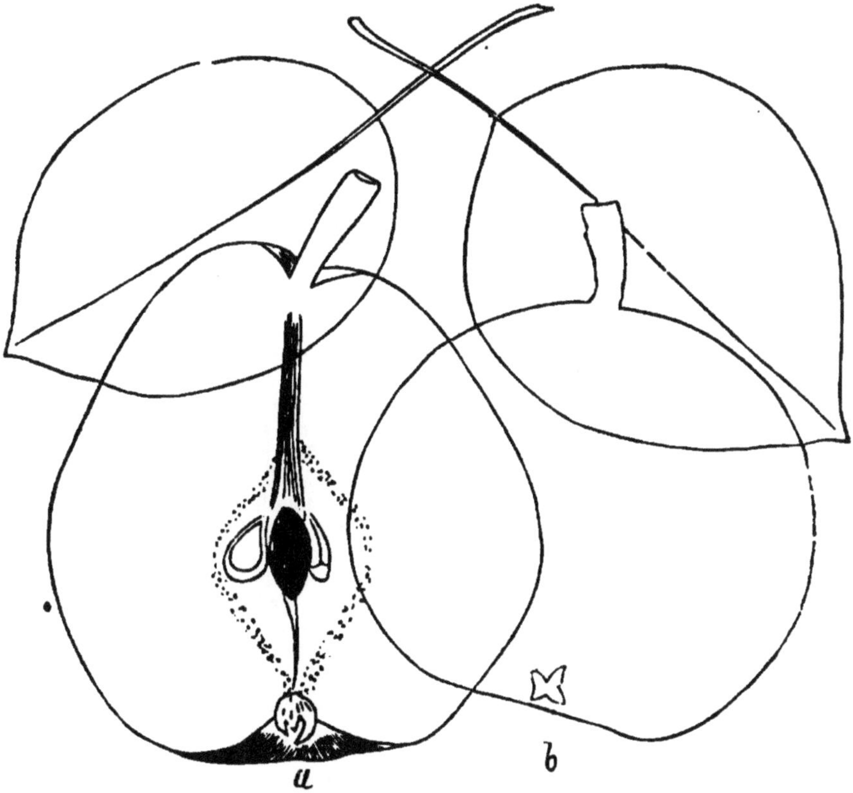

Reinettartige Bergamotte, **†, September, 2—3 Wochen.
Bergamotte Reinette (Boisbunel).

Heimath und Vorkommen: Diese noch sehr wenig bekannte aber treffliche Frucht wurde, nach der von Herrn Liron d'Airoles gegebenen Nachricht, erzogen von dem jüngeren Herrn Boisbunel, Baumschulenbesitzer zu Rouen, wobei Bezug genommen wird auf das Bulletin du Cercle d'horticulture de Rouen. Der Baum trug zuerst 1857 und wird mit bemerkt, daß der Name der Frucht von dem edlen weinsäuerlichen Geschmacke, der sich bei Reinetten finde, gegeben sei. Obwohl ich süße Früchte meinerseits liebe, hat doch auch diese Frucht mir sehr gut geschmeckt und wird sie für Manche besonders angenehm sein. Reis und schöne Früchte erhielt ich durch die Güte des Herrn Generalconsuls Labé zu Villa Monrépos bei Geisenheim.

Literatur und Synonyme: Liron d'Airoles Notice pomologique II, S. 26, Taf. 32, Fig. 6. Figur und die Angaben in der kurzen Beschreibung passen auf die hier vorliegende Frucht nicht gut. Dieselbe wird auch im Bulletin de Cercle d'horticulture de Rouen vorkommen und etwa abgebildet sein, welches Werk mir bisher nicht zugänglich war. Leroy im Dictionaire de Pomologie I. S. 254, gibt Beschreibung und Figur, etwas kleiner und rasch nach dem Stiele abnehmend, mehr kreiselförmig als obige Figur. Synonyme finden sich noch nicht.

Gestalt: die oben dargestellte Frucht wird auf Pyramide gewachsen sein. Gestalt und Größe der aus Villa Monrépos erhaltenen Frucht war die einer recht starken Beurré blanc, der sie auch etwas ähnlich sah. Sie sollte darnach statt Bergamotte eher Dechantsbirne benannt worden sein; die Frucht indeß, welche Liron darstellt (oben b), etwas kleiner und flacher gebaut, rechtfertigt eher den Namen Bergamotte. Der Bauch sitzt ziemlich in der Mitte, nach dem Kelche nimmt sie allmählig ab und ist stark abgestumpft. Nach dem Stiele nimmt sie etwas stärker ab und macht eine dicke, meistens etwas abgestumpfte Spitze.

Kelch: ziemlich hart, aber ganz grün (was auch Liron anführt), wollig, geschlossen, steht mit den rinnenartigen Ausschnitten in die Höhe und sitzt in ziemlich weiter und tiefer Senkung, mit feinen, rippenartigen Falten umgeben, die auch breitrippig bis zum Bauche hinlaufen.

Stiel: stark, holzig, gerade, $^3/_4$" lang, etwas lederhäutig, sitzt bald in mäßig weiter und tiefer Höhle, bald wie eingesteckt. Er ist meist mit einigen Beulen umgeben und davon etwas zur Seite gebogen und sitzt auch oft etwas unterhalb der höchsten Spitze der Frucht.

Schale: glatt, nach Liron mit großen Rostflecken besetzt, vom Baume grün, später gelb, die Sonnenseite ist meist nur goldartiger, oder zeigt nur schwache Spuren von rothen Streifen. Die feinen, nicht ins Auge fallenden Punkte sind zahlreich. An den Früchten aus Villa Monrépos fand ich nur etwas Rost um den Stiel.

Das Fleisch ist gelblichweiß, um das Kernhaus fein steinig, schmelzend, von gewürztem, etwas fein weinsäuerlichen, gezuckerten Geschmacke.

Das Kernhaus ist mäßig groß, hat flache, kurze, ausgeblühete hohle Achse. Die ziemlich kleinen Kammern enthalten schwarze, theils vollkommene, theils taube Kerne.

Reifzeit und Nutzung: Nach Liron zeitigt die Frucht vom ersten bis 15. September. Die mir gesandten Früchte waren in dem heißen Jahre 1868 schon 31. August mürbe.

Der Baum wächst nach Liron kräftig und aufrecht, ist fruchtbar und eignet sich sehr für Pyramiden. Die Sommertriebe sind nur wenig gekniet, olivengrün, nach oben wollig, zerstreut und wenig bemerklich punktirt. Das Blatt ist mittelgroß, fast flach, eiförmig, ganzrandig. Afterblätter fein, ziemlich lang. Blatt der Fruchtaugen theils elliptisch, theils eiförmig. Augen klein, stehend, sitzen auf flachen, flach gerippten Trägern.

Oberdieck.

No. 643. **De Jonghe's Colmar.** Diel I, 3, a; Luc. I, 1, b; Jahn IV, 1.

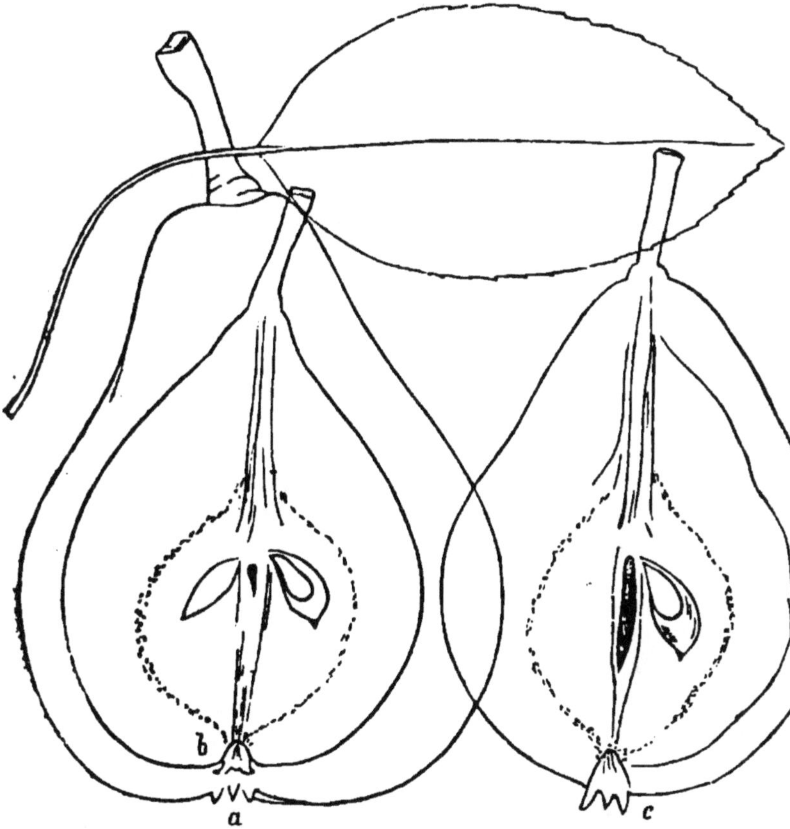

De Jonghe's Colmar. **†, September, 3 Wochen.

Heimath und Vorkommen: Ist eine Frucht neuesten, belgischen Ursprunges und wurde von dem schon allbekannten und verdienten Pomologen und Baumzüchter Herrn de Jonghe zu Brüssel erzogen, wo der Mutterstamm 1857 zuerst trug. Herr de Jonghe rühmt sehr den schönen Wuchs, die Rusticität und Tragbarkeit des Baumes und bestätigt sich der schöne Wuchs in meiner Baumschule, wie auch der Probezweig, zu dem ich das Reis durch Herrn Dr. Lucas erhielt (an den es direkt von Herrn de Jonghe gekommen war), schon im dritten Jahre nach dem Aufsetzen trug. Die hier erbauten Früchte blieben auch 1869, wo die Birnen im Ganzen sich bei mir gut entwickelten, merklich kleiner, als die von Herrn de Jonghe in einer separaten Bekanntmachung über die Frucht gegebene Zeichnung (a oben), doch war die Frucht in Brüssel auf einem Zwergbaume erwachsen und die in Jeinsen auf Hochstamm erzogenen Früchte (b oben) waren wenigstens schmelzend und recht schmackhaft. Vor der Hand erzieht man die Sorte besser auf Zwergstamm.

Literatur und Synonyme: Bisher kenne ich noch keine andere Beschreibung der Frucht, als die schon gedachte von Herrn de Jonghe gelieferte, wo aber die meisten Data auf den Baum gehen und die Frucht nur so wenig und nur so weit geschildert ist, daß ich nicht zweifeln kann, die rechte Sorte erhalten zu haben. In andern Werken und auch in Herrn Leroy's Dictionaire de Pomologie finde ich sie noch nicht.

Gestalt: birnförmig; Figur b gibt Größe und Gestalt einer in Jeinsen im Garten beim Hause erwachsenen Frucht; Figur a die von Herrn de Jonghe nach Früchten vom Zwergstamme gegebene Zeichnung. Eine in Braunschweig erwachsene Frucht vom Hochstamm stand zwischen beiden Figuren und ist unter c dargestellt. Der Bauch sitzt mehr nach dem Kelche hin, um den die Frucht sich eiförmig zurundet und an den in Jeinsen und Braunschweig erbauten Früchten selten so weit abstumpft, daß sie noch stehen kann. Nach dem Stiele macht sie sanfte Einbiegungen, oft nur auf einer Seite, und eine konische, in den Stiel halb oder ganz auslaufende Spitze. Diese Verschiedenheit gegen größere, am Stiele etwas abgestumpfte Früchte findet sich bei kleineren Exemplaren häufig, nicht bloß in Jeinsen, sondern ich sah mehrere Beispiele davon auch auf der Hamburger Ausstellung 1869, unter mehreren anderen z. B. auch am General Dutilleul, wo ich in 2 Collectionen dieselbe Frucht in ganz gleicher Größe und Gestalt fand, wie sie bei mir erwächst und im Handbuch dargestellt ist.

Kelch: hartschalig, weit offen, steht mit den dünnen Ausschnitten divergirend in die Höhe, liegt auch einzeln etwas sternförmig auf und sitzt in flacher, enger Senkung oder oben auf, mit flachen Beulen umgeben, die am Bauche zwar wenig hervortreten, doch hat die ganze Frucht ein etwas beuliges Aussehen.

Stiel: ½—¾" lang, holzig, stark, gerade, an der Basis etwas fleischig, an der von Herrn de Jonghe gezeichneten Frucht geht diese mit Ringeln halb in den Stiel über, während an meinen Früchten die Stielspitze ganz in den Stiel übergeht.

Schale: ziemlich stark, wenig glänzend, am Baume schön grünlich gelb, später hohes Citronengelb. Freihängende Exemplare haben einen Anflug bräunlicher Röthe, die die Sonnenseite meist nur goldartiger macht. Die Punkte sind sehr fein, kaum bemerklich. Rostanflüge und Figuren sind häufig und bilden um den Kelch häufig Ueberzug.

Das Fleisch ist stark gelblich, früh gebrochen etwas grünlich gelblich, sehr fein, zeigt selbst in meinem Boden nur eine feine Reihe recht kleiner Kernchen ums Kernhaus, ist schmelzend, saftreich, von gewürztem, süßen, durch feine, süße Säure gehobenen Geschmacke.

Das Kernhaus hat nur Ansatz zu hohler Achse. Die geräumigen, von der Achse stark abstehenden Kammern enthalten schwarze, allermeist taube oder nur halb vollkommene Kerne.

Reifzeit und Nutzung: Die Zeitigung tritt nach Herrn de Jonghe im September ein und müssen die Früchte während des Septembers nach und nach gebrochen werden, wo sie sich dann 3—4 Wochen halten. Meine Früchte wurden Mitte September gebrochen und mürbeten theils schon am 20., zeigten aber, vielleicht durch Annagen von Ohrwürmern, an mehreren Exemplaren bald faule Stellen. Früchte aus Braunschweig hielten sich bis Ende Oktober.

Der Baum wächst in der Baumschule recht kräftig, schön pyramidal, wie auch der Probezweig sehr kräftig gewachsen ist. Die Sommertriebe sind ziemlich lang, mäßig stark, kurzgliedrig, nur wenig gekniet, nach oben wenig abnehmend, lederfarben, etwas in olive spielend, nur sehr zerstreut punktirt. Das Blatt ist unten am Triebe groß, mehr nach oben etwas klein, elliptisch, glänzend, fast flach, sehr seicht gezahnt. Afterblätter pfriemenförmig oder fadenförmig. Das Blatt der Fruchtaugen ist gleichfalls ziemlich elliptisch, häufig mehr breit lanzettlich, nur seicht gezahnt, oft stark gerändelt. Augen etwas klein, kurz, ziemlich konisch, etwas abstehend, sitzen auf mäßig vorstehenden, flach gerippten Trägen. Oberdieck.

No. 644. **Püvis St. Germain.** Diel I, 3, a; Luc. I, 1, b; Jahn IV, 1.

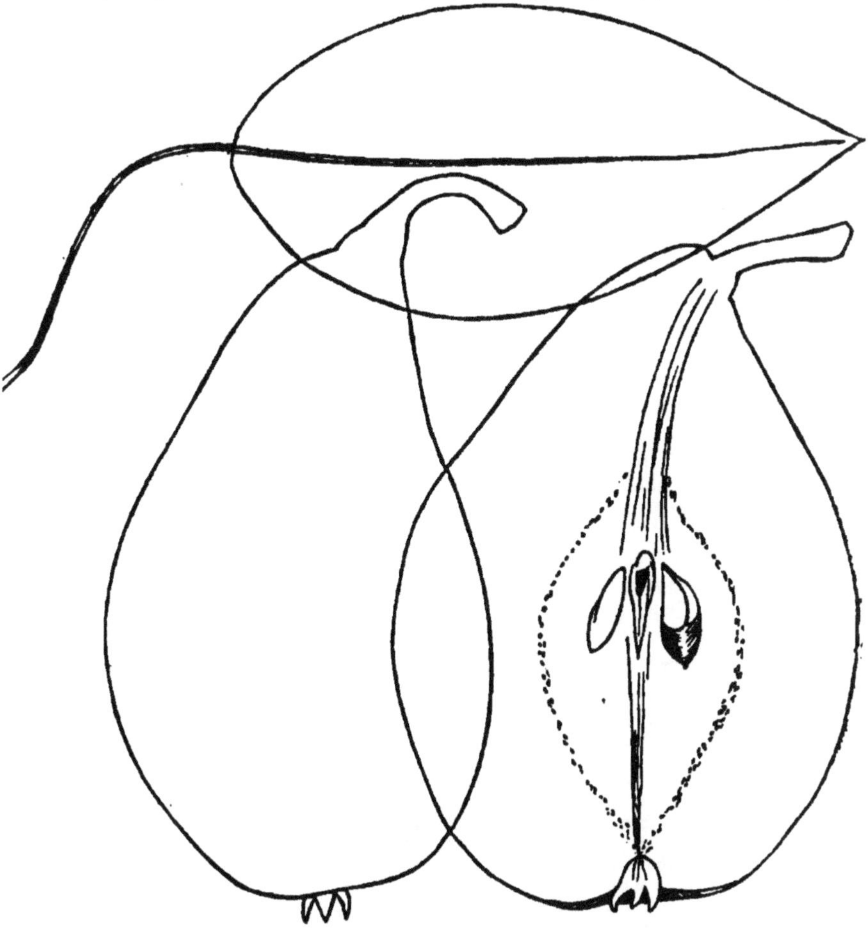

Püvis St. Germain, **, gegen Ende September, 14 Tage.

Heimath und Vorkommen: Stammt her aus Frankreich, Departement des Ain, und wurde von Herrn Pariset zu Curciat-Dongalon um 1842 erzogen. Herr Püvis, dem sie gewidmet wurde, war lange Zeit Präsident der Société d'Emulation zu Bourg-en-Bresse. Reis und schöne Früchte erhielt ich von Herrn Generalconsul Labé zu Villa Monrépos bei Geisenheim, und stimmt die Sorte mit der Beschreibung gut überein. Leroy im Dictionaire setzt sie in den zweiten Rang; die aus Geisenheim erhaltenen Früchte, wenn man sie nur verspeiset, ehe sie gelb werden, konnten sehr wohl zum ersten Range gezählt werden. Der Verger setzt sie in guten Jahren selbst in Güte der ganz ähnlichen St. Germain an die Seite, räth aber auch an, sie zu verspeisen, wenn die Farbe noch grünlich gelb ist, wozu sie etwas früh gebrochen werden muß.

Literatur und Synonyme: Leroy's Dictionaire, II, S. 625. Liron d'Airoles, Notice II, S. 3, Tafel 19, Nr. 1, in Form der oben dargestellten sehr ähnlich. Der Verger des Herrn Mas gibt unter Nr. 6 der Herbstbirnen S. 15 Abbildung in der Farbe der Baumreife und bauchiger, auch mit stärkeren Einbiegungen nach dem Stiele hin, als in unserer Figur oben. Er gibt an, daß sie oft ziemlich viel Rost, auch am Stiele Rost-Ueberzug habe.

Gestalt: steht zwischen Birnform und Eiform; Leroy stellt sie etwas mehr konisch dar; gute Früchte vom Zwergstamme haben die oben dargestellte Größe. Der Bauch sitzt nur etwas mehr nach dem Kelche hin, um den die Frucht allmählig eiförmig abnimmt und sich noch etwas abstumpft. Nach dem Stiele macht sie schwache Einbiegungen, stärker nur auf einer Seite und endigt mit einer längeren Spitze, die halb oder wirklich in den Stiel ausläuft.

Kelch: stark, hartschalig, rinnig, etwas divergirend in die Höhe stehend, sitzt in flacher, mäßig weiter, fast ebener, nach Leroy tiefer, mit Beulen versehener Senkung, und auch über den schön ebenen Bauch laufen bemerkliche Erhabenheiten nicht hin, doch ist die eine Seite der Frucht oft stärker als die andere.

Stiel: holzig, an der Basis etwas fleischig, sanft gebogen, geht halb oder wirklich aus der Fruchtspitze heraus und ist durch diese meist stark zur Seite gebogen.

Schale: glatt, mattglänzend, vom Baume hellgrasgrün oder schon etwas gelblich grün, in der Zeitigung schön gelb, etwas hellgelb, ohne alle Röthe. Die Punkte sind ziemlich zahlreich, doch sehr fein. Rostanflüge und Figuren sind nicht häufig, bilden aber um Stiel und Kelch etwas Ueberzug.

Das Fleisch ist etwas gelblich weiß, fein, saftreich, schmelzend, oft etwas schmalzartig, um das Kernhaus kaum ganz fein körnig, von angenehm gewürztem, mit etwas Säure versehenen, süßen Zuckergeschmacke. Wenn die Frucht gelb geworden ist, ist der gute Geschmack passirt.

Das Kernhaus hat nur Ansatz von hohler Achse; die mäßig geräumigen Kammern enthalten vollkommene, eiförmige, spitze Kerne.

Reifzeit und Nutzung: Zeitigt in Geisenheim nach Mitte bis gegen Ende September, hält sich 14 Tage. Die Frucht muß etwas früh gebrochen werden.

Der Baum wächst nach Leroy gemäßigt und bildet eine viel verzweigte Krone. Die Sommertriebe sind ziemlich lang und stark, kurzgliedrig, etwas gekniet, nicht wollig, braunroth, ein wenig zu lebergelb spielend, nur zerstreut punktirt (nach Leroy zahlreich punktirt). Das Blatt ist mittelgroß, neigt zu breitlanzettlich mehr als zu elliptisch, ist flach, glänzend, seicht, fein und etwas stumpf gezahnt. Afterblätter fehlen im Herbst. Das Blatt der Fruchtaugen neigt etwas mehr zu elliptisch als lanzettlich, ist oft auch etwas mehr langeiförmig, nur geråndelt. Augen konisch, spitz, stark und lang, abstehend, doch mit der Spitze wieder etwas gegen den Zweig geneigt, sitzen auf merklich vorstehenden, flach gerippten Trägern.

Oberdieck.

No. 645. **Knoops Ananasbirne.** Diel II, 2, 1; Luc. II, 2 (1) b; Jahn IV, 1.

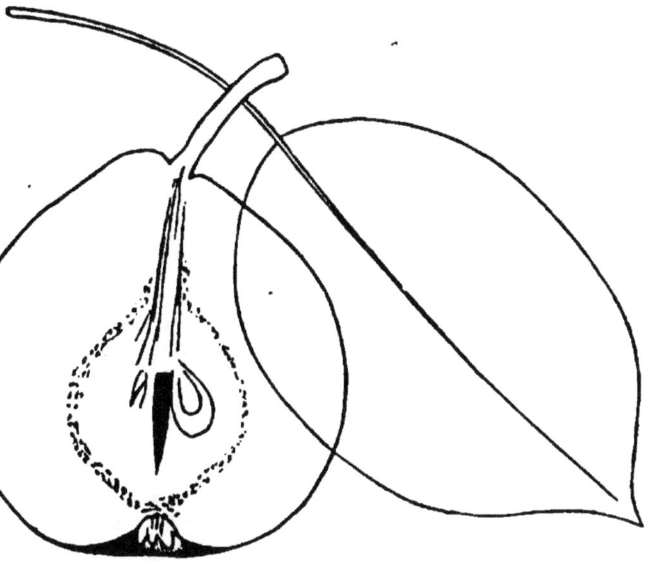

Knoop's Ananasbirne, *††, Mitte September, fast 14 Tage.

Heimath und Vorkommen: Diel erhielt diese Birne als Ananas Pèer von den Herren Paul und Simon zu Mörbeck, hielt sie, wohl mit Recht, für die schon von Knoop gekannte Frucht und ist also wohl ohne Zweifel eine alte holländische Sorte. Diel bezeichnet sie als eine vortreffliche, gewürzhafte Sommerbirne zum rohen Genuß und setzt sie in den ersten Rang, führt sie auch im Cataloge wieder mit auf. — Die Sorte ist auch gut und reich tragbar, auch der Geschmack recht angenehm, doch wird sie von mehreren neueren Sorten zu ihrer Reifzeit in Güte des Geschmacks übertroffen. Gekocht gibt sie ein schmackhaftes Gericht. Das Reis erhielt ich von Diel und stimmten die erbauten Früchte sehr gut mit der Beschreibung überein.

Literatur und Synonyme: Diel VII, S. 74, Knoops Ananasbirne, Knoop I, Tafel 1, die Ananasbirne. Dittrich I, S. 566. Mayer hält die Knoopsche Ananasbirne für Quintinyes De Bouchet, was Diel wohl mit Recht für unrichtig hält, wie ich denn auch von Decaisne unter dem Namen eine andere Frucht erhalten habe. — Christ ist, wie gewöhnlich, in seinen Angaben ungenau. Im Handbuch (1804) S. 580 hat er eine Ananasbirne, die birnförmig und das Blatt fein gezahnt sein soll, wornach Diel annimmt, daß diese nicht die Obige sei. Im Wörterbuch S. 161, wo er nach dem Gesammten der Angaben offenbar dieselbe Frucht aufführen will, macht er sie aber zu einer platten, nach dem Stiele verjüngten Frucht und wird er Knoops Frucht doch etwa gemeint haben. In der vollständigen Pomologie läßt er sie wieder weg. Man könnte ohne Schaden Christ's Werke ganz beseitigen. Es gibt der Ananasbirnen noch mehrere. Ananas Belge ist Synonym von Regentin; französische Ananasbirne ist auch nicht die Obige. Selbst die Comperette hat man in England Ananasbirne genannt, und Jahn wollte wieder die Ananasbirn von Courtray mit der Comparette zusammenstellen, was irrig ist, wie ein ähnlicher Mißbrauch auch mit der Benennung Melonenbirne getrieben worden ist.

Gestalt: hat die Form der Pomeranzenbirnen, und hat dickbauchige Kreiselform, oder steht noch öfter einer etwas abgestumpften Eiform nahe. Gute Früchte sind nach Diel 2¹/₄" breit und hoch. Der Bauch sitzt fast oder wirklich in der Mitte. Nach dem Kelche nimmt sie eiförmig ab und stumpft sich noch so weit ab, daß sie gut steht. Nach dem Stiele nimmt sie stärker ab und macht eine dicke, nach Diel starke, an meinen Jeinser Früchten nur etwas, oft wenig abgestumpfte Kreiselspitze.

Kelch: hartschalig, kurz, rinnenförmig, offen, steht schräg in die Höhe und sitzt in ziemlich tiefer, oft etwas enger Senkung, die meistens mit einigen flachen Beulen umgeben ist, die aber am schön gerundeten Bauche nur sehr wenig bemerkbar werden, obwohl die Frucht mitunter etwas in der Form verschoben ist.

Stiel: stark, nach Diel fleischig, ¹/₂—1" lang, bei mir holzig und nur ganz an der Basis etwas fleischig, ³/₄—1" lang, sitzt, nach Diel, auf der stumpfen Spitze wie eingesteckt, an hier erwachsenen Früchten jedoch in flacher Höhle, ist fast gerade und durch einen sich erhebenden Wulst der Spitze häufig etwas zur Seite gebogen.

Schale: glatt, vom Baume hell grasgrün, in der Zeitigung gelb oder grünlich gelb. Ganz frei hängende Früchte zeigen einen ganz leichten Anflug von Röthe, die irgend beschatteten Exemplaren fehlt. Die Punkte sind fein, zahlreich, häufig, fein, grün umringelt. Auch leichte Rostanflüge finden sich, vorzüglich um den Kelch, und die Kelchsenkung ist oft mit zimmtfarbigem Roste überzogen. Geruch fehlt.

Das Fleisch riecht stark, ist gelblich weiß, um das Kernhaus wenigstens in meinem Boden etwas körnig, von süßem, schwach müskirten, recht angenehmen Zuckergeschmacke. Nach Diel ist der Geschmack stark müskirt, wie es in Süddeutschland so auch sein wird.

Reifzeit und Nutzung: Zeitigt nach Diel Anfangs September oder Ende August und hält sich nicht lange. Bei mir fiel die Zeitigung erst Mitte September ein.

Das Kernhaus hat eine feine hohle Achse; die wenig geräumigen Kammern enthalten nach Diel nur wenige kleine, ovale und vollkommene Kerne, die ich in der Mehrzahl taub, immer aber wenig vollkommen fand.

Der Baum wächst lebhaft, setzt sehr viel kurzes Fruchtholz an, wird sehr fruchtbar, was sich auch bei mir zeigte, und bildet nach Diel eine etwas breite Krone. Die Sommertriebe sind lang, ziemlich stark, ohne Wolle, nicht silberhäutig, lederfarben, nach oben etwas roth überlaufen, zahlreich punktirt. Das Blatt ist eiförmig, selten etwas herzförmig oder etwas rund, mit starker, auslaufender Spitze, glänzend, am Rande oft wellenförmig gebogen, nur nach der Spitze hin etwas undeutlich und unregelmäßig gezahnt. Das Blatt des Fruchtholzes ist größer, elliptisch, oft mehr oval mit aufgesetzter Spitze, nur ein Weniges gerändelt. Augen stark, lang, konisch; spitz, abstehend, und sitzen auf mäßig vorstehenden Trägern.

Oberdieck.

No. 646. Die Buffum. Diel I, 2, a; Lucas II, 1, b; Jahn IV, 1.

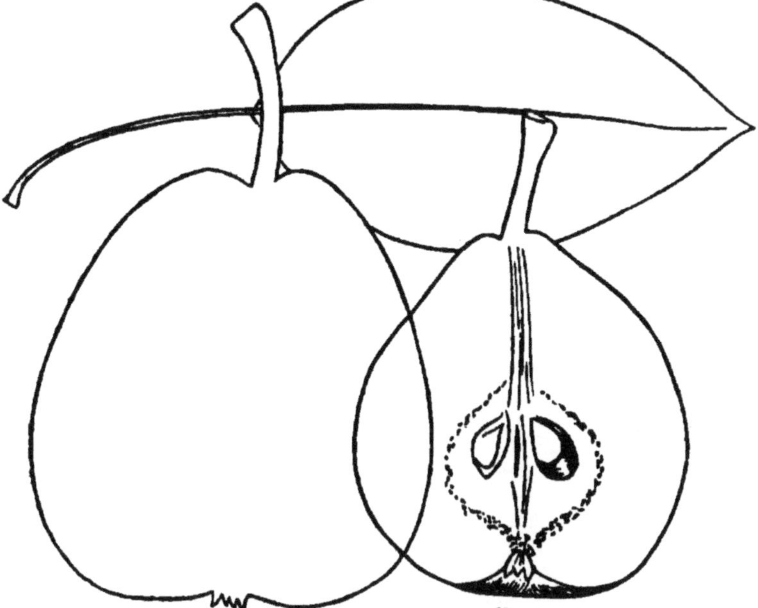

Die Buffum, *†, September. 3—4 Wochen.

Heimath und Vorkommen: Ist eine amerikanische, schon ältere Sorte, die aus Rhode Island abstammt und Hovey gibt näher an, daß ein Herr David Buffum zu Warren sie in seinem Garten erzogen habe, worauf Herr Manning sie der Gartenbaugesellschaft zu Masachusetts vorlegte und sie sich dann bald weit verbreitete. Downing hielt, wegen der sich findenden Aehnlichkeit, sie für einen Sämling der Weißen Herbstbutterbirne. Das Reis erhielt ich durch Herrn Behrens in Travemünde, von Downing und zeigte die Sorte sich ächt. Downing sagt von ihr, daß sie für Hochstamm von erster Qualität sei, da der Baum stark und schön aufrecht wachse, reich und regelmäßig trage und die sehr schöne Frucht sich gut verkaufe. Er bemerkt jedoch zugleich, daß sie nach dem Boden in Güte sehr abändere, oft eben so schmackhaft sei, als eine Beurré blanc, im Ganzen jedoch nicht zu den Sorten erster Qualität gehöre. Schönheit und reiche Tragbarkeit bestätigten sich auch bei mir, die Frucht wurde indeß in meinem Boden nur so groß, als oben unter a gezeichnet ist und recht viele blieben noch kleiner, auch war das Fleisch ziemlich körnig. In besseren Birnenböden wird sie gut sein. Leroy im Dictionaire sagt, daß sie sehr zur Anzucht auf Quitte paßt, setzt sie in den ersten Rang und gibt eine Figur von $2^1/_2$'' Breite und stark 3'' Höhe.

Literatur und Synonyme: Downing, Ausgabe von 1854, S. 356, Ausgabe von 1866 S. 429, mit dem Synonym Buffam, wobei er Manning citirt, bei dem die Frucht also schon vorkommt. Elliott, S. 333, lobt sie gleichfalls wiederholt so ziemlich nur, was Downing zum Lobe der Frucht gesagt hat. Im Magazine d'Horticulture, 1837, III. S. 16, wurde die Frucht zuerst beschrieben. Der Londoner Catalog hat sie S. 131 ohne Nummer als Buffum's, setzt sie auch in den zweiten Rang. Leroy im Dictionaire de Pomologie hat sie I, S. 505. Der Verger des Herrn Mas gibt Herbstfrüchte Nr. 39 Abbildung und Beschreibung. Sonst finde ich sie in pomologischen Werken, die ich besitze, nicht weiter.

Gestalt: Neigt in meinem Boden etwas mehr zur Eiform als Downing die Figur zeichnet (b oben), und gibt auch Leroy im Dictionaire diese Form von $2^1/_2$'' Breite und 3'' Höhe; die meisten Früchte waren bei mir etwas kleiner als Figur a oben, nur stark $1^3/_4$'' breit und hoch. Der Bauch sitzt etwas mehr nach dem Kelche hin, um den die Frucht nach Downings Figur sich flachrund, bei mir mehr zugerundet und mäßig stark abgestumpft wölbt. Nach dem Stiele macht sie keine Einbiegungen und endigt mit einer sehr wenig oder kaum etwas abgestumpften Spitze.

Kelch: hartschalig, offen, rinnig, liegt, wenn die Ausschnitte (was aber selten der Fall ist), unbeschädigt da sind, etwas auf und sitzt in mäßig weiter und tiefer Einsenkung, wie auch der Bauch der Frucht Erhabenheiten kaum zeigt.

Stiel: stark, holzig, $^3/_4$—1'' lang, gerade, sitzt sehr flach vertieft oder fast wie eingesteckt und häufig etwas zur Seite der sich etwas aufwerfenden Spitze der Frucht.

Schale: glatt, glänzend, vom Baume schon grünlich gelb, später gelb. Die ganze Sonnenseite und oft noch ein Theil der Schattenseite ist mit einer schönen, glänzenden, hellblutfarbigen Röthe verwaschen, durch welche die Frucht sehr schön ins Auge fallt. Die Punkte sind zahlreich, in der Grundfarbe sehr fein und wenig ins Auge fallend, in der Röthe erscheinen sie als etwas stärkere, doch noch feine, graugelbe, sehr zahlreiche Stippchen. Rostanflüge und Figuren sind nicht häufig. Der Geruch ist schwach.

Das Fleisch ist gelblich weiß, in meinem Boden um das Kernhaus etwas merklich körnig, ja überhaupt beim Genusse etwas körnig, doch saftreich, schmelzend, von angenehmem, etwas zimmtartig gewürzten, nur etwas beigemischte Säure zeigenden, süßen Geschmacke.

Das Kernhaus hat nur kleinen Ansatz zu hohler Achse; die mäßig geräumigen Kammern enthalten theils vollkommene braune, eiförmige, theils taube Kerne.

Reifzeit und Nutzung: Zeitigte in Jeinsen Ende September und Anfangs Oktober, und hielt die Frucht sich wohl 4 Wochen lang.

Der Baum wächst nach dem großen Probezweige stark, geht schön in die Luft und macht in der ganzen Länge der Triebe sehr viel kurzes Fruchtholz. Die Sommertriebe sind stark, steif, nach oben wenig abnehmend, ledergelb, glänzend, wenig punktirt. Das Blatt ist etwas klein, glänzend, fast flach ausgebreitet, schön elliptisch, sehr seicht und fein gezahnt. Afterblätter fehlen allermeist. Das Blatt der Fruchtaugen ist von derselben Gestalt, eben so fein und seicht gezahnt. Augen konisch, ziemlich stark, stehen oder sitzen auf etwas vorstehenden, merklich gerippten Trägern.

Oberdieck.

No. 647. Graslins Butterbirn. Diel I, 2, c; Luc. III, 1, a; Jahn III, 2.

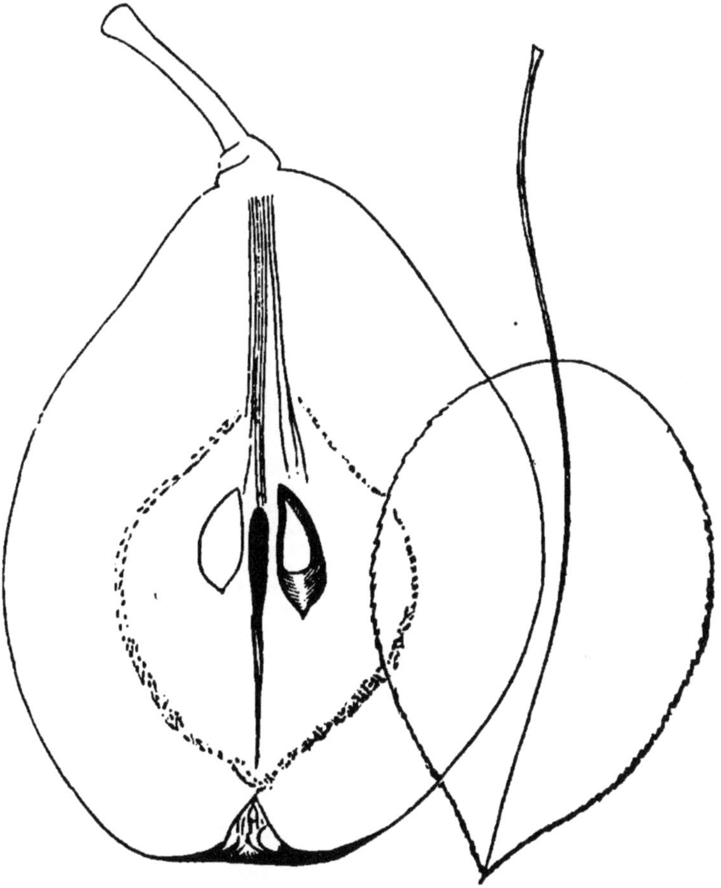

Graslins Butterbirn, **†, September, Oktober.

Heimath und Vorkommen: Nach der von Herr Leroy gegebenen Nachricht fand der berühmte Dr. Bretonneau zu Tours diese Frucht in der Commüne Flée (Sarthe) auf dem der Familie Graslin gehörenden Schlosse zu Malitourne; der Baum schien etwa 50 Jahre alt zu sein und trug seit 1825. Herr Dr. Bretonneau benannte die Sorte nach der Familie um so mehr, als gesagt wurde, daß ein früherer französischer Consul in Spanien, Graslin, dieselbe erzogen habe. — Reis und schöne Früchte erhielt ich 1869 von Herrn Generalconsul Labe zu Geisenheim, und ist nach diesen die Beschreibung gemacht. Gehört mit zu den besten und verdient recht häufige Anpflanzung.

Literatur und Synonyme: Leroy, Dictionaire de Pomologie, II, S. 235, Poire Graslin; sagt mit Recht, daß diese Frucht Synonyme nicht habe, und daß Herr Decaisne irrig die Beurré superfin und die Poire Dathis mit ihr zusammengestellt habe. Selbst Laure de Glymes habe man mit ihr zusammenwerfen wollen. Decaisne IV, Taf. 17, Text Nr. 131, Poire Graslin, gibt als Synonyme Beurré superfin, Beurré Dathis, Dathis de Printemps und mit ? auch Laure de Glymes. Wie das letztere Fragezeichen nur allzu gegründet ist, indem Laure de Glymes, wie ich sie von Papleu habe, weder mit der Beurré superfin noch mit der Graslin Aehnlichkeit hat, so bleibt bei Decaisnes Poire Graslin es etwas die Frage, ob er bei der Beschreibung die Beurré superfin oder die wirkliche Graslin vor Augen hatte; für das Erstere sprechen die Figur der Frucht (besonders die rechts dargestellte kleinere) und das ganz gelbe Colorit (da die Graslin in der Reife grüngelb blieb; doch bezeichnet Leroy die Farbe als jaune d'ocre); für Letzteres hauptsächlich der angegebene Geschmack. — Wie ich beide Früchte von Herrn Generalconsul Labe habe und sie auf der Ausstellung in Hamburg auch in andern Obstcollectionen sah, sind beide Sorten sehr verschieden. — Liron d'Airoles, Notice Pomologique I, S. 34, Taf. 9, Fig. 6, Graslin de Nantes, wird auch die hier vorliegende Frucht sein, besonders da darauf Bezug genommen wird, daß sie in einer Besitzung des verstorbenen Graslin gewonnen sei. Den Geschmack vergleicht er mehr mit dem einer Grauen Herbstbutterbirn. — In andern pomologischen Werken finde ich sie noch nicht.

Gestalt: neigt meistens zu einer eiförmigen Gestalt, (welche Leroy indeß als veränderlich bezeichnet), so daß der Bauch mehr nach der Mitte hin sitzt, als bei der Hochfeinen Butterbirn; oft hat sie auch mit einer Diels Butterbirn in Gestalt Aehnlichkeit; die in Villa Monrepos am Zwergstamm erwachsenen Früchte waren 3—3¼" breit und 3¾" hoch. Der Bauch, der häufig auf der einen Seite stärker vortritt, als nach der andern, sitzt nur etwas mehr nach dem Kelche hin, um den die Frucht sich eiförmig zurundet, oft stumpf etwas zuspitzt und etwas abstumpft. Nach dem Stiele macht sie mit seichten Einbiegungen eine dicke, nur wenig oder gar nicht abgestumpfte Spitze, die häufig mit Ringelwulsten in den Stiel übergeht.

Kelch: blättrig, lang- und feingespitzt, dürr, halb offen, (nach Leroy offen), sitzt in enger, nicht tiefer Senkung, mit flachkantigen Beulen umgeben, die flach bis zum Bauche fortlaufen und eine Seite der Frucht oft etwas höher machen, als die andere.

Stiel: stark, holzig, mäßig lang, fast gerade, häufig etwas zur Seite gebogen, geht halb mit Fleischringeln aus der Frucht heraus, oder sitzt nur sehr schwach vertieft.

Schale: glatt, ziemlich glänzend, schön hellgrün, in der Reife gelbgrün (nach Leroy gelb), ohne Röthe oder mit mattem, theils etwas streifigen Anfluge von Röthe. Die zahlreichen Punkte erscheinen nur als feine grüne Schalendupfen. Rostanflüge zeigten sich nur leicht, die Leroy als stärker schildert. Geruch ist noch bemerklich.

Das Fleisch ist etwas grünlich weißgelb, fein, schmelzend, und war der Geschmack dem meiner Esperens Herrenbirn sehr ähnlich, nicht so süßweinig als bei der Hochfeinen Butterbirn, also zwar süß, aber mehr gewürzt gezuckert. Leroy bezeichnet ihn als sucrée acidulée parfumée, fort delicate. Decaisne vergleicht den Geschmack mit dem auch süßen der Herzogin von Angouleme.

Das Kernhaus hat nur schmale hohle Achse; die langen geräumigen Kammern enthalten schwarzbraune, spitze, langeiförmige Kerne.

Reifzeit und Nutzung: Zeitigt gegen Ende September und hält sich ein paar Wochen.

Der Baum wächst nach Leroy stark, macht zahlreiche Aeste, und ist sehr und anhaltend fruchtbar; er gedeiht auch auf der Quitte gut. Sommertriebe lang, ziemlich stark, etwas grünlich ledergelb, zahlreich, doch matt punktirt. Blatt veränderlich, meist elliptisch, oft mehr langeiförmig, seicht gezahnt. Augen konisch, spitz, abstehend, sitzen auf flachen, flach gerippten Trägern. Oberdieck.

No. 648. Hamechers Schmalzbirn. Diel IV, 2, a; Luc. II, 2, b; Jahn VI, 1 (2).

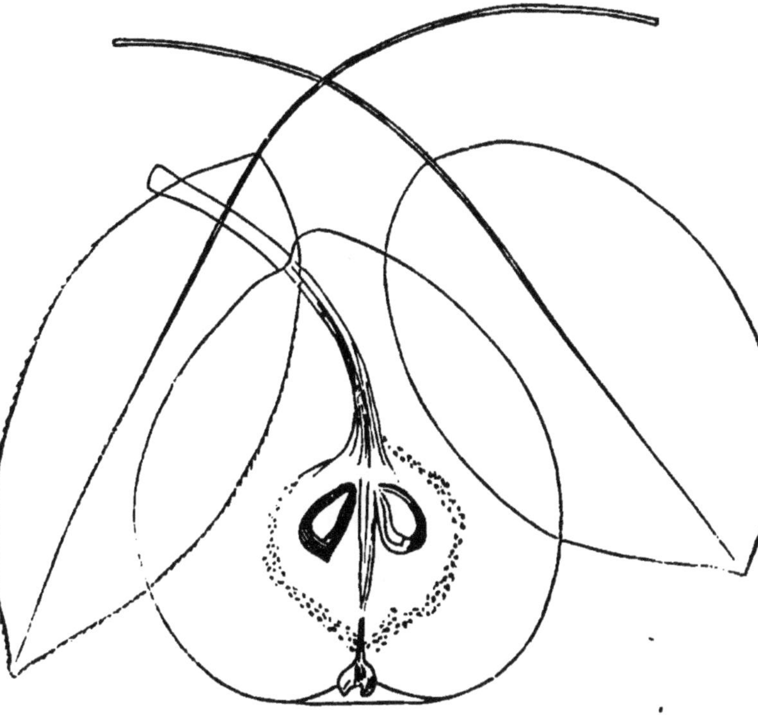

Hamechers Schmalzbirn, *†, Ende Sept., einige Wochen.

Heimath und Vorkommen: Stammt ab aus dem an Hrn. Bivort gekommenen Nachlasse des Hrn. v. Mons und wurde von Bivort zu Ehren eines Freundes des Herrn Professors Scheidtweiler, des Herrn Apothekers Hamecher zu Cöln, benannt, der als vieljähriger Vorsitzender des Gartenbau-Vereins zu Cöln bekannt ist. Der Sämling trug zuerst 1847. Das Reis erhielt ich von Hrn. De Jonghe zu Brüssel, und obwohl es mir auffallend war, daß die Frucht für die Tafel den Namen Beurré nicht verdiente, kann ich doch nicht zweifeln, die rechte Sorte erhalten zu haben, da sie im Uebrigen nicht nur genügend mit der Beschreibung stimmt, sondern ich auch von Hrn. Rechtsanwalt Adam zu Altenburg, der aus einer andern Quelle schöpfte, dieselbe Sorte erhielt, die an der schon am Baume, ziemlich lange vor der Reife, hellgelblichen Färbung, ähnlich wie bei Helene Gregoire, kenntlich ist. Sie ist in meiner Gegend oder Boden, erzogen im Garten beim Hause, keine Butterbirn, jedoch eine reichtragende und brauchbare Haushalts- und Marktfrucht, ist auch nicht eigen auf den Pflückepunkt, da schon früh gebrochene Früchte nicht welkten, während am besten die erst gegen Michaelis gebrochenen waren.

Literatur und Synonyme: Bivorts Album I, Taf. 27, Beurré Hameeber; er hebt hervor, daß der Baum sehr kenntlich an der silbergrauen Farbe beim Ausbrechen des Blattes sei. So charakteristisch fand ich diese Färbung nicht, doch bricht das Blatt wollig aus. Leroy Dictionaire de Pomologie I, S. 376, setzt sie gleichfalls in den 2ten Rang. Liron d'Airoles Notice Pomologique I, S. 27, Taf. 8, Fig. 7.

Gestalt: steht zwischen eiförmig und kreiselförmig und neigen die meisten Früchte mehr zur Eiform, während andere mehr bauchig kreiselförmig sind. Die Größe guter Früchte maß 2½" Breite und gegen 3" Höhe. Der Bauch sitzt etwas mehr nach dem Kelche, um den die Frucht sich bald etwas flachrund wölbt, so daß sie gut stehen kann, bald mehr eiförmig zurundet und etwas weniger abstumpft. Nach dem Stiele macht sie mit sanft erhobenen Linien eine dicke, kurze, sehr wenig abgestumpfte oder halb in den Stiel übergehende Spitze.

Kelch: bei vollkommen vorhandenen dürren Ausschnitten mehr blättrig, etwas langgespitzt, gewöhnlich kurzgespitzt, hartschalig, zuweilen offen, gewöhnlicher wie etwas geschnürt und geschlossen oder halboffen, sitzt in flacher, häufig auch enger Senkung, mit einigen, zuweilen selbst etwas fein rippigen Falten und flachen Beulen umgeben, wovon einzelne sich mitunter stärker erheben und die Hälften der Frucht ungleich machen.

Stiel: holzig, bald sanft gebogen, bald gerade, ¾—1" lang, sitzt wie eingesteckt oder geht fast aus der Frucht heraus, und ist durch die Fruchtspitze meist stark zur Seite gebogen.

Schale: fein, glatt, etwas glänzend, hat schon lange vor der Baumreife ein grün gelbliches Ansehen und wird in der Reife hellgelb. Besonnte Exemplare sind zuweilen mit einer bräunlichen, später freundlicheren nur leicht aufgetragenen nicht weit verbreiteten Röthe halb gefleckt, halb gestreift, während Röthe meistens fehlt. Die Punkte sind ziemlich zahlreich, sehr fein, vor der Reife stark dunkler grün umringelt und behält die gelb gewordene Schale oft noch grünliche Flecke. Rost fand sich bisher an meinen Früchten nur wenig, einzeln etwas mehr und etwas nicht verbreiteten Rostüberzug um den Kelch; Andere geben mehr Rost an. Geruch fehlt.

Das Fleisch ist schwach gelblich weiß, ziemlich fein, um das Kernhaus selbst in meinem Boden nicht körnig, mäßig saftreich, halbschmelzend und schmalzartig, von angenehmem, schwach rosenartig gewürzten Zuckergeschmacke. Nach Herrn De Jonghes Cataloge soll der Geschmack vorzüglich und weinartig sein, Bivort bezeichnet ihn als gezuckert.

Das Kernhaus hat nur unvollkommene hohle Achse; die ziemlich geräumigen Kammern enthalten schwarze, theils taube, meistens vollkommene Kerne, die am Kopfe ein Knöpfchen haben. Die Kelchhöhle zieht sich fein und mit den Staubgefäßen angefüllt noch etwas ins Fleisch hinein.

Reifzeit und Nutzung: Bivort im Album und die Herren Thierry und De Jonghe geben die Reife als in den Oktober und November fallend, an; Leroy Ende August und Anfang September. In meiner Gegend trat sie Ende September ein; die Frucht kann aber Anfang September schon gekocht werden. Gekocht ist sie gut, doch etwas weich.

Der Baum wächst in meiner Baumschule gemäßigt, aber gesund, geht schön in die Luft und setzt schon sehr bald viel kurzes Fruchtholz an, das am Probezweige voll und häufig trug. Die Sommertriebe sind lang, ziemlich stark, wenig gekniet, nach oben wollig, hell olivengrün, glänzend, stark besonnt in lebergelb spielend, zwar zahlreich aber sehr fein und wenig bemerklich punktirt. Das Blatt ist mittelgroß, fast flach, ziemlich glänzend, elliptisch, oft zu breitlanzettlich neigend, nur sehr fein und seicht gezahnt. Afterblätter fadenförmig. Das Blatt der Fruchtaugen ist in kurzstieligen Exemplaren elliptisch, selbst oval mit aufgesetzter Spitze, in den am meisten langstieligen Exemplaren mit recht langem Stiele lanzettlich oder eilanzettlich, eben so fein und seicht gezahnt. Augen kurz, mehr dreieckig als konisch, liegen an und sitzen auf etwas vorstehenden, flach gerippten Trägern.

Oberdieck.

No. 649. Krafl's Schwaneneierbirn. Diel I, 2, a; Luc. II, 1, b; Jahn II, 1.

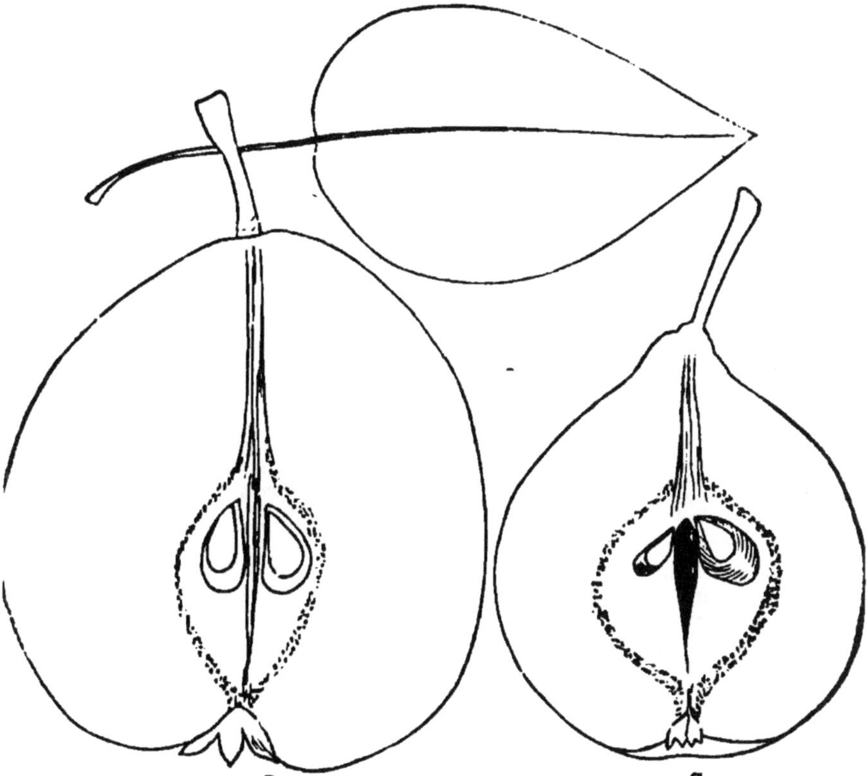

b a

Krafl's Schwaneneierbirn, fast **†, Ende September.

Heimath und Vorkommen: Schon der Londoner Catalog führt mehrere Schwanen-Eierbirnen auf, von denen die gewöhnlichste, wie ich den Namen von der Societät zu London erhielt, künftig Alte Schwaneneierbirn genannt werden muß. Kraft hat nun in seiner Pomona Austriaca II, Taf. 128, S. 11, eine ganz andere Sorte, die ich in einer von Herrn Pfarrer Urbanek zu Majthény in Ungarn erhaltenen Schwanen-Eierbirn wieder erkenne. Woher er die Sorte bezog, weiß ich nicht, und sagt auch Kraft nichts darüber, woher sie stamme. Er rühmt im Texte ihre Fruchtbarkeit, die sich auch bei mir bestätigte, und sagt, daß sie auch hochstämmig in jeder Lage sehr gut vorkomme, ansehnlich groß, eiförmig, kurzstielig, an der Sonnenseite schön roth und ihr Fleisch sehr zart, saftreich, butterig, von zuckerartigem, erhabenen Geschmacke sei und nicht leicht teig werde, reifend im September.

Literatur und Synonyme: Kraft II, Tafel 128, S. 11. Wird sich wohl sonst nirgends finden. Dittrichs Handbuch und selbst Herrn Dochnahls sicherer Führer haben keine Schwaneneierbirne. Welche von den im Londoner Cataloge aufgeführten und verschiedenen Schwaneneierbirnen etwa die Obige sei, läßt sich nach den nur sehr kurz angegebenen Kennzeichen nicht entscheiden.

Gestalt: abgestumpft eiförmig. Gute Früchte erlangten in Jeinsen die unter a oben dargestellte Größe; unter b ist Kraft's Figur dargestellt. Der Bauch sitzt nur etwas mehr nach dem Kelche hin, um den die Frucht sich sanft zurundet und ziemlich stark abstumpft. Nach dem Stiele endet sie mit erhobenen Linien und macht zuletzt eine, wie vorgeschobene, in den Stiel auslaufende Stielspitze. Seltener ist sie am Stiele ein wenig abgestumpft oder zugerundet.

Kelch: kurzgespitzt, rinnig, hartschalig, offen, sitzt in mäßig weiter und tiefer, fast ebener Senkung und auch am Bauche bemerkt man bei schön gewachsenen Früchten kaum etwas von Erhabenheiten.

Stiel: holzig, ³/₄—1" lang, fast gerade, sitzt bei Kraft's Frucht wie eingesteckt, und so auch oft bei meinen Früchten, geht bei mir aber noch öfter mit Fleischringeln ziemlich in den Stiel über.

Schale: durch stellenweise feine Rostüberzüge etwas fein rauh, matt glänzend. Die Grundfarbe ist matt grün, später grüngelb; besonnte Früchte sind über die ganze Sonnenseite und häufig noch über einen Theil der Schattenseite mit einer bräunlichen, in der Reife freundlicher und hellblutfarbig werdenden Röthe verwaschen. Die Punkte sind zahlreich, fein, in der Grundfarbe wenig bemerklich, in der Röthe etwas stärker, grau und ziemlich in die Augen fallend. Außerdem bemerkt man leichte Anflüge und stellenweise feine Ueberzüge von zimmtfarbigem Roste, durch den die Punkte an der Schattenseite oft undeutlich werden. Meine in Nienburg erwachsenen Früchte zeigten sehr wenig Rost. Der Geruch ist schwach.

Das Fleisch ist matt gelblichweiß, in meinem Jeinser Boden um das Kernhaus etwas körnig, doch fein, ziemlich saftreich, schmelzend, von etwas zimmtartig gewürztem, sehr angenehmen, ziemlich süßen Geschmacke.

Das Kernhaus hat kleine hohle Achse, in welche eine oder die andere Kammer sich gewöhnlich etwas öffnet. Die ziemlich geräumigen Kammern enthalten schwarzbraune, eiförmige Kerne.

Reifzeit und Nutzung: Zeitigte in Jeinsen in einem heißen Jahre schon um den 20. September, gewöhnlich erst gegen Ende September und hält die Frucht, die nicht leicht moll zu werden scheint, sich gut 14 Tage. Wird auch zum Dörren wohl sehr gut sein.

Der Baum, über den Kraft nichts bemerkt, wuchs in meiner Baumschule sehr gemäßigt, doch vielleicht nur zufällig, und wenigstens gesund. Die Sommertriebe sind ziemlich lang, mäßig stark, wenig gekniet, beschattet ledergelb, besonnt matt braunröthlich überlaufen, stellenweise etwas silberhäutig, nur zerstreut punktirt. Das Blatt ist mittelgroß, eiförmig, oft auch elliptisch, flachrinnig, glänzend, fast ganzrandig. Das Blatt der Fruchtaugen ist von derselben Form. Afterblätter fein. Augen konisch, ziemlich stark, abstehend, sitzen auf wenig vorstehenden, flach gerippten Trägern.

Oberdieck.

No. 650. Leveſter Zuckerbirne. Diel III, 2, a (b); Luc. II (IV), 2, a; Jahn II, 1 (2).

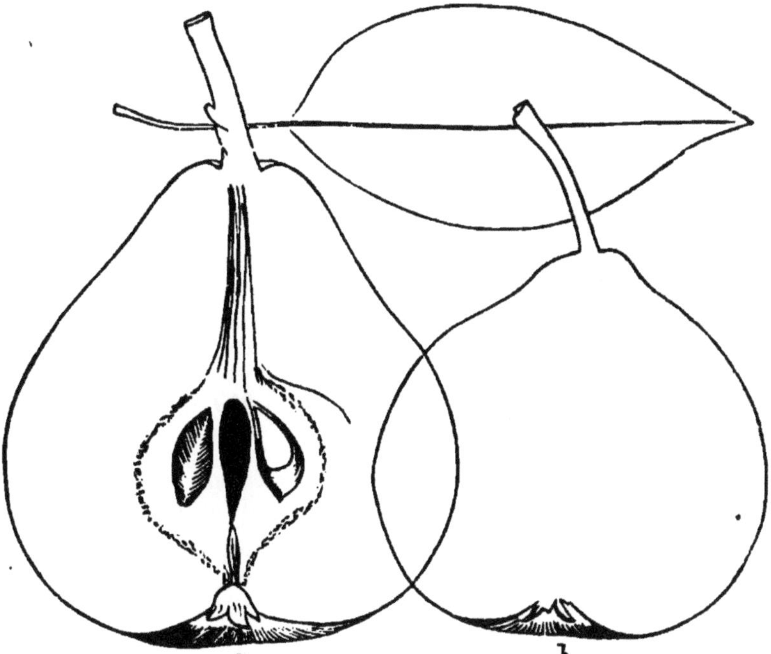

Leveſter Zuckerbirn, ++, September—Oktober, 4 Wochen.
Oberdieck.

Heimath und Vorkommen: Dieſe gute Haushaltsfrucht fand ich um 1837 im Pfarrgarten zu Leveſte, unweit Hannover, in der Nähe des Deiſters, wo mein Bruder derzeit Prediger war, welcher dieſelbe zum Kochen und Welken eben ſo ſehr ſchätzte, als die ihm aus meiner Eltern Garten bekannte Kuhfußbirne. Sie iſt mir ſeitdem nirgends wieder vorgekommen. Im ſandigen Boden hatte ich durch Zufälligkeiten keine Früchte davon, ſo daß ich für jetzt noch nicht ſagen kann, ob ſie in leichtem, ſandigen Boden eben ſo gut gedeiht, als in dem hinreichend feuchten Calenberger Lehmboden bei Leveſte, doch zweifle ich nicht daran, da der Baum auch dort trefflich wuchs. In Jeinſen habe ich 1854 einen Hochſtamm gepflanzt, der kräftig wuchs und 1864, 1866 und 1869 Früchte lieferte, die etwas ſtärker körnig um's Kernhaus waren als Früchte aus Leveſte, doch gekocht ein ſchmackhaftes, ohne Zucker ſüßes Gericht gaben, aber jährlich zu früh abfallen, wie das in meinem trockenen

Boden mit mehreren Sorten so ist. Sie verdient alle Beachtung in genügend feuchtem Boden.

Literatur und Synonyme: Ich weiß einen Pomologen für sie nicht anzuführen und ist sie bisher nur beschrieben in meiner „Anleitung" S. 436.

Gestalt: hat die Form der Pommeranzenbirnen und neigt besonders in kleinen Exemplaren sehr zur Kreiselform. Gute Früchte sind $2^1/_2$" breit und $2^3/_4$" hoch, manche so hoch als breit und so gestalteten alle sich in meinem jetzigen trockenen Boden, wo die meisten Früchte kürzer ausfallen, als in günstigerem Boden. Der Bauch sitzt mehr nach dem Kelche hin, um den sie sich ziemlich plattrund wölbt. Nach dem Stiele machen höher gebaute kaum eine Einbiegung und kurze, dicke, etwas abgestumpfte Spitze; die stärker kreiselförmigen aber endigen mit sanft erhobenen Linien und kaum etwas oder nicht abgestumpft. Die Frucht hat noch das Eigene, daß vom Stiele zum Kelche sich eine merkliche Furche herabzieht.

Kelch: ziemlich hartschalig, liegt mit den dürren Spitzen, so weit sie noch vorhanden sind, sternförmig auf und sitzt in flacher, oft ziemlich weiter Senkung, aus der einige flache Beulen zum Bauche hinlaufen, und wiewohl der Bauch meistens schön rund und eben ist, ist doch allermeist die eine Hälfte der Frucht durch sich vordrängende breite Beulen höher als die andere.

Stiel: holzig, ziemlich stark, 1—$1^1/_4$" lang, gerade oder sanft gekrümmt, sitzt wie eingesteckt oder in enger Grube, und ist häufig durch einen sich erhebenden Wulst der Spitze auf die Seite gebogen, oder selbst zur Seite geschoben, so daß er unterhalb der Spitze der Frucht steht.

Schale: glatt, ziemlich stark, vom Baume hellgrün, oft schon etwas gelblich, im Liegen hellgelb, mit noch zurückbleibenden grünlichen Stellen. Stark besonnte haben an der Sonnenseite matte rothe Streifen oder sind auch etwas unansehnlich roth angelaufen, mit undeutlichen Spuren von Streifen. Die Punkte sind zahlreich, aber oft nicht ins Auge fallend und erst unter dem Glase sichtbar, und oft grün umringelt, in der Röthe schmutzig grün. Rostanflüge finden sich besonders um Stiel und Kelch. Geruch schwach, in voller Reife ziemlich stark.

Das Fleisch ist etwas gelblich weiß, riecht müskirt, ist nicht sehr saftreich, um das Kernhaus in Leveste nur fein körnig, in Jeinsen etwas steinig, abknackend, doch mürbe, von starkem, etwas fein müskirtem Zuckergeschmacke.

Das Kernhaus ist klein, geschlossen, mit nicht starker, hohler Achse; die ziemlich großen, aber flachen Kammern enthalten schwarzbraune, lange, spitze, oft unvollkommene Kerne. Von der äußeren Kelchhöhle zieht sich eine feine Röhre mit den Fructificationsgefässen bis zum Kernhause hin.

Reifzeit und Nutzung: In warmen Jahren zeitigt sie schon gleich nach Mitte Septbr., gewöhnlich gegen Ende September nach und nach, 1864 erst 1/8. Okt.

Der Baum wächst stark, geht schön in die Luft, bildet eine reich verzweigte Krone und wird groß, liefert auch, wenn er sich erst etwas entwickelt hat, reiche Ernten. Sommertriebe ziemlich stark, nach oben wenig abnehmend, doch nicht steif, röthlich-olive, wenig und kaum bemerklich punktirt. Blatt flach, mattglänzend, lang und spitz eiförmig, oft lanzettlich, sehr seicht gezahnt oder nur gerändelt. Afterblätter fadenförmig, mäßig lang. Blatt der Fruchtaugen langeiförmig, nur gerändelt. Augen kurz, bauchig, spitz, abstehend, auf etwas vorstehenden, nur ganz kurz und flach gerippten Trägern.

Oberdieck.

No. 651. Mary. Diel II, 2, 2; Luc. IV, 1, b; Jahn II, 2.

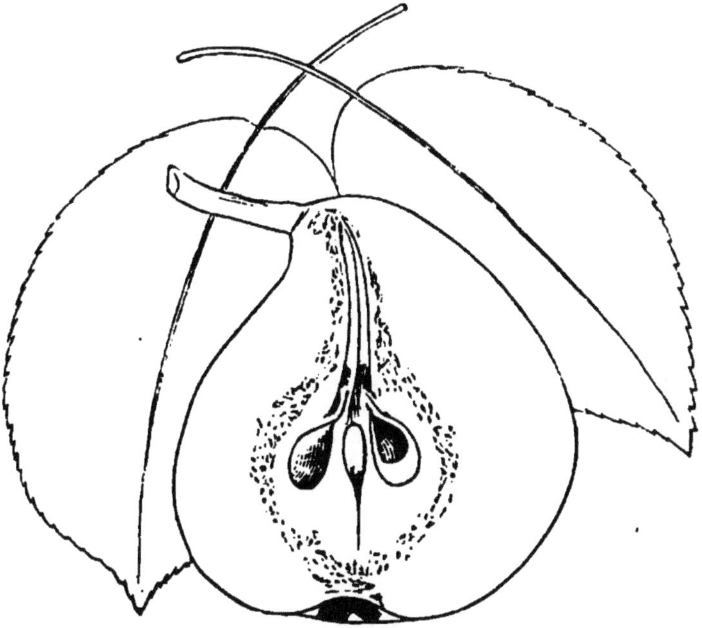

Mary, *, Ende September bis Mitte Oktober.
Diel (van Mons).

Heimath und Vorkommen: Sie kam unter dem Namen Beurré Mary von van Mons an Diel, der sie 1825 als mittelgroße Herbstbirne für Liebhaber von Knackbirnen beschrieb, mit Bemerkung, daß sich in van Mons Verzeichnisse nur eine von ihm erzogene Fondante Mary unter Nr. 491 finde und van Mons so wohl den ihr zuerst gegebenen Namen zu verbessern gesucht habe. — Ich hatte die Frucht aus Herrnhausen von der Ausstellung in Berlin und bekam von dort her auch Zweige, deren Vegetation mit Diel's Angaben stimmt, doch fand ich die Birne weniger festfleischig als Diel angibt, aber sie bot im Geschmack nichts Besonderes und bei so vielen anderen mit ihr reifenden möchte sie allerdings entbehrlich sein, wenn sie, wie es scheint, in manchen Jahren auch an Wohlgeschmack zunimmt.

Literatur und Synonyme: Diel NKD. III, S. 300. Die Mary. — Danach Dochnahl S. 165, der sie Mary's Knackbirne nennt. — v. Biedenfeld S. 31 nach Diel und Hinkert, sie wird (wahrscheinlich von Hinkert) als angenehme Tafelbirne bezeichnet. — Andere Nachricht, auch in belgischen und französischen Schriften fand ich nicht. — Londoner Catalog hat unter Nr. 308

eine La Mary, gibt jedoch nur den Namen. — In den Sortimenten aus Angers in Berlin war eine La Marie (länglich, ei-birnförmig, mittelgroß, gelb, braunpunktirt und berostet), eine sehr gute, butterhafte, pikant säuerlich süße, Mitte Oktober reife Frucht, doch hat sie Leroy nicht im Verzeichniß und ich habe den Namen auch sonst nicht gefunden. Von der Vorliegenden ist Letztere verschieden. Leroy Dictionaire II, S. 411, Poire Mary, stellt sie fast eiförmig, $2^1/_2$'' breit $3^1/_2$'' hoch dar.

Gestalt und Größe sind oben gezeichnet: auch bei Herrn Clemens Rodt in Sterkowitz wuchs die Frucht, von Liegel stammend, von derselben Form, nur etwas voller und größer und regelmäßiger gestaltet. Diel beschreibt sie als kreiselförmig, nach dem Stiele mehr oder weniger zugespitzt, $2^1/_2$—$2^3/_4$'' breit und $2^3/_4$—3'' lang.

Kelch: kurzblättrig, hartschalig, offen, in seichter und weiter oder auch tieferer Senkung, mit einzelnen Falten umgeben. Letztere treten am Bauche oft stärker hervor und verursachen Ungleichheit in der Abrundung.

Stiel: stark, nach der Birne zu grün, wie fleischig, sonst braun und holzig, steht obenauf wie eingedrückt, doch in Folge eines sich aufwerfenden Höckers oft schief.

Schale: hellcitronengelb mit grünlichen Stellen, mit zahlreichen bräunlichen Punkten und gelbbraunen Rostfleckchen, die um Kelch und Stiel zusammenhängend werden, nach Diel ohne Röthe, doch war sowohl Herrn Roodt's, wie meine Frucht an der Sonnenseite sanft geröthet und in dem Roth graubraun punktirt.

Fleisch: gelblich weiß, halbfein, saftreich, rauschend von süßem, schwach gewürztem Geschmack, ohne Vorzüge. Herr Roodt bemerkte sie sich als schmelzend, süß und stark gewürzt, Diel als abknackend, doch ziemlich auflöslich, von sehr angenehmem, gewürzhaften, zimmtartigen Zuckergeschmack, wonach sich das Gewürz bisweilen besser ausbildet.

Kernhaus: von ziemlich starken Körnchen umgeben, Kammern geräumig, eirund, mit vollkommenen, breiten, kurzgespitzten, schwarzbraunen Kernen.

Reife und Nutzung: Diel gibt Ende September und Anfang Oktober als Reifzeit an und daß sie sich, einmal reif, nicht lange halte. Meine Frucht aus Herrnhausen war erst am 20. Oktober völlig reif, doch war jener Sommer kühl und so mag sie sich etwas verspätet haben.

Eigenschaften des Baumes: Dieser wächst nach Diel gemäßigt, macht feines Holz und scheint nicht groß zu werden. Dagegen bezeichnete mir Herr Hofgärtnermeister Borchers den Wuchs als sehr kräftig und aufrecht, mit abstehenden Nebenzweigen. Die Blätter des Fruchtholzes, welches mir Herr Borchers sandte, sind länglich eirund oder oval, ziemlich groß, $1^3/_4$'' breit, $2^3/_4$'' lang, glatt, fein, etwas stumpf gesägt, dunkelgrün, reich geadert. (Diel beschreibt sie am Sommerzweige als klein, $2^1/_2$'' lang, $1^1/_2$'' breit, eiförmig mit kurzer scharfer Spitze, fast flachliegend, dünne, spröde von Gewebe, fein geadert, hellgrün, ziemlich glänzend, am Rande sei eine feine spitze Zahnung angedeutet. Die unteren und Fruchtholzblätter seien größer.) Sommerzweige grünlich graubraun, oben rothbraun, fein gelblich punktirt. Nach Diel sind sie auf der Sonnenseite glänzend erdroth, auf der Schattenseite gelblich, mit vielen feinen länglichen weißgrauen Punkten. Jahn.

No. 652. Die Rainbirn. Diel III, 3, b (a); Luc. VII (X), 1, a; Jahn IV (II), 2 (1).

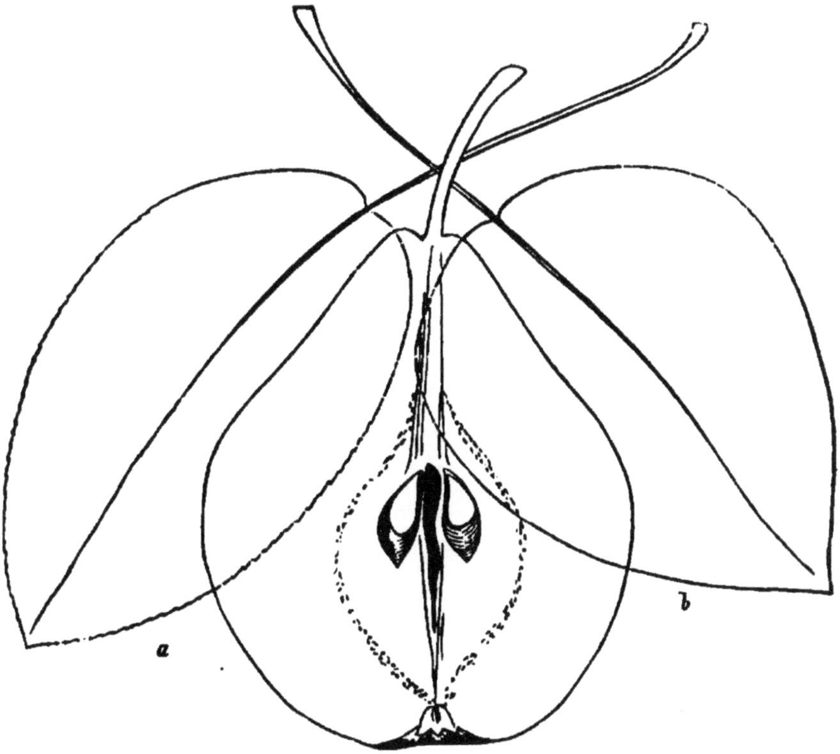

Die Rainbirn, ††, September, Oktober, 14 Tage.

Heimath und Vorkommen: Ist eine schon recht alte Birne, die, nach Diel, in Hessen an der Lahn sehr verbreitet ist und den Namen davon erhielt, daß man sie gern auf den Ackerrainen anpflanzte. Der äußerst tragbare Baum wird eichengroß und ist die Frucht in meiner nördlichen Gegend eine recht werthvolle Haushaltsfrucht, wenn man sie nur 10—12 Tage vor der Baumreife bricht, wo sie sich denn wohl 14 Tage hält, während sie bei zu spätem Brechen sehr rasch moll wird. Man kann die Eigenschaft des sehr frühen Brechens bei Feldpflanzungen selbst als einen Vorzug ansehen, denn einer noch ganz grün zu brechenden Birne stellen die Obstdiebe nicht leicht nach und sind die Früchte vom Baume genommen, ehe man sie für genügend reif gehalten hat. Mein Reis erhielt ich direkt von Diel und erbaute in Barbowieck, Sulingen und Nienburg schon oft gute Früchte, die Anfangs nur immer zu spät gebrochen waren. In Jeinsen hätte ich die Sorte fast verloren, da alle großen Probebäume durch die gewaltige Dürre der Jahre 1857 und 58 abstarben und habe erst jetzt wieder einen Probezweig, der etliche Früchte lieferte. Sie dürfte wohl mit der rasch moll werdenden aber sehr viel gebauten Knausbirne gleichen Werth haben.

Literatur und Synonyme: Diel VIII. S. 172. Die Frucht scheint noch gewaltig wenig beachtet worden zu sein und findet sich sonst nur noch in Dochnahls Führer. Nach diesem Werke S. 184 würde auch der Löwenkopf an manchen Orten mit dem Namen Rainbirne benannt.

Gestalt: nach Diel eiförmig; bei mir hatten indeß die wiederholt erbauten Früchte immer Einbiegungen nach dem Stiele hin, so daß sie zwischen Eiform und Birnform standen. Der Bauch sitzt ziemlich in der Mitte. Nach dem Kelche nimmt sie eiförmig ab und bildet am Kelche eine kleine Fläche, auf der sie noch stehen kann. Nach dem Stiele macht sie eine meistens etwas, oft auch fast gar nicht abgestumpfte Spitze. Gute Früchte sind nach Diel 2¹/₂" breit und 3" hoch, und erreichten bei mir erbaute Früchte diese Größe auch vollkommen in dem warmen Jahre 1849, blieben aber in anderen Jahren etwas kleiner.

Kelch: kurzblättrig, klein, offen, sitzt in einer kleinen Einsenkung, die nach Diel eben ist, und laufen auch über den Bauch sanfte Erhabenheiten hin. Ich fand wiederholt auch in der Kelchsenkung einige Beulen.

Stiel: holzig, mittelstark, nach Diel ³/₄—1" lang (an meinen Früchten fast stets etwas länger, bis 1¹/₂"), steht auf der Spitze wie eingesteckt oder in einer kleinen Höhle.

Schale: glatt, glänzend, gar nicht fettig, vom Baume blaß hellgrün, in der vollen Zeitigung hohes Citronengelb. Röthe findet sich nicht. Punkte sehr zahlreich. Rostanflüge sind oft häufig. Geruch fehlt.

Das Fleisch ist etwas gelblich, abknackend, saftvoll, macht keine Hülsen im Munde und ist, nach Diel, von gewürzhaftem, weinartigem Geschmacke, den ich mehr gezuckert, als eigentlich weinartig fand.

Das Kernhaus ist klein, hat hohle Achse, die engen Kammern enthalten nach Diel wenige vollkommene, eiförmige, braune Kerne, die ich wiederholt in der Mehrzahl doch vollkommen fand.

Reifzeit und Nutzung: In dem heißen Jahre 1848 hatte ich recht schon am 19. August gebrochen und hielten die Früchte sich bis 8. September. In kälteren Jahren war die rechte Brechzeit gegen Ende September. Ist die Frucht am Baume gelblich geworden, so ist sie häufig auch schon am Baume moll.

Der Baum wächst rasch und gesund, geht mit starken Aesten pyramidalisch in die Luft, belaubt sich schön und erreicht, nach Diel, nicht selten eine Höhe von 40', wobei er ausnehmend reiche Ernten liefert. Sommertriebe lang und stark, nicht wollig oder silberhäutig, wenig gekniet, kurzgliedrig, von Farbe, nach Diel, an der Sonnenseite hellröthlich, gegenüber gelblich roth oder blaßgelb, und habe ich in früheren Jahren Uebereinstimmung der Vegetation mit Diels Angaben notirt, während ich in Jeinsen und wohl auch schon früher die Triebe zwischen ledergelb und olive, an der Sonnenseite leicht braunroth überlaufen fand. Die Punkte an den Trieben sind matt und fallen wenig ins Auge. Das Blatt ist mittelgroß, fast flach, glänzend, nach Diel eiförmig, während ich es theils auch so, theils mehr elliptisch fand, und ist es am Rande mit ganz kleinen spitzen Zähnen regelmäßig besetzt. Afterblätter, welche Diel als fehlend angibt, fand ich Ende August noch vorhanden und oft pfriemenförmig. Das Blatt der Fruchtaugen ist etwas größer, fast nur gerändelt, und zeigte gleichfalls die beiden obgedachten Formen. Jahn nahm als Regel an, die Klasse nach den am meisten langgestielten Blättern zu bestimmen. Augen nach Diel stark, kegelförmig spitz, vom Zweig abstehend, während ich sie, in 3 Jahren verglichen, mehr dreieckig und stehend oder anliegend fand, sitzen auf stärker vorstehenden, gerippten Trägern.

Oberdieck.

No. 653. Madame André Leroy. Diel I, 3, b; Luc. III, 1, b; Jahn IV, 2.

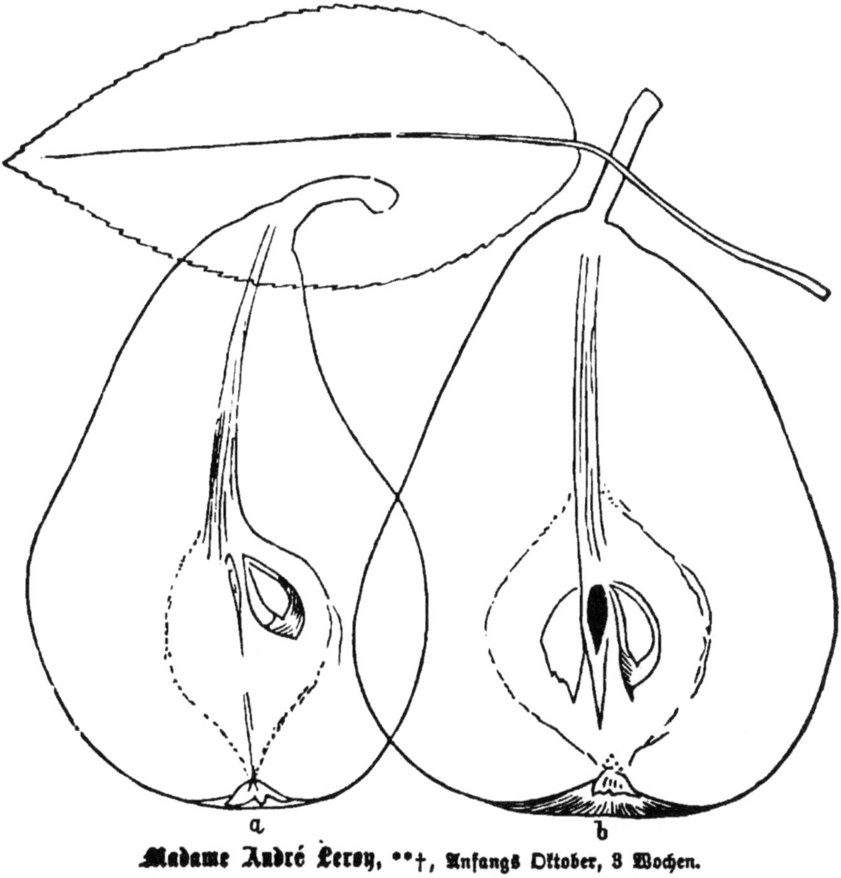

a b

Madame André Leroy, **†, Anfangs Oktober, 3 Wochen.

Heimath und Vorkommen: Diese, noch sehr wenig bekannte aber treffliche Frucht wurde erzogen von dem bekannten Herrn André Leroy zu Angers in Frankreich und benannte er sie nach seiner Frau. Der junge Baum trug zuerst 1862. Das Reis erhielt ich, sowohl von Herrn Leroy selbst, als auch von Herrn Generalconsul Labé zu Villa Monrépos bei Geisenheim, der mir auch schöne Früchte sandte, die oben dargestellt sind und mit der Beschreibung übereinstimmen.

Literatur und Synonyme: Leroy's Dictionaire de Pomologie II, S. 372, unter obigem Namen. Kommt wohl anderweit noch nicht vor.

Gestalt: bald ziemlich konisch, bald mehr birnförmig und einzeln etwas zur Flaschenform oder Zapfenform neigend. Der Bauch sitzt stark nach dem Kelche hin, um den die Frucht bei konischen Exemplaren sich flachrund wölbt, bei der wohl am meisten vorkommenden Birnform sich eiförmig zurundet und nur wenig abstumpft. Nach dem Stiele nimmt sie bald konisch ab, bald macht sie sanfte Einbiegungen, meist deutlicher nur auf einer Seite, und konische, halb oder fast in den Stiel auslaufende Spitze. Herr Leroy hebt hervor und stellt dies auch in der gegebenen Figur dar, daß eine Seite der Frucht meistens stärker sei, als die andere.

Kelch: offen, hartschalig, theils kurzgespitzt, theils sind die Ausschnitte auch vollständiger vorhanden, länger und etwas aufliegend, und sitzt der Kelch bald in weiter, flacher, bald sehr enger und flacher Einsenkung mit einigen flachen Beulen umgeben, die sich nur flach zum Bauche hinziehen.

Stiel: stark, holzig, 3/4—1″ lang, bald gerade, bald gekrümmt, sitzt wie eingesteckt oder geht halb aus der Fruchtspitze heraus, und ist durch die Fruchtspitze etwas, oft stark zur Seite gebogen.

Schale: vom Baume hellgrün, in der Reife schönes, etwas hohes Gelb. Die Sonnenseite ist mit einer bräunlichen, später freundlich werdenden, oft auch etwas Streifen zeigenden Röthe leicht überlaufen, die durch Aufliegendes abgeschnitten wird, und an mehr beschatteten Exemplaren ganz fehlt. Auch Leroy gedenkt keiner Röthe an der Frucht. Die Punkte sind fein und fallen nicht ins Auge, sind jedoch nach Leroy und besonders nach den Enden hin stärker. Rost findet sich bald nur in ganz leichten Anflügen, bald tritt er stärker und stellenweise fast als feiner Ueberzug auf. Der Geruch ist schwach.

Das Fleisch ist äußerst fein, ziemlich gelb, saftreich, schmelzend, um das Kernhaus gar nicht körnig, von sehr angenehmem, etwas weinartigen, fast süßweinartigen Geschmacke.

Das Kernhaus hat eine angedeutete hohle Achse; die ziemlich geräumigen Kammern enthalten schwarzbraune, starke, vollkommene Kerne.

Reifzeit und Nutzung: zeitigt nach Leroy Ende September. Die von Herrn Generalconsul Labé in 2 Jahren erhaltenen Früchte zeitigten erst zu Anfang des October und wird dies in Norddeutschland die rechte Reifzeit sein.

Der Baum wächst rasch und gesund, ist sehr fruchtbar und gedeiht, nach Herrn Leroy, sowohl auf Wildling als Quitte. Die Sommertriebe sind ziemlich lang und stark, etwas gekniet, nach oben nur etwas abnehmend, olivengrün, in lebergelb hinüberspielend, oft wirklich lebergelb und schwach röthlich überlaufen, nur fein punktirt. Das Blatt ist mittelgroß, glänzend, fast flach, elliptisch, seicht und stumpf gezahnt. Afterblätter, die meist fehlen, sind fein, lang pfriemenförmig. Das Blatt der Fruchtaugen ist etwas größer, langelliptisch, zu lanzettlich neigend, in kurzstieligen Exemplaren schön elliptisch, nur stark gerändelt. Augen konisch, spitz, stark abstehend, sitzen auf wenig vorstehenden, mehr wulstigen als gerippten Trägern.

Oberdieck.

No. 654. Lenzener Butterbirn. Diel I, 2 (3), b; Luc. III, 1, a; Jahn VI. 2.

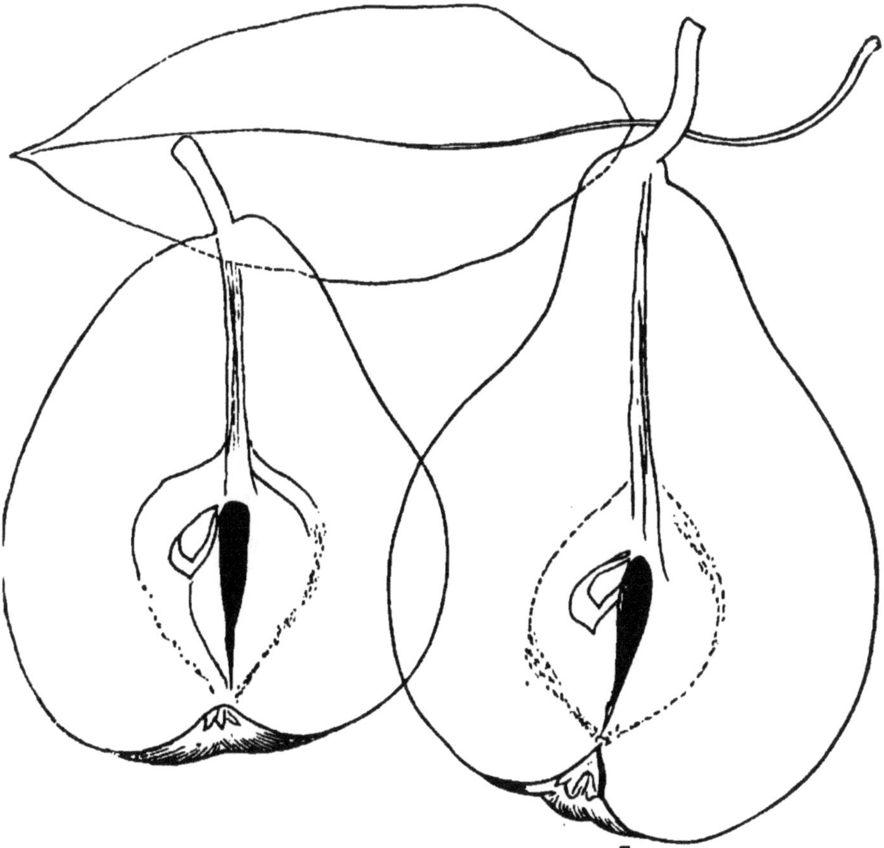

a b

Lenzener Butterbirn, **†, Oktober, 14 Tage bis 3 Wochen.

Heimath und Vorkommen: Mit dieser trefflichen Frucht machte mich Herr Thierarzt Scheller zu Schnackenburg im Hannoverschen bekannt, der mir 1864 ein halbes Dutzend schöne Früchte sandte mit der Nachricht, daß sie von einem Baume aus dem Garten des Herrn Grafen von Bernsdorf genommen seien, welcher Baum wieder veredelt sei von dem in dem Burggarten des Grafen von Willamowitz-Möllendorf zu Lenzen stehenden Stamme, von welchem berichtet wird, daß er dort an Ort und Stelle aufgewachsen sei, wovon sie auch Burgbirn genannt werde, und unter diesem Namen von dem Herrn Grafen verbreitet sei. Auch von diesem Mutterstamm waren ein paar Früchte beigelegt. Die Frucht hatte trotz des so naßkalten Jahres 1864 sehr feines Fleisch ohne alle Körnchen, war schmelzend, hätte zwar noch ein geringes Gewürz mehr haben können, war indeß keineswegs gewürzlos, sondern von edlem, vorzüglichem Geschmacke, wird auch in besseren Jahren vollen, edlen Geschmack haben, was in Hildesheim schon der Fall war, und verdient sehr weitere Verbreitung. Sie hält sich auch in mürbem Zustande in der Obstkammer fast 14 Tage lang. Die kenntliche Vegetation fand ich bisher unter meinen übrigen Sorten nicht und ist die Sorte daher um so sicherer in Lenzen erzogen.

Literatur und Synonyme: Wird hier wohl zuerst beschrieben, findet sich etwa schon hie und da in Privatgärten im Hannover'schen unter dem Namen Burgbirn.

Gestalt: bei den meisten Exemplaren ziemlich kreiselförmig, so hoch als breit (Figur a oben), doch kommen auch große Exemplare vor, die zur Birnform neigen (Figur b oben). Der Bauch sitzt mehr nach dem Kelche hin, um den sie sich zurundet und so stark abstumpft, daß sie gut aufsteht. Nach dem Stiele machen die kreiselförmigen eine dicke, wenig abgestumpfte Spitze, die birnförmigen eine längere, etwas gedrehte, halb in den Stiel auslaufende Spitze.

Kelch: klein, nicht hartschalig, liegt mit den dürren, häufig beschädigten Ausschnitten, so weit sie noch vorhanden sind, etwas auf und sitzt in enger, ziemlich tiefer Senkung, mit breiten, flachen Erhabenheiten umgeben, die auch oft breit, auch meist einzeln oder stellenweise vordrängend über die Frucht sich hinziehen und die Gestalt etwas verderben.

Stiel: mäßig dick, holzig, 5/8'' lang, oft auch etwas kürzer, sitzt wie eingesteckt oder die Spitze geht selbst halb in ihn über und ist er durch einen sich an ihn anlegenden Wulst mehr etwas zur Seite geschoben, als zur Seite gebogen.

Schale: fein rauh, ziemlich glänzend, vom Baume grasgrün, in der Reife kaum etwas gelber, oft wirklich nicht gelber. Von Röthe findet sich ein sehr schwacher Anflug, die meisten Exemplare sind ohne Röthe. Punkte fein, matt, wenig bemerklich und durch die an jeder Frucht mehr oder weniger sich findenden Rostanflüge und Flecken meist etwas verdeckt. Einzelne Früchte haben über größeren Stellen feinen Rostüberzug. Geruch nicht merklich.

Fleisch: mattweiß, fein, saftreich, schmelzend, ums Kernhaus nicht körnig, von ähnlichem Geschmacke als die Holzfarbige Butterbirn hat, nicht völlig so süß, mit ein wenig mehr Beimischung von Säure und etwas stärker zimmtartig gewürzt.

Das Kernhaus hat mäßig große, hohle Achse, ist klein; die kleinen Kammern enthalten kleine, theils vollkommene, theils taube, schwarzbraune Kerne.

Reifzeit und Nutzung: Zeitigt in gewöhnlichen Jahren in der ersten Hälfte des Oktober; in dem naßkalten Jahre 1864 war sie 22. Oktober zeitig.

Der Baum wächst in meiner Baumschule gesund und kräftig, setzt die Nebenäste in mittelstumpfen Winkeln an, hat etwas von der Vegetation der Grauen Herbstbutterbirne, und macht schon früh Fruchtaugen. Die Sommertriebe sind lang, mäßig stark, häufig etwas hörnerartig gebogen, stark gekniet, nehmen nach der Spitze bemerklich ab, machen gern Blätteraugen oder kurze Fruchtspieße, sind von Farbe mehr olive als ledergelb und mit ziemlich vielen und ziemlich großen matten gelblichen Punkten besetzt. Blatt ziemlich groß, glänzend, von Form lanzettlich, unten oft elliptisch, rinnenförmig zusammengebogen und mit der Spitze rückwärts nach unten übergebogen und seicht etwas stumpf gezahnt, oder nur gerändelt, nach oben am Zweige etwas stärker und scharf gezahnt. Afterblätter fadenförmig, fehlen meist. Blatt der Fruchtaugen größer, meist auch etwas lanzettlich, nur gerändelt. Augen konisch, braungeschuppt, abstehend, sitzen auf etwas vorstehenden, häufig merkliche Wulste am Zweige bildenden, mehr wulstigen als gerippten Trägern.

Oberdieck.

No. 655. Die Onondaga. Diel I. 3, b; Luc. III, 1 (2), b; Jahn VI, 2.

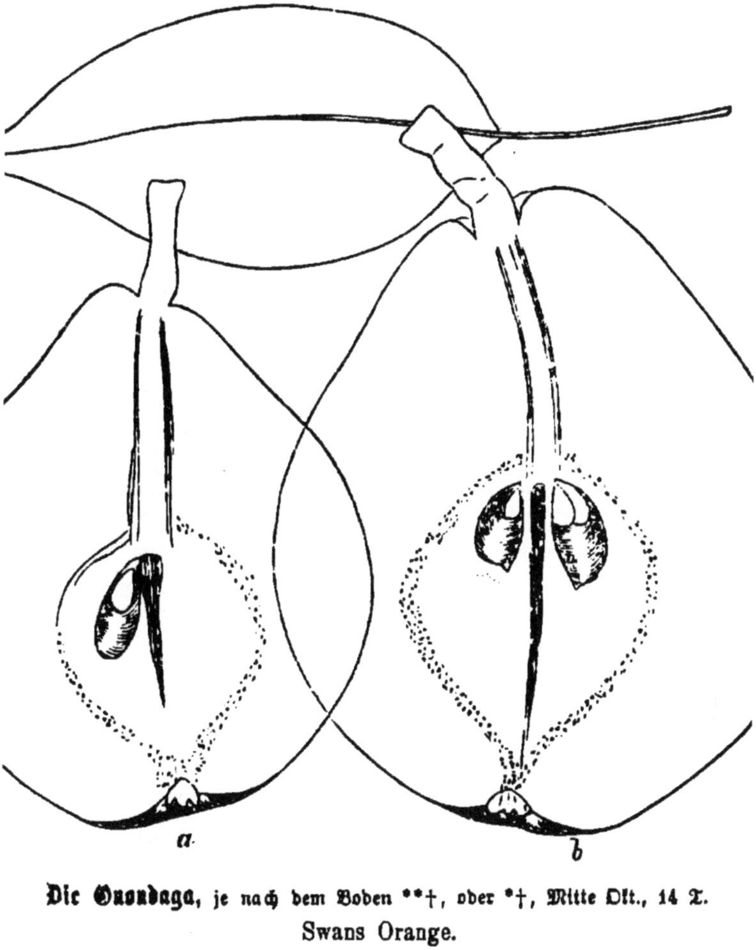

Die Onondaga, je nach dem Boden **†, oder *†, Mitte Okt., 14 T.

Swans Orange.

Heimath und Vorkommen: Ueber die Herkunft dieser Amerikanerin gibt Hovey in Fruits of Amorika S. 21 Nachricht nach dem Magaz. of Horticulture XIII, S. 243. Herr Henry Case zu Onondaga in N.-Y. brachte 1806 Reiser aus Farmington in Connecticut mit, verpflanzte den Baum nach Liverpool, wo er ausging, nachdem Reiser davon vertheilt worden waren. Einer der Empfänger war Herr Joseph Swan zu Onondaga. Die Gartenbaugesellschaft zu Rochester habe sie Swans Orange genannt, zumal damals ihr Ursprung noch unbekannt gewesen sei. — Ueber den Werth der Frucht ist schon in Amerika sehr verschieden geurtheilt worden. Hovey lobt ihre Güte gar sehr, als in Schönheit und delikatem Geschmacke unübertroffen.

Downing und Elliot sagen, daß sie, je nach Boden bald schmelzend und delikat etwas süßweinig, bald fade und selbst säuerlich sei. Eine merkliche Verschiedenheit in der Güte fand auch ich 1867 unter Früchten, die ich von Herrn Generalconsul Labé in Geisenheim am Rhein erhielt (Sandboden, für Birnen höchst günstig) und in Jeinsen in meinem Garten beim Hause (Calenberger Lehm, durchschnittlich zu trocken) auf Probezweige erbaute. Jene (Fig. b oben) waren größer als meine Früchte (von Zwergbaum), aber weniger saftreich und gewürzt, nur a †. Meine Früchte, etwas kleiner (Fig. a oben) schmelzend, gewürzt und nahezu **†. Man mag ihren Anbau um so mehr in ähnlichen Bodenarten versuchen, wo besonders das Fleisch der Birnen etwas körnig ist. — Das Reis erhielt ich als Onondaga von Herrn Behrens zu Travemünde, weiter wohl von Downing bezogen und als Swans Orange von Herrn Baltet zu Troyes.

Literatur und Synonyme: Hovey Fruits of Amerika S. 21. Swans Orange, in ähnlicher Größe und Gestalt als b oben; Synon. Onondaga (Horticulturist I, S. 322) und Onondaga Seedling. Downing, Ausgabe von 1866, S. 528, Onondaga; Synon. Swans Orange; ohne Figur. Elliott S. 401, Onondaga, mit den von Hovey angeführten Synonymen, in Größe wie Fig. b oben. Annales VIII, S. 27, Abbildung gut, die eine sehr eiförmig, die andere zwischen Birnform und Kreiselform. Das Fleisch wird als demi fine, fondante, eau abordante sucrée, vineuse, d'une saveur très agreable bezeichnet. Liron III, S. 14, Tafel 33, Fig. 2. Auch der Verger des Herrn Mas gibt unter Herbstfrüchte Nro. 88 gelungene Abbildung und lobt die Güte der Frucht, auch Leroy im Dict. II, S. 486 hat sie als Onondaga.

Gestalt: meist umgekehrt eiförmig, bald etwas zur Birnform neigend. Der Bauch sitzt meistens in Mitte, nach dem Kelch wölbt sie sich eiförmig zu, nur etwas abgestumpft. Nach dem Stiele nimmt sie mit sanften Einbiegungen, oft auch mit flach erhabenen Linien etwas stärker ab und ist wenig, oft gar nicht abgestumpft.

Kelch: kurz gespitzt, mit hartschaligen, rinnigen, divergirend in die Höhe stehenden Ausschnitten, halboffen (ist aber nach Elliot auch ganz geschlossen), und sitzt in flacher, mäßig weiter Senkung, aus der nur einzelne breite Erhabenheiten über die Frucht sich hinziehen, die eine Hälfte aber meist stärker machen als die andere.

Stiel: fleischig, recht stark, fast oder wirklich gerade, wenig zur Seite gebogen, 3/4—1" lang (in der Figur der Annales 1 1/2" lang), sitzt bald wie eingesteckt, ja aus der Frucht fast herausgehend, bald flach vertieft zwischen einigen Beulen.

Schale: glatt, oft auch durch Rost etwas rauh, matt glänzend, vom Baume gelblich grün, in der Reife hochgelb. Die Sonnenseite zeigt nur schwache Spuren von etwas streifiger Röthe, die nach Andern stärker, doch nicht weit verbreitet ist. Rostanflüge und Figuren sind ziemlich häufig; der Rost ist dünn und zimmtfarbig und bildet um Kelch und Stiel etwas Ueberzug. Punkte fein, sehr zahlreich, durch den Rost oft etwas maskirt. Geruch war bei meinen Früchten schwach, bei den Exemplaren aus Geisenheim stark.

Das Fleisch ist gelblich weiß, war bei meinen Früchten fein, saftreich, schmelzend, um's Kernhaus fein körnig, von etwas zimmtartig gewürztem, süßen, durch merkliche angenehme Säure gehobenen Geschmacke. An den Früchten aus Geisenheim war es halbschmelzend, von ähnlichem, doch weniger edlen Geschmacke.

Das Kernhaus hat mäßig starke, hohle Achse; die mittelgroßen Kammern enthalten kurze, schwarzbraune, eiförmige, theils auch taube Kerne.

Reifzeit und Nutzung: Zeitigt Mitte Oktober und dauert die Reife 14 Tage hindurch. Die Annales geben die Reifzeit von September bis in den November an. Hovey im Oktober, 3—4 Wochen.

Der Baum wächst gesund und stark und wird seine Fruchtbarkeit sehr gerühmt. Er wächst in meiner Baumschule rasch, setzt die Zweige in etwas stumpfen Winkeln an und macht bald viel kurzes Fruchtholz, was meist auf besondere Fruchtbarkeit hindeutet. Sommertriebe stark, steif, nach oben wenig abnehmend, wenig gekniet, olivenfarbig, nach oben etwas wollig, unten etwas silberhäutig, zerstreut mit ziemlich großen Punkten gezeichnet. Blatt mittelgroß, rinnig, glänzend, in der Mitte elliptisch, oft lanzettlich, seicht gezahnt oder nur stark gerändelt. Blatt des Fruchtholzes elliptisch, meist schön lanzettlich, nur stark geründelt. Afterblätter fein, fehlen meist. Augen dickbauchig, konisch, unten stark abstehend, auf nur etwas vorstehenden, mehr wulstigen, als gerippten Trägern. Oberdieck.

No. 656. Guter Philipp. Diel III, 2, A (B); Luc. VIII (X), 1, b; Jahn II, 1 (2).

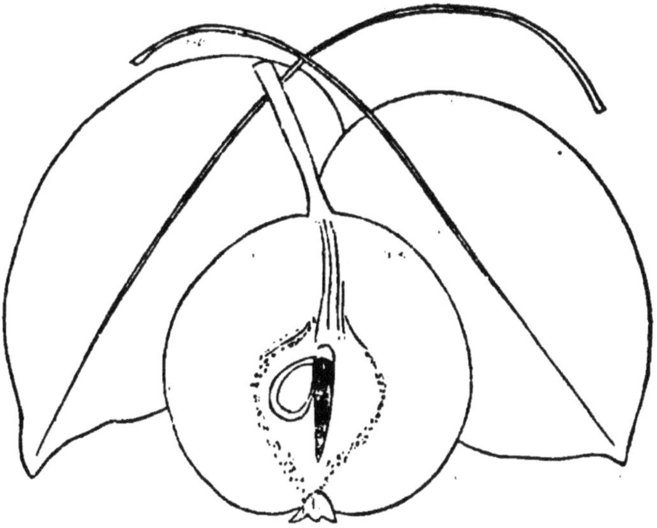

Guter Philipp, *†, Anfang Oktober, 14 Tage.

Heimath und Vorkommen: Diese Frucht erzog Herr Professor van Mons, in dessen Cataloge sie S. 31 vorkommt. Diel erhielt sie von van Mons und ich bekam das Reis von Diel. Eine Bereicherung der Pomologie ist sie nicht, indeß ist der Baum reich tragbar und kann über sie nicht abgeurtheilt werden, ehe nicht versucht ist, sie zu mehreren Haushaltszwecken zu verwenden. Als Compot gekocht ist sie ziemlich roth und schmeckt gut, ohne vor andern bereits bekannten, gleichzeitig reifenden Haushaltsbirnen Vorzüge zu haben. Im Cataloge 2. Forts. S. 105 führt der jüngere Diel sie nochmals auf und bezeichnet sie daselbst als angenehm zum rohen Genusse und für die Tafel noch vom 1. Range.

Literatur und Synonyme: Diel XXI, S. 211, Philipp der Gute, Philippe le bon. Kommt sonst nicht vor.

Gestalt: Ist nach Diel kreiselförmig; Bauch mehr nach dem Kelche hin, um den Kelch abnehmend zugerundet, nach dem Stiele ohne Einbiegung abnehmend, 2″ breit und hoch. In meinen Gärten neigte die

Form mehr zur Eiform oder Kugelform als zur Kreiselform und saß der Bauch fast oder wirklich in der Mitte, auch waren meine Früchte nur $1^3/_4$" breit und hoch.

Kelch: stark, breitblättrig, offen, hartschalig, sitzt flach vertieft oder fast oben auf. Die flache Kelchsenkung ist eben und auch der Bauch der Frucht schön gerundet.

Stiel: für die kleine Frucht stark, holzig, fast gerade, wenig zur Seite gebogen, 1—$1^1/_4$" lang, sitzt wie eingesteckt, nur mit schwachen, kleinen Beulen umgeben.

Schale: fein, nicht glänzend, vom Baume hellgrün, in der vollen Zeitigung blaßgelb. Von Röthe findet sich keine Spur. Punkte sind sehr wenig bemerklich, dagegen ist angesprengter und stellenweise fleckenartiger Rost an manchen Früchten ziemlich häufig und fehlt an keiner ganz. Geruch ist nicht merklich.

Das Fleisch ist matt gelblich weiß, von Ansehen körnig, hat um das Kernhaus eine ziemlich starke Reihe Körnchen, und ist von angenehmem, etwas gewürzten, durch eine feine Säure gehobenen, ziemlich merklich süßen Zuckergeschmacke.

Das Kernhaus ist ziemlich groß, hat starke hohle Achse. Die geräumigen Kammern enthalten viele, starke, zimmtfarbige, eiförmige Kerne, die auch am Kopfe ein Spitzchen haben.

Reifzeit und Nutzung: Zeitigt zu Anfange des Oktober, in warmen Jahren schon bald nach der Mitte September und wird nach Diel bald teig, während sie, etwas grün gebrochen, sich bei mir reichlich 14 Tage hielt.

Der Baum wächst nach Diel stark, steht mit den Aesten etwas stark ab und neigt sich zu einer flachen Krone. Die Zweige machen viel ganz kurzes Fruchtholz, das früh und reichlich trägt. Die Sommertriebe sind lang, nicht merklich gekniet, an der Spitze oft etwas wollig, kurzgliedrig, lederfarbig, nur fein und zerstreut punktirt. Blatt mattglänzend, flach rinnenförmig, nach Diel herzförmig, mit scharfer, aufgesetzter Spitze, während ich es als eiförmig notirte, nur gerändelt oder ganzrandig. Afterblätter fadenförmig. Blatt der Fruchtaugen eiförmig oder langeiförmig, etwas wellenförmig gebogen, ganzrandig. Augen dickbauchig, konisch, spitz, anliegend, sitzen auf schwach gerippten Trägern.

Oberdieck.

No. 657. Birn von Croft Castle. Diel I, 2, b; Lucas IV, 1, b; Jahn IV, 2.

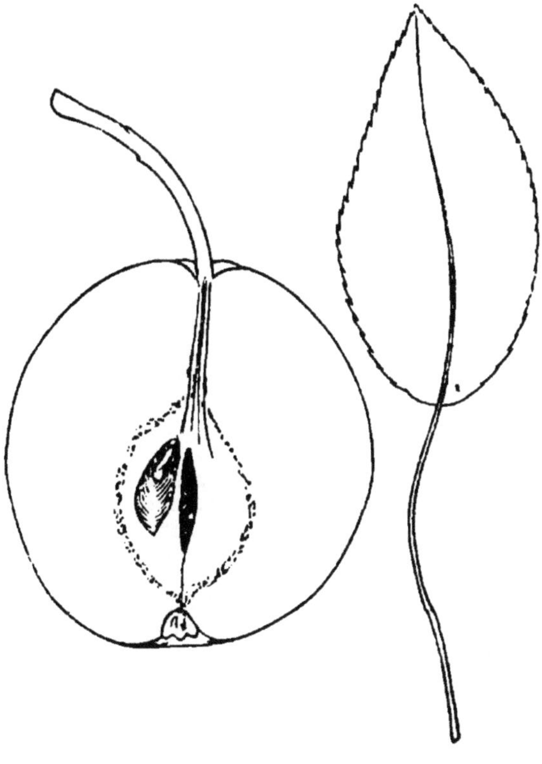

Birn von Croft Castle, *†, October, 2—3 Wochen.

Heimath und Vorkommen: Ist eine neuere englische Frucht, die indeß schon etwas länger in England gebaut worden sein muß, da sie sich bereits auch nach Amerika verbreitet hat. Das Reis erhielt ich von der Societät zu London, und habe nach Hoggs Angaben die Sorte ächt. Die frühe und reiche Fruchtbarkeit derselben bestätigte sich bereits auch bei mir und setzte sie vor dem Orte und ganz freistehend selbst 1866 gut an, wo es am 22. und 23. Mai noch fror. Die Güte war, wenigstens in meinem Boden, nur mittelmäßig und die Frucht ums Kernhaus merklich körnig; in für Birnen günstigerem Boden wird dies weniger der Fall sein, doch bleibt sie wohl überhaupt entbehrlich, da es bereits der noch besseren Früchte schon viele gibt. Man möchte sie für einen Sämling der Jagdbirn halten.

Literatur und Synonyme: Lond. Catal. S. 134, Nr. 173 mit den Angaben, daß sie blaßgrün, rostfleckig, 2ter Größe, saftreich, 2ten Ranges für die Tafel, oval, im Oktober zeitigend und der Baum besonders tragbar sei. Hogg im Manuale lobt die Sorte, besonders auch wegen Fruchtbarkeit und Gedeihens der Frucht auf Hochstamm. Downing, S. 372, gibt die Figur ein Geringes größer, eiförmig, nach dem Kelche stärker abnehmend, am Kelche merklich abgestumpft und sagt, daß sie zu dieser Form neige, was ich bisher an meinen Früchten nicht finde. Er setzt hinzu, daß sie bei Manchen eben so entschiedenen Beifall finde, als sie bei Andern gar nicht beliebt sei. Elliott, S. 420, führt sie, gänzlich kurz, unter den schon übertroffenen Früchten auf.

Gestalt: Bei regelmäßig gebauten Früchten oval, am Stiele und Kelche etwas abgestumpft, 2" breit und ein paar Linien höher. Einige meiner Früchte waren am Kelche stärker abgestumpft, nahmen nach dem Stiele merklicher ab, als nach dem Kelche, und waren am Stiele nur wenig abgestumpft, neigten also zu umgekehrt eiförmig, als dem Gegensatze von dem, was Downings Figur darstellt. Es wird diese verschiedene Abänderung aber bei ovalen Früchten leicht vorkommen, und ist namentlich bei ovalen Pflaumen etwas Gewöhnliches. Der Bauch sitzt meistens in der Mitte, und wölbt sich nach beiden Seiten der Frucht gleichmäßig.

Kelch: stark, offen, in enger, flacher Senkung, hat nach Hogg lange, zurückgebogene Ausschnitte, während er nach Downing etwas vorsteht und hartschalig ist. Ich fand ihn hartschalig, etwas vorstehend, nur mit einzelnen kurzen, steifen, fast aufliegenden Ausschnitten, und hatte von 1 Dutzend erbauter Früchte nur 1 Exemplar 2 kurze und einen breiten und längeren zurückgebogenen Ausschnitt, wie denn oft die Birnen die verdorrenden Kelchausschnitte mehr oder weniger verlieren. Ueber die Frucht laufen nur einzelne flache Erhabenheiten, und ist die Form häufig gefällig gerundet.

Stiel: holzig, ziemlich stark, etwas knospig, $1^1/_4$" nach Hogg und Downing $1^1/_2$" lang, sanft gebogen, sitzt in enger, mäßig tiefer Höhle, die mitunter durch einen feinen, an den Stiel sich anlegenden Wulst noch etwas verengert wird.

Schale: etwas stark, grasgrün, in der Reife kaum etwas gelblich grün. Röthe fehlt ganz. Rostfiguren und Flecke, die nach Hogg stark sind, fand ich nur mäßig zahlreich und nur sehr einzeln stark oder stellenweise zersprengten Ueberzug bildend. Punkte zahlreich, rostig, bei einzelnen Exemplaren stärker, oft etwas sternförmig, und einem etwas silberfarbigen Rostausschlage gleichend. Geruch fehlt.

Das Fleisch ist etwas grünlich gelb, ums Kernhaus in meinem Boden etwas merklich körnig, fein, saftreich, von schwach gewürztem, schwach süßweinartigen Geschmacke.

Das Kernhaus hat hohle Achse; die nicht geräumigen Kammern enthalten selten vollkommene, meistens taube Kerne.

Reifzeit und Nutzung: Zeitigte im Oktober. Früchte, die 1866 30. Sept. gebrochen waren, welkten nicht, und waren am 14. Oktober zeitig.

Der Baum wächst lebhaft und gesund und wird, nach dem Probezweige, eine zerstreute Krone mit vielem kurzen Fruchtholze machen, das früh und reichlich trägt. Die Sommertriebe sind lang, mäßig stark, etwas gekniet, ledergelb in braunroth spielend, ziemlich zahlreich punktirt. Blatt klein, glänzend, elliptisch, ganzrandig. Blatt der Fruchtaugen von gleicher Form. Augen ziemlich stark stumpfspitz, etwas abstehend, auf etwas vorstehenden, wenig gerippten Trägern. O.

No. 658. Henkels Schmalzbirn. Diel III, 2, 2; Lucas IV, 2, a; Jahn IV, 2.

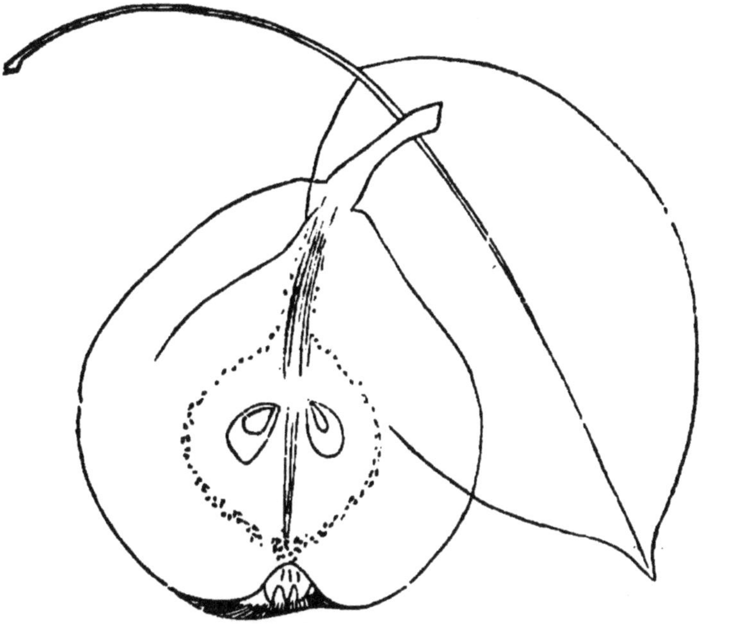

Henkels Schmalzbirn, *††, Oktober, 3 Wochen.

Heimath und Vorkommen: Es liegt hier diejenige im Baum trefflich wachsende, reich tragende, für die Tafel angenehme und für die Küche sehr gute Frucht vor, welche als Henkel d'hyver von Hrn. v. Mons an Diel kam und von Diel unter obigem Namen beschrieben wurde, von dem ich das Reis erhielt. Wie indeß schon als Doyenné d'hyver von v. Mons an Diel nicht die rechte Frucht, sondern diejenige Sorte kam, die sich mit der St. Vincent identisch zeigte, so wird die vorliegende Frucht auch nur durch Reiserverwechslung unter obigem Namen an Diel gekommen sein, obgleich die obige Frucht auch an Hrn. Lüning zu Sulingen direct von v. Mons als Henkel d'hyver kam, da Herr Lieutenant Donauer zu Coburg als Henkel d'hyver von Hrn. v. Mons direct diejenige, mir von Donauer mitgetheilte Frucht bekam, die ich im Handbuche II, S. 303 als Böbikers Butterbirn beschrieb und unter den ohne Namen von v. Mons erhaltenen Sorten so benannte. Diese Frucht ist in Hovey's Fruits of Amerika (II, S. 52) als Henkel Pear sehr kenntlich abgebildet. Sie kam von v. Mons an Manning und bezweifelt Hovey, daß sie die Henkel d'hyver sein könne, da seine Henkel Pear schon im September reife. Dies ist indeß kein triftiger Grund, da mehrere

Früchte, denen v. Mons das Beiwort d'hyver gab, sich als Herbstfrüchte gezeigt haben, und außerdem meine gewöhnlich erst Ende October oder Anf. Novbr. zeitigende Bödikers Butterbirn und Henkel d'hyver von Donauer in dem abnormen Jahre 1866 schon Ende September völlig zeitig waren. Ich habe außerdem durch Jahn aus Belgien als Henkel d'hyver dieselbige leicht kenntliche Vegetation, welche meine Bödikers Butterbirn zeigt. Darnach wird Bödikers Butterbirn künftig Henkels Butterbirn benannt werden und mag die obige vorerst Henkels Schmalzbirn heißen. Es ist vermuthet worden, daß obige Frucht als Kaiser von Oesterreich oder Franz II. vorkomme. Letztere Frucht erhielt ich 2mal falsch, ist aber von Diel auch in mehreren Zügen anders beschrieben worden; die erstere habe ich von Diel und fand sie doch von Henkels Schmalzbirn verschieden.

Literatur und Synonyme: Diel K.-B. III, S. 296, Henkels Schmalzbirn mit dem, nach dem Vorstehenden irrigen Namen Henkel d'hyver.

Gestalt: Ist nach Diel kreiselförmig, doch kann man sie nicht wohl so bezeichnen, da, wie auch Diel angibt, der Bauch immer ziemlich in der Mitte sitzt, und mag man lieber sagen, daß die Form zwischen Eiform und Kreiselform in der Mitte stehe. Der erhobene Bauch sitzt ziemlich in der Mitte; nach dem Kelche nimmt die Frucht zugerundet, oft ziemlich rasch, ab, und ist nur wenig abgestumpft. Nach dem Stiele nimmt sie schnell und ohne merklichere Einbiegung ab und macht eine dicke, bald nur etwas, bald gar nicht abgestumpfte Spitze. Gute Früchte sind selbst vom Hochstamme 2½" breit und hoch. Mehrmals hatte ich auch Früchte, die, nach Einbiegungen nach dem Stiele, eine vorgeschobene Stielspitze bildeten.

Kelch: kurzblättrig, nach Diel offen, bei mir oft fast geschlossen, sitzt in enger, bald flacher, bald etwas tieferer Einsenkung, auf deren Rande sich einige Beulen erheben, die flach, doch meistens deutlich über die Frucht hinlaufen.

Stiel: holzig, an meinen Früchten an der Basis oft fleischig, 1" lang, sitzt bald wenig vertieft, bald wie eingesteckt und ist oft durch einen Wulst der Fruchtspitze auf die Seite gebogen.

Schale: fein, fast glatt. Von der hellgrünen, später gelben Grundfarbe ist allermeistens wenig oder nichts rein zu sehen, indem ein feiner, zimmtfarbiger Rost nicht selten die ganze Frucht überzieht oder stellenweise und besonders auf der Schattenseite nur zersprengt erscheint. Beschattete Früchte haben, nach Diel, viel reine Grundfarbe. Röthe fehlt. Punkte zahlreich, nur in der Grundfarbe bemerklicher, haben mit dem Roste dieselbe Farbe. Geruch fehlt.

Das Fleisch ist gelblich, saftvoll, nach Diel etwas abknackend, doch beim Genusse sich fast ganz auflösend, von angenehmem, süßen Zimmtgeschmacke. Ich fand es mehrmals stark halbschmelzend, etwas schmalzartig.

Das Kernhaus hat nur angedeutete hohle Achse, die engen Kammern enthalten nur wenig vollkommene, kleine, häufig ganz taube Kerne.

Reifzeit und Nutzung: Zeitigt nach Diel im November und hält sich 3 Wochen. Er fügt hinzu, daß die Zeitigung wohl beachtet werden müsse, indem die Frucht sonst oft schon taig sei, ehe man sie zeitig glaube. Dies ereignete sich bei mir aber nur bei zu spätem Brechen.

Der Baum wächst lebhaft und gesund, belaubt sich stark, geht mit den Aesten gut in die Luft und setzt viel kurzes Fruchtholz an, das bald und reichlich trägt. Sommertriebe lang, ziemlich stark, nach oben etwas abnehmend, an der Spitze noch etwas dünn wollig, etwas, stellenweise auch stärker gekniet, meist schon mit vielen Blätteraugen besetzt, olivengrün, schwach in Lebergelb spielend, ziemlich zahlreich, doch matt punktirt. Blatt mittelgroß, glänzend, flachrinnig, theils elliptisch, meist etwas breit lanzettlich, fast nur gerändelt. Afterblätter pfriemenförmig, fehlen meist. Blatt der Fruchtaugen größer, meistens mehr elliptisch, mit aufgesetzter, bei mehr breitlanzettlichen Blättern noch halbaufgesetzter Spitze, nur gerändelt oder ganzrandig. Augen meist klein, spitz, sitzen auf wulstigen, etwas wulstig stark vorstehenden Trägern. Oberdieck.

No. 659. Moringer Wunderbirn. Diel III, 2, b; Luc. IV, 2, a; Jahn III (IV), 2.

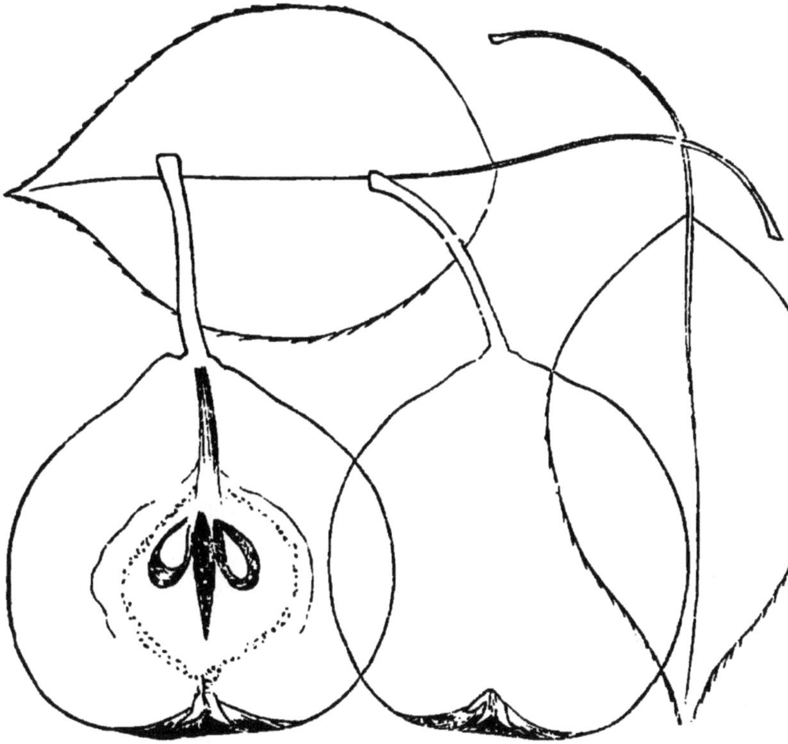

Moringer Wunderbirn, ††, Okt.; 4–5 W. L.

Heimath und Vorkommen: Ist eine sehr gute Haushaltsbirn, die man bei Moringen im Göttingischen schon sehr lange baut und besonders schätzt, weil der Baum eichengroß wird und sehr reiche Ernten liefert. Herr Oberamtsrichter von Hinüber zu Moringen, der sich lebhaft für Pomologie und Obstbau interessirt, sandte mir schon 1857 eine Anzahl Früchte nebst dem Reise, 1867 abermals Früchte, empfahl den Anbau nochmals und theilte mir auch getrocknete Früchte mit, die gekocht sehr gut, ohne Zucker wirklich zuckersüß waren und ein delikates Gericht gaben. Die Frucht müßte auch trefflichen Birnenhonig geben.

Literatur und Synonyme: Bisher ist mir nichts, der vorliegenden Sorte irgend Entsprechendes in pomologischen Werken bekannt.

Gestalt: kreiselförmig, meist zwischen Kreiselform und Eiform stehend. Der Bauch sitzt bald ziemlich in der Mitte, bald etwas mehr nach dem Kelche hin, und rundet im ersten Falle die Frucht nach dem Kelche sich zu, und ist noch stark abgestumpft; im zweiten Falle wölbt sie sich um den Kelch flachrund. Nach dem Stiele nimmt sie beträchtlich stärker ab und macht ohne Einbiegungen oder mit schwachen, erst sehr nach dem Stiele hin sitzenden Einbiegungen eine fast nicht abgestumpfte, oft halb in den Stiel übergehende und meistens etwas brust-warzenähnlich aufgesetzte, kurze Spitze. Gute Früchte sind $2^1/_4$ bis $2^1/_3$" breit und so hoch.

Kelch: offen, langgespitzt, blättrig, sternförmig aufliegend, sitzt in ziemlich weiter und tiefer, fast ebener Senkung, aus der nur sehr flache, oft unmerkliche Erhabenheiten zum Bauche hingehen, jedoch oft auch einzeln breit vortreten und die Form etwas verderben.

Stiel: mäßig stark, holzig, bald sanft gebogen, bald gerade, $1^1/_2$" lang, sitzt wie eingesteckt, mit feinen Beulchen umgeben, oder geht selbst mit Fleischringeln aus der Fruchtspitze fast oder wirklich heraus.

Schale: fein, glatt, matt glänzend, vom Baume schon etwas gelblich grün, später schön citronengelb. Röthe fehlt. Punkte kaum bemerkbar; Rost nur wenig da, häufig findet sich aber um den Kelch bald etwas, bald selbst verbreiteter Ueberzug von zimmtfarbigem, oft etwas schwärzlich zimmtfarbigem Roste. Geruch ist schwach.

Das Fleisch ist schwach gelblich, um das Kernhaus nur wenig körnig, abknackend, doch mürbe, von starkem Zuckergeschmacke.

Das Kernhaus hat meistens hohle Achse; die Kammern sind mäßig groß und enthalten schwarzbraune, vollkommene, ziemlich eiförmige Kerne.

Reifzeit und Nutzung: Zeitigt um Michaelis, hält sich den Oktober hindurch, und ist in der Moringer Gegend eine allgemein gesuchte Haushaltsfrucht.

Der Baum wächst stark, wird eichengroß und liefert sehr reiche Ernten. Er setzt schon in der Baumschule bei mir ziemlich viele Fruchtaugen an. Die Sommertriebe sind lang und stark, ganz oben etwas wollig, wenig gekniet, mehr olive als lebergelb, sehr wenig und nur unten und matt punktirt. Auch das Blatt hat im August nach der Spitze hin noch Spuren von Wolle, ist jedoch weiter nach unten glänzend, flachrinnig, meist etwas langeiförmig, am Stiele häufig mehr elliptisch zugespitzt, mit der Spitze nach unten gebogen, fein und flach gezahnt. Die feinen Afterblätter fallen bald ab. Das Blatt der Fruchtaugen ist größer und wechselt in Form zwischen eioval ja fast ganz kurzoval und mehr zum Elliptischen fast Lanzettlichen neigender Gestalt. Augen flachgedrückt, breieckig, fast anliegend, sitzen auf flachen, sehr flach gerippten Trägern.

Oberdieck.

No. 660. **Roberts Butterbirn.** Diel I, 2, b; Lucas IV, 1, b; Jahn III, b.

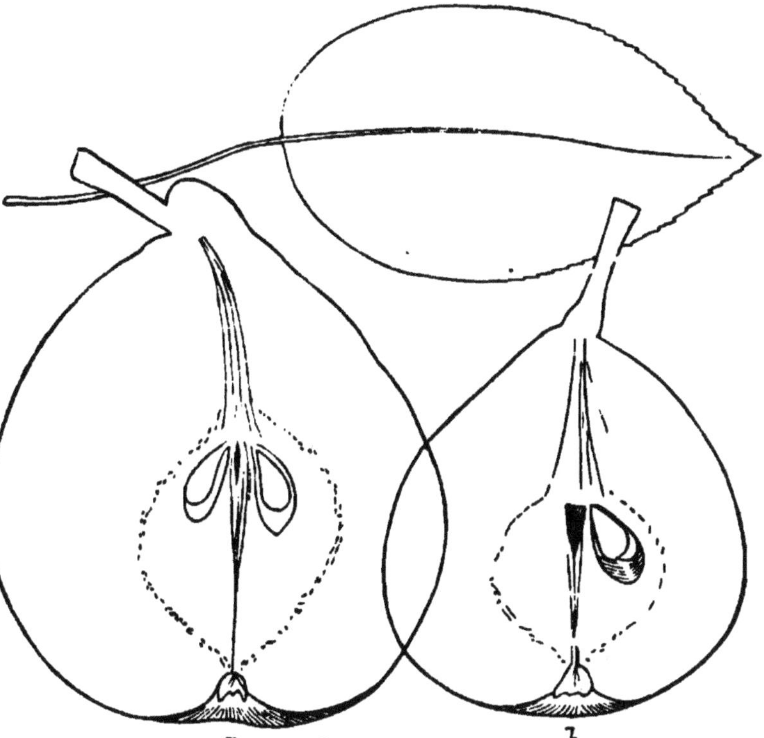

a b

Roberts Butterbirn, **†, Ende Oktober.

Heimath und Vorkommen: Ist eine neuere, von den Herren Robert und Moreau, Baumzüchtern zu Angers in Frankreich erzogene Frucht. Sie wurde dem Gartenbauvereine im Departement Maine-et-Loire im November 1861 vorgelegt und für delikat erklärt, als im Geschmacke der Hardenponts Winterbutterbirn ziemlich ähnlich, aus deren Kerne die Frucht auch erzogen wurde. Mein Reis erhielt ich von Hrn. Präsident Royer zu Namur und darf glauben, die rechte Sorte erhalten zu haben, die bei mir bald trug und sich auf den Pflückepunkt gar nicht eigen zeigte, da sie, 1869 erst 20. Oktober gebrochen, dennoch immer nicht moll wurde und Ende Oktober delikat war. Im Geschmacke fand ich sie noch ähnlicher der schon überall geschätzten Esperens Herrenbirn. Sie wird sich wohl bald weiter verbreiten.

Literatur und Synonyme: Leroy's Dictionaire de Pomologie I, S. 418, Beurré Robert. Sonst finde ich sie noch nirgends. Man hat sie, aber irrig, mit der Vereins-Dechantsbirn identificiren wollen.

Gestalt: neigt zu dickbauchig kreiselförmig, doch waren die in meinem Garten beim Hause auf einem jungen Hochstamme erbauten Früchte in Größe und Gestalt sehr verschieden, wie oben unter a und b dargestellt ist. Der Bauch sitzt meistens etwas mehr nach dem Kelche hin, um den sie sich zurundet und noch ziemlich stark abstumpft. Nach dem Stiele nimmt die Frucht theils fast ebenso, theils etwas stärker, ohne Einbiegungen ab, und endet halb oder ganz in den Stiel auslaufend.

Kelch: hartschalig, kurzgespitzt, rinnig, offen, in die Höhe stehend, oft ohne alle Ausschnitte, einzeln mit längeren, an den Spitzen weichen Ausschnitten, sitzt bei den kleineren flach vertieft, bei größeren Exemplaren in mäßig weiter und tiefer Einsenkung, mit sehr flachen Beulen umgeben, die aber am Bauche, einzeln breit vordrängend, sich etwas mehr sichtbar machen und die Rundung oft verschieben.

Stiel: holzig, an großen Exemplaren gut 1" lang, an der Basis auch oft etwas fleischig, geht aus der Fruchtspitze mehr oder weniger heraus, und sitzt durch einen starken, sich erhebenden Wulst häufig stark zur Seite gebogen und mehr wie eingesteckt.

Schale: vom Baume schön grün, ohne alle Röthe, in der Reife nur grüngelb. Rostpunkte sind zahlreich. Zimmtfarbiger Rost überdeckte kleinere Früchte fast ganz, und erschienen bei ein paar Exemplaren die Punkte daran als rauhe, feine Schuppen; an den größeren Exemplaren war der Rost weniger stark, doch an größeren Stellen immer noch ziemlich viel vorhanden, und etwas rauh, stellenweise als Ueberzug, stellenweise als zersprengt erscheinend. Der Geruch ist schwach.

Fleisch: ziemlich weiß, fein, auch in meinem Garten beim Hause um das Kernhaus nur höchst wenig und nur ganz fein körnig, schmelzend, von etwas gewürztem, mit etwas Säure versehenen, angenehm gezuckerten Geschmacke, der allerdings einige Aehnlichkeit mit dem der Hardenponts Winterbutterbirn hat, jedoch wohl noch ähnlicher dem der Esperens Herrenbirn war. Herr Leroy legt ihr un parfum excessivement délicat bei.

Das Kernhaus hat unvollkommene oder keine hohle Achse; die großen, geräumigen Kammern enthalten theils taube, theils vollkommene, schwarzbraune Kerne. Die Kelchhöhle zieht sich als Cylinder oft etwas ins Fleisch hinauf.

Reifzeit und Nutzung: Die Früchte waren 1869 erst 20. Okt. gebrochen und mürbete die Mehrzahl schon Ende Oktober. Herr Leroy gibt die Reife von Ende Oktober bis in den December haltbar, an.

Der Baum wuchs in meiner Baumschule in 2 Stämmen etwas schwach, während der Probezweig stark trieb, schön in die Luft gegangen ist und eine Menge kurzer Fruchtspieße angesetzt hat, so daß er bald fruchtbar wurde. Herr Leroy sagt von dem Baume, daß er dem der Vereins-Dechantsbirn äußerst ähnlich sei, während man beide in der Frucht genügend unterscheiden könne. Er gedeihe auf Quitte, bilde gute Pyramiden und sei jährlich und genügend tragbar. Sommertriebe ziemlich lang und stark, merklich gekniet, olivenfarbig in ledergelb spielend, stark besonnt braunroth überlaufen, ziemlich zahlreich, doch fein punktirt. Blatt flachrinnig, glänzend, elliptisch, seicht gezahnt. Afterblätter fehlen im Herbste bereits. Blatt der Fruchtaugen ziemlich elliptisch, einzeln etwas eiförmig, nur gerändelt. Augen stark, bauchig konisch, abstehend, oft stark abstehend, sitzen auf ziemlich vorstehenden wulstigen Trägern.

Oberdieck

No. 661. Luizets Butterbirn. Diel I, 3, b; Luc. IV, 1, a; Jahn IV, 2.

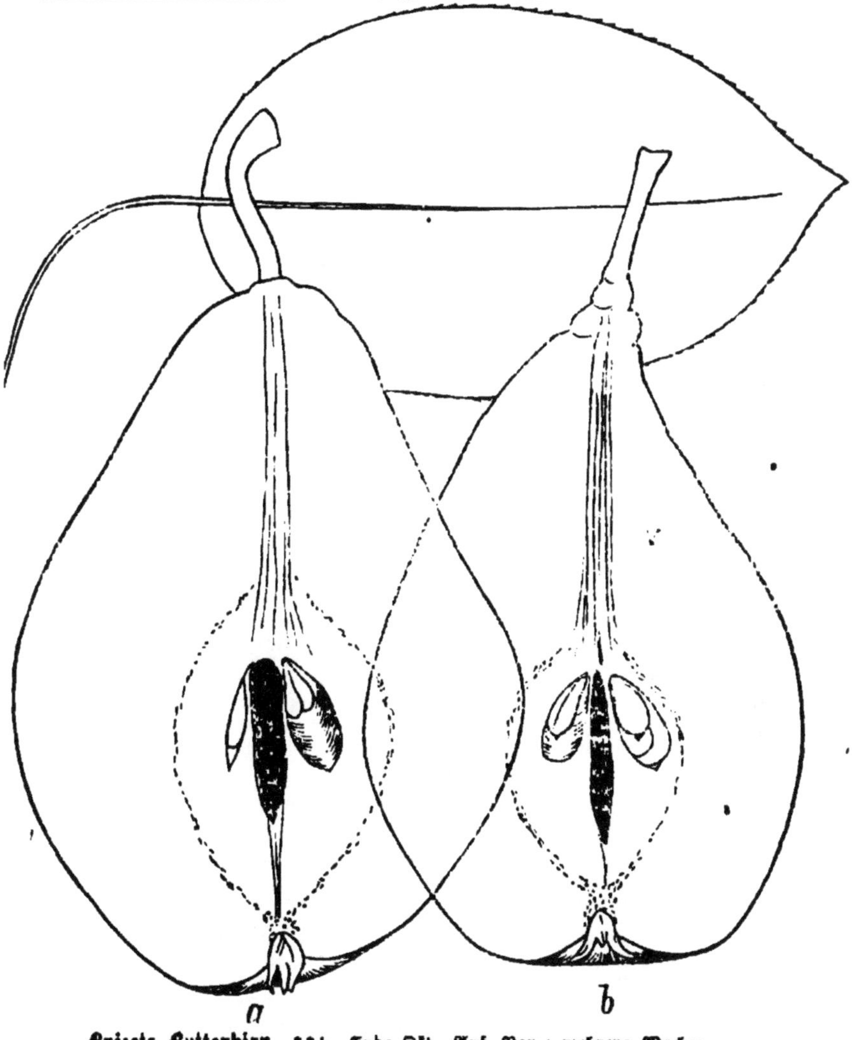

Luizets Butterbirn, **†, Ende Okt., Anf. Nov.; mehrere Wochen.

Heimath und Vorkommen: Ist eine sehr schätzenswerthe Frucht, welche erzogen wurde aus einer Kernsaat (von Hardenponts Winter-Butterbirn, Herzogin von Angouleme, Williams Christenbirn und Arenbergs Colmar), die 1847 durch Hrn. Luizet den Aelteren, Baumschulenbesitzer zu Ecully, unweit Lyon (Rhone) gemacht wurde. Der Mutterstamm trug zuerst 1856. Die Frucht wurde der Beurtheilung der Gartenbaugesellschaft im Rhone-Departement vorgelegt, und durch die dortige Commission de Pomologie beschrieben. — Reis und schöne Früchte von einem Zwergbaume erhielt ich durch Hrn. Generalconsul Lade zu Villa Monrépos bei Geisenheim, wie auch ein Reis von Herrn Präsidenten Mas zu Bourg-en-Bresse in Frankreich, und stimmt die Vegetation beider wohl überein. Die delikate Frucht wird sich wohl bald weiter verbreiten.

Literatur und Synonyme: Pomologique de France, III, Nr. 112; Leroy's Dictionaire de Pomologie I, S. 392, Beurré Luizet; Liron d'Airoles Notice Pomologique, II, S. 53, Taf. 25, Fig. 7.

Gestalt: birnförmig, etwas den Apothekerbirnen nähernd. Der Bauch sitzt mehr nach dem Kelche hin, um den die Frucht sich stumpf zuspitzt und noch stark abstumpft (häufig mit schräg stehender Fläche), einzeln auch mehr zurundet. Nach dem Stiele macht sie sanfte Einbiegungen, deutlich oft nur auf Einer Seite, und eine wenig abgestumpfte, meistens mit Fleischringeln halb in den Stiel übergehende Spitze. Die oben dargestellten Früchte sind von einem Zwergbaume zu Villa Monrepos genommen; eine zweite war so groß, als a, aber etwas weniger bauchig; eine 4te noch kleiner als b und fast mitelbauchig, der Stiel auch länger. Liron stellt ein noch größeres, ziemlich eiförmiges, am Kelche stark abgestumpftes Exemplar vor und Leroy zeichnet die Figur noch stärker kelchbauchig, zwischen birnförmig und kreiselförmig.

Kelch: langgespitzt, blättrig, grünbleibend, nach Leroy und Liron offen, bei den meisten Früchten aus Villa Monrepos auch offen (so namentlich notirte ich es bei den auf der Ausstellung zu Hamburg 1869 von Herrn Lade mit ausgestellten Früchten); zwei Exemplare indeß hatten geschlossenen, eines halbgeschlossenen Kelch. Der Kelch sitzt in weiter, ziemlich oder wirklich tiefer Senkung, nur mit flachen Beulen umgeben, die nur flach, jedoch einzeln vordrängend und die Hälften ungleich machend, zum Bauche der Frucht, oft noch weiter hinlaufen. Oft bilden die Beulen um den Kelch einen zusammenhängenden, sich erhebenden Wulst um die Kelchsenkung, durch den diese tief wird. Leroy bezeichnet die Kelchsenkung als klein und flach; Liron als évasée.

Stiel: holzig, nur ziemlich stark, 1—1¼" lang, gerade oder sanft gebogen, sitzt auf der Spitze, mit Fleischringeln umgeben, wie eingesteckt oder geht aus den Ringeln halb heraus.

Schale: glatt, ziemlich glänzend, vom Baume hell grasgrün, in der Zeitigung grünlich gelb, oft wirklich gelb. Röthe findet sich gewöhnlich nicht, war jedoch an ein paar von Herrn Lade in Hamburg ausgestellten Früchten stärker und hatte Spuren von Streifen. Die feinen Punkte sind sehr wenig bemerklich und erscheinen hauptsächlich nur als ganz feine, matte, dunkler grüne Dupfen. Rost fand ich an den Früchten wenig; Leroy gibt etwas mehr Rost an, was nach Boden und Jahr abändert.

Das Fleisch ist matt gelblich weiß, fein, sehr saftreich, schmelzend, ums Kernhaus oft kaum feinkörnig, von gewürztem, etwas süßweinigen, oft auch mehr süßen, delikaten Geschmacke.

Das Kernhaus hat ziemlich starke, hohle Achse; die nicht großen der Achse genäherten Kammern enthalten meist taube, nur einzeln starke, lange, am Kopfe mit Knöpfchen versehene Kerne.

Reifzeit und Nutzung: Die Reifzeit wird von Leroy Ende Oktober gesetzt und halte die Frucht sich bis in den Dezember. Zwei Früchte, die ich von Hrn. Lade bald nach Michaelis erhielt, mürbeten gegen Ende Oktober, zwei später gesandte Anfang Dezember. Die Frucht scheint nicht leicht moll zu werden. Zur Conservation bis in Dezember oder nach Liron bis in Januar, gehört guter Keller.

Der Baum wächst stark und gesund, und ist nach Leroy äußerst fruchtbar, was sich in Villa Monrepos bestätigte. Die Sommertriebe sind lang, ziemlich stark, nach oben etwas abnehmend, merklich gekniet, olivenfarbig, stark zu braunroth spielend, zahlreich und fein punktirt. Blatt groß, glänzend, elliptisch, oft mehr oval, flachrinnig, fein und seicht gezahnt. Afterblätter pfriemenförmig, fehlen im Herbste meist schon. Blatt der Fruchtaugen eben so. Augen breit, spitz, kurz, meist abstehend, sitzen auf merklich vorstehenden, fast wulstigen Trägern. O.

No. 662. General von Lamoricière. Diel I, 3, b; Luc. III, 1, b; Jahn II, 2.

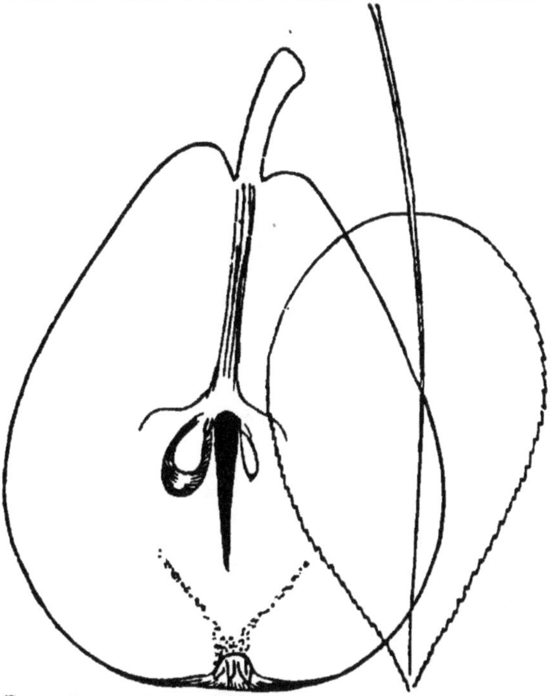

General von Lamoricière, **†!, Oktober, 3—4 Wochen.

Heimath und Vorkommen: Diese sehr werthvolle Sorte ist wohl ohne Zweifel Belgischen Ursprungs, doch ist noch unbekannt, wenigstens nicht entschieden, von wem näher sie erzogen wurde und wer sie nach dem bekannten und berühmten General de Lamoricière, der 1865 auf seinem Schlosse in der Nähe von Amiens starb, benannt habe. In Herrn Leroys Dictionaire de Pomologie, II, S. 218, sagt derselbe, daß er die Frucht aus Paris um 1849 erhalten und 1852 sie nach Amerika gesandt habe, während schon in demselben Jahre Hovey sie im 18. Bde. seines Magazine of Horticulture S. 296 bekannt gemacht habe. Bisher sei unbekannt, wer sie mit obigem Namen benannt habe, und scheine es ihm wahrscheinlich, daß sie identisch sei mit der belgischen Varietät, die Bouvier 1843 Beurré Citron genannt habe, von der Bivort gesagt habe, daß er den Mutterstamm der aus v. Mons Baumschule herstammenden Beurré Citron besitze und Simon Bouvier aus Jodoigne sie nach v. Mons Sorte Beurré Citron benannt habe. (Album Tom. IV, p. 37 und 38.) Das Reis erhielt ich, nebst schönen Früchten von Herrn Dr. Lucas und kam nach Reutlingen ein Baum von Herrn Baltet zu Troyes.

Literatur und Synonyme: Die Monatshefte von 1869, S. 131, geben gute Abbildung und kurze, nicht vollständige Beschreibung unter dem Namen General Lamoricièr. Außerdem finde ich sie noch, aber ganz kurz, aufgeführt unter dem Namen General Lamoricière und mit der Bezeichnung Foreign bei Downing, Ausgabe von 1860, S. 502 und bei Elliott S. 395. Auch Leroy im Cataloge führt sie als General de Lamoricière auf, unter welchem Namen sie auch im Dictionaire de Pomologie II, S. 217 und 218 näher beschrieben ist. Synonym wäre eventuell Beurré Citron, Album IV, S. 37, unter welchem Hauptnamen sie auch noch in Jamin-Durands Cataloge von 1869 vorkommt. Mir scheint nach Bivort die Identität dieser Beurré Citron, die er auch nur in den 2. Rang setzt und sagt, daß sie sich bis März halte, noch zweifelhaft, stimme aber Herrn Leroy bei, daß die Identität vorausgesetzt, der ältere Name nicht hergestellt werden könne, nicht nur, weil sie unter dem obstehenden Namen schon weit verbreitet ist, sondern noch mehr, weil es der Citronenbirnen schon mehr als ein Dutzend gibt.

Gestalt: Hat theils ziemlich die Form der Dechantsbirnen und auf Pyramide in guten Jahren die Größe einer starken Beurré blanc, wie sie oben, nach in Reutlingen 1867 auf Pyramide erwachsenen Früchten dargestellt ist. Auf Hochstamm wird sie die Größe der in den Monatsheften gegebenen Abbildung erreichen, und auch Leroy stellt sie etwas kleiner und etwas schmäler, etwas zur Eiform neigend, dar. Die Form ist meistens etwas konisch, oft steht sie auch zwischen Birnform und Kreiselform. Der Bauch sitzt mehr nach dem Kelche hin, und wölbt die Frucht bei den konischen Exemplaren sich um den Kelch flachrund und ziemlich stark abgestumpft, bei der 2. Form mehr zugerundet und nur so weit abgestumpft, daß sie noch stehen können. Nach dem Stiele hin macht die Frucht sanfte Einbiegungen, oft nur Einbiegung auf einer Seite, und eine mäßig starke, oft wenig abgestumpfte, dicke Spitze.

Kelch: hartschalig, rinnig, in die Höhe stehend, offen, sitzt in flacher, bei den konischen Exemplaren weiter, bei den andern engeren Senkung, die nur einige flache Beulen zeigt, wie auch über den Bauch laufende Erhabenheiten nur wenig bemerkbar sind.

Stiel: stark, holzig, $^3/_4$—1" lang, sitzt häufig etwas unterhalb der sich etwas erhebenden Spitze der Frucht und etwas zur Seite gebogen, in flacher Höhle.

Schale: ziemlich glatt, auch durch die häufigen, aber feinen Rostanflüge nur wenig rauh anzufühlen, nur matt glänzend, vom Baume matt grün, in der Zeitigung nur etwas gelblich grün. Die Sonnenseite ist meistens nur goldartiger oder zeigt nur Anflug matter Röthe. Die Punkte sind sehr zahlreich; die zahlreichen Rostanflüge und Figuren bilden um Kelch und Stiel etwas Ueberzug. Geruch fehlt.

Das Fleisch ist fein, sehr saftreich, schmelzend, von süßem, zimmtartig gewürzten, delikaten Geschmacke.

Das Kernhaus hat etwas, oft ziemlich starke, hohle Achse, ist klein; die mäßig geräumigen Kammern enthalten vollkommene, schwarzbraune Kerne.

Reifzeit und Nutzung: Zeitigt, je nach dem Jahre, Mitte oder gegen Ende Oktober und hält sich 14 Tage, in guten Kellern 3—4 Wochen.

Der Baum wächst gemäßigt und schön pyramidal, so daß er auf Wildling schöne Pyramiden bildet und ist außerordentlich fruchtbar, was auch Leroy angibt und sagt, daß er auf Quitte und Wildling schöne Pyramiden mache. Die Sommertriebe sind mäßig stark und lang, steif, nach oben nur wenig abnehmend, lederfarben zu olive spielend, leicht silberhäutig überlaufen, zahlreich, doch zerstreut und matt punktirt. Blatt mittelgroß, glänzend, fast flach, ziemlich schön elliptisch, unten am Zweige mehr eiförmig, schön, fein und scharf gezahnt. Afterblätter schmal. Blatt der Fruchtaugen langeiförmig, ganz fein gezahnt. Augen konisch, schwärzlich geschuppt, abstehend, sitzen auf wenig vorstehenden, kurz- und flach gerippten Trägern.

Oberdieck.

No. 663. Clasens Butterbirn. Diel I, 2, b; Luc. IV, 1; b; Jahn IV (II), 2.

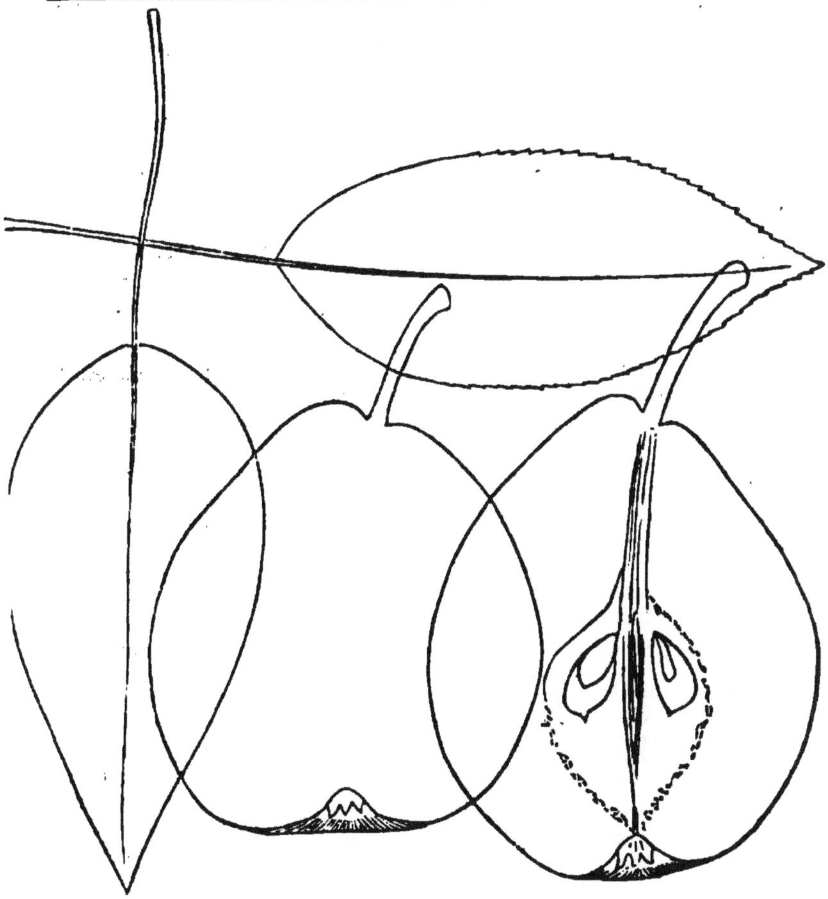

Clasens Butterbirn, **†, Oktober, 3 Wochen.

Heimath und Vorkommen: Ist eine treffliche, wie die Winter-Nelis schmeckende Tafelbirne, die neuerlichst von Herrn Conrector Clasen in Schwerin in Mecklenburg-Schwerin erzogen wurde. Reis und schöne Früchte erhielt ich von ihm. Die Sorte, deren Baum sehr tragbar ist, dürfte insbesondere auch für nördliche Gegenden Deutschlands recht passend sein und wird sie sich ohne Zweifel bald verbreiten.

Literatur und Synonyme: Wird hier zuerst beschrieben.

Gestalt: In der Mehrzahl der Exemplare neigt sie sehr zur Eiform, einzelne mehr zur Kreiselform. Der Bauch sitzt meist in der Mitte oder wenig mehr nach dem Kelche hin, an dem die eiförmigen nur etwas, die mehr kreiselförmigen stärker abgestumpft sind, so daß Letztere noch gut stehen können. Nach dem Stiele macht sie bald sanfte, bald auch keine Einbiegungen, und dicke, etwas abgestumpfte Spitze.

Kelch: hartschalig, meist mit kurzen, einzeln längeren Ausschnitten, die halb aufliegen, sitzt in flacher und enger, und bei den kreiselförmigen Exemplaren weiterer Senkung, mit einigen flachen Beulen umgeben, die nur flach und breit, einzeln vordrängend und die Form verschiebend über die Frucht hinlaufen.

Stiel: holzig, gerade oder sanft gebogen, $1^1/_4$" lang, sitzt bald wie eingesteckt, bald in ziemlicher Höhle, meist etwas unterwärts der sich aufwersenden höchsten Spitze der Frucht.

Schale: glatt, hellgrün, später gelb, wobei noch grünliche Stellen zurückbleiben. Röthe fehlt; die etwas feinen Punkte sind zahlreich. Etwas feine, mäßig zahlreiche Rostanflüge bilden um Kelch und Stiel etwas Ueberzug. Der Geruch ist ziemlich stark.

Das Fleisch ist gelblich, saftreich, fast ganz schmelzend, von etwas zimmtartig gewürztem, süßen, etwas süßweinigen Geschmacke.

Das Kernhaus hat nur angedeutete hohle Achse; die ziemlich geräumigen Kammern enthalten theils vollkommene, theils taube Kerne. Die Kelchhöhle geht als feiner Cylinder mit den Staubfäden etwas ins Fleisch hinauf.

Reifzeit und Nutzung: Zeitigt Mitte October und hält sich wohl 3 Wochen.

Der Baum wächst gesund und gut, doch bisher in meiner Baumschule gemäßigt, so daß er wohl auch auf Wildling gute Pyramiden geben wird. Es bildete sich auch an meinem Probezweige sehr rasch kurzes Fruchtholz neben manchen noch dornigen Fruchtspießen. Die Sommertriebe sind ziemlich lang, etwas fein, wenig gekniet, nach oben wenig abnehmend, kurzgliedrig, sind in warmen Jahren silberhäutig, etwas gelblich olive, oft selbst dunkel olive, nur sehr zerstreut punktirt. Das Blatt ist mäßig groß, fast klein, ist fast flach ausgebreitet, am Tragholze aber rinnig, glänzend, fein, seicht und scharf gezahnt. Das Blatt der Fruchtaugen ist etwas langelliptisch, fast lanzettlich, sehr seicht gezahnt. Augen stark, bauchig konisch, stehen vom Zweige ab und sitzen auf etwas vorstehenden, mehr wulstigen als gerippten Trägern.

Oberdieck.

No. 664. Die Ermesinde. Diel I, 3, b; Luc. III, 1, b; Jahn VI, b.

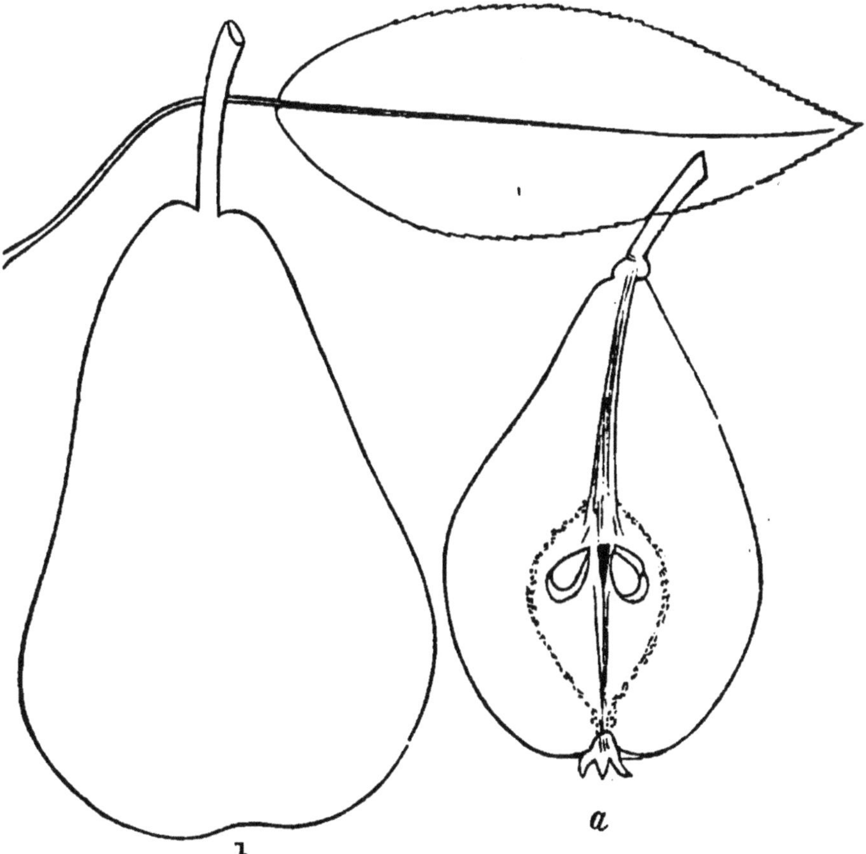

b a

Die Ermesinde, **†, Ende October.

Heimath und Vorkommen: Stammt, nach Bivorts Angaben, aus den Gärten des Herrn Bouvier zu Jodoigne, wo ein alter Stamm unter der Veredelungsstelle einen Zweig hervortrieb, der die hier beschriebene Sorte schon bei dem dritten Jahrestriebe brachte. Seit 1857 wurde sie weiter verbreitet. Das Reis erhielt ich von der Societé van Mons und nach der gegebenen Beschreibung werde ich sie ächt erhalten haben. Sie ist sehr gut, obwohl die oben dargestellten Früchte nur auf Hochstamm erwachsen waren; zu den Allerbesten gehört sie indeß wohl nicht. Leroy setzt sie, doch mit Unrecht in den zweiten Rang, gibt auch an, daß sie nur mittelmäßig gut trage, was sich in Jeinsen nicht zu bestätigen scheint.

Literatur und Synonyme: Bivort's Album, IV, S. 169. Leroy's Dictionaire de Pomologie, II, S. 142. Kommt sonst wohl noch nicht vor.

Gestalt: Ist nach Bivorts Angaben veränderlich, nach dem Kupfer theils birnförmig, selbst flaschenförmig, theils kreiselförmig (nach dem Texte zuweilen pyramidale, presque en forme de calebasse, zuweilen sehr kurz turbinée-pyriforme). Auch Leroy gibt im Dictionaire die Figur anders, wie Fig. b oben, etwa nach Zwergbaumfrüchten gezeichnet. Die in Jeinsen erwachsenen Früchte (Fig. a oben) waren birnförmig, etwas zu einer langen Eiform neigend. Der Bauch sitzt etwas mehr nach dem Kelche hin, um den die Frucht sich eiförmig wölbt und noch ziemlich stark abstumpft, wobei sie jedoch bei dem sehr vorstehenden Kelche nicht stehen konnten. Nach dem Stiele macht sie nur schwache, schlanke Einbiegungen und schöne, in den Stiel auslaufende konische Spitze.

Kelch: stark, hartschalig, flachrinnig, divergirend in die Höhe stehend, offen, sitzt sehr flach vertieft; so daß er über die Frucht hervorsteht; die Kelchsenkung ist fast eben und auch der Bauch der Frucht ist schön rund.

Stiel: holzig, ganz an der Basis etwas fleischig, nur wenig gebogen, geht aus den Fleischwulsten der Fruchtspitze heraus und ist mit dieser oft auf die Seite gebogen.

Schale: schön grasgrün, in der Reife grünlich gelb. Die Sonnenseite ist mit matter bräunlicher Röthe überlaufen, die undeutliche Streifen zeigt. Punkte sind sehr fein, wenig bemerklich; Rost findet sich nicht viel und nur ganz dünn.

Das Fleisch ist fein, auch in meinem Boden um das Kernhaus nur ganz fein körnig, saftreich, schmelzend, von etwas gewürztem, ziemlich süßen, schwach süßweinigen Geschmacke.

Das Kernhaus hat nur Ansatz zu hohler Achse; die kleinen Kammern enthalten vollkommene eiförmige Kerne.

Reifzeit und Nutzung: Die Zeitigung wird auf Ende Oktober gesetzt und wird dies die gewöhnliche Reifezeit sein; 1869 trat die Reife schon gegen Mitte Oktober ein.

Der Baum wächst bei mir und auch nach Leroy gemäßigt, aber gesund und wurde der Probezweig bald fruchtbar. Die Sommertriebe sind ziemlich lang, wenig gekniet, kurzgliedrig, olivenfarbig, braunroth überlaufen, nach oben noch etwas wollig, sehr wenig punktirt. Das Blatt ist etwas klein, fast flach, glänzend, elliptisch, stumpf gezahnt. Afterblätter pfriemenförmig. Das Blatt der Fruchtaugen ist größer, glänzend, meist lanzettlich, oft auch mehr langelliptisch, fein und seicht gezahnt. Die Augen sind mäßig stark, etwas dreieckig, stehend, oft fast anliegend, und sitzen auf wenig vorstehenden, flach gerippten Trägern.

Oberdieck.

No. 665. Alte Schwanen-Eierbirn. Diel II, 2, b; Luc. IV, 2, b; Jahn IV, 2.

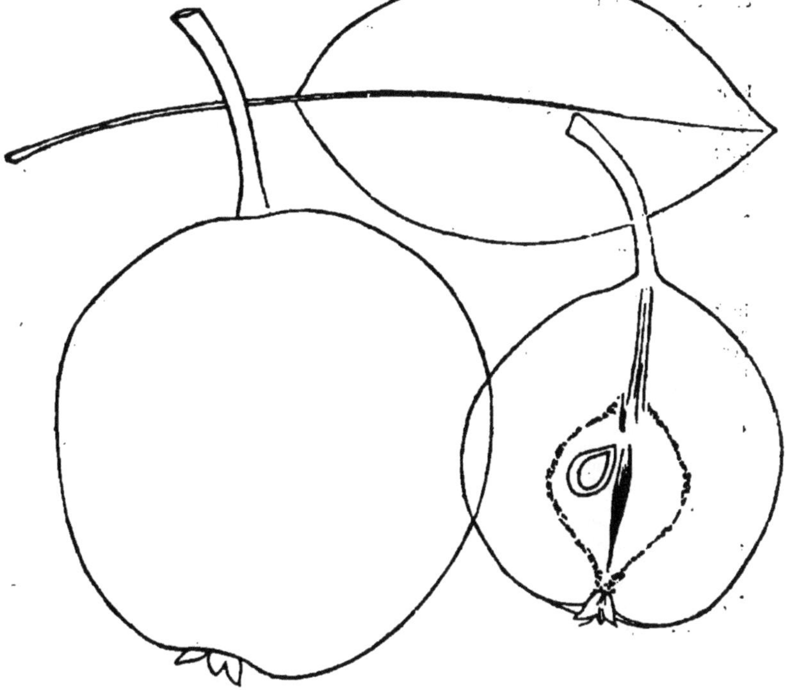

Alte Schwanen-Eierbirn, in meinem Garten *†, in besserem Boden wohl **†. Ende Oktober, einige Wochen

Heimath und Vorkommen: Ist eine englische, schon alte Frucht, die zwar wegen besonderer Fruchtbarkeit und längerer Haltbarkeit, auch Güte des Geschmackes sich in neuerer Zeit in England weit verbreitete, jedoch schon in Langley's Pomona (1729) unter dem Namen Swans Egg vorkommt. Um 1831 kam ein Reis der Sorte, die als eine der besten in England bezeichnet wurde und auch von Hogg im Manuale noch jetzt gerühmt wird, durch Herrn Vilmorin nach Frankreich, wo sie jedoch nicht gleiche Werthschätzung fand, und die Amerikaner schätzen sie noch weniger. In Deutschland ist sie wohl noch ganz unbekannt. Das Reis erhielt ich von der Societät in London — und bereits mit dem Beisatze Old Swans Egg — und von Herrn Decaisne überein. Der Probezweig trug bald und voll und erlangte die Frucht zwar nicht die von Decaisne und Leroy gezeichnete Größe, wird jedoch in für Birnen besserem Boden größer werden, und war selbst in meinem Garten halbschmelzend und angenehm, auch kaum etwas körnig ums Kernhaus. Da der Lond. Catal. bereits mehrere Sorten von Swans Egg aufführt, denen im Handbuche die Kraft'sche Schwanen-Eierbirn noch hinzukommt, so wird die Obige zweckmäßig als Alte Schwanen-Eierbirn bezeichnet.

Literatur und Synonyme: Londoner Catalog S. 152. Nr. 410, Swans Egg. Neben ihr kommen, doch meist ohne Nummer und Angabe der Kennzeichen noch vor eine Gansells-, New-St. Johns- Tindall's Swans Egg, auch Knevett's New sive Little Swans Egg (was jedoch nur irrige Benennung für Moorfowls Egg sei) und daneben eine Swans Egg Bergamot. — Langley's Pomona Tafel 64, Nro. 4; Lindley Guide S. 383, Nr. 102. Decaisne Text-Nummer 154, Oeuf de Cygne. Leroy Dictionaire de Pomologie II, S. 472. — Downing, Ausgabe von 1854, S. 414, bemerkt schon, daß sie in Amerika wenig geschätzt werde, fügt auch die Notiz hinzu, daß sie bei Boston mit Moorfowls Egg verwechselt worden sei, hat sie in der Ausgabe von 1865 nur kurz und Elliott, S. 424, führt sie, noch kürzer, unter den übertroffenen Sorten auf.

Gestalt: eiförmig, kleinere neigen zur Kugelform. Der Bauch sitzt ziemlich in der Mitte, nach Decaisne's Figur (b oben) selbst etwas nach dem Stiele hin. Nach dem Kelche nimmt sie allmählig ab und ist noch etwas abgestumpft. Nach dem Stiele nimmt sie meistens etwas stärker ab und ist sehr wenig oder gar nicht abgestumpft. Früchte aus Zeinsen erlangten die Größe der Figur a oben.

Kelch: hartschalig, offen, steht mit den rinnigen Ausschnitten, etwas divergirend, in die Höhe oder legt sich mit den Spitzen, so weit sie noch vorhanden sind, auch etwas auf die Frucht zurück und sitzt in flacher, enger Senkung, mit einigen Beulen umgeben, die sich häufig auch sichtbar zum Bauche hinziehen und die Rundung etwas verschieben.

Stiel: holzig, 1¹/₄" lang, nur etwas gebogen, sitzt meistens wie eingesteckt oder in unbedeutender Höhle.

Schale: etwas stark, fein rauh anzufühlen, wenig glänzend. Die Grundfarbe ist vom Baume ein mattes Grasgrün und wird später gelb. Besonnte Exemplare waren bei mir an der Sonnenseite nur mit matter, bräunlicher Röthe überlaufen. Leroy sagt, daß die Röthe oft stärker aufgetragen sei. Punkte sind zahlreich aber fein. Rost, der nach Decaisne und Leroy oft stärker auftritt, fand sich an meinen Früchten nur wenig. Geruch fehlt.

Das Fleisch ist gelblich weiß, ziemlich fein, halbschmelzend, war selbst in meinem Boden ums Kernhaus nur ganz fein körnig, von etwas gewürztem, ziemlich süßen, etwas süße Säure zeigenden Geschmacke. Leroy schildert das Fleisch als halbfein, abknackend oder halb abknackend, etwas trocken, fein abstringirend, ums Kernhaus ziemlich steinig, von schwach gezuckertem, etwas muskirten Geschmacke. Decaisne lobt sie mehr. Der Londoner Catalog setzt sie in den ersten Rang, und Hogg im Manuale sagt, daß das Fleisch zart und sehr saftreich sei, with a sweet and piquant flavour and musky aroma.

Das Kernhaus hat schmale, hohle Achse; die kleinen Kammern enthalten vollkommene, schwarze, eiförmige Kerne.

Reifzeit und Nutzung: Zeitigt nach dem Londoner Cataloge und Hogg im Oktober und so trat die Reifzeit auch bei mir ein, die Leroy oft schon Ende September eintretend fand. Decaisne sagt, sie reife im Winter, was schon Leroy als eine Irrung bezeichnet.

Der Baum wächst gut und ist nach Hogg und dem Londoner Cataloge sehr fruchtbar. Die Sommertriebe sind mäßig lang und stark, kurzgliedrig, nur wenig gekniet, nach oben wenig abnehmend, nach oben wollig, lederfarben, braunröthlich überlaufen, nur fein und mäßig zahlreich punktirt. Blatt klein, elliptisch, nur gerändelt, zeigt im August noch Spuren von Wolle, später ziemlich glänzend. Afterblätter fehlen im Herbste. Blatt der Fruchtaugen von derselben Form, fast ganzrandig. Augen stark, konisch, stehend oder etwas abstehend, sitzen auf nur etwas vorstehenden, flach gerippten Trägern. Oberdieck.

No. 666 Palandt's Butterbirn. Diel I, 3, b; Luc. III, 1, b; Jahn III, 2.

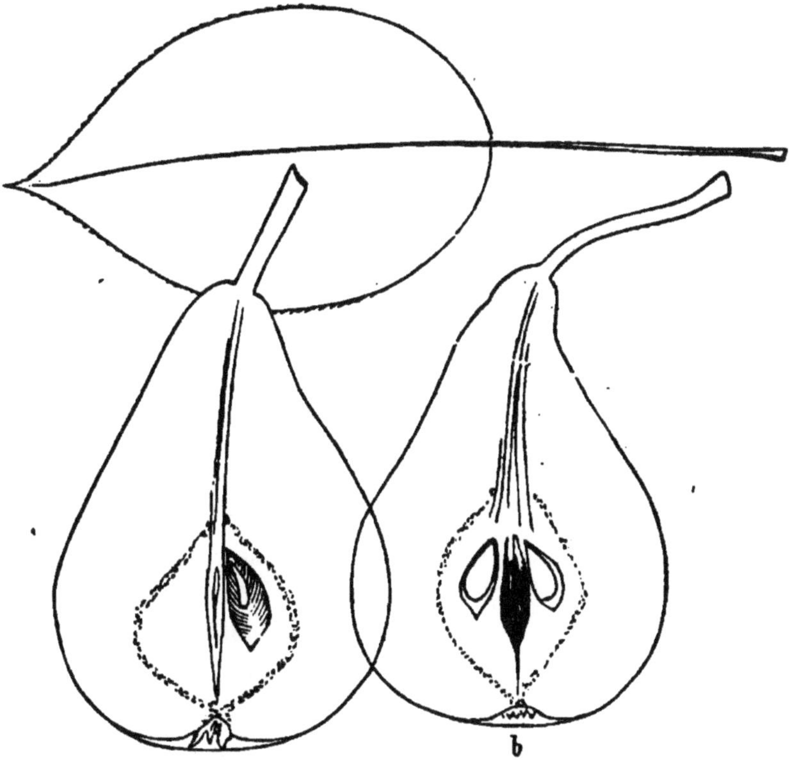

a

b

Palandt's Butterbirn, **†, Anfang November, einige Wochen.
Forme de Courtet.

Heimath und Vorkommen: Das Reis erhielt ich von Herrn Papeleu zu Gent unter dem Namen Forme de Courtet und scheint die Sorte noch gar sehr unbekannt zu sein. Ist Curtet oder Quetelet unser Graf Lamy, so rechtfertigt sich der Name Forme de Courtet nicht recht, da ich sie schon mehrmals höher als breit hatte und sie eben so von dem von mir bezogenen Reise von Herrn Inspektor Palandt zu Hildesheim erhielt. Papeleu bezeichnet sie im Cataloge als Sämling des Herrn van Mons, sehr schmelzend und im November reifend. Diese letzten Prädikate treffen bei mir zu. In dem Cataloge des Herrn van Mons von 1823 finde ich die Namen nicht, auch nicht in pomologischen Schriften.

Sie hat Aehnlichkeit im Geschmacke mit der Marie Louise (Duquesne) und zeitigt mit oder eben nach dieser und wäre, insofern sie kleiner ist, etwa entbehrlich, ist jedoch noch etwas süßer und Geschmack und schmelzendes Fleisch sehr edel. Da der von Herrn van Mons so oft gebrauchte und mißbrauchte Name Forme de etc. oder Forme entre et etc., der sich oft selbst bei mehreren Nummern, die doch verschieden sein sollen, ganz wiederholt, zur Bezeichnung einer bestimmten Sorte gar nicht paßt und nur die Verlegenheit des Herrn van Mons um Namen für seine so zahlreichen Sorten ausdrückt, habe ich die frühere Bezeichnung lieber beseitigt und diese gute, reich tragende Sorte nach Herrn Inspektor Palandt in Hildesheim benannt, der ein sorgfältig forschender Pomologe ist.

Literatur und Synonyme: Wird hier wohl zuerst beschrieben. Selbst in Leroy's Dictionaire findet sie sich noch nicht.

Gestalt: birnförmig, oft etwas flaschenförmig. Der Bauch sitzt mehr nach dem Kelche hin, um den die Frucht sich eiförmig zurundet. Nach dem Stiele macht sie sanfte Einbiegungen und eine halb in den Stiel auslaufende Spitze.

Kelch: offen, hartschalig, mit flachrinnigen, ziemlich aufliegenden Ausschnitten, sitzt in etwas enger, nicht tiefer, fast ebener Senkung, und auch am Bauche machen sich nur sehr flache Erhabenheiten bemerklich, die jedoch die eine Hälfte der Frucht oft stärker machen als die andere.

Stiel: holzig, an der Basis ein wenig fleischig, bald gerade, $^3/_4$" lang, bald fast $1^1/_2$" lang und etwas gebogen, ist durch die Spitze der Frucht mehr oder weniger zur Seite gebogen.

Schale: ziemlich fein, gelblich grün, später gelb. Zimmtfarbiger Rost findet sich theils nur stark zersprengt, theils überzieht er mehr, wie bei Bosk's Flaschenbirn die ganze Frucht. Punkte recht fein und zahlreich, sind aber durch den Rost meist ziemlich maskirt. Geruch schwach.

Das Fleisch ist schwach grünlich gelblichweiß, sehr fein, schmelzend, ums Kernhaus nur ganz fein körnig, von delikatem, recht süßen, etwas zimmtartig gewürztem Geschmacke.

Das Kernhaus hat nur theils hohle Achse; die ziemlich geräumigen Kammern enthalten braune, theils vollkommene, ziemlich eiförmige, theils auch unvollkommene oder taube Kerne.

Reifzeit und Nutzung: Zeitigt Ende Oktober oder im November, ist auf den Pflückepunkt nicht eigen und hält sich ziemlich lange auch im mürben Zustande.

Der Baum wächst kräftig und gesund und bildet schöne Pyramiden. Die Sommertriebe sind lang und stark, nach oben etwas abnehmend, wenig gekniet, olivengrün, etwas in lebergelb spielend, nur ganz oben etwas wollig, mit zahlreichen, aber feinen, nicht stark ins Auge fallenden Punkten gezeichnet. Blatt stark mittelgroß, glänzend, flachrinnig, elliptisch, oft eielliptisch, schön und scharf gezahnt. Afterblätter fein. Blatt der Fruchtaugen ziemlich eiförmig, fast flach, nur sehr fein gezahnt. Augen klein, spitz, abstehend, sitzen auf wenig vorstehenden, an den Seiten deutlich gerippten Trägern. Oberdieck.

No. 667. Große Feigenbirn. Diel I, 1, b Luc. III, 1, b; Jahn VI, 2.

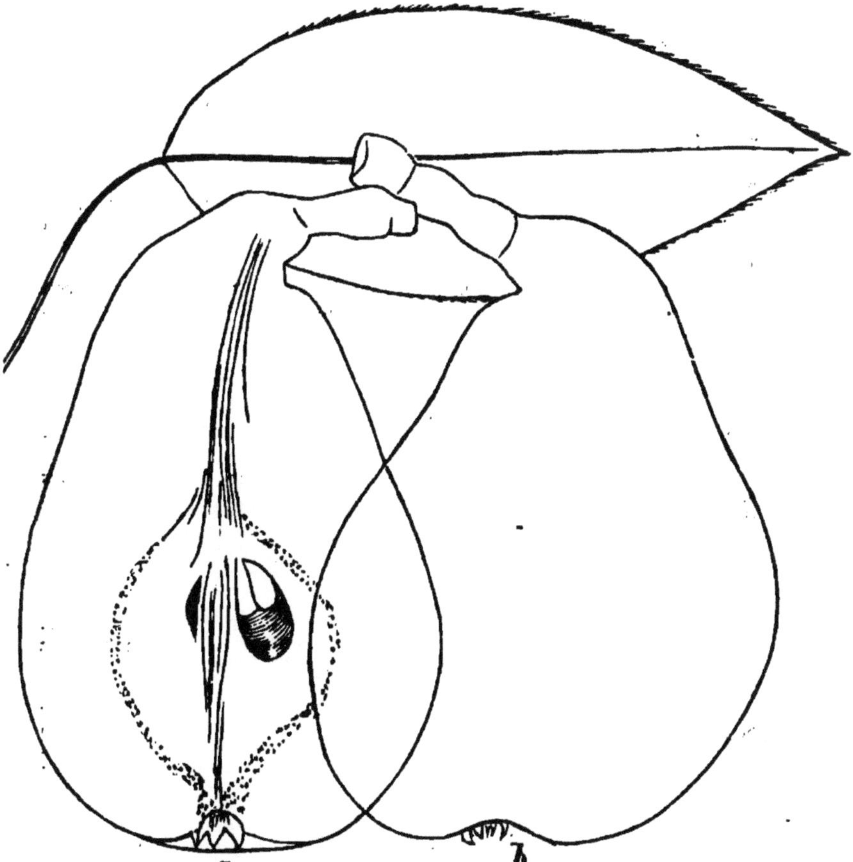

a b

Große Feigenbirn, **†, November.

Heimath und Vorkommen: Ist eine neuerdings von dem bekannten Herrn de Jonghe in Brüssel erzogene Frucht, deren Mutterstamm in den Jahren 1862—64 schon viele Früchte brachte. Der Baum scheint auch in hiesiger Gegend recht tragbar zu sein und wächst kräftig; die Frucht ist für die Tafel recht werthvoll, auch durch ihren dicken und fleischigen, von einem starken Fleischwulste ganz zur Seite gebogenen Stiel leicht kenntlich. Mein Reis erhielt ich von Herrn Dr. Lucas, nachdem es von Herrn de Jonghe kürzlich erst nach Reutlingen gekommen war und kam dieselbe Sorte von Herrn de Jonghe auch an den Pomologischen Garten zu Braunschweig

Literatur und Synonyme: Herr de Jonghe hat in einem separat publizirten Blatte unter dem Namen Poire la grosse Figue von ihr schon Nachricht und Beschreibung gegeben. Sonst finde ich sie in pomologischen Werken noch nicht.

Gestalt: meistens birnförmig, oft etwas zur Flaschenform oder Zapfenform neigend. Die oben unter a gegebene Figur ist nach Früchten, die 1869 im Pomologischen Garten zu Braunschweig auf Zwergstamm auf Quitte erwuchsen, gezeichnet; Figur b ist die von Herrn de Jonghe gegebene Figur. Meine Früchte in Jeinsen, wo der Probezweig 1869 auch schon 6 Früchte brachte, blieben kleiner. Der Bauch sitzt mehr nach dem Kelche hin, um den die Frucht sich ziemlich eiförmig zuwölbt und etwas, oft auch etwas stärker abstumpft. Nach dem Stiele macht sie nur schwache Einbiegungen und eine dicke, nicht abgestumpfte, sondern mit einem starken Fleischwulste in den Stiel übergehende Spitze.

Kelch: hartschalig, rinnig, ziemlich offen, steht mit den Ausschnitten in die Höhe und sitzt in mäßig weiter, ziemlich flacher Senkung, mit breiten Beulen umgeben, die auch am Bauche als breite flache Beulen hie und da hervortreten und die Oberfläche oft etwas beulig machen.

Stiel: stark, mehr oder weniger fleischig, stark 1/2—1" lang, geht aus einem starken, sich überbiegenden Fleischwulste heraus und ist mit diesem stark, oft recht stark zur Seite gebogen.

Schale: anscheinend stark, doch ziemlich fein, vom Roste fein rauh, wenig glänzend, vom Baume schön grün, in der Zeitigung der Frucht gelb. Röthe fehlt und ist die Sonnenseite nur etwas goldartiger. Die Punkte sind zahlreich, fallen aber bei den häufigen Rostanflügen und selbst einen zimmtfarbigen Ueberzug bildenden größeren Rostflecken und Figuren nicht stark ins Auge. Der Geruch ist stark und gewürzt.

Das Fleisch ist gelblich weiß, ins Salmrothe spielend, fein, saftreich, um das Kernhaus nur sehr fein körnig, schmelzend oder halbschmelzend, von fein zimmtartigem, angenehm gewürzten, süßen, vorzüglichen Geschmacke.

Das Kernhaus hat keine hohle Achse, die in ihrer Vollkommenheit ziemlich geräumigen, aber häufig nicht gehörig ausgebildeten Kammern enthalten ziemlich kleine, schwarze, eiförmige Kerne.

Reifzeit und Nutzung: Herr de Jonghe setzt die rechte Pflückezeit in die zweite Hälfte des September und die Zeitigung in den November und Dezember; bei uns muß sie schon vor 8. Oktober nicht gebrochen werden und zeitigt gleichfalls in der zweiten Hälfte des November, wird sich auch wohl bis in den Dezember hinein halten. Auf den Pflückepunkt scheint sie nicht eigen zu sein.

Der Baum wächst gesund und rasch und kommt die Sorte, wie schon Herr de Jonghe bemerkt, auf Quitte gut fort. Die gerühmte große Fruchtbarkeit wird sich auch in hiesiger Gegend finden, und trug der Probezweig bald. Die Sommertriebe sind stark, steif, nach oben wenig abnehmend, etwas gekniet, lebergelb in olive spielend, schwach braun überlaufen, ziemlich zahlreich punktirt. Blatt ziemlich groß, fast flach ausgebreitet, elliptisch, zu eiförmig neigend, seicht und etwas stumpf gezahnt. Afterblätter schmal lanzettlich. Blatt der Fruchtaugen mehr lanzettlich als langelliptisch, ganz seicht gezahnt. Augen stark, bauchig-konisch, abstehend, sitzen auf etwas vorstehenden, wulstigen Trägern.

Oberdieck.

No. 668. Prager Schäferbirn. Diel VI, 3, b*); Luc. IX, 1, a; Jahn IV (III), 2.

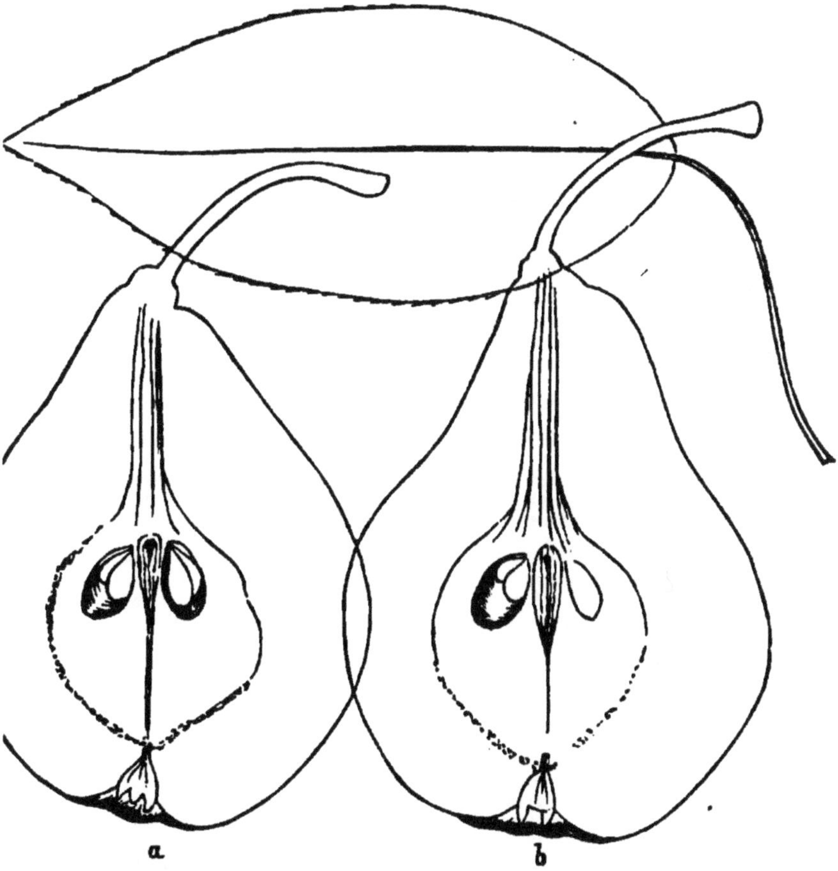

Prager Schäferbirn, ††, Ende Oktober bis Ende Januar.

Heimath und Vorkommen: Diese für meine Gegend wirklich treffliche Kochbirn für den Herbst, die in guten Kellern bis Ende Januar sich hält, und zu den besonders reich tragenden Sorten gehört, erhielt ich schon zu Anfange der vierziger Jahre, nebst der eben so reich tragenden Grünen Herbstmuskateller (Handbuch V, S. 133) von der Societät zu Prag unter dem Namen Christ's

*) Die Frucht paßt nach dem Diel'schen Systeme weder in Classe V noch VI ganz; jene Classe gibt faden Geschmack an, diese hartes, rübenartiges Fleisch, was beides bei unserer Frucht nicht zutrifft.

Schäferbirn. Nachdem ich Früchte geerntet hatte, erwies diese Benennung, nach Christ's Beschreibung, sich falsch. Ich habe sie aber bisher unter keinem richtigeren Namen aufgefunden und scheint die Sorte den Pomologen noch unbekannt, weßhalb ich versuche, unter obigem Namen sie bekannter zu machen und ins pomologische Publikum einzuführen. Möchten die sich hoffentlich immer mehr ausbreitenden pomologischen Gärten die Namen der im Handbuch jetzt vorkommenden werthvolleren Sorten erhalten!

Literatur und Synonyme: Ich gab in meiner Anleitung S. 382 unter dem Namen Christ's Schäferbirn von ihr eine vorläufige Nachricht, der hier die genauere Beschreibung folgt.

Gestalt: die Form steht meistens zwischen Eiform und Birnform, manche runden um den Kelch sich rascher zu und neigen zur Kegelform. Vom Hochstamme erntete ich in Nienburg Früchte von 2" Breite und 2⅓—2¾" Höhe, in meinem jetzigen Boden erreichte sie in guten Jahren die obige Größe von 2½" Breite und fast 3½" Höhe. Der Bauch sitzt mehr nach dem Kelche hin, um den die Frucht sich meistens eiförmig zurundet und kaum etwas abstumpft. Nach dem Kelche macht sie erst ziemlich weit nach dem Stiele hin eine schöne Einbiegung, oft nur auf einer Seite, und kurze kegelförmige, halb in den Stiel auslaufende Spitze. Die Oberfläche der Frucht ist etwas beulig.

Kelch: blättrig, klein, offen, steht mit den harten, nach innen rinnenförmig zusammengebogenen Ausschnitten ziemlich in die Höhe und sitzt in enger, mäßig tiefer, einzeln auch tieferer Senkung, umgeben und etwas eingeschnürt von Falten und feinen Rippen, die sich als flache oder etwas kantige Erhabenheiten über den Bauch der Frucht hinziehen.

Stiel: holzig, 1¼" bis stark 1½" lang, gebogen, selten durch einen sich flach erhebenden Wulst etwas zur Seite gebogen, sitzt auf der Spitze der Frucht wie eingesteckt, auf oder zwischen einigen sich erhebenden nicht starken Beulen, neben denen auf der entgegengesetzten Seite der Beulen sich allermeist eine Vertiefung, als Rest der größtentheils verdrängten Stielhöhle zeigt.

Schale: glatt, wenig glänzend; Grundfarbe vom Baume matt grün oder schon gelblich grün, in der Zeitigung schön Citronengelb. Stark besonnte Exemplare zeigen oft einen Anflug von bräunlicher Röthe, die jedoch meistens ganz fehlt. Punkte fein, nicht ins Auge fallend. Rostanflüge nur zerstreut. Geruch schwach.

Fleisch: gelblich, nicht eigentlich abknackend, mürbe, kann in wärmeren Gegenden halbschmelzend werden, ist von gewürztem, angenehmen Zuckergeschmacke.

Kernhaus: etwas hohlachsig; die nicht großen Kammern enthalten schwarzbraune, selten vollkommene, meistens kleine, unförmliche Kerne. Die Kelchröhre zieht sich trichterförmig etwas ins Fleisch hinein.

Reifzeit und Nutzung: Zeitigt schon Ende Oktober und hält sich mehrere Monate. Muß in meiner Gegend vor Mitte Oktober nicht gebrochen werden, da sie sonst Neigung zum Welken zeigt.

Der Baum wächst freudig und gesund und paßt sich nach den bisherigen Erfahrungen für leichten Boden eben so sehr, als für schweren, ja die Frucht ist selbst auf meinem hoch gelegenen, meist zu trockenen Boden und sogar in dem heißen, trockenen Sommer 1865 noch sehr schätzbar gewesen, wo sie die oben dargestellte Größe erreichte. Er geht mit den Zweigen zuerst rasch in die Höhe, breitet sich dann aber bald zu einer breiteren, schön verzweigten, etwas kugelförmigen Krone aus, oder wächst pyramidal, wenn man den Mitteltrieb fortwachsen läßt. Sommertriebe stark, gekniet, bei raschem Wuchse oft etwas hörnerartig gebogen, lebergelb, oft etwas röthlich überlaufen, an den Spitzen meist etwas wollig, mit ziemlich zahlreichen, matten Punkten gezeichnet. Blatt bricht etwas wollig aus, ist auch später mattglänzend, nach oben am Triebe oft noch etwas wollig, groß, recht lang- und spitzeiförmig, mit langer, auslaufender Spitze, unten am Triebe mehr oval mit aufgesetzter, langer Spitze, fast flach, mäßig tief, etwas gerundet gezahnt. Blatt der Fruchtaugen lang oval, oft fast eilanzettlich, sehr seicht und fein gezahnt. Augen stark, stumpfspitz, etwas flach gedrückt; nach oben stehend, nach unten konisch und etwas abstehend, sitzen auf etwas vorstehenden, flach gerippten Trägern.

Oberdieck.

No. 669. Aelens Rousselet. Diel II, 2, b; Luc. IV, 2, b; Jahn IV, 2.

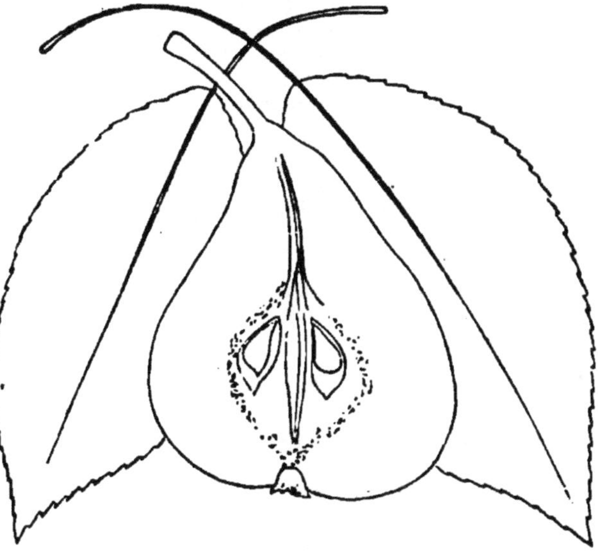

Aelens Rousselet, * oder fast **, Nov., 3—4 Wochen.
(Bivort.)

Heimath und Vorkommen: Ist eine neuere, aus den Gärten der Société van Mons zu Geest St. Remy herstammende Frucht, und trug zuerst 1853. Sie wurde benannt nach dem Baumschulenbesitzer Aelens zu Namur. Mein Reis erhielt ich von der Société van Mons und kann nicht zweifeln, die rechte Sorte erhalten zu haben, doch scheint diese Frucht ziemlich entbehrlich. Auch die Annales bemerken, daß sie von 1ter Qualität sein würde, wenn das Fleisch nicht ziemlich körnig wäre, und erwähnen als Hauptverdienst derselben ihren starken Rousseletgeschmack und ihre Dauer durch den ganzen November. Sie hielt sich auch bei mir lange, war aber klein, etwas körnig und der Geschmack zwar recht süß und etwas zimmtartig, doch nicht eigentlich vorzüglich, und gibt es zu viele gleichzeitig reifende bessere Sorten.

Literatur und Synonyme: Annales 1856, S. 92, Rousselet Aelens. Verglichen noch Bericht der Soc. v. Mons 1858, S. 139. Liron d'Airoles Notice Pomol. II, S. 30, Taf. 23, Fig. 9 ist sie gleichfalls ziemlich kreiselförmig, 2½" breit und hoch dargestellt. In Leroys Dictionaire finde ich sie nicht.

Gestalt: klein, auch die Annales bilden sie klein, 2½" breit und etwas höher ab. Meine Früchte vom Hochstamme waren nur 2" breit und $2^{1}/_{4}$" hoch, kreiselförmig, mit Einbiegungen nach dem Stiele, während die Figur in den Annales mit erhabenen Linien nach dem Stiele, doch auch nicht abgestumpft endet. Sie hat so manche Aehnlichkeit mit der Herbstsylvester, daß man sie für einen Sämling von dieser halten möchte. Der Bauch sitzt merklich mehr nach dem Kelche hin, um den sie sich flachrund wölbt. Nach dem Stiele macht sie schöne Einbiegungen und kreiselförmige, häufig sich etwas überbiegende, fast oder wirklich in den Stiel auslaufende Spitze.

Kelch: hartschalig, offen, steht mit den breiten, flach rinnenförmig zusammengebogenen Ausschnitten divergirend nur etwas in die Höhe, und sitzt flach vertieft, mit breiten Beulen umgeben, die auch am Bauche hie und da breit vortreten, und allermeist eine Seite der Frucht stärker machen als die andere.

Stiel: holzig, an der Basis etwas fleischig, stark, sitzt wie eingesteckt, oder geht aus der Spitze fast heraus, und ist durch die Spitze häufig stark zur Seite gebogen.

Schale: ziemlich fein, wenig glänzend. Grundfarbe vom Baume hellgrün, in der Reife gelb. Die ganze Sonnenseite ist mit einer bräunlichen, später freundlichen Röthe ziemlich stark verwaschen, die jedoch an andern Früchten matt ist. Punkte sehr häufig, aber recht fein, in der Grundfarbe häufig ganz fein grün umringelt, in der Röthe als feine gelbliche Stippchen erscheinend. Rost ist meist nicht häufig, bildet aber um den Kelch etwas Ueberzug. Geruch nicht merklich.

Fleisch: gelblich, nur ziemlich fein, halbschmelzend, etwas körnig, von recht süßem, nur wenig Säure zeigenden, etwas zimmtartigen Geschmacke.

Das Kernhaus hat keine hohle Achse, die ziemlich großen Kammern enthalten schwarzbraune, vollkommene Kerne.

Reifzeit und Nutzung: Zeitigt mit Anfang November und hält sich 14 Tage bis 3 Wochen.

Der Baum, dessen starken Wuchs und Fruchtbarkeit die Annales rühmen, treibt auch in meiner Baumschule stark, wächst pyramidal, geht mit dem Stamme sehr gerade in die Höhe, und ist schön belaubt. Sommertriebe lang, wenig gekniet, ziemlich dünn, nach oben etwas abnehmend, lebergelb, beschattet gelblich olivengrün, zerstreut und fein und nur nach unten am Triebe bemerkbarer punktirt. Blatt fast flach, glänzend, unten am Zweige meist elliptisch, mit langer scharfer Spitze, nach oben mehr lanzettlich, seicht gezahnt. Afterblätter fehlen meist, Blatt der Fruchtaugen flach elliptisch, einzelne ovalelliptisch und kleinere lanzettförmig, seicht und stumpf oder auch schärfer gezahnt. Augen kurz, dick, stumpf, nur etwas abstehend, auf flachen, wenig gerippten Trägern.

Oberdieck.

No. 670. Grüne späte Schmalzbirn. Diel I, 3, 2 (3); Luc. III (V) 1, a; Jahn II, 2 (3)

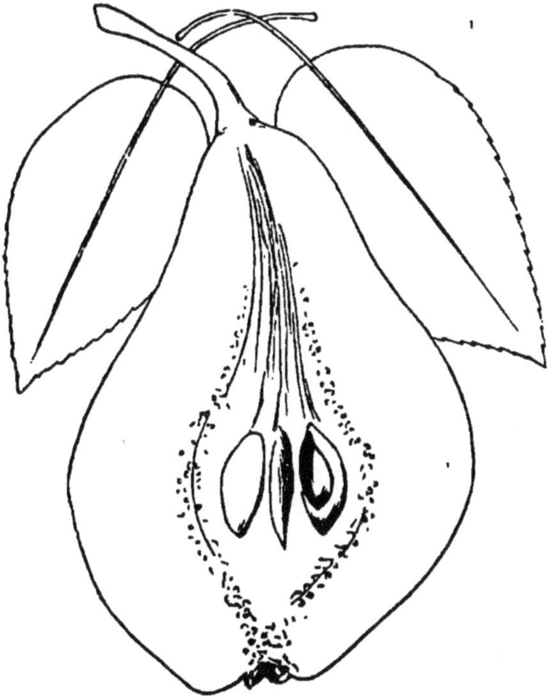

Grüne späte Schmalzbirn, Nov., Dez., oft länger.

Dochnahl (Bivort).

Heimath und Vorkommen: Sie ist wohl schon länger in Belgien und Frankreich bekannt und wird besonders wegen langer Dauer empfohlen, doch ist dies ihr beigelegtes Hauptverdienst nach den verschiebenen Angaben über ihre Reife zweifelhaft und ich konnte selbst die Frucht, wie ich sie aus der Sammlung der Gartenbaugesellschaft in Angers bei der Ausstellung in Berlin unter dem Namen Cent Couronnes mit mir nahm, nicht länger als bis Anfang November erhalten. Da die Birn im Geschmack nur wenig zusagt und in neuerer Zeit ungleich bessere mit ihr gleichzeitig reifende Früchte bekannt sind, so verdient sie trotz ihres verlockenden Beinamens keine Fortpflanzung und die nachfolgende Beschreibung möge helfen, sie in solcher Hinsicht bekannter zu machen, um ihre Beseitigung zu bewirken.

Literatur und Synonyme: Album der Pomologie von Bivort, Band I, Taf. 3: Beurré vert tardif mit dem Synonym Cent Couronnes. Die Frucht wird beschrieben als mittelgroß, etwas bauchig, sehr hellgrün, reif leicht gelblich, röthlichbraun gestreift und gefleckt, um Stiel und Kelch stark dunkelbraun verwaschen; Stiel 1¹/₈" lang, holzig, braun, schwach vertieft, etwas schief stehend; Kelch klein, offen, sternförmig, oft fehlerhaft, schwarz, in mäßiger Senkung; Fleisch ziemlich fein, schmelzend, wenig gezuckert und wenig parfümirt; ziemlich gut, reifend im Februar und März, weßhalb sie Beibehaltung verdient. — Danach Dochnahl S. 10: Grüne späte Schmalzbirn; de Liron, Table synon. S. 16; Tougard S. 68 und S. 75 mit Reife von Januar—März. — Als Cent Couronnes findet man sie bei Jamin und Durand (älteres Verzeichniß ohne Jahrzahl) „mittelgroß, schmelzend, I. Ranges, December"; ferner bei Leroy (1863) mit Citat von de Bavay „mittelgroß, schmelzend, butterhaft, Oktober, köstlich"; Galopin und Sohn 1863—64, „ziemlich groß, schmelzend, I. Rangs, Nov., Dez., teigt bald." — v. Biedenfeld, S. 81 ohne Quellenangabe: Beurré vert tardif (Cent Couronnes; Kronenbirn), mittelgroß oder groß, schmelzend, halbfein, wenig duftend, I. oder II. Rangs, Nov., Dez., reift zuweilen viel später und hält sich gut." — Aehnlich Vilvorder Catalog von 1856—57 „doch I. oder II. Rangs je nach dem Boden, Januar—April.*)

Gestalt und Größe der Frucht aus Angers zeigt unser Holzschnitt. Bivort hat die Frucht von derselben Größe, doch um den Kelch stärker bauchig abgerundet abgebildet, fast 2³/₄" breit, 3¹/₄" hoch.

Kelch: klein und spitzblättrig, gelbgrün, innen bräunlichschwarz, geschlossen, in seichter enger Senkung mit Falten umgeben, die sich ungleich hoch über die Wölbung erheben.

Stiel: dünn, ziemlich lang, nach der Birne zu grün, sonst braun, steht obenauf ohne Absatz, von einem Höcker schief gedrückt.

Schale: glatt, hellgrün, stellenweise gelblich mit feinen grünen und bräunlichen Punkten, ohne Röthe, von Rost nur ein schwacher Anflug um den Kelch herum.

Fleisch: weiß, fein, saftreich, schmelzend, zwar ziemlich süß, doch ohne bemerkliches Gewürz.

Kernhaus: nur mit feinen Körnchen umgeben, hohlachsig, Kammern groß, flügelförmig, mit vollkommenen mit einem Höcker ausgestatteten Kernen.

Reife und Nutzung: Die Frucht hielt sich wie hier mitgetheilt (und oben bereits erwähnt) bis Anfang des November und war stellenweise schon etwas mehlig. Eine längere Dauer als November und Dezember möchte kaum auch bei kühlem Verhalten zu erwarten sein.

Der Baum wächst nach Bivort mäßig stark, gibt auf Wildling schöne Pyramiden, ist ziemlich fruchtbar, trägt büschelweise. Seine gut vertheiltstehenden Aeste sind mittelstark, horizontal, röthlichgrau, graugefleckt. Fruchtzweige schwach, mäßig lang, ziemlich gehäuft, hellbraun, stark grau verwaschen. Blüthenaugen klein, länglich, spitz, schuppig, rothbraun mit Grau nüancirt. Blätter an denselben lanzettförmig, wenig oder nicht gezahnt Jahrestriebe mittelstark, gebogen, glänzend, braun, stark weißgrau punktirt. Augen klein, kurz, oval, spitz, braun. Augenträger mittelstark, lang, grau, schwarzgrau gerinnelt. Blätter an den Jahrestrieben oval, lanzettförmig, wellenförmig, oft schiffförmig und gekrümmt, selten flach. Blattstiel 1" lang, dick, gerinnelt, auf ³/₄ seiner Länge geröthet.

Die Form und Größe der Blätter, wie sie neben der Frucht im Album an einem Fruchtzweige abgebildet sind, zeigt der Holzschnitt. Man wird hiernach ihre Gestalt als eirund bezeichnen müssen. Jahn.

---

*) Was ich von Leroy als Cent Couronnes habe, ist ganz andere im Nov. reifende Frucht. Jamin setzt Cent Cour. irrig = Olen. O.

Illustrirtes Handbuch der Obstkunde.

Unter Mitwirkung Mehrerer herausgegeben

von

Dr. Ed. Lucas und Superintendent Oberdieck.

VIII. Band. 24. Heft.

General-Register

über

alle in den 23 Heften enthaltenen Obstsorten nebst deren Synonymen und verschiedenen Bemerkungen.

Vollständiges Register
zum Illustrirten Handbuche der Obstkunde.

Vorbemerkungen.

1) Die Hauptnamen der im Handbuche beschriebenen Sorten sind für das Auge durch größeren Druck bemerklich gemacht worden; eine, hinter diesen Namen in Klammern gesetzte, gewöhnliche Zahl bezeichnet die Nummern, welche jede beschriebene Sorte trägt.

2) Auf Band und Seite, wo jede Sorte, auch die angegebenen Synonyme und sonstige Namen sich finden, ist durch eine Römische Ziffer und beigefügte gewöhnliche Zahl hingewiesen worden. Auf Namen und Synonyme, die in dem Hefte Berichtigungen und Zusätze zu Band I. und IV. (Aepfel) sich finden, ist durch den Buchstaben Z. (Zusätze), nebst Seitenzahl dieses Heftes hingewiesen worden.

3) Die angegebenen zahlreichen Synonyme können, nach dem jetzigen Stande der Pomologie, nicht als wirklich vollständig und durchweg richtig betrachtet werden, zumal bisher von Pomologen häufig Synonyme nicht nach Anschauungen in der Natur, sondern nur nach Uebereinstimmung von Beschreibungen angenommen worden sind. Doch darf das in dem Handbuche Gegebene als ein beträchtlicher und fleißig gearbeiter Beitrag zu einer vollständigen und durchweg richtigen Synonymik betrachtet werden.

4) Wo im Laufe fortgesetzter Forschungen sich Irrungen in den Angaben im Handbuch, oder in den angenommenen Synonymen ergeben haben, ist dies in dem nachstehenden Register möglichst noch mit bemerkt worden; wie auch einzelne wichtige Zusätze aufgenommen sind, bei denen auf das Handbuch noch nicht hingewiesen werden konnte.

5) Das zwischen zwei Namen sich findende Zeichen = giebt an, daß diese Sorten Synonyme seien. Nur wahrscheinliche oder noch fragliche Identitäten sind durch ein beigesetztes ? angedeutet worden. Abkürzungen wie A. (Apfel) B. (Birne) K. (Kirsche) Pfl. (Pflaume) &c. erklären sich leicht.

A.

Abrahamsapfel (Christ) = Danziger Kantapfel. Es kommen mehrere Sorten unter dem Namen vor.

Aesopus van der Vere; I, 525 = Van der Vere.

Aagt Appel, Kaneel Zoete, IV, 61 = Zimmtartiger Kronen-A.

" Engelse, Z. 2; in den Boskooper Fruchtsorten = Purpurrother Agatapfel.

" gestreepte, Z. 2, gab in einer Fruchtcollection aus Boskoop den Purpurrothen Agatapfel.

" roode, Z. 2. = Purpurrother Agat A.

" Zommer IV, 235, Z. 38, in Boomgaard = Sommer Gewürzapfel; Z. 51, bei Knoop = Sommer Kronen A.

Aagtje, Enkhuyser, IV, 249, = Enkhuyser Agat Apfel.

Adamsapfel / d'Adam IV, 39 = Doppelter Holländer, IV, 39, 153 bezeichnet der Name auch den Feigenapfel ohne Blüthe, den Rothen Stettiner, weißen Winter Stettiner und Kleinen Winterstreifling (Reußerling, Christs).

Adamsapfel, Früher, IV, 39, = Kleiner Winter-Streifling.

Aesopus Spitzenberg, IV, 398, = Esopus Spitzenburgh.

Admirable, Kirkes Scarlet, VIII, 227, = Hollandbury.

" Kews, VIII, 249 = Köstlicher von Kew.

Agatapfel, doppelter / Agathe double (106) I, 243; Z. 1. In den Annalen ist Double Agathe wohl = Jansen von Welten.

" Enkhuyser (308) IV, 249, 250; vielleicht = Credes Tauben A. ?

" Gestreifter Z. 2, Diels Sorte des Namens etwa = Edler Prinzessin A.

Agatapfel, Purpurrother (202) I, 437;
" " Winter Z. 2.
" Rother, IV, 250, Christ irrig für Enkhuyser Agat A.
" Sommer, IV, 235, = Sommer Gewürz A.
Akero Aple, Z. 76.
Alantapfel (109) I, 249; Z. 4.
Alexandre, Z. 45 = Kaiser Alexander.
Alfriston, Z. 86, 94; IV, 501.
Alma Sicula, IV, 541 = Seckler A. ?
" Székel oder Székely IV, 541, = Seckler A.
Amande rouge, Z. 96. von Dietzer (rother) Mandel Rein. verschieden.
Amerikaner, Neuer (625) VIII, 167.
American, plate, IV, 286, bei Ronald irrig für Engl. Goldpepping.
Amtmannsapfel (266) IV, 7.
Ananasapfel, I, 57; 312 und 70, in Hannover = Goldzeug A.; in Thüringen = Prinzen A.
Ananasapfel, belgischer, (470) IV, 429, 413.
" Rother, IV, 429.
" Dórells Z. 22, gab den Gewürz-Calvill.
" Weißer (467) IV, 413; Z. 3.
Annaberger I, 555, II, 239 = Rother Stettiner.
Ananas, Winter, IV, 9, = Herzog Bernhard.
Apfel aus Halder (587), VIII, 81.
" Birnförmiger (60) I, 151,
" wahrer Birnförmiger Z. 3
" Bedufteter, Z. 57, = Morgenduftapfel.
" Berliner, Z. 54, darunter gehen mehrere Sorten, richtig wohl nur die Berliner Schafsnase.
" buntgestreifter, IV, 402, = Papageiapfel.
" Cambusnethan (307) IV, 89.
" Gelber von Sinope IV, 443.
" Greenups (554) VIII, 25.
" Grüner von Sedan, (389) IV, 255.
" Hawley's, (579) VIII, 63.
" Königlicher rothbrauner, VIII, 162, bei Dittrich = Königlicher Russet.
" Königin Louisens, (444) IV, 365.
" Königin Sophiens, (316) IV, 111; ibidem und VIII, 105, fälschlich auch für Reinette von Madeira.
" Königs, IV, 512, bei Christ falsch für Diels Engl. Königsparmäne = Loans Parmäne.
Apfel, Langer Durchsichtiger IV, 162, = Zuckerhutapfel.
" Lothringer, IV, 85 = Lothringer Rambour..
" Noisettes wilder in Büscheln, VIII, 175, = Amerikanischer Büschelapfel ?
" Palästiner, Z. 38, bei Knoop wohl = Witte Kruid appel.
" Porters (551) VIII, 19.
" Rother von Sedan, IV, 47, 255.
" Rother Wiener, IV, 63, irrig für Rother Liebes A., (= Danziger Kant A.)
" Schmidtbästles, VIII, 281, — Muskateller Luiken.
" Schilgens birnförmiger, IV, 203, Z. 103 = Horsets Schlotter A. und Diels Weißem Seidenhemdchen.
" Schwerer / Swaar (583) VIII, 83.
" Seckler (531) IV, 541.
" Seizens (646) VIII, 203.
" Taubenförmiger, Z. 125, = Pigeonnet, = Sommer Zimmt A.
" von achtzehn Zoll VIII, 209.
" von Castel Glammy's, (426) IV, 403.
" von Hawthornden (172), I, 375, Z. 3.
" von Konstantinopel, Z. 7, = Weißer Astracan.
" von Mantua, (608) VIII, 133.
" von St. Germain, (474) IV, 427; Z. 4, nicht = Charlamowsky.
" von Uelzen (463), IV, 405.
" Walzenförmiger von Portland, Z. 3. wird verwechselt mit Alantapfel.
Apple arabian, Z. 121 = Rother Winter Taubenapfel.
" Brown, Z. 37 = Aromatic Russet, (wohl = Diels Engl. gewürzhafter Russet.)
" Enkhuyser, IV, 249, = Enkhuyser Agat A.
" Embroidered, IV, 298, bei Hogg und Lindley = Goldartiger Fenchelapfel, bei Christ = dessen Charakterreinette.
Apple, five crowned, Z. 68 = London Pepping.
" Foxley Russian, Z. 39, = Sommer Gewürz A., doch wohl irrig.
" Granges, IV, 103, = Goldpepping von Grange.
" Honig Zoete, VIII, 69 = Honigreinette.

Appel Iron, IV, 329, 330 bei Hogg = Bellefleur de Brabant der Engländer.
„ Keudemanns, IV, 320, in Limburg = Bellefleur de Brabant.
„ Krippels, doch = Kleiner Api.
„ Melon, VIII, 147 = Amerikanischer Melonenapfel.
„ of Ohio, Coës, (Cox's?) Z. 12 gab den Gelben Bellefleur.
„ Ox, VIII, 226 = Gloria Mundi.
„ Orange } IV, 471 = Engl.
„ Engelse Orange } Pomeranzenapfel.
„ Passch, VIII, 69.
„ Portugal, Z. 101, Synonym von Pariser Rambour-Reinette.
„ Rather ripe, IV, 469 = Englischer Frühapfel.
„ Roode Boston Aagt, VIII, 47.
„ Rooks Nest, Z. 37 = Aromatic Russet, (wohl = Diels Englischer gewürzhafter Russet.
„ St Julien, Z. 86, in Engl. wohl = Goldzeuga. conf. Duhamel S. 24 Vrai drap d'or Varietät St. Julien.
„ Syke House, Z. 88, gewöhnlich = Spitals Rtte., viell. doch verschieden.
„ Travers, Z. 71 = Ribston Pepping.
„ Yankee, (Pumpkin Sweet), IV, 327.
„ Apfelmuser, I, 421, in Württemberg = Hohenheimer Schmelzling = Geflammter Cousinot.
„ double, I, 381 = Sternapfel.
„ étoilé, Z. 114 = Sternapfel.
Api, Bandirter, (481) IV, 441, 401, 436.
„ Kleiner, (262) I, 557; Z. 4 und 5. Diel gibt IX, 215 die Nachricht (nach Merlet), daß die Frucht im Walde von Api (Bretagne) aufgefunden sei.
„ Gelber Sternförmiger, (Diels) Z. 111 nicht = Sternapfel.
„ panaché, IV, 441 = Bandirter Api.
„ Rother Sommer (85), I, 221.
„ rouge, I, 557 = Kleiner Api.
„ rouge d'été, I, 221 = Rother Sommer-Api.
„ Schwarzer, Z. 5.
„ Stern, I, 387, Z. 117.
Aporta Nalivia, I, 109 = Kaiser Alexander.
Apollo Rother, Z. 5.
Astógold, (richtiger wohl Ostogate), IV, 127 = Süßer Hanshäuser.?
Astracan, Rother (24) I, 79; Z. 5.
„ Weißer } (28) I, 87; Z. 6.
„ white }
Augustapfel, Sibirischer (203), I, 439; Z. 4.
Augustapfel, IV, 195 = Weißer Sommer-Calvill; bezeichnet auch andere Sorten; Z. 39 in Holland = Sommer Gewürzapfel.
Augustapfel, Rother, I, 388, bei Henne und Hogg = Passe Pomme rouge = Rother Sommer-Calvill.
„ Weißer, Diels, Z. 4, 28 = Weißer Sommer-Calvill, Z. 39 in Dänemark = Sommer Gewürzapfel.
Augustusapfel, Z. 39 in Holland theils = Sommer Gewürzapfel.
Augustiner, Rother (268) IV, 47.
August van Mons (498) IV, 475.
Aurore, Z. 107, 108, bei Hogg und Lond. Cat. = Reinette von Orleans.

B.

Bachapfel, Rother, IV, 354 = Rother Eiserapfel; 499 = Rother Sommer-Rambour, auch Rother Cardinal.
Backapfel, Gelber, I, 539 = Gelber Winter-Stettiner.
„ Gestreifter, IV, 85 = Lothringer Rambour.
„ Rother, I, 111, in Württemberg = Rother Cardinal.
Baker, Reeds, VIII, 152 = Schöner von Norfolk.
Baldwin }
Baldwin red } (197) I, 427; Z. 5, 8.
„ late }
Baltimore, VIII, 225 = Gloria Mundi.
Bamberger, I, 421, in Württemberg = Hohenheimer Schmelzling, = Geflammter Cousinot.
Bandapfel, Großer, IV, 402 = Papageiapfel.
Bardin, I, 497 = Gestreifter Fenchelapfel.
Baschesapfel, rother (249) I, 531; VIII, 281.
Batullenapfel (540) IV, 559; Z. 2.
Bay Apple, I, 269 = Lond. Cat. = Drap d'or.
Bärwinkler, I, 553, in Württemberg = Kugelapfel.
Beaufin }
„ Catshead }
„ Millemont }
„ Striped } IV, 215; VIII, 151, 152 = Schöner von Norfolk.
„ Suffolk }
„ White }
„ Norfolk }
Beefin Norfolk }
Beefing Norfolk }
Beaufinette, VIII, 151.
Beau rouge, IV, 153, wohl = Kirkes schöner Rambour.

Beauty of Kent, I, 113 = Schöner aus Kent.
„ of the West, IV, 37 = Schöner aus Westland.
„ of Wales, I, 79 = Rother Astracan?
Bedfordshire Foundling, IV, 93 = Fündling aus Bedfordshire.
Belle de Bruxelles; Z. 48 Name für Kaiser Alexander und Lothringer Reinette.
Belle Dubois, VIII, 226, meist Synonym von Gloria Mundi, doch gibt es wohl selbstständige Frucht des Namens.
Belle Fille, I, 381 = Sternapfel; IV, 335 = Graue französische Reinette.
Belle Flavoise, IV, 198, corrumpirt aus Bellefleur = Gelber Bellefleur.
Belle du Havre, IV, 553 = Schöner von Havre.
Bellefleur, „ ronde { Z. 54, 107, bei Knoop = Reinette von Orleans.
„ Appel Brabantse, „ „ „ zuure { IV, 329 = Kleiner Brabanter Bellefleur.
„ Brabant, IV, 329.
„ de Brabant, IV, 329 ist nicht = Kleiner Brab. Bellefleur.
„ de France, Z. 13.
„ Gelber (19) I, 69, Z. 12.
„ Holländischer, „ rother Holländischer, „ roode Hollandsche, „ Hollandsche { (506) IV, 491; Z. 13.
„ Kleiner Brabanter (426) IV, 329.
„ Langer (225) I, 483; Z. 13 und 14 bei Knoop = Reinette von Orleans.
„ Weißer, Z. 12, nicht = Gelber Bellefleur.
„ Winter, IV, 329, im Anvers = Bellefleur de Brabant.
„ Yellow, Bellflower Yellow, { I, 69, Gelber Bellefleur.
Bells Scarlet, I, 315 = Scharlachrothe Parmäne.
Beloborodowa, Z. 7 = Weißer Astracan.
Belvedere (570) VIII, 57.
Berliner Apfel, I, 209 = Berliner Schafsnase.
„ Weißer, Z. 64 wohl = Lothringer Reinette.
Berlinger, I, 263, (Heilbronn) = Goldzeugapfel.
Betty (Betsey), (512) IV, 503.
Bietigheimer, Grüner, I, 537, 553, (Württemb.) für Grüner Stettiner, auch für Kugelapfel.
Bietigheimer, Rother, I, 555, (Schwaben) = Rother Stettiner.
„ Weißer, I, 553, (Württemberg) = Kugelapfel.
Binderzoete, Z. 45, bei Knoop Syn. seines Zoete Holaart.
Birnapfel, Revalscher (94) I, 219.
„ Rigaer, „ Rigaer gelber { (287) IV, 49.
„ Weißer, Z. 114, Spielart des Weißen Seidenhemdchen.
Bischofsmütze, Z. 17 = Geflammter Cardinal.
Blanke Rabau, I, 233 = Sommer Rabau
„ de Leipsic, Z. 10 = Edelborsdorfer.
Blauapfel, Blauling { (247) I, 527.
Blauschwanz, I, 189 = Kleiner Langstiel.
Blenheim Orange, I, 515, Z. 91 = Goldreinette von Blenheim.
Bloem zuur, Blumensauer { IV, 347, I, 233 = Sommer Rabau.
Blutapfel (356) IV, 187; 148, 187 auch für Brauner Matapfel und Danziger Kantapfel, Z. 23 auch als Synonym von Dozener Rother Reinette und Edelkönig; 33 ist etwa doch = Purpurrother Cousinot.
Bödigheimer, I, 555 = Rother Stettiner.
„ Gelber, I, 539 = Gelber Winter Stettiner.
Böhmer (Tyrol), (26) I, 83.
Bohnapfel, Großer, „ Großer Rheinischer { (164) I, 359; Z. 15.
„ Kleiner, „ Kl. Rheinischer { (165), I, 361; Z. 16.
„ Weißer, I, 359 = Großer Bohnapfel.
„ Westphälischer, Z. 15.
Boikenapfel (90), I, 211; 316; nicht = Mensfelder Gulderling.
Bombadinchen, I, 557 = Kleiner Api.
Bonne de Mai, Bay apple { I, 263 = Drap d'or des Lond. Cat.; ob = Goldzeuga. ist? Aus Frankreich kam als Bonne de Mai eine ganz andere, spätreif. Frucht.
Bonbonnier, Bon Pommier { Z. 13 = bei Wiesbaden = Holländ. Bellefleur, IV, 239 = Bellefleur de Brabant.
Bon Pommier de Brabant, Z. 13.
„ „ de Brüxelles, Z. 13.
„ „ de Flandre, Z. 13.
„ „ de Liège, Z. 13, bei Diel = Lütticher platter Winter-

Streifling, der wohl = Französisch. Prinzessinapfel.
Bonnet carré, I, 33 = Weißer Winter-Calvill.
Bonté, Z. 125 = Knoops Bunter Pigeon, wohl = Rother Winter-Taubenapfel.
Borsdorfer Apfel I, 303 = Edelborsdorfer.
Borsdorfer, Gestreifter Böhmischer
" Böhmischer } (332), IV, 139.
" Bunter Grüner, IV, 138.
" Cludius
" Cludius grüner } (269); IV, 137; Z. 9.
" Edel-
" Edler Winter } (136), I, 303.
" Großer, I, 169, in Württemberg = Reinette von Orleans.
" Großer Böhmischer
" Grand Bohemien } I, 303; IV, 130 = Edelborsdorfer; Z. 10 Lond. Cat. irrig = Ed.-Brsd.; VIII, 111, nach Jahn = Fromms Rein.
" Grüner, IV, 138, Diel und Christ.
" Herbst, Z. 11; Diels Frucht des Namens = Edelborsdorfer.
" Meininger Zwiebel (510) IV, 499.
" Nikitaer
" " Winter } (502), IV, 483.
" Rother, (590), VIII, 115; 516 ist nicht Diels Rother Borsdorfer, als nur in der Vollst. Pomol; bei Fechenbach auch = Fechenbacher Streifling; in Annales irrig = Edelborsdorfer.
" Schwarzer, I, 367 = Brauner Matapfel. Im Hannoverschen unter dem Namen einer in Form dem Edelborsdorfer ähnliche fast wirklich schwarze Frucht.
" Sommer, (Pomon. Franc.), Z. 39.
" Stern, Z. 75, IV, 97 = Pomeranzenapfel
" Zwiebel, (137), I, 305.
Borstorf
" hative
" a lonque queue
" red } Z. 10. In England = Edelborsdorf., der red nicht = Roth. Borsdrf.
Bursdoff or Queens apple, Z. 10 = Edelborsdorfer.
Borowitzky, Z. 29 = Charlamowsky.
Bough, Early
" large early yellow
" large yellow
" sweet
" Süsser } (119), I, 269.

Brabant, or Glory of Flandres, IV, 329; bei Hogg = Brabant Bellefleur.
Brandenburger, IV, 245 = Brandenburgs Cousinot.
Braunsilienapfel, IV, 354 = Rother Eiserapfel.
Brebeke, Winter (163), I, 375.
" Sommer, I, 233, IV, 348 = Sommer Rabau.
Breiter
Breitach
Breitacher
Breitapfel
Breitiker } IV, 97, Z. 75 = Pommeranzenapfel.
Breitling
" August
" Großer
" Herbst } IV, 85 = Lothringer Rambour.
Bremerling (532) IV, 543.
Bürgerherrnapfel (181) IV, 395; 316 = Geflammter weißer Cardinal.
Büschelapfel, Normännischer, (629) VIII, 175.
Brustapfel (440) IV, 357.
Buckland Devonshire
" Lily } VIII, 187 = Devonshire Bucklnd.
Buckland Yellow, VIII, 187.
Butters, I, 427 = Baldwin.
Butter, VIII, 259 = Amerikanischer Zuckerapfel.
Butterapfel, Geflammter, Z. 62 = Sommer Parmäne.
Butterfaßapfel, IV, 398.
Brünner = bei Langsamer N 639

C.

Caillot rosat, I, 45; Z. 28 = Rother Winter Calvill, richtiger = Calville rouge d'hyver der Annales, der nicht die Dielsche Frucht ist.
Calville Barré, IV, 398; VIII, 201 = Langgestreifter Calvill. Die Annales haben, wohl irrig, eine andere Frucht als Calville Barré.
" blanche
" " à côtes } I, 33 = Weißer Winter Calvill.
" blanche d'été, IV, 195, Z. 28 = Weißer Sommer Calvill; bezeichnet auch noch andere Sorte; VIII, 5, irrig für Belgischer Schneeapfel.
" Blumen, I, 47; Z. 43 = Gravensteiner.
" Carmin, Z. 50, etwa = Diels Rother Wintercalvill und Mecklenburger Wintercalvill.
" Bougarts
" " Großer weißer } (545), VIII, 7.
Calville Carins
" jaune d'été } (542), VIII, 1.

Calvill, Cortens } (548) VIII, 9.
„ Cortens gelber süßer Winter-Calvill } (548) VIII, 9.
„ d'Angleterre, I, 201 = Cornwalliser Nelkenapfel; so auch im Verger; I, 197 = Langer Himbeerapfel; IV, 111 = Winter Queening und zusammengestellt mit Langer Himbeerapfel.
„ d'Automne, I, 41 = Rother Herbst-Calvill.
„ d'Automne, rayée, I, 387 = Gestreifter Herbst-Calvill.
„ d'été, (Duhamel) IV, 368, 369; Z. 24 = Rother Sommer-Calvill.
„ d'été vrai (Duhamel) IV, 387; = Rother Sommer Calvill aus der Normandie.
„ d'été de Normandie, Z. 25, nach Serrurier = Rother S. Calvill.
„ d'été, ou Passe pomme rouge, (Duhamel) IV, 388, sind von Leroy und im Boomgaard richtig als Synonym angesehen.
„ de Neige, VIII, 3 = Schneecalvill.
„ des Femmes, VIII, 23 = Frauen-Calvill.
„ Eggermont's, I, 405 = Eggermont; etwa = Geflammter Cardinal.
„ étoilée, Z. und VIII, 257, in Bivorts Album = Rothe Sternreinette.
„ Erzherzog Franz's (176) I, 385.
„ Flammeuse, Z. 22 = Gewürz-Calv.
„ Fraas' Sommer } (4) I, 39;
„ „ weißer Sommer } Z. 20; IV, 397.
„ Früher Rosen (264), IV, 3; IV, 395, von Calville de Rose verschieden; VIII, 202.
„ Frauen (553), VIII, 23.
„ Früher rother, Z. 25 = Rother S. Calvill.
„ Garibaldi's (640), VIII, 107.
„ Geflammter rother Herbst, I, 387 = Gestreifter Herbst-Calvill
„ Gelber Herbst (3) I, 37.
13.25 „ Gelber Winter (2) I, 35; Z. 20. ist = Weißer Winter-Calvill.
„ Gestreifter Herbst } (177),
„ Gestreifter rother Herbst } I, 387;
„ Gestreepte Herfest } Z. 21.
„ Gestreifter Sommer, (T O G.) IV, 387, wohl = Diels Rother Sommer-Calvill.
„ Gestreifter Muscat (178) I, 389.
„ Gestreifter Winter (9), I, 49; IV, 199.
„ Gewürz } (84), I,
„ Gestreifter gelber Herbst } 199.

Calville hatif, Z. 25 = Rother Sommer-Calvill.
„ hative (Zink), IV, 322 = Geflammter Cousinot? 387 = Rother S. Calvill; Diel.
„ Hyacinth, Z. 22 = Gewürzcalvill.
„ Hedelfinger Spitz (362) IV, 201.
„ Holländischer rother Winter (548) VIII, 131, I, 105, irrig = Crede's Taubenapfel.
„ Lütticher Ananas (263) IV, 1; Z. 22.
„ Imperiale, Z. 27, als Synonym des Rothen Wintercalvill; doch werden mehrere unter dem Namen vorkommen.
„ Königs (458) IV, 395.
„ longue d'hyver, I, 45 = Rother Winter-Calvill.
„ Langgestreifter (624) VIII, 20.
„ Malingre, Z. 21, 22, 75; die Frucht der Annales gab Gestreiften Herbst-Calvill; im Lond. Cat. eine dem Rothen Apollo ähnliche Frucht; in den Annales falsch auch mit Danziger Kantapfel und Braunrothem Himbeera. zusammengestellt; bei Dittrich Synonym von Normännischer rother Winter-Calvill.
„ Mensfelder Winter, IV, 43 = Mensfelder Gulderling.
„ Mecklenburger Winter, Z. 50, wohl = Mecklenburger Königsapfel.
„ Metzgers (360) IV, 107, Z. 12 = Gelber Bellefleur.
„ Normännischer rother Winter } Z. 22
„ Normande } 27.
„ rouge Normande }
„ of Horset, IV, 203 = Horset's Schlotterapfel.
„ petit d'été, IV, 386 (Merlet und Quintinye) wohl = Rother Sommer-Calvill.
„ précoce, I, 203 = Sommer Gewürzapfel.
„ Purpurrother Sommer, Z. 25, Spielart des Rothen Sommer-Calvill.
„ rayée, I, 387 = Gestreifter Herbst-Calvill.
„ Red, (Langley), I, 41 = Rother Herbst-Calvill.
„ Red, I, 45 = Red Winter Calvill = Rother Winter-Calvill.
„ Rode Zommer, Z. 21 = Knoops Rother Sommer-Calvill.
„ rose ou de Rose, IV, 3, 47, 395 = Lothringer bunter Gulderling = Königs-Calvill? = Rother Augustiner?

Calvill, Rother Herbst (5), 41, Z. 25; 27 oft verwechselt mit Rothem Winter-Calvill.
„ Rother Oster
„ Gestreifter rother Oster } (6) I, 43.
„ Rother Sommer (Diel), (454) IV, 385, 387.
„ „ „ aus der Normandie, IV, 387, Pomon. Francon.
„ Rother Winter (Diels), (7) I, 45; Z. 26; I, 41, bei Mayer = Rother Herbst-Calvill.
„ rouge d'Automne, I, 41 = Rother Herbst-Calvill.
„ rouge d'Anjou, Z. 28, in Annales = Callville rouge d'hyver der Annales, nicht der Diel'sche
„ rouge dedans et dehors I, 45 = Rother Winter-Calvill, auch bei Rother Herbst-Calvill gebraucht.
„ rouge d'été, IV, 386, 387, 388 = Rother Sommer-Calvill, Diel, bei Knoop und Manger, auch Hogg; im T. O. G. schwerlich der Diel'sche; Z. 25.
Calville rouge d'été hative, IV, 386, Calv. rouge d'été.
Calville rouge d'été platto, Zink, IV, 387, = Engl Scharlachpepping?
Calville rouge d'hyver, Z 27, in Annales nicht = Diels Rother Winter Calv.
„ rouge Geddeholms, Z 48, in Schweden = Danziger Kant A.
„ royale d'été Zink, IV, 387 = Diels Rother Sommer Calv.! Z. 25. bei Serrurier = Rother Sommer Calv.
„ royale d'hyver, I, 45 = Rother Winter Calv.
„ Schnee (543) VIII, 3, 6.
„ Schönbecks rother Winter, Z. 22, 74.
„ Schwarzrother glatter Winter (265) IV, 5.
„ Schwefel, Z. 21.
„ Stern, IV, 79, = Stern-Rambour; ibid. deutscher Glas A.?
„ Türken, I, 401, = Türkenapfel.
„ von St. Sauveur,
„ St. Souveurer } (358) IV, 193, Z. 28.
le St. Sauveur
„ von Rochelle (841) VIII, 199.
„ Calville vraie des Allemands, Z. 27 = Diels Rother Winter Calvill; in den Annalen irrig auch = Calv. rouge d'hyver der Annales.
„ Wäßer August, I, 203, IV, 196 = Sommer Gewürz A.
„ Weißer Herbst, I, 37, = Gelber Herbst Calvill; die Beslooper haben noch einen andern Gelben Herbst Calvill und Diel einen dritten.
Calvill, Weißer italienischer Winter, Diel; IV, 119, wohl = Citronen Reinette.
„ Weißer Sommer (359) IV, 195; Z. 28.
„ Weißer Winter
„ white Winter } (1) I, 33; Z. 2[?].
Cambusnethan-Apfel (307) IV, 89.
Canelle, la; I, 231, = Sommer Zimmt A.
Capendu, Gestreifter (673) VIII, 263.
Capendu, Duhamels, Z. 55; VIII, 263.
Campaner (639) VIII, 195.
Carbanter, I, 505, Z. 53, = Grauer Kurzstiel in Württemberg; der Graue Kurzstiel Diel's ist = Pariser Rambour Reinette.
Cardinal Blutrother
„ blutrother Winter } (113) I, 257.
„ de Juillet, Z. 115, nicht = Pfirsichrother Sommer A.
„ Französischer
„ Français
„ Francois } (391) IV, 295 = Geflammter Cardinal ?
„ Geflammter weißer
„ Geflammter
„ blanc flombant } (209) I, 451; Z. 116.
„ Gestreifter, gab in Zeinsen auch den Geflammten Cardinal.
„ Rother, (40) I, 111; I, 81 Z. 28, 40, oft geht darunter der Danziger Kant A., so in Thüringen.
„ Weißer (Thüringen), I, 33, = Weißer Winter Calvill.
Carmes Apfel 1, 175, = Aechter Winter Streifling.
Caroline, Z. 37.
Carolin, Burchardts,
„ Burchardts kl. gestreifter } (110) I, 251.
Caroline Auguste, (30) I, 91.
Carolin, Englischer
„ d'Angleterre } Z. 37, Knoop, ist etwa der Engl. Gewürz A.
„ Gelber Engl. Z. 38, bei Knoop = Knoop's Englischer Carolin und wohl = Englischer Gewürz A.
„ Weißer Engl., Diel, Z. 38, wohl = Engl. Gewürz A.
Carpentin, (157) I, 345.
Carse of Gowrie
„ late } IV, 403, = Apfel v. Castel Glammys.
Carthauser, Winter
„ Gelber Winter } (555) VIII, 27.
„ Grüner, VIII, 27.
„ Langer, VIII, 27.
Catshead, VIII, 152, oft Syn. von Schöner von Kerfoll.

Chalmers, large, IV, 17, = Holländischer Küchen A.
Charakter Apfel / IV, 297, =
Character of drap d'or \ Charakterreite.
Charlamowsky / (31) I, 95, Z. 29.
" Nalivia \
Charmant blanc, IV, 85, = Lothringer Rambour
Chataigne du Leman, Z. 112, = Frauen Rothacher
Chemise de soie blanche, I, 403, = Weißes Seidenhemdchen.
Christapfel, Mühlhäuser, (23) I, 77
Cicadapfel, I, 87, = Weißer Astracan.
Citrinchen (370), IV, 217.
Citronatapfel (368), IV, 213
Citronenapfel I, 127 = Weiße Wachsreinette? wohl = Goldgelbe Sommer Reinette
" Meißner, / (170) I, 371.
" " Winter \
" Süßer, (345) IV, 183.
" Winter, (80) I, 191, Z. 29; 23, bezeichnet noch mehrere Früchte, auch Winter Quitten A.; Z. 32 nicht = Boiken A.
Claudiusapfel (539) IV, 557.
Cliquette, IV, 31 = Französischer Klapperapfel.
Cluster Appel, IV, 243, bei Diel irrig Synonym von Engl. Büschel Reinette, = Purpurrother Cousinot.
Coates's, IV, 215 = Grünling von Yorkshire.
Codlin common, IV, 371, nach Jahn = Jacobsapfel, nach Hogg = English Codlin, der im Oktober reift.
" Dutch, IV, 17 = Holländischer Küchenapfel.
" English / IV, 317, nach Jahn, wohl falsch = Jakobsapfel; bei Hogg im Oktober reifend.
" old English \
" Irish, IV, 185 = Manks Küchenapfel.
" Kentish, IV, 393 = Kentischer Küchenapfel.
" Keswick, IV, 14 = Keswicker Küchenapfel.
" Knights, VIII, 235 = Reinette von Wormsley.
" Manks, IV, 155 = Manks Küchenapfel.
" White, IV, 17 = Holländischer Küchenapfel.
Coeur de Boeuf ou sanguinole, IV, 167.
Coeur de Pigeon, I, 107, Z. 121 = Rother Winter Taubenapfel; Hogg und Lond. Cat. = Pigeonnet, = Sommer Zimmtapfel.
Comtoirapfel, Z. 17 = Geflammter Cardinal.
Concombre des Chartreux, Synonym von Seigneur d'Orsay und St. Julien, IV, 289, Z. 29 wird nach Lindleys Pom. Britt. (I, 45) = Goldzeugapfel sein, nicht = Charakterreinette.
Cooper, Z. 12.
Cossensa, I, 55 = Köstlichster.
Couleur de Chair, I, 231, IV, 235, Z. 51, 124 = Sommer Zimmtapfel; bei Knoop = Sommer Kronenapfel.
Couronne des Dames, I, 485 = Baumanns Reinette.
" des pommes, I, 419 = Jansen van Welten.
Court of Wick, VIII, 164 = Pepping von Court of Wick.
Court of Wick Scarlet, VIII, 164.
Courtpendu, I, 167, Z. 45 = Königlicher Kurzstiel.
" blanc, IV, 279 = Weißer Kurzstiel; in Annales (II, 23) ist Courtpendu blanc auf dem Kupfer, im Texte Courtpendu gris genannt, der nicht = Diels Grauer Kurzstiel ist. Z. 108 nach Boomgaard bei Jodoigne = Reinette von Orleans, die nicht = Weißer Kurzstiel des Handbuchs ist.
" blanc ou jaune, IV, 279, Knoop = Goldartiger Fenchelapfel.?
" d'Automne, Z. 11 = Vlaamsche Shyveling.
" de Tournay, IV, 75; Z. 108 = Reinette von Orleans, wie der Text selbst sagt; Z. 55, fälschlich = Königlicher Kurzstiel.
" d'oré, Z. 107, Lond. Cat. und Hogg = Reinette von Orleans.
" gros gris, I, 505, Z. 53 = Diels Grauer Kurzstiel.
" musqué, I, 167 = Königlicher Kurzstiel.
" plat, I, 167; Z. 55, Lond. Catalog und Hogg = Königlicher Kurzstiel.
" rosat, Z. 54, in Annales = Königlicher Kurzstiel? Soll Sämling davon sein. Diel erhielt als C. rosat seinen Rostfarbigen Kurzstiel.
Cousinot, IV, 223, Ableitung des Namens.
" Brandenburgs (384) IV, 245.
" (Cousinette) Duhamel IV, 387
" d'été, IV, 235, Z. 51; bei Knoop = Sommer Kronenapfel; bei Duhamel (II, 15) Name der 3ten Varietät des Passe pomme.

Cousinot, Geflammter } (377) IV,
" " früher Sommer } 231.
" Gestreifter } (649) VIII, 215,
" rayée d'été } IV, 235.
" Kleiner gelber Sommer, IV, 253.
" Purpurrother, (383), IV, 243, 148.
" rayé hatif, VIII, 215 = Geflammter Cousinot.
" rouge d'été, VIII, 215, IV, 234; = Diels Seidenapfel.
" Rosenfarbiger } (378) IV,
" " gestreifter Herbst } 233.
" Sommer, Z. 51, im Boomgard für Sommer Kronenapfel.
" tulipé, IV, 235, Z. 51, Diel und Knoop = Sommer Kronenapfel.
" Weißer Winter (466) IV, 411.
Crab Cobmanthorpe } Z. 33, 34 = Große
" Cobmanthorps } Casseler Reinette.
" French, VIII, 195 = Grüner Ostera.
Crome Lohr } Z. 126; VIII, 129, bei
" l'or } Wiesbad. = Zehendheber.
Culotte suisse, Z. 57; darunter fand sich auch der Morgenduftapfel; genauer wohl Papageiapfel.
Cyderapfel, Harrisons (357) IV, 189, Z. 33.

Dainty appel, I, 97; Z. 56, ist = oder ähnlich dem Morgenduftapfel.
Dauerapfel von Hambledon, (619), VIII, 155.
De Deuai, Z. 119, = Weißer Winter Taffetapfel?
Deichzugsapfel (476) IV, 431.
Delicatesse von Monbijou, (15), I, 61; IV, 159.
Deux ans, Hambledons, VIII, 155 = Dauerapfel von Hambledon.
" Sommersetshire, VIII, 155.
" Wickenhams, VIII, 155.
De Witt, IV, 237 = Doctor-Apfel.
Diepe Kopjes, IV, 417.
Doctorapfel }
" red } (380), IV, 237.
" white }
" yellow }
Devonshire Buckland, (635), VIII, 187.
" Quarrenden } I, 227; VIII, 187 = Rother Quarrendon
" Quarrington } = Englischer Scharlach-Pepping.
Ditton Nonpareil, I, 473 = Braddicks Nonpareil.
Dolgoi Skraznoy } IV, 15 = Zucker-
" Squoznoi } hutapfel.

Dominiska } IV, 83, 84 = Götterapfel;
Dominetscher } Z. 33 Boomgard gibt
Dominetschy } falsch eine Sommerfrucht.
Doobapfel (394), IV, 209; Z. 33, Ursprung des Namens.
Dorschenapfel, I, 147, an der Lahn = Echter Winterstreifling.
Double rouge de Breda, Z. 6, nach Handbuch = Fette Goldreinette; gab in Jeinsen den Rothen Astracan.
Douse of Hawley } VIII, 64 =
Dows or Douse } Hawleys Apfel.
" Downy apple, I, 97 = Morgenduftapfel; cf. Duham. S. 24, Taf. 12.
Doux d'Angers } VIII, 21, 22 =
Doux d'argent } Süßapfel von Angers.
Drap d'or, I, 263 = Goldzeugapfel; IV, 296, bei Downing falsch der Engl. Goldpepping; 297 Synonym von Charakter Reinette; 298 Synonym von Goldartiger Fenchelapfel und Gelbem Fenchelapfel; bei Downing bezeichnet es auch einen Sommerapfel; Z. 42 bei Duhamel Synonym von Fenouillet jaune und ist dieß eher der Goldartige Fenchelapfel, als Gelber Fenchelapfel; Z. 86 bei Ronald eher der Goldzeugapfel als die Charakter Reinette, die in Boskooper Fruchtsoorten Synonym von Drap d'or ist.
Drop d'or, vrai, IV, 298 = Goldzeugapfel; cf. Duham. S. 24, Taf. 12.
Dreijährig, I, 147 = Rother Tiefputzer.
Duchess of Oldenburg, I, 95 = Z. 29 Charlamowsky.
Duo d'Aries, IV, 134 = Alter Nonpareil.
Dukes Bill, Z. 82, in Gegenden von Sussex = Winter Pearmain.
Duke of Wellington, } I, 187 =
Dumelows Crab } Wellington.
Duracinum acido dulce, IV, 354 = Rother Eiserapfel
" latum Waldense, IV, 354 = Rother Eiserapfel.
Dutch Mignonne (D. Minion), I, 163, Z. 83, in Belgien, England u. Amerika = Große Casseler Reinette.

E.

Early Margareth, I, 89 = Rother Margarethenapfel.
Easter, white, VIII, 169.
Eckapfel, auch Eggerling, I, 33 = Weißer Wintercalvill.
" Gelber (10), I, 51.
" Rother (11), I, 53, Z. 10, 34, in Jahns Collection, wohl irrig, =

F.

Kleiner Fleiner
Fleiner } (74), I. 179, Z. 36 wohl sicher = Diels Großer Wtr. Flein.
" Königs, (75), I, 181, Z. 36.
" Winter, I, 179, = Kleiner Fleiner.
Florentiner, I, 81; Z. 48, 49 = Danziger Kantapfel.
Flößapfel, IV, 157.
Flushing Spitzenberg, IV, 390, Lond. Cat. irrig = Esopus Spitzenburgh.
Forellenapfel, I, 309, = Reinette von Bretagne.
Forge, IV, 219 = Schmiedeapfel.
Foxley Russian Apple I, 203; Z. 52 = Sommer Gewürzapfel.?
" Russischer
Framboise, I, 289 = Gestreifter Herbstcalvill, Z. 22 in Boskoop = Gewürzcalvill.
Framboise rayée d'hyver, VIII. 15, bei Dittrich = Gestreifter Winter Himbeerapfel.
Framboisier rouge longuette, I, 107, = Langer Himbeerapfel.
Frambos Appel, Z. 22 in Boskoop = Gewürzcalvill.
Franc Real, IV, 45 = Königlicher Edelapfel.
Frauenapfel, IV, 85, = Lothringer Rambour.
Frauen Rothacher
Frauen Röthlicher
Frau Rodike } (292), IV, 59, Z. 36, 112.
Frankenapfel (Müschens), I, 307 = Süßfranke.
Franzapfel, Italienischer (585), VIII, 87.
Frühapfel, Englischer (495), IV, 469.
Freiherr von Trauttenberg (283), IV, 41.
Fündling aus Bedfordshire (309), IV, 93.
Fürstenapfel, IV, 85, Synonym von Lothringer Rambour; 377 der des T. O. G.
" Grüner, (450, durch Druckfehler 456), IV, 377, 336; bei Duhamel Synonym des Weißen Winter Stettiners.
" Zinks, IV, 377, nicht = Grüner Fürstenapfel.
" Moldauer, IV, 81, = Götterapfel.

G.

Garnons Apple, I, 167 = Königlicher Kurzstiel.

Gelders Present, I, 41 = Rother Herbstcalvill.
Gerstenapfel, Z. 17, wohl = Geflammter Cardinal
Gewürzapfel, Englischer, (21) I, 73; Z. 36.
" Amerikanischer, IV, 495, im T. O. G., Synonym von Newyorker Reinette.
" Jungfern, Z. 38 = Engl. Gewürzapfel.
" (Rheinlande), I, 369 = Weißer Matapfel.
" Schönbecks früher, I, 203, Z. 39 = Sommer Gewürzapfel
" Sommer, (86), I, 203; Z. 38.
" Weißer, I. 203; Z. 38 = Sommer Gewürzapfel.
" Weißer Englischer, I, 73, = Engl. Gewürzapfel.
Gilliflower Cornish, I, 201, = Cornwalliser Nelkenapfel.
" Summer, IV, 227 = Sommer Nelkenapfel.
Glace de Zeeland, I, 87; Z. 6 = Weißer Astracan.
" rouge, Z. 85, Hogg = Barcelona Pearmain, (= Kleine Casseler Rein.)
Glammys Castle, IV, 403 = Apfel vom Castel Glammys.
Glasapfel (Württemberg), I, 537 = Grüner Stettiner.
" Berliner, I, 555 = Rother Stettiner.
" Fachinger, (528), IV, 535.
" Sibirischer, Z. 111, 112, 113, = Virginischer Rosenapfel.
Glockenapf., Münchhausens (644)
" " gestreifter } VIII,
" gestreifter } 200.
" Herbst, (365), IV, 207, Z. 39.
Glory of the West, I, 449 = Engl. Prahlrambour, IV, 17, falsch für Holländ. Küchenapfel.
Glory of York, I, 353 = Ribston Pepping.
Gloria Mundi, Z. 48, falsch für Kaiser Alexander.
Gloria Mundi, VIII, 225, wohl nicht = dem Deutschen Hausmütterchen.
" " American
" " Glazewood } VIII, 226.
" " Newyork
Göppinger, I, 421 = Hohenheimer Schmelzling = Geflammter Cousinot.
Goldapfel, Goud Appel, IV, 285, = Engl. Goldpepping, VIII, 211 = Gelber Gulderling.
" des Allemands, IV, 286, 464, Synonym von Reinette d'Angleterre

H.

Hambledons deux ans, VIII, 155, = Dauerapfel von Hombledon.
Hammelbei, IV, 349, Synonym von Langscheiber.
Hampshire Yellow, I, 165, Z. 64, 68 = Winter Goldparmäne; IV, 511 bei Emmonns falsches Synonym des Kerry Pepping.
„ Golden Pippin, Z. 64 = Winter Goldparmäne.
Hans, Goldener / Hannsapfel { (538), IV, 555.
Hans Ulerich (567), VIII, 51.
Hardy, IV, 239, wohl = Rother Stettiner.
Harrison, IV, 169, wohl = Harrisons Cyderapfel.
Hartapfel, Langedauernder rother, IV, 345 = Rother Eiserapfel?
Hartungsapfel, IV, 331, etwa = Großer rother Pilgrim, der = Purpurrother Cousinot
Hasenkopf von Lübben, I, 57, Z. 76 = Prinzenapfel.
Hasenkopf, Grünhofer, (277), IV, 29.
Hausapfel, Corneli's, (523), IV, 525.
„ Doppelter, (507), IV, 493; 151 und 493; die von v. Flotow unter dem Namen nach Jeinsen gekommene Frucht war = Blutrothe Rheinische Reinette.
Hausmütterchen, (634), VIII, 225, IV, 84, nicht = Götterapfel.
Haute bonté, IV, 335, Synonym von Grafenreinette; nach Duhamel eine Graue Reinette, die nicht = Grauer französ. Reinette; VII, falsch für Gelber Gulderling. Es gehen viele Sorten unter dem Namen und kamen nach Jeinsen noch 3 andere.
Hawley, VIII, 63, 64 = Hawley's Apfel.
Hawthornden, I, 375 = Apfel von Hawthornden.
„ red, Z. 4 im Boomgaard = Apfel von Hawthornden.
„ white, I, 375, Z. 4 = Apfel von Hawthornden. Es geht noch eine andere ganz weiße Sorte darunter.
„ Winter, Z. 4.
Herbstapfel, Cludius, (92), I, 215, Z. 45.
„ Hartwigs, (675), VIII, 267.
Herfst Present, I, 41 = Rother Herbstcalvill.
Hermannsapfel, Großer Gestreifter, Z. 17 wohl = Geflammter Cardinal.

Herrnapfel, I, 125, bei Metzger = Champagner Reinette, IV, 84.
Herrnapfel, Hallischer / „ „ gestreifter { (524), IV, 527.
„ Kleiner / Herrnapfel { 171, IV, 48, I, 373.
„ Polnischer gestreifter, (477), IV, 433.
„ Rother, I, 555, IV, 239, Mayer, = Rother Stettiner.
Herrngast (Württemb.), I, 505 = Grauer Kurzstiel, doch wohl nicht = dem Dielschen.
Herzog Bernhard (267), IV, 9.
Herzogin von Brabant, Loisel's, (667), VIII, 251.
Heuscher, Rother, IV, 423 = Jagdapfel, Lucas = Purpurrother Cousinot.
Hiefenapfel, Rothersüßer / „ doppelter süßer { (530), IV, 539
Hicks Fancy, I, 293 = Früher Nonpareil.
Himbeerapfel, IV, 199; der des T. O. G. wohl = Rother Winter Himbeerapfel; VIII, 15, Z. 21, bei Knoop = Gestreifter Herbstcalvill.
„ Braunrother, Z. [illegible], I, 41 = Rother Herbstcalvill?
„ Großer rother Sommer, Z. 23, I, 41 = Rother Herbstcalvill.
„ Gestreifter Winter, (549), VIII, 15.
„ Harlemmer / „ „ rother { VIII, 15 = Rother Wintercalvill?
„ Hofingers (479) IV, 473.
„ Langer, / „ „ rother { (83), I, 197; IV, 111, bei Hogg Synonym von Winter Queening.
„ Liefländer / „ „ weißer { (291), IV, 57.
„ Meißner leberrother / „ leberrother { Z. 22 und 74, = Rother Polsterapfel.
„ Ritters / „ „ süßer { (473), IV, 425.
„ Rother Winter, (361), IV, 199; VIII, 15.
„ Weißer, I, 33 = Weißer Wintercalvill.
Hoary Morning, I, 97 = Morgenduftapfel.
Hoheitsapfel, (633), VIII, 183, Z. 17, etwa nicht = Geflammter Cardinal.
Holaart, Süßer, (16), I, 63; Z. 47.
„ Zoete blanke, Z. 45, nach Hrn. W. Ottolander nicht = Süßer Hoolaart des Handbuchs, sondern Knoops Zoete Holaart.

Holaart, Zoete grauwe, Z. 15, in Holland besonders geschätzter Süßapfel.

Holeers Flaamse, Z. 44, nach Christ Synonym von Süßer Holaart.

Holländer, doppelter (282), IV, 39; Z. 46.

Hollandbury, Hollandburgh, Hollingbury, IV, 453, siehe = Kirkes scarlet admirable ob = Diels Kirkes schöner Rambour ist nach Reise a. London etw. fraglich.

Hondertmerk, IV, 179, Knoop Synon. von Zommer of Horfst Erweling.

Huntingdon, Woods, VIII, 164, Syn. von Pepping von Court Court of Wick.

J.

Jacobacher, (Württemb.), I, 421 = Hohenheimer Schmelzling = Geflammter Cousinot.

Jacobsapfel, (447), IV, 371, ibidem auch als Synonym des Weißen Sommer Tauben-Apfels, (Züricher Transparents?), I, 87 in Württemberg = Weißer Astracan.

" Zebner saurer, Z. 7, in Ungarn = Weißer Astracan.

" of the Germans, Z. 56, bei Lindley = Rother Margarethenapfel.

" Später, IV, 371.

Jacob Lebel, (309), IV, 257.

Jagdapfel, IV, 234 = Purpurrother Cousinot.

Jährling / " Oehlkofer: I, 436 = Oehlkofer Pepping.

Jänsen von Welten, (193), I, 419, Z. 46.

Janurea, IV, 95 = Pariser Rambour-Reinette.

Immapfel, (650), VIII, 217.

Imperatrice Eugenie, Z. 91, neu aufgebrachter Name für Goldreinette von Blenheim.

Imperial, Gestreifter, Diel I, 249 = Alant-Apfel.

Incomparable, Kirkes, VIII, 227 = Kirkes Sondergleichen.

Joopen / " roode zoete: IV, 539 = Rother süßer Hiefen-Apfel.

" roode zuure, IV. 539, nach Christ auch = Rother süßer Hiefen-Apfel.

John Apple, VIII, 189, = Grüner Oster A.

Jonathan, (616) VIII, 149.

Joseph, II, Z. 42, = Goldzeug A.

Josephine / " belle: VIII, 226, meist Synon. von Gloria mundi, wahrscheinlich doch Sorte für sich.

Ironside VIII, 189, in Gloucester = Grüner Oster A.

Juli Flower, I, 201, = Cornwalliser Nelken A.; IV, 227 = Sommer Nelken A.

Juneating red, / " striped: I, 89 = Rother Margarethen A.

Jungfernapfel, Kleiner, (76) I, 833, Z. 46 nicht = Rother Jungfern A.

" Rother / " " böhmischer: (180) I, 411, Z. 46, 74.

Jungfern Schönchen (46) I, 123.

Junkerapfel, I, 373, in Hessen = Kleiner Herren A.; IV, 181 desgleichen.

Junkerapfel, Mecklenburger (353) IV, 181, zeigt sich = Papagei A., Z. 47.

" Schmidts, (559), VIII, 35.

" Weißer, (651) VIII, 219.

K.

Kasjes Appel, Z. 12, in Holland wohl = Zwiebelborsdorfer.

Kasjes Appel, witte, IV, 547, = Weißer Holländischer Käs A.

Käsapfel, Brauner Sommer, (301) IV, 77.

" Weißer Holländischer, (543), IV, 547.

Kaiser Alexander / " " von Rußland: (39) I, 109.

Kaiserapfel, Amerikanischer, Z. 73 = Winter Quitten A.

" Grüner, (368) IV, 253, 73.

Kaiser Franz Joseph, (456) IV, 391.

Kaiserapfel, Großer gestreifter, I, 249.

Kaisersheimer, I, 363 = Leitheimer Streifling.

Kaiserin Elisabeth (547) VIII, 11.

Kaneel Zoete, I, 63, = Süßer Holaart.

Kantapfel, Danziger, (25) I, 81, Z 48, 49, bei Danzig selbst findet sich unter dem Namen ein anderer.

" Englischer I, 203, Z. 39, = Sommer Gewürz A., IV, 25 falsch für Engl. Königs A.

Kapuzinerapfel von Tournay, (300) IV, 75.

Kastanienapfel, Carmosinrother, Z. 33, = Purpurrother Cousinot.

Katzenkopf, grüner, I, 553, in Württemberg = Kugel A.

Keet Appel, Zoete, Z. 14, ähnlich Diels Langem Bellefleur.

Kentish Codlin, I, 393 = Kentischer Küchen A.
„ Fill Basket, I, 129, = Weißer Kentischer Pepping?
Kernapfel Longvilles, | IV, 229, = Long-
Kernel Longvilles, | villes Sämling.
Kindskopfapfel, IV, 85, = Lothringer Rambour.
Kienlesapfel | (684), VIII, 285.
Kienle, das |
King |
King Georgs | I, 309; IV, 425,
„ „ III, | Z 10, = Edel-
„ Georges Apple | borsdorfer.
„ or Borsdorf |
King Philipp, VIII, 149 = Jonathan.
Kirchapfel, I, 147 = Rother Tiefbutzer.
Kirchmeßapfel | (352) IV, 179; Z. 28, Jahn vermuthet,
Kirchweihapfel | daß er Knoops Sommer of Herbst Erweling sei.
Kirkes Nelson | (242) I, 517.
„ Lord Nelson |
Klapperapfel, französischer (278), IV, 31; I, 41 irrig = Rother Herbstcalvill.
Klöpperapfel, IV, 31.
Klepperling, Hebelsinger, IV, 201 = Hebelsinger Spitzcalvill.
Klosterapfel, VIII, 207, = Eßlinger Schnabelapfel.
Klosterapfel, Gelber (306) IV, 91, Z. 24 wohl = Goldzeug A.
Klusterapfel, I, 373, bei Lüneburg = Kl. Herren A.
Knäcker, Gestreifter, IV, 331, = Großer rother Pilgrün = Purpurrother Cousinot.
Knights golden Pippin, I, 475 = Downton Pepping.
Knollesapfel, | VIII, 283, 284 = Knolle's
„ Großer, | Mostapfel.
Köberling, Säuerlicher, (445), IV, 367.
Kochapfel, (250) I, 533.
Königinapfel, Müschen, I, 43, = Rother Ostercalvill?
„ Rothgestreifter, IV, 365.
„ Louisensapfel, (444) IV, 365.
„ Sophiensapfel (318) IV, 111, 350, 51 ist mit Winter Quitten A. verwechselt.
Königsapfel, IV, 11, Synon. der Dielschen Engl. Königsparmäne, der Pariser Rambour Reinette und Deutschen Schafsnase.
Königsapfel, Englischer, (275) Z. 25, 11, 26.
„ fränkischer (259) I, 551, IV, 1.
„ Kunzens, (652) VIII, 221.
„ Mecklenburger, (268) IV, 11; Z. 50.
„ Süßer, (88) I, 207; IV, 11.
„ von Jersey (17) I, 65.
König Ferdinand von Ungarn (243) I, 519.
König Jacob, I, 273, bei Wesel irrig für Reinette von Breda; Z. 85 von Vielen für ident. mit Charakter-Reinette gehalten.
König Georgs Apfel, Reynold's (468) IV, 415.
Königs Handapfel, (340) IV, 155.
Köstlichste, der, (27) I, 85, Z. 51.
Köstlicher von Kew, (666) VIII, 249.
Kohlapfel, I, 367, bei Frankfurt = Brauner Mat A.
Kornapfel, Großer, IV, 85, = Lothringer Rambour.
„ Kleiner, IV, 317, bei Sickler = Jacobs A. VIII, 185 auch = Jacobs A.; Liegel hat wohl einen andern.
Krachapfel, Guckenberger, I, 301 = Glanz Reinette
Kreuzapfel (Knoop) |
„ Gelberscher, | VIII, 47.
„ „ Rother, |
Kriegerapfel, Zinks, IV, 383.
Krippele Apfel, I, 557, in Botzen = Kleiner Api.
Kroon Franche, nach Boskooper Fruchtsorten = Alant A.
„ roode Tulp, Z. 2, nach Boskooper Fruchtsorten = Purpurrother Agat A.
Kronapfel, Gelberscher (565) VIII, 47.
„ Multhaupts, | (480) IV,
„ „ Winter, | 439.
„ Purpurrother, I, 437, = Purpurrother Agat A.
„ Rother | (191) I, 415.
„ „ Winter |
„ Sommer | (379) IV, 235, 387;
„ Zommer | Z. 51.
„ Süßer Sommer, IV, 235.
„ Zimmtartiger, | (293) IV,
„ „ Winter, | 61.
Kroot Appel, Z. 23, in Nordholland = Rother Herbst Calvill.
Kruid Appel, Witte, Z. 38, 39, wohl Sommer Gewürz A.
„ Louverris, VIII, 6, Varietät des Sommer Gewürzapfels.

Kraideling, Witte, Z. 35 = Sommer Gewürzapfel.
Krais Appel Gelders / VIII, 47 = Gel-
" " van Gelders \ derscher Kronena.
" roade, VIII, 47.
Krummstengel, I, 59 = Gestreifter Römerapfel.
Krummstiel, Pommerscher, I, 59; IV, 205, 217; VIII, 143 = Gestreifter Römerapfel?
" Rheinischer, (364), IV, 205.
Küchenapfel, Altgelds, (351), IV, 177.
" Holländischer, (271), IV, 17, Z. 52.
" Kentischer, (180), I, 393.
" Keswicker, (269), IV, 13.
" Manks, (355), IV, 185.
Kugelapfel, (260), I, 553.
Kürbisapfel, (568), VIII, 53
Kurzstiel, Belgischer, Z. 54 = Königlicher Kurzstiel.
" Brühler / " " grüner } (231), I, 495; Z. 52.
" Brüsseler neuer, (433), IV, 343.
" Englischer gestreifter, I, 313, Z. 116 = Langtons Sondergleichen
" Gelber, IV, 279 = Goldartiger Fenchelapfel.
" Grauer, (Nr. 236), 505; Z. 52 und 10 der Diel'sche ist = Pariser Rambour Reinette; Z. 53 ist auch Synonym des Grauen Fenchelapfels.
" Königlicher / " " rother } (68), I, 167; IV, 271.
" rother, IV, 279.
" Weißer, (401), IV, 279; ibidem auch Synonym von Goldartigem Fenchelapfel
" Schwarzer, (674), VIII, 265.
" Süßer (Knoop), VIII, 115, später von Diel als Kleiner süßer Kurzstiel beschrieben; nach Sickler, doch irrig = Deutscher rother Borsdorfer.

L.

Lady Apple, I, 557 = Kleiner Api.
La Canelle, Z. 124, bei Hogg = Sommer-Zimmtapfel.
Langhans, bunter, Z. 76, I, 57 = Prinzenapfel.
Langscheider, (436), IV, 349.
Langstiel, Kleiner, (79), I, 189.
Lazarolla, I, 84 = Köstlichster. Was als Mela Lazarolla nach Jeinsen kam, war eine Graue Reinette.
Leather Coat, VIII, 161 = Königlicher Russet.
Leberapfel, Leitmeritzer, Z. 74 = Leberrother Himbeerapfel Diel, u. Rother Polsterapfel.
Leckerbeetje, IV, 159 = Leckerbissen; bei Knoop auch = Rother Kronenapfel
Leckerbissen, (342), IV, 159.
Lederapfel, I, 501, am Rheine = Goldmohr; in Württemberg = Grauer Kurzstiel; IV, 336 = Graue französ. Reinette.
" Kleiner, I, 345, = Carpentin.
Leipziger witte (Knoop), Z. 10 = Edelborsdorfer.
Liebesapfel, Rother, I, 81 = Danziger Kantapfel; Z. 48, 49.
Liebling, Bödikers, Z. 43, wie Gravensteiner, doch nicht mit ihm identisch.
" Liefländer (Diel), Z. 112 = Virginischer Rosenapfel.
" Williams, (374), IV, 225.
Lily Buckland / " white / " Dredges white } VIII, 167 = Devonshire Buckland.
Limburgerin / La Limbourgeoise } (661), VIII, 230.
Lindenapfel, I, 149 = Donauers Rtte.
Little hollow Crown, IV, 471.
Long Keeping, Youngs, VIII, 189 = Grüner Osterapfel.
Long Bois, I, 557 = Kleiner Api.
Long Tom (Coxe), I, 337 = Bullocks Pepping.
Lorenzapfel, Z. 48, 49 = Danziger Kantapfel.
Loskrieger, I, 125 = Champagner Reinette.
Lowell, (auch Orange), IV, 147.
Luciusapfel, I, 51 = Goldreinette von Blenheim.
Luikenapfel, (71), I, 173; Z. 55.
" Blauer, I, 527 = Blauapfel.
Luiken, Glas-, (685), VIII, 287.
" Muskateller, (682), VIII, 281; auch Rother Baschesapfel.

M.

Mac Lellan, (408), IV, 239.
Madeleine blanche, Z. 28, in Boskooper Fruchtsorten = Weißer Sommer-Calvill.
" rouge, Z. 25 = Rother Sommer-Calvill.
" grosse, Pomme Madeleine, IV, 388, bei Hogg wohl = Rother Sommer-Calvill.
Malerapfel, I, 553, in Oesterreich = Rother Stettiner.

Muscateller Luiken, I, 531, conf. VIII, 281.
Muscau de Lievre, Z. 121, 125 = Pigeonnet = Sommer Zimmtapfel. Jamin-Durand hatte auf der Ausstellung zu Hamburg eine andere.
Mutterapfel, 3 Jahre dauernder / (533), IV,
„ Weißer / 545.
„ Elliott's, IV, 545.
„ Rother, IV, 545.

N.

Nalivi Jablonsky, I, 87 = Weißer Astrakan.
Nalivia Possarts / (81), I,
„ „ Moskauer \ 193.
Naso di Bue I, 399 = Ochsennase.
Nanzhäuser, Süßer (326), IV, 127; VIII, 22. Jahn hält ihn irrig für Süßapfel von Angers.
Neetjes appel, Z. 86; in Boskooper Fruchtsorten Synonym Charakter Reinette.
Negre d'oré, Z. 41 = Goldmohr; es geht noch eine andere, kleinere Sorte unter dem Namen.
Nelguin, Knoops, I, 273 = Reinette von Breda; von den Boskoopern kam nach Zeinsen eine andere Frucht.
Nelkenapfel, Cornwalliser (85), I, 201, Z. 57. Wird in voller Baumreife rundum roth mit dunkleren rothen Streifen. Es gehen falsch mehrere andere Sorten unter dem Namen, z. B. London Pepping.
Never fail, I, 145 = Muskatreinette.
Neustadt Spitzenberg, IV, 389.
Newark / IV, 189 = Harrisons
„ Harrisons \ Cyderapfel.
Nonnenapfel) I, 57; Z. 77 = Prinzena.;
„ Fränkischer { es heißt jedoch auch eine
Nonnentütte) Winterfr. Nonnentütte.
Noblesse, Z. 2, nach Vruchtsoorten in Overyssel = Alantapfel, wie ich die Frucht hier in der Nähe auch benannt fand.
Nonpareil, Alter
Nonpareille
Nonpareil
Nonpareil Old
„ d'Angleterre
„ English } (329), IV, 133; Z. 77.
„ Brabbicks, (220), IV, 173; Z. 69.
„ Dunkelrother, (602), VIII, 121.
Nonpareil, flachrunder / (493), IV,
„ Flat \ 165, 135.
„ Früher, (131), I, 293.
„ green, IV, 133, bei Ronald verschieden von Alter Nonpareil, und hat als Synonym Petworth Nonpareil.
„ Holländischer, IV, 135 = Neuer Englischer Nonpareil; 136 falsch heißt so die Winter Goldparmäne.
„ Hunts, IV, 134, Z. 52 = Alter Nonpareil
„ Large, IV, 135 = Neuer Englischer Nonpareil.
„ Neuer Englischer / (330), IV,
„ Neuer großer Engl. \ 135.
„ New, I, 293, IV, 135 = Neuer Engl. Nonpareil; bei Hogg auch = Früher Nonpareil
„ New Scarlet, IV, 481 = Scharlachrother Nonpareil.
„ Old, IV, 133, Z. 59 = Alter Nonpareil.
„ Russet (428), IV, 333.
„ Morris Russet, IV, 333, im Lond. Catal. auch nach neuem Reise = Russet Nonpareil; Hogg hat als Morris Russet Nonpareil eine andere, für richtiger benannt erklärte Frucht.
„ St. John's, VIII, 97, bei Hogg = Pitmaston Nonpareil.
„ Scarlet, IV, 481, meist = Scharlachrother Nonpareil; kommt aber wohl auch für dunkelrother Nonpareil vor.
„ Scharlachrother, (501), IV, 481.
„ von Downton / (666), VIII,
„ Downton \ 253.
„ von Martin, (591), VIII, 99.
„ von Pitmaston / (590), VIII,
„ Pitmaston Russet \ 97.
„ Vale Muscal, IV, 303.
Nonsuch, Z. 116 = Langtons Sondergleichen.
„ Hubardston, VIII, 137 = Sondergleichen von Hubardston.
„ Watsons new, IV, 521 = Wirtelapfel.
Norfolk Beaufin / VIII, 151; conf.
„ Beefing \ Beefing.
„ Storing, VIII, 151; Z. 78, oft, doch wohl nicht ganz richtig = Winter-Quittenapfel.
Nottingham, VIII, 21 = Pepping von Nottingham.

O.

Ochsenherz, IV, 187.
Ochsennase, (183), I, 399.
Orange, IV, 471.

Oneine, Z. 44 = Woods Grünling.
Oogst appel, Z. 38, 39, bei van Noordt = Sommer Gewürzapfel.
Ordensapfel, (446), IV, 369, Z. 60.
Osterapfel, Grüner, (636), VIII, 189.
" Knoops, } VIII,
" Weißer, des Lond. Cat. } 189.
" Loifels, (671), VIII, 259.
Ostogate } IV, 127; VIII, 21 =
Osfogatte } Doux d'Angers, = Süßapfel von Angers.
Oxford peach apple, I, 315 = Scharlachrothe Parmäne.

P.

Passch Apple, I, 35 = Gelber Wintercalvill. Der beschriebene ist indeß vom Weißen Wintercalvill nicht verschieden; conf. Z. 20.
" roode, I, 43 = Rother Ostercalvill.
Palästiner, I, 203; Z. 34 = Sommer Gewürzapfel.
Pallasapfel, Gelber, (179), I, 391.
Panski Jabtko, IV, 433 = Polnischer gestreifter Herrnapfel.
Papageiapfel, (461), IV, 401.
Papierapfel, Polnischer } (257)
" Polnischer süßer } I,
Papierki } 547.
Paradiesapfel, Rother, I, 41 = Rother Herbst-Calvill bei Henne, I, 33 = Weißer Winter-Calvill; IV, 239, ursprünglich Name des Johannisapfels, bezeichnet aber mancherlei andere Aepfel, z. B. Lothringer Rambour, Rother Eiserapfel rc.
Paradys dubbelde zuure, Z. 34, in Holland = Rother Eiserapfel.
" Zoete, Z. 34, soll vom Rothen Eiserapfel verschieden sein, doch mindestens höchst ähnlich.
Paradiesapfel, Doppelter rother, IV, 239 = Großer rother Paradiesapfel.
" Gestreifter Winter, (381), IV, 239, 11.
" Großer rother Winter, IV, 11, 239.
Paradiese, IV, 521 = Wirtelapfel.
Parfüm Calville, VIII, 101 = Parfümirte Reinette.
Paris Unvergleichlicher (219), I, 471.

Parmäne, Adams, (339), IV, 153.
" Amerikanische Staaten, I, 493, = Staaten Parmäne.
" Barzeloner, Diels, (417), IV, 311; in England wohl sicher = Kleine Casseler Reinette, nach Andern irrig = Polnische Zuckerparmäne; I, 161 = Carmeliter Reinette gesetzt, wohl irrig.
" Chester, } (222), I, 477.
" Engl. Chester }
" Claygate, (159), I, 349.
" Englische Königs, Diels, IV, 511; Z. 61 = Limonen-Reinette, = Loans Parmäne, was der englische Name der Frucht ist; ist aber nicht = Royal Pearmain der Engländer, die = Herefordshire Parmäne ist.
" Granges, IV, 103.
" Herefordshire Parmäne (516), IV, 511.
" Hormead, (575), VIII, 67.
" Königs, Christ, IV, 512.
" " Weiße, Christ, Z. 96.
" Loans, IV, 511 = Limonen Reinette.
" Radauer, Z. 108, = Multhaupts Reinette.
" Rothe Winter } (145), I, 321.
" Engl. rothe Winter }
" Scharlachrothe } (142), I,
" Englische Scharlachrothe } 315; Z. 61.
" Sommer } (140), I, 311,
" Gestreifte Sommer } Z. 62.
" Sommer, Gelbe gestreifte, I, 225 = Kleiner Favoritapfel.
" Staaten } (230), I,
" Amerikanische Staaten } 493.
" Thal Mascal, (413), IV, 303.
" Winter Gold } (67), I, 165,
" Engl. Winter Gold } Z. 64.
" Gold }
" Winter, Z. 18, IV, 511 = Carmeliter Reinette.
" Yankee, (425), IV, 327.
Pearmain }
Pear maine }
Peremenes } Z. 82 = Carmeliter-Reinette.
Pearmain drue }
" great }
" old }
" Winter }
Pearmain American, Z. 62 = Sommer Parmäne; Z. 121 Synonym (of Some) von Pigeonnet = Sommer-Zimmtapfel.
" Arundel, VIII, 67 = Hormead Parmäne.

Pearmain, Autumn, IV, 512, Z. 62 = Sommer-Parmäne.
„ d'été, Knoops, VIII, 155.
„ d'or, I, 189, in Herrnhausen = Winter Goldparmäne.
„ doubbelde, IV, 512 = Herefordshire Parmäne.
„ Merveille, IV, 512 = Herefordshire Parmäne.
„ Old, IV, 511 = Herefordshire Parmäne, nach Hogg richtiger = Winter Parmäne.
„ Polinia, I, 161, Hogg; ist hier wohl irrig = Carmeliter Reinette gesetzt; IV, 311, bei Hogg Synonym der Barzelona Pearmain, (= Kl. Casseler Reinette); richtiger wird Polinia Pearmain = Polnische Zuckerparmäne sein.
„ Royal, IV, 26, 511, nach Hogg = Herefordshire Parmäne; Lond. Cat. und Ronald haben darunter, neben Herefordshire Pearmain, noch eine eigene andere Sorte; IV, 512 ist es irrig auch Synonym von Autumn Pearmain, (= Sommer-Parmäne.)
„ Royal de longue durée, IV, 512, = Herefordshire Parmäne; I, 319, = Limonen-Reinette (wohl irrig).
„ Scarlet, I, 315 = Scharlachrothe Parmäne.
„ Speackled, IV, 311, bei Hogg = der Engl. Barzelona Pearmain, die wohl = Kl. Casseler Reinette.
„ Summer, IV, 512 = Sommer Parmäne.
„ Vale Mascal, IV, 303 = Thal Mascal Parmäne.

Passe pomme, IV, 388, bei Hogg Syn. seines Calville rouge d'été, den er identificirt mit Diels rothem Sommercalvill; unterscheidet davon den Passe pomme d'automne und den Passe pomme rouge.
„ „ blanche (Duhamel), IV, 387 und 409, nur etwas heller gefärbt, als sein Calville d'été, (wohl unser Rother Sommercalvill). Ist von unsern Weißen Herbst Strichäpfeln verschieden.
„ blanche d'été, I, 441 = Weißer Sommer Strichapfel
„ blanche d'automne, „ blanche } VIII, 33, wird gesetzt = dem Diel'schen Weiß. Herbst-Strichapfel und dem Herrnhäuser, (wohl auch Christ'schen) Weiß. Herbst-Strichapfel, die jedoch verschieden sind.

Passe pomme de Canada, VIII, 161 und 162, wohl irriges Synonym des Königlichen Russet.
„ d'automne (Duhamel), auch Pomme d'outrepasse und generale genannt; IV, 387, nach Diel = Rother Herbst-Strichapfel, (der = seinem Rothen Sommercalvill ist), der, IV, 387, im T. O. G. auch Rother Sommer-Strichapfel heißt.
„ panachée, IV, 125, bei Hogg = Pigeonnet, (= Sommer Zimmtapfel), bei Knoop = Bunter Pigeon, der = Rother Wintertaubenapfel ist.
„ rouge, Duhamel, IV, 387 ist der Diel'sche; Zink 367; T. O. G. 387, Synonym seines Gestreiften Sommer-Calvills, der Diels Rother Sommer-Calvill sein wird.
„ rouge d'automne, Diel, IV, 368 = Diels Rother Sommercalvill.
„ rouge cotelée, Merlet, IV, 387, wohl = Rother Herbst Strichapfel.
„ rouge d'été, Z. 25 = Rother Sommercalvill.

Pastorapfel, (452), IV, 381.

Paternoster Apfel, Paternoster sans-pepins } IV, 355 = Vaterapfel ohne Kern; bei Hogg = Dutch Mignonne (= Gr. Cass. Rtte.); n. Dubreuil = Gloria Mundi. VIII, 48 = Große Casseler Reinette.

Paternoster zoete, „ zuure } IV, 355, nicht = Vaterapfel ohne Kern.

Paulinenapfel, IV, 279.

Pauliner, Grüner, (686), VIII, 289.
„ Kempes, IV, 377 = Grüner Fürstenapfel.
„ Polnischer rother, IV, 27 = Rother Winter-Calvill?

Peach apple, American, I, 311 = Amerikanischer Pfirschenapfel; IV, 121, auch = Pigeonnet (= Sommer-Zimmtapfel.
„ Irish, IV, 221.
„ of Knoop, VIII, 186.
„ Winter, IV, 173 = Amerikanischer Pfirschenapfel.

Pearsons plate, IV, 307, VIII, 119 = Pearsons Reinette; in den Annales IV, 61 irrig als Synonym von Reinette d'Italie, während Annales VIII, 81 als Pearsons plate die rechte Sorte abgebildet ist.

Pear zoete, grauwe, IV, 13, in Holland = Diels Langer Bellefleur.

Pecker, I, 427 = Baldwin.

Peppeling doubbelde gouden, IV, 477, = Doppelter Goldpepping.
„ Königs, IV, 286, falsch für Engl. Goldpepping, auch wohl falsch für Königs Handapfel, Diel. Nach Boomgaard wohl = Reinette von Breda und ein unter dem Namen von Ottolander bezogener Baum hat die kenntliche Vegetation der Reinette von Breda.
„ Pearmain, IV, 62 = Sommer Parmäne.

Pepping Bredons, (122), I, 275.
„ Bringewood, (316), IV, 107.
„ Brooker's, Z. 70 = Parkers Pepping.
„ Bullocks, (153), I, 337, Z. 66, im Verger als Reinette de Bullock.
„ Blenheim, I, 515 = Goldreinette von Blenheim.

Pepping d'Angleterre, IV, 285 = Engl. Goldpepping.
„ Deutscher Goldpepping, (51), I, 133; Z. 66.
„ Doppelter Gold, (499), IV, 258, 103; I, 273, bei Cleve = Reinette von Breda.
„ Downton, (221), I, 475, Z. 66.
„ Duquesne's, (158), I, 347; Z. 67.
„ Engl. Gold } (404), IV, 285,
„ Engelse Goud } 103.
„ Englischer, Z. 65 nicht = Winter Goldparmäne.
„ Engelse Königs } IV, 512 = Here-
„ „ Kings } fordshire Parm.
„ Engl. kleiner Stein, I, 328 = Kleiner Steinpepping.
„ Engl. Scharlach } (69), I, 223,
„ Engl. scharlachrother } Z. 67 = Roth. Sommer Quarrendon.
„ Florianer, (239), I, 511
„ Franklins } Z. 67, wohl =
„ Franklins Gold } Hughes Goldpepping; IV, 286.
„ Früher Englischer Gewürz, (678), VIII, 273.
„ Gelber Lavendel, (319), IV, 113.
„ Gelber von Ingestrie, (214), I, 461.
„ Goud }
„ Gulden } IV, 285 = Engl. Goldpepping.
„ Goudelings }
„ Goldpepping von Orange, (314), IV, 103.

Goldpepping von Pitmaston (518), IV, 515.

Pepping Grauwe blanke von der Laan, Z. 82, bei Knoop Synonym der Carmeliter Reinette.
„ Großer, Z. 65.
„ le grand, VIII, 274.
„ Grumkower Wachs, (605), VIII, 127.
„ Hahnen } (223), I, 479.
„ Hahns }
„ Herrnhäuser deutscher Gold-, I, 133 = Deutscher Goldpepping.
„ Hörlins } (52), I, 135;
„ „ Winter } Z. 67.
„ Hollandsche, Z. 14, 54 und 107; bei Knoop Reinette von Orleans; es geht auch die Winter Goldparmäne unter dem Namen.
„ Hoyaischer Gold, I, 133 = Deutscher Goldpepping.
„ Hughes Gold } (129), I, 289;
„ „ neuer Gold } Z. 67.
„ Kerry, (520), IV, 519.
„ Kind, IV, 319, Name, unter dem Diel den Rothen Kentischen Pepping erhielt.
„ Kleiner Stein = (146), I, 328; Z. 68.
„ Little, IV, 285 = Englischer Goldpepping.
„ London-, (324), IV, 123; Z. 68 und 69, kommt falsch als Cornwalliser Nelkenapfel vor.
„ Marmelade, IV, 237 = Marmelade-A.
„ Marmorirter Sommer, (54), I, 139.
„ Michael Henry, Z. 101 gab die Pariser Rambour Reinette, soll jedoch Amerikaner sein.
„ Moustows, (157), VIII, 65.
„ Neustadts Gelber } (312), IV,
„ „ Großer } 99.
„ Neuer Stein-, (337), IV, 149.
„ Oehlkofer, (215), I, 463; Z. 69.
„ d'or petit, IV, 286 = Englischer Goldpepping.
„ d'or nouveau, IV, 286, (Annales V, 57).
„ Orange, IV, 103.
„ Oranien, IV, 471.
„ Parkers } (154), I, 339; Z. 69.
„ „ grauer }
„ Punktirter Knack-, (217); I, 467; Z. 70, 87.
„ Ribston, (161), I, 353; Z. 70.
„ Rosen, (618), VIII, 153.
„ rother } VIII, 153, nicht = Rosen-
„ roset } pepping.

Pippin Golden of Mischingan, VIII, 19 = Porters Apfel.
„ Green Newtown, VIII, 73 = Köstliche Reinette von Newtown; I, 205 falsch für Grünling von Rhodeisland.
„ Green Ohio, IV, 341 = Reinette von Ohio.
„ Greenups / VIII, 25 = Greenups
„ Greenuss \ Apfel.
„ Green Winter, IV, 99; VIII, 73 = Köstliche Reinette von Newtown.
„ Hampshire yellow golden, I, 165, = Winter Goldparmäne.
„ Hawberry, IV, 453 = Kirkes schöner Rambour.
„ Herefordshire, golden, IV, 268 = Englischer Goldpepping.
„ Hormead, VIII, 67 = Hormead Parmäne.
„ Horsely / IV, 453, wohl = Kirkes
„ Howbury \ schöner Rambour.
„ Hubardston, VIII, 137 = Sondergleichen von Hubardston.
„ Jones Southampton, I, 165, Z. 64 = Winter Goldparmäne.
„ Ironstone, VIII, 189 = Grüner Osterapfel.
„ Isle of Wight, IV, 471.
„ Kempsters, I, 515; Z. 96 = Goldreinette von Blenheim.
„ Kentish, IV, 319 = Rother Kentischer Pepping.
„ Kew, I, 295, bei Diel Synonym von Goldapfel von Kew.
„ Kew's, IV, 273; Oberdieck erhielt irrig Köstlicher von Kew darunter, denn Kew's Pippin kommt im Lond. Catal. und bei Hogg nicht vor.
„ Kings, I, 319, conf. IV, 511, 512 = Herefordshire Parmäne (auch Royal Pearmain), nicht = Limonen-Reinette.
„ Knights, I, 475 = Downton Pepping.
„ Kirkes golden, IV, 286 = New Cluster golden Pippin.
„ Knightwicks, VIII, 164 = Pepping von Court of Wick.
„ Lemon
„ Kirkes Lemon } IV, 112 = Königin Sophiens Apfel; I, 71, irrig für Winter Quittena.; VIII, 105, findet sich falsch für Reinette von Madeira.
„ Knights Lemon, Z. 50.
„ Large yellow Newtown, VIII, 79, bei Hogg falsch für Köstliche Reinette von Newtown.
Pippin Lineous, IV, 198, Z. 12 = Gelber Bellefleur.
„ London golden, IV, 286 = Engl. Goldpepping.
„ London New, IV, 123 = London Pepping.
„ Lord Gwydor's Newntown, IV, 99 = Alfriston.
„ Lovedons, IV, 133, Z. 59 = Alter Nonpareil.
„ Milton golden, IV, 286 = Engl. Goldpepping.
„ Munches, I, 145; Z. 99 = Muskat Reinette.
„ Monstrous, VIII, 65, 225 = Gloria Mundi.
„ New golden
„ „ Cluster golden } IV, 286, geringer als Engl. Goldpepping.
„ New Rock, IV, 149 = Neuer Steinpepping
„ Newntown, IV, 99, auch Synonym bei Neustadts großem (gelbem) Pepping; 100 und 495 steht es bei Diel, Christ und Sickler falsch bei deren Newyorker Reinette, die nur Newyork Pippin heißen könnte
„ Newntow
„ American Newtown
„ green Newntown } VIII, 73 = Köstliche Reinette von Newtown; IV, 99. Fälschlich heißt auch der Grünling von Rhodeisland Green Newtown Pippin.
„ Newtown yellow
„ yellow large Newtown } IV, 99 = Neustadts gelber (großer) Pepp.
„ Newyork, IV, 100, 495.
„ Norfolk, IV, 153; Z. 60 = Adams Parmäne.
„ Nortwich, I, 515, Z. 91 = Goldreinette von Blenheim.
„ Nottingham, VIII, 81, = Pepping von Nottingham.
„ Nutmeg / I, 479 = Hahnen-
„ Nutmeg, Coole \ pepping.
„ Old golden, IV, 286 = Englischer Goldpepping; 464, falsches Synonym der Reinette d'Angleterre, Annales V, 13.
„ Petersburg, IV, 99; VIII, 73 = Newtown Pippin green.
„ Pitsburg, IV, 468.
„ Red Lemon, I, 319 = Limonen-Reinette?
„ Rival golden, VIII, 164 = Pepping von Court of Wick.

Pippin Russet golden, „ small golden IV, 286 = Engl. Goldpepping; die Annales haben Small golden Pippin wohl irrig als Synonym von dem Pippin d'or nouveau.
„ Rose, VIII, 153 = Rosenpepping.
„ Spanish, Emmons, IV, 275.
„ Silver, VIII, 125, bei Hogg wohl unser Silberpepping.
„ St. Mary's, I, 475 = Downton Pepping.
„ Stettin, Z. 84, im Lond. Cat als Synonym von Großer Casseler Reinette.
„ Stone, I, 323 = Kleiner Steinpepping.
„ Sudlow's Fall, Z. 68 = Franklins Goldpepping.
„ Sugar loaf, IV, 15 = Zuckerhutapfel.
„ Summer golden, „ Summer, „ white Summer IV. 269 = Sommer-Goldpepping.
„ Wicks, VIII, 164 = Pepping von Court of Wick.
„ White Cocle, I, 479 = Hahnenpepping.
„ White Stone, I, 323 = Kleiner Steinpepping.
„ Wollaton, I, 167 = Königl. Kurzstiel.
„ Woodstock, I, 515, Z. 91 = Goldreinette von Blenheim.
„ Wormsley, VIII, 235 = Reinette von Wormsley.
„ Wyken, „ Wyken Warwickshire VIII, 245 = Pepping von Wyken.
Perle d'Angleterre, Z. 92 = Goldreinette von Blenheim.
Pfaffenapfel, (Württemberg = Hohenheimer Schmelzling) = Geflammter Cousinot.
Pfaffenkäppele, Tirol, I, 381 = Sternapfel.
Pfirschenapfel, Amerikanischer, (196), I, 425; IV, 222; Z. 73.
„ Sommer, „ Weißer Sommer (372), IV, 22; ist vielleicht doch = Weiß. Sommercalv.
Pfundapfel, IV, 37 = Großer Rambour; ist jedoch gebraucht auch für andere große Rambours, z. B. für Lothringer Rambour.
„ Rothgestreifter, IV, 85 = Lothringer Rambour.
Phönix-Apfel, Z. 48 = Kaiser Alexander.
Pigeon, Z. 121, bei Duhamel und in England = Rother Winter Taubenapfel.
„ Bigarrée, Z. 125, bei Hogg = Pigeonnet = Sommer Zimmtapfel.
„ blanc, I, 247 = Mayers Taubenapfel. Im Hannoverschen heißt so eine Frucht, die nur weißer ist, als Pigeon rouge Z. 120 und 121.
„ Bunter, Z. 121 und 125, bei Knoop = Rother Winter Taubenapfel.
„ Neuer Englischer, (387), IV, 251; in Süddeutschland kommt er als Großer Böhmischer Jungfernapfel vor, Z. 73 in Mecklenburg als Prebereder Schlotterapfel und Vollbrechts Schlotterapfel.
„ rouge, I, 107 = Rother Winter Taubenapfel.
„ rouge d'été, Z. 25 = Rother Sommer Calvill.
„ rouge d'automne, I. 231 = Sommer Zimmtapfel.
Pigeonnet, Z. 121 = Sommer Zimmtapfel.
„ blanc, „ „ d'été Z. 121, bei Hogg = Pigeonnet = Sommer Zimmtapfel.
„ „ d'hyver, I, 447 = Weißer Winter Taubenapfel.
„ Gros de Rouen, Z. 121, bei Hogg wohl irrig, = seinem Pigeonnet (Sommer Zimmtapfel.)
„ Royal, Z. 121 = Königlicher Täubling = Rother Winter Taubenapfel.
Pilgrim, Großer rother, (427), IV, 333; Z. 92 ist = Purpurrother Cousinot.
„ Kleiner, IV, 331.
„ Kleiner plattrunder, IV, 333.
Poinikapfel, (489), IV, 457.
Polsterapfel, Rother, (190), I, 413; Z. 22, 27, 74.
Pomme Ananas, IV, 429 = Belgischer Ananasapfel.
„ Appease, I, 557 = Kleiner Api.
„ Avant toutes, I, 203 = Sommer Gewürzapfel; Z. 39.
„ brodée, IV, 297, I, 481, Hieroglyphen Rtte., richtiger Goldartiger Fenchelapfel.
„ carrée, I, 249; Z. 2 = Alantapfel.
„ convenante, IV, 91.
„ Cox's Orange, VIII, 165 = Cox's Orangen Reinette.
„ d'Ananas, Z. 76 = Prinzenapfel.
„ d'Api, I, 557 = Kleiner Api.
„ d'Argent, VIII, 22 = Pomme de jaune der Annales.

Pomme d'Année, Z. 24, im Verger = Alantapfel.
„ de Berlin, I. 209, = Berliner Schafsnase, Z. 54, so heißt auch der Graue Kurzstiel, im Boomgard auch der Königliche Kurzstiel.
„ de Baratte, IV, 397, = Millets Schlotterapfel.
„ de Coing, I, 33 = Weißer Winter-Calvill.
„ de Canterbury, IV, 129, = Reinette von Canterbury.
„ de Corail, Z. 48 = Kaiser Alexander.
„ des Capucins de Tournay, IV, 75 = Kapuzinerapfel von Tournay.
„ de cloche d'Automne, IV, 207 = Herbst Glockenapfel.
„ de dix huit pouces, I, 453 = Flandrischer Rambour.
„ d'étoilé, I, 381 = Sternapfel.
„ d'Eve, Z. 55, = Rother Margarethenapfel.
„ de glace, I. 87 = Weißer Astracan.
„ de jaune, VIII, 22.
„ de Jerusalem, I, 107 = Rother Winter Taubenapfel.
„ de Jerusalem doubelde witte, Z. 117, = Virginischer Rosenapfel.
„ de Caneel, Z. 45, bei Christ Synonym von Süßer Holaart.
„ de l'Ange, IV, 475, = August von Mons.
„ de Luak, Z. 84, = Große Casseler Reinette.
„ de Moscovie, I, 87, = Weißer Astracan.
„ de neige, VIII, 5, = Belgischer Schneeapfel; der der Amerikaner, VIII, 5, ist ein anderer und hat als Synonym Famouse; VIII, 6, auch = Diels haltbarer Schneeapfel.
„ de Newyork, IV, 495, wohl = Newyorker Reinette.
„ de Notre Dame, IV, 85, = Lothringer Rambour.
„ de Paques, Loisel, VIII, 259, = Loisels Osterapfel.
„ de perroquet, IV, 402 = Papagei-Apfel.
„ de Prince, IV, 377 = Grüner Fürstenapfel.
„ de Rivière, IV, 157, = Riviere-apfel; bezeichnet anscheinend mehrere Früchte.
„ de St. Jaques, IV, 371, = Jacobs-apfel.
„ de St. Louis, I, 253, = Taubenapfel von St. Louis.

Pomme de St. Sauveur, IV, 193 = Calville von St. Sauveur.
„ de Vienne, IV, 63, = Wiener Sommerapfel = Sommer-Parmäne.
„ Delaage, Z. 12, dem Gelben Bellefleur mindestens sehr ähnlich.
„ Dieu, I, 557, = Kleiner Api.
„ d'or, IV, 464, setzen die Annales (V, 13) als Synonym ihrer Reinette d'Angleterre.
„ d'Outrepasse, ou générale, IV, 365, bei Duhamel Varietät seines Passe pomme rouge
„ doux d'Angers, VIII, 21 = Süßapfel von Angers.
„ Framboise der Annalen, Z. 27, = Gestreifter Herbst-Calvill.
„ Gelée ou Gelée blanche, I, 87, = Weißer Astracan.
„ Glane, VIII, 175 = Normännischer Büschelapfel.
„ Madame, Z. 100 falsch für Diels Weiberreinette; richtig = Reinette von Orleans.
„ Marguerite, Z. 55 = Rother Margarethenapfel.
„ Melon, Z. 76 = Prinzenapfel; VIII, 22, auch als Synonym von Gloria Mundi.
„ Fraise, IV, 387, im T. O. G. = Rother Sommercalvill des T. O. G. aber nicht Diels.
„ haute bonté, IV, 337, Synonym von Grauer französischer Reinette; es gehen darunter noch andere Sorten
„ Imperiale verte, IV, 253, = Grüner Kaiserapfel.
„ Noblesse, VIII, 43, wohl = Edler Prinzessinapfel.
„ Nonpareille, IV, 133, bei Hirschfeld wohl = Alter Nonpareil.
„ panachée, IV, 402, = Papageiapfel.
„ poire, IV, 134, = Alter Nonpareil.
„ prussienne, I, 209, = Berliner Schafsnase.
„ Regelans, I, 201, = Cornwalliser Nelkenapfel.
„ Reine / „ de Reine } IV, 365, Z. 90, bei Diel Synonym seines Königin Louisens A.; richtiger wohl = Goldgelbe Sommer-Reinette.
„ rose, I, 557, = Kleiner Api.
„ rouge rayée durable trois ans, IV, 353, = Rother Eiserapfel.
„ sonnette ou loquette, IV, 36; Z. 23.

im Boomgaard = Rother Herbst-Calvill.
Pomme suisse, Z. 55; auch der Morgenduftapfel wird so genannt.
„ suisse panachée, IV, 401, = Papageiapfel.
„ sucrée jaune, I, 373, = Kleiner Herrnapfel.
„ verte de Sedan, IV, 255, = Grüner Apfel von Sedan
„ violette, IV, 386, Z. 25, bei Hartwig, in Lübeck = Purpurrother Sommercalvill; Z. 23 auch für Rother Herbstcalvill.
„ violette d'été, IV, 386, = Veilchen Apfel, Diel, = Rother Sommer-Calvill.
Pomeranzenapfel, (311) IV, 79. Bei Metzger Synonym des Zwiebelborsdorfers u. Winter Goldpeppings, (Engl. Goldpeppings); Z. 74.
„ Englischer, (496), IV, 471.
Pomona Cox's, VIII, 165.
Porstorfer, Z. 10 = Edelborsdorfer..
Postoph, Sommer, Z. 39 = Sommer Gewürzapfel.
„ Winter
Postophe d'hyver
(87) I, 205; Z. 75, 22 u. 74 ist im Jenaer Obstkab. falsch; in Bon Jardinier = Edelbrsd. VIII, 213.
„ Schwedischer Winter
Postoph, Winter Swensk
(646) VIII, 213.
Prager, Bunter (442), I, 361.
Präsident (486), IV, 451.
Präsident Napoleon, IV, 451, = Kaiser Alexander.
Présent Gelders, Z. 23 = Rother Herbstcalvill.
Pretiosa, I, 243 = Purpurrother Cousinot.
Priestley
Priestley, American
(251) I, 535; Z. 76.
Prinz von Oranien
Prince d'Orange (Loisel)
(464), VIII, 45, 44 u. 46; Z. 2 fälschlich für Alant-A.
Prince Napoleon, Z. 47 = Kaiser Alexander
Prinzenapfel (13), I, 57; Z. 76; Z. 62 als Name für Sommer Parmäne.
„ Winter, Z. 77
Prinzessin Apfel, Diel, dessen Heft I, S. 216; Z. 3 in der Schwedischen Pomologie irrig = Alantapfel; VIII, 221 der Knoop'sche Prinzessinapfel.
„ Auguste
„ „ Geigers
(407) I, 291.
Prinzessinapfel, Edler, (563), VIII, 43; Z. 3.
„ Großer edler, I, 249 = Alantapfel.
„ Französischer edler (162), I, 355.
Princesse noble, I, 249, für Alantapfel; Z. 2 und 34 im Boomgaard und in Holland für Alantapfel oder Edler Prinzessinapfel; Z 107; VIII, 43, bei Hogg und im Lond. Catalog Synonym seiner Golden Reinette, unserer Reinette von Orleans; VIII, 43 und 44 sowohl Synonym des Alantapf. (Großen edlen Prinzessinapfel), als des Edlen Prinzessinapfels
Princesse noble des Chartreux; auch wohl blos Princesse noble, VIII, 45; Z. 3, 77 und 107, in Frankreich jetzt Name für unsere Reinette von Orleans, richtiger ist es Name des Französischen edlen Prinzessinapfels.
Princesse noble of the French, Hogg; VIII, 44.
Princesse noble Zoete, VIII, 44, in Holland ein schöner Süßapfel; I, 167, = Königlicher Kurzstiel.
Princesse noble Zuure, VIII, 41, = Edler Prinzessinapfel od. Alantapfel.
Pumphose, I, 183, = Kleiner Jungfernapfel.
Pumpkin sweet (Yankee Apple), IV, 327, war bei Oberdieck guter Süßapfel.
Pypappel, Z. 38, im Boomgaard Synonym von Sommer Gewürzapfel.

Q.

Quarrendon,
Rother
„ red
„ Devonshire
(98), I, 277; ist nach IV, 481 und Z. 56 und 67 = Englischer Scharlachpepping.
„ striped, Z. 55 = Rother Margarethenapfel.
Quarentine
„ red
Quarenthe red
Z. 67, = Rother Quarrendon, I, 227.
Queens, I, 303 = Edelborsdorfer.
Queening Cowarne, Z. 51, IV, 111, nicht Königin Sophiensapfel, sondern Northern Greening.
„ Crimson, IV, 111.
„ Summer, IV, 111.
„ Winter, IV, 111, bei Hogg Synonym von Langer rother Himbeerapfel.
Queenin, Winter, IV, 111.
Queen Victoria, Z. 92 wohl = Goldreinette von Blenheim.

Queen of the Pippins, Z. 64, kam auch als Name für Winter Goldparmäne vor, die gewöhnlicher King of the Pippins heißt.

Quince, IV, 112, bei Rogers = Kirkes Lemon Pippin = Königin Sophiensapfel.

Quince Apple, I, 71 = Winter Quittenapfel.

Quoining, Summer, Z. 7; gab den Weißen Astracan.

Quisinot, IV, 235, Synonym von Sommer Kronenapfel.

Quittenapfel, Cludius Sommer, VIII, 79 = Cudius Sommerapfel.

Quittenapfel, Winter
„ Engl. Winter } (20), I, 71; Z. 78, IV, 112, bei Hogg irrig als Syn. von Kirkes Lemon Pippin, (Diels Königin Sophiensapfel gef.

R.

Rabau blanc, IV, 347, 348; VIII, 159 = Sommer Rabau.

„ blanc zoete, VIII, 159.

„ „ zuure, VIII, 159, = Sommer Rabau.

„ doubelde grauwe, VIII, 159, 160.

„ Grauer, IV, 336; VIII, 159, oft Synonym der Grauen französischen Reinette, oft Frucht für sich.

„ Holländischer grauer, (620), VIII, 159.

„ Kröten, IV, 151; VIII, 159, = Kröten Reinette.

„ Rother Herbst
„ Rothgestreifter Pelz
„ Saurer
„ Süßer gestreifter
„ Süßer grauer } VIII, 159; IV, 348; der Süße gestreifte bei Christ, wohl = Som. Rabau.

„ Sommer
„ Weißer Sommer } (101), I, 233, nicht der rechte; ächt (435) IV, 437. Z. 73 u. 79, falsch geht unt d. Namen Langtons Sondergleichen VIII, 159.

Ragout, IV, 363, = Brauner Winterapfel.

Rambo, Z. 12.

Rambouillet, I, 271 = Goldgelbe Sommer Reinette.

Rambour
„ blanc
„ „ d'été } IV, 58, = Lothringer Rambour.

Rambour à côtes gros, I, 33 = Weißer Wintercalvill

„ Braunauer (571), VIII, 59.

„ Braunschweiger Tafel, (392), IV, 261.

„ d'hyver, VIII, 229 = Winter Rambour.

„ Donauers Reinetten-, I, 263, = Goldzeugapfel.

„ doux, IV, 449, = Rother Sommer-Rambour.

„ Englischer Pracht, (208), I, 449.

„ Flandrischer
„ Großer Flandrischer } (210). I, 453.

„ Franc
„ „ d'été
„ de France } IV, 85, = Lothringer Rambour.

„ Franc d'hyver, VIII, 229, = Winter Rambour

„ Gestreifter von Beek, (569), VIII, 55.

„ Großer
„ gros } (299), IV, 73; kommt auch als Name für Lothringer Rambour vor.

„ Großer gestreifter
„ Großer Rheinischer gestreift. } (488), IV, 455.

„ Großer grüner, (112), I, 255.

„ Harberts reinettartiger, IV, 163, = Harberts Reinette.

„ Kirkes schöner, (487), IV, 453; VIII, 287.

„ Lothringer, (305), IV, 85.

„ Lütticher, (114), I, 259.

„ Pleißner Sommer, Z. 16, 17, 18 = Geflammter Cardinal.

„ rayé, IV, 85, = Lothringer Rambour.

„ Rheinischer Winter
„ gestreifter Winter } (211) I, 455; IV, 455; VIII, 59.

„ Riesen, I, 255, = Großer grüner Rambour.

„ Rother, IV, 447, 449.

„ Rother Herbst, (484), IV, 447, (hat wahrscheinlich noch andern Namen. D.)

„ Rother Sommer
„ rouge d'été } (485), IV, 449, 447; I, 111 auch für Roth. Card.

„ Rother Winter, (653), VIII, 223, 229.

„ Rother
„ rouge } VIII, 223; IV, 447, 449.

„ Safstaholms rode Winter, Z. 48, in Schweden = Danziger Kantapfel.

„ Saurer Winter, IV, 73, 448.

„ Stern, (302), IV, 78.

„ von Orleans, IV, 448.

Rambour, Weißer Sommer, IV, 55, = Müschens Rosenapfel, der nicht = Sommer Rabau ist.
„ Winter, (656), VIII, 229; IV, 448.
Rammelaar roode, Z. 23 = Rother Herbstcalvill.
Rauhgast, I, 505, in Württemberg = dem dortigen Grauen Kurzstiel.
Redstreak Winter, IV, 89, = Cambusnethan Apfel.
Reine des Reinettes, Z. 46 = Winter Goldparmäne.
Reinette Abenaw's Rambour, (657), VIII, 231.
„ Aechte Casseler Gold, IV. 271, = Casseler gelbe Reinette.
„ Allemande, IV, 95, im Elsaß oft = Lothringer Reinette; IV, 323, bei Christ = Niederländische weiße Reinette, in Frankreich oft = Edelborsdorfer; Z. 102 auch für Graue Portugiesische Reinette.
„ Anglaise, IV, 106, Lond. Catalog = Gelbe Zuckerreinette, (= Edelreinette).
„ Ananas, (50), I, 131.
„ Aurore, Z. 107, in England Name für Reinette von Orleans.
„ von Aizerna, I, 273, = Reinette von Breda.
„ batarde, I, 303, IV, 147, Z. 9 und 10 = Edelborsdorfer.
„ Bauern, I, 305, = Zwiebelborsdorfer.
„ Baumanns (226), I, 485,
„ „ rothe Winter Z. 80.
„ bellefleur, I, 483 = Langer Bellefleur; Z. 14, 54, 100 und 107 bei Knoop = Reinette von Orleans.
„ Bibers, (333), IV, 141.
„ Bischofs, (593), VIII, 103, Z. 87.
„ blanke zoete, Z. 51, gab den Königin Sophiens Apfel.
„ blanche, IV, 105, = Edelreinette; 107, = Weiße Französische Reinette bei Duhamel und Maison Rustique, aber nicht bei Knoop, Taf. 88.
„ blanche d'Angleterre, IV, 463, = Weiße Engl. Reinette.
„ blanche, dite prime, IV, 105, nach Merlet und Quintinye = Edelreinette.
„ blanche d'Espagne, IV, 95, bei Diel irrig für Lothringer Reinette; die wahre Weiße Spanische Reinette ist andere.
„ Blutrothe Rheinische, (338), IV, 151.

Reinette Bödikers Gold, (345), IV, 165.
„ Bodenfelder, (662), VIII, 241.
„ Borsdorfer, Diel; I, 301, = Glanzreinette.
„ Büttners (601),
„ „ schwarzschillernde Gold- VIII, 145
„ Burchardts (213), I, 459.
„ „ Gold-
Z. 60 = Gelbe Spanische Reinette des Handbuchs, die besser Calvillartige Reinette heißt; Z. 90 nicht Edel-Reinette.
„ Calvillartige
„ calvillée
„ Canadian, Z. 101, = Pariser Rambour Reinette.
„ Carmeliter, Diel, (65), I, 161; Z. 81; 82 bei Hogg irrig Synonym der Engl. Barzelona Pearmain.
„ Carpentin, I, 345, = Carpentin.
„ Casseler doppelte, Z. 84 = Große Casseler Reinette.
„ Casseler gelbe, (379), IV, 271.
„ „ Große, (60), I, 163, Z. 82.
„ „ Kleine, (160), I, 351, Z. 84.
„ Champagner, (47), I, 125, Z. 85.
„ Chance, IV, 106, im Lond. Catal. Synonym von Gelber Zuckerreinette.
„ Charakter, (410), IV, 207, 501; Z. 85
„ Christs deutsche Gold-, Z. 87, ist nicht Große Casseler Reinette.
„ Christs Gold-, Z 83, kommt vor als Synonym von Großer Casseler Reinette; in Herrenhausen gab sie die Reinette von Orleans; ich erhielt darunter auch die Französische Goldreinette.
„ Christs späte gelbe, I, 331 = Späte gelbe Reinette.
„ citron, IV, 106, im Lond. Catalog Synonym von Gelber Zuckerreinette.
„ Citronen, (322), IV, 119.
„ coin francaise, I, 71 = Winter Quittenapfel.
„ Cornelis frühe gelbe Herbst-, I, 71, Z. 78, gab den Winter Quittena.
„ Cornelis Gold-, Z 107, gab die Reinette von Orleans.
„ à côtes, I, 119, = Pariser Rambour-Reinette.
„ Cox's Orangen, (624), VIII, 165.
„ Crebes Quitten, (317), IV, 119; Z. 86.
„ Coulons, (409), IV, 459; Z. 88.
„ Couleuvrée, Z. 90, = Calvillartige Reinette.

Reinette d'Aix, Z. 108, im Lond. Cat. und bei Hogg = Reinette von Orleans.

„ d'Allemagne, Z. 9 und 10 = Edelborsdorfer.

„ d'Angleterre, IV, 285 und 463, gewöhnlich = Englischer Goldpepping, IV, 25, irriges Synonym des Englischen Königsapfels; Annales (V, 13) haben noch eine eigene Frucht des Namens. Bei Etienne ist es wohl = Pariser Rambour-Reinette = Reinette grosse d'Angleterre Duhamel.

„ Dattenfelder Gold-, Z. 107 gab die Reinette von Orleans.

„ des Belges, Z. 55 in Leroy's Cataloge = Königlicher Kurzstiel.

„ de Breil, Z. 108 = Reinette von Orleans.

„ de Bretagne, IV, 85, kommt für Pariser Rambour-Reinette vor; Z. 102.

„ de Bullock, Z. 66 = Bullocks Pepping.

„ de Caen, IV, 95, = Pariser Rambour Reinette, Z. 101.

„ de ober du Canada
„ de Canada à côtes
„ de Canada blanche
} IV, 95, Z. 101 u. 102, 53 = Pariser Ramb. Rtte. u. wohl d. älteste Name für die Frucht; IV, 96 Canada blanche auch für Lothringer Reinette.

„ de Canada grise, IV, 265, Z. 101 und 53; VIII, 161, oft für Pariser Rambour-Reinette, (die Diel auch als Grauer Kurzstiel beschrieb), bezeichnet aber noch mehrere andere Graue Reinetten, z. B. den Royal Russet, Ottolanders Graue Canada Reinette. Die rechte Frucht des Namens ist ganz wie Canada blanche, aber constant stark berostet.

„ de Canada grosse, Z. 101 = Pariser Rambour Reinette.

„ de Canada panachée, Z. 101, Spielart der Canada blanche.

„ de Canada platte, Z. 102, VIII, 161 und 2, in England Synonym des Royal Russet.

„ de Cantorberry, IV, 129 = Reinette von Canterbury.

Reinette d'Espagne
„ d'Espagne blanche
} IV, 267, Z. 89, nicht = Gelbe Span. Rntt.; die blanche wenigst. ist = Weiße span. Rtt. u. Gelbe Span. Rein. ist richtgr. = Calvillart. Rtte.

„ d'été blanche, I, 127, VIII, 79 = Weiße Wachsreinette. Die I, 127 zur Beschreibung vorgelegene Frucht ist aber die Goldgelbe Sommer-Reinette gewesen.

„ Deglers, (398), IV, 273.

„ de Fritzlar, IV, 299, gab die Erfurter Sommer Reinette.

„ de Friesland, Z. 64 und 103, gab die Reinette von Orleans.

„ de Friesland hative, Z. 64, = Winter Goldparmäne.

„ de Gaumont, Z. 89.

„ de Granville, Z. 100, gab die Pariser Rambour Reinette, ist vielleicht richtiger die Graue Canada oder eigene Sorte.

„ de Hollande, IV, 167, des Bon Jardinier.

„ d'hyver musquée, I, 329, = Süße graue Reinette.

„ d'Italie, IV, 307, = Italienische Reinette.

„ de la Rochelle, Z. 88, in den Annales ist das Kupfer mit dem der Mennonisten Reinette meist vertauscht.

„ de l'Ohio, IV, 341, = Reinette von Ohio.

„ de Madeira, Z. 50, = Reinette von Madeira; irrig geht darunter der Königin Sophiens Apfel.

„ de Misnie, Z. 10 = Edelborsdorfer.

„ de Montbron, IV, 161; ist bei Knoop wohl andere als die Diel'sche.

„ d'orée, Z. 83, bezeichnet theils die Große Casseler Reinette.

„ d'orée of Duhamel, Z. 83, I, 513 = Französische Goldreinette.

„ de Portugal, IV, 95, kommt irrig für Pariser Rambour Reinette vor; VIII, 75 und 76.

„ des Carmes, IV, 311; im Londoner Katalog = dessen Barzelona Pearmain, die wohl = Kleine Casseler Reinette, Diel, ist.

„ des Mennonites, Z. 88, = Mennonisten Reinette, Diel, die wohl = Englische Spitals Reinette des Hdbs. Das Kupfer ist in den Annales,

in vielen Exemplaren, mit dem der Reinette de la Rochelle vertauscht.
Reinette de Tournay, Z. 101, Court-pendu de Tournay = Reinette von Orleans.
„ Deutsche Gold-, IV, 163, = Große Casseler Reinette.
„ Diels, (133), I, 297; Z. 85.
„ Dietzer Gold- / (238), I, 509;
„ Dietzer Winter Gold- \ Z. 86.
„ Dietzer weiße / (497), IV,
„ Dietzer weiße Winter \ 473.
„ Dörells, (577), VIII, 71.
„ Dörells goldgelbe, I, 159, = Orleans Reinette; Z. 107, gab sie = Hughes Goldpepping.
„ Dörells große Gold-, Z. 107, gab den Winter Quittenapfel.
„ Dörells Gold-, Z. 107. Es geht unter dem Namen die Reinette von Orleans, richtiger = Dörells Rtte.
„ Dörells Rosmarin, Z. 107, = Reinette von Orleans.
„ Donauers /
„ „ Herbst \ (59), I, 149.
„ Doppelte Gold-, I, 159; Z. 107 = Orleans Reinette.
„ double de Breda, I, 169 = Fette Goldreinette.
„ Dorener, rothe, IV, 243, Z. 23, = Purpurrother Cousinot.
„ Drap d'or, IV, 297, = Charakter Reinette.
„ du Comte de Glose, IV, 471 = Egers rothe Reinette?
„ du roi, Z. 30, Diels Königsreinette.
„ Duchesse de Brabant, VIII, 251, = Loisels Herzogin von Brabant.
„ du Tyrol, VIII, 231, im Verger = Tyroler Pepping.
„ écarlate, I, 141, in Bollweiler = Multhaupts Reinette.
„ Edelreinette / (316), IV,
„ Französ. Edelreinette \ 106; Z. 87.
„ Egers rothe, (504), IV, 487.
„ Eisen, I, 147, = Rother Tiefputzer.
„ Elsaßer rothe /
„ „ rothe Winter \ (418), IV, 313.
„ English, IV, 286 = Englischer Goldpepping; falsch Synonym der Reinette d'Angleterre der Annales (V, 13).
„ Englische Birn, Z. 67, = Sommer Parmäne.
„ Englische Büschel (Diels), Z. 32, = Purpurrother Cousinot.
„ Englische Granat, Diel, I, 353, = Ribston Pepping.

Reinette, Englische Gold, Z. 75, falsch für Pommeranzenapfel.
„ Englische Herbst / (513), IV,
„ „ graue Herbst \ 505.
„ Englische rothe Limonen, I, 319, IV, 511, = Limonen Reinette.
„ Englische Spitals, (62), I, 155; Z. 88.
„ Erfurter Sommer / (411), IV,
„ „ gelbe Sommer \ 299.
„ Etlins, (519), IV, 517.
„ Erzherzog Franz, (227), I, 487; Z. 89.
„ étoilée, VIII, 257, Z. 97 = Rothe Sternreinette; IV, 315, auf der Ausstellung zu Namur = Meusers rothe Herbstreinette.
„ Fette Gold, (69), I, 169.
„ Feuerröthliche, I, 327, = Röthliche Reinette.
„ filée ou brodée, IV. 297.
„ filée ou marbrée, IV, 297, 501.
„ Fittinghof's, auch George Fittinghof, (59c), VIII, 117, (Tittinghof ist in den Monatsheften Druckfehler).
„ Flotow's, I, 177, = Scheuernapfel.
„ Forellen, I, 161, meist = Carmeliter Reinette; Z. 81 falsch auch für Kleine Casseler Reinette; richtiger eigene Sorte, wie Diel sie hat.
„ Fox, VIII, 131.
„ Franche, Z. 87, bei Diel u. Duhamel = Edelreinette. Doch kommt noch eine andere edle Sorte im T. O. G. unter dem Namen vor.
„ Franz, Graf von Egers, I, 343 = = Osnabrücker Reinette.
„ Franzreinette, IV, 117, in Pomon. Francon. = Edelreinette.
„ Französische, (Tyrol), I, 161, = Carmeliter Reinette.
„ Französische Gold, (240), I, 513; I, 161, in Prag = Carmeliter Reinette.
„ Französische graue, (429), IV, 335; 162; Z. 93.
„ Französische Quitten, Z. 73; I, 71 = Winter Quittenapfel.
„ Fromms /
„ „ Gold \ (597), VIII, 111.
„ Gäsdonker /
„ „ Gold- \ (134), I, 299.
„ Gay's / (313), IV, 101;
„ „ Herbst \ Z. 89.
„ Gelbe, I, 155, bei Coblenz = Englische Spitals Reinette.
„ Gelbe Sommer, VIII, 80.

Reinette, Gelbe Spanische, (118), I, 267; Z. 89 = Calvillartige Reinette, wie sie besser hieße.

„ Gelbe Zucker, IV, 106, Z. 87, die Diel'sche = Edelreinette.

„ Gemeine, IV, 243; Z. 33, wohl = Purpurrother Cousinot.

„ Gestreifte, I, 161, = Carmeliter Reinette.

„ Gestreifte Sommer / (424), IV,
„ Rothgestreifte Sommer \ 325.

„ Gestreifte Gold, (680), VIII, 277.

„ Gestreifte Winter, (679), VIII, 275.

„ Gestrickte / IV, 297.
„ „ Herbst \

„ Gielen, Z. 108, im Lond. Catalog und bei Hogg = Reinette von Orleans.

„ Glanz, (135), I, 301; Z.

„ Glasgow, Z. 107, = Reinette von Orleans.

„ Göhrings / (43), I, 117; Z. 90.
„ „ gelbe \

„ Golden, IV, 464, Synonym der Reinette d'Angleterre, Annales V, 13; Z. 107 in England Name für Reinette von Orleans.

„ Golden des Anglais, Z. 108, in Annales irrig für Reinette d'orée ou jaune tardive.

„ Goldgelbe Sommer, (120), I, 271, Z. 90.

„ Goldreinette von Blenheim, (241), I, 515, Z. 91.

„ Goldreinette von Sanssouci, Z. 108 = Reinette von Orleans.

„ Graf Sternbergs röthliche, Z. 107, = Reinette von Orleans.

„ Graue Französische / (429), IV,
„ Grauwe Franche \ 335, 162; Z. 92.

„ Graue Herbst, (61), I, 153, Z. 92.

„ Graue Meißner, (152), I, 335.

„ Graugrüne Meißner, sehr haltbare, I, 335, = Graue Meißner Reinette.

„ Grawe Meniston, Z. 88, = Mennonisten Reinette.

„ Graue Osnabrücker, I, 343, = Osnabrücker Reinette.

„ Graue Portugiesische, (155), I, 341; Z. 102.

„ Grise double, IV, 335, bei Zink wohl = Graue Französische Reinette.

„ grise d'Angleterre, IV, 505, = Englische Herbstreinette.

Reinette grise d'Automne, I, 153 = Graue Herbstreinette.

„ grise extra) IV, 335, =
„ grise d'hyver } Graue franzö-
„ grise haute bonté) sische Reinette.

„ grise du Canada, of grise de Canada.

„ Große aus London, IV, 123, = Londoner Pepping.

„ grosse du Canada, Z. 101, = Pariser Rambour Reinette.

„ Große Englische) I, 119; Z. 101 = Par. Rambour Reinette;
„ grosse d'Angleterre) Diel hatte darunter eigene Sorte.

„ Diels Große Engrische, (406) IV, 289, 290, 464.

„ grosse de Cassel, Z. 83, = Große Casseler Reinette.

„ Große graue Leder-, Z. 93, in Böhmen = Graue französ. Reinette.

„ Große Wiener Gold-, Z. 107, = Reinette von Orleans.

„ groene / IV, 133, bei Knoop =
„ „ franche \ Alter Nonpareil.

„ Grüne, Diel, Z. 59, IV, 133, = Alter Nonpareil; die Boskooper Fruchtsorten bezeichnen 3 Sorten als Grüne Reinette und Nonpareil, siehe auch Pomon. Francon.

„ Grüne Band-, I, 161, = Carmeliter Reinette.

„ gulden, Z. 105.

„ Haffners Gold-, IV, 509, = Weidners Goldreinette.

„ Haken, I, 161, in Dessau = Carmeliter Reinette.

„ Harberts /(344), IV,
„ „ Rambour Reinette \ 163.

„ Harlemmer, Z. 100, I, 119, = Pariser Rambour Reinette.

„ Herwegs / (325), IV, 163.
„ „ weiße \

„ Hieroglyphen, (224), I, 481, IV, 297, Z. 93. Wird kaum noch existiren; die zum Grunde der Beschreibung gelegene Frucht ist die Reinette von Breda gewesen, die möglich Diel selbst gehabt hat.

„ Hildesheimer Saft, (320), IV, 115.

„ Holländische Gold-, Z. 83 und 84, eigentlicher Name der Großen Casseler Reinette; I, 501, bezeichnet auch den Goldmohr.

„ Holländer, I, 161 = Carmeliter Reinette?

Reinette, Honig, (576), VIII, 69; einzeln irrig = Charakter Reinette.
„ Hoyaische Gold, (347), IV, 169.
„ Jägers, (685), VIII, 233.
„ jaune hative, VIII, 79.
„ „ sucrée, Z. 87, im Verger wohl = Diels Gelbe Zuckerreinette.
„ jaune tardive, I, 331, = Späte gelbe Reinette; 513 Französische Gold-Reinette?
„ Joseph II., Z. 42, I, 263, = Goldzeugapfel.
„ Italienische, (415), IV, 307.
„ Kapuziner, IV, 162.
„ Kleine Englische, IV, 286 u. 464, falsches Synonym bei der Reinette d'Angleterre, Annales V, 13.
„ Kleine graue Deutsche, Z. 59, wird als Grauer Kurzstiel vorkommen, conf. Graue Portugiesische Reinette.
„ Kleine graue, I, 345, = Carpentin; I, 155, am Main = Englische Spitals Reinette.
„ Kleine Wein, I, 345, = Carpentin.
„ Kleine weiße Spanische, (216), I, 465.
„ Kleine zartschalige, (128), I, 287; Z. 94.
„ Königliche, (409), IV, 259; Z. 87, wohl irrig mit Edelreinette zusammengeworfen.
„ Königs, Diels, I, 191, IV, 250, Z. 29 und 31 fand sich = Winter Citronenapfel des Handbuchs. Es werden noch andere Früchte so genannt. In einer, in 2ter Sendung von Bödiker in Meppen gesandten Königsreinette von Diel, hat sich vielleicht noch die rechte Diel'sche Königsreinette gefunden.
„ Kräuter, (228), I, 489.
„ krappe kruyn, VIII, 159.
„ Köstliche von Newtown (578), VIII, 73.
„ Kronen, I, 327, = Röthliche Rtte.
„ Kröten, (511), IV, 501.
„ Landsberger, (328), IV, 131, Z. 94.
„ Lange rothgestreifte grüne, I, 161, Z. 81 = Carmeliter Reinette.
„ Leclerc, Z. 65.
„ Lehnhoffs, (611), VIII, 139.
„ Leipziger, I, 303, = Edelborsdorfer.
„ Limonen, (144), I, 319; IV, 511; I, 161, irrig = Carmeliter Reinette, Z. 94, Name in England ist Loans Parmäne.
„ Lothringer
„ „ grüne } (310, IV, 95.

Reinette, Ludwigsburger, Z. 81, = Carmeliter Reinette.
„ Luxemburger, (42), I, 115.
„ Mandel
„ Dietzer Mandel
„ „ rothe Mandel } (334), IV, 143; das Beiw. Dietzer muß im Namen nicht fehlen, da es bereits noch andere Mandelreinetten gibt.
„ marbrée, Z. 88, in Boskooper Fruchtsorten Synonym von Charakter Rtte.
„ Marzipan, (402), IV, 281.
„ Mascons harte gelbe Glas-, I, 301, = Glanzreinette.
„ Mauß
„ „ rothe } (422), IV, 321, Z. 96, 97, 98.
„ Meininger rothe, IV, 487, = Egers rothe Reinette.
„ Mennonisten, I, 155; Z. 88, = Englische Spitals Reinette.
„ Meusers rothe
„ „ rothe Herbst } (419), IV, 315, 318, Z. 97 u. 98, VIII, 257, conf. Rothe Sternrntte. Jahns u. Diels Frucht zeigten bisher nicht die starken, sternartigen weiß. Punkte, die die Rothe Sternreinette hatte. Es gibt wahrschnl. 3 Früchte als Meusners rothe Rtte.
„ Meusners Reinette, IV, 315.
„ Molly, (244), I, 521.
„ Moringer, (655), VIII, 247.
„ monstroueuse, Z. 102, = Lothringer Reinette; in Boskoop eine andere.
„ Multhaupts
„ „ Carmin } (55), I, 141.
„ Murner, I, 119, = Pariser Rambour Reinette.
„ Muscat
„ masquée } (57), I, 145, Z. 99.
„ muscus, Z. 99, bei Serruvier = Muskat Reinette.
„ Muskirte, gelbe, (151), I, 333.
„ Newyorker
„ Wahre Newyorker } (505), IV, 495; Z. 42 und 107. Diel beschrieb unter dem Namen zuerst die Reinette von Orleans; die des Handbuches ist die rechte. Hogg bezieht sich falsch auf Diel, V, 150, wo die Reinette von Orleans beschrieben ist. Die Annales identificiren VII, 65, irrig Newtown pippin (vert) und Newyorker Rtte.
„ Neue Borsdorfer, (669), VIII, 25.
„ Nicola's, Z. 70, = Parkers Pepping.

Reinette, Nienburger süße Herbst-, I, 281, = Süße Herbstreinette.

" Niederländische weiße, (423), IV, 323; Z. 85 ist etwa doch = Champagner Reinette, da die Vegetation bei beiden sehr charakteristisch ist.

" Nikitaer Sommer } (405), IV 287.
" " gelbe Sommer Gulderlings

" Nonpareille, IV, 143, Z. 59; im T. O. G. sicher = Alter Nonpareil, bei Knoop Taf. 9 eher wohl der Neue Englische Nonpareil. Pomon. Francon. hat noch einen andern Nonpareil.

" Normännische, VIII, 109, = Reinette von Normandie.

" Oberdiecks, (491), IV, 461; Z. 99.

" Oberdiecks große gelbe Zucker, I, 263, = Goldzeugapfel.

" Obstgarten, I, 115, = Luxemburger Reinette.

" Oesterreichische National, I, 119, Z. 53 und 100 = Pariser Rambour Reinette.

" Osnabrücker, (156), I, 343; Z. 99.

" panachée, IV, 441, = Bandirter Api.

" Parfümirte, (592), VIII, 101.

" Pariser Rambour-, (44), I, 119; Z. 53 und 100 ist = Canada blanche, ist aber bereits als Pariser Rambour Reinette in Deutschland allbekannt.

" Pearsons, (601), VIII, 19.

" perlée, IV, 315, gab auf der Ausstellung in Namur die Meusers rothe Herbstreinette, Z. 99 auch die Rothe Sternreinette.

" Perlen, I, 161, = Carmeliter Rtte.

" Pfotenhauers, (335), IV, 145.

" Philipps, VIII, 164, = Pepping von Court of Wick.

" Platte, I, 305, = Zwiebelborsdorfer.

" Podmaniecky's Gold-, Z. 65.

" Pomphelia's } (56), I, 143.
" " rothe

" précieuse, IV, 107, etwa = Bringewood Pepping.

" Quarrendon, VIII, 116.

" Radauer, Z. 106, soll = Orleans Reinette sein; richtiger eigene Sorte.

" Raves graue, (430), IV, 337, (durch Druckfehler 237).

" Röthliche, (148), I, 327; Z. 103.

Reinette, Rothe, I, 309, = Reinette von Bretagne; IV, 147, 243, Z. 33 bezeichnet mehrere Sorten; zunächst Purpurrother Cousinot.

" Rothe Bastard, (336), IV, 147; Z. 103.

" Rothgestreifte Gewürz } (229), I, 491; IV, 325, Z. 103.
" Rothe gestreifte Gewürz

" Rothgraue Kelch-, I, 343, = Osnabrücker Reinette.

" Rothe Herbst } (509), IV, 497.
" rouge d'automne

" Rothe Stern, (670), VIII, 257; Z. 97.

" roode Zommer, IV, 325, = Gestreifte Sommer Reinette.

" rode kruid, I, 491, = Rothgestreifte Gewürzreinette.

" rouge, Duham., IV, 147, 311, im Lond. Cat. Synonym der Barzelona Pearmain (wohl = Kleine Casseler Reinette.

" rouge d'été, IV, 325, = Gestreifte Sommer Reinette.

" rouellée, IV, 340, = Scheiben Reinette.

" rousse, IV, 311, Z. 85, im Lond. Cat. irrig = dessen Barzelona Pearmain, richtig = Röthliche Reinette.

" royale, IV, 161, aus Herrenhausen war es die Reinette von Montbron; Z. 35, bezeichnet mehrere Sorten; IV, 295, = Königliche Reinette; IV, 537, falsch für Königl. Streifling.

" St. Lambert, IV, 315 und 316; Z. 97 und 98, ist nicht = Meusers rothe Herbstreinette.

" Schmidtbergers Gold-, IV, 489.

" Schmidbergers rothe } (505), IV, 489.
" " rothe Winter

" Scipio's, (663), VIII, 243.

" Scott's } (403), IV, 283.
" " gelbe Winter

" Sertürners, (586), VIII, 89.

" Siavée, Z. 65, sehr ähnlich der Reinette von Orleans.

" Siegende, I, 159, wohl = Orleans Reinette.

" Spanische Herbst-, (609), VIII, 135.

" speckled golden, IV, 311, Z. 85, im Lond. Cat. = dessen Barzelona Pearmain, wohl = Kleine Casseler Reinette.

" Späte gelbe, (150), I, 331.

" Stern-, I, 119, = Pariser Rambour Reinette.

Reinette, Süße graue, (149), I, 329; Z. 15, die der Holländer ist nicht die Diel'sche.
" Süße Herbst-, (125), I, 281; Z. 104.
" Szecheny, (147), I, 325.
" tachetée, Z. 81, = Diels Forellen-Reinette.
" Tafelsei, (627), VIII, 117.
" tardive, IV, 136, = Neuer Englischer Nonpareil? Z. 59. Von Hrn. de Jonghe kam eine der Edelreinette ähnliche Frucht.
" Travers / Z. 71, I, 351, =
" " Gold- \ Ribston Pepping.
" Triumph, I, 159, Z. 11 und 108 = Reinette von Orleans.
" Triomphante, IV, 117, bei Knoop = Edelreinette.
" truite, I, 161, Z. 82, in Frankreich jetzt = Carmeliter Reinette.
" Thouins, (599), VIII, 107.
" Ungarische Gold-, Z. 65, der Winter Goldparmäne sehr ähnlich.
" Uellners Gold-, IV, 501.
" Unvergleichliche, IV, 134 und 135, im T. O. G. eher Alter Nonpareil, als Neuer Engl. Nonpareil.
" Valkenier, Z. 86, in Boskooper Fruchtsorten = Charakter Reinette.
" des Vergers, I, 115, = Luxemburger Reinette.
" verte, IV, 133, bei Merlet u. Knoop = Alter Nonpareil? IV, 134, bei Hogg und im Lond. Cat. vom Alten Nonpareil verschieden
" Virginale, Z. 100, gab die Pariser Rambour Reinette.
" von Aizerna, I, 273, = Reinette von Breda.
" von Auvergne / (766), VIII, 271.
" d'Auvergne \
" von Beek, (517), IV, 513; auch der Rambour von Beek ist irrig Reinette von Beek genannt.
" von Bordeaux, (235), I, 503; Z. 104, falsch gehen unter dem Namen Goldgelbe Sommer Reinette und Pariser Rambour Reinette.
" von Breda, (121), I, 273, Z. 104.
" von Bretagne, (139), I, 309; Z. 102 und 105, die im Handbuch beschriebene ist = Große Casseler Reinette; die wohl rechte Duhamel'sche Frucht und delikate Sorte findet sich bei Herrn Generalconsul Lade in Geisenheim. Es gehen unter dem Namen mehrere Sorten.

Reinette von Canada, I, 119, = Pariser Rambour Reinette.
" v. Clarevall / (400), 4, 277; Z. 87,
" " Claverall \ wohl nicht = Edelrtt.
" von Canterbury, (327), IV, 129.
" von Damason, IV, 126.
" von Doué, (612), VIII, 141.
" von Duvens Zucker, (420), IV, 317.
" van der Laans Goldreinette, (364), IV, 167.
" von Gaumont, (212), I, 457.
" von Grandville, I, 119, = Pariser Rambour Reinette.
" von Hobenbergs, (672), VIII, 261.
" von Lüneville, (130), I, 291.
" von Madeira, (594), VIII, 105.
" von Middelburg, (123), I, 277.
" van Mons / (63), I, 157.
" van Mons Gold- \
" von Montbron, (343), IV, 161; ist bei Knoop wohl andere, als die Diel'sche
" von Montmorency, (395), IV, 267; Z. 105.
" von Normandie, (596), VIII, 109.
" von Ohio, (432), IV, 311.
" van Ostens grauwe Engelse van der Laan, IV, 176, = van der Laans Goldreinette.
" von Orleans / (64), I, 159;
" Orleans \ Z. 107.
" von Salisch, (572), VIII, 61.
" von Sorgvliet, Diel, (115), I, 261, Z. 109.
" von Sorgvliet / Ottolander, (589), VIII, 95, Z. 109, ist
" van Zorgvliet \ etwa eher die rechte als die Diel'sche.
" von Vilsteeren, IV, 477, = Doppelter Goldpepping.
" von Werlhofs, Z. 65, höchst ähnlich, doch nicht = Winter Goldparmäne.
" von Welten, I, 419, = Jansen von Welten.
" von Windsor, IV, 25, Z. 100, falsches Synonym von Engl. Königsapfel, oft = Lothringer Reinette, meist = Pariser Rambour Reinette.
" von Wormsley, (645), VIII, 235.
" Voß, (607), VIII, 131. Zu unterscheiden von Fox Reinette.
" Wahre, IV, 95, = Pariser Rambour Reinette.
" Wahre weiße Herbst-, I, 71, Z. 78, = Winter Quittenapfel.

Reinette, Weiber, Diel, I, 119, Z. 101, = Pariser Rambour Reinette; l'ommo Madame, Knoop, ist nicht Diels Weiberreinette, sondern Reinette von Orleans.
„ Weibner's Gold-, (515), IV, 509.
„ Weiße, IV, 105, bei Salzmann und Miller = Edelreinette; bei Christ = Weiße Französische Reinette.
„ ~~Weiße antillische, I, 119, Z. 101, = Pariser Rambour Reinette.~~
„ Weiße französische / (321), IV,
„ ächte weiße französische \ 117.
„ Weiße Portugiesische, (579), VIII, 75. Bei Christ = Edelreinette, bei Hogg = Rein. Franche.
„ Weiße Sommer, I, 127; VIII, 79, wohl = Weiße Wachs Reinette.
„ Weiße Wachs-, (48), I, 127; ist nicht die rechte, sondern die Goldgelbe Sommer Reinette gewesen; die rechte ist bezeichnet Z. 109, siehe die folgende Sorte.
„ Wahre weiße Wachs, (581); VIII, 79.
„ Wellingtons, I, 187, = Wellington.
„ Weiße Englische / (492), IV, 463.
„ „ Winter \
„ Wilkenburger Citronen, (414), IV, 305.
„ Wilkenburger Herbst- / (348), IV,
„ „ weiße Sommer- \ 171.
„ witte met stippen, IV, 117; bei Knoop = Edelreinette.
„ Willy's / (126), I, 283.
„ „ gelbe \
„ Woltmanns / (143), I, 317.
„ „ Herbst- \
„ Wormser Kugel, (660), VIII, 237.
„ Wyker, I, 159, = Reinette von Orleans.
„ Yellow german, Z. 107, im Lond. Catalog = Reinette von Orleans.
„ Zoete fransche, I, 329, = Süße graue Reinette.
„ Zwei Jahre dauernde, I, 291, = Reinette von Lüneville.
Reinettenapfel, blauer, I, 527, = Blauapfel.
Reinettenapfel; in Eßlingen = Kugelapfel.
Rolla, Z. 48, bei Coburg = Danziger Kantapfel.
Rhodeisland, VIII, 226, = Gloria Mundi.
Rhoner, IV, 213, Z. 32, wohl = Purpurrother Cousinot.

Ribling, Zoete, IV, 36, = Süßer Gulderling.
Ribston, small, Z. 95, = Muskatrtte.
Richard, Gelber / (34), I,
„ Körchower Grand Richard \ 99.
„ Großer / (643), VIII,
„ Hirschfelds Grand | 203 und
Richard \ 204.
„ Sommer-, Z. 110, so hat man die Sommer Parmäne genannt.
Rivierapfel / (341), IV, 157.
Rivière \
Roi très noble, Z. 23, = Edelkönig, = Rother Herbstcalvill; im Jenaer Obstkabinet ist irrig ein Goldpepping abgebildet.
Römerapfel, Gestreifter, (14), I, 59; IV, 417. Ist mit dem Rothen Römerapfel zusammengeworfen, der ein ganz anderer ist.
„ Rother, (613), VIII, 143. Vom Gestreiften Römerapfel völlig verschieden.
Romanile, Amerikanischer, Z. 100, gab die Pariser Rambour Reinette.
Rode Aagt, I, 415, = Rother Kronenapfel.
„ Kroons Apple, I, 415, = Rother Kronenapfel.
„ Kruid Renet, I, 491, = Rothgestreifte Gewürz Reinette.
„ Tulp kroon, I, 437, = Purpurrother Agatapfel.
Römische Grethe, Knoop, IV, 81, = Großer Mogul.
Rosen Ananas, Z. 49, wohl = Danziger Kantapfel.
Rosenapfel, Bandirter, IV, 441, = Bandirter Api.
„ Bentleber (Bendeleber), I, 81, Z. 48 und 49, meist gesetzt = Danziger Kantapfel; einzeln wird Identität in Abrede gesetzt.
„ Berner, IV, 529, = Berner Grauech.
„ Böhmischer / (93), I, 217;
„ Großer böhmischer | Z. 110.
Sommer- \
„ Calvillartiger Winter, I, 81, Z. 48 und 49 = Danziger Kantapfel.
„ Dittrichs Winter, I, 81, = Danziger Kantapfel.
„ Florianer, (199), I, 431; VIII, 39; Z. 110.
„ Gestreifter, I, 431, = Florianer Rosenapfel; IV, 435 bezeichnet oft den Tulpenapfel; 441; VIII, 39; Z. 110.
„ Gestreifter Winter, VIII, 39.
„ Großer, IV, 423.

Rosenapfel, Kleiner, IV, 423.
" Lucas gestreifter, (561), VIII, 39.
" Mallardi's, (289), IV, 53.
" Müschen's, (209), IV, 55.
" Palandts, (560), VIII, 37.
" Pfirschrother Sommer-, I, 93, = Pfirschrother Sommerapfel.
" Schwäbischer, I, 81, Z. 49, = Danziger Kantapfel; IV, 232, nicht = Hohenheimer Schmelzling, (Geflammter Cousinot).
" Virginischer / " " Sommer- (99), I, 229; Z. 110.
" von Welten, I, 419, = Jansen von Welten.
" Winter-, I, 43, in Württemberg = Rother Ostercalvill; I, 81, in Thüringen = Danziger Kantapfel.
Rosenhäger, Schwedischer, (472), IV, 423, Z. 112.
Rosenpepping, (618), VIII, 153.
Rosenstreifling, Edler, (478), IV, 435; VIII, 39; Z. 124, I, 231, steht auch für Sommer Zimmtapfel; IV, 434, bezeichnet mehrere Früchte.
Rosenthaler, IV, 85, Synonym von Lothringer Rambour.
Rose panachée, IV, 436 und 441 = Bandirter Api.
Rosette d'automne, Knoop, = Marmorirte Rosette?
Rosette Marmorirte / " marbrée (201), I, 435.
Rosmarinapfel, Braunauer (297) IV, 69.
" Botzener, (Diel), I, 423, = Tyroler Schmelzling.
" Gestreifter, IV, 401, = Papagei Apfel.
" Großer gelber, I, 245, = Hilliard's Rosmarinapfel?
" Halbweißer, IV, 68, 66.
" Hilliard's, (107), I, 245.
" Rother / " Rother Italienischer (296), IV, 67, zuweilen Syn. v. Rother Som. Calv.; Z. 112.
" Weißer / " " Tyroler (29?), IV, 65.
" Weißer Italienischer, (Diel), IV, 65; Z. 112, durch Kernhaus und Geschmack wohl vom Tyroler weißen Rosmarinapfel verschieden.
Rostocker, I, 555, IV, 239, in Mecklenburg = Rother Stettiner. Es geht unter dem Namen noch andere, schwarzrothe Frucht.

Rostocker, Grüner, I, 537, in Pommern = Grüner Stettiner.
Rothapfel, I, 41, in Rheinbayern = Rother Herbstcalvill; I, 555 auch = Rother Stettiner.
Röthling, Irischer, IV, 507, = Sam Young.
Rothike, Frau, Z. 112, = Frauen Rothacher.
Rothvogel, I, 555, in der Pfalz = Rother Stettiner.
Rouellerapfel, IV, 340, = Pomme de Roueller.
Rubiner, Z. 48, = Danziger Kantapfel.
Rouleau, I, 55, = Rothe Walze.
Royale, IV, 511, nach Hogg = Herefordshire Parmäne; nach Lond. Cat. und Ronald davon verschieden.
" d'Angleterre, I, 319, = Limonen Reinette? IV, 511, 512, = Herefordshire Parmäne, Z. 30.
" Jersey, I, 65, = Königsapfel von Jersey.
" Sommerset, IV, 123, Z. 68 = London Pepping.
Russet American golden, Z. 66 = Bullocks Pepping.
" aromatic, Z. 37, wohl = Diels Engl. gewürzhaftem Russet.
" Boston / " Belpré / " Marietta / " Putnam / " Putmans / " Sylvange — VIII, 157, = Roxbury Russet.
" Bowyers, (237), I, 507.
" golden / " vergoldeter — I, 337, Downing = Bullocks Pepping; Z. 70 dem Parkers Pepping höchst ähnlich, vielleicht gleich.
" Helena, I, 95, Z. 102, = Pariser Rambour Reinette.
" Irish, IV, 507, = Sam Young.
" Königlicher, (621), VIII, 157.
" Morris, IV, 333, bei Hogg nicht = Russet Nonpareil des Lond. Catal., sondern, nach erbauten Früchten, eigene Sorte.
" Norfolk, IV, 153, = Adams Parmäne.
" Pile's, (22), I, 75.
" Roxbury, (620), VIII, 157.
" Shippens, VIII, 157, = Roxbury Russet (of some).
" Syke house, I, 155, Z. 88 gesetzt = Englische Spitals Reinette. Nach erhaltenem Reise findet etwa doch Verschiedenheit statt.

Russeting Roxbury, VIII, 157, = Roxbury Russet.
Russian, IV, 227, = Sommer Nelken Apfel.
„ Ice Apple, I, 87, = Weißer Astracan.

S.

Sack Apple, I, 227; VIII, 31, bei Downing Synon. des Rothen Quarrendon.
Sack and Sugar / VIII, 31, =
„ „ „ Morris \ Sect und Zucker.
Safranapfel, Altenburg, (91), 213, Z. 95; von v. Flotow erhielt ich darunter die Limonen-Reinette, indirekt durch Urbanek die rechte Sorte.
„ Gelber, Z. 95.
Saint Bauzon, IV, 537, = Königlicher Streifling.
„ James, IV, 317, in England = Jacobsapfel.
„ Julien, IV, 298, Z. 48 wohl = Goldzeugapfel; nach Duhamel wenig verschiedene Varietät von Vrai drap d'or.
Sämling Brickley's, (522), IV, 523.
„ Longvilles, (376), IV, 229; Z. 113.
„ Lucombes / (441), IV, 359.
„ „ Seedling \
„ von Beachamwell / (494), IV,
„ Beachamwell \ 476.
Sammetapfel, I, 291, = Reinette von Lüneville; IV, 47, bei Heidelberg = Rother Augustiner.
Sam Rawling's, I, 97, = Morgenduftapfel.
Sam's Crab, IV, 229, Synonym von Longvilles Sämling, doch nach Lindley nur fraglich.
Sam Young, (514), IV, 507.
Sanguineus, VIII, 5, = Pomme de Neige der Amerikaner.
Sanguinole, I, 45, = Rother Winter Calvill, IV, 187.
Sary Sinap, (482), IV, 443.
Sauerracher (Württemb.), I, 553 = Kugelapfel.
Saurer, Dicker, VIII, 139, = Lehnhoff's Reinette.
Scarlet Admirable, Kirkes, IV, 453, = Kirkes schöner Rambour.
Schafsnase, Berliner, (89), I, 209.
„ Weiße Sommer, I, 203; Z. 39, = Sommer Gewürzapfel.

Schafsschnäuzchen, I, 247, = Mayers Taubenapfel?
Schager, Rother, Z. 33, = Purpurrother Cousinot.
Scheibenapfel, I, 305, = Zwiebelborsdorfer.
Scheibling, Winter, (Württemb.), I, 537, = Grüner Stettiner.
Schibach, I, 97, = Pomeranzenapfel.
Schlosserapfel, Großer, Z. 17, = Geflammter Cardinal.
Schlotterapfel, Horsets, (363), IV, 203; Z. 103, ist = Diels Weißem Seidenhemdchen.
„ Millets, (459), IV, 397.
„ Prebereder, Z. 73, = Neuer Englischer Pigeon.
„ Rother / I, 57, Z. 76, =
„ Rothgestreifter \ Prinzenapfel.
„ von der Flees, I, 57, Z. 76, = Prinzenapfel.
„ Vollbrechts, Z. 73, = Neuer Engl. Pigeon.
„ Walzenförmiger gestreifter, Z. 77.
„ Weißer, (Zink), IV, 65, nach Diel = Weißer Italienischer Rosmarinapfel.
„ Weiß und rothgesprengter, Z. 39, bei Knoop = Herbst Glockenapfel.
„ Woltmanns, (460), IV, 399.
„ Zinks gelber, IV, 207.
Schmantapfel, Großer, (306), IV, 87.
Schmelzling, Hohenheimer (194), I, 421, IV, 231, = Geflammter Cousinot.
„ Herrnhäuser, (632), VIII, 181.
„ Tyroler, (195), I, 423.
Schmidthästlesapfel, I, 531, = Rother Baschesapfel.
Schmiedeapfel, (371), IV, 219.
Scheuernapfel, (73), I, 177.
Schweizerapfel, Württemb., I, 531, = Grüner Stettiner.
Schweizerapfel, Baudirter / IV, 401 u. 402
„ Gestreifter \ = Papagela.
Schweizer Bergamottapfel; grün und gelb gestreifter, IV, 401, = Papageiapfel.
Schnabelsapfel, Eßlinger, (645), VIII, 207.
Schneeapfel, Belgischer, (544), VIII, 5.
„ Christs, VIII, 6.
„ Großer, Müschens, VIII, 6, auch Königin Louisenapfel genannt.
„ Haltbarer, VIII, 6.
„ Knoop, VIII, 6, Varietät des Sommer Gewürzapfels.

Schnee Calville, (543), VIII, 3.
Schöner aus Kent, (41), I, 113; Z. 114.
„ aus Westland, (281), IV, 37; Z. 114.
„ von Havre, (537), IV, 553.
„ von Norfolk, (617), VIII, 151.
Scott Apple, IV, 283, = Scott's Reinette.
Sect und Zucker, (557), VIII, 31.
Seckelapfel, (531), IV, 541.
Seedling Beachamwell's, IV, 467, = Beachamwells Sämling.
„ Burns, Z. 91, kommt wohl falsch für Goldreinette von Blenheim vor.
„ Dumelow's, I, 167, = Wellington.
„ Hutching's, IV, 16, = Zuckerhutapfel.
„ Motteux's, = Sämling von Beachamwell.
„ Waltham Abbey, Z. 40, 41, = Golden noble, doch richtiger wohl ein nachgearteter Sämling davon.
Seek no Farther, IV, 197 und 215, = Grünling von Yorkshire (of some); Z. 12, kommt als Synonym von Gelber Bellefleur vor.
Seek no Farther American, I, 197, Z. 12, = Rambo.
„ „ „ bei Coxe, IV, 198, Z. 12.
„ „ „ Flushing, Z. 12.
„ „ „ Green, Z. 12.
„ „ „ Westfield, IV, 198; Z. 12.
„ white, Z. 12.
Seidenhemdchen, Weißes, (185), I, 403.
Seidenapfel, IV, 243, 244.
Seidenrock, IV, 47, bei Heidelberg = Rother Augustiner.
Seigneur d'Orsay, Concombre des Chartreux und St Julien, IV, 298, in Lindley's Pomon. Brit. mag man unsern Goldzeugapfel darunter suchen.
Seigneur rouge, IV, 153.
Sheep nose (Coxe), I, 337, = Bullocks Pepping.
Shyveling Vlaamsche, Z. 11, Shyveling Zoete, Z. 12, = Zuure, Z. 12.
Septemberapfel, Englischer, IV, 464, = Englischer Frühapfel.
Siberian Crab, IV, 515.
Silberfelder, (676), VIII, 269. Vielleicht = Oheim Michels Reinette.
Silverling / „ Süßer gelber } Z. 45, bei Knoop Syn. von Witte Zoet.
Skilliankowoi, (457), IV, 393 und 394.
Sommerapfel, Astrakanscher, IV, 403, Z. 63. Bei Göttingen nicht Weißes Seidenhemdchen, sondern die Sommer Parmäne, die dort auch wohl Seidenhemdchen heißt.
Sommerapfel, Cludius, (580), VIII, 77.
„ Liefländer grüner, I, 87, Z. 6, = Weißer Astracan.
„ Pfirschrother, (31), I, 93; Z. 115.
„ Rother Astracanscher, I, 79, = Rother Astracan.
„ Weißer Astracanscher, I, 87, = Weißer Astracan.
„ Wiener / „ Rother Wiener } (290), IV, 63; Z. 116 ist ganz = Sommer-Parm.
Sommerkönig, Bardowieker, (288), IV, 51.
„ Diels, I, 47, Z. 43, = Gravensteiner.
Sommerröschen, Buntes, IV, 56.
Sondergleichen, Braddicks, I, 473, = Braddicks Nonpareil.
„ Kirkes, (655), VIII, 227.
„ Langtons, (141), I, 313; Z. 73 und 116 = Diels Engl. gestreifter Kurzstiel.
„ von Hubardston, (610), VIII, 137.
Sonnenwirbel, Z. 75, = Pommeranzenapfel.
Specialapfel, Rother, IV, 361, = Bunter Prager.
Sperberapfel, Früher, (373), IV, 223; Z. 116.
Spice Apple, I, 73, = Engl. Gewürzapfel? Z. 37 = Aromatic Russet, der eher Diels Engl. gewürzhafter Russet ist.
Spice Apple, Brown, Z. 37 = Aromatic Russet.
„ „ early, Z. 37.
„ „ scarlet, Z. 37.
„ „ sweeting, Z. 37.
„ „ Woods, Z. 37.
Spitzapfel, Cludius weißer früher, I, 215, = Cludius Herbstapfel.
Spitzapfel, Müllers, (77), I, 185.
Spitzenberg, Esopus, (245), I, 523, ist nicht der rechte.
Spitzenburgh, Esopus / Spitzenberg, Esopus } (455), IV, 389, ist der rechte. Die Schreibart ist beibehalten, weil die tüchtigsten Amerikaner Pomologen so schreiben.
„ Neustadt, IV, 389.
„ Flushing, IV, 390, irrig für Esopus Spitzenburgh.

Taffetapfel, Rother, IV, 242, von Liegel falsch der Purpurrothe Cousinot so genannt.
„ Schwarzrother, (470), IV, 419.
„ Weißer Herbst, (448), IV, 373.
„ Weißer Sommer, IV, 371, = Züricher Transparent.
„ Weißer / „ „ Winter } (258), 549. Es ist gerathen, die Sorte wieder Weißer Winter Taffeta. zu nennen; I, 125 in Württ. = Champagner Reinette, Z. 118.
Taffetas blanc d'hyver, I, 549, = Weißer Winter Taffetapfel.
Tarw Appel, IV, 235, Z. 52, = Sommer Kronenapfel; im Handb. steht irrig Turnappel. Z. 124, für Sommer Zimmtapfel; Z. 38 im Boomgaard = Sommer Gewürzapfel.
Tartar Zuchowi, IV, 375, = Polnischer Zuckerapfel.
Täubling Crebes blutrother, I, 105, = Crebes Taubenapfel.
„ Großer / „ Großer gestreifter Winter } (298), IV, 71.
„ Königlicher, I, 107, Z. 121, = Rother Winter Taubenapfel.
„ Tulpenartiger (Pigeonnet tulipé), Z. 112, wohl sicher = Rother Winter Taubenapfel.
„ Weißer gerippter Herbst, I, 247, = Mayers Taubenapfel.
„ Weißer Winter, I, 444, = Weißer Winter Taubenapfel.
Taubenapfel, Crebes, (37), I, 105, Z. 1. Wenigstens sehr ähnlich dem Enkhuyser Agatapfel, doch bisher in Jeinsen die Vegetation des Enkhuyser schwächer.
„ Donauers / „ „ Weißer Winter } (35), 101; Z. 109 Die dort angegebene Identität mit Rothem Winter Taubenapfel hat auf falsch erhaltenen Reisern beruht; die von Donauer selbst gesandte Frucht und Reis haben viele Aehnlichkeit mit Edlem Prinzessinapfel, und wird eigene Sorte sein.
„ Mayers, (106), I, 247.
„ Moldauer, (483), IV, 445.
„ Oberdiecks / „ „ Winter } (205), I, 443; Z. 12.
„ Rother Herbst, I, 231, = Sommer Zimmtapfel.
„ Rother Winter, (38), I, 107; IV, 72; Z. 121.
„ Schieblers, (365), IV, 247.
„ von St. Louis, (111), I, 253.

Taubenapfel, Weißer Sommer, (206), I, 445.
„ Weißer Winter, (207), I, 447.
„ Weißer, IV, 39, bei Bonn = Doppelter Holländer?
Tellerapfel, Gelber, IV, 73, = Großer Rambour?
„ Rothgestreifter, IV, 85, = Lothringer Rambour.
Thorle Summer, IV, 521, = Wirtel Apfel.
„ Winter, IV, 521.
Tiefblüthe, (469), IV, 417; I, 59 ist irrig identisch mit Gestreiftem Römerapfel angenommen.
Tiefbutzer, Rother, (58), I, 147.
Titowka, Weiße, (279), IV, 33. Nach IV, 499, nicht Tetowka zu schreiben, und muß das Beiwort Weiße auch im Namen stehen.
Titowka, Gestreifte, IV, 394.
Tortenapfel, I, 409, bei Hamburg = Braunschweiger Milchapfel
Tower of Glammys, IV, 403, = Apfel von Castel Glammy's.
Tragamoner, I, 555, bei Ulm = Rother Stettiner.
Transparentapfel, I, 87, = Weißer Astracan.
Transparent, Züricher, IV, 371.
Transparent, Wood's new, VIII, 164, = Pepping von Court of Wick.
Triangelapfel, I, 103, = Edelrother.
Trompeterapfel, I, 57, in Böhmen = Prinzenapfel.
True Spitzenburgh, I, 523, = Esopus Spitzenburgh.
Trynweuwster, IV, 249, = Enkhuyser Agatapfel
Tulpenapfel, Diels, VIII, 39.
Tulp kroon, I, 416, = Rother Kronenapfel.
Türkenapfel, (184), I, 401.

U.

Ulmer Apfel, Z. 17, wohl = Geflammter Cardinal
Unvergleichlicher, Parks, (219), I, 471.

V.

Van der Vere, (246), I, 525.
Vaterapfel ohne Kern / Vaterapfel } (439), IV, 355.
Veentje Zoete, Z. 15, in Holland besonders geschätzter Süßapfel.
Veilchenapfel, Diel, IV, 385 und 386,

W.

Y.

Yellow, VIII, 161, = Pepping von Court of Wick.

Z.

Zafferapfel, I, 213, im Voigtlande = Safranapfel.
Zehendheber (434), IV, 345;
Zehendhöfer Z. 123.
Zeisigapfel, Großer grüner, I, 225, bei Dresden = Großer grüner Rambour.
„ Langer, I, 61, bei Dresden = Delikatesse von Monbijou.
Zijden Hemdje, Z. 38 und 39, nach Boomgaard in Westland = Sommer Gewürzapfel.
(Zimmetapfel, I, 63, = Süßer Holaart; Z. 45 bei Christ auch so.)
„ Sommer (100), I, 231;
= Gestreifter Sommer Z. 124.
Zipellenapfel, I, 305, Z. 11 und 12 = Zwiebelborsdorfer.
Zoete, Binder, Z. 45, bei Knoop = Süßer Holaart.
„ Candy, Z. 15, Synonym von Bloem Zoete.
„ geele, Z. 45 und 46 kommt vor für Gelben und für Weißen süßen Silverling.
„ grauwe, I, 329, = Süße graue Reinette.
Zoete kaneel, Z. 45, bei Knoop = Süßer Holaart.
„ Rode, Z. 33, = Purpurrother Cousinot.
„ Witte, Z. 45, nach Ottolander = Süßer Holaart des Handb.
Zuckerapfel, Amerikanischer, (668), VIII, 259.
„ Polnischer, (449), IV, 376.
„ von Beek, (626), VIII, 169.
Zuckerhutapfel, (270), IV, 15.
Züricher Apfel, IV, 401, bei Bauhin = Papagei Apfel.
Zwiebelapfel, I, 555, = Rother Stettiner.
„ I, 305, = Zwiebelborsdorfer.
„ Christs doppelter, I, 345, = Zwiebelborsdorfer.
„ Doppelter, Z. 11, in Boskooper Fruchtsorten Synonym von Vlaamsche Shyveling.
Zwiebelapfel, Grüner, I, 551, in Württ. = Kugelapfel
„ Rother, I, 555, in Bayern = Rother Stettiner.
„ Sulinger, Z. 11, gab in Jeinsen deutlich den Zwiebelborsdorfer.
Zwiebelborsdorfer, (137), I, 305. Z. 11 und 12.
„ Meininger, (510), IV, 499.
Zwiebelmaschanzker, I, 305, = Zwiebelborsdorfer.
Zwillingsapfel, Platter gelber, (637), VIII, 191.

Nachtrag zum Schwarzen Kurzstiel. Es muß nachträglich zu dieser Sorte noch angemerkt werden, daß Beschreibung schon in den Monatsheften von 1871, S. 6, von Herrn Direktor Thomä zu Wiesbaden, auch Monatshefte 1871, S. 261, gute Abbildung gegeben ist. Die Sorte findet sich darnach schon länger bei Wiesbaden.

Birnen.

Vorbemerkung.

Da seit Beginne des Handbuches viele wichtige Werke besonders über Birnen erst erschienen oder später bekannter geworden sind, ist nothwendig, wenigstens in Band II. die Literatur und Synonymie unvollständig geblieben. Vollständiges ließe sich nur durch eine ganz neue Bearbeitung der ersten Bände des Handbuches geben. Um indeß durch das Register, wenigstens Einiges zur Vervollständigung der Angaben beizutragen, habe ich im Register auf manche guten Abbildungen von Decaisne ꝛc. noch hingewiesen, die bei den betreffenden Beschreibungen noch nicht mit angegeben sind, insbesondere auch alle bisher im Verger sich findenden, allermeist guten Abbildungen von im Handbuche beschriebenen Sorten mit allegirt, da dies Werk den Vortheil hat, daß die Abbildungen nicht nach allzugroßen Früchten gemacht sind, so daß man darin eine Sorte häufig leichter erkennt. Der Verger giebt die Sorten in den Abtheilungen Sommer-, Herbst- und Winter-Früchte, jede mit fortlaufenden Nummern für sich und weisen die angewandten Abbreviaturen S. Fr., H. Fr., W. Fr. (Sommer-Früchte ꝛc.) nebst hinzugefügten Nummern der Sorten (nicht der Pagina) auf den Platz der Sorte im Verger hin. — Viele weiteren Synonyme hat schon Jahn in den Registern zu Band II und V angegeben, über die man daher in den betreffenden Beschreibungen noch nichts findet, und um vergebliches Nachschlagen der Beschreibungen zu verhüten, habe ich diese neu zugesetzten Synonyme dadurch kenntlich gemacht, daß auf die Pagina des Registers hinter dem betreffenden Bande hingewiesen ist. — Wo mir im Laufe weiterer Forschungen noch nöthige Berichtigungen über Angaben im Handbuche bemerklich geworden sind, habe ich diese in Klammern, mit einem beigesetzten O, gegeben.

Oberdieck.

A.

Amadotte Winter,
„ müskirte Winter
Amadot musqué d'hyver } (428), V, 355, II, 437.
Amalia (399), V, 297.
„ von Brabant, II, 170 = Hardenponts Winter-Butterbirne, falls sie nicht nachgearteter neuer Sämling ist.
Amand Bivort (570), VII, 391.
Amande, Poire ou Beurré Amande, II, 75 = Mandelbirne, Diel, = Engl. Sommer-Butterbirne.
Ambleteuse, V, 587 = Decaisnes Amboise = Diels Normänn. rothe Herbst-Butterbirne = Graue Herbert Butterbirne.
Amboise (in Frankreich u. bei Decaisne = Diels Normänn. rothe Herbst-Butterbirne. Oberd. fand die von Decaisne erhaltenen Frucht = Graue Herbst-Butterbirne; auch der Verger, Willermoz (Pomol. de France, Tom. II, Nr. 68) u. Andere, halten beide gleich und Röthe wird bei der Frucht nur vom Boden kommen.
„ (l'Amboise), (157), II, 337; V, 583. Diel nennt sie auch Herbstbutterbirne von Amboise.
Amberbirne,
Ambre gris } = Winter Ambrette, V, 137.
Ambrabirne, Sommer, II, 59 = Gute Graue.
Ambrette II, 522 = Besi de Caissoi?
„ II, 330 = Rousette de Bretagne?
„ d'été, II, 59 = Gute Graue?
„ épineuse
„ grise } nach II, 520 = Winterdorn; nach V, 137 = Winter-Ambrette.
„ Große, V, 464 = Herbstbergamotte?
Ambrette Sommer (118), II, 255.
„ Winter
„ d'hyver
„ Wahre Winter } (319), V, 137; II, 330 = Rusette von Bretagne? V, 544, nach Dochnahl = W.-Muscateller. Verger W. Fr. 63
Amiral = Arbre courbé, V, 420 = des Chartreux, V, 420.
Amire Joannet, II, 206 = Archiduc d'été? Was Verger S. Fr. 91.
„ roux, V, 203 u. 583 = Große müskirte Zwiebelbirne.
Amour, V, 163 = Schatzbirne.
Amydon ou Poire d'or, II, 500.
Ananasbirne, in England = Comperette, II, 301, V, 411.
„ Belgische
„ Belge
„ d'hyver } = Regentin, V, 411 und 412, VIII, 340.
„ d'été, nach II, S. 412 irrig = Ananasbirne von Courtray; nach VII, 408 u. VIII, 340, richtiger = Comperette.
Ananasbirne, Französ., nach V, 411 = Comperette, was irrig öfter angenommen wird. Oberd. hat die ächte, auch delikate Frucht von Dittrich, deren Beschreibung etwa noch erscheint.
„ von Courtray
„ de Courtray } (456), V, 411.
Ananasb., Knoops (645), VIII, 339.
Andenken an Bouvier (215), II, 453, 584.
Andreane
Andreine
Androine belle
Andrine, schöne } II, 503 = Pastorenbirne.
Androgyne, II, 397 = Briel'sche Pomeranzenbirne?
Angelika von Bordeaux
Angelikabirne
Angelique
„ de Bordeaux
„ de Languedoc
„ de Pisé
„ de Toulouse } (441), V, 381, 382.
„ de Rome, V, 382 = Angelika von Bordeaux?
Angelikabirne, heilige, V, 382 = Angelika von Bordeaux?
Angeline (356), V, 211.
Angevine, Schöne
„ belle } (257), II, 537; Verger, Winterfr. 22.
Angleterre d'hyver, V, 152, fälschlich für Schönste Winterb., II, 177 = Winter Dechantsbirne; VII, 495 u. 496 = Englische Winterbirne.
„ des Chartreux, II, 78 = Engl. Sommerbutterbirne.
Angobert (Angober), II, 251, V, 50 = Große Rietbirne.
Angobert, Gros, V, 251 = Doppelte Mansuete.
„ de Mantone, VI, 437 = Herbst-Amadote.
Angoisse, II, 337, irrthümlich für Amboise; II, 338 und V, 143, bei Tougard u. Lond. Cat. = Winter-Apothekerbirne.
„ blanche, II, 526 = Großer Katzenkopf, nach VII, 496 = Englische Winterbirne.
Angora, II, 538, häufig fälschlich für Schöne Angevine; die wahre Angora haben Leroy im Diction. und Decaisne Text, Nr. 208, wie sie auch Oberd. von Leroy hat.
Anna Audusson (596), VII, 443.

Anna Nelis (629), VIII, 307.
Antoinette, II, 267 = Antoinettens Butterbirne.
Anniversaire 25 de Leopold, I; V, 495 = Neue Leopold I.
Apfelbirne, Poire Pomme (406), V, 216, 311.
Apothekerbirne, Capuziner, II, 437 = Herbstamadote.
„ Chaptals, V, 171 = Chaptal.
„ Gelbe frühe Sommer (269), V, 37.
„ Gelbe Herbst, V, 512 = Spanische Apothekerbirne?
„ Grüne Herbst (128), II, 279.
„ Militaer Apothekerb. (138), II, 299.
„ Rhein. Herbst (314), V, 127, 352.
„ Seutins II, 508 = Seutins Birne.
„ Sommer (22), II, 67; Decaisne Text, Nr. 20 gut, Verger; S.Fr. 98, wohl nicht unsere.
„ Spanische (506), V, 511, 352, 549, Verger, W.Fr. 64.
„ Winter (324), V, 147; Verger, Winterfr. Nr. 18.
Aqueuse grosse, Mayers, II, 251 = Meininger Wasserbirne? Große gelbe Weinbirne?
Arbre Courbé, V, 419 = Krummholzb.
„ superbe, II, 410 = Williams Christenbirne?
Archiduc Charles, Decaisne, II, 417, irrig = Erzherzog Carl. Ist nach Vegetation, wie Oberd. sie von Decaisne erhielt, nach Verger Herbstfr. Nr. 81 und Jahns Bemerkungen im Register zu Band V in der Pomologie de la France = Hardenponts Leckerbissen, Delices, Hardenpont Belgue; in Belgien aber oft auch = Napoleons Butterbirne.
„ d'été, Duhamel, Archduke, Sommer — V, 203, 204 = Große müskirte Zwiebelbirne 205, auch für Erzherzogsbirn irrig gesetzt; II, 206 = Amire Joannet?
Archiduchesse, II, 221 = Erzherzogin.
„ d'Autriche, II, 221 = Erzherzogin?
Ardente de Printemps, nach Register von Band II, hie und da = Arembergs Colmar, Prevost.
Aremberg, Diel = II, 457, Aremberg, was O. darunter von Diel (aber etwa falsch? erhielt) hatte gänzlich andere Vegetation.

Arenberg (d'Arenberg), Arenberg parfait — (167), II, 357 (Name besser Arenbergs Butterbirne, um Verwechslungen mit Arenb Colm. zu vermeid. O.) Verg. W.Fr., 79 klein.
Arenbergs Colmar (145), II, 313.
Argenson, II, 165 = Regentin.
Armenie, II, 209.
Athénaise (609), VII, 469.
Augustbirne, Deutsche (69), II, 201, V, 213.
„ Diels (357), V, 213.
Auguste, II, 142 = Marie Louise, Duquesne.
August Jurie, Auguste Jurie — (635), VIII, 319; geht nach Baltet (Monatsschr. 1864, S. 237, oft für Grand Soleil; Verger S. Fr. Nr. 29.
„ von Krause, II, 453 = Andenken an Bouvier.
Augustin, Eiförmige, Augustinerbirne, „ Gute — (519), V, 537; 415.
Augustine (458), V, 415, Verger, S. Fr. 13.
Augustus, St., II, 136 = Diels Butterbirne.
August Muscat Pear, II, 43 = Sommerrobine.
Aumerbirne, II, 457 = Langstielerin.
Austbirne, II, 202 = Deutsche Augustb.
Aurate, Aurore d'été — (81), II, 185, Verger. S. Fr. 87.
Aurore, II, 93 = Capiaumont.
Averat (d'Averat), II, 43 = Sommer-Robine.

B.

Badhams, II, 89 = Graue Herbstbutterbirne.
Balsambirne, Poire de Baume — (446), V, 391.
Banneux, II, 351 = Jaminette.
Baneau, V, 180 = Veteranen-Wildling.
Barnets William, II, 405 = Williams Christenbirne.
Baronsbirne, Baron Pear, Winter — (256), 535, 536.
Baron v. Ingelmünster (604), VII, 459.
Baronin von Mello, Baronne de Mello, V, 330 = Philipp Goes.
Bartlet, Bartlet of Boston, II, 405 = Williams Christenbirne.
Bassin, II, 264 = Schönste Sommerbirne, V, 573, erklärt Jahn die Bassin für Gelbe Laurentiusbirne.

Baud oder Bô de la cour, II, 478 = Hofrathsbirne.
Baveux, le; II, 330 = Russelte von Bretagne.
Beauclerc, Decaisne hat den Namen als Synonym seiner Graciolt = Sommer-Apothekerbirne
Beau Présent, II, 195 = Sparbirne.
„ „ d'Artois, II, 160, irr. synon. m. Königsgeschenk von Neapel; V, 583, (zu II, S. 423) hat Jahn sie, auch irrig, = Gute von Ezée. Aus Geisenheim erhielt O. die rechte Frucht.
Beauté Hutive, V, 52 = Schmalzbirn von Brest.
„ de Tervueren, II, 538 = Schöne Angevine.
Bec d'Oie, Bec d'Oiseau, II, 76 = Englische Sommerbutterbirne.
„ d'oie gris de Champagne, ou de Provence, V, 522.
Bein Armud. (Armudi), II, 125, V, 197 = Wildling von Motte.
Belle Alliance, II, 69, V, 351, VII, 407 u. 8; ist Name für Holzfarbige Butterbirne, Sterkmanns Butterbirne, Neufmaisons u. Serrurier d'Automne.
„ Alliance, Farieau's, V, 357 = Neufmaisons?
„ Andreane, „ Andreine, „ Adrienne: II, 503 = Pastorenbirne.
„ Angevine, II, 538 = Schöne Angevine.
„ Bessu, V, 164 = Schatzbirne.
„ Cannise, II, 139 = Napoleons Butterbirne.
„ Cornelie, II, 348 = Schönste Sommerbirne? nach V, 523, setzt Jahn sie = Bassin = Gelbe Laurentiusb.
„ d'aout, II, 389 = Deutsche Nationalbergam.; V, 44 = Brüsselerbirne? (die Dielsche wohl nicht O.)
„ d'Austrasie, II, 351 = Jaminette.
„ de Berry, II, 503 = Pastorenbirne.
„ de Bruxelles, II, 389 und 452 = Deutsche Nationalbergamette, allermeist mit dem Zusatze Sans pepins; V,44, wird auch gesetzt (doch wohl irrig) bei Diels Brüsselerb.; V, 60, auch bei Großer Schöner Jungfernb., bezeichnet auch noch andere Früchte, cf. V, 43.
„ des Bois = Holzfarbige Butterbirne.
„ de Flandre, II, 60 = Holzfarbige Butterbirne.
„ de Guasco, V, 509 = Gräfin von Guasco?
„ de Jersey, II, 538 = Uvedales St. Germain; V, 266 = Tonneau; nach Leroy = Belle de Thouars.

Belle de Luxembourg, II, 389 = Deutsche Nationalbergamotte.
„ de l'Orient, V, 474 (Leroy Diction., I, 205.)
„ Demoiselle, V, 59 = Große schöne Jungferbirne.
„ de Noël, „ après Noël: V, 373 = Weihnachtsbirne; V, 152, hie u. da Synonym von Schönste Winterbirne.
„ de Pragues (Prague), V, 505 = Schöne von Thouars.
„ des Esquermes, V, 318 = Beurré Dumont.
„ des Esquelmes, V, 100, 467 = Jalousie de Fontenay.
„ des Forêts, V, 423 = Esperens Waldbirne.
„ d'été (Bellisime d'été), V, 210 = Windsorbirne (Bellisime d'été, fast immer = Schönste Sommerbirne u. gehen mehrere Sorten als Windsorbirne. Ueber Belle d'été siehe Dictionaire, Poire Madame, O.)
„ de Thouars, „ de Thouarsé, „ de Troyes: V, 505 und 506 = Schöne v. Thouars.
„ épine de Limoges, „ „ Dumas: II, 515 = Dumas Herbstdorn.
„ et Bonne, auch Belle et Bone d'été, II, 87, 389 = Deutsche Nationalbergamotte; II, 88, auch für Liegels Winterbutterbirne; II, 452, bei Merlet = Schönste Herbstbirne? diese heißt meist Belle et Bonne d'Automne.
„ et bonne d'Ezée (des Haies), II, 424 = Gute von Ezee.
„ „ „ d'Hyver, II, 368 = Mannab.
„ excellente, bei Willermoz und Leroy = Gute von Ezée (II, 423); Jahn bekam jedoch darunter von Papleu und Soc. v. Mons, nach der Vegetation, die Köstliche von Charneu.
„ Fille, II, 384 = Schönste Sommerbirne.
„ Gabriele, V, 137, bei Knoop und Leroy = Winter-Ambrette (Oberd. erhielt aus 3 Quellen darunter die Gute Graue und Dittrich I, Nr. 48, hat als Wahre schöne Gabriele noch eine andere Frucht, reif Aug. O.)
„ Garde, II, 129 = Paradenbirne = Römische Schmalzbirne.
„ Heloise, II, 504 = Pastorenbirne.
„ Henriette, II, 517.
„ Julie, V, 454 = Poire de Tilloy = General Dutilleul; die Schöne Julie des Handbuchs ist andere.

Belle lucrative, II, 410 = Williams Christenbirne (nach Leroy Diction. wohl richtiger = Bergam. Lucrative = Esperens Herrenbirne, O.)
„ Madame, V, 210 = Windsorbirne (doch wohl nicht die des Handbuchs O.)
„ Noisette. V, 152, 192, falsch für Schönste Winterbirne.
„ Pucelle, II, 334.
„ sans pépins, II, 389 = Deutsche Nationalberg.
„ Sieulle, II, 317 = Sieulles Birne?
„ Verge, II. 249 = Orange rouge.
Bellisimé d'automne, II, 451 = Schönste Herbstbirne.
„ de Bur, V, 151 = Schönste Winterb.
„ d'été / II, 383, 452, Schönste
„ „ rayé \ Sommerbirne.
„ Jargonelle / II, 384, Schönste Som-
„ Suprême \ merbirne.
„ d'hyver, V, 151 = Schönste Winterbirne; VII, 496; Hogg hat bei ihr irrig Synon. Angleterre d'Hyver, Teton de Venus und Belle Noisette; auch de Bure (cf. Bellissimé de Bur.)
Benadine, II, 35; V, 235 = Grüne Hoyerswerder.
Bergaloo, II, 109 = Weiße Herbstbutterbirne.
„ Bequesne, Decaisne, V, 190; V, 189, bei Mayer = Rother Hasenkopf?
Bergamote, Bergam. d'Automne, V, 463 = (französische) Herbstbergamotte; II. Register, irrig bei Wildling von Motte.
„ Autumn (der Engländer), V, S. 464, wohl ohne Zweifel die Dielsche Rothe Bergamotte; wäre dann Englische Herbstbergamotte zu nennen.
„ Anthoinus (594) VII, 439.
„ Blut, V, 288, fand sich in Herrnhausen, ist von der Herbstblutbirne völlig verschieden.
„ Bufo (Bufo), V, 491 = Krötenbergamotte.
„ Brüsseler Herbst, II, 429 = Brüsseler Herbst-Muskateller.
„ Cadette (295), V, 89, 90, conf. Beauchamps Butterbirne.
„ Crapeaud (Crapeau), V, 491 = Krötenbergamotte.
„ Common, V, 464, wohl Diels rothe Bergamotte.
„ Commune, V, 463 = Herbstbergamotte (die Französische).
„ Crasanne (Crassane), II, 145 = Crassane.

Bergamote, Crassane d'hyver, II, 177 = Winterdechantsbirne.
„ d'Angleterre, II, 110, 390; V, Register; meist = Gansells Bergamotte (Rothe Dechantsbirne), die nach gesandter Frucht und Reise Decaisne, sehr irrig, als P. Hampden beschreibt. Im Lond. Cat. steht B. d'angleter bei Hampdens Bergamotte, die grün sei und im August reift. Diel erhielt als Hampdens Bergamotte die Hampdens Pomeranzenbirne, die Röthe hat; Jahn sieht II, 390, darunter, vielleicht richtiger, die Große Sommerbergamotte.
„ Darmstädter (137), II, 297.
„ d'Austrasie, II, 351 = Jaminette.
„ d'Avranches, V, 265 = Gute Louise von Avranches.
„ de Bruxelles, II, 389 = Deutsche Nationalbergamotte.
„ Bugi, II, 370, irrig oft = Osterbergamotte.
„ de Bussy, II, 104 = Lansac des Quintinye.
„ d'été, II, 389, bei Diel = Große Sommerbergamotte; in Frankreich = Runde Mundnetzbirne, auch, und meist als Bergamotte d'été grosse = Deutsche Nationalbergamotte. conf. V. 582 zu Runde Mundnetzb.
„ d'été ronde (oft falsch auch B. d'été ohne Beisatz) = Runde Sommerbergamotte.
„ d'Estryker oder Dertryker, V, 325 Bergam. de Stryker.
„ d'hyver, II, 351, oft = Jaminette; II, 360 = Osterbergamotte, Diel.
„ de Hollande panachée, II, 36 = Frühe Schweizerbergamotte.
„ de la Hilliére, V, 463 = Herbstbergamotte.
„ de Louvain, II, 284, 307 = Löwener Bergamotte.
„ de Nemours, V, 480.
„ de Pâques, II, Register, oft = Poire de Pentecote = Winter-Dechantsbirne.
„ de Parthenay, II, 183 = Bergam. von Parthenay.
„ de Paysans, II, 389 = Deutsche National-Bergamotte.
„ de Pentecôte, II, 177 = Winterdechantsbirne.
„ de Souhait, II, 142 = Marie Louise.
„ de Toulouse, II, 370 = Osterbergamotte des Handbuchs.
„ Deutsche National (32), II, 67.

Verger, S. Fr. 44, Pomol. Brittan. Taf. 116, Decaisne, Text Nr. 29.

Bergamote, Diels rothe, V, 463 u. 64, V, 215.
„ Donauers (133), II, 289.
„ Doppelte (588), VII, 307; II, 153, einzeln = Hellmanns Melonenbirne.
„ Drouet, II, 548 = Leon Leclerc von Laval; VII, 496, theils = Engl. Winterbirne.
„ Dussarts (Bergamotte Dussart) (318), V, 135; Verger W. Fr. 53.
„ Easter, II, 370 = Osterbergamotte.
„ Eduard Sageret, II, 235 = Eduardsb.
„ English, V, 464 = Diels rothe Bergamotte (Rothe Dechantsb.? O.)
„ Esperens, (341), V, 181; Boomguard, II, Taf. 21, Fig. 41, sehr gut; Verger W. Fr. 2.
„ Fièvée, II, 410 = Esperens Herrenbirne; V. Register, bei Decaisne = Naquette.
„ Fertile, II, 81, Volltragende Bergamotte.
„ Fortunée, II, 541 = Glücksbirne (im Diction. Fortunée de Printemps, da es schon mehrere des Namens giebt O.).
„ Frühe grüne, II, 63.
„ Frühe Schweizer (20), II, 63.
„ Fürstenzeller Winter (69), II,
„ „ Große Winter 161
„ Gansell's, II, 119 = Rothe Dechantsbirne, Verger, H. Fr. 15.
„ Gaubrys (595), VII, 441.
„ Geerards (169), II, 361; V, 583 = Gil-O-Gile.
„ Gelbe Herbst; II. Register, bei Metzger = Weiße Herbst-Butterbirne.
„ Gestreifte Sommer, II, 63 = Frühe Schweizer Bergamotte.
„ Gold, II. Register; bzw. Metzger = Weiße Herbst-Butterbirne.
„ Graue, II. 500 = Junker Hans; V, 148 = Winter-Apothekerbirne; II, 125 = Wildling v. Motte.
„ Graue runde Winterbergam. (245), II, 513, ist wahrscheinlich identisch mit Franc Real.
„ grise d'hyver, II, 513, dieselbe.
„ Grüne, II, 464; II. Reg. = Weiße Herbst-Butterbirne, Metzger; II, 137, = Grüne Herbst-Zuckerbirne; II, 125 = Wildling von Motte.
„ Herbst (462) 463, Verger Herbst-Fr 18; II, 97, oft Diels Rothe Bergamotte.)

Bergamotte, Grüne Herbst, II, 125 = Wildling von Motte.
„ Grüne Winter, II, 492 = Lange grüne Winterbirne; II, 356 = St. Germain; II, 334 = Virgouleuse.
„ Große Sommer (183), II, 389.
„ Große Winter, II. Register = Colmar bei Metzger.
„ Herrn, II, 409 = Esperens Herrenb.
„ Hertrichs (621), VII, 493.
„ Heimbourg, VII, 386, meist gesetzt = Hacons Unvergleichliche; Diction. hat andere. Verger H. Fr. 176.
„ Hildesheimer (285), V, 69, Verger, H. Fr. 5.
„ „ Winter, II, 177 = Winterdechantsbirne.
„ Hof / de la cour (435), V, 369.
„ Ives's, II, 119 = Rothe Dechantsbirne.
„ Käs, II, 97 = Diels Rothe Bergamotte.
„ Kaiser, V, 151 = Schönste Winterbirne.
„ Kleinste, V, 89 = Bergam. Cadette.
„ Klinkhardts (291), V, 81.
„ Knoops Herbst, V, 215, 464.
„ Krachende, II, 543 = Esperens Märzbirne.
„ Krafts Sommer (358), V, 215.
„ Kröten (469), V, 491.
„ Kurzstielige, II, 354 = Virgouleuse.
„ Lange grüne, II, 354, Virgouleuse.
„ Langstielige, II, 145 = Crassane.
„ Löwener (104), V, 284, 307, Verger. H. Fr. 92.
„ Lübecker Sommer (369), V, 237.
„ lucrativo, II, 409, Esperens Herrenb.
„ Magere rothe (112), II, 247.
„ Melon, V, 464 = Herbstbergamotte?
„ Nonpareille, II, 97, VII, 474, Name für Diels Rothe Bergamotte; die Nonpareille von Decaisne ist andere.
„ Ordinaire, V, 464 = Herbstbergam., II, 389 = Große Sommerbergam.
„ Oster (173), II, 369; V, 185 kommt für Bergamotte von Bugi vor; V, 544 = Deutsche Muskateller; (V, 583 sagt Jahn, die Beschreibung sei aus Diel, die Figur aus Pomon. Francon. entnommen, die nicht ganz passe und bei der Beschreibung habe ihm die Neue Winter-Dechantsbirne vorgelegen. Duhamels und Diels Osterbergamotte, die Jahn von Oberdieck erhielt, haben andere Figur. O.)

- Bergamotte, Panachée, II, 63 = Frühe Schweizerbergamotte. Nach Leroy = Späte Schweizer-Bergamotte. Als Berg. d'été panachée erhielt Oberd. die gestreifte Varietät der Runden Mundnetzbirne.
- „ Pfingst, II, 172 = Winterdechantsbirne. Diels Wahre Pfingstbergam. ist Andere.
- „ Reinettartige / (642), VIII,
- „ Reinette \ 333.
- „ Rothe, Diels (37), II, 97; ist wohl English. = Autumn Bergamott der Engländer und müßte dann Englische Herbstbergamotte heißen. Duhamels Rothe Bergam. ist eine andere. In der Pomol. Brittann. III, als Autumn Bergam. ziemlich leicht kenntlich.
- „ ronde d'Automne, Zink; II, 97 = Rothe Bergamotte, V, 464.
- „ Rothe Sommer, II, 247 = Mayers rothe Bergam.
- „ Rothe Winter, V, 522 = Trockner Martin.
- „ rouge, II, 97 = die Duhamel'sche; nicht die Diel'sche. II, 548 = Priesterb.
- „ rouge d'été, Zink II, 79.
- „ Runde, 389, 289 = Donauers Bergam.
- „ Runde Sommer, (270), V, 39; V, 215, bei Sickler wohl = Diels Rothe Bergam.
- „ Rouwa, V. 464 = Herbstbergamotte?
- „ Scotsch, V, 279 = Große Brittann. Sommerbirne? (Lond. Cat. hat das Synon. bei Hampdens Bergam. O.)
- „ Sicilische, Bergam. musquée de Sicile, V, 89 = Bergamotte Cadette.
- „ Sagerets (Bergam. Sageret), (141), II, 305, 235, VII, 397.
- „ Frühe Schweizer (20), II, 68.
- „ Späte Schweizer (292), V, 63, 463; II, 64.
- „ Soldat, II, 144 und 379 = Osterbergamotte?
- „ Strykers } (413), V, 235, Verg. Herbstfr. Nr. 33; VII,
- „ de Stryker } 493, im Diction. irrig = Hertrichs Bergam.
- „ Sommer, II, 45 = Runde Mundnetzbirne.
- „ Große Sommer (183), II, 389; bei Metzger = Weiße Herbst-Butterbirne.
- „ Späte, II, 500 =
- „ Suisse / V, 67 = Späte
- „ „ tardive \ Schweizer Berg.
- „ „ hative II, , 33 = Frühe Schweizer Bergam.

Bergamote Summer, II, 390 = Große Sommer-Bergam.
- „ Sylvange, II, 177 = Winter-Dechantsbirn.
- „ Sylvange (Poire Sylvange), bei Decaisne eine frühe Herbstfrucht; Berger, H. Fr. 31.
- „ tardive, II, 368 = Colmar; II, 370, bei Mayer = Osterbergam.
- „ Thouins, II, 281 = Thouin.
- „ Verte de Paques, VII, 478 = Diels Grüne Oster-Zuckerbirn und diese = Bergam. von Soulers.
- „ Volltragende (29), II, 81.
- „ von Bugi (343), V, 185; II, 370, oft irrig = Osterbergamotte.
- „ von Cuerne (641), VIII, 331.
- „ von Parthenay (80), II, 183.
- „ von Soulers (613), VII, 477; 478, Knoops Soulers wohl andere.
- „ von Besouzière, (568), VII, 387.
- „ Weiße, V, 354 / = Gute Louise.
- „ Weißschalige \
- „ „ Winter, II, 554, bei Metzger = Weiße Herbstbutterb.
- „ Winter, II, 145 = Crasanne, II, 369 = Diels Oster-Bergam.; II, 97, im Hannover'schen oft = Diels Rothe Bergamotte, II, 356 = St. Germain; V, 371 = Klöppelbirn.
- „ York, V, 469 = Diels Rothe Bergam.
- „ Zephirins, V, 532 = Zephirin Louis.

Berlaimont, V, 563, Herrnh. = Holländ. Feigenbirn? (Oberd. hatte darunter aus Herrnhausen Andere. O.)

Besi (Bezi) de Bretagne, II, 521 = Wildling von Caissoy.
- „ de Caën, II, 548, VII, 456, theils = Leon Leclerc de Laval.
- „ de Caissoy (Quessoy, Quesçois), II, 521.
- „ de Chasserie (l'Echasserie), II, 339 = Jagdbirn.
- „ de Chaumontel / II, 173 = Chau-
- „ „ „ panaché \ montel.
- „ „ „ très gros, II, 178 = Winterdechantsb.
- „ d'Esperen, V, 181, 305 = Esperens Wildling, falsch für Esperens Bergam.
- „ d'Hery (de Herie, Besidery), II, 349 = Wildling von Hery.
- „ de Landry, II, 339 = Jagdbirn.
- „ de la Motte (Bez. de Motte, B. Lamotte), II, 175 = Wildling von Motte.
- „ Louvain, V, 228, 307.
- „ de Montigny, II, 554, in Frankreich oft = Runde Mundnetzbirn (II, 341, ist irrig, daß Oberd. sie für Bergam. Crassane gehalten habe. In Frankr.

haben jetzt Mas (noch Baum von ihm, der schon trug), und Andere darunter die Bremer Butterbirn. O.)
Bergamotte de Quessoy d'été, II, 330.
„ de Quessoy d'hyver, II, 330 = Russette von Bretagne.
„ de Virgulée, II, 354 = Virgouleuse.
„ Incomparable / VII, 473 = Non-
„ Sans pareil \ pareil.
„ Rameau, V, 180 = Veteranen-Wildling.
„ Royal, V, 345 = Wildling v. Hery.
„ Vaat, (B. Va, Vatte, Vaet, Waat, de St. Waast oder Vaast, V, 175, = Wildling von Vaat.
Bestebirne / I, 39 = Sommer-
„ Straßburger \ Eierbirn.
„ Winter, II, 339 = Jagdbirn.
Beterave, V, 218 = Sommer Blutb.
„ Bettina (569), VII, 389.
Betzelsbirn / (337), V, 173.
Betzlichsbirn \
Betzelsbirn, Große, V, 173 = Kleiner Katzenkopf.
Beurré, II, 99, Graue Herbstbutterbirn.
„ Alexandre, II, 149 = Kaiser Alex. (als Alexandre erhielt O. mehrmals die Bosks Flaschenb.)
„ Amande, II, 75 = Engl. Sommer-Butterbirn.
„ Amiral, V, 420.
„ Anthoine, VII, 439, nicht = Dieudonné Anthoine.
„ Anglaise, II, 76 = Engl. Sommer-Butterbirn; oft auch = Weiße H.-Butterb.
„ Audusson, VII, 444, nicht = Anna Audusson.
„ Audusson d'hyver, VII, 444.
„ aurore, II, 93 = Capiaumonts Butterbirn.
„ Auguste Benoist (auch Benoit), VII, 361 = Benoist's Butterbirn.
„ Bachelier, V, 301 = Bacheliers Butterb.; 354 = Poire d'Arenberg (Arenbergs Colmar) Decaisnes.
„ Bouchamps, V, 90 = Beauchamps Butterbirn. In Frankr. u. Belgien heißt sie jetzt irrig Bergam. Cadette.
„ Beaumont } V, 175, irrig = Wild-
„ Beymont } ling Vaat; V, 304, auch
„ Biemont } irrig = Esperens Wildl.
„ Berkmanns, V, 343 = Berkmanns Butterb.
„ blanc, II, 109 = Weiße H.-Butterb., 309, in Frankr. = Runde Mundnetzbirn.
Beurré blanc d'Angers, II, 225, Sommerb. von Angers.
„ blanc d'été, II, 45 = Runde Mundnetzbirn; II, 55, falsch sind Gelbe Sommer-Butterbirn.
„ blanc hatif, II, 255, bei Knoop = Weiße H.-Butterb.
„ blanc de Jersey, II, 125 u. V, 584 = Wildling von Motte.
„ blanc de Nantes, V, 422.
„ Beuzard / VII, 439 = Decaisnes
„ Beuhard \ Damenbirn.
„ Bonchrétien, II, 175 = Späte Hardenpont.
„ Bosc, II, 122 = Bosks Flaschenb. (im Diction u. in Frankr. meist andere und wohl die Holländ. Butterb. O.)
„ Brétonneau, V, 159 = Doctor Brétonneau.
„ Brown, II, 99 = Graue H.-Butterb.
„ Broncé (Bronzé), II, 166 und 327 = Regentin.
„ Broncé vrai, II, 327 = Broncirte Herbstbirn.
„ Brun, II, 135 = Graue Dechantsb.
„ Bruneau, II, 555 = Crassane, Decaisne.
„ Buchanans Spring / VII, 192 =
„ Spring \ Verulam.
„ Capiaumont, II, 93 = Capiaum. Butterb.
„ Chaptal, V, 172 = Chaptal.
„ Citron, VIII, 372 = General Lamoricière?
„ Clairgeau, II, 505 = Clairgeau's Butterb.
„ Colmar, II, 53, falsch gleich Enghien; ist nach V, 582, 4. Absatz eine andere und erhielt Oberd. von der Soc. v. M. gänzlich andere Frucht.
„ Colmar gris, V, 564 = Regentin.
„ Coloma, II, 443 = Colomas H.-Butterb.
„ Courtet V, 108 u. 584 = Graf Lamy u. Dingler.
„ d'Albert, II, 483 = Butterb. von Albert, auch Dalbret? (Dieser letzte Name ist der richtige und heißt die Frucht Dalbrets Butterb., nach einem früheren Vorsteher des Jardin du Museum so benannt. O.)
„ d'Amanlis, II, 71 = Amanlis Butterbirn.
„ d'Amanlis panaché, II, 72, Varietät davon.
„ d'Ambleuse, II, 99 = Graue H.-Butterbirn.
„ d'Amboise, II, 99, V, 582, VII, 391, oft Name für die Dielsche Nor-

männl. rothe H.-Butterb. die völlig = Graue Herbstbutterb. ist.

Beurré d'Audusson d'hyver, V, 451 = Defays Dechantsb.

„ d'Anjou, II, 360 = Winter-Meuris.

„ „ rouge, II, 99, V, 582 = Graue H.-Butterb.

„ d'Apremont, II, 121, Bosks Flaschenb. (? O. sah sie gänzlich unberostet u. erhielt selbst leider noch keine Frucht.)

„ d'Arenberg (d'Aremberg), II, 357 = Arenberg, besser genannt Arenbergs Butterbirn; II, 170 und 484, in Frankreich nennt man so die Hardenponts W.-Butterb

„ d'Argenson, V, 584, Absatz 1 = Urbaniste.

„ d'Austerlitz, II, 555 = Poire de Pentecôte = Winter-Dechantsb.

„ d'Austrasie, II, 555 = Jaminette.

„ d'Autun (d'Autein), V, 564 = Napoleons Butterb.

„ de Bolwiller, II, 549 = Bollweiler Butterbirn.

„ de Bordeaux, II, 45 = Runde Mundnetzb.

„ de Bourgogne, II, 89 = Holzfarbige Butterbirn.

„ de Cambron (Chambron), II, 170 = Hardenp. W.-Butterb.

„ de Charneuses, II, 106 = Köstliche von Charneu.

„ de Coning (Conning, Konning), II, 79 = Konnings Butterb.

„ de Darmstadt, II, 297 = Darmstadter Bergam.

„ Defays, V, 451 = Defays Dechantsbirn.

„ de Deftinghem, II, 555 = Holzfarb. Butterb., Decaisne.

„ de Deftinge, II, 558, Annalen der Pomologie; VI, 41 = Holzfarbige Butterbirn.

„ Delbecq, II, 434.

„ d'Elberg, II, 90, Holzfarbige Butterbirn; II, 484 = Dalbrets Butterb.?

„ d'Enghien, II, 53 = Enghien.

„ d'Esperen, II, 324 = Emil Heyst.

„ d'Esquelmes, VII, 384, irrig für Dumonts Butterb.

„ de Fevrier, V, 551 = Februar-Butterbirn.

„ de Fontenay, V, 524 = Graue W.-Butterb.

„ de Flandre, II, 175 = Späte Hardenpont; II, 556 = Holzfarbige Butterbirn.

„ d'Hardenpont, II, 169, Hardenponts Winter-Butterbirn; 484, in Frankreich oft = Hardenponts Leckerbissen. V, 312, falsch für Apfelb.

Beurré d'Hardenpont de Cambron, II, 555 = Hardenp. W.-Butterb.

„ de Hemptinne, V, 157, hie und da = Jean de Witte.

„ de Hollande, V, 273 = Holländische Butterbirn.

„ d'hyver, II, 175 = Späte Hardenpont; 173 = Chaumontel, auch oft Wildling von Motte.

„ d'yver des Belges, II, 170 = Hardenponts Winter-Butterbirn.

„ d'hyver de Bruxelles, II, 178 = Winter-Dechantsb.

„ d'yver nouvelle, II, 170 = Hardenponts Winter-Butterb.; II, 541 = Glücksbirn.

„ d'hyver nouveau, V, 524 = Graue Winterbutterbirn.

„ d'hyver petit, II, 522 = Wildling von Caissoy.

„ d'Jelles, II, 197 = Nina u. Mannings Elisabeth.

„ de Kent, II, 555, bei Decaisne = Hardenp. W.-Butterb.

„ de la Chapelle, VII, 366 = Kapellenbirn.

„ Delannoy, VII, 399 = Dilly's Butterb.

„ Delfosse, V, 465 = Delfosses Butterb.

„ de Louvain, V, 284 = Comperette (?)

„ Delpierre, V, 251 = Delpierresbirn.

„ de Luçon / V, 523 = Graue

„ gris de Luçon \ Winter-Butterb.

„ de Malines, II, 528 = Winter-Nelis.

„ de Merode, de Merode Westerloo, II, 435 = Doppelte Philippsbirn.

„ de Montgeron (Mongeron), II, 101. 421 = Butterbirn von Montgeron,

„ de Mortefontaine, VII, 351, 357, oft gesetzt = Beurré Le Fevre.

„ de Nantes, V, 421 = Butterb. von Nantes.

„ de Neige, II, 555 = Weiße Herbst-Butterbirn, bei Duhamel.

„ de Noirchain, II, 175 = Späte Hardenpont; Diel hat, wohl durch Irrung, eine Andere.

„ d'oré, II, 99 = Graue Herbst-Buttb.; II, 135 = Graue Dechantsb.?

„ de Paques, II, 178 = Winter-Dechantsb.; VII, 478, kommt vor für Bergamotte von Soulers.

„ de Paques de Lauer, II, 177 = Winter-Dechantsb.

„ de Printemps, II, 177, Dieselbe; V, 153, bei Decaisne = Colmar von Mons.

Beurré de Rance (Rance, Rans), II, 175, Späte Hardenpont. (Nach Dumortier, im Pomol. Tournaisienne komme der Name her von einem wie ranzigen, Arrière gout, den die Frucht früher gehabt habe. O.)
„ de Rackenghem (Racqueingheim), II, 450, Leckerbissen von Angers? V, 312 = Apfelbirne.
„ de Saintonge, V, 582 = Arenbergs Butterbirn.
„ des Beguines, V, 493 = Beguinenb.
„ des Capucins, II, 437 = Herbst-Amabotte.
„ des Bois, II, 555, überhaupt sehr oft = Holzfarbige Butterb.
„ des Orphelins, II, 357 = Arenbergs Butterb.
„ de Spoelberg, II, 486, die Spölberg.
„ de Semur, II, 351 = Doppelte Mansuete? (Im Diction. und Berger eine Andere. O.)
„ de Terverenne, II, 99, V, 381 = Graue Herbst-Butterb.
„ des trois Tours, II, 163 = Diels Butterbirn.
„ de Wetteren, V, 361, Butterbirn von Wetteren.
„ de Wittenberg, II, 53 = Enghien.
„ d'Yel, II, 197 = Diels Butterb.
„ d'Yelle, (Cat.Lond.), II, 197 = Nina?
„ Diel, II, 136, = Diels Butterbirn.
„ Douce Saveur, (v. M.), VII, 502 = van Mons Süße Winterbirn.
„ Drapiez, II, 443, V, 584 = Colomas Herbstbutterb.
„ Dumont, V, 318, 337 = Dumon Dumortier?
„ Dumortier (Dumoustier?), V, 317, 118, 338 = Dumortiers Butterb.
„ du Roi, II, 99, Graue Herbstbutterb.; hie und da Weiße Herbstbutterbirn; nach Willerm. Pomol. de la France = Diels Butterb.
„ Duval, II, 556, V, 309, 310, Duvals Butterbirn; fälschlich hie und da für Hardenp. W.-Butterb.
„ Duverny, V, 513 = Köstliche von Mons.
„ Early (of some), VII, 320 = Bloodgoods Sommerbirn.
„ Easter, V, 117 = Winter Dechantsb.
„ Épine, II, 175, irrthümlich für Späte Hardenpont.
„ Foidart, II, 90 = Holzf. Butterb.
„ fauve de Printemps, V, 379 = Braunrothe Frühlingsb.
„ Gens, II, 443, V, 584 = Colomas Herbstbutterb.
Beurré George, V, 440 = Georgs frühe Butterb. = Brüsseler Zuckerb.
„ Giffard, II, 378, V, 385 = Giffards Butterbirn.
„ Golden of Bilboa, II, 447 = Bilboas Goldb.
„ Green, II, 167 = Englische lange grüne Winterbirn.
„ gris } II, 99 und 100 =
„ „ rouge } Graue Herbstbutterb.
„ gris de Luçon, B. gris d'hyver, B. gris d'hyver nouveau, B. gris superior, V, 524 = Graue Winterbutterbirn.
„ Goubault, V, 233, VII, 442 = Goubaults Butterb.
„ Gurle's, II, 119 = Rothe Dechantsb.
„ Haffner, V, 564 = Pomol. de la France u. Leroy Diction. gebraucht für Köstliche von Charneu und Holzfarbige Butterb.; die richtige ist daher in Frankr. nicht bekannt.
„ Hamecher, VIII, 345 = Hamechers Schmalzbirn.
„ Hardy, V, 435 = Kenni's Butterb.? (die Hardy's Butterb. ist ziemlich sicher = Gellerts Butterb. O.)
„ Jalais, VII, 366 = Kapellenbirn (Bonne de la Chapelle).
„ Jaune d'été, V, 55, Gelbe Sommer Butterbirn.
„ incomparable, II, 163 = Diels Butterbirn.
„ Isembert le bon, V, 582 = B. d'Amboise (Normänn. rothe Herbstbutterbirn).
„ Kennes, V, 435 = Kennes Butterb.
„ Kent = Hardenpont W.-Butterb.
„ Liebart, II, 417 = Liebart.
„ Lombard, V, 564 = Diels Butterb.; II, 170 = Hardenp. W.-Butterb.
„ Louise d'Araudoré, V, 266 = Gute Louise von Avranches.
„ lucrative, II, 410 = Williams Christenb.? (Sicher falsch, bedeutet immer die Esperens Herrenb., was bei Leroy Hauptnamen ist. O.)
„ Luizet, VIII, 373 = Luizets Butterb.
„ magnifique, II, 163 = Diels Butterb.
„ Nantais, V, 421 = Butterb. von Nantes.
„ Napoléon, II, 139 = Napoleons Butterb.
„ Navez, V, 480 = Herzog von Nemours.
„ Noisette, V, 479, bezgl.?
„ „ Anglais, V, 480 = Amanlis Butterb.
„ Oran (Coulommiers), V, 564, in

Pomol. de la France = Diels Butterbirn.
Beurré Oswego, VII, 408 = Oswego's Butterb.
„ Paridans, II, 175 = Späte Hardenpont, V, 497 = Paridansbutterb. (in Herrnhausen.)
„ Picquery, II, 443 = Colomas H.-Butterbirn.
„ plat, II, 145 = Craffane.
„ Quetelet ou Bisourtet, V, 108, V, 584, = Graf Lamy.
„ Rance cf. B. de Rance.
„ Romain, II, 55, V, 582 = nicht Röm. Schmalzb., sondern = Christ's Römischer Butterb.
„ rouge, II, 119 = Rothe Dechantsb.
„ „ d'anjou } II, 100, V, 582 = Normänn. rothe H.-Butterb. = Graue H.-Butterb.
„ „ de la Normandie }
„ Roupe (Roupp), II, 178, bei Decaisne = Winter-Dechantsbirn; Ruppes Butterb. von Diel ist andere. O.
„ roux, II, 99 = Graue H.-Butterb.
„ royal, II, 163 = Diels Butterb.; II, 450 = Hardenp. Leckerbissen?
„ Seutin, II, 508 = Seutins Birne.
„ Small, Winter, II, 522 = Wildling von Caissoy.
„ Speece, II, 86 = Prinzessin Marianne, II, 89 = Holzf. Butterbirn.
„ St. Amour, II, 80 = Prinzessin Marianne.
„ St. Hubert, II, 142 = Marie Louise, (Duquesne.)
„ St. Nicolas, II, 107, falsch für lange weiße Dechantsb. (die wahre ist ganz andere. O.)
„ St. Nicolas Peer, II, 281 u. 528 = Grüne H.-Zuckerb.
„ Six, V, 349 = Six's Butterb.
„ Sterkmanns (Streckmann, Strequeman, d'Esterkmann), V, 357 = Sterkmanns Butterb.
„ Superfin, V, 299, Hochfeine Butterb. VIII, 344, bei Decaisne irrig = Graslin.
„ Thouin, II, 281 u. 528 = Winter Nelis; Thouins Bergamotte und die Thouin von Decaisne (Thouins Butterb.) sind ganz andere. O.
„ van Marum, V, 440 = von Marums Schmalzb. = Brüsseler Zuckerb.
„ van Mons, II, 494 = van Mons Butterb.; V, 330 = Baronin von Mello (Philipp Goes); (Decaisne hat, doch wohl irrig, Beurré van Mons = Vicomté de Spoelberg).
Beurré vert, V, 565, im Pomol. de la France = Diels Butterb.
„ vert d'été, V, 61 = Grüne S.-Butterb.
„ vert, II, 113 = Brüsseler Zuckerb.
„ white (witte) } II, 109 = Weiße H.-Butterb.
„ „ d'autumn. }
Beuvière, la, II, 389 = Große Sommer-Bergamotte oder Deutsche National-Bergamotte.
Beuzard, II, 389 = Deutsche National-Bergamotte.
Biemont, V, 90 = Bergamotte Cabette?
Bigarrade, II, 397 = Brielsche Pomeranzenb.?
Birblank } II, 109, bei Metzger = Weiße H.-Butterb.
Birneblank }
Birne, Alteweiber, V, 103 = Senfb.
„ Amber, V, 137.
„ Beguinen (497), V, 433.
„ Brester, saftige } V, 51, Schmalzbirn von Brest.
„ „ schmelzende }
„ „ spröde }
„ Brüsseler, Diels (272), V, 43, 226.
„ Brüsseler, Knoops, V, 232, irrig für Brüsseler grüne Madam angesehen; (Oberd. erhielt darunter aus Holland richtiger die Sparbirn, auf die schon die von Knoop angegebene Vegetation hinweist, die auf Diels Brüsseler Birn entfernt nicht paßt. Die Knoopsche Brüsselerb. heißt in Holland gewöhnlich Poire Madame und gab von Ottolander auch die Sparbirne cf. Boomgaard Poire Madame. O.)
„ Cyprische (Merlets), V, 29.
„ Dilpierres (376), V, 251.
„ Frankfurter, V, 63 = Frankenb.?
„ Französische, V, 148 = Winter-Apothekerb.
„ Gesegnete (Gezegende Peer), II, 377 = Roberts Muskatellerb., II, 243, auch = Liebesb.
„ Gönnersche (103), II, 229.
„ Hamburger, V, 209.
„ Heilige Catharinen, V, 35 = Zwiebotzenbirn.
„ Löwener (392), V, 283, 307.
„ Klewenowsche (88), II, 199, Verger, S. Fr., 59.
„ mit gebogenen Aesten, V, 420 = Krummholzbirn.
„ mit 2 Kelchen } V, 35, 36 = Zwiebotzenbirn.
„ mit 2 Köpfen }
„ Müsk. Burdiner, II, 193 = Wespenb. (Burdon musqué.)
„ ohne Haut, V, 205 = Zartschalige Sommerb.
„ ohne Kerne, II, 88 = Deutsche Nationalbergamotte.

Birne ohne Schale, V, 27 = Gelbe frühe Sommer-Apothekerb.? richtiger wohl Zartschalige Sommerb.
„ Persische, V, 52 = Schmalzbirn von Brest.
„ Pfullinger, V, 407 = Knausb.
„ Rain, V, 312 = Rheinische Birn? (wohl richtiger Diels Rainbirne, D.)
„ Rheinische, V, 127 = Apfelb.; V, 312.
„ Rostiezer (589), VII, 329.
„ Rothbackige, Knoops, V, 44.
„ Salzburger (360), V, 219.
„ Schaßlauer (Böhmen), V, 565 = Sommer-Apothekerb.
„ Seutins (242), II, 507; Decaisne Text Nr. 285 hat eine andere.
„ Schwarzburger (541), VII, 333.
„ Sieulles (147), II, 317.
„ von Aston Town (306), V, 111.
„ von Croft Castle (657), VIII, 363, Verger, H. Fr. 157.
„ von Kienzheim (365), V, 229, Verg., S. Fr. 56, gut.
„ von Tongres (493), V, 485, Verger, H. Fr. 152 als Durondeau.
Bisambirn i. Franken, V, 371 = Klöppelbirn?
Bischofsbirn, lange gelbe / Beshops Peer } (350), V, 199.
Bischof, Milde, II, 172 = Liegels W.-Butterbirn.
Bishops Thumb, die, (481), V, 461; II, 556, bisweilen = Russeline.
Blankbirn, II, 556, bei Metzger = Weiße H.-Butterb.
Blanchette à longue queue, V, 389 = Langstielige Blanquette.
Blankette, Kleine (82), II, 187, V, 208, Verger S. Fr. 19.
„ d'automne, II, 137 = Grüne Herbstzuckerbirn.
„ kreiselförmige / „ große kreiself. } (348), V, 195.
„ Langstielige (445), V, 389, Verg. S. Fr. 115.
Blanquet, Gros, V, 195, bei Diel = Kreiselförmige Blankette; 195, Quintinye und Duhamel; 381, Zink.
„ Gros rond, V, 195 u. 196 = kreiselförmige Blankette?
„ petit (Poire de Perle), V, 195.
„ Long stalk (Stalked), V, 390 = Langstielige Blankette.
Blanke Diamant, VII, 368 = Doppelte Bergamotte.
Bleblesbirn, V, 173 = Betzelsb.
Bloodgood, VII, 320 = Bloodgoods Sommerbirn.
Blumenbirn (96), II, 215.
Blood Peer (Blood Peer), V, 218 = Sommer-Blutbirn.
Blutbirne, Große Römische, V, 268.
„ Herbst (391), V, 267.
„ Lütticher, V, 268.
„ Sommer (359), V, 217, Verger S. Fr. 42.
„ Späte, V, 288 = Herbst-Blutb.
„ weiße, V, 427 = Haller Rothb.
Bo de la cour, II, 478 = Hofrathsb.?
Boccage, du, II, 249 = Orange rouge.
Bogenäckerin, Welsche, V, 448 = Rummelter Birn.
Böspenbirn, II, 37 = Damenbirn.
Bois Napoléon, II, 151 = Napoleons Schmalzbirn; V, 584, irrig = Urbaniste.
Boisson, de, II, 352 = Jaminette.
Bolarmud (320), V, 139.
Bolivar, II, 538 = Schöne Angevine.
Bon Amet, II, 370 = Osterbergamotte.
Bonaparte, II, 139 = Napoleons Butterb.
Bouchet, de, V, 412 = Comperette?
Bonchrétien, V, 3 = Bonum Crustuminum.
„ d'Auch, V, 148 = Bonchrétien de Vernois u. Turo, V, 164 = Schatzb.
„ d'automne, V, 512 = Spanische Apothekerbirn?
„ Barnet, II, 405 = Williams Christenb.
„ des Amiens, II, 526 = Großer Katzenkopf.
„ d'Espagne, V, 511 = Spanische Apothekerb., cf. V, 279.
„ d'Espagne d'oré, V, 512 = Span. Apothekerb.?
„ d'été, II, 67 = Sommer-Apothekerb.
„ „ d'oré hatif, V, 37 = Gelbe Frühe Sommer-Apothekerb.
„ „ fondant musqué, V, 258 = Bugiarba.
„ „ musqué, V, 201 = Müskirte Sommer Gute Christenb., cf. 203, 205, 258; bei Merlet = Gelbe frühe S.-Apothekerb.
„ de Rance, II, 175 = Späte Hardenp.
„ de Tours, V, 148 = W.-Apothekerb.
„ d'hyver, II, 526, V, 148, dieselbe.
„ fondante, II, 170 = Hardenponts Winter-Butterb.
„ du Constantinople, V, 148 = W.-Apothekerb.
„ Gros, II, 564 = S.-Apothekerb.
„ jaune, II, 557 = S.-Apothekerb.
„ Müskirte Sommer, II, 201 = Müskirte Sommer Gute Christenb.

Bonchrétien, Napoleon, II, 139 = Napoleons Butterbirn.
„ Sieulle, II, 317 = Sieullesbirn?
„ vert, II, 279 = Grüne Herbst-Apothekerbirn.
„ Williams, II, 406 = Williams Christenbirn.
Bonne de la Chapelle, VII, 364 = Kapellenbirn.
„ d'Ezée = Gute von Ezée; VII, 379, bei Decaisne irrig = Carl Frederik.
„ de Haies / II, 424 = Gute von
„ des Zées \ Ezée.
„ de Kienzheim, V, 229 = Birn von Kienzheim.
„ de Longueval, V, 265 = Gute Louise von Avranches.
„ de Malines, II, 527 = Winter Nelis.
„ de Noël (Bonne après Noël), V, 343 = Weihnachtsbirn.
„ de Soulers, VII, 477 = Bergam. von Soulers.
„ Ente, VI, 110 = Weiße Herbst-Butterbirn.
„ Malinoise, II, 528 = Winter-Nelis.
„ Louise = Gute Louise; V, 557, bei Metzger = St. Germain.
„ Louise d'Arandore, V, 216 = Gute Louise von Avranches.
„ Poire de Louis XIV, V, 258 = Bugiarda (Grüner Sommerdorn, nicht der von Decaisne, O.), VIII, 325.
„ Poire, la, II, 395 = Grüner Sommerdorn.
Bonnefons, VII, 474 = Nonpareil.
Bonnissime de la Sarthe, V, 348, Feigenbirn von Alençon.
Bon Papa, II, 503 = Pastorenb.
Bon Valet, II, 403.
Borie, la II, 354 = Virgouleuse.
Bordeaux, de, V; 345 = Wildling von Hery.
Bosdurghan Armud, V, 197 = S. Apothekerbirn.
Bosch (Bosc.) peer, II, 69 = Holzfarbige Butterb.
Booshoe Klandiboret, V, 566, nach Willermoz = Dechantsb. von Alençon.
Bosteisbirn, V, [illegible]
Boter (Botter) [illegible], II, 76 = En[illegible] Sommerbutterb.
Bouchet (Pouchet), du, II, 557 = Ananas Belge, Decais. Comperette? (Ananas Belge ist richtig nur unsere Regentin; die Comperette kommt aber als Ananas noch sichtbar in den Annalen, III, 37, vor O.), VIII, 339, De Bouchett, oft gehalten = Knoops Ananasbirn, bei Decaisne ist's andere.
Bourdon musqué, II, 193 = Wespenb.
Bouvier, d'Automne V, 170.
Bouvier de Printemps, V, 170 = Neue Bouvier?
„ Neue (Nouveau Simon Bouvier), (335), V, 169; in Pomol. de la France, aber wohl irrig, gleich Bouvier Bourgmestre.
„ Bourgmestre, II, 321 = Bürgermeister Bouvier.
Brabbicks Feld
Hochstamm } II, 141 = Marie
Braddicks Field } Louise, Duquesne.
Standard
Brassicana, Cord., II, 526 = Großer Katzenkopf.
Bratbirn, Champagner
„ Aechte
„ à feuilles luisantes } (218),
„ Deutsche } II, 459;
„ Glanzfarbige } V, 259.
„ Kleine gelbe
„ Späte } V, 448 = Rummelterbirn.
Braunbirn }
Brederode (551), VII, 352; II, 90 = Holzfarbige Butterb.?
Brederoo, II, 137 = Grüne H.-Zuckerb.
Brie, Doppelte, V, 261.
Brillante, II, 557 = Holzfarb. Butterb.
Britanien, Schmelzende } (192), II, 407.
„ lange schmelzende }
Bretagne fond. longue }
Brocas Bergamott, II, 119 = Rothe Dechantsbirn.
Broom Park } (321), II, 141, Verger,
Brum Park } W. gr. 77.
Brown Admiral, V, 204 = Große müskirte Zwiebebirn.
Bruderbirn, II, 500 = Junker Hans; II, 538, Diels = Schöne Angevine?
Brugmanns (301), V, 101.
Brule bonne, II, 557 = Gute Graue.
Brutte bonne, II, 397 = Brielsche Pomeranzenb.
Bürgermeister Bouvier (149), II, 321; V, 180, falsch für Veteranen-Wildling.
Buffum } (624), VIII, 341.
Buffom }
Bugiarda, Decaisne (379), V, 257 (nicht Grüner Sommerdorn.)
„ des Italiens, V, 258, II, 395 = Epine d'été = Grüner Sommerdorn oder Franz. Sommerdorn.
Boujaleaf II, 354 = Virgouleuse.

Buntebirn (Buntjebirn), (121), II, 265.
Burchardts Arenbergerin, II, 115 und 358 = Arenberger Butterbirn.
Bourdon musqué, II, 193 = Wespenb.
Bunkerbie, Winter, V, 148 = Winter-Apothekerb. (bei Hildesheim heißt der Kuhfuß Bunkertin, offenbar corrumpirt aus Bonchrétien, O.)
Butterbirn = Weiße Herbst-Butterb.
" von Aehrenthals grüne Herbst, II, 239 = Aehrenthal.
" von Amanlis (24), II, 71; Boomgaard, Taf. 5, Nr. 9 u. 10, gut, V, 480, Verger, S. Fr. 34.
" Antoinettens (122), II, 267.
" Arembergs, II, 358 = Aremberg (Aremb. Butterb.)
" Bacheliers (401), V, 301, Verger W. Fr. 72.
" Beauchamps, V, 90, Verger H. Fr. 55, ziemlich kenntlich. (In Belgien u. Frankreich ist sie oft irrig Bergamote Cadette genannt und was Oberd. von Decaisne und Papeleu als Bergam. Cadette erhielt, gab die Beauchamps. O.)
" Bennerts (614), VII, 479.
" Benoists (555), VII, 361, Verger H. Fr 16.
" Berkmanns (422), V, 349, Verger W. Fr. 41.
" Bezerebis, V, 566 = W.-Relis.
" Blumenbachs (Soldat Labonreur), (60), 141, Verger H. Fr. 64, Monatshefte 1865, S. 359, gute Abbildg.
" Bodikers (140), II, 303. (Richtiger Name ist Henkel d'hyver, cf. Hovey Fruits of America, II, S. 53, wo sie kenntlich abgebildet ist; die Bodikers reifte in Zeinsen auch oft kurz vor Michaelis. Henkel d'hyver durch Donauer, dir. von v. Mons, hat dieselbe, sehr kenntliche Vegetation. Diel (Henkels Schmalzb.) bekam nicht die rechte; die Henkel d'hyver muß passend Henkels Butterb. heißen. Rouener Bulletin hat die Henkel d'hyver, reifend im Januar u. Febr. auch falsch. O.)
" Bollweiler (263), V, 549, Verg. W. Fr. 14.
" Bremer (598), VII, 447 (Was hat diese, nach Baum von ihm und auch wohl Decaisne, als Wildling von Montigny, doch irrig. O.)
" Broncirte Winter, II, 328.
" Burchardts, I, (46), II, 115.
" " II, 358, = Arenberg.
Butterbirn, Burnicq's (58?), VII, 411, Verg. H Fr. 49.
" Capiaumonts Herbst, II, 93 = Capiaumont.
" Clairgeau's (241), II, 505, Verg. W. Fr. 26; Decaisne Text, Nr. 189.
" Clasens, (663), VIII, 375.
" Coloma's Herbst (210), II, 443, V, 506, Verger H. Fr. 95, Hovey Fruits of America, II, p. 21.
" Coloma's Winter, II, 527 = W.-Relis.
" Coniher (361), V, 221.
" Cinoweser Sommer, V, 92 = Cinoweser Herbstb.?
" Dalbrets (irrig Butterb. v. Albert), (205), II, 433, Verger H. Fr. 48. Decaisne Text Nr. 212, gut.
" Delfosse's (483), V, 456, Verg. H. Fr. 51.
" Darmstadter, II, 207 = Darmst. Bergamotte.
" Diels (70), II, 163; V, 479, 510, Verg W. Fr. 67, nicht kenntl.; Hovey Fruits of Americ, I, p. 77, sehr gut.
" Dilly's (574), VII, 339.
" Dittrichs, II, 166, 580 = Regentin.
" " Winter (253), II, 529.
" Donauers Herbst (417), V, 333 (wohl sicher = Dr. Trousseau. O.)
" Dumortiers (Beurré Dumortier) (409), V, 317.
" Dumonts (566), VII, 388.
" Dupuy's, VII, 424 = Carl Dupuis.
" Duvals (Beurré Duval), (405), V, 309, Verger W. Fr. 38.
" Englische, Noisettes Große, II, 72, Amanlis Butterb.; (ist mir nach Frucht von Dittrichs Baum und der Société v. Mons doch noch nicht völlig gewiß, O.)
" Engl. Sommer (26), II, 75, Verg. S. Fr. 75.
" Engl. Winter, II, 76 u. 513, VII, 496. Was Jahn, von Diel stammend, erhielt, war in Belaubung = Engl. Winterb. (Oberdieck erhielt von Diel darunter zweimal die Engl. Sommerbutterbirn. O.)
" Februar (526), V, 551.
" Gelbe Sommer (278), V, 55.
" Gellerts (298), V, 5?? sicher identisch mit Hardys Butterbirn, Verger, H. Fr. 4, B. Hardy.
" Georgs frühe Herbst, V, 440 = Brüsseler Zuckerbirn.
" Gerbessens Weigsdorfer, V, 235 = Gerbessen.

Butterbirn, van Mons Frühlings, II, 177 = Winter-Dechantsb.
„ Vereins (Fondante du Comice), (407), V, 313, Verger, H. Fr. 2.
„ Vergoldete weiße, (571), VII, 393.
„ Vergoldete, II, 558, bei Metzger = Beurré blanc.
„ v. Albert (205), II, 433. Rechter Name ist Dalbrets Butterb.
„ v. Mecheln (297), V, 93, Verger H. Fr. 73, sieht fast als W. Nelis aus.
„ v. Montgeron (189), II, 421, Verger S. Fr. 36, Decaisne Text, Nr. 198 gut.
„ v. Nantes (461), V, 421, Verger S. Fr. 22.
„ v. Oswege (577), VII, 405, Verger H. Fr 41.
„ v. Wetteren (431), V, 361.
Butterbirn, Weiße Herbst | (4?), II, 109, Verger H. Fr. 106.
„ Weiße |
„ Willermoz's (Poire Willermoz) (402), V, 303.
„ Winter, II, 173 = Chaumontel.
„ Woronzow's (559), VII, 369.
Butter Peer, II, 109 = Weiße Herbstbutterbirn.
Butzelbirn, V, 173 = Betzelsbirn.

C.

Cadet de Bordeaux, V, 89 = Bergamotte Cadette.
„ de Veaux, V, 90, nicht dieselbe, nach Baltet = Konnings Butterb.
Caillot (Merlet), II, 246 = Mayers rothe Bergamotte.
„ gris, II, 540 = Priesterbirn.
„ rosat (rozat), II, 61 = Gelbgraue Rosenbirn.
„ „ d'été, II, 61 = Gelbgraue Rosenbirn, V, 215, VII, 342.
„ „ d'hyver | II, 539 = Priesterbirn.
„ „ musqué |
Caileaux (Caillot); V, 311 = Apfel- oder Scheibenbirnen.
Calabrois musquée, V, 339 = Müskirte Flaschenb.
Calbas musqué, V, 274 = Holländ. Buttterb.
„ Peer, V, 339 = Müskirte Flaschenb.
Calebasse, 273, Flaschenkürbisb. (Holländ. Butterb.)
„ Bosc, II, 121, Bosc's (Boses, Diel) Flaschenb.
„ Bosc (Bivort) | II, 122 = Prinzessin Marianne.
„ Passe Bosc |

Calebasse Carafon, imperiale, monstre, Nerkmanns, monstreuse, du Nord, royale V, 440 = v. Marums Flaschenb.
„ de Bavay, VII, 465 = de Bavay's Flaschenbirn.
„ d'hyver, V, 100, falsch für Dr. Bretonneau.
„ Monstrueuse, V, 440 = v. Marums Flaschenb
„ de Nerkmann, V, 357, 440 = Sterkmanns Butterb.
„ double, V, 271 = Holländ. Butterbirn
„ Grosse, V, 440 = v. Marums Flaschenb.
„ musqué, V, 339 = Müskirte Flaschenbirn
„ Tougard, V, 481, 274.
Caleville, V, 218 = Sommer-Blutb.
Calvier (Bauhins) = Deutsche Muscateller?
Calvillbirn, (333), V, 165.
Canele, II, 68 = Sommer-Apothekerb.
Canello, II, 558, bei Decaisne = Bosks Flaschenb.
Caneel-Peer (Kaneel-Peer), V, 51 = Schmalzb. v. Brest?
„ France (Franse), V, 245 = Knoops Französische Zimmtb.?
Canetsbirn, V, 489 = Herzog von Nemours.
Canning, Wahre (178) II, 379, V, 462.
Canning, V, 462 = Bishops Thumb.
„ d'hyver, Decaisne, II, 177, 380 = Winter-Dechantsb.
Capiaumont, (35), II, 93; Verger H. Fr. 36; Decaisne Text Nr. 53, als Aurore gut.
Captif de St. Helene, II, 139 = Napoleons Butterb.
Capsheaf, (480), V, 459.
Carafon, V, 440 = v. Marums Flaschenbirn.
Capuziner Apothekerbirn, II, 437 = Herbst-Amadotte.
Caraville d'Italie | II, 370 = Oster-bergamotte.
Carême |
Carl Dupuy ([illegible]), VII, 423. 186
Carl Frederik (564), VII, 379, II, 424 = Gute von Ezée.
Carl X, (346), V, 191; V, 564, richtig ausgebildet gute Wintertafelfrucht. In Hildesheim schätzt man sie sehr als Winter-Kochbirn. II, 139 heißt auch die Napoleonsbutterb. Carl X.
Carlisre, II, 558, bei Dochnahl = Weiße H.-Butterbirn.

Carmelite, II, 341 = Coloma's Carmeliterb., II, 540 = Priesterb.
Carl VI, V, 192.
'Carl von Mons Lederbissen (507), V, 513.
Carmeliterbirn, Coloma's (159), II, 341.
Carmeliter Citronenbirn, II, 92 = Grüne Magdalene.
Carthäuserin, II, 93 = Caplaumont.
Carvey-Peer, V, 345 = Wildl. von Hery.
Cassante de Brest, V, 52 = Schmalzbirn von Brest.
„ de Mars, II, 543 = Esperens Märzb.
„ des Bois, V, 192.
„ d'Hardenpont, V, 449 = Hardenp. Knackbirn.
Cassolet (la Cassolette), (97), II, 217; V, 207.
Castelline, V, 149 = Franc Real? V, 472 = Thomsons.
Catillac, II, 525, Großer Katzenkopf.
„ petit, II, 524 = Kleiner Katzenkopf; VII, 500, auch = Bellisime d'hyver.
„ rosat V, 192.
Catinka (312), V, 123, Verger S. Fr. 94.
Celeste, la, de Guasco, V, 510 = Gräfin von Guasco?
„ de Guasser, V, 510; wohl nur unrichtige Schreibart für Guasco.
Celestus, VII, 365 = Hacons Unvergleichliche.
Cellite, Chapmanns, II, 166 = Regentin.
Cent Couronnes, VIII, 390, in Bivorts Album Synonym. der Grünen späten Schmalzbirne. Jahn und Andere haben darunter andere Sorten.
Certeau (Merlet), II, 248 = Mayers rothe Bergam.
„ d'été, Gros, V, 59 = Große schöne Jungferbirn. (Bei Decaisne ist Certeau d'été eine andere, sehr schön geröthete Frucht, O.)
„ musque d'hyver, V, 547 = Junker Martinsbirn.
„ petit, II, 451 = Schönste Herbstb.
Chair à Dame, Chère à Dame, Chère Adame, II, 37 = Damenb. (Nr 7 des Handb., nicht die von Decaisne Nr. 501), VII, 434.
„ de fille, Cher de fille, II, 87 = Chair à Dame.
Chambers's Large, II, 538 = Uvedales St. Germain.
Chambrette, II, 354 = Virgouleuse.
Champagnerbirn, Heidelberger, V, 448 = Rummelterbirn.
„ Mecklenburger, II, 203 = Grüne Fürstliche Tafelb.; V, 428 = Trompetenbirn.??
Champagner Bratb. / „ Weinbirn } (218), II, 459.
Champ de la Porte, V, 567 = Dechantsb. von Alençon.
Chancelier de Hollande, II, 419 = Kanzler von Holland.
Chaptal (336), V, 171.
Charles d'Autriche, II, 497 = Erzherzog Carls Winterb. (Bei Decaisne wohl Andere, O.) II, 139, in Frankreich oft = Napoleons Butterbirn.
Charles Smet, V, 382 = Angelika von Bordeaux.
„ X., in Frankr. hie und da Napoleons Butterb.
„ van Mons, V, 513.
„ Durieux, II, 406 = Williams Christenbirn.
„ Frederix, II, 424 = Gute von Ezée.
Charlotte, Gute / Charlotte, bonne } (540), VII, 331 und 332, Verg. S. Fr. 91.
Charlotte von Brouwer (307), V, 113, Verg. H. Fr. 52.
Chartreuse, II, 93, 526; hie und da = Großer Katzenkopf.
Chasserie, II, 339 = Jagdbirn.
„ gros, II, 546 = Sarasin.
Chateaubriant, II, 187 = Kleine Blanquette.
Chaulis, II, 500 = Junker Hans.
Chaumontel (57), II, 173, Verger W. Fr. 30, wenig gut; Hookers Pomon. Londin, 1813, Nr. 11, gut.
„ panaché, II, 174, dieselbe, gestreifte Varietät.
„ très gros, II, 178 = Winter Dechantsbirn.
Chemineue, II, 352 = Sabine (= Jaminette?)
Chevalier, Chevalier d'hyver (232), II, 481, 71.
Chopine, II, 196 = Sparbirn.
Choix d'un amateur, VII, 403 = Liebhabersbirn.
Chrétien d'Anjou gros V, 148 = Winter-Apothekerb.
Christbirn (Christenb.), gute Sommer), II, 67 = Sommer-Apothekerb.
„ Gute Winter, V, 148 = Winter-Apothekerb.
„ Muskirte Sommer, gute / „ Muscateller Sommer / „ Muskirte Frühzeitige } (351), V, 201, 258.
„ Spanische, V, 352 = Spanische Apothekerb.

Christbirn, Williams (191), II, 405, Verger S. Fr. 10; Decaisne Text Nr. 64 gut.
„ Winter, V, 148 = W.-Apothekerb.
Ciderbirn, II, 459, Champagner Bratbirn.
Citronatbirn, Rothbackige (371), V, 244.
Citronenbirn, II, 559, bei Metzger = Weiße H.-Butterb., V, 241 = Rothbackige Citronatb.
Citronnée, V, 233 = Goubaults Dechantsb.?
Citron des Carmes, II, 29 = Grüne Magdalene.
„ „ „ panaché; gestreifte Varietät davon.
„ de Septembre, II, 109 = Weiße H.-Butterb.
„ musqué, II, 29 = Grüne Magdalene.
Citronenbirn, Carmeliter, II, 29 = Grüne Magdalene.
„ Große Sommer (21), II, 65.
„ Herbst, II, 559, bei Metzger = Weiße H.-Butterb.
„ Würzburger Sommer, II, 39 = Sommer Eierb.
Citroni, Winter, II, 354 = Virgouleuse.
Citrouille, II, 526 = Großer Katzenkopf.
Clara, II, 68 = Prinzessin Marianne, II, 45, auch = Runde Mundnetzb.
Clairgeau de Nantes, II, 505 = Clairgeaus Butterb.
Clemence (De Jonghe), V, 254.
Clement Bivort, V, 254.
Clement van Mons (377), V, 253.
Coeur de Boeuf, II, 463 = Ochsenherz.
Colmar, Colmart, Colmar ancien, (172), II, 363, Verger W. Fr. 70.
„ Arenbergs / „ d'Arenberg } (145), II, 313, V, 302, oft irrig = Beurré Bachelier, Verg. H. Fr. 42. Decaisne Text Nr. 80.
„ d'Alost, VII, 413, bleibt zweifelhaft ob = Comtesse od. Comte d'Alost.
„ boisé, V, 544 = Deutsche Muscateller.
„ Bonnet, II, 45 = Runde Mundnetzb.
„ Charny, V, 420 = Arbre courbé.
„ De Jonghes (643), VIII, 335.
„ Desahaults (520), V, 539.
„ Deschamps, II, 357 = Aremberg (Arenb. Butterb.)
„ d'été, II, 51 = Hardenponts frühe Colmar? II, 313 = Sieulles Birn? II, 39 u. 236, von Decaisne weder = Hardenponts frühe Colmar noch Deutsche Augustb. (die wahre Sommer Colmar ist von diesen allen ganz verschieden, O.)
Colmar Hardenpont, II, 166 = Regentin.
„ de Silly, V, 568, nach Leroys, Jahns und Oberdiecks Erfahrungen = Regentin.
„ des Invalides, V, 153 = Colmar van Mons.
„ d'hyver, II, 368 = Colmar; II, 170 = Hardenponts W.-Butterb.
„ d'oré, II, 368 = Colmar (Mannab.)
„ Dornige, II, 165 = Regentin.
„ du Lot, II, 516 = Dumas Herbstdorn.
„ Hardenponts Frühe (Frühzeitige), (14), II, 51; wegen Güte und Figur cf. V, 582.
„ Hochfeine, II, 165 = Regentin.
„ Herbst (besser Müskirte Herbst-Colmar, weil es schon noch andere Herbst-Colmar giebt), (125), V, 469. Verger S. Fr. 29.
„ Jaminette, II, 559 = Jaminette Decaisne.
„ musqué, II, 301 = Comperette.
„ Naves, V, 480, im Pomol. de la France ist Colmar Naves (Bouvier) und Beurré Naves (Bouv.) = Herzog von Nemours; doch sei Colmar Naves (v. Mons) davon verschieden, (auch bei Oberdieck war Colmar Naves (Bouvier), (von A. Bivort) = Herzog von Nemours.)
Colmar Neil, II, 115 = Burchardts Butterb.?
„ Nelis, II, 527 = Winter-Nelis.
„ Ordinaire, II, 368 = Colmar (Mannabirn.)
„ Passe, Passe Colmar ordinaire, II, 165, in Belgien u. Frankr. (wahrscheinlich durch Irrung) gewöhnlichster Name der Regentin und bezeichnet etwa richtiger die Passe Colmar Hardenpont (Hardenponts Frühe Colmar.)
„ Preuls (Precels richtiger), II, 165 = Regentin.
„ Sabine, II, 285 = Sabine, wohl = Jaminette.
„ Sommer, cf. Colmar d'été.
„ v. Mons / „ gros v. Mons } (327), V, 153, 480, Verg. W. Fr. Nr. 20.
„ von Flotows (322), V, 143, cf. V, 584.
Coloma d'Automne, II, 443 = Colomas H.-Butterb.
„ de Printemps, II, 527 = Winter-Nelis.
Colomann, Diel; II, 444 = Colomas H.-Butterb.? (Was Oberd. von Diel

als Colemann erhielt, war ganz = Coloma's H.-Butterb.)

Coloma's Carmeliterbirn (159), II, 341.

Coloma suprême, II, 171 = Liegels W.-Butterb.

" Köstliche Winterbirn, III, 172 = Liegels W.-Butterb.

" Winter-Butterbirn, II, 527 = Winter-Nelis.

Colorée d'Aout, II, 69 = Große schöne Jungfernb.? (Was Verger S. Fr. Nr. 2 als Colorée d'Aout abbildet, ist andere, O.)

Columbia (601), VII, 485, Verger W.-Fr. 74.

Comice de Toulon, II, 504 = Pastorenb.

Commissaire Delmotte (605), VII, 467, Verger H.Fr. 113.

Comperette (139), II, 301, Verger H. Fr. 53, als Ananas; Boomgaard II, Taf. 13, Nr. 25, gut.

Compotbirn, V, 522, ähnlich dem Trocknen Martin.

Comte de Flandre, II, 531 = Graf von Flandern.

Comte de Lamy, V, 68 u. 107 = Graf Lamy und Dingler; II, 142 = Marie Louise nouvelle the second.

Comtesse d'Alost, VII, 413 = Gräfin von Alost.

" de Fresnel, V, 348 = Figue de Naples.

" de Guasco, V, 509 = Gräfin von Guasco.

" de Lunay, II, 45 = Runde Mundnetzbirne; V, 582, bezeichnet richtiger Wildling von Montigny.

" de Lamay (von der Lunay verschieden), V, 582, VII, 462 = Duchesse de Mars.

" de Tervueren, II, 538 = Schöne Angevine.

Confesselsbirn, Rothe / Confessionsbirn } (305), V, 109; II, 173 = Chaumontel? (nicht Chaumontel, O.)

Citronen Peer, Herbst = Weiße H.-Butterb., Knoop.

Confesselsbirn, Grüne, V, 109 u. 190.

Conseiller de la cour, II, 477 = Hofrathsbirn.

" Ranvez, V, 472.

Copsheat. V, 460 = Capsheaf.

Coquillard, V, 420 = Arbre courbé.

Corchorus, V, 68 = Marie Louise (Duquesne)

Cornelia, Schöne, II, 189 = Hannoversche Jacobsb.? II, 384, Schönste Sommerb.?

" Corille, V, 568 = Forellenb. in Belgien.

Cornemuse, Melon rond, II, 37 = Damenb.

Coulesoif, II, 390 = Runde Mundnetzb., V, 231, bei Sickler = Lange Mundnetzbirn.

Coulon de St. Marc, V, 505 = Schöne von Thouars.

Courte Queue. II, 560, bei Decaisne = Weiße H.-Butterb.

" d'Ersol, V, 60 = Große schöne Jungfernb.

Cousinotte, V, 218 = Sommer-Blutb.

Crasanne (Crassane, Cressane), (61), II, 145. (Es wird die Sorte wohl passender Bergam. Crassane genannt, da es schon viele Crassanen giebt, O.); im Verger H. Fr. 99, Stiel kurz, wohl abgebrochen; Hooker Pom. Londinensis XXXI, sehr gut.

" Althorps (479), V, 457. (Was Oberd. unter dem Namen, durch Urbanek, von der Hort. Soc. hatte, schien ihm von der Herrnhauser Frucht verschieden, O.)

" d'Austrasie, II, 351 = Jaminette.

" d'Automne, II, 145 = Crassane.

" d'été, II, 97 = Rothe Bergam., cf. V, 583, Bemerkung.

" getüpfelte / " Große } II, 152 = Wildling von Motte.

" Grüne, II, 145 = Crassane.

" Neue (Surpasse Cressane), (221), II, 465, Verger H.Fr., Nr. 59.

" Platte, II, 146 = Crassane.

" régenerée, II, 462 = Neue Crassane.

" Sommer (Duhamel), II, 248 = Mayers Rothe Bergam.

" Stevens, II, 358 = Arenbergs Butterb.

" Surpasse / " Verbesserte } II, 465 = Neue Crassane.

Cristalline (Cat. Lond.), V, 150, 382 = Angelique de Bordeaux.

Croft Castle, VIII, 363 = Birn von Croft Castle.

Crustumium, V, 147 = Winter-Apothekerbirn.

Cueillet (Cueillette?) de la table des Princes, II, 196 = Sparbirn.

Cueilette d'hyver, II, 504 = Pastorenb.

Cumberland, de Cumberland, V, 568, nicht = Hochfeine Butterb.; auch nicht = Reine des Poires.

Curé, V, 516 = Pastorenb., nicht = Paternoster.
Cuisse Madame, Große Cuisse Madame, II, 195, 208 = Sparbirn.
" Madame, Miller, II. 208 = Frauenschenkel, (die Duhamelsche scheint Keiner mehr zu haben; die von Decaisne gab Oberd. die Große Sommer-Rousselet, O.)
Culotte Suisse, II, 112 = Schweizerhose.

D.

Dagobert, V, 584 = Gil-O-Gile.
D'Albert, Poire (auch Delbert, nicht zu verwechseln mit Dalbrets Butterb.), II, 71 = Amanlis Butterb.
Damadotte, II, 437 = Herbstamadotte.
Dame Jeanne rousse, II, 335 = Winter-Liebesbirn?
Damenbirn (Nr. 7), II, 37; Verger S.Fr. 21, Chair à Dame, ist etwa die von Decaisne.
Damenbirn, Decaisne's (501), VII, 431.
Darimont, Darimont d'hyver (208), II, 439
Dathis, Dathis de Printemps, VIII, 344, hat Decaisne irrig = Beurré superfin u. Graslin, cf. V, 300.
D'Auch, II, 368 = Mannabirn.
Dauphine, II. 104 = Lansac des Quintinye; V, 546, falsch für Franchipanne.
Davis, Williams, II, 406 = Williams Christenb.
Davy, II, 69 = Holzfarbige Butterb.
Deans, II, 109 = Weiße H.-Butterb.
" Gray, VII, 438 = Graue Dechantsb.
Dechant Dillen (34), II, 91; V, 295, Verger H.Fr. 107.
Dechantsbirn (Doyenné) = Weiße H.-Butterb
" Affre's, V, 483 = Erzbischof Affre.
" Benoits, VII, 362 = Benoits Butterb.
" Beschmutzte (Doyenné crotté), (693), VII, 437.
" Brüsseler Sommer, V, 212.
" Defays (476), V, 451, Verger H.-Fr. 35
" Delfosses, V, 466 = Delfosses Butterb.
" Dillens, II, 91 = Dechant Dillen.
" Frühe, II, 113 = Brüsseler Zuckerb.
" Goubaults (432), V, 363, Verg. W Fr. 5.
" Graue (56), II, 135; VII, 438, Verger H.Fr. 105; Decaisne Text Nr. 105, als Doy. roux, sehr gut.
" Holländ. Sommer, II, 45 = Runde Mundnetzb., II, 59 (besonders bei Diel) = Gute Graue.
Dechantsbirn, Julius (176), II, 375, Verger S.Fr. 11.
" Kreiselförmige (277), V, 53.
" Lange weiße (42), II, 107; Verg. H.Fr. 12.
Leberbogens, V, 75 = Leberbogens Butterbirn.
" Liegels, II, 69 = Holzfarb. Butterb.
" Lothringer (228), II, 475.
" Neue Winter
" " Späte Winter } (7[illegible]), II, 179.
" November, II, 127 = Vincent.
" Robins (556), VII, 363.
" Rothe (4[illegible]), II, 119. (Ohne rechten Zweck von v. Flotow auch Rothgraue genannt.
" Senteletś (223), II, 469.
" Sommer (Diel), II, 69, 45 = Runde Mundnetzb.
" Vereins (Doyenné du Comice), (408), V, 315, Verger H.Fr. 2.
" von Alençon (433), V, 365, Verger W.Fr. 10.
" Winter (77), II, 177, Verger W.Fr. 28, nur ziemlich gut. Decaisne Textnummer 50, Pom. Britt., Taf. 78.
De Coq, Decaisne, V, 388.
De Glace, Decaisne = Virgouleuse.
Delbert (Delbret) Poire, II, 71 = Amanlis Butterb.
De Lavault, auch Delavault, II, 405 = Williams Christenb.
Delices de Charles (Bouv.), V, 513.
" " " van Mons, V, 513 = Carl van Mons Leckerbissen.
" de Mons, V, 513 (van Mons Köstliche in Oberdiecks Anleitung. Leroy im Dict. hat die Delices de Mons als Synon. von De Duvergnies, die die Köstliche von Mons wohl sein kann, O.)
" d'Angres (d'Hardenpont d'Angers), II, 449 = Leckerbissen von Angers.
" d'Hardenpont } II, 483 = Hardenponts Leckerbissen;
" " Belge } V, 312, irrig = Apfelbirn.
" de Jodoigne, II, 415, Jodoigner Leckerbissen.
" de Lovenjoul (Lavoyau, Lavienjau, = Köstliche von Lövenjoul), (sehr irrig, als identisch gesetzt mit Jules Bivort; die des Handbuchs ist die rechte, O.)
" des Orphelins, II, 357 = Arembergs Butterb.
" van Mons, V, 568 = Spoelberg.

(Unter den Früchten Delices van Mons, Delices de Mons, Delices de Charles und Delices de Charles v. Mons — vergleiche V, 513, — scheint Verwirrung zu herrschen. Decaisne z. B. hat bei Vicomte de Spoelberg als Synon. Beurré van Mons, Delices van Mons und selbst Beurré de Bruxelles, O.)
De Livre, II, 160 = Königsgeschenk von Neapel.
Delvigne (Hernhausen), V, 568, wahrscheinlich = Kampervenus (cf. Calebasse Delvigne, Verger H.-Fr. 69.
De France, II, 377 = Roberts Muscateller.
De France soete belle, II, 231 = Französische Muscateller.
De Monsieur, II, 503 = Pastorenbirn; II, 220 (wo zuerst die Hessel gestanden hat, die durch die Corallenrothe Pommeranzenb. ersetzt wurde) = Korallenrothe Pommeranzenb.
De Neige II, 109 = Weiße H.-Buttb.
De Seigneur, II, 220 = Korallenrothe Pommeranzenb.
Depot de Sillerie, II, 217 = Cassolet.
Desirée, II, 560 = Köstliche von Charneu; nach V, 563, 1. Absatz, auch Desirée van Mons.
De Tonneau, II, 538.
De tout temps, II, 526 = Großer Katzenkopf.
Des Veterans, V, 179 = Veteranen-Wildling.
Deux fois l'an, II, 209 = Zweimal tragende Birn.
Deux Têtes, V, 35 = Zwiebotzenb.
Diamantbirn, II, 397 = Brielsche Pommeranzenb.? (In Holland heißt die Dopp. Bergamotte auch Diamant.)
Dickbauch von Cersenitz (369), V, 277.
Dickstiel bei Mayer, II, 53 = Enghien.
Dillen, Dillen d'Automne, V, 296 = Dillens Herbstb.
" Gros, V, 296, hie und da = Diels Butterb.
Dingler, V, 107 = Graf Lamy.
Dix (293), V, 85, Verger H.-Fr. 50.
Dieudonné Anthoine, VII, 439 = Anthoines Bergamotte.
Doctor Bouvier (331), V, 161.
" Bretonneau (330), V, 159, Verg. W.-Fr. 9.
" Capron (309), V, 117, Verger H.-Fr. 110.
" Lentier (552), VII, 355, 356; II, 561, ist irrige Identität mit Decaisnes Mouille bouche = Lange grüne Herbstb vermuthet; Verger H.-Fr. 22.
Doctor Nelis (567), II, 425, Verg. H.-Fr. 161.
" Trousseau (495), V, 489 (ist wohl sicher = Donauers H.-Butterb, O.)
Dones, Die, (543), VII, 337. (Nach Leroy wäre sie = Dearbornes Sämling, was wohl irrig ist; Oberdieck hatte andere, O.)
Dore d'auch, V, 512.
Dorothée, II, 163 = Diels Butterb.
" royale, II, 178 = W.-Dechantsb., V, 479.
Double calice, V, 36 = Zwiebotzenb.
" fleur, Dublo fleur et fruit, Double flowered Pear, II, 209.
Doucette, V, 382 = Angelica von Bordeaux.
Douillard, V, 485 = Alexandrina Douillard.
Doyenné, le / II, 199, 290 = Weiße
" blanc \ H.-Butterb.
" d'Alençon, V, 365 = Dechantsbirn von Alençon
" d'Automne, II, 220 = Korallenrothe Pommeranzenb. (? O.), VII, 434 = Graue Dechantsb.
Doyenné blanc longue, *II, 107 = Lange weiße Dechantsb.
" Bussoch, II, 436 = Doppelte Philippsb.
" commun, V, 561, nach Dochnahl = Weiße H.-Butterb.
" crotté, VII, 437 = Beschmutzte Dechantsb.; II, 135 u. 472 = Graue Dechantsb ?
" d'Austrasie, II, 351 = Jaminette; II, 475 = Lothringer Dechantsb.
" Defays, V, 451 = Defays Dechantsbirn; VII, 444, irrig = Anna Aubusson.
" d'été, II, 45 = Runde Mundnetzb.; II, 373 = Julius Dechantsb.
" d'yver, II, 127 = Vincent; II, 177 = Winterdechantsb.
" " ancien, II, 177 = W.-Dechantsb.
" " nouveau (Lond. Cat.), II, 178, dieselbe; V, 365, mit den Synon. Doyenné d'hyver d'Alençon u. marbre = Dechantsb. v. Alençon.
" " Vrai, II, 177 = Winterdechantsb.
" de Juillet, II, 375 = Julius Dechantsbirn.
" de Merode, II, 436 = Doppelte Philippsb.
" d'oré, II, 45 = Runde Mundnetzb.
" de Pontoise, Merlet, II, 431 = Wildling von Montigny ?

Doyenné de Printemps, II, 177 = W.-dechantsb.
" de Sterkmans (Streckmans, Sterquemans), V, 357 = Sterkmanns Butterb.
" du Comice, V, 315 = Vereins Dechantsb.
" galeux, II, 135 = Graue Dechantsbirn; II, 472 = Graue Dechantsbirn? VII, 437 u. 38, richtiger = Beschmutzte Dechantsb.
" Goubault, V, 363 = Goubaults Dechantsb.
" gray, VII, 438 = Graue Dechantsb.
" gris, II, 135 u. 472 = Graue Dechantsb; II, 432, auch für Wildling von Montigny gebraucht.
" grote of blanke, II, 109 = Weiße H.-Butterb.
" jaune, II, 135 und 472, VII, 438 = Graue Dechantsb.
" marbré, V, 365 = Dechantsb. von Alençon; V, 542 = Graue Winterbutterb.
" musqué, II, 45 = Runde Mundnetzb.; II, 432 u. V, 582, Wildling von Montigny.
Doyenné Pommier, V, 53 = Kreiselförmige Dechantsb.
" pioté, II, 109 = Weiße H.-Butterb.
" Robin, VII, 367 = Robins Dechantsb.; II, 105 u. V, 583, irrig für Köstliche v. Charneu.
" rose, II, 135 = Graue Dechantsb.?
" rouge, II, 119 = Rothe Dechantsb.
" roux, II, 135 u. 472, VII, 438 = Graue Dechantsb.
" Sentelet, II, 469 = Sentelets Dechantsb.
" Sieulle, II, 317 = Sieulles Birn?
" white, II, 109 = Weiße H.-Buttb.
Doubelte Riet Peer, II, 251 = Große Rietbirn.
Dreikönigsbirn, V, 548 = Junker Martin.
Du Boisson, II, 352 = Jaminette.
Du Bouchet (Pouchet), conf. Bouchet supra.
Du Curé, II, 502 = Pastorenb.
Duc d'Arenberg, Dechamps, II, 358 = Arenbergs Butterb.
" d'Aumale, II, 163 = Diels Buttb.? Verger H. Fr. 87.
" de Bordeaux, II, 516, Dumas Herbstdorn.
" de Brabant, II, 106 = Köstliche von Charneu (v. M.), (die von Millet ist für sich bestehende Sorte, O.)
" de Laforce, II, 335 = Winterliebb.?
Duc de Nemours, V, 480 = Herzog von Nemours.
" d'Orleans, II, 478 = Hofrathsbirn, wie Oberd. sie auch so erhielt.
Duchesse, Duchesse d'Angoulême, II, 155 = Herzogin von Angouleme.
" d'Angoulême panachée, Gestreifte Varietät.
" de Berry, II, 504 = Pastorenb.? II, 538 = Schöne Angevine; II, 504 = Weiße H.-Butterb., nur nach Dochnahl.
" de Berry d'été, II, 504 = Julius Dechantsb. (was Oberd. von Decaisne darunter erhielt, ist Andere, cf. auch Annales, VIII, S. 39 und im Verg. S.-Fr. 1. O.)
" de Berry d'hyver, II, 538 = Schöne Angevine.
" de Mars, VII, 461; VIII, 306 = Herzogin von Mars.
" de Montebello, V, 378 = Royale d'hyer.
Du Mas, Du Mas de Rochefort, II, 515 = Dumas Herbstdorn.
Dumas, II, 504 = Pastorenbirn.
Dumas Herbstdorn (246), II, 515, Boomgaard Taf. 20, Nr. 39, gut.
Dumon Dumortier (419), V, 337; II, 139 = Napoleons Butterb.
Du Pradel, II, 504 = Pastorenb.
Dunmore (287), V, 73.
Duronbeau, V, 485 = Birne von Tongres. (In Pomone Tournaisienne ist Durondeau Hauptname, nach dem Erzieher, O.)
Durstlösche, Ceruttis (366), V, 234.
Duvernay, Duverny u. Devergnies, V, 514 (die Poire Devergnies und Duverny, auch Duvernay sind gänzlich verschieden, O.)
Du Soigneur, II, 109 = Weiße H.-Butterb.
Dwaël, V, 310 = Duvals Butterb.

E.

Early Beurré, II, 249 = Ambrosia.
" Queen, II, 378 = Roberts Muscateller.
Eau rose ronde, II, 378 = Roberts Muscatellerb.; II, 504 = Priesterb.
Ecarlaté, II, 249 = Orange rouge.
" musquée, V, 569 = Korallenrothe Pommeranzenb.
Echasserie, Echassery, II, 339 = Jagdbirn.

F.

Fäßlibirn, II, 100 = Königsgeschenk von Neapel.
Fairest suprême, II, 334 = Schönste Sommerbirn.
Fallenzer, II, 496 = Veldenzerbirn.
Fanfareau, II, 389 = Deutsche Nationalbergamotte.
Fasen Pear, II, 335.
Faßbirn, Deutsche, V, 110 = Rohe Confesselsbirn.
Faßfüller, V, 407 = Knausbirn.
Faullenzerbirn, II, 496 = Veldenzerbirn.
Faustbirn, II, 526 = Großer Katzenkopf.
Faux Spreeuw, II, 528.
Favori musqué, Decaisne, = dessen Du Bouchet (Comperette?) V, 412 = Comperette.
Favorite, Osbands, VII, 324 = Osbands Sommerbirn.
Feigenbirn, Gemeine, V, 348.
„ Große, }
„ Grosse Figue, } (667), VIII, 383.
„ Holländische, (25), II, 73; Bomgaard Taf. 9, Fig. 18, gut, nur zu roth.
„ von Alençon, (424), V, 347. Verger H.Fr. 11.
Fellenzerbirn, II, 496 = Veldenzerbirn.
Felixbirn, Sagerets, (573) VII, 397.
Ferdinand Demeester (De Meister, de Muuster), nach Annales, V, 55 und Decaisne = Meuris (Surpasse Meuris).
Fertile, petite, II, 243 = Liebesbirn.
Figue, Figue d'hyver, Figue d'Alençon, V, 347 = Feigenbirn von Alençon.
Figue, II, 37 = Holländ. Feigenbirn.
Figue de Naples, V, 348 = Feigenbirn von Alençon. II, 327, irrig = Beurré Broncé.
„ musquée, II, 383 = Schönste Sommerbirn? VIII, 328 auch für Epine d'été, am ersten Grüner Sommerdorn.
Fingals, II, 309 = Hampdens Bergamotte.
Finois, Poire de, II, 76 = Eng. Sommer Butterbirn.
Fin or, II, 445 = Fremont.
„ „ d'été, Mayer, V, 205, Bartschalige Sommerbirn?
„ „ d'hyver, V, 149, Franc Real.
Firchimeß, II, 368 = Colmar.
Flaschenbirn, de Bavay's, (616), VII, 483, Verger W.Fr. 24.
„ Bosc's, (49), II, 121, Verger H. Fr. 129, als B. d'Apremont. Die Franzosen haben unter dem Namen eine andere Sorte, etwa die Holländ. Butterbirn. Ueber die Frucht siehe besonders Allgem. Gart.-Mag. 1825, Taf. 2, nach Angaben von v. Mons selbst.
Flaschenbirn, Bosc's, Frühe, II, 86 = Prinzessin Marianne.
„ Graue, V, 339 = Muskirte Flaschenbirn.
„ Große, II, 274 = Große Flaschenkürbisbirn = Prinzessin Marianne.
„ Grüne, II, 73, Holländ. Feigenbirn.
„ Kicks, II, 441 = Zimmtfarbige Schmalzbirn.
„ Muskirte, (420), V, 339; nach Monatsschr. X, 236, bei Baltet = Calebasse Bosc? wo die Calebasse passe Bosc (Prinzessin Marianne) gemeint sein wird, da Baltet die Bosc's Flaschenbirn Beurré Bosc nennt. V, 274 = Holländ. Butterb.?
„ Tougard's, (491), V, 48, Verger H.Fr. 142.
„ von Marums, (470), V, 439. Verger S.Fr. 30.
Flaschenkürbisbirn, II, 442.
Flaschli'sbirn, VII, 422 = Edle Mönchsb.
Fleischbirn, V, 288 = Herbstblutbirn.
Flemish Beauty, II, 89 = Holzfarbige Butterbirn.
Fleur de Guigne, V, 205 = Bartschalige Sommerbirn.
Fleur Pommier, II, 215 = Blumenbirn.
Fliegenbirn, II, 397 = Briel'sche Pomeranzenbirn?
Florashey Pear, II, 526 = Großer Katzenkopf.
Fondante Batava, II, 59 = Gute Graue.
„ d'automne, II, 409 = Esperens Herrenbirn.
„ de Brest, V, 51 = Schmalzbirn v. Brest.
„ des Carmes, II, 562, bei Decaisne = Köstliche von Charneu.
„ de Charneuses, }
„ de Charneux, } II, 105 = Köstliche von Charneu.
„ de Cuerne, VIII, 331 = Bergamotte von Cuerne.
„ d'hyver, II, 441 = Zimmtfarbige Schmalzbirn; II, 170 = Hardenp. W. Butterbirn.
„ de Jaffard, II, 313 = Arenbergs Colmar.
„ de Malines, V, 93, II, 527 = Butterb. v. Mecheln.
„ de Maubeuge, II, 410 = Bergamotte Fievé.
„ de Noël, V, 373 = Weihnachtsbirn.
„ de Paris, II, 89 = Holzfarb. Butterb.

Fondante de Pariselle (Paniselle). II, 165 = Regentin. Verger H.Fr. 87. V, 570; nach Leroy Hardenponts Leckerbissen? Nach Baltet und Willermoz = Leckerbissen von Angers.
" des Bois, } II, 69 = Holzfarbige Butterbirn.
" Dubois (wohl du Bois, O.) }
" du Comice, V, 313 = Vereins-Butterb.
" jaune superbe, II, 170 = Hardenp. W. Butterbirn.
" musquée, Duhamel, II, 319 = Russeline; VIII, 342 u. II, 395 = Grüner Sommerdorn.
" petite, II, 393 = Kleine Schmalzb.
Fondarabie d'été, II, 185 = Aurate; V, 192.
Foppen-Peer, } Knoops, V, 541 = Vexirbirn.
" " rood, }
Forellenbirne; Forel, Forelle, (67), II, 157. Decaisne Text Nr. 89; Pomol. Brittann. Taf. 112, gut.
" frühe u. kleine, V, 63 = Frankenbirn.
Forêt d'hyver, V, 149, Franc Real.
Forme de Courtet, VIII, 330 = Paslandt's Butterbirn.
" de Marie Louise, II, 141 = Marie Louise, Duquesne.
Fortunée, II, 541 = Glücksbirn.
" Belzi, d'Angers, d'Enghien, de Paris, de Remme, Reims, II, 541, sämmtlich Synonyme der Fortunée (conf. Glücksbirn, Fortunée d'Angers, auch Fortunée superior, ist nach Leroy von Hrn. Flon zu Angers erzogen und also andere O.)
Fourcroy, II, 163 = Diels Butterbirn, cf. Verger W.Fr. 84.
Franchipanne, } (523) V, 545, 192,
Winter, } Decaisne Text Nr. 19.
" d'hyver, }
" d'automne, II, 104 = Lansac.
" Sommer, V, 545.
François, St.; II, 76 = Engl. Sommer-Butterbirn (neuerlichst andere O.)
Franc Real, } (325), V, 149.
" " gris d'oré, }
" " d'été, V, 150 = Runde Mundnetzbirn.
" " gros, V, 150, 382 = Angelique de Bordeaux.
" " sureau, V, 570.
Frankenbirn, (282), V, 63; V, 240 = = Kleine Pfalzgräfin.
Franche Caneel, (Flandern), II, 563 = Weiße H.-Butterb., Knoop.
" Kaiserin, II, 29 = Grüne Magdalene.
" soete belle, II, 231 = Französische süße Muscateller.
Frankfurterbirn, V, 543.
" frühe, V, 407 = Knausbirn.
" Sommer, V, 63 = Frankenbirn? II, 79.
" Winter, V, 542, II, 496 = Beldenzerbirn.
Franse Caneel Peer, V, 245 = Knoops Französ. Zimmtbirn.
Franz II, (299), V, 97.
Franz Duval, V, 310 = Duval's Butterb.
Franzmadam, II, 55 u. 384, (nicht = Römische Schmalzbirn und ist Sicklers Franzmadam davon sehr verschieden, O.) II, 196 = Sparbirn. Im Hannoverschen gilt oft die Edle Sommerbirn als Franzmadam.
Französische Muscateller, } (104),
" süße Muscateller, } II, 231.
Franzosenbirn, II, 77 = Rousselet von Rheims; II, 354 = Virgouleuse.
" Frauenbirn, (Poire Madame), (die rechte ist die Sparbirn, die im Boomg. so benannt und abgebildet ist, auch bei Oberd. die Sparbirn gab. Es gehen aber mancherlei andere Früchte als Poire Madame. Von Liegel und Urbanek erhielt Oberd. d. Schönste Sommerbirn als Frauenbirn. Bei Sicklers Franzmadam hat Oberdieck darüber Uebersicht gegeben.
Frauenfleischbirn, II, 37 = Damenbirn.
Frauenschenkel, II, 55 u. 195, die rechte Duhamelsche Cuisse Madame hat Keiner mehr und Jeder hat darunter eine andere; Viel die Sparbirn, die auch Cuisse Madame genannt wird, Decaisne sogar, nach Gestalt, Reife und Frucht in Zeinsen, die Große Sommer-Rousselet. (!) O.
Frauenschenkel, (Meiningen), (82), II, 207; ist, wie Oberdieck schon vermuthet und Jahn V, 232, bestätigt fand, die Brüsseler grüne Madam, (und diese wohl = Lange gelbe Bischofsbirn. O.)
Frederic Lelieur, V, 440 = van Marums Flaschenbirn.
Fremion, (211), II, 145.
Fremont, (Etienne u. Merlet), II, 445.
Friolette, V, 207.
Friedrich v. Preußen, (126), II, 275.
" von Württemberg, II, 101 und 421 = Herbst-Sylvester.
Friesebirn, II, 457 = Langstielerin.
Frühbirn, Gelbe, } (347), V, 190.
" Kleine gelbe, }
Frühbirn, Rothe, V, 193 = Hannoversche Jacobsbirn?
Frühlingsbirn, Braunrothe, (440), V, 379.

Fulvie, Grégoire, V, 520 = Neue Fulvie.
Fulvie, Neue, (510), V, 519.
Fusée d'été, II, 208 = Diels Frauenschenkel??
Fusée, Decaisne, II, 452.

G.

Gabriele, Schöne, und Wahre schöne, II, 59 = Gute graue.
Gaishirtenbirn, Frühe, (2), II, 27.
Gaishirtenbirn, Langstielige, II, 47 und 319 = Russeline.
Gaishirtel, Stuttgarter, } (12), II, 47.
" Wahre Stuttgarter Gaishirtle, } Verger Pom.-Früchte 47.
Galbasbirn, V, 340 = Muskirte Flaschenbirn.
Gambier, II, 166 = Regentin.
Gänskragen, V, 247 = Holländische Butterbirn; II, 442 = Zimmtfarb. Schmalzbirn?
Gänsekopf. V, 109.
Garde Ecosse, II, 361 = Gil-O-Gile.
Gärtnerbirn, (Poire d'Horticulteur), (395), V, 289.
Gebhards Birne, Metzger, II, 536 = Weiße H.-Butterbirne.
Gedeon Paridant, V, 497 = Paridans Butterbirn.?
Geiferbirn, II, 330 = Russette von Bretagne.
General Dutilleul, (477), V, 453.
" v. Lamoricière (662), VIII, 373.
" v. Lurmel, (412), V, 323.
" Tottleben, (502), V, 503; V, 318 = Dumortiers Butterbirn?
Georg Podiebrad. Nach Monatsschr. VII, 238 = Diels Butterb. (Man wollte jene unterscheiden durch mehr horizontales Ansetzen der Aeste am Stamme, doch thut das oft Diels Butterb. auch. Georg Podiebrad und die Kopertsche Tafelbirn sind wohl in Belgien nur unter anderem Namen wieder aufgetaucht. O.)
Georgsbirn, Große St., (195), II, 413.
Gerbessen, } 368, V,
Gerbessens Welgsdorfer Sommer-Butterbirn, } 235.
Gewürzbirn, V, 570 = Korallenrothe Pommeranzenbirn?
" (Landauer), II, 496 = Veldenzerbirn?
" Loires, (475), V, 449.
" Sicklers, V, 60, wohl = Große schöne Jungfernb.

Ghislain, St., (Diel, v. M.), II, 73, gab die Holländische Feigenbirn. (Andere haben andere Sorten. O.)
Gil-O-Gile, Gilogile, II, 526, conf. V, 583, nicht = Großer Katzenkopf.
Girardine, II, 563 = Romaine ou Beurrl Romain, Decaisne.
Gisembert, (corrumpirt aus Isembert), II, 76 = Engl. Sommer-Butterb.
Glace, de, II, 563 = Virgouleuse Decaisne.
Glace d'hiver, V, 557 = Winter-Eisb.
Glacière, de la, II, 563 = Aurore (Capiaumont).
Glanzbirn, II, 526. Großer Katzenk.; II, 345 = Virgouleuse.
Glasbirn, V, 60, bei Liegel = Große schöne Jungfernb., V, 354 = Gute Louise; II, 29 = Grüne Magdalene.
" Späte, II, 111 = Lange grüne Herbstb.
Glockenbirne, Sickler, II, 73, Holländ. Feigenb.? II, 524 = Kleiner Katzenk.
" Wittenberger, } (136), II, 295, V,
Diel, } 583 = Kleiner Katzenk. (Diels
" Sächsische, } Benennung, ist wohl älter. O.)
Glockenbirn, Westphälische, V, 571 = Kuhfuß.
Gloire de l'Empereur, II, 139 = Napoleons Butterb.
Glou Morceau, } II, 170 = Hardenp.
Golu " } W. Butterb.
Glücksbirn, (259), II, 541, Verger W.-Fr. 3. (Der Name paßt wohl nicht. Nach Dictionaire, II, 188, gibt Leroy die Nachricht, daß ein Apotheker Fortuné Deremme zu Enghien sie in einer Hecke seines Gartens auffand und Parmentier zu Enghien sie nun verbreitete. Sie heißt davon auch Fortunée de Remme, Beurre de Remme und Fortunée Parmentier. Müßte daher Fortuné Deremme heißen, etwa Deremmes Bergamotte. Da es schon eine v. Boisselot erzogene Fortunée Boisselot, und von Herrn Flon in Angers erzogene Fortunée superieure gibt, nennt Leroy die Obige Fortunée de Printemps, und müßte darnach Winter Glücksbirn heißen. Zweifel erregt nur die Schreibart Fortunée bei allen 3 Sorten, was doch etwas für Glücksbirn spricht. O.)
Goldbirne, Aechte, II, 500 und 186 = Aurate.
" Knoops und Liegels, II, 185.
" späte Winter, V, 149 = Franc Real; V, 522 = Trockner Martin.

Goubaults B.B (Doyenné) V.[illegible] 367

Goldbirne von Bilboa, Golden Beurré of Bilboa, (212), V, 471; Hovey Fruits of Amerika, I, S. 99, Verger H.Fr. 8.

Golden Beurré, II, 99 = Graue Herbstbutterbirn.

Goldener Hans, II, 500 = Junker Hans.

Goldene Hansbirn, Mayer, II, 185 und 500 = Aurate.

Goud Peer, Christ, II, 186 = Aurate?

„ „ Herfst, II, 505, bei Knoop = Weiße H.-Butterb.

Goud Peer, V, 571, Goldbirn, jedoch nicht Knoops; V, 55 = Gelbe Sommer-Butterbirn.

Gracieuse, (La Gracieuse), (421), V, 341; II. 88; V, 342, heißt so oft auch die Deutsche Nationalbergamotte.

Graciole d'automne, Gracioli de la Toussaint, V, 512, Span. Apothekerb.

Gracioli, V, 148 = Winter Apothekerb.

Gracioli, Graciole de Roma, Graciole d'été, II, 67 = Sommer. Apothekerb.

Graciole d'hyver, II, 133 = Diels Butterb.

„ ronde, Winter, II, 526 = Großer Katzenkopf.

Graf Canal, Graf Canal von Malabaila, (171), II, 365. (Boomgaard II, Taf. 35, N. 65 hat sie als Wildling von Cresetitz und sagt, daß dies der älteste Name der Frucht sei. Gleiches schrieb Baron von Trauttenberg in Prag an Oberdieck. D.)

„ Lamy, (304) V, 107; Verger H. Fr. 77 als Beuré Curtet.

„ von Flandern, (254), II, 531. Verg. H. Fr. 54, Decaisne Text Nr. 182.

Gräfin von Alost, (581), VII, 413, Verger H.Fr. 173.

„ von Guasco, (505), V, 509.

Grain de Corail, V, 572, in Belgien = Forellenbirn.

Graitenbirn, II, 455 = Schweizer Wasserbirn.

Granatbirn, Granat Peer, V, 217 = Sommer Blutbirn.

Grand Brétagne, (Grand Brittagne, Grand de Brittagne), V, 571 = Große brittannische Sommerbirn? V, 352 = Spanische Apothekerbirn.

„ „ d'automne, V, 279. Dieselbe?

„ „ la grosse, V, 279 u. 542 = Spanische Apothekerb.

Grand Mogul, Gros Mogul, V, 152 = Schönste Winterbirn.

„ Monarque, Gros Monarque, II, 526 = Großer Katzenk., II, 538 = Schöne Angevine? V, 543 = Deutsche Muscateller.

Grand Muscat, II, 377 = Roberts Muscateller? II, 384 = Schönste Sommerbirn.

„ Salomon, V, 191 = Louis Philippe.

„ Soleil, V, 131 = Sonnenbirn.

„ Granille, V, 35 = Zwiebotzenbirn?

Graslin, Poire Graslin, Graslin de Nantes, VIII, 344 = Graslins Butterb., V, 301, verwechselt mit Hochfeine Butterb., V, 433, bei Decaisne irrig gesetzt = Laure de Glymes.

Graubirn, II, 59 = Gute Graue; II, 283 = Haffners Butterb.; II, 500, auch = Junker Hans.

„ Winter; II, 500 = Junker Hans.

Graukopf, V, 110 = Rothe Confesselsb.

Green Beurré, II, 167; VII, 469 = Engl. lange grüne Winterbirn.

Green Sugar, Groene Suiker Peer, II, 137 = Grüne H.-Zuckerbirn.

Grenade, V, 218 = Sommer-Blutbirn.

Grésillier, V, 571, bei Decaisne und Andern = Esperens Herrenb.

Grillan roux, Grillière, II, 370 = Oster-bergamotte.

Grise bonne, II, 59, 255, Gute Graue. Es heißt aber auch die Französische gute graue Sommerbirn so.

Grise lougue, V, 440 = van Marums Flaschenbirn.

Grosse, ou Très grosse de Bruxelles, II, 538 = Schöne Angevine.

Grosse de Pépins, II, 429 = Brüsseler H.-Muscateller.

Grosse Marie, II, 478 = Hofrathsbirn?

Grosse Queue, Mayer, II, 53 = Enghien.

„ „ V, 582, Decaisne, wohl = Enghien.

Grote Milan, (Große grüne Mailänderin), II, 139 = Napoleons Butterb.

Grünbirn, II, 111 = Lange grüne Herbstb., V, 354 = Gute Luise.

Grüne, lange, II, 111 = Lange grüne Herbstb.

Grünhülserin, II, 457 = Langstielerin.

Grumkower, Sommer, V, 210 = Windsorbirn.

Gurkenbirn, II, 73 = Holländische Feigenbirn.

Gute Graue, (18), II, 59, Verger, S.Fr. 41, als Beurré gris d'été de Hollande.

Guernsey, V, 430 = Steffens Genessee birn. (? D.)

Guillaume de Nassau, V, 571, bei Willermoz = Diels Butterbirn.
Gute von Ezée, (200), II, 423, Verger, S. Fr. 4.

H.

Haberbirn, II, 243 = Liebesbirn.
Hacons Incomparable, VII, 365 = Hacons Unvergleichliche; V, 571, nach Decaisne = Bergamotte Heimbourg Bivort.
Häßliche Gute, II, 397 = Brielsche Pommeranzenbirn?
Hallimine bonne, Knoop, V, 37 = Gelbe frühe Sommer-Apothekerbirn?
Hammelsbirn, (Hammelsack), (131), II, 285; V, 263, 264.
Hangelbirn, V, 209 = Braunrothe Speckbirn, V, 210 = Windsorbirn.
Hansbirn, Goldene, / II, 499 = Junker
„ Graue, \ Hans.
Harbour de Printemps, (aus Enghien), II, 81, gab bei Oberd. die Volltragende Bergamotte.
Hardenpont de Printemps, II, 175 = Späte Hardenpont, oft auch Jaminette, Decaisne.
„ d'hiver, II, 169 = Hardenponts W.-Butterb.
Hardenpont, Späte, (76), II, 175. (Beurre de Rance, Verger, W. Fr. 11, Pomol. Britt., Taf. 88, gut, Decaisne Text Nr. 84.
Harigelsbirn, (380), V, 259.
Hasel, Hasselbirn, meist Haselbirn, V, 50 = Hessel.
Hasenkopf, Rother, Rother Winter, (345), V, 189.
Hativeau, V, 194, VII, 314.
„ blanc, II, 390 = Runde Mundnetzb.
Hazel, II, 219 = Hessel.
Haushaltsbirn, Süße, (549), VII, 349. Ist nicht van Mons süße Winterbirn.
Heathcot, Gores Heathcot, (466), V, 431. Verger, H. Fr. 115.
Heathcot, II, 431, VIII, 328, irrig = Epine d'été, Decaisnes, = Franz. Sommerdorn.
Hedwig von der Osten, (102), II, 227.
Heinrichsbirn, VII, 500, in Thüringen = Sickler's Venusbrust.
Helene Grégoire, (469), V, 437, Verger, H. Fr. Nr. 96.
Henkel d'hyver, VIII, 365, 366, = Bödikers Butterb. = Henkels Butterb. Diel erhielt die Frucht von van Mons falsch, und beschrieb diese als Henkels Schmalzbirn.
Henkel Pear, VIII, 365 = Henkels Butterbirn.
Henkelsbirn, V, 227 = Rothbackige Sommer-Zuckerb.
Henriette Bouvier, (247), II, 517, Verger, H. Fr. 125.
Henriette; (Bouvier), dieselbe.
„ Edwards,
„ von Cawenberg, } II, 517.
„ van Mons,
Hemptienne, de, V, 157, hie und da = Jean de Witte.
Herbstbirn, Broncirte, } (152), II, 327, Verg. H. Fr. 27,
„ Wahre broncirte, } Decaisne Text, Nr. 136, gut.
„ Cinoweser, (296), V, 92.
„ Dillens, Dillen d'automne, (398), V, 295.
„ Lange grüne (Verte longue), (384), V, 267, V, 225, 232, 267, 544.
„ ohne Schale, (40), II, 103. Verger, H. Fr. 132.
„ schmelzende, II, 409 = Esperens Herrenbirn.
„ Schönste,
„ Wunderschöne { (214), II, 451.
Herbst-Coloma, II, 444 = Coloma's Herbstbutterbirn.
Herbstdorn, Dumas, (240), II, 515. Boomgaard, Taf. 20, Nr. 39. Verger, H. Fr. 149.
Herbstgürtel, V, 407 = Knausbirn.
Herbst-Sylvester, (39), II, 101. Verger, H. Fr. 140.
Herrenbirn, Esperens, (193), II, 409; geht oft auch als Oberdiecks Butterbirn, wie Liegel sie benannt hatte. Verger, S. Fr. 9.
Herrnbirn, Deutsche, II, 249.
„ Gelbe Sommer, II, 205 = Erzherzogsbirn. (Da die rechte Duhamelsche Archiduc d'été nicht die Erzherzogsbirn des Handbuches ist, wäre es besser, Gelbe Sommer-Herrnbirn als Hauptname zu nehmen. Decaisne hat, nach Frucht in Jeinsen, die Sorte als De Lard. O.)
„ Grüne Winter, Diel = Winter-Dechantsbirn.
Herrenbirn, II, 220 = Korallenrothe Pommeranzenbirn
Hermannsbirn, II, 356, unpassender Name bei Diel für St. Germain.
„ Frühe, V, 129, (Gute Louise) = Frühe St. Germain.

Hermanns Butterbirn, V, 356, Metzger = St. Germain.

Herzog von Nemours, (490), V, 479, (ist = Colmar Naves Bouv., wie sie Oberd. auch von Bivort so erhielt. Die Colmar Naves, (v. M), soll davon verschieden sein. Im Diction. sagt Leroy, daß van Mons die Frucht erzogen habe, sie 1831 an Simon Bouvier in Jodigne sandte und daß Bouvier sie Duc de Nemours genannt habe. Dasselbe sagt Bivort bei guter Abbildung der Frucht, Annales VIII, 35. O.) Verger, H. Fr. 127.

Herzogin von Angoulême, (66), II, 155. Pomol. Brittann. II, Taf. 76, gut; Decaisne Text Nr. 51, sehr gut.

„ von Mars, (605), VII, 461.

„ Caroline Amalia, II, 172 = Liegels W.-Butterb.

Hessel, Hazel, (89), II, 219.

Hildegard, (344), V, 187.

Hirtenbirn, Duhamels, (606), VII, 463.

His, siehe Poire His.

Hoerenaille, II, 547 = Junker Martin.

Hoe länger, Hoe liever, II, 75 = Engl. Sommer-Butterbirn.

Hoere Peer, II, 75, dieselbe.

Hofrathsbirn, (227), II, 447, Verger, H. Fr. 118; Decaisne Text, Nr. 186; gut.

Holde, V, 341 = Gracieuse.

Honigbirne, Graue, (547), VII, 345.

„ Große Sommer, Mayer, V, 69 = Große schöne Jungfernbirn?

„ Lange grüne, (560), VII, 371.

„ Römische, V, 240 = Kleine Pfalzgräfin.

„ Runde gelbe, VII, 346.

„ Hallische gelbe, VII, 546.

„ II, 249 = Braunrothe Pommeranzenbirn.

„ Liegels, (94), II, 211.

Hopfenbirn, (94), II, 211.

„ II, 73 = Holländ. Feigenbirn, V, 208.

Howell, (Hovell), / (478), V. 455, 572.
Howey Pear, \ Verger, H. Fr. 160.

Hoyerswerder, Grüne, (6), II, 35. Verger, S. Fr. 43, zu klein.

Hubard, II, 71 = Amanlis Butterb.

Hurbanis, V, 584 = Urbaniste.

Hutzelsbirn, Rothe, V, 522 = Trockener Martin.

J.

Jacmann's melting, V, 425 = King, Edwards.

Jacobsbirn, Böhmische,) (631), VIII, 311,
„ Böhmische frühe, \ II, 189.

„ Hannoversche (83) II, 189.

Jacobsbirn, II, 187 = Kleine Blanquette; II, 381 = Woltmanns Eierb.

Jacobsbirn, Große frühe, II, 29 = Grüne Magdalene.

Jagdbirn, / Chasserie. (158), II, 339,
Jagt Peer, \ Verger, W. Fr. 27.

Jägerbirn, (Des Chasseurs), (509), V, 517.

Jalousie, (La Jalousie), (300), V, 99, 467.

„ de Fontenay, / V, 467 = Französ-
„ „ „ Vendée, \ sische Eifersüchtige.

Jaminette, (164), II, 351, Decaisne Text, Nr. 55, gut. Wegen Figur cf. V, 584, Verger, W. Fr. 32, nicht die des Handb.

Janvry, V, 352, 512 = Span. Apothekerb.

Janssens, V, 584 = Gil-O-Gile.

Jargonelle de Knoop, II, 566 = Sparbirn Decaisne. (Knoop unterscheidet beide als der Sparbirn, seiner Brüsselerbirn (Poire Madame) nur sehr ähnlich. O.)

„ des Anglais, II, 208, 195 = Sparb.

„ d'Automne, } (bei Diel simpel Jar-
„ Herbst, } gonelle) II, 243, VIII, 329 = Liebesbirn.

„ des Francais, II, 384 = Schönste Sommerbirn.

„ Große Winter, II, 335 = Winter-Liebesbirn.

Jargonette, II, 244 = Liebesbirn.

Jaune Charmin, Metzger = St. Germain.

„ longue d'hyver = Lange gelbe Winterbirn; V, 354 = Gute Louise.

Ida (Müller), (30), II, 83, in Frucht und Vegetation neue, nicht bessere Reproduction der Holzfarb. Butterb.

Jean Baptiste Bivort, (nahm Decaisne sehr irrig = Royale d'hyver; die rechte, die viel früher reift (nach Bivorts Angaben), und die Bivort selbst erzog, ist ganz andere. O.) conf. V, 378; auch St Jean Baptiste, die nicht = Jean Baptiste Bivort ist; conf Oberd., Beschreibung von Jean Baptiste Bivort.

Jeanette, II, 206, (Cat. Lond.) II, 206 = Archiduc d'été.

Jefferson = Poire His, Noisettes, (Dittr. III, 153 u. 172, siehe Poire His.)

Je länger je lieber, II, 75 = Englische Sommer-Butterb.

Imperatrice, II, 29 = Grüne Magdalene; II, 166 = Regentin.

Imperatrice de France, bei Decaisne = Holzfarbige Butterbirn.
Imperiale à feuille de Chêne, V, 183 = Kaiserbirn mit dem Eichenblatt.
Incommunicable II, 35 = Grüne Hoyerswerder?
Incomparable, Diel; II, 59 = Gute Graue?
„ Knoop, II, 368 = Colmar; VII, 473 = Nonparcil. Auch Diels Butterb. geht als Beurré Incomparable.
„ Hacons, VII, 385 = Hacons Unvergleichliche.
Inconnue Chenau, Inconnu de Chenau, V, 51 = Schmalzbirn von Brest.
„ Lafare, II, 356 = St. Germain.
Ingentia, (Cäsalpin), II, 526 = Großer Katzenkopf.
Johann de Witte (329), V, 157, Jean de Witte Verger W.-Fr. „ Dewitte 87.
Joli Mont, Roi Jolimont, II, 376 = Julius Dechantsbirn.
Josephine von Mecheln (328), V, 155, „ de Malines Verger W.-Fr. 6.
Josephine, Josephine de France, II, 351, = Jaminette.
„ Imperatrice, II, 352 = Späte Hardenpont.
Iris Grégoire, II, 566, bei Decaisne = Herbst-Sylvester (ist gänzlich andere, O.)
Isembert le bon II, 99 = Graue „ Grauer Herbst-Butterbirn. „ Großer
„ Normännischer rother, II, 99, dieselbe.
Jules Bivort, II, 474 = Köstliche von Lovenjoul (die Köstliche von Lovenjoul des Handbuchs, die schon etwa um 1836 von Papleu identisch an Oberd. und nach Herrnhausen kam, also ziemlich sicher die rechte von Papleu war, ist in Frucht und Vegetation von Jules Bivort, wie Oberd. sie völlig ächt von Bivort hat, sehr verschieden und die rechte Köstliche von Lovenjoul. Jetzt verwechselt man in Belgien u. Frankreich beide Früchte und hat sie bald als Jules Bivort, bald als Köstliche von Lovenjoul. Verger hat sie als Delices de Lovenjoul, H.-Fr. 104).
Julie, Schöne (142), II, 307.
Julius Dechantsbirn (176), II, 375.
Judenbirn, La Juive (308), V, 115.
Jungfernbirn, II, 202.
„ Deutsche, V, 227 = Rothbackige Sommer-Zuckerbirn.
„ Große Schöne (280), V, 59.
„ Kleinste, VIII, 325 = Meißner Liebchensbirn.
„ Rothe, Zinks (ist gänzlich = Römische Schmalzbirn. O.)
Junkerbirn, Deutsche Junkerbirn (28), II, 79.
„ II, 499 = Junker Hans.
„ Gelbe, Graue, Weiße, Vergoldete, II, 499, dieselbe.
Junker Hans (238), II, 499, Verger H.-Fr. 77.
Just, II, 304, Schönste Sommerbirn. V, 573 sagt Jahn, Just sei richtiger = Decaisne Bassin = Gelbe Laurentiusbirn.
Juteuse de Braunau, V, 106 = Neue Poiteau.

K.

Kaiser Alexander, Diels (63), II, 149.
„ II, 121, oft = Bosc's Flaschenbirn.
Kaiserbirn mit dem Eichenblatt (342), V, 183. Verger W.-Fr. 45.
Kaiser, Deutscher, V, 263 = Schöne Zuckerbirn.
Kaiserbirn, II, 145 = Crassane; II, 160 = Königsgeschenk von Neapel? II, 109, in Oesterreich = Weiße Herbst-Butterbirn.
Kaiserinbirne, II, 73 = Holländische Feigenbirne.
Kaiserin, II, 29 = Grüne Magdalene.
Kaiser von Oesterreich, V, 97 = Franz II.
Kalmesbirn, II, 354 = Virgouleuse.
Kamper Venus (155), II, 333; 335 „ Peer irrig für Wtr.-Liebb.
Kanalbirn, Unbekannte, V, 51 = Schmalzbirn von Brest.
Kandelbirn, II, 206 = Erzherzogsbirn.
Kaneel Peer, II, 68 = Sommer-Apothekerbirn; V, 51, 245 = Schmalzbirn v. Brest? Französ. Zimmtbirn?
Kanjuweel, II, 68, Sommer-Apoth.-B.
Kannenbirn, V, 410 = Langbirn.
Kästner, Kästner d'hiver (283), V, 65.
Kanzler von Holland (198), II, 419.
Kappesbirn, II, 160 = Königsgeschenk von Neapel.
Kappelsbirn, V, 173 = Betzelsbirn.
Kapellenbirn (Bonne de la Chapelle) (557), VII, 365. Verger S.-Fr. 114.
Kartoffelbirn, II, 313 = Arenbergs Colmar.

Katharinabirn, Heilige, V, 35 = Zwiebotzenbirn.
Katzenbirn, Quintinye, II, 524 = Kleiner Katzenkopf.
Katzenkopf, Großer (französischer) (251), II, 525. II, 152 = Schönste Winterbirn. Verger Wtr.-Fr. 68. Decaisne Text Nr. 117.
„ Kleiner (deutscher) (250), II, 523.
Kesselsbirn, II, 455 = Schweizerwasserbirn; V, 173 = Betzelsbirn.
Kessoise, II, 71 = Amanlis Butterb.
Kienzheim, V, 229 = Birne von Kienzheim
Kiensheimer Wegbirn, II, 63.
King Edwards, V, 425 = Edwards Königsbirn; V, 426 irrig = Esperens Bergamotte.
Kingsbirn, V, 271 = Sommerkönigin.
Kirchbirne, II, 335 = Winter Liebbirn; V, 522 = Trockner Martin.
„ Süße, V, 359 = Reichenäckerin.
Kirschenbirn, Christs, V, 194.
Klöppelbirn (436), V, 371.
Klotzbirn, V, 145 = Crassane; V, 526 = Großer Katzenkopf; bei Metzger = St. Germain.
Knackbirn, Hardenponts (525), V, 549.
Knausbirn (451), V, 407; V, 293 = Frühe Weinbirn.
„ Pfullinger, II, 496 = Beldenzerbirn?
Knechtchensbirn (452), II, 403.
Knechtsbirn, V, 496 = Beldenzerbirn?
Kochbirn, II, 368 = Colmar; V, 192 = Hildesheimer Winter-Kochbirn.
Königsbirn, Eduards, King Edwards, (zuerst irrig übersetzt: König Eduard), (463), V, 425.
„ Diels Winter (439), V, 377; die Royale d'hyver der Franzosen ist andere und heißt im Handb. Königliche Winterbirn, wodurch beide genügend unterschieden sind.
„ Winter, V, 148 = Winter-Apothekerbirn.
„ von Neapel, II, 160 = Königsgeschenk von Neapel.
Königsbirn, II, 43 = Sommer-Robine.
Königin-Birne, II, 378 = Roberts Muscatellerbirn.
Königin, Winter, V, 377.
Königin der Birnen (414), V, 327.
„ der Niederlande, II, 173 = Chaumontel.
König Ludwigsbirne, V, 328 = Kreiselförmige Blanquette
Königsgeschenk von Neapel (68), II, 159. (Jahn, der diese und die Grüne Pfundbirn identisch setzt, hat für beide wohl eine dritte, irrig benannte Sorte gehabt. O.)
König von Bayern, II, 165 = Regentin.
„ von Rom (279), V, 67. (Die richtige Benennung dieser Frucht ist noch unsicher. Oberdieck erhielt Roi de Rome 1) von Liegel, die noch nicht trug, aber gänzlich andere Vegetation hat; 2) von d. Soc. v. Mons, die nach Frucht und Baum, auch ziemlich mit der Abbildung in den Annales stimmend, die Pastorenbirn gab; 3) von Burchardt, der sie direkt von v. Mons mit Namen erhielt und die rechte Sorte sein dürfte. War etwas ähnlich der Urbaniste. O.)
König von Württemberg, II, 101 = Herbst-Sylvester; II, 101 und 421 irrig = Butterbirn von Montgeron.
Körner, Theodor (120), II, 263.
Köstliche von Charneu (41), II, 105. Decaisne Text Nr. 36, gut.
„ von Lovenjoul (225), II, 473; wohl sicher die rechte und von Jules Bivort, die man damit verwechselt, verschieden, cf. Jules Bivort.
„ von Mons (Delices de Mons), V, 513. (Leroy hat Delices de Mons als Synonym bei Poire Duvorny (auch Duvergnies), II, S. 119; nicht zu verwechseln mit P. Devergnies. O.)
Kolmer Peer, II, 368 = Colmar.
Konge, II, 213 = Windsorbirn.
Kopfbirn, II, 459 = Champagner Weinbirn.
Kräuterbirn, V, 149 = Franc Real.
Kronbirn, } II, 160, cf. V, 582 = Königsgeschenk von Neapel.
„ Winter } (Auch Diels Kronbirn gab diese Identität. O.)
Kronprinz Ferdinand von Oesterreich, II, 169 = Hardenponts W.-Buttb.
Krumenholzbirn, Arbre courbé, (460), V, 419. Verger H.-Fr. 18.
Kugelbirn, II, 455 = Schweizer Wasserbirn; V, 448 = Rummelterbirn.
Kuhfuß (105), II, 233.
Kümmelbirn, Französische, V, 345 = Wildling von Hery.
„ Deutsche, V, 345.
Kundelsbirn, V, 173 = Betzelsbirn.

L.

Lady Tigh (Miller), II, 208 = Frauenschenkel.
Laide bonne, II, 397 = Briel'sche Pomeranzenbirn?

Marksbirn, VII, 316.

Markgräfin, Marquise, „ d'hyver } (50), II, 123, auch Markgräfliche Birn.

Marquise d'Hem, II, 103 = Herbstbirn ohne Schale.

Marktbirn, Salzunger (532), VII, 315.

Marotte, „ sucrée jaune } II, 166 (bisher = Regentin gesetzt; die Marotte ist jedoch davon verschieden in Gestalt, süßerem Geschmack und behaart ausbrechenden Blättern, auch nicht röthlichen jungen Trieben im Frühlinge, die die Regentin hat.

Martin, Junker, Martin Sire (524), V, 547. Verger H.-Fr. 109.

„ Trockner, Martin sec, „ grauer trockner (gris sec), „ sec de Champagne, „ „ de Provence, „ „ d'hiver } (511), V, 521, 522. Verger W.-Fr. 47.

Mary, La Marie } (651), 351 und 352.

Marcipanbirn, II, 316 = Franchipanne, die von Zink V, 203.

Marsepein Peer, II, 67 = Sommer-Apothekerbirn.

Marzenbratbirn, II, 455 = Schweizer Wasserbirn.

Mausebirne, V, 274 = Holländische Butterbirn.

Medaille d'or, II, 101 = Herbst-Sylvester (auch Napoleons Butterbirn wohl so genannt), II, 415 = Jodoigner Leckerbissen?

Medan, de, II, 219 = Orange rouge.

Meister Hans, II, 500 = Junker Hans.

Melanchtonsbirn, II, 56 = Römische Schmalzbirn.

Melonenbirne, Hellmanns, Melonenbirn } (65), II, 153.

„ grüne, II, 111 = Lange grüne Herbstb.

„ Holländische, II, 154.

„ Westphälische, II, 153 = Hellmanns Melonenbirn? (Oberdieck hatte in Hildesheim eine Melonenbirn aufgefunden, die er der Sickler'schen westphälischen Melonenbirn ähnlich fand und die Andere gleich so nannten; sie ist später als Hildesheimer Melonenb. von Oberd. beschrieben. D.)

Merveille de Charneu, de Charneuses, Decaisne; II, 105 = Köstliche von Charneu.

Merveille de la Nature, II, 178 = Winter-Dechantsbirn.

„ d'hiver, II, 519 = Winterdorn; 437 = Müskirte Schmeerbirn.

Messire Jean, II, 439 = Junker Hans.

„ „ Chaulis, gris, d'oré; alle dieselbe.

Meuris (Surpasse Meuris), (119), II, 261. Verger H.-Fr. 122. Decaisne Text Nr. 107, gut.

„ Winter (Nec plus Meuris), (168), II, 359 Verger H.-Fr. 102. Decaisne Text Nr. 57.

Micet d'été, auch Misset d'été (oft, doch irrig, Micet d'été gros) = Franc Real d'été = Runde Mundnetzbirn.

Micet gros, V, 149 = Franc Real.

St. Michel crotté, VII, 438 = Beschmutzte Dechantsbirn.

„ gris, VII, 438 = Graue Dechantsb.

Michel Doyenné, II, 565, bei Metzger = Weiße H.-Butterbirn.

Micl d'hiver, V, 574, in Pomol. de la France = Winter-Meuris.

„ de Waterloo, II, 106 = Köstliche von Charneu.

Mignonne, VII, 471, nach Dochnahl in Catalogen Name für Große müskirte Zwiebelbirn.

Mignonne, Winter, „ d'hiver } (610), VII, 471.

Milan blanc, II, 45, V, 215 = Runde Mundnetzbirn; bei Decaisne und Andern öfter = Weiße H.-Butterbirn, auch = Große Sommerbergam.

„ de la Beuvrière, II, 45, V, 582 = Runde Mundnetzbirn; V, 39, falsch für Runde Sommerbergamotte; V, 215, falsch für Kraft's Sommerbergamotte, II, 318, falsch für Große Sommer-Bergamotte.

„ Grand (Grote Milan), II, 139 = Napoleons Butterbirn.

„ d'hiver, II, 520 = Winterdorn.

„ ou Cadet de Bordeaux, V, 89 = Bergamotte Cabette.

Milanaise Cavelier, II, 528 = Winter Nelis.

Millot von Nancy, (228), II, 479.

Minchet von Gent, II, 528 = Winter Nelis.

Ministère, du, V, 185 = Bergamotte von Bugi.

Mi Sergeant, II, 500 = Junker Hans.

Misk Armudi, V, 45 = Türkische müskirte Sommerbirn.

Mönchle, V, 63 = Frankenbirn.

Mönchsbirn, Edle, (Liegel), (374),

V, 247; VII, 422; die von Christ und Liegel sind verschieden.
Mogul, Großer, II, 526 und V, 584, 5. Absatz, wohl nicht = Großer Katzenkopf.
Monarch Knights, (612), VII, 475.
Monarch II, 213, gebraucht für Windsorbirn; II, 526 und V, 584, 5ter Absatz, auch V, 543, wohl nicht = Großer Katzenkopf.
Monchallard, (637), VIII, 323.
Monsieur, II, 568, bei Decaisne = Weiße Herbst-Butterbirn.
„ Allemand, de, II, 249 = Braune Pommeranzenbirn.
„ de, II, 249 = Orange rouge.
„ John, II, 500 = Junker Hans.
„ le ober du, Curé, II, 504 = Pastorenbirn.
Monsieur Joseph Lomarche, V, 574, nach Galopin et fils Verzeichniß = Hardenponts Leckerbissen.
Monseigneur Affre, V, 463 = Erzbischoff Affre.
„ de Hons, VIII, 317 = Erzbischoff Hons.
„ Sibour, V, 499 = Erzbischof Sibour.
Monstrueuse des Landes, II, 526 = Großer Katzenkopf.
Mont Dieu (statt Ab mon Dieu), II, 243 = Liebesbirn.
Moropyra, V, 288 = Blutbirne.
Mortefontaine, II, 248 = Mayers rothe Bergamotte.
Mostbirn, Extra, II, 461 = Wildling von Einsiedel.
Mouillebouche, weiße, II, 569, bei Dochnahl = Weiße H.-Butterbirn.
Mouille bouche, Duhamel, II, 111 = Lange grüne Herbstb.
„ „ d'été, II, 45 = Runde Mundnetzbirn; V, 44, 232 = Brüsseler Birn?
„ „ grosse, II, 390, V, 582 = Runde Mundnetzbirn.
„ „ d'hiver, V, 382 = Angelica von Bordeaux; V, 354 = Lange gelbe Winterbirn (Gute Louise?)
„ „ lang, V, 225, 226 = Sicklers lange Mundnetzbirn (nicht = Runde Mundnetzbirn, O.) oder = Cerutti's Durstlösche?
„ „ longue d'été, V, 232 = Lange (grüne) Sommer-Mundnetzb.
„ „ Nouvelle, II, 569, bei Decaisne = Holzfarbige Butterbirn.
„ „ ordinaire, II, 111 Lange grüne Herbstbirn.

Mouille bouche ronde, II, 45 = Runde Mundnetzbirn.
Moye Neeltje, Knoop, II, 169 = Hannover'sche Jacobsbirn? II, 384 = Schönste Sommerbirn.
Munchen de Gand, (Minchen von Gent (?) II, 528 = Winter Nelis.
Musette d'Anjou, VII, 464, im Pomon. Francon. = Duhamels Hirtenbirn. Decaisne hat dies Synonym bei seiner Gros Blanquet, cf. V, 195.
Musette d'hyver rosate, bei Leroy = Duhamels Hirtenbirne.
Mundnetzbirn, Duquesnes Sommer, II 53 = Enghien, cf. V, 582.
„ Herbst } II, 112, V, 225 =
„ Lange grüne } Lange grüne Herbstb.
„ Lange Sommer } (336), V, 225.
„ „ grüne Sommer }
„ Runde } (11), II, 45, 524,
„ Runde Sommer } Verger S.-Fr. 27, nicht kenntlich.
Mungo Park, (582), VII, 415.
Muscabine, (353), VII, 321.
Muscadelles grosses u. rouges, II, 384.
Muscadel red (red Muscatelle Pear), II, 384 = Schönste Sommerbirn.
Muscadille rouge, } II, 451 =
Muscadille grosse } Schönste
Muscadel rode of Grote } Herbstbirn.
Muscat à la grande queue, V, 389 = Kleine Blanquette, II, 319 = Russeline.
„ à longue queue dété, V, 207 = Kleine lange Sommer-Muskateller, V, 239 = Kleine Blanquette.
„ à longue queue (Quintinye), II, 319 = Rousseline
„ à longue queue à Touraine, (Knoop, II, 319, dieselbe.
„ à Queue de Chair, II, 569; bei Dochnahl = Weiße Herbst-Butterb.
„ Allemand (L'allemand bei Decaisne), d'allemagne, V, 543 = Deutsche Muscateller; V, 378, falsch für Royale d'hiver der Franzosen.
Muscat d'Aout, II, 43 = Sommer-Robine.
„ d'automne, Londoner Cat., oft = Weiße Herbst-Butterbirn.
„ de Mazerai (auch Mazuère), Merlet, V, 543 = Deutsche Muscateller.
„ d'hiver à grosse queue, V, 440.
„ de Nancy, II, 186 = Aurate.
„ de Villandry, II, 339 = Jagdbirn.
„ Fleuré, (Lond. Cat; vielleicht nur irrig statt Muscat fleuri, die aber ganz andere ist? O.); II, 111 = Lange grüne Herbstbirn.
„ Grand, II, 367 = Roberts Muscateller, II, 384 = Schönste Sommerb.

Muscat, longue, V, 205 = Zartschalige Sommerbirn.
„ gros, II, 236.
„ „ hatif, II, 193 = Wespenbirn.
„ „ rond, II, 193, dieselbe.
„ petit, II, 25 = Kleine Muscateller.
„ „ à Trochet, II, 191 = Strauß-Muscateller.
„ Robert, II, 377 = Roberts Muskatll.
„ rouge, II, 451 = Schönste Sommerb.
„ royal, V, 534 = Korallenrothe Pommeranzenbirn.
„ vert, II, 217 = Cassolet, V, 207.
Muskateller, Brüsseler Herbst (203), II, 429.
„ Deutsche (522), V, 543, 582; II, 160 = Königsgeschenk von Neapel?
„ Englische aus Chio, II, 377.
„ Französische } (140), II, 231.
„ „ süße }
„ Frühe, II, 186 = Aurate.
„ „ braunrothe, V, 208 = Kleine lange Sommer-Muskateller?
„ Gelbe frühe Sommer, V, 206 = Zartschalige Sommerbirn.
„ Große, II, 384, Große rothe, Christ, II, 384.
„ Große lange Sommer, V, 207 = Kleine lange Sommer-Muskateller.
„ Grüne, V, 133 = Cassolette, auch = Sommer-Robine.
„ Grüne Herbst (317), V, 133.
„ Herbst, Dittrich, II, 429 = Brüsseler Herbst-Muskateller.
„ Kleine (1), II, 25. Decaisne Text Nr. 207.
„ Kleine lange Sommer } (354),
„ „ Sommer } V, 207.
„ „ rothe Sommer, II, 185 = Aurate.
„ Königliche Sommer, II, 43 = Sommer-Robine.
„ Königliche, V, 391, falsch für Balsambirn, V, 393 = Oesterreich. Muskatllr.
„ Metzer dickstielige Winter, II, 104; V, 440 = Herbstbirn ohne Schale?
„ Oesterreichische, (447), V, 393.
„ Roberts, (Robertus), (177), II; 377, Verger S.-Fr. 9.
„ Rothe, II, 384 = Schönste Sommerb.
„ Rousselet, Kleine, II, 319 = Russeline.
„ Strauß; } (84), II, 191.
„ Kleine gelbe Strauß }
„ Troppauer, (goldgelbe), (181), II, 385.
„ Winter, II, 596 = Liegels Winterbutterbirn, V, 137, 544, in Franken = Winter-Ambrette.
„ Zerfließende, II, 395 = Grüner Sommerdorn.

Muskatenbirne, Rothe, II, 383 = Schönste Sommerbirn.
Musked Drone Pear, II, 103 = Wespenbirn.
„ Robine Pear, II, 43 = Sommer-Robine.
Musquée d'été rouge, V, 475 = Korallenrothe Pommeranzenbirn.
Musette petite, Mayer, II, 187 = Kleine Blankette?

N.

Nachtgleichenbirn, (628), VIII, 305.
Nägelsbirn, (Nelkenbirn), V, 403 = Knechtchensbirn.
Napoleonsbirn, V, 403, bei Metzger = Weiße Herbstbutterbirn.
Napoleon Savinien, (619), VII, 489.
Nagewitzbirn, V, ~~475~~ = Kleine Blanquette, auch bei Kraft = Langstielige Blanquette. V I 389 N 445
Neapolitanerin, Merlets, V, 183 = Kaiserbirn mit dem Eichenblatt.
Neige, de, II, 109 = Weiße Herbstbutterb.
„ „ gris; II, 185; V, 438 = Graue Dechantsbirn, bei Decaisne auch = Weiße Herbstbutterbirn.
Nelis d'hiver, II, 527 = Winter-Nelis.
Nec plus Meuris, (Ne plus Meuris), II, 350 = Winter-Meuris, II, 360, hie und da = Marie Louise.
Neufmaisons, (Neuve maisons), (583), VII, 417; V, 357 = Belle Alliance Furiau's; cf. auch 442. (Bei Leroy ist's auch Synonym von Serrurier.)
New Autumn Pear, II, 111 = Lange grüne Herbstbirn.
Nicole, V, 185 = Bergamotte von Bugi.
Nicolausbirn, ibid. dieselbe.
Nicolaus Peer, St., II, 137 = Grüne Herbstbutterbirn, (die Beurré St. Nicolas ist ganz andere. D.)
Niel, II, 452.
Nina, (67), II, 197. (In Amerika heißt sie Mannings Elizabeth und kam sie dahin auch von v. Mons in unbenanntem Reise. D.) Verger S.-Fr. 51.
Noirchain, Diels, (174), II, 291. In Belgien ist Noirchain = Späte Hardenpont.
Noirchain, Sommer, auch Herbst, II, 291 = Noirchain Diels.
Nonpareille, (611), VII, 473.
„ Poire, VII, 473 = Nonpareille, VII, 474, auch die Compotb. heißt Poire Nonpareille.

Norman Zimbeck, II, 160 = Königsgeschenk von Neapel in Meiningen.
Nouvelle Bussoch, II, 436 = Doppelte Philippsbirn.
Nouvelle gagnée à Heuze, II, 89 = Holzfarbige Butterbirn.
" Pentecote, II, 179 = Neue Winter Dechantsbirn.
Nutmeg, II, 522 = Wildling v. Caissoy.

O.

Ober-Präsident von Puttkammer, II, 444 = Colomas Herbstbutterbirn.
Ochsenbirn, V, 544 = Deutsche Muscateller.
Ochsenherz, (220), II, 463.
October Suiker Peer, II, 137 = Grüne Herbst-Zuckerbirn.
Oesterling, Christ's, II, 570 = Belbenzerb.
Oignonnet (Ognonet), " musqué, " " gros } V, 203 = Große müskirte Zwiebelbirn.
Oignon rosat, V, 203, dieselbe.
Ognonet of some, VII, 342, als Synonym von Epine rose.
Oin (Oing), petit, II, 437 = Müskirte Schmeerbirn.
Olivenbirne, V, 403.
Olen (Oker d'hiver), (55), II, 133. Verger W.-Fr. 29; cf. besonders Neues Allgemeines Gart.-Magazin, 1825. Taf. 4.
Onkel Peter (Onkel Pièrre), (135), II, 203.
Onondaga, (655), VIII, 359, Verger H.-Fr. 88.
Onyohnina, II, 208 = Frauenschenkel.
Orange brune, II, 219.
" " d'été, II, 249 = Braunrothe Pommeranzenbirn.
" d'Ecarlate, II, 220 = Korallenrothe Pommeranzenbirn.
" d'été, " de Medan, " hative } VII, 313.
" de Vienne, II, 241 = Wiener Pommeranzenbirn.
" jaune hative, VII, 312 = Frühe wohlriechende Pommeranzenbirn.
" jaune et rousse, VII, 313.
" musquée, II, 49 = Muskirte Pommeranzenbirn; VII, 313, nach Diel etwa Frühe wohlriechende Pommeranzenbirne.
" Poer, Briel'sche, II, 397 = Brielsche Pommeranzenbirn.
" rouge, II, 248 = Braunrothe Pommeranzenbirn.
Orange d'orée, Orange gebloost, Orange rouge, Orange rouge d'été, V, 475, wahrscheinlich = Korallenrothe Pommeranzenbirn, (O. ?)
" Sanguine, V, 241 = Rothbackige Citronatbirn?
" Swans, VIII, 359 = Onondaga.
" tulipée, II, 397 = Brielsche Pommeranzenbirn.
" van Hoeck, V, 405 = van Hoecks Pommeranzenbirn.
" verte, II, 219.
Orangenbirne, große müskirte, " Muskateller } II, 49 = Müskirte Pommeranzenb.
Orpheline d'Enghien, Orpheline } II, 357 = Arenbergs Butterb.
Oster Zuckerbirn, grüne, VII, 478 = Bergamotte von Soulers.

P.

Pabst Pius IX. siehe Pius IX.
Paddington, II, 370 = Osterbergamotte und Poire de Pentecote; Decaisne.
Pairmain d'été petit, II, 187 = Kleine Blanquette.
" (Parmain), rouge d'été, Merlet, II, 248 = Mayers rothe Bergamotte.
Pankratiusbirn, V, 143 = Winter Apothekerbirn.
Pape, de Pape, II, 249 = Orange rouge.
Parabelle musquée, II, 570 = Grosse Queue, Decaisne.
Paradiesbirne, (53), II, 129.
" Rheinische, II, 129; II, 354 = Birgouleuse; II, 368 = Colmar.
Paradies d'automne, V, 475 = Beurré d'Apremont = Bosk's Flaschenbirn. (Was Oberdieck durch Urbanek als Paradies d'automne erhielt, gab sichtbar die Prinzessin Marianne, O.)
Paradies, V, 570, bei Decaisne = Virgouleuse.
Parfum Calville, V, 165 = Calvillb.
Paridaens (Parideans) d'hiver, V, 497 Paribans Butterbirn?
Passa tutti, die Diel'sche = Graue Dechantsbirn, II, 135; VII, 438, kommt als Synonym bei Doyenné crotté und bei Doyenné gris vor.
Passe Colmar (Passe Colmar ordinaire), II, 165 = Regentin.
" " d'Aout, II, 51 = Hardenponts frühe Colmar.
" " d'automne, II, 570, bei Einigen = Weiße H.-Butterb; Lond. Cat.

Passe Colmar Delvigne, V, 475, nach der Vegetation = Herbst-Sylvester.
" " gris d'oré nouveau, II, 166 = Regentin.
" " musqué (Esperen), V, 469 = Herbst-Colmar oder lieber Muskirte Herbst-Colmar, da es noch eine andere Passe Colmar d'automne giebt; Decaisne hat den Namen Passe Colmar musqué auch bei Regentin.
" " François, Soc. v. Mons, V, 575 = Jean de Witte, nach de Jonghe im Görlitzer Berichte.
" " par Mr. Hardenpont, II, 51 = Hardenponts frühe Colmar.
Passe Goemanns, II, 405 = Williams Christenbirn.
Pastorale, VII, 436 = Duhamels Hirtenbirn; II, 177, auch = Winter Dechantsbirn; und Pastorale de Louvain und d'hiver gleichfalls = Winter Dechantsbirn.
Pastorenbirne (Curé), (240) II, 503; V, 516 ist nicht Paternosters Butterbirn. Verger W.-Fr. 50. Hovey Fruits of America, I, p. 47 gut. Boomgaard II, Taf. 21 Fig. 42 gut.
Paternoster, II, 570, irrig = Clairgeaus Butterbirn; ist nach V, 515 vielmehr die Paternosters Butterbirn.
" Paternotte, II, 503 = Pastorenbirn.
Paulsbirn (521), V, 541.
Pechkugeln (Bauhins), V, 371 = Klöppelbirn.
Pequiny, II, 526 = Großer Katzenkopf.
Pera Cassuna (P. Passanu), V, 378 = Winter Königsbirn?
" Spada, II, 109 = Weiße H.-Buttb.
" Spadona, V, 575, nach v. Bose = Marie Louise (? O.).
" Spina, V, 475 = Bergamotte von Bugi? auch = Winter Königsbirn? (Was in Braunschweig in der Collection aus Triest als Pera Spina lag, war die französische Winter Königsbirn (Königliche Winterbirn des Handbuches) und giebt auch Leroy diese Identität an. O.).
Perdreau, V, 29 = Cyprische braunrothe Sommerbirn.
Perdreau musquée, V, 205.
Pereus, de, II, 370 = Osterbergamotte.
Perle de Cire / Perlenförmige Birne, II, 187 = Kleine Blanquette.
Perlmott, Perlmutterbirn, II, 571, nach Metzger = Weiße H.-Butterb.
Pero rosso, II, 330 = Roussette von Bretagne.
Petaless, V, 348 = Feigenbirn von Alençon.
Petersbirne, Kleine (264), V, 27.
" Große, V, 27; II, 288 = Hammelsbirn? II, 425 = Thielebirn?
Petersilien Pear, II, 571. Nach Annales VI, 41 = Holzfarbige Butterb.
Pfabenbirn, VII, 327 = Pfauenbirn.
Pfaffenbirne, II, 249 = Braunrothe Pommeranzenbirn, VII, 327.
" Langstielige, VII, 327.
Pfalzgrafenbirne, II, 571 nach Metzger = Weiße Herbstbutterbirn.
" rothe und weiße, VII, 344.
Pfalzgrafenbirn, Zinks / Zinks weiße (546), VII, 343.
" Winter, V, 240 und 522 = Trockner Martin.
Pfalzgräfin, Kleine (370), V, 239. 224; VII, 349, im T. O.G. wohl = Kleine Zimmt-Russelet.
" rothe und weiße, V, 239, 240.
Pfalzgräfin, V, 240 = Frankfurter Birn.
Pfalzgräfler, V, 239 = Kleine Pfalzgräfin.
" lange, II, 442 = Zimmtfarbige Schmalzbirn? V, 274 = Holländische Butterbirn.
Pfarrerbirn, II, 539 = Priesterbirn.
Pfingstbirne, II, 145 = Crassane.
" Neue, II, 179 = Neue Winter Dechantsbirn.
Pfirschenbirne (271), V, 41. Verger S.-Fr. 16.
Pfitzenmaierle's Birne, II, 457 = Langstielerin.
Pfundbirne, Gemeine (294), V, 87.
" Grüne (36), II, 95. (Nach V, 587 glaubt Jahn, daß sie völlig = Königsgeschenk von Neapel sei. Darnach ist die Beschreibung etwa nicht nach der rechten Frucht entworfen, denn die Grüne Pfundbirn, die Oberdieck direkt von Diel und ächt hatte, ist in Frucht und Vegetation von Königsgeschenk von Neapel sehr verschieden, reift auch viel früher. O.)
" Nassauer, II, 131 = Aarer Pfundb.
" Uckermärker, V, 475 = Kuhfuß.
" Ustroner, II, 163 = Diels Buttb.
Philippe de Paques / " d'hiver, II, 178 = Winter Dechantsbirn.
" Delfosse, V, 465 = Delfosse's Butterbirn.
" double, II, 435 = Doppelte Philippsbirn.

Philippe strié, VII, 438 = Beschmutzte Dechantsbirn.

Philipp, Goes (415), V, 329. Verger H.-Fr. 165 als Baronne de Mello.

Philipp, Guter
„ der Gute (656), VIII, 364.
„ le bon

Philippsbirne, Doppelte (206), II, 435. Verger H.-Fr. 84 als Doy. de Merode. Decaisne Text Nr. 22 gut. Hovey Fruits of America, I, p. 31, gut.

Pichelbirne (Pihlerb.) (230), II, 501.
„ rothe, II, 501.

Pickering Pear, Pickerings Warden, II, 538 = Uvedales St Germain.

Piecourt, II, 540 = Priesterbirne.

Pilgerbirn, II, 193 = Wespenbirn.

Pioulier, Decaisne, mit dem Synonym Bonchrétien d'été musqué, V, 202, 258 = Muskirte Sommer- Gute Christenbirn; V, 37 = Gelbe frühe Sommer-Apothekerbirn?

Piné Pear, II, 109 = Weiße H.-Butterb.

Piper, II, 538 = Uvedales St. Germain.

Pius IX., (Pie IX.), (289), V, 77; Verger H.-Fr. 154.

Plougasteel, V, 348 = Figue verte.

Pointu, Etienne, V, 268 = Lange grüne Herbstbirn?

Poire Achalzig I und II, II, 224 = Slavonische Wasserbirn.
„ d'Adame, II, 37 = Damenbirn.
„ à deux têtes / V, 35 und 36 =
„ „ „ yeux \ Zwiebotzenbirn.
„ Amande, IV, 75 = Mandelbirn = Engl. Sommer-Butterbirn.
„ à courte Queue, II, 571, bei Knoop = Weiße H.-Butterbirn.
„ à Gobert, II, 361 = Gil-ô-Gile.
„ à la Flute, II, 571 = Sparbirn, Decaisne.
„ à la Perle, II, 187 = Kleine Blanquette.
„ à la Reine (de la Reine). II, 377 = Roberts Muscateller.
„ à longue Queue, VII, 431.
„ Amydon, II, 500 = Junker Hans.
„ Ananas d'été, II, 301 = Comperette.
„ „ d'hiver, II, 166 = Regentin.
„ Andréane (Andréine), II, 503 = Pastorenbirn.
„ Anglaise, II, 76 = Engl. Sommer-Butterbirn; II, 177 = Winter Dechantsbirn.
„ au Vin, V, 218; II, 403, (Sageret), = Sagerets Weinbirn.
„ aux mouches, II, 397 = Briel'sche Pommeranzenbirn.

Poire Bassin, II, 384, Schönste Sommerbirn; II, 243 = Liebesbirn.
„ benite, II, 243 = Liebesbirn.
„ blanche, Metzger, II, 571 = Weiße Herbst-Butterbirn.
„ Bouteille, II, 751, Baumann, = Pastorenbirn.
„ Canot, V, 479 = Herzog v. Nemours?
„ Carlisle, II, 571, Baumann, = Pastorenbirn.
„ Celeste, V, 510 = Gräfin von Guasco? bei De Bavay = Diels Butterbirn.
„ Coloma d'automne, Bivorts, II, 444 = Colomas H.-Butterbirn?
„ d'Albert (Dalbret), II, 71, 434 = Dalbrets Buttterbirn.
„ d'Alençon, V, 366 = Dechantsbirn von Alençon.
„ d'Amande, II, 76 = Engl. Sommer-Butterbirn.
„ „ grosso, V, 438 = Engl. Sommer-Butterbirn? ?
„ d'Ambre, II, 377 = Roberts Muscateller; V, 137 = Winter-Ambrette.
„ d'Amour, II, 243 = Liebesbirn; V, 164 = Schatzbirn.
„ d'angleterre, II, 405 = Williams Christenbirn.
„ d'Ante (d'Ente, Bonne Ente), II, 57 = Weiße H.-Butterbirn.
„ d'Aout, II, 207 = Deutsche Augustb.; V, 213.
„ d'Apothicaire, V, 148 = Winter-Apothekerbirn.
„ d'Arenberg, II, 572, bei Decaisne = Arenbergs Colmar.
„ d'Armenie, II, 209.
„ d'Arteloire, II, 356 = St. Germain.
„ Dathis, VIII, 344, bei Decaisne = Graslin.
„ d'Attrape, II, 335.
„ d'Aumale, II, 572, bei Decaisne = Wildling von Motte.
„ d'Auch, V, 164 = Schatzbirn.
„ d'Austrasie, II, 572, bei Decaisne Jaminette.
„ de Baron, II, 536.
„ de Baume, V, 391 = Balsambirn.
„ de Bouchet, II, 45 = Runde Mundnetzbirn, cf. Bouchet.
„ de Cadet, V, 89 = Bergamotte Cadette.
„ des Chartreux, II, 93 = Capimont.
„ des Chasseurs, V, 517 = Jägerbirn.
„ de Chasseur, V, 517.
„ de Chevalier, II, 79 = Junkerbirn.
„ de Christ, II, 220 = Korallenrothe Pommeranzenbirn.

Poire de Chien, II, 503 = Pastorenbirn.

Poire de Communauté, II, 500 = Junker Hansbirn.

„ de Constantinople, II, 538 = Wahre Angora.

„ de Coq, II, 452.

„ de Coulis, II, 500 = Junker Hans.

„ de Couvent, II, 500 = Junker Hans.

„ de (du—le) Curé, II, 503 = Pastorenbirn.

„ Dalbret, (Delbret Delbert), II, 71, 433 = Dalbrets Butterbirn.

„ de Cypre (Chypre), V, 29 = Cyprische braunrothe Sommerbirn; V, 203, falsch für Große müskirte Pommeranzenbirn.

„ de deux Soeurs, V, 119 = Schwesternbirne.

„ de Donkelaar, II, 142 und V, 68 = Neue Marie Louise; (ist wohl irrig und vielmehr = Marie Louise Duquesne, und die Bezeichnung im Register ist wohl nur dadurch entstanden, daß man die Marie Louise Duquesne, irrig auch Marie Louise, nouvelle und Mar. Louise v. Mons nannte, D.)

„ d'eau rose, II, 61 = Gelbgraue Rosenbirn.

„ d'Esperen, V, 182 = Esperens Bergamotte.

„ d'été Ipenheim, V, 289 = Gärtnerb.?

„ de Figue, V, 44 = Brüsselerbirn??

„ de Finois, II, 76 = Engl. Som.-Butterbirn.

„ de Forêt, II, 59 = Gute Graue.

„ de Fontenay, V, 467 = Französ. Eifersüchtige.

„ de Glace, II, 354 = Virgouleuse.

„ de Honville, II, 43 = Som.-Robine.

„ d'horticulteur (d'horticulture), V, 289 = Gärtnerbirne, V, 290 auch = Belle Angevine u. Adam, (Beurré Adam), Decaisne. Poire d'horticulture nach Willermoz = Diels Butterbirn.

„ de Jasmin, II, 572, bei Dochnahl = Weiße H.-Butterbirn.

„ de Janvry, V, 511 = Spanische Apothekerbirn.

„ de Jersey, V, 265 = Gute Louise von Avranches.

„ de Jesus, II, 384 = Christs Große rothe Muscateller.

„ de Kienzheim, V, 230, II, 63 = Birn von Kienzheim; auch = Frühe grüne Bergamotte??

„ de Kartoffel, II, 313 = Arenbergs Colmar.

Poire de Laforée (Laforet), II, 335 = Winter Liebbirn?

„ de Limousin, V, 148 = Winter Apothekerbirn.

„ de longue vie, VII, 496 = Engl. Winterbirn.

„ de Louvain, V, 283 = Löwener Birn; ibid = Marie Parent? Decaisne hat sie als Synon. seiner Grosse Queue, (cf. V, 582. Absatz: Enghien.)

„ de la Motte, II, 572 = Wildling v. Motte, Decaisne.

„ Delpierre, V, 251 = Delpierresb.

„ de Luçon, V, 524 = Graue Wtr.-Butterbirn.

„ de la Reine, II, 377 = Roberts Muscateller.

„ de Lenkebeek, II, 572 = Bosks Flaschenb. nach Berl. Verhandlungen.

„ de Limon, II, 109 = W. H.-Butterb.

„ de Livre, II, 95 = Grüne Pfundb., II, 526 = Großer Katzenkopf, II, 160 = Königsgeschenk von Neapel.

„ Demeester, Decaisne, V, 576 = Meuris.

„ de Madame, siehe Poire Madame.

„ de Madam, de Madeire, II, 37 = Damenbirn.

„ de Malte, II, 540 = Caillot rosat d'hiver.

„ de Medan, II, 219 = Braunrothe Pommeranzenbirn.

„ de Merode, II, 435 = Doppelte Philippsbirn.

„ de Mons, II, 466 = Spoelberg, siehe auch Poire van Mons.

„ de Monsieur, II, 503 = Pastorenb.

„ de Neige, siehe Neige.

„ de Naples Merlets, V, 183 = Kaiserbirn mit dem Eichenblatt.

„ Nicole, V, 185 = Bergamotte von Bugi.

„ d'oeuf, II, 39 = Somer-Eierbirn?

„ d'or, II, 500; die Knoopsche II, 185.

„ „ d'été, II, 185 = Aurate.

„ hative, Merlet, II, 185 = Aurate?

„ de Pape, II, 249 = Braunrothe Pommeranzenbirn.

„ de Pentecôte, Decaisne, II, 527; wohl = Winter Dechantsbirn.

„ de Persil, II, 572, Annales de Pomol. und Decaisne = Holzfarbige Butterbirn, conf. Petersilien Pear.

„ de Pisé, V, 537.

„ de Pucelle, V, 100 = Jalousie.

„ de Pezénas, II, 572 = Herzogin von Angoulême.

„ de Poirault, II, 183 = Bergamotte von Parthenay.

Poire de Prêtre, II, 249 = Braunrothe Pommeranzenb.? II, 539 = Priesterb.
„ de Prince, II, 397 = Admiralsbirn, II, 55 = Römische Schmalzbirn?; II, 384 = Schönste Sommerbirn?
„ de Provence, VII, 313.
„ de Raqueingheim (Rackenghem), II, 450 = Leckerbissen von Angers.
„ de Ris, VII, 500, bei Decaisne = Gros Gilot (Gil-O-Gilo.)
„ de Rives, Merlet, II, 208 = Diels Frauenschenkel, (wäre die Sparb. O.)
„ de Roseau, II, 251 = Große Rietb.
„ de Saint Laurent, V, 31 = Gelbe Laurentiusbirn.
„ de St. Martin, V, 148 = Winter Apothekerbirn.
„ de St. Pierre, V, 27 = Kleine Petersb.
„ de Seigneur, II, 249 = Braunrothe Pommeranzenbirn; II, 572, im Lond. Cat. und bei Decaisne auch = Weiße H.-Butterbirn.
„ de St. George, II, 413 = Große St. Georgsbirn.
„ de table des Princes, II, 572, bei Decaisne = Sparbirn.
„ de Tongres, II, 505; V, 485 = Birn von Tongres, (Durondeau.)
„ de Tonneau, II, 538.
„ de tout temps, II, 526 = Großer Katzenkopf.
„ de Vezenas (cf. Pezenas), II, 155 = Herzogin von Angoulême.
„ de Vigne ou Demoiselle, V, 59, nicht Große schöne Jungfernbirn; VII, 434.
„ de Vlessembeck, V, 472 = Thompson.
„ de Würtemberg, V, 576 = Napoleons Butterbirn, Decaisne.
„ des Chasseurs, II, 522 = Jägerbirn.
„ des Chartreux, II, 93 = Capiaumont.
„ des Demoiselles, VII, 434, cf. de Vigne.
„ des Eparonais, II, 155 = Herzogin von Angoulême.
„ des Invalides, V, 153 = Colmar van Mons.
„ des Veterans, V, 180 = Veteranen-Wildling
„ Dix, V, 85, die Dix.
„ Dones, VII, 337 = Die Dones.
„ Dupuy (Charles), VII, 424 = Carl Dupuy.
„ du Bouchet, II, 45 = Runde Mundnetzbirn, conf. Bouchet.
„ du Chrêtien, V, 148 = Winter Apothekerbirn.
„ du Doyen, II, 573 = Weiße Herbst-Butterbirn, Decaisne.
„ du Pâtre, II, 177 = Winter Dechantsb.
Poire du Poitou, V, 576 = Korallenrothe Pommeranzenbirn.
„ du Tilloy, V, 454 = General Dutilleul.
„ Duval, V, 310 = Duvals Butterbirn.
„ Edouard, II, 235 = Eduardsbirn.
„ Esperine, II, 481 = Esperine.
„ Figue, II, 73 = Holländ. Feigenb.; V, 347 = Feigenb. von Alençon?
„ Fortunée, II, 51 = Glücksbirn.
„ Fourcroy, II, 177 = Winter Dechantsb.; II, 163 = Diels Butterb.
„ Frizeus, II, 452 = Schönste Herbstb.
„ Goubault, V, 233 = Goubaults Buttb.
„ Grosse allongée, II, 504 = Pastorenb.
„ Guillaume, II, 405 = Williams Christenbirn.
„ His, Noisettes, (mit dem Synonym His ancienne u. Jefferson (Poiteau), V, 576 u. V, 330 = Baronne de Mello (Philippe Goes); Poire His (Poiteau) ist eine andere Birne, cf. Dittrich III, 153 und 172, cf. V, 572.
„ La Force, V, 541.
„ Legipont, II, 105 = Köstliche von Charneu.
„ l'Empereur, II, 139 = Napoleons Butterbirn.
„ Leurs (Lewis oder Louis), V, 501 = Lewisbirn, V, 86, oft falsch für Dix. (Hr Behrens in Travemünde, von dem Oberdieck die Leurs und Lewis hatte, behauptete Verschiedenheit beider, O.)
„ Liard, II, 139 = Napoleons Butterb.
„ Madame, II, 55 = Römische Schmalzb. II, 196, 452 = Sparbirn; V, 43 = Brüsselerbirn? (die rechte Poire Madame, die Knoop unter dem Hauptnamen Brüsselerbirn hat, ist, was schon die Vegetation zeigt und aus Holland erhaltenen Reiser erwiesen, die Sparbirn und von Diels Brüsselerbirn gewaltig im Wuchse verschieden. Die Römische Schmalzbirn ist nicht = Poire Madame auch nicht = Sicklers Franzmadam, O.)
„ Madeleine, II, 29 = Grüne Magdalene.
„ Malconnaitre, VII, 454, nach Decaisne = Columbia.
„ Manne, II, 368 = Colmar.
„ Medaille, II, 139 = Napoleons Buttb.
„ Melon, II, 139 = Napoleons Butterbirn; II, 163 = Diels Butterb.
„ Melon de Knoop, II, 136 = Diels Butterbirn, (?, Diels Butterbirn hat Knoop wohl noch nicht gekannt und seine Melonenbirn Taf. L ist klein und reift im Aug. und Sept., O.)
„ Monsieur, II, 573 = Weiße H.-Buttb

Poire Niel, II, 452.
„ noble d'été, II, 33 = Edle Sommerb.
„ Pêche, V, 41 = Pfirschenbirn.
„ Pomme, V, 311 = Apfelbirne; II, 450 = Leckerbissen von Angers.
„ Pomme de terre, II, 313 = Arenbergs Colmar.
„ petit Rousselet, II, 77 = Rousselet von Rheims.
„ Romaine, Decaisne, II, 573 = Beurré Romain, Decaisne.
„ rose, II, 61 = Gelbgraue Rosenb.
„ royale, II, 43 = Sommer Robine.
„ Sageret, VII, 397.
„ sans peau, V, 37 = Gelbe frühe Apothekerbirn? V, 205 = Zartschalige Sommerbirn.
„ sans peau d'automne, II, 104 = Herbstbirn ohne Schale.
„ Sarasin, II, 546 = Sarasin.
„ Sans pépins, V, 44, cf. Brüsselerb. (Decaisne hat als Sans pépins die Deutsche Nationalbergamotte, die auch Belle de Bruxelles, gewöhnlich mit dem Zusatze sans pépins heißt, O.)
„ Seignore, II, 573, bei Knoop = Weiße H.-Butterbirn.
„ Seutin, II, 507 = Seutins Birne.
„ Sicile, II, 573, bei Decaisne = Epargne.
„ Sieulle, V, 317 = Sieulles Birn.
„ St. George, II, 413.
„ St. Jean, II. 29 = Grüne Magdalene.
„ St. Michel, II, 573, bei Knoop (auch wohl bei Andern) = Weiße H.-Buttb.
„ Sylvange, II, 177 = Winterdechantsb. (von Decaisne erhielt Oberdieck als Poire Sylvange eine Andere, sowie auch Leroys Diction. eine Andere hat, und ist etwa Sylvange d'hiver = Winter Dechantsbirn, O.)
„ Thouin, II, 528, irrthümlich = Winter Nelis; (ist = Thouins Bergamotte und Thouins Butterbirn, die beide als Thouin vorkommen, O.)
„ Trésor, V, 164 = Schatzbirn.
„ Truite, II, 157 = Forellenbirn.
„ Unique musquée II, 172 = Liegels Winter-Butterbirn.
„ Urbaniste (des Urbanistes), II, 443 = Colomas H.-Butterbirn.
„ Valencia / II, 573, bei Decaisne =
„ Valentin \ Weiße H.-Butterbirn.
„ van Marum, V, 440 = Van Marums Flaschenbirn.
„ Vaudoise, II, 104 = Herbstbirn ohne Schale.
„ von Mons, II, 494 = van Mons Butterbirn.

Poire Vauqueline, V, 525 = Vauquelins St. Germain.
Poiteau, V. 105 = Holzfarbige Butterb.
„ Neue (Nouveau Poiteau), (303), V, 105. Verger H.-Fr. 138.
Pommeranzenbirn, Braune Sommer, Mayer, II, 249.
„ Braunrothe, (113), II, 249.
„ Brielsche, (187), II, 397.
„ Deutsche Winter, V, 371 = Klöppelb.
„ Frühe goldgelbe, V, 215.
„ Frühe Wohlriechende, (53), VII, 313.
„ Gestreifte, II, 397 = Brielsche Pommeranzenbirn?
„ Herbst, II, 249 = Braunrothe Pommeranzenbirn.
„ ~~Korallenrothe, (46), V, 210.~~
„ Müskirte, / (13), II, 49; V,
„ große müskirte | 241; VII, 313 bei Miller Decaisne \ Text Nr. 286 s. gut.
„ Platte, V, 215.
„ Schmelzende, V, 374 = Weihnachtsb.
„ von Hoeks, (453), V, 405.
„ Wiener, (109), II, 241
„ von Mons, (451), V, 401.
„ Wettereuer, V, 362 = Butterbirn von Wetteren.
„ Winter, II, 368 = Colmar, (die Winter Pommeranzenbirn ist sehr gute Sorte für sich, die nur zufällig im Handbuch noch nicht beschrieben ist, O.)
Pomoise, V, 312 = Apfelbirn.
Pontoise, Doyenné de, (Merlet), II, 431 = Wildling von Montigny?
Portugal d'été, II, 217 = Cassolet; II, 397 = Admiralsbirn.
Postelbergerbirne, II, 172 = Liegels Winterbutterbirn, (genauer = Kopertsche fürstliche Tafelbirn, O.)
Pound Pear, II, 538 = Uvedales St. Germain und II, 526 = Großer Katzenkopf.
Pradel, du, II, 573 = Pastorenbirn.
Présent d'Artois, Beau, II, 160, (Oberd. beschrieb sie als Schönes Geschenk von Artois.)
„ Présent, Beau d'été, II, 195 = Sparb.
„ de Malines II, 166 = Regentin.
„ royal de Naples, II, 160 Königsgeschenk von Neapel.
Präsident Parigot (572), VII, 395.
Präsident, Spanischer, V, 517, vergl. 127 = Spanische Apothekerbirn.
Priesterbirne (Prêtre), (258), II, 539; V. 186 = Bergamotte von Bugi; VII, 327.

Prince Germain (nicht Princes St. Germain), V, 265 = Gute Louise von Avranches.
Prinz Albert, (Prince Albert), (442) V, 388.
Prinz von Württemberg, V, 266 = Gute Louise von Avranches.
Prince de Parme, II, 141 = Marie Louise, (Duquesne.)
Prinzenbirne, Mayers, II, 56 = Römische Schmalzb.
" Hinkert, II, 384 = Schönste Som.-B.
" Große Sommer, Diel, II, 56 = Römische Schmalzbirn.
Prinzessinbirn, gelbe Sommer, V, 200.
Princesse, la, II, 377 = Roberts Muscatellerbirn.
Prinzessinbirne, Lübecker, (444), V, 387.
Prinzessin Charlotte / Princesse Charlotte / Charlotte de Brabant } (489), V, 477. Verg. H.-Fr. 23, II, 411.
" conquête, II, 44 = Prinzessin von Oranien.
Prinzessinb., Grooms / Princesse Royal, Grooms } (617), VII, 485.
Prinzessin Marianne, (31), II, 85. Verger H.-Fr. 131; Neues Allg. Garten Mag. 1825 Taf. 6.
Prinzessin von Oranien / Princesse d'Orange } (194), II, 411; ibid gab auch, doch wohl irrig d. Röm. Schmalzbirn.
Prinzmadam, (in Thüringen) II, 384 = Römische Schmalzbirn.
Prinz von Ligne, II, 301 = Comperette.
Probstb., (Cordus), II, 464 = Ochsenherz?
Proche le Roi, II, 509 = Vicekönigin.
Prunai, II, 217 = Cassolet.
Pucelle Condesienne, II, 166 = Regentin.
" de Xainfogne, II, 377 = Roberts Muscateller.
Pugillaria, (Johnston), II, 526 = Großer Katzenkopf.
Pypkanne aus Holland, gab bei Oberd. die Edle Sommerbirn.
Pyrole, II, 351 = Jaminette.
Pyrum ovatum, (Bauhin), II, 39 = Sommer-Eierbirn.
Pyra Decimiana, Faleroiana, Graeca, Sementina, Severiana, Soriana, Tarentina, Tiberiana, Volumiane, V, 3.
Pyrus communis und Pyrus communis tomentosa, V, 2

Q.

Quenillac, II, 526 = Großer Katzenk.
Queens, II, 378 = Roberts Muscateller.
Queenbirne, (528), V, 555.

R.

Rainbirne, (652), VIII, 353; V, 417.
Rameau, (Fürsts Winterbirne), V, 180 = Veteranen-Wildling.
Rateau blanc, II, 373 = Löwenkopf; II, 526 = Großer Katzenkopf; VII, 496 = Engl. Winterbirn. (Leroy hatte in seiner Frucht-Collection in Bremen noch eine andere, O.)
Rateau gris, II, 160 = Königsgeschenk von Neapel; V, 543.
Rateau petit, VII, 464 im Lond. Cat. u. nach Leroy = Duhamels Hirtenb.
Rattenschwanz / " Französischer } II, 145 = Crassanne.
Räthselsbirne, V, 407 = Knausbirn.
Reateb., la Reate, II, 397 = Brielsche Pommeranzenbirn.
Red Cheeked Seiklo, II, 117 = Seckelsb.
Regelbirn, II, 457 = Langstielerin.
Regelsb., Mayer, V, 149 = Franc Real.
" Späte, V, 148 = Wtr. Apothekerb.
Regenbirne, (450), V, 417.
Regentin, (71), II, 165. Verger W.-Fr. 59; Pomol. Britt. II, Taf. 64 sehr gut; Decaisne Text Nr. 120.
Rehbirn, Spindelförmige, II, 86 = Prinzessin Marianne.
Reichenäckerin / " Wälsche / Reisenäckerin } (430), V, 359.
Reine, la, II, 574. bei Decaisne = Beurré Romain; V, 317 = Winter Ambrette.
" Caroline, II, 53 = Enghien.
" des Pays bas, II, 173 = Chaumontel.
" des musquées, V, 328 = Kreiselförmige Blanquette?
" d'été, V, 271 = Sommerkönigin.
Reisbirn, VII, 500, nach v. Biedenfeld in Thüringen = Sidlers Venusbrust, was wohl corrumpirter Name von Poire de Ris, Ris de Loup ist, was Decaisne = Gil-ô-Gile setzt.
Retour de Rome, V, 106 = Neue Poiteau.
Rettigb., Leipziger / " Colditzer } (17), II, 57. Verg. S.-Fr. 61.
Reymenans, (334), V, 167.
Reynaert Bernaert, (615), VII, 481.
Rhabarberb., II, 500 = Junker Hans.
Rietbirne, Große / " Holländische } (114), II, 251; V, 50.
Riet peer double, de, II, 251, dieselbe.
Ris de Loup, VII, 500, bei Decaisne = Gros Gilot (Gil-ô-Gile).
Ritterb., II, 57 = Leipziger Rettigbirn.

Roberts Keeping, II, 370 = Osterbergamotte.

Robine, Miller, II, 387 = Roberts Muscateller?

„ Sommer | (10), II, 43; Verger
„ d'été | S.-Fr. 63, wenig kennt-
„ musquée | lich.

Roßbirne, V, 148 = Winter Apothekerb.

Rohrbirne, II, 251 = Große Rietbirne.

Roi d'été, II, 79 = Junkerbirne, VIII, 330; Diel erhielt darunter die Große Sommer-Russelet; Merlet hat dieselbe; Knoop hat es als Synonym von Oignonet, (Große müskirte Zwiebelbirn); conf. V, 203 und 29.

Roi Rousselet, VIII, 330, bei Duhamel = Große Sommer-Russelet.

„ d'été gris, II, 399 = Brauner Sommerkönig.

Roi de Rome, V, 57 = König von Rom (siehe näher diese), hie und da = Napoleons Butterbirn; (V, 58 hat auch Baltet, gleich Oberdieck gefunden, daß der Roi de Rome der Annales = die Curé, (Pastorenb. sei, wo die Annalen daher den rechten Roi de Rome nicht haben. O.)

„ d'hiver, V, 378 nicht = Diels Wtr.-Königsbirn.

„ de Wurtemberg, II, 101 = Herbstsylvester; II, 421 irrig für Butterb. von Montgeron; II, 170 hie u. da irrig für Hardenponts Wtr.-Butterb.

Roi Joli-mont, II, 376 = Julius Dechantsbirn.

„ Louis, V, 196 = Kreiselförmige Blanquette.

„ „ gros, V, 169, 328 = Gros Blanquet, Decaisne.

„ „ nouveau, V, 310, 328 = Duvals Butterbirn.

„ roux, Knoop, V, 203 = Große müskirte Zwiebelbirn.

Romaine, II, 574 = Beurré Romain, Decaisne.

Romeville, | V, 547 und 548 = Junker
Roaville | Martinsbirn.

Rose Angle, Early, II, 29 = Grüne Magdalene.

Rondelet | (603), VII, 457.
Rondelette |

Rosanne, V, 274 = Holländische Buttb.

Rosenbirn, II, 212 = Hopfenbirne, VII, 342.

„ Gelbgraue, (19), II, 61.

„ Sommer, Merlet, II, 248 = Mayers rothe Bergamotte.

Rose Thorny, VII, 342.

Roskammer Pear, II, 368 = Colmar.

Rostitzer, (539), VII, 329. Verger S.-Fr. 39.

Rothbackige, Knoop, V, 44.

Rothbirne, Haller, (202), II, 427.

Rothb., Magdeburger | (618), VII,
Rothbästele | 487.

Rothbacken, Neuyorker = Seckelsbirn.

Rothenb., V, 240 = Kleine Pfalzgräfin.

Röthelbirne, V, 227 = Rothbackige Som.-Junkerb.? V, 407 = Knausb.

Rouge de Vierge, V, 60 = Große schöne Jungfernbirn.

Rougemont, II, 73 = Holländ. Feigenb.

Rouse Lench, (Rouse Lench), (79), II, 181; V, 367.

Rousselet, le, II, 77 = Russelet von Rheims.

„ Aelens, (669), VIII, 487.

„ Bivorts, (410), V, 319; ibid irrig = Rousselet de Janvrier.

„ Braunrothe Sommer, V, 219 = Salzburger Birne, Verger, S.-Fr. 28.

Russelet, Decosters, (143), II, 309. Verger H.-Fr. 21.

„ Doppelte | (115), II, 253; Erzogen
„ double | von Esperen. Verger H.-Fr. 64.

„ d'hiver, V, 522, wohl = Trockner Martin. So bei Willermoz.

„ de Stuttgart, II, 47 = Stuttgarter Geißhirtenbirn.

„ de Volkmarsen, II, 269 = Volkmarserbirn.

„ dünnstielige Sommer, II, 319 = Russeline.

„ le gros, II, 253; II, 79.

„ Enfant prodigue, II, 512 = Verschwenderin.

Roußelet Französische, (132), II, 283, ist, was auch Jahn schon anerkannte = Gute Louise von Avranches.

„ Frühe, R. hatif, II, 205 und 6 = Zartschalige Sommerbirn? V, 29.

Russelet, Gestreifte, (116), II, 259. (Varietät der Rheims.)

Rousselet Griesers', (542), VII, 331.

„ gros à longue queue, II, 244 = Liebesbirn.

„ Gros, Decaisne, V, 29 = Cyprische braunrothe Sommerbirn?

„ Große | (640), VIII, 329; II,
„ Sommer | 79 und 253; II, 399
„ gros | auch = Sommerkönig.

„ Große Müskirte, VIII, 329, II, 243, bei Diel = Liebesbirn.

St. Germain de Graines, St. Germain Dutilleul, (Poire du Tilloy). V, 454 = General Dutilleul? auch = Schöne Julie?
" " Glatte, V, 354 = Gute Louise.
" " d'hiver, II, 356 = St. Germain.
" " Merlets, (472), V, 443.
" " Merlet, Merlets frühe St. Germain, II, 356 = Diels Gute Louise.
" " d'oré, gris, jaune, vert, nach Metzger auch Frühe und Grüne, II, 356 alle = St. Germain.
" " New sweet, II, 356 = = Princes St. Gemrain.
" " Prince II, 356.
" " Puvis, (644), VIII, 333; Verger H.-Fr. 6.
" " Nouveau, V, 441 = St. Germain van Mons.
" " Panaché, II, 356 = Gestreifte St. Germain.
" " Uvedales, V, 426 = Schöne Angevine?
" " Von Mons. (471), II, 441.
" " Vauquelin's, St. Germain Vauquelin, (513), II, 525. Verger W.-Fr. 7.
" Ghislain, (Diel—v. Mons, II, 73 = Holländ. Feigenbirn, (es gehen noch andere Früchte unter dem Namen, D.)
" Jacobs Peer, II, 187 = Kleine Blanquette.
" Jean, II, 29 = Grüne Magdalene.
" Jean Baptiste, V, 578, nach Decaisne und De Jonghe, (im Görlitzer Berichte = Graf von Flandern).
" Jean, Jeannette, (Lond. Cat.), II, 206 = Archiduc d'été.
" Jean musqué gros, II, 378 = Roberts Muscateller.
" Laurent, II, 384 = Schönste Som.-B. V, 31 nicht = Gelbe Laurentiusb.
" Leonard, II, 354 = Birgouleuse.
" Lezin-Birn, (St. Lezin, Lesain), D. N. (487), ~~II, 474.~~ V 8 473
" Louis, V, 327 = Königin der Birnen.
" Marc, V, 506 = Schöne von Thouars.
" Martial, V, 382 = Angelica von Bordeaux.
" Michel Archange, V, 121 = Erzengel Michael.
" Michel, St. Michel blanc, II, 109 = Weiße Herbst-Butterbirn.

St. Michel d'été, II, 376 = Julius Dechantsbirn.
" " gris, II, 135 = Graue Dechantsbirn.
" " d'hiver, V, 366 = Dechantsb. von Alencon? V, 524 = Graue Winterbutterbirn?
" Pierre, V, 27 = Kleine Petersbirn.
" Nicolas Peer, II, 137 = Grüne Herbst-Zuckerbirn.
" Samson / Samsonsbirn } II, 105 = Sparbirn.
Salis, II, 405 = Williams Christenb.
Salisbury, II, 85 = Prinzessin Marianne.
Salzburger Birne, vergl. Birne.
" lange, V, 219 = Salzburger von Ablitz.
Sämling, Dearbornes, (267), V, 33, Verger S.-Fr 7.
Sanguine, V, 217, 288.
" de Belgique, V, 288.
" de France, V, 218 = Sommer-Blutb.
" d'Italie, 217, 288.
Sanguinole, (Duhamel), V, 217 Sommerblutbirn.
" Sickler, V, 287 = Herbstblutbirn.
" Africaine, d'été, musqée, de Royder, V, 217 u. 218, alle = Som.-Blutb.
Sanguinolente, V, 288 = Sanguine d'Italie.
Sans pair, VII, 473 = Nonpareil; 474 auch = Compotbirn.
" peau, V, 37 = Gelbe frühe Sommer Apothekerb.? V, 37 = Zartschalige Sommerbirn.
" " d'été, Mayer, V, 579 = Zartschalige Sommerbirn.
Sans pepins, Decaisne, II, 389 = Deutsche National-Bergamotte; V, 44.
Sapin, Duhamel, V, 194 = Gelbe Frühb.
" der Carthäuser, V, 265 = grüne Lange Herbstbirn.
Sarasin / Sarazinerbirn } Duhamels, (261), II, 545. Decaisne Text No. 150.
" des Chartreux, II, 545.
" Sommerfrucht, II, 546.
" späte, II, 546
Sary Armud, V, 197 = Türkische gelbe Sommerb. (Sultaneh Armud v. Herrn v. Hartwiß gab dieselbe, D.)
Satin, II, 104 = Lansac des Quintinye.
" vert, II, 395; VII, 342 = Grüner Sommerdorn; VIII, 328 irrig = Epine d'été, Decaisne = Französischer Sommerdorn.
Saubirn, Salbbirn, Sailbirn, V, 148 = Rummelterbirn.
Saurüssel, II, 39 = Sommer Eierbirn.
Savoureuse, la, II, 363 = Markbirn.

Spence, II, 86 = Prinzessin Marianne; II, 89, Beurré Spence = Holzfarbige Butterbirn.

Speckbirn, Braunrothe (355), V, 209.

Spina V, 512 = Spanische Apothekerb.

Spina di Carpi V, 378 = Diels Wtr.-Königsbirn? (ist vielmehr die französische Sorte = Königliche Winterb.; conf. Pera Spina, D.)

Spindelbirn, Sommer, II, 208 = Frauenschenkel, Diels? (wäre die Sparbirn, D.)

Spoelberg, de Spoelberg, (231), II, 485; Decaisne Text No. 184 gut, als Vicomte de Spoelberg. Verger H.-Fr. 158.

Spreeuw, II, 528 = Winter-Nelis und II, 89 = Holzfarbige Butterbirn.

Spreeuw ové, (Faux Spreeuw), II, 528.

Spulerbirne, II, 500 = Junker Hans.

Starenbirn, (Etourneau), II, 528 = Winter Nelis.

Steffens Genesseebirn, (Stevens Genessee), (465), V, 429. Verger H.-Fr. 168, Semis de Stevens.

Stieglitzbirn, II, 212 = Hopfenbirn.

Stolz der Franzosen, II, 78 = Rousselet von Rheims.

Stopfbirne, Hamburger, V, 209 = Braunrothe Speckbirne.

Storchschnäbler, II, 442 = Zimmtfarbige Schmalzbirn? V, 245 = Holländische Butterbirn.

Straßburger Beste Birne, II, 39 = Sommer Eierbirn.

Straßburger Birne, II, 67 = Sommer Apothekerbirn.

Sublime Gamotte II, 577, bei Decaisne = Weiße Herbst-Butterbirn.

Sucré de Louvain, V, 283.

" d'hiver, V, 146 = Wtr. Apothekerb.

" Romain, II, 55 = Römische Schmalzb.

" vert de Paques, VII, 479 = Grüne Oster Zuckerbirn = Bergamotte von Soulers.

" " (verd), le Sucré, II, 137 = Grüne Herbst-Zuckerbirn.

Sukerey, Langstielige, V, 389.

Suiker Kandy Peer, II, 67 = Sommer Apothekerbirn.

" Peer, Herbst oder Oktober, II, 137 = Grüne Herbst-Zuckerbirn.

" " van Tertolen } II, 331, v. Tertolens
" " van Talisdnyn } Herbst-Zuckerbirn.

Suffolk Thorn, VII, 375 = Wildling von Suffolk.

Sultaneh Armud, II, 189 = Türkische gelbe Sommerbirn?

Summer Bell, II, 213 = Windsorbirn.

Summer Rose, II, 61 = Gelbgraue Rosenbirn; VII, 342.

" Thorn, VII, 342.

Suprême, II. 383 und 425 = Schönste Sommerbirn; V, 41 = Brüsselerb., (wohl Knoops, D.)

" Coloma, II, 171 = Liegels Wtr.-Bttb.

Surpasse Cressane; II, 465 = Neue Crassane.

" Meuris, II. 261 = Meuris.

Susanne, (385), V, 296.

Süßbirne, V, 359 = Reichenäckerin.

Suzette von Bavay, (339), V, 177, 296. Verger W.-Fr. 85.

Sylvange d'hyver, II, 177 = Winterdechantsbirn, V, 348 = Feigenbirn von Alençon.

Sylvester, Herbst, (Wtr.) } (39),
Sylvestre d'hyver } II, 101.
" d'Automne }

Syrische Birne, (Virgil und Martial), II, 248 = Mayers rothe Bergamotte.

T.

Tafelbirne, Württemberg, II, 55 = Römische Schmalzb.; II, 205, (Hannover und Württemberg) = Erzherzogsb.; V, 359 = Reichenäckerin.

" Fürsten, Sickler, V, 200 = Lange gelbe Bischofsbirn?

" Fürstliche Meiningen, II, 55 = Römische Schmalzbirn, V, 273 in Bremen = Holländische Butterbirn.

" Grüne, (Fürstliche), (90), II, 203.

" Graf Sternbergs } II, 171 =
" Winter } Liegels Wtr.-
" Kopertsche Fürstliche } Butterbirn.

" Türkheimer, (Dürkheimer), II, 205 = Erzherzogsbirn.

" von Delitsch, VII, 318 = Schmalzb. von Delitsch.

Tamerlan Gros, II, 526 = Großer Katzenkopf.

Tannenbirne, Christ's, V, 149 = Gelbe Frühbirn.

Tarde en rapport, II, 444 = Colomas Herbst-Butterbirn?, (unterschied sich noch durch etwas stärkern und angenehm muskirten Geschmack, D.)

" Ribaut, II. 217 = Cassolet.

Tarentinische Birne, (Cato Columel, Plinius), II, 248 = Mayers Rothe Bergamotte; II, 522 = Wildling von Caissoi.

Tarquin, VII, 495 und 6; wohl = Engl. Winterbirn.

" des Pyrenées, VII, 496, bei Einigen = Engl. Winterbirn.

Tavernier von Boulogne, (603), VIII, 309; VII, 496, bei Einigen = Engl. Winterb. Verger W.-Fr. 16.
Teton de Venus, V, 152, falsch für Schönste Winterbirn; VII, 499 = Venusbrust; gab aber öfter die Gile-ô-Gile. Kommt auch als Synon. von Großer Katzenkopf vor.
Thalbirn, V, 230 = Vallée.
Theilbirne, II, 258 = Hammelsbirn; II, 425 = Thielebirn.
Telyphonia, (Cordus), II, 562 = Großer Katzenkopf.
Theodore, (Dittrich), (9), II, 41.
Theodore d'été, Theodore d'été von Mons, V, 580, nach Pomol. de la France = Theodor v. Mons.
Theodor Körner, (120), II, 263.
Theodor von Mons, (Theodore v. Mons), (124), II, 271, 41. Verger H.-Fr. 10.
Therese Kumps, (599), VII, 449.
Thielebirne, (201), II, 425.
Thiessoise, II, 71 = Amanlis Butterb.
Thouin, (129), II, 281, (heißt besser Thouins Bergam., zum Unterschied von Decaisnes Thouin = Thouins Butterbirn, O.), VII, 401, 402.
Thompsons, (Thompsons), (486), V, 471, 458. Verger H.-Fr. 79.
Tillington, (561), VII, 373.
Tilloy, Du Tilloy, II, 307, nach Decaisne = Schöne Julie.
Timpling, V, 204 = Große müskirte Zwiebelbirn.
Tombe de l'amateur, V, 106 = Neue Poiteau.
Tonneau Allemand, II, 110 = Rothe Confesselsbirn.?
Transsylvanienne, VII, 347 = Grégoires Siebenbürgerin.
Tresor, V, 164 = Schatzbirn.
Triomphe de Hasselt, V, 440 = von Marums Flaschenbirn.
" de Louvain, V, 284.
Triumph von Jodoigne, 162), II, 347. Verger H.-Fr. 26.
Triumph von Löwen / Triomphe de Louvain } (563), VII, 377.
Trompe Coquin, V, 137 = Winter-Ambrette.
Trompetenbirn, (464), V, 427; II, 203 = Mecklenburger Champagnerb.
Trouvée de Montigny, II, 432 = Wildling von Montigny.
Truite, II, 157 = Forellenbirn.
Tulpenbirne / Orange tulipée } II, 397 = Briel'sche Pommeranzenbirn.
Türkenb., II, 68 = Som.-Apothekerb.
Turriana, Turraniana, Columella, II, 526 = Großer Katzenkopf.
Tyrriana, (Plin), II, 526, dieselbe.
Tyson, (636), VIII, 321.
Tysjes Peer, II, 75 = Engl. Sommer-Butterbirn.

U.

Union, The Union Pear, II, 538 = Schöne Angevine?, auch = Uvedales St. Germain.
Unglücksbirne, (125), II, 273.
Unknown of the Fare, II, 356 = St. Germain.
Unvergleichliche Hacons, (576), VII, 385. Verger H.-Fr. 112.
Urbaniste, (des Urbanistes), II, 443; V, 506 = Coloma's H.-Butterbirn.
" Seedling, II, 443 = Urbaniste? cf. V, 584 und Abbildung im Verger S.-Fr. 20; ist meist von Urbaniste verschieden.
Uvedales Warden, II, 538 = Uvedales St. Germain.

V.

Vaat, V, 175 = Wildling von Vaat.
Va deux ans, V, 145 = Colmar van Mons.
Valencia, II, 109 = Weiße H.-Butterb.
Vallée de Franche } V, 229 = Birn von Kienzheim.
Vallée, la, V, 230, hie und da = Crassane d'été.
Vanassche / Van Asche, Vanach } (233), II, 489. Verger H.-Fr. 60. Wahrscheinlich ist auch Van Asteche dieselbe.
Van Dycks Peer, V, 512 = Spanische Apothekerbirn.
Veldenzerbirn, (236), II, 495; (als Hauptname wäre besser Große Wtr.-Rousselet genommen worden, der älter ist und bei Diel sich findet. Jahn hält II, 495 beide wohl für verschieden, O.) V, 407 = Pfullinger Knausbirn, Metzger.
Venise, de, II, 370 = Osterbergamotte.
Venusbrust, (624), VII, 499. Ungewiß bleibt, ob = Diels und Sicklers Venusbrust.
Vergaline musquée, II, 444 = Colomas Herbst-Butterbirn.

Verlaine d'été, II, 69 = Holzfarbige Butterbirn; [die Identität ist nicht richtig. Oberdieck hat nur von Diel, (weiter von v. Mons bezogen], und 30 Jahre später auch von Bivort, aber nach Beschreibung und Abbild. irrig, als Verlaine d'été die Holzfarbige Butterbirn bekommen, O.)
Vermillon, II, 451 / II, 451 und 2 =
„ d'Automne } Schönste Herbstb.
„ d'Espagne, II, 101 = Herbstsylvester; II, 402, auch = Butterbirn von Montgeron; V, 212, 280 = Spanische Apothekerbirn; V, 152 nach Christ in Holland = Schönste Winterbirn.
„ d'été, II, 364 = Schönste Sommerb.
Verschwenderin, (Enfant prodigue), (244), II, 511.
Verte au coin, (v. M.), V, 580 = Muscatellerartige Butterb. = Comperette, Diel.
„ dans pomme, II, 113 = Brüsseler Zuckerbirn.
„ dupereux, II, 370 = Osterbergam.
„ longue, V, 225, 232, 267.
„ „ d'Angers V, 267 = Lange grüne Herbstbirn.
„ „ d'automne, II, 267, dies.
„ „ de Mayenne, V, 267 = Lange grüne Herbstbirn.
„ „ de St. Germain, II, 578 = St. Germain.
„ „ d'hiver, II, 491 = Lange grüne Winterb., bei Quintinye = Jagdbirn; V, 354 = Lange gelbe Winterb.?
„ „ suisse ou panachée, II, 112 Schweizerhose.
Verulam, (620), VII, 491.
Vesouziere, VII, 368 = Bergamotte von Vesouzière.
Veteranenbrust, V, 180 = Veteranenwildling.
Veteranenwildling, (340), V, 197.
Vexirbirne, (Foppen Peer), II, 335.
Vicar of Wakefield, (Winkfield), II, 504 = Pastorenbirn.
Vicekönigin, (243), II, 509.
Vicomte de Spoelberg, II, 486; V, 514 = Die Spoelberg
Vigne Pelone, V, 348 = Fique de Naples.
Villaine d'Anjou, II, 397 = Brielsche Pomeranzenbirn?
Villain XIV, (378) u. V, 255.
Villandrée, II, 578 = Grosse Queue, Decaisne, (wohl unsere Enghien), cf. V, 582.

Vincent, (52), II, 127.
Vingt cinquième anniversaire de Leopold I; V, 409 = Neue Lepold I.
Vingt Mars, VIII, 305 = Nachtgleichenb.
Violette, V, 186 = Bergamotte von Bugi.
Virgalieu, Virgaloo, II, 109 = Weiße Herbst-Butterbirn.
Virgalieu Columbian / VII, 453 =
Virgalouse „ } Columbia.
Virgalieu, Sommer, VII, 323 = Osbands Sommerbirn.
Virgoulée, II, 353 = Virguleuse.
Virgoulette, Decaisne, dieselbe.
Virguleuse, / La Virgouleuse, (165), II, 353. Verger W.-Fr.
Virgule, } 12; Decaisne Text Nr. 44.
Vleessembeek, V, 472 = Tompsons.
Voie, (Voye) aux Prêtres, V, 89 = Bergamotte Cabette.
Volemum, V, 3.
Volkmarserb. / (123), II, 269. Verg.
Voltmerschebirn } S.-Fr. 119.
Vrai beurré broncé, II, 327 = Broncirte Herbstbirn.
„ Coloma de Printemps, II, 527 = Winter Nelis.
„ Saffran d'automne, V, 512.
Vroeye Suikery, II, 185 = Aurate.

W.

Wadelbirn, gelbe, V, 410.
Wälsche Birne, II, 244 = Sparbirn.
Waldbirne, Esperens, (Belle des Forêts), (462), V, 422.
Walter Scott, (416), V, 335, (ist identisch mit Duc de Nemours, O.)
Wässerling, II, 79.
Waldbirn, II, 579 = St. Germain, Metzger.
Waldenser Peer, II, 103 = Herbstbirn ohne Schale.
Wahre Canning, (176), II, 379.
Warwick Bergamott, II, 109 = Weiße Herbst-Butterbirn.
Wasserbirn, II, 111 = Lange grüne Herbstbirn; II, 455 = Schweizer Wasserbirn.
„ Frühe, II, 257 = Meininger Wasserb.
„ Große, (Mayers), II, 257 dieselbe?; II, 867 = Große gelbe Weinbirn?
„ Herbst, II, 111 = Lange grüne Herbstbirn.
„ Meininger, (117), II, 257.
„ Schweizer, (216), II, 455.
„ Slavonische, (100), II, 223.
„ Späte, II, 455 = Schweizer Wasserb.

Webbelbirn, in Mecklenburg V, 581 = Kuhfuß.
Weeler Berkshire, II, 406 = Williams Christenbirn.
Weiberstern, Corbus, II, 526 = Großer Katzenkopf.
Weihnachtsb., (Fondante de Noël), (437), V, 378. Verger W.-Fr. 39.
Weinbergsbirne, V, 227 = Rothbackige Sommer Zuckerbirn? V, 407 = Knausbirn. (Diel hatte eine andere, O.); conf. Verger H.-Fr. 169.
Weinbirne, V, 448 = Rummelterbirn; V, 544, Bauhins = Deutsche Muscateller? VIII, 331, früher bei Cuerne = Bergamotte von Cuerne.
„ Frühe, V, 203, 407 = Knausbirn.
Weind, große gelbe, (182), II, 387.
„ Sagerets, (190), II, 403.
„ vom Bodensee / „ Späte (397), V, 293.
Weingifterin, II, 455 = Schweitzer Wasserbirn.
Weinhuberin, II, 171 = Liegels Wtr.-Butterbirn, (näher = Kopertsche fürstliche Tafelbirn.)
Weißbirne, Deutsche langstielige, II, 29 = Grüne Magdalene?
„ Französische langstielige, V, 389 = Französische Blanquette.
„ Perlförmige französische, II, 187 = Kleine Blanquette.
Wergelbirn, V, 173 = Betzelsbirn.
Wespenbirne, (Diel und Duhamel), (85), II, 193; II, 37 = Damenbirn.
Westrumb, (Westrum, im Handbuch ist Druckfehler. (107), II, 237.
Whitefield, (313), V, 125.
Wildling, Esperens, (403), V, 305. Verger H.-Fr. 44, wenig kenntl.
„ Guter, II, 397 = Brielsche Pommeranzenbirn.
„ Veteranen, (340), V, 179. Verger W.-Fr. 62.
„ von Böhmenkirch, Griesers, VII, 535.
„ von Caissoi, (249), II, 520.
„ von Chasserie, (Echasserie Lechasserie), II, 339 = Jagdbirn.
„ von Chaumontel, II, 173 = Chaumontel.
„ von Einsiedel, (219), II, 461.
„ von Hery, (423), V, 345.
„ von Montigny, (204), II, 431; VII, 447, 448. Verger S.-Fr. 83 bildet irrig die Bremer Butterbirn ab.
„ von Motte, (51), II, 125. Verger H.-Fr. 43, ziemlich; Decaisne Text Nr. 35 gut.
Wildling von Suffolk, (Suffolk Thorn), (562), VII, 371.
„ von Baat, (338), V, 175. Verger W.-Fr. 37.
Wilhelmine, II, 71 = Amanlis Buttb.; II, 487 = Chevalier.
William IV, (William the Fourth), V, 266 = Gute Louise von Avranches.
William musqué, II, 406 = Williams Christenbirn?
„ Prince, (Williams Early Downing?), II, 406.
Williams Christenbirn / „ Pear (191), II, 405.
Windsorbirn, Windsor Pear, Miller (95), II, 213, (II, 55 nicht = Römisch. Schmalzb.; V, 44 nicht = Brüsselerb. weder die Dielsche noch die Knoopsche, Poire Madame = Sparb. Ist noch mit andern verwechselt, O.) Swensk Pomon giebt gute Abbildung.
Wtr. Baron Pear, II, 535 = Baronsb.
„ Bell Pear, II, 538 = Uvedales St. Germain.
Winterb., Dornige, II, 520 = Winter-Dorn.
„ Engl. lange grüne, (72), II, 167.
„ Englische, (622), VII, 495; VII, 496 hält Jahn diese = Diels Engl. lange grüne Winterbirn.
„ Erzherzog Carls, (237), II, 497.
„ Fürsts, (Rameau), V, 180 = Veteranenwildling.
„ Grumkower, (62), II, 147.
„ Gestreifte Schönste, Dittr., II, 515 = Schönste Winterbirn.?
„ Lange grüne, (234), II, 491, 498; II, 111, 491 bisweilen = Lange grüne Herbstbirn; V, 354 = Gute Louise.
„ Königliche, (Royale d'hyver), (514), V, 527. Verger Wtr.-Fr. 86.
„ Kästners, V, 65 = Kästner.
„ Lange gelbe, V, 354 = Gute Louise?
„ Meißner lange grüne / „ Sächsische „ „ II, 491 = Lange grüne Winterbirn.
„ Römische, V, 354 = Gute Louise?
„ Schnackenburger, (424) V, 367.
Winterb., Schönste / „ Wunderschöne (326), V, 151
Winterbirn, von Mons-süße, (625), VII, 500.
Winter Citroni, II, 354 = Virgouleuse.

Kirschen.

Anm.: Die im Verger sich findenden Sorten des Handbuches, soweit sie nicht schon im Handbuche allegirt sind, sind im nachstehendem Register mit angegeben.

A.

A courte queue de Provence, III, 544, Lond. Catal. u. Downing für Flemish = Großer Gobet.

Adams Crown, III, 99 = Adams Herzkirsche.

Adler, Schwarzer (73), III, 471.

Admirable de Soissons, III, 533.

Agathe, Belle de Novembre, } (141), 63;
Agathe, Schöne } III, 138.

Agatkirsche, VI, 359, bei Christ = Dankelmannskirsche.

Allerheiligenkirsche (232), VII, 61.

Allsaints, VII, 62 = Allerheiligenkirsche.

Amarelle, Allergrößte, III, 544 = Großer Gobet.

„ Bouquet (106), III, 537, Verger Nr. 22.

„ Braunauer (202), VI, 389.

„ des Bourbons, VI, 89 = Süße Amarelle.

„ du Nord, III, 529, im Lond. Catal. = Ratafia.

„ Frühe Königliche, III, 533 = Königliche Amarelle.

„ Frühe rothmelirte, III, 163, falsch für Große Glaskirsche.

„ Frühzeitige (107), III, 539 und 505.

„ Große, III, 163, für doppelte Glaskirsche; 507 bei Henne und Gotthard für Große Morelle, 544 für Großer Gobet.

„ Gedoppelte, mit halbgefüllter Blüthe, III, 538.

„ Juinat (155), VI, 91.

„ Junius, VI, 97 = Juinat-Amarelle.

Amarelle, Juteuse, VI, 93 = Soodamarelle.

„ Kaiser, III, 544 = Großer Gobet.

„ Kleine frühe, III, 533, bei Sickler = Königliche Amarelle.

„ Königliche (104), III, 533; VII, 34, 35, im Lond. Catal. falsch für Zwergweichsel.

„ Kurzstielige, III, 543 = Großer Gobet.

„ Mit ganz gefüllter Blüthe, VI, 94.

„ Mit halbgefüllter Blüthe (156), VI, 93 = Gedoppelte Amarelle, mit halbgefüllter Blüthe = Amarelle mit gefüllter Blüthe.

„ Royale }
„ Royale } VII, 34 = Königl. Amarelle.
hative, }

„ Saft, VI, 96 = Soodamarelle

„ St. Martins (Monatsamarelle), VII, 62 = Allerheiligenkirsche.

„ Schwarze oder Späte, auch Amarellen-Weichsel, bei Dochnahl irrig Synon. der Erfurter Augustkirsche.

„ Sood, }
„ Reichlich tragende } (157), VI, 95.
Sood }

„ Späte (108), III, 541; Verger Nr. 73, wenig ähnlich.

„ Süße (154), VI, 89, bei Christ u. Diel irrig für Späte Amarelle; III, 541.

„ Trauben } III, 538 = Bouquetama-
„ Viellings } relle.

Amber or Imperial, III, 126, wohl = Große Prinzessinkirsche.

Ambrée à gros fruit, III, 501 = Schöne von Choisy.
„ de Choisy, III, 501 = Schöne von Choisy.
Ammer } III, 541 = Späte Amarelle.
Ambrette }
„ Große, III, 163, in Thüringen = Große Glaskirsche.
Anglaise, III, 125 = Mai-Herzog; VI, 79 u. 370, ebenso.
„ tardive, III, 500, für Late Duke, ibid auch für Royal Duke, VI, 74, 371; Downing hat Royal Duke = Royale anglaise tardive, cf. Verger Nr. 32.
„ veritable, VI, 371, bei Mortillet = Anglaise tardive.
Angleterre hative, VI, 79, 371, 372, im Londoner u. Vilvorder Catalog = Mai-Herzog.
„ hative de Louvain, VI, 79 = Löwener Frühkirsche.
„ tardive, VII, 45 u. 46, oft Syn. von Kirsche von Planchoury; VII, 46, irrig für Wahre Engl. Kirsche.
Ansels Fine Black, VI, 304 = Black Heart.
Arch Duke, III, 152, 409, 500 = Rothe Maikirsche.
Archiduc, III, 448, bei Duhamel wohl = Doktorkirsche.
Audigeoise, Schöne } (222), VII,
„ belle } 41.
Augustkirsche, Erfurter (198), VI, 381; bei Burchardt = Große Weinkirsche.

B.

Baumanns Mai, III, 49 = Frühe Maiherzkirsche, nicht = Coburger Maiherzkirsche.
Beauty, Ohio, VI, 13 = Schöne von Ohio.
Belle Audigeoise, VII, 41 = Schöne Audigeoise, III, 168 = Königin Hortensia, 501, für Schöne v. Choisy; es wird noch eine dritte geben.
„ de Chaux (Jahn), VI, S. 72 gab die Frühe Lemercier.
„ Brugeoise St. Pierre, VII, 57 = Schöne von Brügge.
„ de Bavay, bei Hogg = Königin Hortensia.
„ de Jodoigne, VII, 168 = Königin Hortensia.
„ de Laeken, III, 168 = Königin Hortensia.
Belle de Magnifique, III, 179 = Chatenays Schöne.
„ d'Orleans, VI, 15 = Schöne von Orleans; VI, 16, geht auch unter dem Namen wohl die Rothe Muskateller.
„ de Petit-Brie } III, 168 = Königin
„ de Prapeau. } Hortensia.
„ de Ribeaucourt, VII, 29 = Ribeaucourts Schöne.
„ de Rocmont, III, 123, VI, 49 = Schöne von Rocmont, im Lond. Cat. = Bigarr. Couleur de Chair.
„ de Sceaux, III, 179, VII, 45 = Chatenays Schöne.
„ de Spa, III, 179 = Königin Hortensia; VII, 45, auch Synonym von Chatenays Schöner und Kirsche von Planchoury.
„ Grosse d'Ardèche, VII, 21 = Schöne von Ardeche.
Belzkirsche, Große Deutsche, III, 518; VI, 71 u. 72.
Belzweichsel, III, 528, für Jerusalemskirsche.
„ Große Deutsche, III, 518.
„ Große Spanische, III, 497, für Doctorkirsche.
Bernsteinkirsche, Frühe (136), VI, 53.
„ Große frühe, rothmelirte, VI, 53; meist = Büttners späte Knorpelkirsch
„ Gubener (40), III, 131; Verger Nr. 48 als Ambrée de Guben.
„ Schwarze Knorpel, VI, 325 = Gubener schwarze Knorpelkirsche.
Bicolor (v. M.), VII, 23 = Zweifarbige Kirsche.
Bigarreau, III, 126, die der Engländer nicht Große Prinzessinkirsche, sondern nach Reisern aus London, = Runde marmorirte Süßkirsche.
„ blanc, III, 127 = Weiße Spanische.
„ „ de Mezel, VI, 322, gab die Große Prinzessinkirsche.
„ Cleveland, VI, 45 = Knorpelkirsche von Cleveland.
„ cartilagineux de Büttner rouge, III, 133 = Büttners rothe Knorpelkirsche.
„ à gros fruit rouge très foncé, III, 58 = Purpurrothe Knorpelkirsche?
„ Commun, VI, 362, bei Mortillet = Graffion und fälschlich auch = Gottorper Kirsche.
„ d'Ambre rouge hatif, VI, 53 = Frühe Bernsteinkirsche.

Bigarreau d'Esperen, VI, 52 = Esperens Knorpelkirsche.
„ de Hollande, III, 126 = Große Prinzessinkirsche.
„ de Lyons, VI, 323, bei Hogg = seiner Monstrous Heart.
„ de Lard, III, 117 = Speckkirsche.
„ de Mai, III, 49 = Frühe Maiherzkirsche, nicht = Coburger Maiherzk.
„ de Mai, Wilders, III, 49, wohl = Frühe Maiherzkirsche.
„ des Vignes, VI, 52 = Esperens Knorpelkirsche.
„ d'octobre, III, 91.
„ Downton, III, 485 = Downtonk.
„ de Mezel } VI, 322 = Schwarze Knorpelkirsche v. Metzel u. wohl auch = Thränenmuskateller.
„ great de Mezel }
„ Gros, III, 126.
„ Gros } VI, 322, Syn. d. Engl. Bigarreau = Runde marmorirte Süßkirsche und daher nicht = Große Prinzessinkirsche nach III, 125 und 126.
„ Royal }
„ Tardif }
„ Turkey }
„ gros Coeuret, VI, 322, bei Hogg = seiner Monstrous Heart u. Gros Coeuret, bei Morthillet = Große Prinzessink., es gehen darunter noch andere.
„ gros Commun, III, 123 = Gemeine Marmorkirsche.
„ gros Monstroueux, VI, 322, bei Hogg = Monstrous Heart und Gros Coeuret.
„ gros noir, III, 90, wohl = Große schwarze Knorpelkirsche.
„ Gaboulais } VI, 322 = Bigarreau gros Coeuret u. Hoggs Monstrous Heart.
„ Jaboulais }
„ hatif de Bale, VI, 19 = Kirsche von Basel.
„ hatif de Boulbon, VI, 47 = Boulebonnerkirsche.
„ hatif petit, III, 473 = Frühe schwarze Knorpelkirsche?
„ Holland, III, 126.
„ jaune, VI, 357, in Herrnhausen früher = Dankelmannskirsche.
„ Lauermann, III, 126 = Große Prinzessinkirsche.
„ Lemercier, III, 157.
„ large black, III, 90.
„ Ludwig VI, 347 = Ludwigs bunte Herzkirsche.
„ Madison, VI, 351, Madis. bunte Herzk.
„ Marbré, VI, 361, Runde marmorirte Süßkirsche.

Bigarreau, Monstroueux de Mezel, VI, 321 = Schwarze Knorpelk v. Metzel; bei Hogg = seiner Monstrous Heart.
„ Napoleon, III, 126 = Große Prinzessinkirsche; es gibt auch eine schwarze des Namens.
„ précoce de Mazan, VI, 47, nach Bivort = Boulebonner K. Jamin Durand haben andere.
„ Rookport, VI, 326 = Knorpelkirsche von Rockport.
„ rouge, VI, 49, bei Henne = Schöne von Rocmont.
„ tardif, VI, 365, im Boomgaard = Späte von Ribberoort.
„ tardif de Hildesheim } III, 139 = Hildesheimer späte Knorpelk.
„ blanc tardif de Hildesheim }
„ Violet, III, 121 = Dunkelrothe Knorpelkirsche.
„ Wards, VI, 322 = Hoggs Monstrous Heart.
„ Wellington, III, 519, oft = Große Prinzessinkirsche.
„ White, III, 126 = Holländische Prinzessinkirsche? Von Simon Louis kam andere.

Bigarreautier, Commun, III, 123.
Black Caroon } of some, = Black Heart.
„ „ gean }
„ Heart, VI, 303, frühe schwarze Herzkirsche.
„ „ Spanish, VI, 304 = Black Heart.
„ Russian, VI, 304, bei Downing = Black Heart.
Bluthe rzkirsche (32), III, 113; (ächt? ist = Runde marmorirte Süßk. D.)
Buchanans early Duke } cf. Duke und May Duke.
„ fine early Duke }
Bouquetamarelle (106), III, 537.
Bouquetkirsche, VI, 538 = Bouquetamarelle.
„ mit halbgefüllter Blüthe, VI, 93, bei Mayer = Amarelle mit halbgefüllter Blüthe.
Büschelkirsche } VI, 94 = III, 538 = Bouquetamarelle, in Pomon. Franc irrig = Amarelle mit halbgefüllter Blüthe.
Buschweichsel }
Brüsseler Braune } (102), III, 529; VI, 383, kommt irrig vor für Leopoldskirsche.
Brüsselsche Bruyn }
Brüsselsche Rothe, III, 175, für Rothe Oranienkirsche.

Brune de Bruxelles, VI, 529, im Lond. Catal. = Ratafia.

Bruyère de Bruxelles, VI, 529, bei Dittrich = Brüsseler Braune, die jedoch die Leopoldskirsche ist.

„ de Prüsse, III, 530 = Brüss. Braune.

C.

Cardinalkirsche, III, 497, Christ für Doctorkirsche.

Carnation Cherry, III, 170, als Synonym von Rother Oranienk; VI, 75, nach Jahn richtiger = Bleichrothe Glaskirsche; cf. diese Verger Nr. 44, setzt die Carnation jedoch auch = Rothe Oranienkirsche.

Caroon blac, VI, 304 = Early blac.

Cerasus Chamaecerasus, III, 187.

„ pumila, III, 525.

Cerise à bouquet, III, 106, für Bouquetamarelle; 538 für Bouquetweichsel.

„ à Coeur, III, 517 = Herzförmige Weichsel.

„ à courte queue, III, 163, für Doppelte Glaskirsche.

„ Amarelle hative, III, 539 = Frühzeitige Amarelle.

„ Amarelle à fleur semi double, VI, 94 = Amarelle mit halbgefüllter Blüthe.

„ Amarelle Royale hative, III, 533. = Königliche Amarelle.

„ Amarelle tardive, III, 541 = Späte Amarelle.

„ à noyeau tendre, III, 501 = Schöne von Choisy.

„ à souffre, III, 141 = Gelbe Herzk.

„ à trochet, VI, 81, in Pom. Franc. = Straußweichsel.

„ à Vie, III, 152 = Rothe Maikirsche.

„ belle d'Orleans, VI, 15 = Schöne von Orleans.

„ blanche, III, 494, falsch für Bragische Muscateller.

„ Caroon, VI, 31.

„ d'Agen, III, 179; VII, 45 = Chatenays Schöne.

„ d'Angleterre, III, 499, für wahre Englische Kirsche, conf. Angleterre hative und Cerise nouvelle d'Angleterre.

„ d'Arenberg, III, 168 = Königin Hortensia.

„ de la Benardière, VII, 37 = Kirsche von Benardière.

„ de Brûges, VII, 57 = Schöne von Brügge.

„ de Bourgueil, VII, 60 = Montmorency Bourgueil.

„ de crêve, VII, 45 = Chateu Schöne?

Cerise d'écarlate, III, 152 = Rothe Maikirsche.

„ d'Espa / III, 197 = Chatenay's

„ d'Espagne \ Schöne.

„ d'Espagne hative, III, 508 = Spanische Frühweichsel.

„ Gaegne variété, III, 156, wohl = Folgerkirsche.

„ de Hollande, III, 498.

„ de Hollande ou coularde, III, 175, falsch für Rothe Oranienkirsche.

„ de Jerusalem, III, 528 = Jerusalemskirsche.

„ de l'oiseleur, III, 156 = Folgerkirsche.

„ de la Toussaints }
„ tardive } VII, 61 = Allerheiligenkirsche.
„ de St. Martin }

„ de May, VI, 371 = conf. Verger, Nr. 65, May Duke.

„ de Montmorency, III, 538, gab die Königl. Amarelle; III. 492, irrig für Herzogskirsche; VII, 33, 34, 35.

„ de Montmorency à courte queue, VI, 87, im Pomol. Francon. irrig für Früher Gobet, richtiger = Großer Gobet.

„ de Montmorency à gros fruit, VII, 33 = Großer Gobet.

„ de Montmorency à longue queue, III, 504, im Lond. Catal = Kentish = Königliche Amarelle; VII, 34 gab Königliche Amarelle.

„ de Montmorency Commun und ordinaire, VII, 33—35.

„ de Planchoury, III, 189 = Chatenays Schöne? Ist wohl eigene Sorte, cf. Verger Nr. 29.

„ de Portugal, III, 175 und VI, 76, für Carnation, die nach Jahn nicht = Rothe Oranienkirsche, sondern = Bleichrothe Glaskirsche sei; cf. VII, Montmorency Bourgueil und Carnation.

„ de Prusse, III, 504, Dochnahl für Großer Gobet.

„ Rose Charmeux, VII, 45 = Kirsche von Planchoury oder Sämling davon.

„ de Saxe, III, 178, 179, 180; VII, 45.

„ de Spaa, III, 168 = Königin Hortensia; 179 = Chatenays Schöne.

„ de Stavelot, III, 168 = Königin Hortensia.

„ de Veaux, VI, 372.

„ de Vilaines, III, 776, conf. Griotte de Villènes.

„ de Vareune, III, 521 = Große Nonnenkirsche.

Cerise double de verre, III, 163 = Doppelte Glaskirsche.
" doucette, III, 501 = Schöne von Choisy.
" du Palatinat. / " douce du Palatinat } III, 161 = Belserkirsche.
" grosse de Mai, III, 152 = Rothe Maik.
" grosse de Mr. le Comte St. Maur., III, 517, 518; VI, 71. Bezeichnet mehrere Früchte am richtigsten wohl Truchseß deutsche Griotte; falsch für Süßweichsel von Chaux; cf. Herzförmige Weichsel.
" grosse des Religieuses, III, 521 = Große Nonnenkirsche.
" grosse rouge pâle, III, 175, 176; VI, 76; im Lond. Catal = Carnation, die nach Jahn nicht Rothe Oranienkirsche, sondern Bleichrothe Glaskirsche sei, conf. Montmorency Burgueil und Carnation im Verger.
" grosse à Ratafia, III, 530, bei Duhamel Weichsel; Truchseß erhielt auch Amarellen.
" Guigne, III, 152, 159, bei Duhamel wohl = Rothe Maikirsche; 469, 470, für Große Maiherzkirsche; 494 für Praglsche Muskateller; 502 für Schöne v. Choisy; 517 für Herzförm. Weichsel; 527 für Jerusalemskirsche; VI, 371 = May Duke, im Verger Nr. 78 = Rothe Muscateller.
" Guigne variée, III, 156 = Folgerkirsche? 469.
" hative malgré tout, VI, 371 = May Duke?
" Indulle, III, 182 = Frühe Zwergweichsel.
" Larose, III, 177 = Laroses Glaskirsche.
" Lemercier, III, 157 = Frühe Lemercier; in den Annalen spätere Sorte; Hoggs Manual = Königin Hortensia; Rivers erzog eine Lemercier, die der Hortense völlig gleicht.
" Kleparow, VI, 70. Kleparower Süßweichsel.
" Mazard blanc, III, 109, gab die Türkine; VI, 350 = Dankelmannsk.
" Montmorency Burgueil, VI, 75, hielt Jahn = Bleichrothe Glaskirsche; VII, 59, richtiger Montmorency von Bourgueil
" Morel, VI, 89, bei Kraft = Süße Amarelle.
" noire, III, 152 = May Duke.

Cerise noire de Mai, VI, 77 = Schwarze Maiweichsel.
" nouvelle d'Angleterre, III, 150, 157, 177, 469, 501; VI, 76 u. 83; in England Syn. der Carnation; bei Duhamel dessen Cerise Guigne, die die Gärtner Royale oder Nouvelle d'Angleterre nenneten und wohl Rothe Maikirsche ist.
" petite à Ratafia, III, 53.
" petite rouge precoce, III, 181 = Frühe Zwergweichsel; 533, bei Sickler für Königl. Amarelle.
" petite ronde precoce, III, 182 = Frühe Zwergweichsel.
" Portugaise, III, 498 = Doktorkirsche.
" précoce, III, 151, irrig für Rothe Maikirsche.
" précoce de Mai, VI, 372 = Rothe Maikirsche; III. 151.
" Royale, III, 499, falsch für Wahre Englische Kirsche, VI, 47, irrig für Süße Maiherzkirsche; wird = May Duke sein.
" rouge d'orange, III, 175 = Rothe Oranienkirsche.
" tardive du Mans, III, 91; VI, 63, nach Annales = Merveille de Septembre = Belle Agathe de Novembre.
" Toupie, VI, 25 = Kreiselkirsche.

Cerisier à bouquet, III, 538, VI, 94 = Bouquetamarelle; bei Mayer irrig für Amar. m. halbgefüllt. Blüthe.
" à fruit ambré, VII, 59.
" à gros fruit rouge pâle, III, 163 u. 175; VI, 75 u. 76 = Bleichrothe Glaskirsche.
" à fleur semi double, VI, 93 = Amarelle mit halbgefüllter Blüthe.
" à trochet, III, 538 = Bouquetamar.; bei Mayer auch = Straußweichsel.
" de Montmorency, III, 165, 499.
" de Montmorency à gros fruit, III, 543 = Großer Gobet.
" de la Toussaints, VII, 62 = Allerheiligenkirsche.
" de la St. Martin / " tardif } VII, 62 = Allerheiligenkirsche.
" hatif, VII, 33.
" Juinat VI, 91 = Juinat Amarelle
" nain précoce / " nain à fruit / " rond précoce } III, 181 = Frühe Zwergweichsel
" pleurant, VII, 62 = Allerheiligenk.
" Royal très tardif, III, 528 = Jerusalemskirsche, III, 475.

III. 165. Auch der Große Gobet heißt Montmorency à gros fruit.
Glaskirsche, Kleine von Montmorency (219), VII, 33; III, 165.
„ Kurzstielige, III, 543 = Großer Gobet; III, 173, für Große Glaskirsche.
„ Laroses (63), III, 177; doch nicht = Chatenay's Schöne, die süßer ist.
„ Prächtige, III, 179 = Chatenay's Schöne.
„ Spanische (89), III, 503; Verger Nr. 49.
„ von der Natte, III, 163.
Gobet, früher (153), VI, 87; III, 543, 166; VII, 35, Verger Nr. 61, zu klein.
„ Großer (109), III, 543, Verger Nr. 23.
„ Gros, VI, 87, in Pom. Franc. irrig für Früher Gobet; VII, 33 u. 34.
Gobet à courte queue }
„ mit kurzem Stiele } III, 543 = Gr. Gobet.
Goldkirsche, III, 141 = Gelbe Herzkirsche.
Gouverneur Wood (115), VI, 11, Verger Nr. 34, zu klein.
Grafenkirsche, Henneberger (93), III, 511.
Graffion, III, 108, 126; VI, 31 u. 362, ist doch nicht Große Prinzessink., sondern die Engl. Bigarreau = Runde marmorirte Süßkirsche.
„ Forsyths, III, 126, desgl.
Griotte, VI, 72.
„ Acher, VII, 51 = Achers Weichsel.
„ d'Allemagne, III, 518, was von Leroy kam = Jerusalemskirsche, doch viel tragbarer; VI, 71, irrig Süßweichsel von Chaux, am richtigsten wohl Truchseß deutsche Griotte.
„ Deutsche, III, 517, 518.
„ de Chaux, III, 517, 518, 594, irrig für Herzförmige Weichsel; VI, 71 und 72 = Süßweichsel von Chaux.
„ d'Espagne, III, 152; VI, 371, wohl irrig = May Duke.
„ de Hollande, III, 529, Lond. Catal. = Ratafia.
„ Pariser (494), VI, 373; bei Dochnahl für Provenzer Süßweichsel.
„ de Portugal }
„ Portugiesische } III, 152, 176, 497; VI, 16, 370 = Doctorkirsche; bei Hogg = Arch Duke, falsch für Wahre Englische Kirsche.
„ de Ratafia, III, 529, Lond. Catal. = Brüsseler Braune, conf. Ratafia.
„ de Villènes, III, 175 u. VI, 76, wohl nicht = Rothe Oranienkirsche, sondern = Carnation = Bleichrothe Glaskirsche; cf. diese.
Griotte du Nord }
„ ordinaire du Nord } III, 523, 524 = Große lange Lothk.; bezeichnet jedoch auch Jerusalemsk.
„ grosse noire, III, 125, VI, 371 = May Duke.
„ Kleparrow }
„ de „ } VI, 69, 70 = Kleparower Süßweichsel.
„ précoce, III, 152; VI, 371, Syn. von May Duke.
„ rouge pâle, VI, 76 = Carnation = Bleichrothe Glaskirsche.
„ seize à la livre, III, 524 = Große lange Lothkirsche; conf. Seize à la livre.
Griottenweichsel, Deutsche, III, 518.
Griottier nain précoce, III, 182 = Frühe Zwergweichsel.
„ rouge pâle, III, 175 = Carnation.
Grolls Große, III, 135, Grolls bunte Knorpelkirsche.
Gros de Sceaux, VII, 45 = Chatenays Schöne.
Grosse de Sceaux, III, 160 = Chatenays Schöne.
„ de Wagnelée, III, 168 = Königin Hortensia.
Grote Princess, III, 126 = Große Prinzessinkirsche.
Guigne à fruit noir, VI, 304.
„ blanc Mazzard, VI, 359 = Dankelmannskirsche.
„ Charlotte, VI, 353 = Charlottens Herzkirsche.
„ des boeufs, III, 69 = Ochsenherzkirsche
„ de Perle, III, 111 = Perlkirsche.
„ de petit Brie, III, 168 = Königin Hortensia.
„ Douce Royale, III, 498 = Doktorkirsche?
„ Early pourple, III, 49, 51 = Coburger Maiherzkirsche.
„ grande de Mai précoce, III, 49 = Frühe Maiherzkirsche.
„ grosse douce de Mai, III, 470 = Große süße Maiherzkirsche.
„ hative de Bâle, VI, 19, Kirsche von Basel.
„ hative de Boulbon, VI, 47 = Boulebonner Kirsche.
„ hative de Mai, VI, 306, bei Christ Synonym der Süßen Maiherzkirsche.
„ jaune }
„ „ de Duhamel } 141 = Gelbe Herzkirsche.

Guigne longue blanche précoce, III, 17 = Frühe lange weiße Herzkirsche.
„ mure de Paris, III, 75 = Späte Maulbeerkirsche.
„ muscat des larmes de l'isle de Minorque, III, 81 = Thränen Muskateller.
„ noire cartilagineuse, III, 89 = Große schwarze Knorpelkirsche.
„ noire de Büttner, III, 59* = Büttners schwarze Herzkirsche.
„ noire de Russie, III, 62 = Schwarze Tartarische.
„ noire / VI, 304, Syn. der Engl.
„ grosse noire } Black Heart; III, 473.
„ noire hative, III, 49 = Frühe Maiherzkirsche; VI, 304, in Baumanns Catal. wohl = Early Black.
„ nouvelle hâtive, III, 49 = Frühe Maiherzkirsche.
„ précoce de Tarascon, VI, 5 u. 6 = Tarasconkirsche.
„ précoce de Werder, III, 53 = Werdersche frühe Herzkirsche.
„ rose hâtive } III, 55 = Rosenrothe
„ à fruit rose } Maikirsche, vollkom-
hatif } men = Rothe Maik.
„ Rival, VI, 339 = Rivalkirsche.
„ rouge et blanche tiquetée précoce, III, 93 = Früheste bunte Herzkirsche.
„ rouge hâtive, III, 113 = Gascoignes Heart.
„ rouge au lait clair, la meilleure de ce genre, III, 48 = Rothe Molkenkirsche.
„ sanguinolle, III, 103 = Blutherzkirsche.
„ Sauvigny, III, 91 = Sauvignys Knorpelkirsche.
„ Tabascon, III, 65 = Bettenburger Herzkirsche?
„ Tarascon, VI, 5, Tarasconkirsche.
„ tardive, III, 478 = Seckbacher.
„ transparente, III, 143.
„ Toupie, VI, 25 = Kreiselkirsche.
Guignier à gros fruit blanc et rouge, III, 93 = Früheste bunte Herzkirsche.
„ à rameaux pendants, III, 81 = Thränen-Muskateller; VII, 62 = Allerheiligenkirsche.
„ hâtif de Mai à gros fruit noir, III, 49 = Frühe Maiherzkirsche.
Guindolière, III, 163 = Doppelte Glaskirsche.
Guindolieri, III, 495.
Guindoux de la Rochelle, III, 168, für Königin Hortensia; 495.
Guindoux de Provence, III, 494, 495 = Provenzer Süßweichsel.

H.

Hängelkirsche, VI, 81, im Pom. Franc. = Straußweichsel.
Hâtive de Louvain, VI, 79 = Löwener Frühkirsche.
„ et tardive, VI, 371 = Cerise hâtive malgré tout = May Duke?
„ malgré tout } VI, 371, Syn. von Angleterre hative u.
„ „ } May Duke.
Heart Bowyers early, VI, 343 = Bowyers frühe bunte Herzkirsche.
„ cherry, Ardens early white, III, 93, wohl = Früheste bunte Herzkirsche.
„ bleeding, III, 113 = Blutherzkirsche?
„ Büttners black, III, 59 = Büttners schwarze Herzkirsche.
„ Bullocks, III, 69 = Ochsenherzkirsche.
„ early white, III, 93 = Früheste bunte Herzkirsche.
„ Gascoignes, III, 113 = Blutherzkirsche?
„ Harisrons } III, 126, VI, 362,
„ Italian } Synonym der Engl.
„ Wests white } Bigarreau = Runde marmor. Süßkirsche.
„ Herefordshire, III, 113 = Gascoignes Heart.
„ Hertfordshire, VI, 96.
„ Italian, III, 126 = der Englischen Bigarreau (nicht = Große Prinzessinkirsche.
„ Lions } III, 69, Ochsenherzkirsche.
„ Ox }
„ Monstrous, VI, 322 = der Engl. Gros Coeuret.
„ Ronalds black } III, 61 = Schwarze
„ „ large } Tartarische.
blac
„ Tilgners white, III, 103, Tilgners rothe Herzkirsche.
„ Tradescants black, III, 90, wohl = Große schwarze Knorpelkirsche.
„ Turkey, III, 126, vid. supra Harrisons Heart.
„ very large, III, 69 = Ochsenherzkirsche.
„ Wests white, III, 126, cf. supra Harrisons Heart.
„ white, III, 93, 105.
Heckkirsche, III, 538; VI, 94 = Bouquetamarelle; bei Mayer irrig für Amarelle mit halbgefüllter Blüthe.

Hedwigskirsche (221), VII, 35; VI, 375.
Herzkirsche Adams (25. b), III, 99; Verger Nr. 33.
„ Anatholische blaßrothe } Jahns Frucht gab Coburger Maiherzk.
„ „ schwarze
„ Bettenburger } (9), III, 65.
„ Bettenburger, schwarze
„ Blut (32), III, 113; VI, 362, schwerlich die rechte, weil = Runde marmorirte Süßkirsche ist.
„ Bordans } (25), III, 97.
„ „ frühe weiße
„ Bouquet (113), VI, 7; III, 537, irrig für Bouquetamarelle.
„ Bowyers Frühe (180), VI, 343, III, 99, falsch für Adams Herzk.
„ Büttners schwarze } (6), III, 59.
„ Büttners neue schwarze
„ Charlottens (185), VI, 349.
„ Coes bunte (183), VI, 349, Verger Nr. 21, Transparente de Coe.
„ Coburger schwarze, III, 51 = Coburger Maiherzkirsche.
„ Dankelmanns weiße, VI, 369 = Dankelmannskirsche.
„ Downers späte (81), III, 487.
„ Frasers Tartarische schwarze, III, 61 = Schwarze Tartarische.
„ Frühe lange weiße } (118), VI, 17; III, 93, 111.
„ Frühe bunte
„ Frühe weiße
„ Früheste bunte } (25), III, 93.
„ Früheste weiß u. rothe
„ Frühe schwarze (160), VI, 303.
„ Fromms } (8), III, 63.
„ Fromms schwarze
„ Gelbe } (45), III, 141; Verger Nr. 68, Guigne jaune.
„ Gelbe spanische
„ Glas } (321), VI, 23.
„ Große Glas
„ Goldgelbe (143), VI, 65.
„ Große glänzende schwarze } III, 70, 96 = Ochsenherzkirsche.
„ Große schwarze
„ „ „ VI, 304, irrig für Early Black Heart.
„ Große schwarze aus Samen, III, 73 = Neue Ochsenherzk.
„ „ „ mit festem Fleisch, III, 87, für Schwarze Spanische; 89, für Große schwarze Knorpelkirsche.
„ Halla's große frühe, III, 49 = Frühe Maiherzkirsche.
„ Heintzens frühe (158), VI, 299.
„ Kleine frühe rothe, III, 55 = Rosenrothe Maikirsche.
Herzkirsche, Knights frühe (111), III, 3.
„ Königliche (71), III, 467.
„ Kronberger schwarze, VI, 29 = Wildling von Kronberg.
„ Krügers } (10), III, 67.
„ Krügers schwarze
„ „ zu Frankfort, III, 67, Lond. Cat., wohl = Krügers Herzkirsche.
„ Lange weiße, III, 111, irrig für Perlkirsche.
„ Lauermanns, III, 126 = Große Prinzessinkirsche.
„ Ludwigs bunte (182), VI, 347.
„ Madisons Bunte (184), VI, 351.
„ Napoleons schwarze (208), VII, 11.
„ Neue Ochsen (13), III, 73.
„ Ochsenherzkirsche (11), III, 69.
„ Pfitzmanns schwarze (203), VII, S. 1.
„ Podiebrader } (120), VI, 21.
„ Podiebrader neue bunte
„ Rival, VI, 339 = Rivalkirsche.
„ Saure, III, 517 = Herzförmige Weichsel.
„ Schneiders frühe (159), VI, 301; (ist VII, Nr. 205 nochmals beschrieben).
„ Schwarze bitterliche, III, 89 = Große schwarze Knorpelkirsche.
„ Späte, III, 87 = Schw. Spanische.
„ „ braune Spanische, III, 89 = Große schwarze Knorpelkirsche.
„ Spitzens } (12), III, 71.
„ Spitzens schwarze
„ Tilgeners } (27), III, 107.
„ „ rothe
„ „ weiß
gesprengte rothe
„ Truchseß schwarze (166), VI, 315.
„ Wahre frühe, III, 51 = Coburger Maiherzkirsche
„ Weiße Spanische, III, 141, wohl = Gelbe Herzkirsche.
„ Werdersche Bunte (181), VI, 345.
„ „ frühe } (3), III, 53; Verger Nr. 12.
„ Werdersche frühe schwarze
„ Weiße und rothe große, III, 93 = Früheste bunte Herzkirsche.
„ Winklers weiße (26), III, 101; Verger 79.
Herzkirschweichsel, III, 152 = Rothe Maik.; 517 = Herzförm. Weichsel.

Herzkirschweichsel, Zweite größere, III, 529 = bei Kraft = Brüsseler Braune.
Herzogin von Angoulême (105), III, 535; ist doch wohl = Königl. Amarelle, conf. VII, 34; Verger Nr. 76, hat wohl eine andere, möglich richtigere.
„ von Paluau (59), III, 169, gab später bei Oberd. die Frühe Lemercier; Verger Nr. 3.
Herzogskirsche / (38), III, 491; 475,
„ Frühe } bei Christ irr. Seckbacher.
„ Rothe, bei Dochnahl = Provenzer Süßweichsel.
„ Späte, III, 499, gesetzt = Wahre Engl. Kirsche, die von Truchseß ist, ähnlich aber viel tragbarer.
Himbeerkirsche, Große schwarze, III, 527; wird Schwarze Muskateller sein.
Holmanns Duke vid. Duke.
Hortense belle / „ reine / Hybride de Laeken } III, 168 = Königin Hortensia.

J.

Jeffreys Duke, III, 492, conf. Cherry Duke.
Jerusalemskirsche (101), III, 527, 511
Indulle, III, 182 = Frühe Zwergweichsel.
Joc-O-Sot (206), VII, S. 7, Verg. 52, zu klein.
Juinat, VI, 91 = Juinat-Amarelle.

K.

Kaiser-Amarelle, III, 544 = Großer Gobet.
Kaiserin Eugenie (216), VII, 31.
Kentish, III, 166, 494, 543, 544; VII, 33; nach Lond. Catal. u. Downing auch mehrmals vom Reise von der Hort-Soc. erhaltenen Früchten = Königliche Amarelle; nach Hoggs Manual nicht. Downing hat noch eine Late Kentish. Kentish wird auch = Großer Gobet gesetzt.
Kers, Late van Ridderoort, VI, 365 Späte von Ridderoort.
„ Gaderobre, III. 89, für Große schwarze Knorpelkirsche, richtiger eine bunte Herzkirsche
„ Orange, III, 175 = Rothe Oranienkirsche.
„ van der Natt, III, 509, Kirsche von der Natte. In Holland unter dem Namen, und geschätzt, eine kleinere Sorte; siehe Kleine Natte.
Kers, Pragse Muscadel, III, 493 = Pragische Muskateller.
„ Zwolse, III, 163 = Doppelte Glask.
Kirsche, Altendorfer, III, 175 = Rothe Oranienkirsche.
„ Bettenburger von der Natte, III, 509 = Kirsche von der Natte.
„ Coes späte rothe (223), VII, 43.
„ Boulebonner (133), VI, 47.
„ Dankelmanns (168), VI, 359.
„ Downton, siehe Downtonkirsche.
„ Elfners (210), VII, 15.
„ Elton = Eltonkirsche.
„ Flämische, III, 95 = Flamentiner.
„ Fleischfarbige, III, 175 = Rothe Oranienkirsche oder Carnation.
„ Fränkische, III, 187 = Ostheimer Weichsel.
„ Frühe Engl. aus Löwen (149), VI, 79, Löwener Frühkirsche.
„ Gottorper (55), III, 119.
„ Große Germersdorfer (174), VI, 331.
„ Kleine Germersdorfer, VI, 332.
„ Graf Münsters, III, 125 = Große Prinzessinkirsche.
„ Große Spanische gewürzte, III, 175 = Rothe Oranienkirsche.
„ Große Ungarische, III, 494, falsch für Pragische Muskateller.
„ Hedwigs (221), VII, 39.
„ Holländische, III, 175, für Rothe Oranienkirsche; richtiger Coularde.
„ Kentische, II, 534.
„ Kleine Ostheimer / „ Ostheimer } III, 187 = Ostheimer Weichsel.
„ Königliche, VI, 74, in Duhamels Uebersetzung = Königl. Süßweichsel.
„ Kronberger, VI, 29 = Wildling v. Kronberg.
„ Neue Englische, VI, 83, im T.O.G. = Neue Engl. Weichsel.
„ Polnische, III, 163 = Doppelte Glaskirsche.
„ Rocmonter, III, 123, falsch für Gemeine Marmorkirsche; VI, 49 = Schöne von Rocmont.
„ Röschers (110), VI, 1.
„ Rothe Tartarische, III, 61.
„ Schleihahns (172), VI, 327.
„ Schneiders, VI, 301 = Schneiders frühe Herzkirsche; 339.
„ Schneiders späte, VI, 339 = Schneiders späte Knorpelkirsche.
„ Schreckens (167), VI, 317.
„ Seckbacher, III, 475 = Seckbacher.
„ Stets blühende rothe, VII, 62 = Allerheiligenkirsche.

ist als Kirsche von der Natte in Holland verbreitet und geschätzt.
Noire de Tartarie, III, 62 = Schwarze Tartarische.
„ hative de Coburg, III, 51 = Coburger Maiherzkirsche.
Nonnenkirsche, Große (98), III, 521.
„ Kleine, III, 521.
Nouvelle d'Angleterre, III, 501, VI, 83, im Lond. Catal. = Schöne von Choisy
„ d'Orleans, VI, 16 = Schöne von Orleans.
Nordamarelle, III, 523, 529, bei Christ = Brüsseler Braune.

O.

Ochsenherzkirsche (11), III, 69.
Oranienkirsche, Rothe (62), III, 175; bezeichnet irrig auch eine Herzkirsche; Verger Nr. 44 als Carnation.
Orange Kers, III, 175 = Rothe Oranienkirsche.
Osceola (165), VI, 313; Verger Nr. 74, zu klein.
Ostheimer, III, 187 = Ostheimer Weichsel.

P.

Perlherzkirsche, III, 111 = Perlkirsche; im T.O.G. XXII, jedoch = Perlknorpelkirsche.
Perlkirsche (31), III, 111.
„ Kleine weiße, VI, 359 = Dankelmannskirsche.
Perlknorpelkirsche (39), III, 129, conf. 111.
Pfälzerkirsche, III, 161 = Belserkirsche.
Picarde, III, 524 = Du Nord.
Polonaise Belle, „ Bonne } VI, 70 = Kleparower Süßweichsel.
Pommeranzenkirsche (90), III, 505; ibid auch für Frühzeitige Amarelle.
Pontiac (164), VI, 311.
Portugaise, Excellente à courte queue, III, 543 = Großer Gobet.
Portugal Duke, III, 152 = May Duke.
Précoce, „ de Monstreuil } III, 182 = Frühe Zwergweichsel.
„ de Mazan, VI, 47, nach Bivort = Boulebonner Kirsche.
Prinzenkirsche, III, 89 = Große schwarze Knorpelkirsche.
Prinzessinkirsche (33), III, 115; 157, falsch für Rothe Oranienkirsche.
Prinzessinkirsche Große, „ Holländische große } 37, III, 125, 126.
„ Princess Groote
Pyramidenkirsche, Pyramidenweichsel } III, 527 = Jerusalemskirsche.

R.

Ratafia, III, 524, falsch auch für Große lange Lothkirsche; cf. 530, 529, im Lond. Catal. = Brüsseler Braune.
Reine de Cerises, III, 168 = Königin Hortensia.
Reine Hortense, III, 168 = Königin Hortensia.
Richmond, Early, III, 166 = Kentish = Königl. Amarelle.
Riesenkirsche, Hebelfinger (15), III, 77, 474.
Rivalkirsche (179), VI, 341.
Roi de Prusse, III, 163 = Doppelte Glaskirsche; cf. De Prusse; 544, nach Dochnahl = Großer Gobet.
Rosenobel, VI, 307.
Rosenobel, Burchardts schwarze (162), VI, 307.
Rothe Brüsselsche, III, 175, für Rothe Oranienkirsche.
Royale, VI, 74; III, 74; III, 152, falsch für Rothe Maikirsche; 159 für Rothe Muskateller; 492, bei Christ für Herzogskirsche.
„ ancienne, III, 492 = Alte Königskirsche; 152, falsch für Rothe Maikirsche; VI, 74, bei Dochnahl für Kgl. Süßweichsel.
„ Cherry Duke, VI, 73 = Königl. Süßweichsel; cf. VII, 46.
„ hative, VI, 74, 79; bei Christ irrig für Süße Maiherzkirsche; VI, 367 bis 371, richtiger = May Duke; III, 154, wohl irrig für Rothe Maikirsche; 492 irrig für Herzogskirsche; cf. Verger Nr. 40, Anglaise hative und 65 May Duke, unterscheidet mithin beide noch.
„ de Hollande, III, 498 = Doctorkirsche?
„ tardive, III, 475, Christ irrig für Seckbacher; III, 74, 371; VII, 46, wohl die rechte.
„ tardive d'Angleterre, VII, 46.
Royal Muscat, III, 152, Rothe Maikirsche?
Rouvroy, III, 168 = Königin Hortensia.

Russian black, III, 62 = Schwarze Tartarische.

„ wild, III, 529, Lond. Cat. = Ratafia.

S.

De la St. Jean, III, 371. Synon. von Angleterre hative und May Duke.

Sämling, Mertsching's, VI, 332 = Große Germersdorfer.

Sämling, Burr's (187), VI, 357; Verger 80.

„ Downings (186), VI, 355; Verg. Nr. 41, sehr groß, weniger roth als der des Handtuches.

„ Richters (207), VII, 9.

Sauerkirsche, Braunrothe, III, 189 = Braunrothe Weichsel.

„ Herzförmige, III, 517 = Herzförmige Weichsel.

„ Kleine runde, mit kurzem Stiele, III, 151 = Kleine Nonnenkirsche.

„ Schwarze, III. 507, bei Christ = Spanische Frühweichsel.

„ Späte, III, 518.

„ Weiße, III, 181.

„ Sauerlothkirsche, III, 523, 525, Große lange Lothkirsche? Schwarze Forellenkirsche?

Sauvageon de Kronberg VI, 30 = Wildling von Kronberg.

Scharlachkirsche, III, 152 = Rothe Maikirsche.

Schattenmorelle, Doppelte, III, 523 = Große lange Lothkirsche.

„ Große späte, III, 523, für Große lange Lothkirsche; 526 auch für Schwarze Forellenkirsche.

„ Plattgedrückte (226), VII, 49.

Schneiders Späte, VI, 339 = Schneiders späte Knorpelkirsche

Schöne von Brügge (230), VII, 57.

„ Chatenays (64) III, 179; VII, 45; VII, 59; Verger Nr. 27.

„ von Ardèche (213), VII, 21.

„ von Chaux, VI, 518, gab die Frühe Lemercier.

„ von Choisy (88), III, 501; Verger Nr. 55 in 2 Abbildungen.

„ von Marienhöhe (5), III, 57.

„ von Ohio (116), VI, 13; Verger Nr. 36.

„ von Orleans (117), VI, 15; Verger Nr. 20.

„ von Ribeaucourt (217), VII, 29.

„ von Rocmont (134), VI, 49; bei Meyer richtiger = Gem. Marmorkirsche.

Schöne Schwarze Dollauer (114), III 9.

Schwarzweichsel, III, 475, Christ = Seckbacher.

Schwefelkirsche, III, 141 = Gelbe Herzkirsche; VI, 359, auch = Dankelmannskirsche.

Seckbacher (75), III, 475.

Seedling Sheppards, Hoggs Man. = Schwarze Tartarische.

Seize à la livre, III, 168 = Königin Hortensia; cf. Griotte seize à la livre.

Septemberkirsche, Späte braune harte, III, 89 = Große schwarze Knorpelk

Septemberweichsel, Große, III, 524 = Große lange Lothkirsche.

Soodkirsche, Rothe, VI, 95 = Soodamarelle.

Spätkirsche, Doppeltragende kleine rothe, III, 463.

Späte von Ribberoort (191), VI, 365.

Spanische Rothe, VI, 49 = Schöne v. Rocmont.

Spanische, Schwarze (20), III, 67.

„ Süße } (78), III, 481.
„ Kleine süße }

„ Weiße (38), III, 127.

Spanish Yellow, III, 126 = Große Prinzessinkirsche. Kommt auch für Runde marmorirte Süßkirsche vor.

„ white, III, 127 = Weiße Spanische.

Speckkirsche (34), III, 117.

Straußweichsel (150), VI, 81.

Successionskirsche, III, 152, bei Henne für Rothe Maikirsche.

Süßkirsche, Punktirte, mit festem Fleische, VI, 57 = Punktirte Knorpelkirsche; 362.

„ Frühe rosenfarbene, III, 55 = Rosenrothe Maikirsche = Frühe Maiherzkirsche.

„ Runde marmorirte } (189), VI,
„ Runde marmorirte mit festem Fleische } 362.

Süßkirschenbaum m. hängenden Zweigen, III, 81 = Thränenmuskateller.

Süßweichsel, Große, III, 74, bei Dochnahl = Königl. Süßweichsel.

„ Kleparower (144), VI, 69.

Süßweichsel, Provencer, (85), III, 495.

„ Königliche (146), VI, 73.

„ von Chaux (145), VI, 71.

Sussex, III, 166. = Kentish.

T.

Tardive du Mans, VI, 63; nach den Annalen und Bivort = Merveille de Septembre, die wieder = Schöne Agathe ist.

Tartarian
„ black / III, 61 = Schwarze
„ Frasers Tartarische.
„ „ black \
„ White, VI, 349.

Tartarische, Schwarze (7), III, 61; Verger Nr. 30.

Taubenherz, Buntes, VI, 49 = Schöne von Rocmont, bei Mayer wohl richtiger = Gemeine Marmorkirsche.
„ Schwarzes, III, 69, wohl sicher = Ochsenherzkirsche.

Tempe-et-tard, VI, 371, wird als Syn. der Angleterre hative, May Duke und Cerise hative malgré tout gebraucht.

Tot-et-tard, VI, 371, vielleicht irrig als Syn. von May Duke und Royale hative.

Thränen-Muskateller, siehe Muskateller.

Thramers Muskateller aus Minorka, Lond. Cat. = Thränenmuskateller.

Transparent, VI, 362, Synon (of some). der Engl. Bigarreau = Runde marmorirte Süßkirsche.
„ Coës, VI, 349 und 350 = Coës bunte Herzkirsche, III, 144.
„ III, 126, falsch für Große Prinzessinkirsche.
„ double, III, 163 = Doppelte Glask.
„ Gean / VI, 350.
„ Guigne \
„ Trasers white, VI, 449.
„ white, VI, 349.

Traubenherzkirsche / VI, 8 = Bouquet-
„ Süßkirsche \ herzkirsche.

Träubelkirsche, VI, 81, bei Mayer für Straußweichsel.

Trempée précoce, III, 51 = Coburger Maiherzkirsche

Très fertile, III, 538, Lond. Catal. = Bouquetamarelle.

Troschkirsche, III, 528, Lond. Cat. = Bouquetamarelle.

Troskers, Knoop, desgl.

Türkine / Turkine, la / Turquine } (30), III, 109; 95, im T.O.G., falsch für Flamentiner.

V.

Velserkirsche / Velser Kers } (55), III, 161; Verg. Nr. 75, Cerise du Palatinat.

Volgerkirsche, III, 155 = Folgerkirsche.

Volgers Kers, III, 156, bei Knoop nicht = Folgerkirsche.
„ double of the Dutch, III, 544, Lond. Cat = Großer Gobet.
„ Swolse, III, 163, Lond. Catal. = Doppelte Glaskirsche.

Vogelkirsche, Rothe längliche / „ Kleine rothe längliche } (123) VI, 27.
„ Runde rothe, VI, 28.

Vulgaris semper florens, VII, 62 Allerheiligenkirsche.

W.

Wachskirsche, III, 141 = Gelbe Herzk.

Wachskirsche, Groths (192), VI, 367.

Wahlerkirsche, III, 77 = Hedelfinger Riesenkirsche.

Waldkirsche, Große schwarze, III, 483.

Walpurgiskirsche (130), III, 41 II. Verger Nr. 77.

Wax Cherry, VI, 76, im Lond. Catal. Syn. von Carnation.

Weichsel, Achers (227), VII, 51.
„ Bettenburger / „ Bettenburger, Großer Gobet } (200), VI, 302.
„ Bouquet, III, 538.
„ Büttners October / „ „ September und October } III, 523 = Büttners späte Weichsel.
„ Büttners späte (103), III, 531; Verger Nr. 46, zu klein.
„ Braunrothe (69), III, 189, 517.
„ Doppelte, III, 507 = Spanische Frühweichsel.
„ English, III, 549, Lond. Catal. = Großer Gobet.
„ Englische Montmorency, VI, 87, bei Mayer = Früher Gobet.
„ Flandrische, VI, 4, bei Mayer irrig für Amarelle, mit halbgefüllter Blüthe, richtiger = ouquetamarelle.
„ Frauendorfer / „ „ große } (94), III, 513, Verger Nr. 2.
„ Frühe Zwerg (65), III, 181.
„ Florentiner, III, 523, 529, Christ's Nordamarelle = Brüsseler Braune; Lond. Catal. = Ratafia.
„ Französische, VII, 35.
„ Gesprenkelte, III, 59, falsch für Flamentiner.
„ Griottier, VI, 72.

Y.

Z.

Pflaumen.

Anm. Siehe die Vorbemerkungen von dem Register der Aepfel. Im folgenden Register sind auch noch die betreffenden Beschreibungen erst erschienener Abbildungen mit allegirt; auch ist öfter nachträglich noch auf Dittrichs Handbuch 3. Theil verwiesen worden.

A.

Abricotée, Abricotée de Tours: III, 325, mit Liegel gesetzt = Aprikosenartige Pflaume; nach VI, 259 und 260 ist diese Identität jedoch bereits als irrig bezeichnet, da nach Duhamel, auch nach Engl. Werken, die Abricotée behaarte Triebe hat; (nach Duham. bedeckt mit weißlicher Wolle, also stark behaart).

Abricotée de Braunau, III, 323 = Braunauer aprikosenartige Pflaume.

" rouge, III, 425 = Rothe Aprikosenpflaume.

Admiral Rigny, (56), III, 339; Dittrich III, 374.

Albertuspflaume, große glänzende, III, 394 = Gelbe Eierpflaume.

d'Agen, Verger, Nr. 41.

Alibuchari, (220), VII, 71.

Altesse blanche, III, 319 = Weiße Jungfernpflaume; VI, 291, 292, Synonym von Gelber Herrnpflaume, desgleichen von der Engl. Yellow Imperatrice.

" double, III, 241 = Italienische Zwetsche. Es heißen noch andere Früchte Altesse; conf. Hoheitspfl.

" ordinaire, III, 244 = Hauszwetsche.

Amaliapflaume, III, 253, Synon. von Rother Eierpflaume.

d'Amerique rouge, VI, 151 und 246 = Rothe Kirschpflaume.

Anna Lawson, (234), VII, 99.

Ananaszwetsche, III, 271 falsch für Große Zuckerzwetsche; 275 für Kleine Zuckerzwetsche.

Angelina Burbett, (250), VII, 151, 131.

Apricot, III, 323 = Aprikosenartige Pflaume und VI, 260.

" vert, III, 245 = Große Reineclaude.

" Yellow, III, 325 = Aprikosenartige Pflaume? VI, 260 = der Engl. Apricot.

Aprikose, grüne, III, 244 = Große Reineclaude.

Aprikosenpflaume, III, 325, 425.

" Dörell's, " Dörell's neue (53), III, 333.

" Frühe, " Oberdiecks Frühe, (113), III, 453.

" Gelbe, (199), VI, 259.

" Große rothe, III, 425.

" Hlubecks, (201), VI, 265; III, 286.

" Koch's späte, III, 335 = Koch's späte Damascene.

" Rangheri's, III, 315 = Rangheri's Mirabelle.

" Rothe, (99), III, 425. 301. Boomgaard II, Taf. 1, Nr. 2, gute Abb.

" Royer's, (203), VI, 267.

" von Trauttenberg's, (39), III, 305.

" Weiße, III, 325, nach Liegel III, S. 155, identisch mit Aprikosenartiger Pflaume.

Augustpflaume, VI, 98, bezeichnet bei Christ die runde Haferpflaume.

Augustzwetsche Liegels, (2), III, 231;

Dames d'Italie, VII, 147, etwa = Diels Italienische Damascene, VII, 179, 180.
„ de Septembre, VII, 181 = Bakanzpfl.
„ de Leipsic, VI, 275, Frühe Leipziger Damascene.
„ vert petit, VI, 172 bei Hogg wohl = Kleine Reineclaude.
„ violet, VI, 145 = Lange violette Damascene? Im Londoner Cataloge und in Frankreich bezeichnet es eine andere Frucht; VII, 149, wohl irrig für Queen Mother.
„ „ longuet, VI, 145 = Lange violette Damascene.
„ „ allongé, VI, 146, bezeichnet nach Dochnahl, in Catalogen auch die Lange violette Damascene.
„ white, VII, 196.
Damson, Shailers white, VII, 196.
„ white, VII, 196.
Dattelpflaume, VI, 131 bei Christ = Rothe Dattelzwetsche? gibt nicht an, ob Triebe glatt oder behaart sind und setzt Reife Ende Juli, in Vollst. Pomol. Anfang September.
„ Blaue, III, 237 = Violette Dattelzwetsche.
„ Große gelbe, III, 271 = Gelbe Dattelzwetsche.
„ Grünliche von Besançon, III, 393 = Gelbe Eierpflaume.
„ Lange violette, III, 237; VI, 132 bei Dittrich = Rothe Dattelzwetsche.
„ Späte, III, 237 = Violette Dattelzwetsche; VI, 132.
Dattelzwetsche, bei Dittrich II, 20 = Violette Dattelzwetsche; VI, 131 bei Christ = Rothe Dattelzwetsche.
„ Große gelbe, (18), III, 263; VI, 121 nicht = Rudolphspflaume.
„ Gelbe, VI, 132.
„ Grüne, (243), VII, 117.
„ Lange violette, VI, 131 im T.O.G. irrig für Rothe Dattelzwetsche.
„ Rikitaer, (124), VI, 109, 132. Was Liegel unter dem Namen in den Frauendorfer Blättern unter seiner Nr. 44 beschrieb, benannte er später Rothe Frühzwetsche.
„ Rothe, (135), VI, 131.
„ Ungarische, (126), VI, 113.
„ Violette, (5), III, 237, 238. Boomgard II, Taf 12, Nr. 23, gute Abbildung; Verger Nr 26, nicht genügend kenntlich; VI, 131, nicht mit Ungarischer Dattelzwetsche zu verwechseln.
Dauphine, III, 343 = Große Reineclaude.
Dauphinée-Pflaume, III, 344, vergl. Dittrich III, 353.
Dauphinspflaume, gelbe, III, 325 = Aprikosenartige Pflaume.
Deesse, la, VII, 85 = Göttliche Pflaume.
Delicieuse, la, III, 233, wohl = Coopers große rothe Pflaume.
Dennié, bei Hogg Synon. von Cheston und wohl = Violette Diapree.
Dennistons Albany Beauty, Dennistons superb, Dennistons mottled, VII, 133
„ red, VII, 133 = Dennistons rothe Pflaume.
de Virginie, VI, 161, im Lond. Catalog = Rothe Kirschpflaume.
Diademe Imperial, III, 254, VI, 216; in England = Rothe Eierpflaume oder ihr sehr ähnlich.
Diamantpflaume, (85), III, 397; 398 falsch für Bonds Sämling. Boomgaard II, Taf. 9, Fig. 27 gut.
Diamond, III, 397 = Diamantpflaume.
Diaper red, VI, 216, in England = Rothe Eierpfl. oder ihr sehr ähnlich.
Diapree Blaue, III, 269 = Violette Diaprée.
Diaprée de Roche Corbon, VI, 215 = Rothe Diaprée.
„ Dörells neue weiße, III, 259, wohl = Weiße Diaprée.
„ Rools neue, } (89), III, 405.
„ „ gelbe, }
„ rouge, VI, 216 = Rothe Diapree; ibid u. III, 254 bezeichnet in England und Amerika eine der Rothen Eierpflaume gleiche oder ihr sehr ähnliche Frucht.
„ Violette, (21), III, 269.
„ Weiße, III, 259.
„ Wahre Weiße, (16), III, 259.
d'Orée de Lawson, VII, 99 = Anna Lawson.
Double beurré witte, III, 319, wohl = Weiße Jungfernpflaume.
Dove Bank, (273), VII, 177.
Drap d'or d'Esperen, III, 329 = Esperens Goldpflaume.
Duc de Waterloo, III, 261 = Waterloopflaume.
Durchsichtige, (55), III, 337, Dittrich III, 373; VII, 115, nicht = Frühe gelbe Reineclaude.

E.

Early scarlet, VI, 246, bei Downing = Rothe Kirschpflaume.
Early Yellow, III, 403 = Catalonischer Spilling.

F.

Königin von Tours, III, 369, bei Diel irrig für Königspflaume von Tours.
Königin, Weiße, (114), III, 455. Verger Nr. 51, zu grün.
Königspflaume, (71), III, 369, bei Diel falsch für Königspflaume von Tours.
„ Behrens, (93), III, 413.
„ Braunauer, VI, 185, in den Frauendorfer Blättern 1844 = Buchners Königspfl., doch hatte Liegel schon eine andere Frucht als Braunauer Königspflaume beschrieben, die er später Lucas Königspflaume nannte.
„ Buchners, (162), VI, 185.
„ Edle, VI, 283 = Valenciennes.
„ Firbas, (174), VI, 209.
„ Frühe, (107), III, 144; Hogg im Manuale hat noch eine Royale hative mit Synon. Miriam, die nicht die des Handbuchs ist, so daß diese vielleicht besser Liegels Königspfl. benannt würde; die Engl. Royale hative findet sich im Handbuch als Violette Königspflaume.
„ Haffners, (95), III, 417.
„ Keindls violette, (158), VI, 177.
„ Kochs, (210), VI, 281.
„ Lallingers, (136), VI, 133.
„ Lucas, (109), III, 445.
„ Mayers, (163), VI, 187.
„ Mayers braunrothe, VI, 151, bei Dochnahl, der schädlich viele Namen aufgebracht hat, = Mayers rothe Damascene.
„ Nikitaer, frühe, VII, 125; III, 441.
„ Platte, III, 443.
„ Platte hellrothe, III, 443 = Procüreur.
„ Siebenfreunds, (209), VI, 279.
„ Späte, / III, 433 = Später
„ „ von Paris \ Perdrigon.
„ Violette, (208), VI, 277 = Royale hative der Engländer.
„ von Maugerou, III, 301 = Damascene von Maugeron.
„ von Mons, (110), III, 447. Verg. Nr. 14.
„ von Tours, (70), III, 367, 414; VI, 183. Verger Nr. 27 ziemlich gut.
„ von Trapps, (244), VII, 119.
Kohle, Glühende, VI, 215 = Rothe Diapree, doch ist Sicklers Frucht des Namens eine andere.
„ Kleine glühende, VI, 215.
Kreeke, (auch Krieche, Kreike), VI, 47, bedeutet kleine, runde, blaue Pflaumen; VI, 236, auch Name für Gemeiner gelber Spilling.
Krieche, blaue, VI, 97 = Haferpflaume und wohl die runde.

L.

Lawrence } III, 447; VI, 295, bezeichnet auch eine rothe, von Lawrences Reineclaude verschiedene Frucht.
Lawrences early }
„ frühe rothe Pflaume, III, 448, 451.
„ Favourite / III, 448 = Lawrences
„ Gage \ Reineclaude.
Lepine, (104), III, 435.
Lombard, III, 413 = Bleekers rothe Pfl.
Louis Philippe, III, 295 = Rothe Nectarine.
Ludwigspflaume, Virginische, III, 237, gab die Violette Dattelzwetsche, bezeichnet auch Sicklers Glühende Kohle.

M.

Malonke, III, 263.
„ Gelbe, III, 394 = Gelbe Eierpfl.
Mamelon } VI, 293 = Brustwarzenpfl.; III, 313 ist die Sorte noch mit Pflaume von St. Etienne zusammengeworfen.
Mamelonnée }
Mammouth Parkers, III, 377 = Washington.
Maronke, Große, III, 394 = Gelbe Eierpflaume.
Marokkopflaume, III, 358, falsch für Johannispflaume, bei Diel = Frühe Schwarze, bei Christ eine der Rodts frühen Pflaumenzwetsche, (wohl = Dunkelblaue Eierpflaume) ähnliche Frucht.
„ Liegels, VI, 198 und 213, wohl = Dunkelblaue Eierpflaume.
Marunke, III, 263.
„ Gelbe, (178), VI, 217; III, 263 Synon. von Großer Gelber Dattelzwetsche; 394 = Gelbe Eierpflaume. Liegel hat später unter dem Namen eine eigene Frucht; Dittrich III, 355.
„ Rothe, III, 253, 254 = Rothe Eierpflaume; VI, 214, in Pomon Franc. Beiname, der sich in ihr findenden Rothen Masche.
Masche, Kleine } VI, 414 = Bechsteins Spitzpfl.; von Dochnahl irrig als Synon. der Rothen Zwetsche angegeben; VI, 214, in Pomon. Franc. andere, der Rothen Eierpflaume ähnliche Frucht.
„ Rothe }

N.

O.

Pflaume, Kirkes, (33), III, 293; Dittr. III, 360. Verger Nr. 8; Boomgaard II, Taf. 2 Nr. 4.
„ Kladrauer, III, 271 = Große Zuckerzwetsche.
„ Königliche von Tours, III, 367 = Königspflaume von Tours.
„ Lawrences frühe rothe, VI, 295.
„ Liefländer gelbe, III, 325; Liegel erhielt darunter die Aprikosenartige Pflaume.
„ Mayers hellrothe, (127), VI, 115.
„ Mit dem Pfirschenblatte, III, 241 = Italienische Zwetsche.
„ Meerstrands, VI, 246.
„ Neue Agener, (223), VIII, 77.
„ Norberts, (206), VI, 273.
„ Oesterreichische, III, 237 = Violette Dattelzwetsche.
„ Podiebrader, III, 307 = Rother Perdrigon.
„ Reizensteiner, III, 287 = Reizensteiner gelbe Zwetsche.
„ Schwarze von Montreuil, III, 357.
„ Spindelförmige, III, 403.
„ Süße October, (236), VII, 103.
„ Türkische gelbe, III, 317 = Ottomannische Kaiserpflaume.
„ Ungarische, VI, 132, in der Pomon. Franc. = Violette Dattelzwetsche.
„ von Gondin, (254), VII, 139.
„ von St. Etienne, (43), III, 313.
„ von Wangenheims, III, 229 = Von Wangenheims Frühzwetsche.
„ Walters, (256), VII, 143.
„ Weiße Holländische, III, 393 = Gelbe Eierpflaume.
„ Weiße Indische, VII, 117 = Grüne Dattelzwetsche.
Pflaumenzwetsche, Große Engl., III, 293 = Große Engl. Zwetsche.
„ Rebts frühe, VI, 197 und 213 = Dunkelblaue Eierpflaume, VII, 73.
Philippe I., III, 377 = Washington.
Phiolenpflaume, weiße, III, 341 = Jaspisartige Pflaume.
Plum, Abricot plum of Tours, III, 325 = Aprikosenartige Pflaume.
„ Beekmans scarlet
„ Bleekers scarlet } III, 419 = Bleekers rothe Pflaume.
„ Caledonian, VI, 181 = Goliath, VI, 295, falsch für Rothe Nectarine.
„ Coës, III, 266 = Coës rothgefleckte Pflaume.
„ Coës late red
„ „ fine late red } III, 303 = Violette Octoberpfl. VII, 69.

Plum Coopers large
„ „ „ red
„ „ „ American } III, 233 = Coopers große Pflaume.
„ Early Russian, III, 244, für Hauszwetsche.
„ Early white, III, 403 = Catalonischer Spilling; VI, 235, falsch für Gemeiner gelber Spilling.
„ Great violet Damask, VI, 145 = Lange violette Damascene.
„ Howells large, III, 295 = Rothe Nectarine.
„ Hungarian, III, 237, für Violette Dattelzwetsche.
„ Keysers, VII, 191 = Hulings treffliche Pflaume.
„ London, III, 404 = Catalonischer Spilling.
„ Mimms, III, 254 = Rothe Eierpfl., oder sehr ähnlich, mit behaarten Trieben.
„ Miser, VI, 151 = Rothe Kirschpfl.
„ Peach, III, 296 = Rothe Nectarine; es heißt jedoch auch die Wahre Caledonian so, und hat Hogg wohl auch eine besondere Peach plum.
„ Picketts Juli, III, 404 = Catalon. Spilling.
„ Red apricot, III, 245 = Rothe Aprikosenpflaume?
„ Rivers early, III, 355 = Rivers Frühpflaume.
„ Royale red, bei Hogg = Royale = Königspflaume.
„ Sir Charles Worsley's, bei Hogg = Königspflaume.
„ white Holland, III, 393 = Gelbe Eierpflaume.
Pommeranzenzwetsche, (179), VI, 219; III, 219 irrig als Synon. der Militaer Hahnenpflaume. Verger Nr. 13.
Ponds Pourple, III, 365 = Ponds Sämling.
Pourple, Breevorts, III, 377, Sämling der Washington.
Précoce de Bergthold, VII, 187 = Frühe von Bergthold.
Précoce de Tours, VI, 275 = Frühe Leipziger Damascene?
Primordian amber
„ white } III, 403 = Catalonischer Spilling.
Prince de Brahy, VII, 171 = Reineclaude von Brahy.
„ de Brignolle, VII, 58 = Agener Pflaume.
Prinz Engelbert, (182), VI, 225. Verger Nr. 21 zu klein.

Prinz v. Wallis / Prince de Gallis (111), III, 449.
Procüreur, (108), III, 443.
Prolific, Early, VI, 173 = Frühe Fruchtbare.
Prune Abricotée, Abricotée de Tours, VI, 259, 260, von Liegel und im Handbuche III. 325, irrig = Aprikosenartige Pflaume gesetzt.
„ Catalane / „ Castelane III, 403 = Catalonischer Spilling.
„ Cerise, VI, 151 = Kirschpflaume; meist die Rothe.
„ d'Abricot, III, 325, für Aprikosenartige Pflaume; VI, 259 von Liegel auch, doch etwa irrig, gesetzt = seiner Gelben Aprikosenpflaume.
„ d'Abricot rouge, III, 425 = Rothe Aprikosenpflaume.
„ d'Agen, VII, 77, 78.
„ d'Ast, VII, 77 = Agener Pflaume.
„ d'Allmagne, III, 244 = Hauszwetsche.
„ Damasquinée, III, 431 = Schwarze Muscateller? = Christs Damascene?
„ Datte, III, 237; VI, 131 und 132 im T.O.G. und bei Dittr = Rothe Dattelzwetsche, bei Christ etwa auch. (? D.)
„ Datte jaune, III, 263 = Gelbe Dattelzwetsche.
„ „ verte, VII, 117 = Grüne Dattelzwetsche.
„ „ violutto, III, 237 = Violette Dattelzwetsche.
„ d'Autriche, III, 237 = Violette Dattelzwetsche; VI, 131 und 132, bei Christ und Dittrich = Rothe Dattelzwetsche, (? D.); in Pomon. Franc. = Violette Dattelzwetsche.
„ Celeste, VII; 105 = Elsners grüne Zwetsche.
Prunes de Bordeaux, VII, 77 = Agener Pflaumen.
Prune d'Avoine, III, 403 = Catalon. Spilling.
„ de Catalogne, III, 403 desgleichen; VI, 235 irrig auch für Gemeiner gelber Spilling.
„ de Chypre, III, 431 und 432 = Damas musqué, Duhamel; III, 253, bei Diel = Rothe Eierpflaume.
„ d'ente, VII, 78 = Agener Pflaume.
„ de Malthe, III, 431 = Damas musqué, Duhamel.
„ de Monsieur / „ „ ordinaire III, 429 = Herrnpflaume; 394 für Gelbe Eierpfl.
Prune de Monsieur hatif, III, 429 = Frühe Herrnpflaume.
„ d'Oeuf / „ „ blanche III, 394 = Gelbe Eierpflaume; 253.
„ de St. Jean, III, 357 = Johannispfl.
„ de Waterloo, III, 26 = Waterloopfl.
„ Diaphane, VI, 260 = Durchscheinende Reineclaude.
„ d'Italie, VII, 146.
„ Du Roi, VII, 78 = Agener Pflaume.
„ Early Favourite, III, 355.
„ Favorite précoce de Rivers, III, 355 = Rivers Frühpflaume.
„ Figue / „ „ grosse ou rouge VI, 131 = Rothe Dattelzwetsche.
„ German, III, 244 = Hauszwetsche.
„ grosse noire hative, III, 357 = Johannispflaume; bezeichnet jedoch auch andere Pflaumen.
„ Hungarian, VI, 283, irrig für die Valence Prune des Lond. Cat.
„ jaune hative, III, 403 = Catalon. Spilling; VI, 235, irrig für Gem. gelber Spilling.
„ jaune précoce, III, 403 = Catalon. Spilling.
„ Maraichère, VI, 111 = Gartenzwetsche.
„ noire hative, III, 259, für Précoce de Tours; cf. frühe schwarze Pflaume.
„ Pêche, III, 295 = Rothe Nectarine; conf. Peach Plum; VI, 181, nach Liegel im Trait des arbres von Poiteau und Turpin, auch = Goliath.
„ précoce, III, 319, wohl = Weiße Jungfernpflaume.
„ sweet, III, 244 = Hauszwetsche.
„ transparente, III, 337 = Durchsichtige.
„ true large German, III, 244 = Hauszwetsche.
„ van Mons, III, 447.
Prunus Catalonica / „ Catalana III, 403 = Catalonischer Spilling.
„ Feriarum, VII, 181 = Vakanzpfl.
„ cerasifera, VI, 151 = Kirschpflaume, zunächst die Rothe.
„ „ fructu minore, VI, 151 = Kleine Kirschpflaume.
„ „ Xanthocarpa, VI, 255 = Gelbe Kirschpflaume.
„ Hispanica, III, 285.
„ Iberica, III, 285.
„ insititia, VI, 98.
„ lutea, III, 403; VI, 235 = Gemeiner Gelber Spilling.
„ maritima, VI, 246.
„ Mirobalanus, auch Mirobolanus, VI, 151 = Rothe Kirschpflaume.

Prunus Oxyacarpa, Bechstein, VI, 141 = Bechsteins Spitzpflaume; ist von Dochnahl irrig als Synonym der Rothen Frühzwetsche angegeben.
Purpurpflaume, VI, 131, bei Christ = Rothe Dattelzwetsche.

Q.

Queen Claude little, VI, 172, nach Hogg und Downing wohl = Kleine Reineclaude.
Queen Victoria, VI, 135 = Königin Victoria.
Quetsche commune, " common, " d'Allemagne, " " grosse } III, 244 = Hauszwetsche.
" d'Italie, III, 241 = Italienische Zwetsche.
" de Metz, III, 244 = Hauszwetsche.
" Fellenberg, III, 241 = Italienische Zwetsche.
" gros, " de Leipsic or, German prune, } III, 244 = Hauszwetsche.
" précoce ou veritable, VI, 101 = Wahre Frühzwetsche.
" Turkish, III, 244, für Hauszwetsche, auch richtiger für Violette Dattelzwetsche.

R.

Rebhühnerei, Violettes, VI, 285 = Violetter Perdrigon.
Reineclaude ancienne, III, 343 = Große Reineclaude.
" Althanns, " Althanns rothe, } (253), VII, 137.
" Auserlesene, gelbe, VII, 155, bei Liegel = Prinzens gelbe Reinecl.
" " rothe, VI, 251 = Prinzens rothe Reineclaude.
" Bants späte, (152), VI, 165.
" Barthausens, violette, (261), VII. 153.
" Bavays, (59), III, 345. Verger Nr. 41.
" Bavay's frühe, " de Bavay hâtive. } (214), VI, 289.
" blanche, VI, 172, bei Hogg und Downing wohl Kleine Reineclaude; VII, 115.
" Blaue, " bleue, } VI. 159, oft mit Violetter Reineclaude verwechselt; VII, 185, 186.
" Liegels blaue, (278); VII, 185.
" Coës golden drop, III, 261, 262.
Reineclaude, Coulons, (268), VII, 161.
" de Braby, VII, 172 = Reineclaude von Braby.
" d'Oree, III, 343 = Große Reinecl.
" Durchscheinende, " Diaphane, } (204), VI, 269.
" Frühe, (77), III, 381; VII, 165.
" Frühe gelbe, (242) VII, 115; III, 387, irrig = Durchsichtige gesetzt.
" Fürstenzeller, III, 425 = Rothe Aprikosenpflaume.
" gelbe, III, 325 = Aprikosenartige Pflaume; VII, 115, hält Dittrich für Frühe gelbe Reineclaude, was irrig ist.
" Große, " " Grüne, " Aechte große, } (58), III, 343. Verger Nr. 28.
" hâtive, III, 381 = Frühe Reineclaude; Hogg hat jedoch darunter eine andere Frucht; VII, 165.
" Herbst, (264), VII, 159.
" Juli, (267), VII, 165.
" Kleine, " grüne } (155), VI, 171.
" Lawrence's, (217), VI, 295. Verger Nr. 38, gut.
" Meroldt's, " gelbe, } (50), III, 327.
" Morot, III, 345 = Bavay's Reineclaude.
" Monrets, (255), VII, 141.
" Petite, VI, 172, bei Duhamel = Kleine Reinecl.? bei Hogg u. Downing wohl = Kl. Reinecl.; VII, 115.
" précoce, VI, 161, im Hoggs Manuale Synonym der Reineclaude von Dullins; VII, 115, 165, wohl nicht die des Handbuchs.
" Prinzens gelbe, (262), VII, 155.
" " Kaisers, (200), VI, 261. Verger Nr. 20. Abb runder als die Frucht in Jeinsen war.
" Prinzens rothe, (195), VI, 251.
" Rothe, " ronge, " rouge van Mons, " van Mons, } III, 447 = van Mons Königspfl.
" Schwarze, VI, 159; VII, 185.
" verte tiquetée, III, 344 = Große Reineclaude.
" Violette, " violette, } (149), VI, 159; ibid bei Günderode ist sie = Blaue Reineclaude VII, 185, 186, meist nur Syn. von Blauer Reineclaude.
" von Rollweiler, (153), VI, 167.
" von Guigne, " de Guigne, } (116), III, 459.

Pfirsiche und Nectarinen.

Die erste Zahl zeigt die laufende Nro. an, unter welcher die Sorte aufgeführt ist, die Zahl, die nicht eingeklammert ist, gibt dagegen die Seite an.

Die Pfirsiche und Nectarinen befinden sich sämmtlich im ~~VII.~~ VI. Band, des Handbuchs.

---

a) Deutsche Namen.

b) Französische und englische Namen.

Beerenobst.

A. Stachelbeersorten.

Die erste Zahl ist die No. der Sorte, die zweite die Seitenzahl.

B. Johannisbeersorten und ihre Synonyme.

C. Himbeersorten und ihre Synonyme.

D. Brombeersorten.